国家社科基金后期资助项目

完结义副词共时变异与历时演变多维研究

A Multidimensional Study on the Synchronic Variation and Diachronic Change of the Telic Adverbs

张秀松　著

商务印书馆
The Commercial Press

图书在版编目(CIP)数据

完结义副词共时变异与历时演变多维研究/张秀松著.—北京:商务印书馆,2022
ISBN 978-7-100-21319-6

Ⅰ.①完… Ⅱ.①张… Ⅲ.①汉语—副词—研究 Ⅳ.①H146.2

中国版本图书馆 CIP 数据核字(2022)第 107569 号

权利保留,侵权必究。

完结义副词共时变异与历时演变多维研究
张秀松 著

商 务 印 书 馆 出 版
(北京王府井大街 36 号 邮政编码 100710)
商 务 印 书 馆 发 行
北京艺辉伊航图文有限公司印刷
ISBN 978-7-100-21319-6

2022 年 8 月第 1 版　　　　开本 710×1000　1/16
2022 年 8 月北京第 1 次印刷　印张 30½
定价:148.00 元

国家社科基金后期资助项目
出版说明

后期资助项目是国家社科基金设立的一类重要项目,旨在鼓励广大社科研究者潜心治学,支持基础研究多出优秀成果。它是经过严格评审,从接近完成的科研成果中遴选立项的。为扩大后期资助项目的影响,更好地推动学术发展,促进成果转化,全国哲学社会科学工作办公室按照"统一设计、统一标识、统一版式、形成系列"的总体要求,组织出版国家社科基金后期资助项目成果。

全国哲学社会科学工作办公室

简写与全称对照表

简写	全称
ACC	accusative(宾格)
ATTR	attributive(领属性定语)
AUX	auxiliary(助动词)
CD	communicative dynamism(交际动力)
COP	copulative verb(〔连〕系动词)
CQ	continuation question(追加询问)
CR	contextual realization(语境实现)
CSF	canonical syntactic form(常规句法形式)
CSQ	conventionalized short-circuit question(常规短路问句)
DAT	dative(与格)
DET	Domain Extension Theory(领域扩散论)
DP	discourse pattern(话语模式)
GEN	genitive(属格)
HOR	honorific(敬语)
HYP	hypothetical particle(假设助词,即表示假设义的助词)
ICM	idealized cognitive model(理想认知模型)
IFS	illocutionary force specifier(语力限定语)
IIM	interrogative intensifying marker(追问标记/疑问语力强化标记)
IM	interrogative marker(疑问标记)
NEG	negative(否定的)
NML	nominalizer(名词化)
PDP	preferred discourse pattern(优选话语模式)
PAP	passive participle(被动分词)
PART	particle(小品词/助词)、participle(分词)
PAST	past tense(过去时)
POSS	possessive(所有格/属格)
Q	question(疑问)、interrogative particle(疑问语气词/小品词))
REL	relativize(关系化)
RM	resultant marker(结果标记)
RN	reason(原因)
SUB	subject particle(标记主语的格助词)
TFM	Theory on Force-dynamics Model(力量-动态模型理论)
TOP	topic particle(标记话题的格助词)

目 录

第一章 绪论 ………………………………………………………… 1
  1.1 研究对象 ……………………………………………………… 1
  1.2 研究现状 ……………………………………………………… 2
    1.2.1 汉语"完结"义副词的个案研究 ……………………………… 3
    1.2.2 汉语"完结"义副词的系统研究 ……………………………… 9
  1.3 目标与思路 …………………………………………………… 10
    1.3.1 研究目标 ……………………………………………………… 10
    1.3.2 研究思路 ……………………………………………………… 10
  1.4 方法与材料 …………………………………………………… 12
    1.4.1 研究方法 ……………………………………………………… 12
    1.4.2 语料来源 ……………………………………………………… 21
  1.5 总体框架 ……………………………………………………… 22

第二章 "到底"的共时变异及其认知解释 ………………………… 24
  2.1 引言:"到底"到底有哪些义位? ……………………………… 24
  2.2 "到底"的共时变异 …………………………………………… 28
    2.2.1 介宾短语"到底"的句法、语义特征 ………………………… 29
    2.2.2 时间副词"到底"的句法、语义及语用特征 ………………… 30
    2.2.3 评注语气副词"到底"的句法、语义及语用特征 …………… 33
    2.2.4 疑问语气副词"到底"的句法、语义及语用特征 …………… 36
  2.3 对"到底"的共时变异的理论解释 …………………………… 44
    2.3.1 理论背景:领域扩散论与"力量-动态"模型论 ……………… 44
    2.3.2 对"到底"的共时变异的认知解释 …………………………… 47
  2.4 小结 …………………………………………………………… 64

第三章 "到底"的历时演变及对相关预测的验证 ………………… 67
  3.1 引言:基于共时变异对"到底"的历时演变的预测 ………… 67
  3.2 "到底"的历时演变 …………………………………………… 69

  3.2.1 短语"到底"的词汇化 ················ 71
  3.2.2 "到底"的语法化 ················ 89
 3.3 历史上语气副词"到底"的特异用法 ········ 104
  3.3.1 评注语气副词"到底"的特异用法 ········ 104
  3.3.2 疑问语气副词"到底"的特异用法 ········ 106
 3.4 "到底"的语法化动因 ················ 109
 3.5 基于演变事实对相关预测的验证 ·········· 112
 3.6 两种主观化学说对"到底"历时演变的解释 ···· 113
 3.7 余论和小结 ······················ 115

第四章 "毕竟"义"到底"句的主观化表达功能 ······ 118
 4.1 引言：问题的提出 ·················· 118
 4.2 模型的改进 ······················ 119
 4.3 "毕竟"义"到底"句中焦点成分的语义特性 ····· 121
  4.3.1 焦点成分的[＋唯一性]特征 ············ 121
  4.3.2 焦点成分的[＋对比性]特征 ············ 126
  4.3.3 焦点成分的[＋穷尽性]特征 ············ 129
 4.4 "毕竟"义"到底"句的主观化表达功能 ········ 131
 4.5 "毕竟"义"到底"与"还（是）"的语义兼容和互通 ·· 135
 4.6 使用"到底"复句的逻辑基础：溯因推理和缺省推理 ·· 137
 4.7 余论与小结 ······················ 141

第五章 "究竟"义"到底"的共时特征与历时演变 ······ 145
 5.1 引言："究竟"义"到底"的追问标记地位和语力限定作用 ····· 145
 5.2 "究竟"义"到底"句的句法考察 ············ 148
 5.3 "究竟"义"到底"句的语用考察 ············ 150
  5.3.1 "究竟"义"到底"句的语用背景与优选话语模式 ··· 151
  5.3.2 "究竟"义"到底"句的特殊话语模式 ········ 154
  5.3.3 "究竟"义"到底"句的话语类型与语力强弱 ····· 156
 5.4 "究竟"义"到底"在语法化之初创新意义的解读 ······ 159
  5.4.1 "究竟"义"到底"创新意义的解读过程与机制 ···· 159
  5.4.2 一点质疑：语法化一定要以高频为条件吗？ ······· 161
 5.5 近代汉语中"究竟"义"到底"的后续演变 ······ 163
 5.6 余论 ·························· 169
  5.6.1 语气副词"倒是"对"到底"多功能模式的复现 ···· 169
  5.6.2 语义滞留原则对"到底"的独特用法的解释 ····· 174

5.7 小结 …………………………………………………… 174

第六章 "究竟"的共时变异与历时演变 …………………… 176
6.1 引言:"究竟"究竟有多少种用法? ……………………… 176
6.2 "究竟"的共时变异和共时特征 ………………………… 178
   6.2.1 评注语气副词"究竟"的句法和语义特点 ………… 178
   6.2.2 "原委,真相"义名词"究竟"的句法和语义特点 …… 180
6.3 "究竟"本义考——再论"究竟"的本义和原始结构 …… 183
6.4 "究竟"的实义用法的形成和发展 ……………………… 187
   6.4.1 佛经中"究竟"的专有名词和形容词用法的出现 … 187
   6.4.2 方言中"究竟"的程度补语用法探微 ……………… 190
   6.4.3 古籍中动词(短语)"究竟"的语义及其演变 ……… 191
6.5 副词"究竟"的形成与演变 ……………………………… 195
   6.5.1 副词"究竟"的形成与演变的宏观考察 …………… 195
   6.5.2 副词"究竟"的形成与演变的微观考察 …………… 197
   6.5.3 "究竟"从疑问语气副词向"原委,真相"义名词的演变 … 201
   6.5.4 "端的"的多义模式的形成及其对"究竟"的影响 … 208
6.6 疑问语气副词"究竟"等的游移用法及其语法后果 …… 216
6.7 小结 …………………………………………………… 218

第七章 "毕竟"的共时变异与历时演变 …………………… 222
7.1 引言 …………………………………………………… 222
7.2 "毕竟"的共时变异与共时特征 ………………………… 224
   7.2.1 "毕竟"的共时变异 ………………………………… 224
   7.2.2 "毕竟"与其近义词的差别 ………………………… 227
7.3 "毕竟"的历时演变 ……………………………………… 236
   7.3.1 短语"毕竟"的词汇化 ……………………………… 236
   7.3.2 "毕竟"从动词向时间副词的语法化 ……………… 240
   7.3.3 "毕竟"从时间副词向评注语气副词的语法化 …… 245
   7.3.4 "毕竟"从时间副词向疑问语气副词的语法化 …… 251
7.4 历史上疑问语气副词"毕竟"的优选话语模式 ………… 253
   7.4.1 宋代疑问语气副词"毕竟"的优选话语模式 ……… 253
   7.4.2 元明疑问语气副词"毕竟"的优选话语模式 ……… 254
7.5 疑问语气副词"毕竟"追究语力的减弱及其消失 ……… 256
7.6 "毕竟"类副词表示当前相关性的话语功能 …………… 260
7.7 小结 …………………………………………………… 263

第八章 "终于"的共时变异和历时演变 … 265
8.1 引言:从"终于"的共时用法之争谈起 … 265
8.2 "终于"的共时变异 … 266
8.2.1 从与"到底"的区别看"终于"的用法 … 266
8.2.2 "终于"词汇化和语法化的识别标准 … 268
8.3 "终于"的历时演变 … 269
8.3.1 关于"终于"历时演变的既往研究 … 269
8.3.2 "终"字本义考 … 271
8.3.3 "终于"的词汇化和语法化历程 … 273
8.4 时间副词"终于"大规模出现较晚的原因 … 283
8.5 "终于"词汇化的理论探讨 … 285
8.5.1 "终于"词汇化过程中的语义滞留 … 285
8.5.2 "终于"词汇化的表现 … 286
8.5.3 "终于"词汇化的动因 … 290
8.6 小结 … 294

第九章 "完结"义副词的其他用法和其他"完结"义副词 … 295
9.1 引言 … 295
9.2 "完结"义词的肯定副词用法及其形成 … 295
9.2.1 "完结"义词的肯定副词用法 … 295
9.2.2 "完结"义词肯定副词用法的语境实现 … 296
9.2.3 "完结"义词用作肯定副词时的规则多义性及其理论解释 … 305
9.2.4 "完结"义词向肯定副词的语法化 … 309
9.2.5 基于系统考察的相关预测及对预测的验证 … 314
9.3 其他"完结"义副词的共时变异与历时演变 … 317
9.3.1 其他复音完结义副词的共时变异与历时演变 … 318
9.3.2 单音"完结"义副词的共时变异和/或历时演变 … 334

第十章 "完结"义副词共时变异与历时演变的综合考察 … 347
10.1 引言 … 347
10.2 汉语"完结"义副词的跨方言考察 … 348
10.2.1 现代汉语方言中"完结"义副词的多功能性 … 348
10.2.2 现代汉语方言"完结"义副词多功能性的历史溯源 … 363
10.2.3 结论 … 383
10.3 "完结"义副词的跨语言考察 … 385
10.3.1 英语里的"完结"义副词 … 385

  10.3.2 德语里的"完结"义副词 …………………………………… 390
  10.3.3 法语里的"完结"义副词 …………………………………… 392
  10.3.4 意大利语里的"完结"义词 ………………………………… 399
  10.3.5 日语里的"完结"义副词 …………………………………… 400
  10.3.6 小结 …………………………………………………………… 408
 10.4 "完结"义副词语法化的表现 ……………………………………… 410
  10.4.1 语法化参数理论视角下的考察 …………………………… 410
  10.4.2 语法化原则理论视角下的考察 …………………………… 414
  10.4.3 创新与无标化的互动:再论"完结"义副词语法化的
     形式表现 …………………………………………………… 417
  10.4.4 典型"完结"义副词语法化程度之比较 …………………… 423
 10.5 "完结"义词的共时变异和历时演变的理论总结 ……………… 424
  10.5.1 "完结"义副词的规则多功能性和平行演变 ……………… 424
  10.5.2 "完结"义副词的近义替换律及来自滞留原则的解释 …… 428
  10.5.3 "完结"义词的特异用法及其理论解释 …………………… 429
 10.6 余论:语义演变规律揭示方面隐喻观和转喻观的分歧 ……… 431
 10.7 小结 …………………………………………………………………… 434
附录 追问标记的语源模式的跨语(方)言考察 ……………………………… 436
参考文献 ………………………………………………………………………… 453
后记 ……………………………………………………………………………… 474

第一章 绪 论

1.1 研究对象

在现代汉语中有一批词,如"到底""究竟""毕竟""始终""终究""终归""终于"等,除其中极个别词兼有其他词性(如"究竟"还是名词[①])外,基本都是副词。它们都是从短语或跨层结构演变而来的。其源式都表示或含有"完结"义。用作副词时,它们有单义副词和多义副词之别(如"毕竟"和"到底"),在单义副词内有时间副词与语气副词之别,在多义副词内有二义副词与三义副词之别(如"究竟"和"到底")。即使都用作单义时间副词,具体意义和用法也不相同(如"终于"和"终究")。这种共时多功能性(尤其是共时多义性)以及近义词的共时差异,本书统称为"共时变异"(synchronic variation)。这种共时变异是由相关词语的历时演变(diachronic change)所导致的。

本书尝试在跨语(方)言视野中考察上述词语的共时变异和历时演变,及其体现的跨语言共性和汉语的个性。限于篇幅,我们将选取用法较复杂的"到底""究竟""毕竟""终于"作为研究重点(它们正好代表了"完结"义副词的三种不同类型:动宾短语型、并列短语型、跨层结构型),顺便也对其他词语(如"到了""到头""终究""终竟""终归""始终""了""讫"等,详见第九至十章)进行以点带面式的探索。因现代汉语中"到底"义位最多,用法最复杂,所以本书用较大篇幅(共四章)对其共时变异和历时演变进行深度分析。我们试图用"完结"义副词的历时演变来解释其共时多功能性和语法-语用特征;用语法化的语义滞留原则来解释其在共时平面上的近义替换规律,用

---

① 根据《现代汉语词典》(第7版),"到底"还是趋向动词。不过,本书认为现代汉语中补位"到底"其实还是介宾短语,尚未演变成词(详见本书第二章)。

历时演变的积淀来解释其在现代汉语(方言)中的特异用法,探讨不同词语在词汇化和语法化方面的共性和差异。对共性从"力量-动态图式"(force-dynamics schema)的领域扩散和[核心意义-边缘意义]交替的多重识解角度做出统一的认知解释。下面首先对本课题的研究现状进行述评,接着介绍本研究的目标和思路,最后交代本研究所用方法和所凭借的材料,以及本书的总体框架。

1.2 研究现状

副词是语法研究的重点,因为其内部小类较多,各小类甚至同一小类各成员在语法分布、语义内容、语用功能等方面差异较大。汉语副词研究主要围绕以下几方面展开:第一,副词的性质、范围和类别,连用和共现顺序,如史金生《现代汉语副词连用顺序和共现研究》(2011)、尹洪波《否定词与副词共现顺序句法语义研究》(2011)等;第二,副词的语义指向、语义特征和语义功能,如张亚军《副词与限定描状功能》(2002)等;第三,副词的语用功能、语篇功能和语用背景[①];第四,副词的历史形成和演变,如高顺全《多义副词语法化顺序和习得顺序研究》(2012)、褚俊海《汉语副词的主观化历程:指示、限制、关联》(2012)等。汉语副词研究文献可谓汗牛充栋。笔者利用读秀学术搜索检索发现,仅书名中含"汉语副词"字样的专著就有 40 部;利用中国知网检索发现,题名中含"汉语副词"字样的学位论文就有近 10 篇。[②] 在专著方面,仅就副词系统研究论,就有张谊生《现代汉语副词研究》《现代汉语副词探索》《现代汉语副词分析》《现代汉语副词阐释》(2000b、2004、2010、2017)、高育花《中古汉语副词研究》(2007)、杨荣祥《近代汉语副词研究》(2005)等众多文献。截止到 2020 年底,汉语副词研究学术研讨会已经召开了五届,形成了两年召开一届的长效机制。因本书主要关注"完结"义副词,故不拟对汉语副词研究的历史和现状做详尽介评。

关于汉语"完结"义副词的共时变异和历时演变,学界已有较为丰硕的研究成果,但仍有很多未尽事宜,尚需进一步深入和系统研究。下面首先对微观具体研究(针对一个词的一种或多种用法,或针对几个词的一种用法的研究),然后介评宏观系统研究。

---

① 马真(1983)称为"语义背景"。
② 两次搜索时间均为 2019 年 3 月 1 日上午 10 时。

1.2.1 汉语"完结"义副词的个案研究

汉语"完结"义副词的个案研究，主要涉及"终于""毕竟""究竟""到底""终归"等。其中，关于"毕竟""究竟""到底"的研究成果最多，但分歧也最多。下面详细论述。

对"终于"展开研究的有鹿荣(2001)、金文明(2001)、谢质彬(2001)、刘金勤(2004)、彭湃(2004)、王美华和叶壬华(2008)、刘红妮(2010)、饶琪和牛利(2014)、朱福妹和马贝加(2017)等。前三篇文献讨论了普通话中"终于"的用法，讨论主要围绕"终于"是否只用在强调某结果久盼而至的语境中。因为相关文献就现代汉语论现代汉语，没有联系"终于"的历时演变，未考虑其历时演变在共时平面的积淀会造成共时分布的复杂性，因而讨论并未得出一个一致而令人信服的结论。后几篇文献重在考察"终于"的历时演变，即其从跨层结构向时间副词的词汇化及其后续演变。这些研究在时间副词"终于"的成词年代、成词标准、词汇化动因等方面都存在分歧。比如在成词年代上，有汉代说、魏晋说、清代说、汉代萌芽宋代完成说、东汉萌芽魏晋六朝定型说。这是出对"终于"成词标准的认定存在严重分歧导致的(详见本书§8.3.1)。

对"毕竟"展开研究的有祖人植和任雪梅(1997)、高书贵(2000)、董付兰(2002)、高文利(2004)、张秋杭(2006a,2006b)、郑雷(2007)、储泽祥(2019)、杨荣祥(2002)和孙菊芬(2003)。除最后两篇是"毕竟"的历时研究外，其余都是共时研究。下面先介绍共时研究，再介绍历时研究。

"毕竟"的共时研究，主要涉及现代汉语中"毕竟"的句法、语义和语篇特征。除高文利(2004)研究同语式"N毕竟是N"中的"毕竟"外，其余都是广泛研究多种句法环境中的"毕竟"的。成就最显著的是祖人植和任雪梅(1997)。该文运用系统功能语言学语篇内聚理论探讨"毕竟"所在语段的语义结构模式和信息表达。作者认为，通过语篇的内聚功能，我们可以创造或复制出较大的连贯的语篇。当"毕竟"用于[因果-转折]关系二重复句的原因分句时，带有解释语气。典型句际模式为：繁式 a：(虽然)A+[(但是)B+(因为)毕竟 C]；简式 b：B+(因为)毕竟 C。当"毕竟"用于[因果-转折]关系二重复句的转折分句时，带有辩驳语气。典型句际模式为：繁式 a″：[(虽然)A+(但是)毕竟 C]+(因此)B；简式 b″：(虽然)A+(但是)毕竟 C。当语篇的前后语境完整，并有适当的关联词语时，"毕竟"的内聚功能不显著，故在繁式中"毕竟"可省；但在简式中，由于 A 或 B 的隐含，"毕竟"不可省，否则信息表达就会受到影响。换言之，陈述句一旦使用"毕竟"，就会自动强制要求按下表Ⅰ或Ⅱ的语义结构模式复制出自己独特的连贯性语篇。

表1-1 "毕竟"的语篇结构模式

典型形式		模式Ⅰ	模式Ⅱ
典型形式	繁式 a:a″	(虽然)A+[(但是)B+(因为)毕竟C]	[(虽然)A+(但是)毕竟C]+(因此)B
	简式 b:b″	B+(因为)毕竟C	(虽然)A+(但是)毕竟C
信息表达	预设信息	B的情况不会因A而改变	确认C意味着对B的肯定
	基本信息	对C的确认	确认C这种情况
	附加信息	C具有某种属性	C具有这种属性
	推断信息	确认C意味着对B的肯定	预设信息不会因A而改变
	表达重点	解释性评论	辩解/反驳性评论

因此,祖文认为,"毕竟"是副词,含强调语气,通过强调某种情况而说明言者的某种判断、观点或结论。祖文的研究在"毕竟"甚至整个评注语气副词研究史上具有重要意义,开始尝试从语篇结构角度来考察评注语气副词的表达特点。但是,祖文没有解释为什么"毕竟"所在语段会呈现为上表所示的模式,有些地方表述得也不大清楚。比如上表中"对C的确认"和"确认C这种情况"有什么不同,祖文没有交代。祖文的观点也许可以更清晰地表示为:Ⅰ.把C(原因/前提)放在B(结论)后,对B起解释作用;Ⅱ.把C放在A(阻碍因素)后,表示从C到B的推理不会因A而改变,因而对A的论证力有反驳作用。再者,祖文只是对"毕竟"的孤立考察。其实,我们应该用联系的观点看问题,搞清楚"毕竟"与其近义词"到底"的语篇功能是否相同(比如是否都能用作话语标记),如果不同,有哪些不同。此外,高书贵(2000)和董付兰(2002)探讨了"毕竟"的部分语义和语用功能。高文通过对"毕竟"类词语的预设及其在[让转-因果]关系二重复句中表示的逻辑语义关系的分析,证明这类副词有表示让转关系的隐性语法功能,是让转关联词的凝缩形式,也是让转语义的触发语,可称为"让转关系语气副词"。我们认为,表示让转关系最多只是"毕竟"的兼职工作,不宜把"毕竟"称为"让转关系语气副词"。郑雷(2007)考察了"毕竟"的语篇分布及句首"毕竟"与句中"毕竟"在主观性强弱、辖域广窄、焦点聚散和预设方面的差异。前一方面的论述跟前人的研究重复较多;后一方面的论述角度较新,但有很多值得商榷之处。比如,郑文认为,随着位置前移,"毕竟"的主观性越来越强。在理论上,这当然很正确,因为前移使其辖域扩大,而主观化标记通常作用于命题(表示言者对命题的情态),辖域宽广。但是,在郑文所举下句中,"毕竟"从当前位置移动到B位,再到A位,主观性未见显著增强。

(1) 感觉到了未必能真正认识到,在对心理学、精神现象学的理解上,(A)唐代学者(B)做得<u>毕竟</u>有限。

再如,郑文一方面认为下句中"毕竟"分句里的焦点是画线部分,另一方面又认为"毕竟"分句的预设是"某人是法定的皇帝",而忘记了这两种观点是相互矛盾的。

(2) 燕王是个精明人,知道建文帝毕竟是<u>法定的皇帝</u>,公开反叛,对自己不利,就找个起兵的理由,说要帮助建文帝除掉奸臣黄子澄、齐泰。
(转引自郑雷 2007)

我们认为,上句中"法定的皇帝"是"毕竟"约束的(语义)焦点,而"法定的皇帝通常不能公开反叛"是全句的(语用)预设。张秋杭(2006a)考察了"毕竟"的性质和类别、意义和分布、表达和功能,并试图说明"毕竟"各种意义之间的联系和区别,从语用背景角度归纳出其基本用法及语篇功能(包括指明预设、强调、缓和交际)。张文认为,"毕竟"类副词是高层谓语,表示"对原因或结论的强调或确认"。但张文有的地方又表述为"表示原因或表示结论"。其实,表示原因和表示结论充其量分别是"因为"类词语和"总之"类词语的意义,而非"毕竟"类词语的意义。从其论述不难看出,张文时而把强调看作"毕竟"的词义,时而把它看作"毕竟"的语篇功能。张文在摘要中声称要从语法化角度来考察"毕竟"类语气副词,但文中几乎没有历时考察,只是简单地援引了史金生(2003)的结论。

在"毕竟"的历时研究方面,杨荣祥(2002)考察了唐五代到明代《敦煌变文集》《朱子语类》《新编五代史平话》《金瓶梅词话》四种文献,发现"毕竟"在《敦煌变文集》中是时间副词,而在后三种文献中转变为表示确认或强调的语气副词。杨文指出,"'毕竟'作为时间副词,通常只能修饰 VP,表示'最终'义,强调某动作行为最终发生或某结果最终出现。作为语气副词,表示强调或认定语气,既可修饰 VP、AP,又可修饰 S。语气副词'毕竟'由时间副词'毕竟'发展而来,其发展理据是作时间副词表示'最终'义,作语气副词表示对最终结果的强调或认定。"(杨荣祥 2002)可见,杨文已看到时间副词"毕竟"和语气副词"毕竟"之间的源流关系,勾勒出了"毕竟"的发展脉络,并已敏锐地观察到:随着"毕竟"从时间副词演变为语气副词,其辖域和所在句子谓语中心的语类都发生了变化。不过,或因杨文不是专论此类副词,而是综论近代汉语副词演变的,其对时间副词"毕竟"与语气副词"毕竟"之间的具体关系和相关演变的机制语焉不详,只是概括地说"'毕竟'作时间副词表'最终'义,作语气副词表示对最终结果的强调或认定"。其实,语气副词"毕竟"表示对结论而非结果的强调。强调结果的是汉语史上出现的"终于,终究"义时间副词"毕竟"。孙菊芬(2003)考察了"毕竟"在近代汉语中的用法,勾勒出了它的发展脉络。孙文把近代汉语中"毕竟"的用法分为五种:A. "最后"义时间副词,表示对已然之事的最后结果做客观陈述;B. 语气副词$_1$,主要用于疑问句,表示追究某事之最终结果;C. "必定"义"毕竟",表示对未然之事的客观结果做推断;D. "坚持"义"毕竟",表示主观意愿;E. 语气副词$_2$,用在陈述句中,表示辩解或反驳。孙文认为,先是动词"毕""竟"同义连用,做谓语,后来受其他"完结"义动词虚化为副词的类推,"毕""竟"共同前移做状语。"毕竟"更多地接受了"竟"的影响,并以此作为自身词义进一步发展的依据。因"竟"表示"最终"义,故孙菊芬把"毕竟"的演变路径表示为:

A(＋疑问语气)→ B(表示从时间意义上追究)
A(＋主观推断)→ C(对未然之事的客观结果)或者 D(对未然之事的主观意愿)
A(＋辩驳强调)→ E[表辩解、反驳(从对结果或性质的认识上)]

她认为汉语史上存在一个"毕""竟"共同从谓语位置前移至状语位置的句法移位过程。但该说缺乏证据(详见第五章)。孙文关于"毕竟"的历时演变的看法表述得更概括些、更全面些,应当是:

A 客观陈述 → [F. 对已然结果的主观强调("终于,终究,最后还是"义)]
("最后"义)   C. 对未然结果的主观推测("肯定,一定"义)
               D. 对未然结果的主观追求("坚持"义)
               B. 对问题答案的主观追究("到底,究竟"义)
               E. 对事物属性的主观强调("到底,毕竟"义)

孙文的论述让我们看到了"毕竟"在词义主观化过程中所经历的平行演变,但没能说明表示客观陈述的 A 用法如何跟[＋疑问语气]组配演变出表示追究语气的 B 用法,又如何跟[＋主观推断]、[＋辩驳强调]等组配演变出 C、D、E 用法。换言之,该研究没能展示出"毕竟"的词义发生主观化所遵循的微观机制。一个重要原因就是缺乏概念域意识,加之对结论的概括力度不足,所以对"毕竟"各种用法的排列比较混乱。比如,没有列出对已然结果的主观强调这种用法(上图中补记为 F),没有意识到 F、D 用于行域,C、E 用于知域,B 用于言域,对这些用法的排列犬牙交错,因而不易发现 F 与 D 之间、C 与 E 之间的微妙联系。而且,孙文认为 E 是"毕竟"的独特用法。此说失当,因为"究竟"和"到底"都有此用法。另外,在"毕竟"的"肯定,一定"义的来源问题上,孙文的看法跟史金生(2003)不同。孙文认为源于"最后"义,史文则认为源于"毕竟"义。两说孰是孰非,本书将做出回答。

关于"终归",孟昭水和陈祥明(2009)考察了其形成过程,认为它来源于古代汉语中的状中关系偏正短语"终归"。他们根据后续成分是谓词(短语)且该谓词(短语)有其他修饰语这个标准,确定副词"终归"的形成期在南北朝,认为唐以后多数"终归"不再是短语,而是副词。但是,他们的研究仅限于"终归"向时间副词的演变,没有进一步考察它向评注语气副词和认识情态副词的演变。行文也存在自相矛盾之处。一方面,承认"终归"不是一个直接成分;另一方面,又说副词"终归"来源于偏正短语"终归"。我们认为,副词"终归"是从跨层结构(而不是短语)词汇化而来的(详见§9.3.1.4)。

关于"到底",现有研究包括张秀松和张爱玲(2005)、黄斐(2006)、冯雪燕(2009)、马喆(2009)等。张秀松和张爱玲(2005)探讨了动词短语"到底"的词汇化和语法化,分化出了普通话中"到底"的五种用法(即表示空间移动、表示时间流逝、表示事件进展、表示推理进展、表示问答进展)。但是,张文认为时间副词"到底"是在短语"到底"完成从补语向状语的移位之后词汇化而来。这一点得不到历史语料的支持。而且,张文没有描写和解释五种"到底"在句法、语义和语用方面的差异,也未能说明它们为什么能共用一个语表形式。冯雪燕(2009)从在四大名著中的使用来考察"到底"的形成。她把"到底"看作极量词。该研究视角独特,但未展示不同"到底"的极量共性的具体表现。冯文提出的"到底"的演变路径(极量动词词组＞极量介词词组＞极量时间副词＞极量逻辑副词＞极量语气副词)也得不到语言事实的支持(详见§3.2.2)。黄斐(2006)在考察宋代副词语法化和隐喻的关系时,断言宋代以后"到底"都是副词,无一实词用法。这显然失真,因为即使在今天"到底"也仍可用作趋向动词。作者还对《红楼梦》中"到底"的使用情况做了调查。但其调查结果与我们的调查结果大相径庭,尽管"到底"出现总次数相同。我们认为,这是作者对"到底"在共时平面上各用法认识不清、界定不明造成的。比如,黄文说《红楼梦》中'到底'235见,后接谓语表强调语气的136见,约占57%,后接句子表强调结果的49见,约占20%,后接疑问句表强调原因的56见,约占23%"。什么叫"后接谓语表强调语气",是指时间副词"到底"的饰谓用法吗?它强调结果时难道不带强调语气吗?"到底"后接句子时能强调结果吗?应当是强调原因或事物的根本特点!黄文所谓的"后接疑问句表示强调原因"也叫人不知所云。"到底"后接疑问词时难道疑问词所在句子一定是疑问句吗?"到底"后接疑问词时强调原因吗?应该是表示对问题真实答案的追究语气!黄文想要表达的意思当是:"到底"后接谓语时表示强调结果,后接句子时表示强调原因,后接疑问子句时表示强调语气。不过,即使这么修改,仍然含混不清,因为它强调原因、强调结果时也带强调语气。马喆(2009)考察了"到底"的去范畴化。但是,马文侧重考察"VP 到底"和"到底 VP"中 VP 的语义或时体特征随着"到底"的演变而发生的变化,对"到底"的演变语焉不详。

关于"究竟",对其词汇化和语法化历程、机制和动因,学界虽还没有专门而系统的研究,但太田辰夫(2003:257)、董秀芳(2002:144)、孙菊芬(2003)、史金生(2003)在探讨双音词的衍生和发展或"毕竟"类副词的演变时,王军(2009)在探讨副词"究竟"的始见年代时,都有所涉及。只是各家对"究竟"的初始结构和本义的看法存在严重分歧。就初始结构看,有动宾短语说和并列短语说两种观点。就其本义来看,有说是"至其极"义的,有说是"追究全部"义的,也有说是"穷尽"义的(详见§6.2)。那么,这些观点孰是孰非呢？本书将做出回答。至于名词"究竟"的历史形成,学界尚无人问津。对"究竟"的共时研究也相对较少。只有陆俭明、马真(1982)曾经指出,"'到底''究竟'语义上指向一个疑问成分(WH-词语),并且只能指向这些词后面的疑问成分",但没有进一步解释这种现象的成因。

对"毕竟""究竟""到底"类副词展开共时系统研究的只有陈秀明(2006)、李莉(2012)、赵舸(2017)。这项研究都是面向对外汉语教学的,主要是对这些词语进行近义辨析。陈秀明(2006)的研究范围只限于这些词强调原因或事物特点的评注语气副词用法。赵舸(2017)侧重从语用背景[①]角度对比这些词的用法差异,但赵文在分析过程中有把语境意义强加给副词之嫌。比如,为评注语气副词"毕竟"列出的义面[②]居然多达四种。根据我们的考察,评注语气副词"毕竟"在普通话中只有强调原因和强调事物根本特点两种用法。至于赵文所谓"强调最终状态"和"强调结论",跟以上两者之间不是并列关系,而是源流关系(详见本书第七章)。以上三篇文献所论多数是对各种辞书说法的综合,对它们作为近义词在用法上的差异的辨析重在语义思辨,句法和语用测试相对较少,更没有结合其演变展开分析。这样,很多辨析显得模糊不清,易引起无休止的哲学式争论。比如,李莉(2012)说英语 after all 翻译成汉语只能用"毕竟"而不能用"到底"。此说值得商榷(详见本书附录)。

---

① 赵文沿袭马真(1983)的说法,称之为"语义背景"。
② 义面(semantic facet)是义位(sememe)在具体语境中的变体或实现形式,又称"义位变体"(alloseme)。比如,在古代汉语中,义位"有了"在具体语境中可以实现为"有身孕了""有生意了""有下落了"等义面。

1.2.2 汉语"完结"义副词的系统研究

对"毕竟""究竟""到底"类副词的共时变异和历时演变展开泛时系统研究的只有史金生(2003)和朱福妹(2008)。史金生(2003)从"毕竟"类语气副词(含"毕竟""究竟""到底""总归"等)的功能差异入手,深入探讨了各成员在历史上的演变情况、功能消长和语法化机制。史文提到,"毕竟"类副词的虚化过程是由具体到抽象的过程,即由概念世界向认识世界和话语世界转移的过程,同时也是语法化程度由低到高的过程。但是,史文并没有向我们展示这种转移过程的具体细节,只是概括地说:"由动作的完结到时间的最终是一种隐喻,可看作由空间域向时间域的映射;由时间域的最终又引申为强调事物的本质属性或不变的结论。这是由时间域向性质域的映射。"这段话的第一分句表述有误,这是因为,虽然从表示位移运动的完结到表示一般活动的完结依靠的是概念隐喻,而从表示动作的完结到表示时间的最终依靠的是概念转喻[过程→结果]。第二分句由于史文没有提供具体充分的阐述和足够的语言事实证明两域之间的象似性而显得让人费解。史文未能说明这类词如何向话语世界(言域)扩散,从而获得疑问语气副词用法的。总之,史文的研究并没有揭示出全部真相,似乎夸大了隐喻的作用。比如,在"毕竟"类副词从表示对结果的客观陈述向表示对结果的主观强调演变的过程中,语境诱发的基于概念转喻的重新分析是主要驱动力(详见§7.2.2.2)。或因史文是单篇论文,立论又事关宏旨,受篇幅所限,对"毕竟"与"到底""究竟"在现代汉语中的句法、语义特点没能深入探讨,部分地影响了论题的深入。比如,未考察"毕竟"的使用背景,未对"毕竟"的解-反预期用法做出描写与解释,未对"毕竟""到底"等的句法限制(如为什么不能用于主宾同形式同语式句首)做出解释(详见本书第七章)。另外,史文认为"毕竟"没有时间副词用法,而我们的考察结果表明是有的。朱福妹(2008)考察了"到底"类词语的语法化,主要涉及动宾短语"到底"、并列短语"终竟"、跨层结构"终于"等。但是,对现代汉语中常见的"毕竟"却没有涉及,对现代汉语方言和古代汉语中的"完结"义词(如"到头""到尾""至竟""到罢""到了""到究""到老""归结"等)都没有涉及,也未涉及跟外语对应表达的比较,对现代汉语中"终归"的源式的语法性质的界定亦有误(应是跨层结构,而非偏正短语),对汉语史上"到底"等词的用法的考察亦不大全面,比如漏掉了其"无论如何"义肯定语气副词用法。

综上所述,既往研究通常围绕汉语"完结"义副词中的某一个或某几个的一种或几种用法展开,所论或局限在一定范围内,或解释力度不够,且有些问题各家意见分歧严重。仅有的少数几篇宏观系统研究也还存在一些不足和可深入之处,比如割断共时变异和历时演变之间的关系、对汉语"完结"义副词的共时变异和历时演变的考察缺乏跨语方言和跨语言观照,等等。我们认为,既然共时变异往往是历时演变的投影,那么,如果不结合历时演变,就无法对共时变异和共时特征做出充分解释。既然语言符号都是处在语言系统中的,那么,如果不把"到底""毕竟""究竟""终于""终究"等放在"完结"义词历时演变的大背景下进行考察,就发现不了"完结"义词发生系统性历时演变所遵循的规律与机制,及其对个体的"毕竟""到底""究竟""终于"等的历时演变和共时用法的影响。不进行跨语(方)言考察,就发现不了"完结"义词在共时多功能性和历时演变方面的跨词共性、跨语言共性及其体现的汉语的个性。

1.3 目标与思路

1.3.1 研究目标

正是基于§1.2所述本课题的研究现状,本书确立了如下研究目标:(1)共时描写:描写现代汉语(方言)中"完结"义副词的共时变异,包括其多功能性(尤其是多义性)和共时特征(即在语法分布、语义功能、语用背景方面的个性),揭示其进行近义替换的条件和规律。(2)历时追溯:追溯典型"完结"义副词的历时演变,揭示其语法化表现、机制和动因,并用历时演变对其共时变异做出解释。以"到底""究竟""毕竟""终于"为重点,兼及"终归""终究""终竟""始终""至竟""到了""到头""到尾""到老""归结""归讫"等其他词语。(3)跨语(方)言比较:通过跨语言和跨方言比较,归纳相关词语在共时用法和历时演变方面的共性及差异,并对共性做出解释。

1.3.2 研究思路

本研究遵循以下思路:(1)从个案研究走向系统研究。即从对"到底""究竟""毕竟""终于"等的历时演变的个案研究走向对"完结"义副词的历时形成和演变的系统研究,因为语言研究的一个重要任务就是揭示语言内部和语言背后的系统性(Evans & Green 2006:18)。(2)从共时变异研究走向历时演变研究。尝试用历时演变解释共时变异和特征,以共时特征为对缺少文献反映的历时演变细节的构拟提供证据。首先从共时变异和共时特征切入,然后追溯历时演变(包括演变的过程、路径、表现、条件、机制和动因等)。在共时变异方面,主要进行横比,比较多个副词的不同义位在用法上的差异、近义副词彼此之间的用法差异,寻找近义替换条件和规律。在历时演变方面,主要进行纵比,寻找其词汇化和语法化共性及它们在历时演变过程中的互动关系,并对演变动因做出解释。(3)从共同语研究走向跨语(方)言比较研究。在对"到底""毕竟""究竟""终于"等普通话典型"完结"义副词逐个进行深度研究之后,再结合其方言和外语对应形式,揭示并解释它们在共时变异和历时演变方面的共性。(4)从对语言规律的揭示走向对语言理论的探讨。在对"完结"义副词的共时变异和历时演变进行深入考察的基础上,探讨其历时演变的相关事实对当前的语法化理论可能会提出的挑战。比如,主观化学说有什么历史局限?语法化要以高频为前提吗?语法化一定是个渐变的过程吗?认知取向的语法化研究如何处理隐喻和转喻的相互关系?

那么,本研究的具体切入点是什么呢?是"完结"义副词的规则多功能性、近义替换律及其在方言中的特异用法。如上文所言,虽然学界对这些词语的研究取得了不少成果,但仍有很多未尽事宜。比如,语料调查表明很多"完结"义副词具有规则多功能性,兼有如下多个或全部用法:①强调经过较长曲折过程后最终出现某结果(即强调结果)的时间副词;②强调原因或事物根本特点的评注语气副词;③表示对问题真实答案的追究语气的疑问语气副词;④表示"无论如何"义的肯定语气副词。那么,为什么会有这种跨词共性呢?这就是本书要解释的规则多功能性现象。再如,在用法①上,"终于""终究""始终""到底"是近义词。在用法②上,"终究""始终""毕竟""究竟""到底"是近义词。在用法③上,"究竟""到底"是近义词。但近义并不是等义,同一语义范畴只要存在多种表达,这些表达之间就一定存在语义差异(Bolinger 1977),这些语义差异还会有一些句法表现。那么,"完结"义副词进行近义替换的条件和规律是什么?这些条件和规律与其历时演变和语义结构之间存在着怎样的关系?这些问题学界尚未有人做出准确而系统的回答。因此,本研究将以此作为第二个切入点。本研究的第三个切入点是现代汉语中这些词语的特异用法。比如,在"终于""终究""始终""毕竟""究竟""到底"中,为什么只有"究竟"有"原委,真相"义名词用法而其他词都没有?"原委,真相"义"究竟"为什么只能做宾语?再如,在东北方言中,"到底"有表示催促语气的"倒是"义用法,"究竟"有"到哪儿,多少"义用法。这些看似特异的用法从哪里来?所以,本研究往往从对古有今无(或仅存于方言)的语法现象的搜寻和考察出发,继而追溯到历史上的相关现象,努力理清相关演变的历程,揭示相关演变的动因,从而为深入理解相关语言演变提供基础,因为语言演变研究中特别富有启发性的是已废弃不用的结构(obsolescent structures）。（Lightfoot 1993：x—xi）比如,第五章从东北话中"到底"的"倒是"义祈使语气副词用法出发,进而考察汉语史上"到底"从疑问语气副词向祈使语气副词、从评注语气副词向肯定语气副词演变的历程,并从物理学的位移运动理论角度来解释为什么"到底"有而"究竟"等没有祈使语气副词用法。又如,第六章从陕西话中"究竟"的"追究"义和"彻底"义用法出发,追溯它在中古汉译佛经中的出现以及佛经中"究竟"的名词用法对"究竟"的"原委,真相"义名词用法的形成的影响。从东北话中"究竟"和闽语中"遘底"的"到哪儿,多少"义用法出发来考察短语"究竟"经历的语义演变。本书还运用概念合成理论解释古籍中"到底""毕竟"等词的特异解读（"即使、虽然、万一"义）的形成过程。在"力量-动态"模型理论的指导下,考察了"到底""毕竟""究竟""到头"等古有今无的肯定语气副词用法。①

1.4 方法与材料

1.4.1 研究方法

在研究方法方面,本书拟做出以下三种尝试,希望这种尝试对语法化研究和词语规则多功能性研究具有一定的方法论上的参考价值。

第一,共时变异与历时演变深度互动法。试图通过该方法的运用来实现共时变异研究与历时演变研究的深度互动,形成一种具有理论检讨能力的语法化研究模型。众所周知,语言的共时变异（即异质共存）现象往往是其历时演变的共时投影（下文简称"共时变异和历时演变的同构"）(Brinton & Traugott 2005:6)。所以,透过共时变异可洞察甚至构拟历时演变,运用历时演变可解释共时变异。这也是语法化研究的魅力所在。自20世纪90年代语法化理论引入汉语研究以来,汉语共时变异和历时演变研究发生了巨大变化。共时研究不再只注重对共时现象做静止而详尽的描写,开始关注历时演变对共时特征的解释作用;历时研究不再只注重材料搜集、文献考证和线索追溯,开始关注共时变异对重构历时演变的启发作用。这样,现代汉语界和古代汉语界开始了密切合作,开始有意识地寻求共时研究与历时研究的有机结合。但是,这种结合的力度似乎还不够。共时变异研究与历

---

① 总之,我们认为,虽然哲学研究的任务不在于更多地观察人们尚未见到的东西,而是去思考人人可见却无人深思过的东西(叔本华语),但是语言学研究的任务却不仅在于关注人们习以为常却没有深思(即人人口中有、人人心中无)的语言现象(如"到底"何以能集多种用法于一身而又不易产生歧解?),还要培养敏锐的洞察力,善于从阅读和听说中发现新的语言现象。

时演变研究的有机结合常被误解为"一会儿进行共时描写,一会儿进行历时追溯"。其实,那还是两张皮,是为描写而描写,为追溯而追溯。本研究试图力避此种现象,努力使历时追溯为解释共时变异服务,使对共时变异的描写为对历时演变的洞察服务,使共时描写和历时追溯为对规律的揭示和解释甚至预测服务,因为语法化研究不仅能把语言的当前状态与过去状态关联起来,而且能通过对语言的过去演变规则的揭示来预测语言的未来发展,并对共时语法系统的复杂性做出解释(Heine 1993:124)。因此,我们设计了如图1-1所示的研究模型。

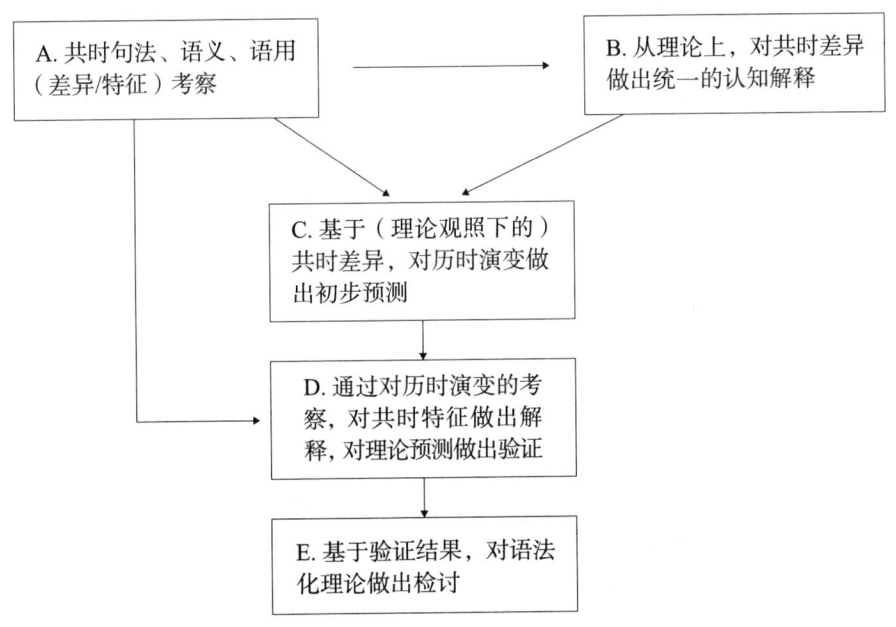

```
A.共时句法、语义、语用          B.从理论上,对共时差异
  (差异/特征)考察    ────▶      做出统一的认知解释

              ↓    ↙
         C.基于(理论观照下的)
           共时差异,对历时演变做
           出初步预测

              ↓
         D.通过对历时演变的
           考察,对共时特征做出解
           释,对理论预测做出验证

              ↓
         E.基于验证结果,对语法
           化理论做出检讨
```

图1-1　基于认知的共时变异与历时演变互动型语法化研究模型

该模型既能加大共时研究与历时研究的结合力度,又能对语法化研究领域的相关理论做出检讨。如果共时平面存在变异情况,比如"到底"有四种用法,则研究路线为:A→B→C→D→E;如果共时平面不存在变异情况,比如"毕竟"现在基本只有一种用法,则研究路线为:A→D→E,即先直接用历时演变解释共时特征,然后再考察相关事实对语法化理论有无冲击,如果有,则对语法化理论做出检讨。Lightfoot(1979:10,15)曾说:"历史句法研究中的很多困难是由于我们缺少一种合适的句法理论对共时句法现象进行可能的描写导致的。当前,我们使用的理论太宽松。所以,我们的历史句法研究和新语法学派的语法学家及其同代人一样,并未揭示出多少可能的句法演变。在严谨的句法理论背景下进行历史句法研究,将会取得重大进步。

一个严谨的理论能对可能的历时演变作出预测。对实际发生的演变的考察对基于该理论得出的预测有验证效应。"尽管Lightfoot的上述观点备受批评①,但Lightfoot强调对共时现象基于理论的详细而准确的描写对语言历时演变研究至关重要,这一点是正确的。如果共时考察没有理论的烛照和指导,可能根本发现不了(近义表达之间的)共时差异,也无法对历时演变研究应该关注哪些方面或环节提供启发。因此,本书高度重视理论的烛照对考察共时现象的重要性。至于理论烛照下的共时考察所推演出的对历时演变的预测是否准确,则通过对历时演变的具体考察来加以验证。

第二,形式主义与功能主义良性互动法。陆孝栋(1994:313)指出,"当前语言研究正面临走形式主义还是功能主义的两难选择。如果选择形式主义,就无法对话语的意义作出充分说明;如果选择功能主义,就很可能会忘记要使语言研究成为一门科学。"虽然陆孝栋的观点有些偏激,因为科学主义并不是形式主义,尤其不是狭隘的形式主义②,但是,他强调语言研究要实现形式主义和功能主义的有机结合,这一点是值得肯定的。其实,形式主义与功能主义在很大程度上是互补的。形式主义更强调语言的体系性和科学性,关注语言内部各要素之间的相互关系和相互作用,预设人们已经掌握了相关概念,探讨用有限词汇和句法手段来表示和理解无限多的句子的奥秘(Eckardt 2006:93);功能主义更强调语言的人文性和社会性,认为语言是社会发展的产物、是服务于人的交际和思维工具。所以,关注社会、交际(含信递)、认知、文化等外部因素对语言结构和语言演变的作用。在语言研究中实现形式主义与功能主义的有机结合的做法并不鲜见。"自1990年代以来,形式学派一直在尝试运用生成语法理论和研究模式来研究功能范畴的语法化,以期对语法化现象作出真正的解释。"(吴福祥 2004)在语言的历时研究中尝试引入形式主义方法的语言学家,比较著名的有Lightfoot(1979,1993)、Bybee等(1994)、Croft(2003),在汉语学界主要是屈承熹(1993)、Wu(2000)等。不过,Lightfoot是形式语言学家,他更关心的是如何用语言的历时演变证明生成语法经典理论的正确性。他坚持认为语言演变一定发生在语言的代际传承上,"只有儿童才是引起语言演变的语言创新的主体,语言演变是语言习得过程中参数重设的结果"。所以,其尝试备受批评。而Bybee和Croft都是功能语言学家。在语言的功能研究中尝试引

---

① 比如,Harris和Campbell(2007:387)指出:"离开形式句法理论我们照样可以对语法演变进行研究"。
② 按:此处"狭隘的形式主义"特指运用数理逻辑的方法来研究语言的范式,如生成语言学家、逻辑语义学家所信奉的主义。

入形式化表示手段,使对历时演变的功能解释显得更精细、严谨。他们的尝试相对来说较为成功,因为他们深刻地认识到语言演变既可能发生在语言代际传承过程中,又可能发生在个体语言使用或不同社会的语言接触、语言融合过程中。所以,语言演变研究应该以语言运用为基础,尽管可以融入形式化的表示方法和推导机制。当然,对语言的历时演变研究还可以走另一种形式主义路子。这就是Traugott的高足Eckardt所走的路子。Eckardt(2006:26)把形式语义学的研究方法引入语法化研究,主张对语言演变进行功能研究的学者可以暂时搁置形式主义与功能主义在语言观上的对立,借鉴形式语言学的分析技术和相关理论,避免在对语言历时演变的某些环节进行构拟时的主观武断和臆测。

本书也试图实现形式主义和功能主义的有机结合,使关于语言历时演变的功能研究的结论更具可验证性。我们借鉴的是形式语义学而非形式句法学的理论和分析手段,因为我们关注较多的是语义演变及其伴随的句法演变,单纯的句法演变不是我们关注的焦点。① 那么,本书是如何实现形式主义和功能主义的有机结合的呢?下面试举例说明。本书第四章在形式主义与功能主义相互结合、形式与意义相互验证的思想的指导下,对"毕竟"义"到底"句展开考察,努力为对"毕竟"义"到底"句的功能分析寻找形式验证,用形式语义学中焦点的选项语义论、量级标尺原理、τ-算子和逻辑衍推等对"到底"的主观化做较为精确的刻画。同时,把语用法的语法化、反预期、解-反预期等功能语言学较为关注的课题纳入形式语言学的考察范围。该章拟采取下图所示的技术路线。

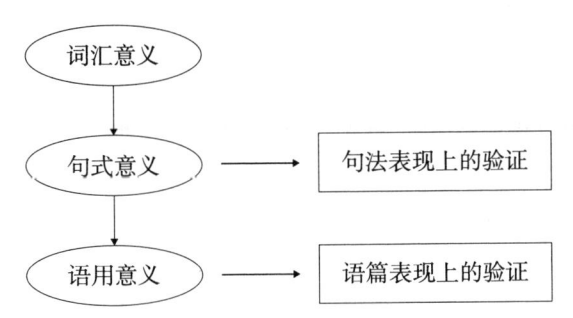

```
词汇意义
   ↓
句式意义 → 句法表现上的验证
   ↓
语用意义 → 语篇表现上的验证
```

图1-2 核心词驱动的词汇-语义-语用界面研究模型

---

① 另一方面,也可尽量避免Jackendoff(1990)所担心的问题。Jackendoff(1990:13—14)在谈到内部语义学研究和外部语义学研究能否相互结合时说:"原则上它们是可以结合的。但内部语义学和外部语义学的研究者的术语帝国主义(terminological imperialism)情结使这种结合显得很困难。"因为形式语义学领域的术语、假设、原则、规则相对较少,更新前后的连续性保持得较好,因而引入到对语言的功能变化的研究中遭遇术语帝国主义和研究领域专利化情绪抵制的可能性相对较小。

即:首先遵循形式语义学的处理惯例,把复句里的关联词等封闭性成分视为复句核心,从该核心词的词汇意义(即它在语法化过程中滞留的源义——真值条件义)出发,考察核心词词义跟整个句式义的互动,最后考察句式义跟语境信息结合投射出的句子的语用义。在考察句式义和语用义的过程中,努力为相关分析寻找形式验证。第五章在对祈使语气副词"到底"的委婉催促功能的形成做出功能分析之后,用逻辑公式清晰地揭示出它在具体语境中实现为催答、催说、催做等不同语用功能和疑问语气副词"到底"的语用功能之间的共通之处。再如,在第五、六章对"到底""究竟"的历时考察中引入生成词库理论的语义类型转换、语义类型逼迫、转喻性重构和互组操作等形式刻画手段,再现语法化过程中词语经历句法和语义重新分析所遵循的微观机制。第九章对"到底""毕竟"等词语的肯定语气副词用法的历史形成的预测和分析,也涉及形式主义方法的运用。

形式主义与功能主义的结合有从形式到意义和从意义到形式两种技术路线。① Levin(1993)走的是前一条路线,从词语不同的语法分布入手寻找其意义差异,从而把它们归入不同的语义小类;Jackendoff(1990)走的是后一条路线,利用词义分解中发现的词语的意义微异解释其在语法分布上的迥异。本书将同时走这两种路线。第一条路线,从形式入手探寻同一个词(如"到底""究竟"等)为什么会有多种意义却通常不会造成歧解。我们发现,这是因为这些词的句法分布、语篇分布和语用背景不同,因而其广义形式不同;第二条路线,从意义入手探寻为什么同一个意义有多种编码形式,却不是对语言资源的浪费。比如,表示"终于"义可用"终于""到底"等,表示"毕竟"义可用"毕竟""究竟""到底""终究""终归"等,表示追问语气可用"究竟""到底"等。我们发现,虽然近义副词的语义意义相同,但其语用意义不同,比如所在句子信息结构不同。所以,我们会分析其所在句子的信息结构。信息结构分析能让我们回答一个生成语法在很大程度上已忽视的问题,即同一命题为什么会有如此多的不同表达方式(Lemrecht 1994:340)。第二条路线还会考察:为什么"毕竟"义副词往往还有表示必然性推测语气的认识情态副词用法? 本书第四章、第九章走的就是这条路线。

当然,研究对象的性质决定了本研究必须以功能为主。我们认为,语言表达式的语法、语义演变往往是语用功能重派(re-asignment)的结果。语用功能体现在语言使用之中。而语言使用可以视为语言生成过程中起作用

---

① 这两种路线最早由叶斯柏森(1924)提出,分别基于听说两个不同角度。叶氏把语法研究分为两部分。一部分讲形式,把同一形式表示的不同意义归到一起加以研究;一部分讲意义,把表示同一意义的不同形式归到一起加以研究。

的认知过程的一种外在反映。比如,说话打结、多个同义词杂叠这些语用现象其实是言者认知处理出现障碍的体现。总之,语言的使用(环境)跟语法结构、语法手段的逐步形成之间存在密切联系。语言的句法结构是语义结构的投影,而语义结构是由认知的产物——概念结构——促动的,概念结构是以我们跟周围世界在互动过程中形成的身体经验为基础的,所以我们的研究方法归根结底是立足于认知的,立足于对概念结构及其实现方式的探寻的。① 当然,在立足于认知的同时,追求的是认知解释的概括性(比如对时间副词"到底"的语义特点、评注语气副词"到底"的句法结构、疑问语气副词"到底"的语用特征做出统一的认知解释),但力避通俗意义上的认知解释可能具有的随意性,因而要追求形式上的验证。

综上,本书倡导一种"立足认知,面向功能,结合形式分析,追求形式验证"的多维研究路子。

第三,框架语义学的[框架-槽位]分析法。试图采用该方法来探讨核心词的概念结构、语义结构跟该核心词所在句子的句法结构之间的投射关系。为了寻找多义副词各种意义间的语义联系(即寻找其共享的基础意义),本书尝试将Fillmore等人提出的框架语义学的[框架-槽位]分析法扩展到功能词的研究上。比如,第二章指出,虽然普通话中"到底"有四种意义,因而也有四个语义结构,但是这些语义结构大同小异,由一个共同的概念结构促动。不同意义间的差异只是该概念结构中某个或某些槽位上的填项不同,而该概念结构中各槽位之间的关系、槽位的特征是恒定的。在核心槽位上填入位移动词、动作动词、推理动词、言说动词,"到底"就会呈现不同的意义。"到底"的意义的不同还表现在其句法分布和语篇分布上。这么看来,[框架-槽位]分析法对发现句子核心词的概念结构与其语义结构、其语义结构与其所在句子的广义句法结构之间的关系十分重要。比如,经考察,我们发现,"毕竟"义"到底"的概念结构与其语义结构、其语义结构跟它所在句子句法结构之间分别存在一定的促动和映射关系(详见第四章图4-7)。在实际使用中,出于不同的信息剪裁的语用需要(即出于形成不同信息结构的需要),"到底"所在复句的句法结构可以发生变化,比如分句省略、分句语序倒置、复句单句化。

在汉语界,郭锐(2008)提出了汉语虚词的语义结构分析法,认为虚词的作用是表示一个语义框架中不同语义要素之间的语义关系。这种主张与框

---

① 对概念结构的探寻有着悠久的历史,在20世纪后半叶表现得特别活跃,如 Whorf(1956)、Talmy(1978,1987)、Jackendoff(1983)、Lakoff(1987)和 Langacker(1991)的研究。

架语义学的[框架-槽位]分析思想是相通的。不过,因本书研究的词语激活的语义框架有时覆盖在语篇之上(比如疑问语气副词"到底"激活的语义框架中成阻要素在语篇中是要表现为句子的),有时还可隐含在语境中,所以,本书径直采用框架语义学中"框架""槽位""填项"等术语,不拟采用语义结构分析法中的相关术语。但两者的分析精神基本一致。那么,我们为什么要引入[框架-槽位]分析法来描写"完结"义词的语义结构呢?理论诉求就是为了使对词语的语义描写中蕴涵较为充分的句法甚至语篇信息,揭示语义结构和句法结构甚至语篇结构之间的映射关系。陆俭明(2006:84—85)曾强调:"(核心)词语携带着丰富的句法-语义信息,它在很大程度上决定了它所在句子的句法-语义结构。反过来,句子之所以表现出不同的句法-语义结构,也正是因为其中所包含的关键词语不同。这一点必须重视。"

本书基于对"完结"义副词的共时变异、历时演变及其跨语言共性的考察,认为语义结构的设置是必要的,那种二层制主张(即主张概念结构直接向词汇结构和句法结构投射,不必通过语义结构)是不合理的。比如,追问标记的简单概念结构有两种:[ASK+TO+END](询问到尽头)和[ASK+TO+FINAL](询问到最后)。它们投射为语义结构时,[TO]和[END]/[FINAL]这两个概念元素(concept primitives)可以分别投射,也可以复合为[FINSH]这个复合概念再向词汇结构投射。前者投射出来的是两个义素,后者投射出来的是一个义素。这样,投射出的词语就会有单纯词和合成词之分。比如,汉语史上追问标记既有单纯词"了""却""究""竟""果"(详见本书第九章),也有合成词"究竟""毕竟""至竟""到了""到头""到底"等。但是,[ASK+TO+END]、[ASK+TO+FINAL]和[ASK+FINSH]在向语义结构投射时[ASK]都被抑制。这是由言说概念经常零编码这种认知机制决定的(详见本书§3.2.2.2和§3.2.2.4)。概念结构向语义结构的投射因语言而异。比如,[FINISH]这个概念在法语里要投射为[finalement]等义素。在同一种语言里或不同语言之间,语义结构向词汇结构投射时会因编码方式而异。比如,[到][尽头]这两个义素可以投射出不同的词语,如"到头""到尾""到底"等。[到][最后]这两个义素也可以投射出不能的词语,如"至竟""到了"。[到][最后]这两个义素在汉语中向词汇结构投射时都是顺序投射,在日语中则是逆序投射,如日语 hodo-ni("尽头-到")。这是由日语的 OV-语序特征决定的。在汉语中,追问概念向语义结构的投射及追问语气义向词汇结构的投射可以部分表示如下:

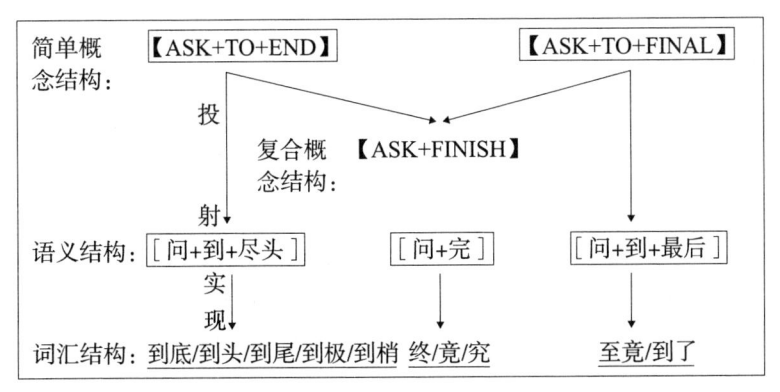

```
简单概
念结构：  【ASK+TO+END】        【ASK+TO+FINAL】
              ↓                      ↓
           投   复合概  【ASK+FINISH】
               念结构：      ↓
           射
语义结构： [问+到+尽头]    [问+完]      [问+到+最后]
           实
           现
词汇结构： 到底/到头/到尾/到极/到梢   终/竟/究   至竟/到了
```

图 1-3 追问概念的语义投射及相关语义的词汇化

第四,跨语(方)言比较法。本书拟加大跨语(方)言比较的力度,注重发现共同的语源模式和语源模式的类型差异。系统观是很多从事语言类型学研究的学者都持有的基本观点。他们认为,很多细小的、看似孤立而任意的语言演变其实是更大的、系统而规则的语言演变的一部分。比如,石毓智(2006:2)曾把缺乏系统观而孤立考察某一现象看作目前汉语史研究领域的一大局限。因此,本研究也尽量着眼于系统,避免孤立地考察语言现象。本书拟在第十章专论:①方言里的"完结"义副词及其历史来源。②外语"完结"义词语的共时变异和历时演变。尝试从认知和语法化角度证明它们与汉语共同语中"到底""毕竟""究竟""终于"等有着类似的多义模式和历时演变(详见图 1-4)。经考察发现,从表示时间的"最后"义用法向强调事件结果的"终于,终究"义用法、强调推理终点(即结论)的"毕竟"义用法、引出推理终点(即结论)的"总之"义用法、强调对问题答案的主观追究的"到底,究竟"义用法的演变,广泛存在于多种语言。"完结"义词语在法语中的语法化程度最高,已经发展出话语修正标记和插话标记用法;在日语中则发展出了比较标记用法;汉语、口语都用表示空间域物体运动到尽头的词语来表示"毕竟"义,英法、法语、意大利语都用表示时间关系的"之后"义短语来表示"毕竟"义,而汉语粤方言中则用表示时间关系的"先"词表示"到底,究竟"义(详见附录)。③本书在附录中顺便考察了英、法、日、汉诸语追问标记的语源模式。经考察发现,世界语言中追问标记的语源主要有:a."完结"义表达;b.否定极项;c.全称量词;d.带有诅咒色彩的詈词;e."的确"或"一定"义肯定语气副词。

综上所述,本书将坚持共时与历时相结合、形式与功能相结合、个别与一般相结合的原则,考察"完结"义副词词汇化和语法化的历程、路径、表现、机制、动因等,并探寻其体现的跨语言共性与汉语的个性。全文的总体研究思路如下页图1-4所示。梅祖麟(2000:19)曾把不能关注为什么某虚词会有多种不同用法、为什么某些虚词会有同一或类似用法作为汉语史研究中虚词研究的盲点。Lightfoot(1993:166)也提出了类似的问题:为什么某种演变会在几种语(方)言里反复发生? 本书认为,引入语法化理论和认知理论可以回答上述三个"为什么"。比如,运用"力量-动态"图式的领域扩散可以从多重语法化角度对副词"到底"为什么会有时间副词、评注语气副词、疑问语气副词、肯定语气副词等多种用法做出解释;运用概念隐喻和转喻、类推等机制可以解释为什么"完结"义词语会表现出相同或近似的多义模式和演变路径。

```
现代汉语普通话"完结"义副词的共时变异与历时演变
    个案一:"到底"的共时变异与历时演变
    个案二:"究竟"的共时变异与历时演变
    个案三:"毕竟"的共时变异与历时演变
    个案四:"终于"的共时变异与历时演变

现代汉语方言"完结"义副词的共时变异与历时演变
    个案一:"至竟"的共时变异与历时演变
    个案二:"到了"的共时变异与历时演变
    个案三:"到罢"的共时变异与历时演变
    个案四:"到头"的共时变异与历时演变
    个案五:"归迄"的共时变异与历时演变
    ……

汉语"完结"义副词外语对应表达的共时变异与历时演变
    个案一:英语"after all, in the end"等
    个案二:德语"schließlich, am ende"等
    个案三:法语"aprs tout, enfin, finalement"等
    个案四:意大利语"dopo, tutto, infine"等
    个案五:日语"toutei, tsuini"等
```

→ "完结"义副词的共时变异与历时演变的跨词共性与差异

→ "完结"义副词的共时变异与历时演变的跨方言共性与差异

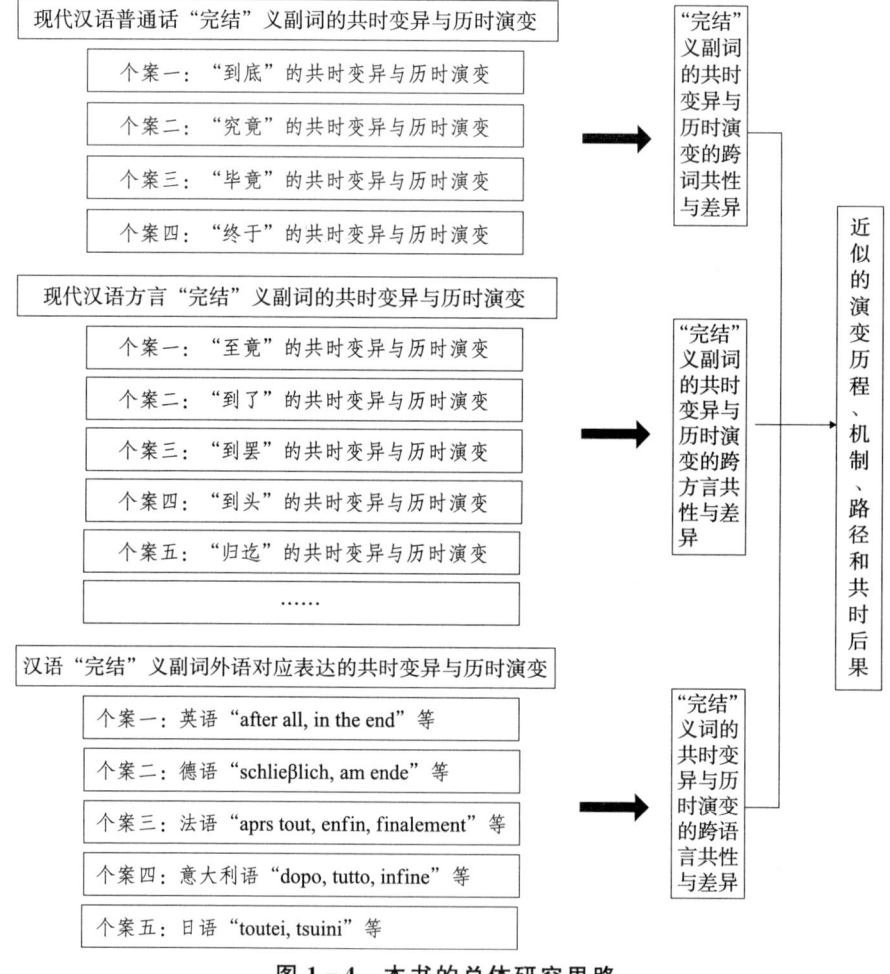

→ "完结"义词的共时变异与历时演变的跨语言共性与差异

→ 近似的演变历程、机制、路径和共时后果

图1-4 本书的总体研究思路

最后要交代的是,本研究的展开基于以下两点理论预设:①同意温和版领域扩散论。②同意温和版方位主义观。本研究还受到了 Anttila(1972)

20

的名言"一个意义对应一个形式"的启发。尽管语言中一词多义、异义同形或同音现象的存在使得该论断不攻自破,但如果认识到同音或同形词远不及多义词普遍,且把 Anttila 所谓的"形式"看作包括语音、语形、语法分布、语篇分布在内的广义形式,而不限于狭义形式(即形态),那么 Anttila 的看法还是很有道理的。比如,"到底"虽然集多种意义于一身,但表示不同意义时"到底"在形式上是不同的。短语"到底"和单词"到底"存在语音差别。前者"底"不能轻读,且经常有儿化现象,后者"底"可以轻读,通常很少有儿化现象。在近代汉语和早期现代汉语中,单词"到底"还常写作"倒底",但短语"到底"极少写作"倒底"。单词"到底"表示"终于,终究"义时常用于动态谓语句,表示"毕竟"义时常用于静态谓语句(特别是判断句和形容词谓语句),表示"究竟"时往往用于疑问句。可见,不同意义的"到底"句法分布形式不同。反过来说,既然"到底"集多种意义于一身(即共用一个语表形式),它们必定有一个共同的基础意义。

1.4.2 语料来源

汉语"完结"义副词不仅在历史上,而且在现代汉语中是个不小的集合。该集合中有的成员在内部结构或表义模式上比较接近(如"到底"和"到头","到了"和"至竟","终究"和"终归","始终"和"毕竟"),有的则相差较远(如"终于"和"毕竟","终究"和"到底")。特别是,在现代汉语中,其用法还存在年龄和阶层差异(比如,部分中老年知识分子仍然常用"究竟"表示"毕竟"义,用"究"表示"究竟"义),再加上来自语言文字规范工作的人为干预,使得不少"完结"义副词的某些用法游离在我们的语感之外。以上种种情况使得我们不拟依靠内省语料,而从大规模真实语料中观察语言现象。当然,语料库所收语料毕竟有限,有时因文献缺失还会出现断层。所以,在必要的时候,我们会增补一些调查而来的语料及手工从报刊摘录而来、从影音作品人物对话转写而来的有特定启发作用的实际用例。总之,本研究凭借的语料主要有以下几方面来源:(1)电子语料库。本研究利用的语料和语料统计主要以北京大学郭锐教授授权使用、南开大学郭昭军博士设计制作的"2006中文文本语料检索系统"(TCS2006)为依据。该语料库主体部分跟北京大学中国语言学研究中心(CCL)语料库(网络版)重合。[①] 不过,需要说明的是,笔者参照社科院语言所朱冠明博士设计制作的朱氏语料库(ZYK2006)网络版,对 TCS2006 所收历史语料进行了扩充。本书除第八章历时考察部

---

① 故笔者在已发表的相关单篇论文中有时宽松地说成"依据 CCL 语料库"。

分因写作年代跟其他各章不同而单纯依据 ZYK2006 外,其他各章语料统计以及第八章共时语料统计均依据扩充版 TCS2006。统计表中置于括号外的数据是用例数,置于括号内的数据是使用频率,单位是"次/百万字"。(2)日常积累,包括对报刊用例的手工摘录和对影音作品中人物对话的转写。(3)各种语法手册、方言志、方言调查手册(随文标注出处)和相关辞书。本书写作过程中参考过的辞书详见参考文献中的辞书条目。(4)语料调查。调查得来的语料主要指方言和外语语料。

对于语料的标注采取如下体例:现代语料只标注作者名和作品名;历史语料标注作者朝代、作者名和作品名。如果作者所处具体朝代不能准确判断时,则模糊标注。比如,苏涧是宋代词人,但因生卒年不详,故无法具体标注是北宋还是南宋人,则模糊标注为宋代。佛经语料标注(如刘宋·求那跋陀罗译《过去现在因果经》,T3n189p638a23)中 T、n、p、a 后的数字分别表示册数、经号、页数和栏数。

1.5　总体框架

本书共分十章。除第一章"绪论"外,第二至五章考察"到底"的共时变异和历时演变。第六至八章分别考察"究竟""毕竟""终于"的共时变异和历时演变。第九章考察前几章未涉及的"完结"义副词的其他用法和其他"完结"义副词。第十章是跨语(方)言考察和理论总结。在第二至五章中,第二、三章分别对"到底"的共时变异和历时演变做宏观考察,第四、五章分别对"到底"的评注语气副词和疑问语气副词用法展开微观考察,第五章还涉及疑问语气副词"到底"在近代汉语中的后续演变。下面具体介绍。

第二章,首先,在界定"到底"义位的基础上,描写不同性质的"到底"在句法、语义和语用方面的差异;接着,运用"力量-动态"图式的领域扩散对其共时差异做出统一的认知解释;最后,初步构拟了"到底"的词汇化和语法化历程。

第三章,首先,基于理论观照下的"到底"的共时差异,对"到底"的历时演变做进一步预测;然后,考察"到底"的历时演变,揭示其词汇化和语法化的历程和路径、机制和动因,最后,运用对"到底"历时演变的考察结果来检验相关预测的效度,并就相关问题做些理论探讨。

第四章,首先论证疑问语气副词"到底"常用于追加询问语境,有语力限定作用;然后,考察其所在句子的句法限制、语用背景和话语模式;接着,考察其在近代汉语中的后续演变,即:疑问语气副词→祈使语气副词,并结合其演变事实,探讨语言演变过程中高频跟渐变、低频跟突变之间的关系;最后,参照"倒(是)"的多功能模式和演变规律,综合考察语气副词"到底"在近代汉语中的后续演变。

第五章,利用焦点的选项语义论,从评注语气副词"到底"的语义结构出发,基于句子核心词的语义结构与句子句法结构之间的象似关系,考察"到底"所能出现的各种句式,建立起它们之间的推导关系,通过分析"到底"句的反预期、解-反预期等主观化表达功能,为这些句式之间的推导关系做出解释。

第六章,在描写"究竟"的共时变异和共时特征的基础上,追溯其历时演变,并运用其历时演变来解释其共时变异和共时特征。论证"究竟"本是梵语 uttara 的意译词,在佛经中可用作名、动、形三种词类。佛经专有名词"究竟"的盛行为中土文献中"原委,真相"义名词"究竟"的出现奠定了形类基础。该章试图利用生成词库论的物性逼迫和互组等形式机制再现"究竟"在历时演变过程中基于听说互动而发生语义重新分析所遵循的微观机制。

第七章,首先,在厘清"毕竟"各种用法的基础上,考察"毕竟"的句法分布和共时变异,及其跟"到底""始终""终究"的同义替换规律;然后,追溯其词汇化和语法化历程,即:短语→动词→时间副词→评注/疑问语气副词。用语料统计来论证学界关于时间副词和疑问语气副词"毕竟"分别始见于中晚唐和晚清的结论不正确。指出,前者在东汉就已出现,只是多用于佛经,在中土文献中的流行要到唐代;用基于"力量-动态"模型的语义分析模式,找出三种用法的副词"毕竟"的语义结构中的共享义素——[除阻]。该章还考察了疑问语气副词"毕竟"消亡的过程和动因。

第八章,基于对时间副词"终于"在共时平面上的语法特征的描写,考察跨层结构"终于"向时间副词"终于"的词汇化和语法化的历程、词汇化的动因、词汇化的表现及其伴随的"终于"的语义演变与句法调适。

第九章,首先考察前几章未涉及的"完结"义副词的肯定语气用法的意义分层实现[在行、知、言三域分别实现为动力情态副词、认识情态副词和委婉(劝说或建议)语气副词],及其肯定副词用法的历史形成,然后考察"始终""终究""终归"和"终""竟""了"等其他"完结"义副词的共时变异和历时演变。

第十章,首先对"完结"义副词的共时变异与历时演变进行跨语(方)言综合考察,寻找其多功能性和历时演变的跨词共性和跨语(方)言共性;然后,在语法化研究参数理论和原则理论的指导下,描写并分析汉语"完结"义副词语法化的形式表现;最后,进行理论总结,概括汉语"完结"义副词的规则多义性、同义替换律和特异用法,并解释其成因。

第二章 "到底"的共时变异及其认知解释

2.1 引言:"到底"到底有哪些义位?

现代汉语中的"到底"性质多样,用法灵活。本章首先尝试在界定其义位的基础上,描写其共时变异,即"到底"用作短语、时间副词、评注语气副词、疑问语气副词时所具有的各别的句法、语义和语用特征;接着,运用"力量-动态"图式的领域扩散对"到底"的共时特征做出统一的认知解释;最后,初步构拟出"到底"的词汇化和语法化历程。

语料调查显示,在现代汉语中,"到底"既可用作表示运动趋向的介宾短语(如"沉到底""跑到底")①,又可用作副词。副词"到底"有哪些义位?每个义位该如何描写?不同辞书之间意见分歧较大。我们检索了吕叔湘主编《现代汉语八百词》(1999)、北大中文系语言班编《现代汉语虚词例释》(1996)、社科院语言所词典室编《现代汉语词典》(第7版,2016)、罗竹风主编《汉语大词典》(1999)这四部辞书(以下分别简称《八百词》《例释》《现汉词典》《大词典》),发现:①《大词典》列出了"始终,从头到尾"义,而其他三部辞书未列。②《现汉词典》《大词典》列出了"到尽头"义,而《八百词》《例释》未列。③《大词典》把"毕竟"义和"究竟"义合并处理为义项组,而其他三部辞书都分设两个义项。④《大词典》无"经过较长时间/过程/曲折而最终出现某结果"义项(下称"终于,终究"义),其他辞书都有。

第①④点不同很好理解。前者是因为"到底"表示"始终,从头到尾"义是古汉语中的用法,立足于现代汉语的《八百词》《例释》《现汉词典》自然不收。后者或因《大词典》漏收造成,或因《大词典》编者认为"终于,终究"义

---

① 按:通行现代汉语辞书一般把这种用法的"到底"看作趋向动词。我们主张这种用法的"到底"是介宾短语,具体原因详见下文。

"到底"在古代不常用造成。

关于第②点不同,可能是《八百词》《例释》编者认为"到底"表示"到尽头"义时是短语,而不是词,故不列出"到尽头"义。当然,《例释》不收该义也可能是因为认为此义"到底"是动词,而《例释》是虚词词典,故不予收录。我们认为前一种可能性较大。理由是"到尽头"义"到底"在共时平面上很少做谓语中心,往往黏附于其他动词之后,如:坚持/进行/贯彻/说到底。这些动词不只是"进行"类,所以这时"到底"就不宜看作谓宾动词的宾语,只能看作补语。而补语常由形容词(短语)、介宾短语、少数单音动词(如"死")、趋向动词(如"下去""上来"等)和极少数程度副词("很""极"等)充当。而"到底"既然不是形容词(短语)或程度副词,那就只能是(介宾)短语或趋向动词了。我们主张把"到尽头"义"到底"视为短语而非趋向动词,因为这可以兼顾"坚持到月底"之类"到"和"底"分离的用法。"到尽头"义"到底"是短语,这可以用同义替换测试来验证。

> 测试一:同义替换测试。若"V 到 X"中 X 可以为同义表达 Y 自由替换,而 Y 是词,则 X 至少是词(也可能为短语)。反之,则 X 是词内语素。

"到尽头"义"到底"中,"底"可以用其"尽头"义同义词"头"来替换,形成"到头"。而其他意义的"到底"不能通过这种同义替换测试①。试比较:

(1)这圈跑到底就歇一会吧。→这圈跑到头就歇一会吧。
到底还是年轻人干劲大。→*到头还是年轻人干劲大。
老叔,你快念,到底是怎么回事?→*老叔,你快念,到头是怎么回事?

因而"到尽头"义"到底"中的"底"宜处理为词。这样,整个"到底"就是短语了。

关于第③点不同,可以用共轭(Zeugma)测试和互补分布测试来证明《大词典》把"毕竟"义和"究竟"义合并为"到底"的一个义项的做法欠妥。下面先运用共轭测试来检验。

> 测试二:共轭测试。由于同一个词的不同义位难以在同一语境中

---

① 这是就普通话说的,在方言和古代汉语中"到头"可以表示"毕竟"义和"究竟"义(详见本书第十章)。

25

相容,同一义位的不同变体可以在同一语境中相容,所以,如果一种语境中同时被激活的某个词的多种意义能兼容,则它们是同一个义位的不同变体。反之,则是不同义位。

假设"毕竟"义和"究竟"义是"到底"同一义位的两个变体,那么,它们应该能通过共轭测试。可是,事实并不如此,下例是不可接受的:

(2)＊我想知道<u>到底</u>谁是警察,所以他不得不查下去。

上例中"想知道"和疑问代词"谁"的配合激活了"到底"的"究竟"义;"X 是 Y"格式与"所以"的配合激活了"到底"的"毕竟"义。但是,这两种意义却不能在一句中相容,故而全句不合格。这个句子只有在回声问(echo question)中才可以被接受。例如:

(3)甲:卢杰一直不想查这个案子,可他<u>到底</u>是警察呀,所以他不得不查下去。
乙:你大点声,我想知道他<u>到底</u>是什么身份,所以不得不查下去。
(改编自电视剧《重案六组》人物对话)

这说明"毕竟"义和"究竟"义不是"到底"同一义位的两个变体,而是两个不同义位,宜分立为不同义项。再运用互补分布测试来检验。

  测试三:互补分布测试。不同义位在语法功能或词汇搭配层面具有彼此不同、并且互为补充的组合特征。即不同词义具有各自不同的分布空间,可以成为确立义位的重要依据。(王惠 2004:2)因而如果表示某两个意义的同一语言形式的主要句法分布呈互补状态,则那两个意义属于该语言形式的不同义位。

针对"到底"的"毕竟"义和"究竟"义,我们设计了下面两种句法测试框架:

  框架 I:NP～是 NP 啊,所以 Y。
  框架 II:～V Wh-P 呢$_2$?

"毕竟"义"到底"能进入框架 I(见例(4)),但不能进入框架 II;"究竟"义"到底"能进入框架Ⅱ(见例(5)),但不能进入框架Ⅰ。所以,"毕竟"义"到底"与"究竟"义"到底"句法分布呈互补状态。这表明"毕竟"义与"究竟"义是"到底"的两个不同义位。

(4) 人<u>到底</u>是人哪,(所以……)况且,钱先生是他的好友啊!(老舍《四世同堂》)
(5) 我们同外国政党交往的目的<u>到底</u>是什么呢?(《人民日报》,1995-06-21)

综上所述,测试二、三都证明"毕竟"义和"究竟"义是"到底"的两个不同义位,宜分立为不同义项。运用上述测试同样能证明"毕竟"义、"究竟"义都不能跟"终于,终究"义合并为义项组。比如,下两例的不可接受分别表明了"终于"义与"毕竟"义、"终于"义与"究竟"义是不同义位,不可在同一句话中被同时激活(具体分析略)。

(6) *你<u>到底</u>如愿以偿地是大学生了啊,所以说出的话也很文雅。
(7) *不知道经过自己的刻苦努力,你<u>到底</u>如愿以偿地考上了哪个学校?

上文通过测试证明了"毕竟"义和"究竟"义不宜合为一个义项,而且独立出来后,其中任何一个都不宜跟"终于,终究"义合并。简言之,"终于,终究"义、"毕竟"义、"究竟"义应该三分。为论述方便,本书将短语"到底"和表示上述三种意义的单词"到底"分别记为"到底$_0$""到底$_1$""到底$_2$""到底$_3$"。"到底$_0$"在现代汉语中最常见的句法功能是做补语,但偶尔也可做谓语。例如:

(8) 塔在河边山上,河名"斤丝潭",打鱼人传说要放一斤生丝方能<u>到底</u>。(沈从文《泸溪·浦市·箱子岩》)
(9) 财主看见一堆写满了字的白纸……每行第一字大写,末一字不<u>到底</u>,细加研究,知是诗稿。(钱钟书《写在生人边上》)

由于现代汉语中做谓语的"到底"用例极少(在 TCS2006 共 4100 万字的语料中只检索到上面两例,都是表示空间位移运动的"到底端"义),本章暂不予关注。

下面我们将首先在第二节考察以上四种"到底"的共时特征的异同;然后,在第三节运用"力量-动态"图式的领域扩散对"到底"的共时变异做出统一的认知解释;接着,在第四节基于理论观照下的共时变异,初步构拟出"到底"的词汇化和语法化历程,并提出需要进一步研究的相关问题。

2.2 "到底"的共时变异

现代汉语中四种不同性质的"到底"有着各不相同的句法、语义和语用特征。为弄清现代汉语中"到底"的使用情况,我们检索了 TCS2006 现代汉语部分,检索结果如下:①

表 2-1 现代汉语中"到底"的用例和用例比情况

在句中的位置	用法类别	用例	用例比	特别说明
补语位置 (211 例)	空间用法"到底$_0$"	26	3.75%	其中,与"说"共现的有 105 例
	时间用法"到底$_0$"	185	26.66%	
状语位置 (483 例)	时间用法"到底$_1$"	53	7.64%	其中,出现在句首的有 44 例,出现在句中的有 28 例。
	语气用法"到底$_2$"	72	10.37%	
	语气用法"到底$_3$"	358	51.59%	
合计		694	100%	

上表显示:"到底"的空间域用法,即表示"(空间移动)到(物体的)底端,到(路径的)尽头"的用法(如:河水太深,一脚踩不到底。｜一条道走到底。)已大大萎缩。只有补位"到底"中有极少数还有空间域用法。② 在 211 例补位"到底"中有 26 例,约占 3.75%。即使在补位,时间域用法也已超越了空间域用法。所谓"时间域用法"就是表示"(活动或过程持续)到最后"义的用法。例如:把革命进行到底。｜到底等到你了。相比之下,"到底"的时间用法的用例已超过了空间用法,而时间用法又为其他用法所超越。如果把"到底"的"毕竟"义和"究竟"义用法分别看作知域和言域用法(详下),那么状位

---

① 说明:谓位动宾短语"到底"凡两见,未在表中反映出来;补位"到底"有极少数有程度用法(表示主事具有某属性的程度达到了极致),因只见于报刊、网络,也未在表中反映。这种用法详见第三章脚注[16]。

② 在古代汉语中状位"到底"也有空间用法,如"中流到底清",详见第三章。

"到底"中时间用法最少。上表的统计显示,"到底"的共时分布呈如下趋势("＜"表示"用例数少于"):

> 补位:空间域用法＜时间域用法;状位:时间域用法＜知域用法＜言域用法

把这两个使用趋势的等级连接起来,就成了:

> 空间域用法＜时间域用法＜知域用法＜言域用法

这个共时分布等级是否反映了"到底"历时演变各阶段之间的先后顺序呢?这个问题下一章将会详细考察。本章则重在考察"到底"的共时变异,以期为下章的考察做好铺垫。下面首先从"到底₀"开始考察起。

2.2.1 介宾短语"到底"的句法、语义特征

考察发现,现代汉语中介宾短语"到底"具有如下句法和语义特征:第一,一般要黏附于句中谓语动词,谓语动词不能带"着""了""过"等体标记。这种特征可以简称为"黏动",本书记为特征 A_1。当然,介宾短语性质的"到底₀"虽然黏动,但与动词之间允许插入中缀"得"或"不",表示可能性。例如:

(10)中国的老式账簿每行另起,一行写不到底,颇象新诗。(钱钟书《灵感》)

(11)中国的秋的深味,非要在北方,才感受得到底。(郁达夫《故都的秋》)

"到底₀"的黏附对象(下称"宿主/host")最典型的是位移动词(记作 V_m)。例如:

(12)他爬了出来……我如落井,谅必一沉到底,呼号也没有救应。(杨绛《干校六记》)

(13)他把油门一踩到底,轿车像离弦之箭,向前猛冲。(叶孝慎《美总统刺客在华落网记》)

上两例中"到底₀"分别黏附于位移动词"沉"和"踩"。"到底₀"常黏附的位移

动词还有"走""钻""掀""滑""掉""拉"等。"到底。"的次典型宿主是动作动词(记为 V_a)。例如：

(14)要把这项举措贯彻到底，必须加强调查研究。(《人民日报》,1995 - 06 - 12)

(15)我是条汉子,胜利失败都没关系,我能屈能伸,斗争到底！(老舍《残雾》)

(16)一句话说到底,我想和你做个交易。(尤凤伟《石门绝唱(2)》)

上三例中"到底。"的宿主分别是"贯彻""斗争""说"。充当"到底。"的宿主的动作动词还有"干""做""帮""救""抓""装""打"等。"到底。"的不典型宿主是状态动词、形式动词(记为 V_f)，如"坚持""进行"等。例如：

(17)邰家宝……要跟别人一样地坚持到底。(老舍《无名高地有了名》)
(18)我们要把反对腐败的斗争进行到底！(《人民日报》,1995 - 01 - 16)

要言之,"到底。"的宿主从 V_m 到 V_a，再到 V_f，越来越虚，越来越不典型。当然,典型不典型与常用不常用是两回事。表 2 - 1 显示，"到底。"最常黏附的动词是"说"。在 211 例"到底。"黏动用例中,有 105 例黏于"说"后,占 49.8%。其次是"坚持"，有 30 例，占 14.2%。这或许是因为"说到底""坚持到底"已习语化。第二,语义上,如果"到底。"前的动词是 V_m，那么"V 到底"表示通过某方式运动到路径的尽头；如果"到底。"前的动词为 V_a、V_f，则"V 到底"表示将某活动进行到最后——目的达成或结果出现时。同时,"到底。"还暗含宿主动词所示动作的进行可能存在阻力。比如，例(18)往往暗示言者认为当前的反腐斗争已经或很可能会受阻。如果用 E 表示"移动到(路径)尽头、活动持续到(过程)最后"这种属性，则"到底。"的词义的客观部分(即真值条件义)可刻画为 E_x，其中 x 为变量，由"到底。"的宿主赋值(value assignment)。其词义的主观部分(即非真值条件义)就是对整个运动或活动的强调,凸显运动或活动过程不中断(用 H_p 表示)。综合起来，"到底。"词义可刻画为：$\sum (E_x, H_p)$。

2.2.2 时间副词"到底"的句法、语义及语用特征

"到底$_1$",《现汉词典》释作"表示经过某种变化或曲折最后出现某种结果"。《八百词》释作"表示经过较长时间出现某种结果"。《例释》释作

"说明某种情况最终还是发生了,有时有不出所料的意思"。不难看出,《现汉词典》《八百词》的解释强调客观方面,《例释》的解释强调主观方面,涉及预期。我们认为,"到底₁"词义的核心部分可表述为"强调经过较长曲折过程而最终出现某结果"。但该核心意义在不同的句法-语义环境中会有不同的语境实现(contextual realization),即呈现不同的义面(semantic facet),如强调目的达成之不易的"终于"义、强调结果出现之反意愿的"终究,最后还是"义。结果通常有两种:有利于当事人的结果和不利于当事人的结果。① 有利结果是当事人积极追求的目的,如考上大学、买到房子;不利结果是当事人努力规避(即阻止或避免)的麻烦、灾祸、不幸等,如钱包被抢、住宅失火。当"到底₁"句表示的结果是当事人积极追求的有利结果时,"到底₁"往往通过语境吸收而获得凸显目的达成来之不易(即强调预期结果的久盼而至)的作用(记为特征 B_{1a},这种语境中的"到底₁"记为"到底$_{1a}$")。例如:

(19)田平到底为他爸争了一回光,先是自豪,而后却沮丧。(方方《白雾》)
(20)他考了三次,到底在第四年考上大学了。

例(19)中,"到底₁"强调田平的夙愿(即为他爸争光)的实现来之不易,可以替换为"终于"。"到底₁"的存在暗示存在一个先期的曲折过程,即田平努力克服各种主客观困难的过程。当"到底₁"句表示的结果是当事人努力规避的不利结果时,"到底₁"往往通过语境吸收而获得凸显结果出现之反意愿(即强调不利结果力避还来②)的作用(记为特征 B_{1b},这种语境下的"到底₁"记为"到底$_{1b}$")。例如:

(21)我躲闪着,到底还是被吴胖子把打火机抢走了。(王朔《一点正经没有》)
(22)马老先生想不起相当的字眼来表示这种男女关系。想了半天,到底用了个老话儿:"想不到这么年青就'闹媳妇'!"(老舍《二马》)

---

① 中性结果一般不会成为强调的对象。因此,这里暂时忽略。
② 这时"到底"句多带有一种遗憾口气。无独有偶,日语表示完结的"しまう"(simau)的虚化形式"てしまう"(tesimau)可以用于已然谓语句,表示某事件不经意间就发生了,带有遗憾口气。例如:
(1)紅葉が　　　　　　すっかり　散って　しまった。
　　autumn's leaves-NOM completely fall-GER finish-PST
　　The autumn leaves have completely fallen irreversibly.
　　(秋叶到底还是全掉了。)

在例(21)语境中,打火机被抢是不利于当事人"我"的结果,是"我"想要通过躲闪等动作来规避的。该例中"到底₁"有强调结果出现之反意愿的作用,可替换为"终究"。例(22)的上文交代,马老先生意外发现儿子马威竟要娶外国女人玛力,还给她下跪、哭求。所以,该例中"到底"分句强调,用"闹媳妇"这类老话责备儿子马威本是马老先生极不情愿的事,但他实在找不到更好的措辞,因而最终还是没能阻止自己这么做。可见,该例中"到底"也是强调结果出现之反意愿的。

当然,无论是当事人追求的有利结果,还是当事人规避的不利结果,都是当事人预期很可能会出现的。因此,正如《例释》所说,"到底₁"句往往同时具有强调结果不出所料的意思。比如,例(21)中"到底"句还具有强调结果不出所料的作用,因为"我"在躲闪的同时已意识到东西有可能被吴胖子抢走。再如:

(23)可是开课的第二天包国维<u>到底</u>买来了那瓶什么"康"。(张天翼《包氏父子》)

上例中"到底₁"除了强调包国维的目的(即买那瓶斯坦康)达成之不易,还强调包国维买到那瓶斯坦康是当事人预期会出现的结果。但"不出所料"究竟是不出当事人所料还是不出言者所料,有时很难区分。比如,例(21)里"到底₁"可能着重强调不出当事人所料,例(23)里"到底₁"侧重强调的可能是不出言者所料,因为语境中言者根据某种迹象预料包国维会买斯坦康。有鉴于区分当事人所料和言者所料有困难,我们在有的分析中不细加区分。

综上,"到底₁"的词义实际上也由客观和主观两部分构成。客观真值义是"某过程持续到最后"(记为 E_x,其中 x 表示某种过程,由语境赋值)。主观强调义在不同类型的语境中有不同的实现。在追求类语境中,它凸显目的达成之不易,即强调有利结果的久盼而至;在规避类语境中,它凸显结果出现之反意愿,即强调不利结果的力避还来。两者可统称为"强调结果"(记为 H_g)。因而"到底₁"的词义可描写为:$\sum(E_x, H_g)$。

经考察发现,"到底₁"作为时间副词,具有以下句法特征:第一,其所在句子句末或句中多有"了"、表示完成的补语或否定词等(侯学超 1998:131—132),如下文例(25)—(27)所示,即"到底₁"句谓语中心表示已然事件。第二,"到底₁"只能用在陈述句里,这跟其近义词"终于"很不相同。例如:

(24) 是谁终于把这罪行累累的恶魔打进他应该去的地方呢?(姚云海《神笔与飞贼》)

上例中,"终于"不能替换为其近义词"到底"。① 第三,"到底₁"句或其前导句中至少有一个自主动词(如下三例中的"想""抢救""逗")。"到底₁"的上述特征可简称为"跟自主动词充当谓语中心的已然句共现",本书记为特征 B₂。

(25) 我想了很久,到底明白了。(《现代汉语词典》第 7 版)
(26) 抢救进行到昨天午夜,这头幼仔到底没能存活下来。(转引自白艳 2003)
(27) (吴天宝)也不介意,还是说呀笑的,到底把姚大婶逗乐了。(杨朔《三千里江山》)

此外,句法上"到底₁"黏附的是小句,而不是动词。比如,下例中"到底₁"的宿主是小句"(你)来了",而不是动词"来"。

(28) 我等了你整整两个小时,到底来了。

再具体一点,"到底₁"如果处在复句中,它黏附的往往是正句——表示事态发展结果的分句。"到底₁"的这种句法特征可以简称为"黏后句性",本书记为特征 B₃。

在语用上,"到底₁"具有以下特征:在复句里,"到底"分句与前导分句构成顺承关系(如例(25)(26)),但前导分句常可省略(如例(27)),因为结果状态的存在往往蕴涵着过程的已经完成。"到底₁"的这种语用特征,下文称为"顺承复句中前句可省",记为特征 B₄。

2.2.3 评注语气副词"到底"的句法、语义及语用特征

"到底₂",《现汉词典》释作"毕竟,多用于强调原因"。《例释》释作"用于陈述句,强调"不管条件怎样,某事物的根本情况仍然没有改变,跟'毕竟'的

---

① 这可能是因为"到底"用于疑问句还可表示追究语气。如果时间副词"到底"再用于疑问句会造成解读上的困难。比如,"实验终于成功了吗?"如果改说成"实验到底成功了吗?"就有歧解的可能。

33

意思相当"。两部辞书都指出"到底₂"有"毕竟"义且有强调作用,分歧在于:它究竟是强调原因还是强调事物的根本特点(不因条件变化而改变)? 抑或既强调原因,又强调特点? 我们先看几个例子:

(29)"放心",瞧她脸都红了,她准还没有结婚呢,"没有招待所有店,没店有生产队,有老乡窑洞。"到底是个女的,他想,尽管也去过北大荒。(张承志《北方的河》)

(30)我知道你眼里没有你妈,不过到底多活了几岁,吃咸盐也比你多吃几斤,你也该先问问我呀。(杨朔《三千里江山》)

例(29)中,"到底"一方面凸显"她是个女的,因而胆小、害羞"这一根本特点不因"她曾去过北大荒"而有所改变;另一方面凸显她胆小、害羞是"我"瞧不起她和同情她的原因。例(30)中,"到底"一方面强调,"我"生活阅历、处世经验比"你"丰富,这一根本特点不因"你眼里没有我"而有所改变;另一方面强调,"我"生活阅历、处世经验比"你"丰富,是"我"得出"你该先问问我"这个结论的原因。所以,《现汉词典》和《例释》的解释都对,但各有侧重。其实,在复句"到底 p,即使/虽然 s,但是 q"中,"到底"的功能是双向的,立足于 p 和 s 之间的关系,"到底"强调特点;立足于 p 和 q 之间的关系,"到底"强调原因。目前,学界对此问题也是各执一端。史金生(2003)赞同强调特点说;侯学超(1998:131—132)赞同强调原因说;《八百词》则取折中观点,把"到底₂"释为"强调原因或特点;毕竟"。那么,"到底₂"的词义究竟应如何概括才好?

让我们先看看"到底₂"的句法特征。考察可知,第一,"到底₂"分句末尾常有或可添加感叹语气词"啊"(含其变体)。这种特征,下文记为 C₁ₐ。因此,在某种意义上,可以说"到底₂"经常用于感叹句。当然,整个复句仍然带陈述语气。例如:

(31)卢杰一直不想接触此案,可他到底是警察呀,不得不审……(《重案六组》)

(32)南方到底是南方,四月就插秧了。(《现代汉语词典》第7版)
　→南方到底是南方啊,四月就插秧了。

(33)同志,不要睡在这里,到底现在是冬天,怕受了风寒。(靳以《心的歌》)
　→同志,不要睡在这里,到底现在是冬天哪,怕受了风寒。

语气词"啊"感叹的其实就是事物根本特点的不因条件变化而改变。特征C_{1a}是"到底$_2$"有强调特点作用的证据。但是,如上所说,"到底$_2$"在语篇中往往同时也有强调原因作用。所以,"到底$_2$"的词义可概括为"强调事物某根本特点不因条件改变而变化,因而足以作为导致某结果之原因"。这种特征,下文记为C_{1b}。这么概括的理由是:强调特点不因条件改变而变化,在某种意义上就是为了强调它足以充当引发某种结果的原因。由于"到底$_2$"蕴涵有主体对命题(即事物的某一根本特点不因条件变化而改变)的感叹性评价,故而本书把"到底$_2$"看作评注语气副词①。

第二,"到底$_2$"具有黏中句性(这种特征下文记为C_2),即用于"o,到底p,q"(o、p、q代表分句)之类语篇结构中。其中,o是"到底$_2$"触发的预设,在语篇中必不出现,但具有语境可找回性(context-retractability);p必须出现;q在语篇中一般都会出现,但也可以省略。q中常有或可以插入"所以""难怪"等引导或标记结果的关联词语。例如:

(34) 褚桂芳<u>到底</u>是女强人,遇事不惊。不吭声,动脑筋,想不出主意之前先骂男人。(享福《小巷人物志》之二十二)
(35) 那些心存疑虑、担心彭真回来会和他们算账的人也激动得私下议论:"<u>到底</u>是老革命家,胸怀博大,不计前嫌……"(师东兵《彭真老母遇难记》)

例(34)中,分句o表示的是人们基于生活经验而得出的定识,如"女强人一般遇事不惊"之类命题,在句中必不表现;分句p表示"褚桂芳是女强人";分句q表示"(褚桂芳)遇事不惊",它也可以说成"所以/难怪(褚桂芳)遇事不惊"。例(35)中,o表示"老革命家胸怀博大"之类命题,在句中未表现;p是"(彭真他)是老革命家";q是"(他)胸怀博大,不计前嫌",也可说成"所以/难怪(他)胸怀博大,不计前嫌",而且在听说双方都知道彭真胸怀博大或对某人未计前嫌的情况下可以隐而不说。

第三,"到底$_2$"所在句子的谓语中心具有静态性。这一特征可概括为"与事态谓语共现",下文记为C_3。换言之,"到底$_2$"句的谓语中心常常是判断动词(如例(36))、形容词(如例(37))。如果是动作动词,则它必是表示已然动作的(如例(38))。

---

① 严格说来,应该是评注口气副词。口气包括预料、醒悟、庆幸等多种,而语气只有陈述、疑问(含反诘)、祈使和感叹四大类。本书遵照传统语法的惯例,暂不区分口气和语气。

(36) 她到底是个乡下妮子,既没文化也没见过世面,你怕是难以相中。(邓友梅《兰英——巴黎城内的山东大嫂》)

(37) 到底太太智慧,晓得非打开小卷不能看清里边的一切……。(老舍《牛天赐传》)

(38) 王赓虽然是一介武夫,但肚子里到底喝过西方的墨水。对于陆家所提出的离婚问题慨然允诺。(王映霞《陆小曼的第一位丈夫》)

这是因为,"到底₂"引进的是一种感叹性评价,而评价针对的往往是现存状态或已然事件(可统称为"事态/state of affairs")。因此,谓语中心应具有[＋状态]或[＋已然]这种静态特征。

第四,"到底₂"常位于其所在分句的句首。这一特征,下文记为 C₄。对 TCS2006 现汉语料的统计显示,72 个"到底₂"用例中有 44 个用在句首,占 61.11%(见表 2-1)。例如:

(39) 到底是一方水土养一方人,哥俩一个长住北京,一个常住黄浦江畔,多年不见……(罗君等《不怕"触电"的作家》)

(40) 到底是世道变了,一个妃子竟敢向皇帝提出离婚?(周保林《末代皇帝向我侃隐私》)

即使用于句中,"到底₂"也都可以移到句首。用于句中往往是为了使主语 NP 与上文衔接。比如,例(38)中,若不是出于语篇连贯的需要,"到底₂"完全可以移到分句首,说成"但到底肚子里喝过西方的墨水"。

2.2.4 疑问语气副词"到底"的句法、语义及语用特征

"到底₃",《八百词》《例释》《现汉词典》和《大词典》四部辞书一致认为表示"究竟"义,前三部辞书还指出"到底₃"一般用在疑问句中,表示追究。《例释》还指出了"到底₃"的使用环境,即"通常或者全句是选择式问句,或者句尾有疑问词"。但是,《例释》的这种说明欠妥,因为"到底₃"还可用于正反问句。即使把正反问看作选择问的特类,上述观点也还有问题,因为"到底₃"所在句子末尾未必有疑问语气词。句尾疑问语气词"吗"通常不能与"到底₃"共现(详下),"呢"也并非都能与"到底₃"共现(详见下文)。《例释》只是看到了有些句尾"呢"常可与"到底₃"共现的事实。

徐杰(2001:174—177)把汉语对疑问范畴的处理手段分为词汇手段、语

法手段、语音手段。词汇手段是指用疑问代词表示疑问的方法(如例(41))。这些词本身在词库中就固有一个{＋疑问}的特征；语法手段是指利用重叠(如例(42))①、加疑问语气词"吗"(如例(43))来表示疑问；语音手段就是靠句末升调来表示疑问(如例(44))。

(41)谁会相信你的鬼话？｜怎样做你才能满意？
(42)你明天去不去姑妈家？
(43)你明天上街吗？
(44)你明天去？↗

我们的观点与徐文稍有不同。我们认为,疑问句可分为外部疑问句与内部疑问句。外部疑问句指在命题外部进行操作而构造出的疑问句。这种操作包括：附加句末疑问语气词"吗"、运用疑问语调、带附加问句(tag)。下面各举一例：

(45)他明天要上学。→他明天要上学吗？
(46)他昨天死了。→他昨天死了？↗
(47)他一直对你很好。→他一直对你很好,不是吗？②

内部疑问句指在命题内部进行操作而从陈述句转换来的疑问句。这些操作包括把陈述句中的相关成分用疑问词替换掉、把陈述句中的某一部分重叠一下、把两个命题用选择问标记"还是"关联起来。例如：

(48)a. 爸爸明天去姑妈家。→谁明天去姑妈家？
　　b. 他骑车去学校。→他怎么去学校？
(49)明天你去姑妈家。→明天你去不去姑妈家？

---

① 徐文认为,汉语中根本不存在所谓的选择问句,选择问是叠用等多因素综合作用的结果。证据之一是正反问、选择问虽然表义可能相近,但它们之间不存在推导关系。因为很多正反问无法通过"还是"还原成选择问。例如：你羡不羡慕王先生？→ *你羡还是不羡慕王先生？证据之二是所谓的正反问只能以"正项＋'不/没＋正项'"的形式出现,而不能转换为"正项＋反项"的形式。例如：这些房子漂亮不漂亮？→ *这些房子漂亮难看？由于徐文认为汉语不存在所谓的选择问句,所以没有提及选择问中疑问范畴的处理。

② 当然,附加问句本身能否与其他问句并列值得怀疑。因为附加问的常见形式"对吗/吧？""难道不是？""不是吗？"都是从其他手段(比如添加语气词)派生来的。本书只是为了对"到底₃"的句法表现有全面的考察,才把它独立出来。

(50)哥哥明天去姑妈家。+姐姐明天去姑妈家。
→明天去姑妈家,哥哥去,还是姐姐去?

我们区分外部疑问句与内部疑问句,是受到汤廷池(1988)、吕叔湘(1999)、Rooth(1997:278)和陆俭明(1999)等的启发。汤廷池(1988)指出,从语气词的分布看,正反问跟选择问相近,而不是跟是非问相近。是非问句末用语气词"吗",而正反问、选择问(和特指问)句末用语气词"呢"。吕叔湘(1999)指出,正反问与是非问的差别还可以从回答上加以区别。对是非问可以用"对"或"不对"加以回答,而对正反问却不能这么回答。Rooth(1997:278)指出:"在问答一致的情况下,答句中跟问句焦点相对应的焦点值(focus value)会引出一个关于焦点值的选项集(alternative set)。这个选项集从根本上说是由问句的语义或语用预设(presuppose)的。"而在汉语四类问句中,唯独是非问对选项集的预设没有在语表层面得到全面反映。从这个角度看,是非问也与其他问句不同。陆俭明(1999)也主张把是非问跟选择问、特指问区分开来。陆先生说:

> 很多语法论著把现代汉语的疑问句分为平列的三类,即是非问、特指问和选择问。事实上,跟是非问相比,特指问和选择问具有以下两点特点:①它们是由疑问形式的语言成分构成的,而是非问是由非疑问形式的语言成分构成的;②它们都能带句末语气词"呢",不能带"吗";而是非问恰恰与此相反,只能带"吗",不能带"呢"。(陆俭明1999:21—22)

陆先生所说的由疑问形式构成的疑问句和由非疑问形式构成的疑问句大致对应于我们这里所说的内部疑问句和外部疑问句。不过,陆先生没有提及正反问、附加问这两类。

有了外部疑问句和内部疑问句的区分,我们就可以把陆先生关于语气词"呢"使用限制的论述再扩大一点,说成"呢"不能用于外部疑问句。例如:

(51)你来吗?→ *你来呢?
(52)你明天来?→ *你明天来呢?
(53)他是好人,不对吗?→ *他是好人,不对呢?
(54)他是好人,难道不是吗?→ *他是好人,难道不是呢?

有了外部疑问和内部疑问的区分,我们就可以很方便地说"到底₃"只用于追究对内部疑问的回答(本书把这种特征记为 D₁)。例如:

(55)a. *你到底来吗?①   b.你可来么?②
(56)a. *你到底来？↗   b.你可来？↗
(57)a. *你总是准时来,到底不是吗?
    b.你总是准时来,难道/可③不是吗?

上几例中 a 句都不能成立,是因为现代汉语中"到底₃"不能用于追究对外部疑问的回答。只能用于内部疑问句是疑问语气副词"到底""究竟"的共同点,也是它们区别于其他语气副词(如"难道""可"等)的一个特征(试对比上几例中的 a 句和 b 句)。另外,从邓思颖(2006)的考察可以看出,粤语中表义功能相当于普通话"到底₃"而句法分布相当于普通话"呢"的句末追究语气词"先"与普通话"到底₃"和"呢"相似,也只能用于内部疑问句(详见本书附录)。既然"呢""到底₃"都不能用于外部疑问句,且分别是语气词和语气副词,在词类上不冲突,它们就应该有天生的相谐性,正如"难道"与"吗"一样。因此,上文例(48)—(50)中的疑问句加上"到底"和/或"呢"(如下所示),句子都能成立,基本意思不变。

(58)a. 谁明天去姑妈家？→到底谁明天去姑妈家？/(到底)谁明天去姑妈家呢？
    b. 他怎么去学校？→他到底怎么去学校？/他(到底)怎么去学校呢？
(59)明天你去不去姑妈家？→明天你到底去不去姑妈家？/明天你(到

---

① 在汉语史上,"到底₃"(和其同义词"毕竟₃"等)可以用于是非问这样的外部疑问句(详见第二章)。

② 据江蓝生(2000:71—76),疑问语气副词"可"始见于唐五代,但用例较少,多用在诗词和禅宗语录里,而且"可"后动词多为"能"和"是"。"可"在宋代文献里也不多见,句末一般无疑问语气词。动词也多为"能"和"是"。直到明清白话小说里疑问语气副词"可"才大量出现,句末可带疑问语气词。例如:

(2)大官人可用么？(明·冯梦龙《喻世明言》第 1 卷)
(3)这位相公可是画没骨花的么？(清·吴敬梓《儒林外史》第 1 回)
(4)贵县大市街有个蒋兴哥家,罗见可认得否？(明·冯梦龙《喻世明言》第 1 卷)

③ 当然,反问句中的"可"与是非问中的"可"不一样,前者相当于"难道",后者无"难道"义,但是据江蓝生(2000:71—76),后者来源于前者。

底)去不去姑妈家呢?
(60)明天去姑妈家,哥哥去,还是姐姐去? → 明天去姑妈家,到底哥哥去,还是姐姐去? / 明天去姑妈家,(到底)哥哥去呢,还是姐姐去呢?

"到底₃"与"呢"在用法上的这种天生相谐性,跟它们都表示追究语气有关①。同样,基于追究语义的相通性,"到底₃"往往与"是……的"构成的事态句(关于此类事态句,详见袁毓林 2003a:1—16)有着天生的可转换关系。例如:

(61)到底谁昨天打了你? → 是谁昨天打的你? /是谁昨天打你的?
(62)你到底什么时候来北京的呢? →你是什么时候来北京的? /你是什么时候来的北京?

(试对比:到底准备什么时候来? → *是准备什么时候来的?)

当然,上述转换有两个条件:一是只有表示已然事态的"到底₃"句才可与"是……的"存在上述变换关系,故例(62)括号中的转换不能成立;二是当追究的疑问点在宾语上时,不大好用"是……的"结构转换,因为"是……的"结构是把宾语排除在焦点作用范围之外的(袁毓林 2003a:1—16)。

另外,考察发现,在句法条件允许的情况下,"到底₃"总是尽量挨近疑问

---

① 当然,必须指出两种"例外":①"呢"可以与询问原因的"怎么"共现,而"到底₃"不行。例如:
(5)a.昨天你怎么没来呢? → b.*你昨天到底怎么没来(呢)?
(6)a.咦,你怎么来了呢? → b.*咦,你到底怎么来了(呢)?
这是因为"怎么"的无标记用法是询问方式,询问原因是其有标记用法。询问原因的"怎么"与"到底₃"一样是预设触发语,比如例(5)中言者预设昨天你应该来。与"为什么"相比,"怎么"询问原因,能传达出言者不满或惊讶的主观情态。"怎么XP?"其实是假性问句,其真正的语用功能是责备或惊叹。所以,往往会出现这样的情况:言者说例(5)a时,可能更希望得到"抱歉""对不起"之类回应,而听者误以为他在询问自己昨天没来的原因,给出一大堆主观理由,这时言者会说"你还挺有理的!"。既然用"怎么"询问原因不是言者本意,那就更不必用"到底₃"来追究真正原因了。上两例加上"到底₃"不合格而单用"呢"能成立,是因为句中"呢"不是表示追究语气的"呢₂",而是表示言者情态的"呢₃"。②"呢"可用于语境问,而"到底₃"不行。例如:
(7)你爸买了块手表,你妈买了条围巾,那你呢? → *你爸买了块手表,你妈买了条围巾,那到底你呢?
上例中"呢"同样不是表示追究语气的疑问语气词,因为疑问语气词去掉后,句子仍表示疑问,只是语气有点直率生硬,如正文例(58)—(60)。而上例"呢"去掉后,句子的疑问语气就不存在了。整个句子也不能完句。所以,这里"呢"问句是一种外部疑问句。根据上面的论述,"到底₃"自然不能与它共现。

成分。例如:

(63)到底你昨天在街上打了谁?
(64)你昨天到底在街上打了谁?
(65)你昨天在街上到底打了谁?

据笔者对 20 位北京人的网络调查,上几例一句比一句自然。所以,宽松地说,"到底$_3$"有黏疑的追求。这种语义特点可以简称为"黏疑性"。由于"到底$_3$"在语义上指向疑问成分,而疑问成分固有一个焦点的语义特征(石毓智 2001:176),所以,语音上,重读的当然是作为句子焦点的疑问成分而非"到底$_3$"。这样,"到底$_3$"的黏疑性说到底有焦点标记的作用。因此,它必然与焦点标记"是"有点类似。事实也是如此。"到底$_3$"往往可以被焦点标记"是"替换或者与它共现。① 例如:

(66)到底谁在街上打了你? →是谁在街上打了你? →到底是谁在街上打了你?
(67)你到底在哪里被打了? →你是在哪里被打的? →你到底是在哪里被打的?
(68)你昨天到底买什么了? →你昨天买的是什么? →你昨天买的到底是什么?
(69)你到底啥时候去的呀? →你是啥时候去的呀? →你到底是啥时候去的呀?

当然,反之不然,因为"是"可以标记任何焦点,而"到底$_3$"却只能标记疑问焦点,而且还必须在内部疑问句中才行。所以,下两例中"是"不能换成"到底$_3$"或跟它共现。

(70)我是在那儿请她的。→*我到底在那儿请她的。→*我到底是在那儿请她的。
(71)是她先惹我的。→*到底她先惹我的。→*到底是她先惹我的。

---

① 跟"到底$_3$"共现的焦点标记"是"用得久了,就可能变成一个轻读的无义音节。例如:
(8)蒋爷说:"到底是俊好不俊好?"(清·佚名《续小五义》第 21 回)

41

"到底₃"还具有特别的指疑性,即它永远预指而不能回指疑问点(陆俭明 2001:384),而且不能指向非疑问成分。试比较下面前三例和末例:

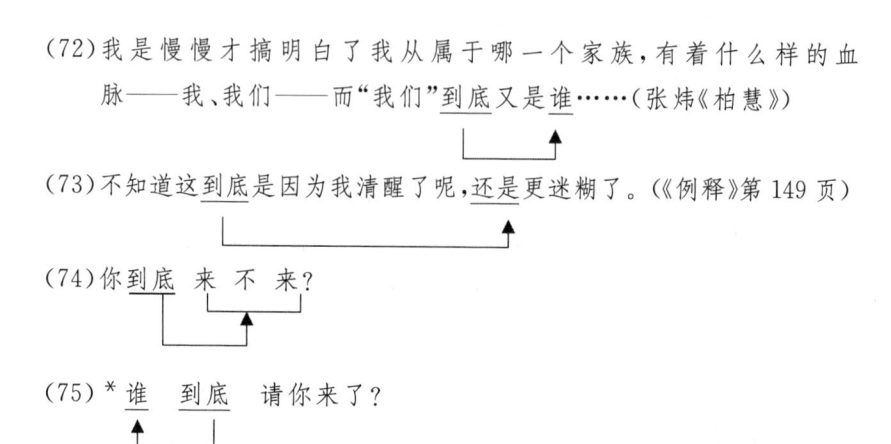

(72) 我是慢慢才搞明白了我从属于哪一个家族,有着什么样的血脉——我、我们——而"我们"到底又是谁……(张炜《柏慧》)

(73) 不知道这到底是因为我清醒了呢,还是更迷糊了。(《例释》第149页)

(74) 你到底 来 不 来?

(75) *谁 到底 请你来了?

我们认为,"到底₃"之所以不能用于语境问"呢"字句,就是因为指疑要求得不到满足。下文把"到底₃"语义上表示追究、句法上的黏疑(倾向)性和特别的指疑性分别记为 D₂、D₃、D₄。"到底₃"的黏疑性、指疑性及其与焦点标记"是"的和谐性,或许可以说明它是疑问句中的焦点标记。我们试着通过改变重读模式来调整多重疑问句中的焦点分布,结果发现"到底₃"的语义指向随之发生变化。请看:

(76) ——到底[谁]在哪里得罪你了?这么气呼呼的。
　　　——没有别人,就是你得罪我了。
(77) ——到底[谁]在[哪里]得罪你了?这么气呼呼的。
　　　——别提了,他妈的,那个二楞子居然敢在街上调戏我。
(78) ——到底谁在[哪里]得罪你了?这么气呼呼的。
　　　——有人在我的书上乱画了。

例(76)中焦点是重读的"谁",句中轻读的"哪里"被理解为一个不定指代词,表示某个地方,犹英语 somewhere。这时"到底"指向"谁",强调对"谁"的回答是问话人关注的焦点。例(77)中"谁"和"哪"都是焦点。这时"到底"同时指向"谁"和"哪"。例(78)中重读的"哪里"是焦点,轻读的"谁"被理解为一个不定代词,表示某人,犹英语 someone。这时"到底"虽紧挨着"谁",但指向的是"哪里"。当然,例(78)在更多的时候被说成"谁到底在哪得罪你了?"。所以,"到底₃"强烈地倾向于优先指向邻近自己的疑问代词。鉴于此,我们或许还可以把"到底₃"的出现当作解读一个句子是疑问句的标记。

语用上,"到底₃"所在问句很多时候是上有所承的。比如在例(79)中,言者已经就"三的二次方是多少?"这个问题询问过听者一遍,但没有得到确切答案,故再次询问(即追加询问/continuation question)时在特指问句中嵌入了"到底₃"。这样使得"到底₃"句往往具有最后通牒(最后一次询问某个问题)的意味(冯雪燕 2009)。

(79)父:三的二次方是多少?
　　子:八。不对,是九。也不对,是六……。
　　父:到底是多少?

语篇中"到底₃"问句的承上性也使得它可以用于无疑而问(自问不答)的反问句。例如:

(80)[上文交待李阳的两个观点,即"自己提议学生通过下跪向老师感恩"和"学生的感恩发自内心",是自相矛盾的。]既然学生是在李阳的提议下下跪的,"发自内心之说"到底从何而来?(《都市文化报》,2007-09-13)

例(80)中"'发自内心之说'到底从何而来?"是全篇的结句,一方面对前文的分析进行提纲挈领式的总结;另一方面有一种引人思考的作用,因为"到底₃"句还有强劲的语篇启下功能,即"到底₃"往往用在下有所涉的问句中。普通询问对方可能会置之不理。但是,一旦嵌入"到底₃"变成追问后,对方即使不做出正面回答,通常也会做出一些回应。"到底₃"句的启下功能使得"到底₃"常被用于自问自答的设问语境,以增强语篇连贯性(详见§3.2.3)。例如:

(81)[上文交待,关于指称论,有人认为源于柏拉图,有人认为源于荀子。]到底谁是指称论的代表?实际上还没有人完全主张指称论。(郭锐《形式语义学》,2007 中国语言学暑期讲习班讲稿)

(82)到底收讯者要充实到何种程度,这要看他认定哪些是迅递者真正要传达的语句意义。(蒋严《隐含、显义与显谓》,《语法研究的新拓展》(三),东北师范大学出版社,2007)

上几例中如果去掉"到底₃",原句的语篇连贯性就要大打折扣。要言之,"到底₃"在语篇中往往上有所承和/或下有所启(下文把这种特征记为 D₅)。综上所述,"到底₃"的词义也有主客观两方面。客观上是指某一言说行为持续到最后(用 E_x 表示,x 由语境赋值);主观上强调对问题答案的追究(用 H_d 表示)。综合起来,可描写为:$\sum(E_x, H_d)$。

2.3 对"到底"的共时变异的理论解释

既然如上节所述,四种身份的"到底"的句法、语义和语用特征截然不同,那么为什么会有这些不同?既然它们选用了同一个语表形式"到底",就很可能有一个统一的语义结构甚至概念结构做基础。那么,这种统一的语义结构是什么?促动该语义结构形成的概念结构又是什么?本节尝试运用"力量-动态"图式(force-dynamics schema)的领域扩散对"到底"的共时变异做出统一的认知解释。下面首先简介领域扩散论(Domain Extension Theory,DET)和"力量-动态"模型理论(Theory on Force-dynamics Model,TFM)的主要内容。

2.3.1 理论背景:领域扩散论与"力量-动态"模型论

领域扩散理论,俗称"三个领域理论",由 Sweetser(1990)正式提出。该理论认为:

> 自然语言中的语用歧解(pragmatic ambiguity)、一词多义(lexical polysemy)现象,如感知动词、情态词、关联词语的语用歧解和多义现象,往往是词语发生规律性语义演变的征兆或结果。而词语的语义演变往往是同一个词先用在行域(soci-physical domain,又称"内容域/content domain"),后来借助隐喻机制扩散到知域(epistemic domain),再扩散到言域(speech act domain)的结果。① 一般说来,一个词有言域用法,往往也有知域和/或行域用法,至少在历史上曾经有过,反之不必然;一个词如果有知域用法,往往也有行域用法,至少在历史上曾经有过,反之不必然。

---

① 这里对三个领域的译法从沈家煊(2003)。毕永峨(1994)分别译为"内容域""认识域"和"言语行为域"。

Sweetser(1990)提出领域扩散理论显然受到了 Halliday(1970)、Fawcett(1980:25)、Traugott(1982)、Schiffrin(1987)等人相关观点的影响(详见张爱玲 2015)。自从毕永峨(1994)和沈家煊(2003)把领域扩散论引入汉语研究以来,运用领域扩散论描写和解释汉语共时变异和历时演变的文献越来越多。

"力量-动态"模型理论,由 Talmy(1976,1987:47,1988)初步提出,Talmy(2000:408—410)正式提出。Talmy 提出这一理论是受到了物理学和心理学相关研究的启发。在科学史上,最先对力的相互作用展开分析的是物理学。随后,弗洛伊德将力互动引入心理学研究。比如,对冲动等心理动力的研究、对自我抑制等心理压力的研究、对本我和超我的心理矛盾(id-superego conflict)的研究,以及如何为保持心理平衡而设计压力化解模型方面的研究。语言学界首先系统地把力互动概念运用到语义结构分析上的是 Talmy(1976)。尽管在他之前,Whorf(1956)用力的对立分析过一个具体的肖尼语词根的指称。心理学家 Heider(1958)也讨论过情态中的力概念。Gee 和 Kegl(1982:348—350)为了解释美国手语中的有些情感概念,还提出了一个力的分析系统。但是,这些讨论或者不系统,或者不面向有声语言,因而尚不足以构成一个理论体系。Talmy(1976)提出"力量-动态"模型理论草案以后,Sweetser(1982,1984)、Pinker(1989,1997)、Jackendoff(1990)、Brandt(1992)等纷纷运用这一理论对相关语言现象展开研究。Talmy(2000)根据上述各位对该理论的应用情况,对该理论进行了完善,在认知语义学领域正式提出了"力量-动态"模型理论。

作为认知语言学家,Talmy 在其认知语义学研究(1976,1985,1987:47,1988)中,一贯主张语言通常使用一些基本概念范畴(fundamental notational category,如性、数、格、时、体、态等)来组织意义,但同时排除用其他概念范畴来组织意义。比如,语言往往用数形式表示名词指称对象的数量特征,但一般不会有语言用专门形式来表示名词指称对象的颜色特征。基本概念范畴往往是用语言里的封闭类形式来编码的。力量-动态就是这些基本概念范畴中的一员,因为认知语言学家所持的心智体验(embodiment)观认为,范畴、概念、推理和心智并不是外部世界的客观、镜像的反映,而是由我们的身体经验(特别是感觉运动系统)促发的,而力互动是感觉运动系统最容易感知到的现象。"力量-动态"模型论认为:

> 语言研究中一个很重要的语义范畴是力量-动态(即力的存在和变化状态),它反映物体之间如何发生力的相互作用。这种力不仅包括自

然界中物理意义上的力,还包括以下三方面的力:第一,社会领域的人际交往力,如人际交往中来自道德规范以及他人的压力;第二,思维认识领域的心力,如心理冲动、心理克制。认知主体可以把个体想要改变或维持现状的心理意愿概念化为心力趋于运动或趋于静止的惯性(tendency to move or to rest),可以把个体情感和理智之间的较量概念化为个体的意愿和内化了的社会价值观(即他人普适的交际要求)之间的二力互动;第三,话语领域的会话和言说能力,如引入话题、推进话题、岔开话题、结束话题的能力及以言行事的语力。要言之,"力量-动态"图式可以在行、知、言三域中得到展现。它包括三部分,即力的施加(the exertion of force)、力的阻碍(即成阻,blockage)和阻碍的维持(即持阻,keep of resisitant)或消除(即除阻,removal of resisitant)。当一个外力作用于物体时,物体可能维持原状,也可能会沿着作用力方向前进。当外力遇到阻碍时,该力可能会推动障碍物沿着作用力方向继续前进,或发生反弹变向,或绕行。第一种情况就是指障碍物的阻碍被克服、被消除。认知主体对同一个克服阻碍、向前运动的位移事件进行感知时,因注意指向的具体部分不同、注意力度不同而形成对场景的不同识解。这种不同的主观识解会反映在认知主体对这个识解进行概念化的不同方式上,即反映在概念结构上,因为概念结构是认知主体在心理表征阶段对识解结果的编码。

Talmy成功地运用了"力量-动态"模型理论对情态词、因果/让步关系连词、介词的语义展开了认知研究。比如,他把因果/让步关系分解为更基本的促动、阻碍等语义元素(semantic primitives)跟其他因素(如主观否定算子)的组合。对致使和容让做出了统一的认知处理。如果用圆球表示射体(即处于观察者注意中心的物体,Agonist,Ago),用凹透镜表示地标(即处于观察者注意边缘的物体,Antagonist,Ant)[①];用">"表示物体自身固有的趋于运动的惯性,用"·"表示物体自身固有的趋于静止的惯性;"+"标在哪个物

[①] 这里的"射体""地标"概念跟认知语言学界常用的以及本书它处所说的"射体""地标"概念不同,大致分别相当于自体和他体。于翠红(2018:77)将agonist和antagonist译成"施力体"和"受力体"。张辉(2003:84)将这对术语译为"主动实体"和"被动实体"。这两种翻译似乎欠妥,因为被Talmy称为agonist的物体既可以是动体,又可以是静态存在物;被Talmy称为antagonist的物体既可以是受力体,又可以是施力体。agonist和antagonist的根本区别在于是否处于注意的中心(Talmy 2000:462)。在英语中,agonist表示的概念在语言层面往往实现为(主要)句子的主语,而antagonist表示的概念往往实现为原因或让步从句的主语或"被"等介词的宾语。

体上,则来自哪个物体的作用力就更大;用画在射体下的"→—"表示二力互动的结果是射体运动,用画在射体下的"—·—"表示二力互动的结果是射体静止。那么,二力互动图式可以表示如下:

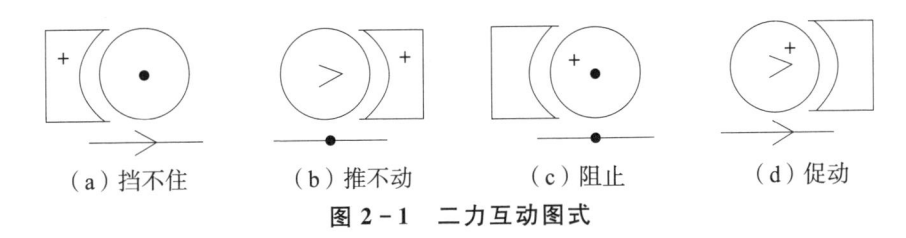

(a) 挡不住　　　(b) 推不动　　　(c) 阻止　　　(d) 促动

图 2-1　二力互动图式

上图直观地反映了"因为""尽管/虽然"的语义。(a)(b)中,射体的存在状态在二力互动前后都发生了变化,(a)中射体从静止变成了运动,(b)中射体从运动变成了静止。而且,这种存在状态的改变都是因为另一个更强的外力的作用造成的。(c)(d)中,射体的存在状态在二力互动前后都没有发生变化,(c)中射体始终处于静止状态,(d)中射体始终处于运动状态,尽管在(c)(d)中另一个外力试图推动或阻止射体向前运动。所以,(a)(b)和(c)(d)直观地反映了"尽管/虽然"是"因为"的反义词,即让步关系是对因果关系的割裂或否定。所以,可以把"尽管/虽然"解释为"不因为……而不"。对上图的四个图解做些增补形成图 2-2,还可以对容让、使动等不同类型的因果关系做出语义分解和描写(斜线隔开的是第三种力加入前后射体的不同存在状态,第三种力由竖直方向的箭头表示)。

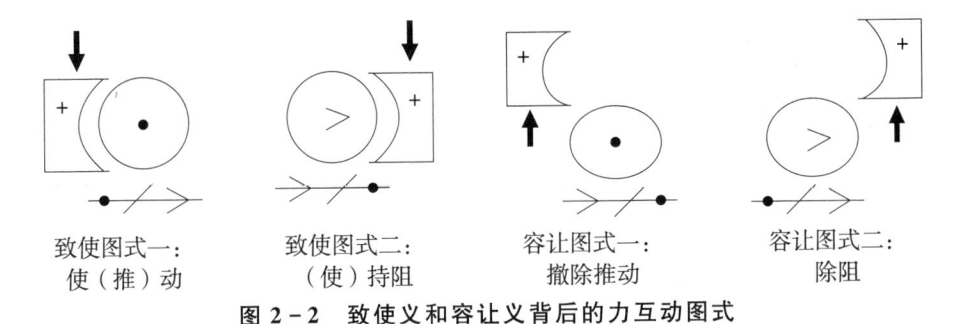

致使图式一:　　致使图式二:　　容让图式一:　　容让图式二:
使(推)动　　　(使)持阻　　　撤除推动　　　除阻

图 2-2　致使义和容让义背后的力互动图式

2.3.2　对"到底"的共时变异的认知解释

动宾短语"到底"的字面意义是"到(物体的)底端"。听者听到该短语就会相应地在心里激活一个运动场景。"到底"激活的原型场景(prototype scene)是一个射体(trajectory,即运动体)从江、河、湖、海、井等一边开口、三边封闭的容器开口的一边移动到对边(即底端),比如虫子从瓶口爬到瓶底。

47

所以,"到底"激活的运动场景中地标(landmark)是三维空间内的容器。"到底"描写(elaborate,又译作"详述/细化")的典型运动是竖直运动。但是,认知主体有一种认知处理能力(即无意识的心理旋转),能把水平运动感知为竖直运动。① 这种认知处理的经验基础是,如果作为地标的容器(如瓶子等物体)倒下,射体的运动(如虫子向瓶底的爬行等)就从竖直方向变成了水平方向。于是,"到底"就可以从"到底端"义引申出"到尽头,到里面"义。② 试对比下举首例和余例:

(83)庙里塑的是一位三头六臂,手持一杆三须叉……从头到底一身漆黑的泥像,名唤大黑天神,人们叫他白牛土主。(《大理彝族民间故事·白牛土主》)

(84)现住着门面五间、到底七进的房子。(明·兰陵笑笑生《金瓶梅》第100回)

(85)26路车坐到底就是农工商超市。| 这圈跑到底就跟你回家。

(86)你上车后中间不要下,车子到底你下车。(江苏扬州话)| 这条路走到底就是他家。(江苏扬州话)| 乘汽车乘到底就是县城。(上海崇明话)

关于水平方向的位移运动场景的认知经验又是识解其他场景的基础,因为对空间位置关系的认知是人类最基本的认知能力之一,对引起空间位置关系改变的位移运动事件的认知体验可以被人们拿来认知其他更为抽象的活动,比如思维活动、言语行为。换言之,人们可以用具体的空间运动概念表征或识解其他更抽象的概念,如表示推理活动或言语行为的概念。这就是

---

① 同样,"上"从表示由低到高的运动(如:上楼、上山)演变为表示水平运动(如:上街、上厕所、上学),也跟认知主体对知觉对象的心理旋转密切相关。把水平运动感知为竖直运动,跟把静止状态感知为运动一样,是人类最基本的认知处理能力之一。日常生活中对形状相对复杂的物体,人们通常不是把它感知为静止自足的构形,而是把它感知为对某一先存构形的偏离(Talmy 2000:150)。比如,"深"描写的典型图形(figure)是一边开口、三边封闭的容器(如:江、河、湖、海),凸显从开口的一边到其对边的距离长。但是,在"庭院深深深几许"中它被用来形容庭院的幽深。庭院的形状和内部结构可能很不规则,从院门向里的路径可能有多条。但是,人们可以把它感知为一个形状和结构相对简单的容器,相应地把自己感知为从院门向里进行水平运动(参考下例中的"到底")的射体。这样,主体才有一种身临其境的感觉。

(9)这房子门面四间,到底三层,临街是楼。仅门内,两边厢房,三间客坐,一间稍间。过道穿进去,三层三间卧房,一间厨房。(明·兰陵笑笑生《金瓶梅》第100回)

② "底""里"的语义相关性使"底里"复合为词,在现代汉语里表示"真相"义。

方位主义(localism)语言学分析理论形成的基础①,也是 Sweetser 等人提出领域扩散理论的认知基础。

借鉴"力量-动态"模型理论,可以把"到……底(尽头)"这个抽象事件模框表示的运动场景刻画如图 2-3。在图 2-3 中,小车表示运动体,右向箭头表示运动方向,旗帜所在位置为运动终点,三角形表示障碍物,左向箭头表示障碍物对运动体的阻碍方向。众所周知,运动体在运动过程中都会受到与其他物体摩擦而产生的摩擦力的阻碍。换言之,现实世界中任何物体都是在克服阻力而前行。没有阻力,物体一旦启动,将无法停止。因此,图 2-3 把阻力放大为三角形障碍物对运动体的左向阻碍。对图 2-3 所示运动场景,如果认知主体处在不同立足点(vantage point,又译作"视点")采用不同视角(perspective)来观察场景中的不同侧面(profile),聚焦(focus)侧面中的不同要素,就会得到不同的主观识解(construal),形成不同的理想认知模型(idealized cognitive model,ICM)。下文各图用实心黑点表视点,虚线表示不在认知侧面中的场景要素,实线表示认知侧面,粗线凸显的是认知焦点。

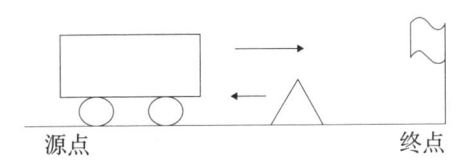

图 2-3 位移运动图式

2.3.2.1 来自行域的解释

2.3.2.1.1 来自空间子域的解释

行域(即社会-自然域)有空间、时间、属性等不同的子域。"到底₀"在空间子域的理想认知模型是运动体从源点启动、克服阻碍前行、最后抵达终点的位移运动场景,可以表示如图 2-4 中,观察者采取的是外部视点、俯瞰式视角。这就好似看长跑比赛,坐在高高的看台上俯视全场。认知侧面是整个空间移动过程(包括运动体启动、克服阻碍、前行和抵达终点)。关注焦点是运动的不中断(图中通过用粗线画出小车和表持续运动的箭头来表示)。

---

① 方位主义认为,表示空间(从而也带动表示时间)的方位词对语法和语义分析来说,比其他词更为基本。时、体、存在和领属关系等范畴都可以用共同的底层方位关系加以解释。(戴维·克里斯特尔 2002:210)

源点　　　障碍物　终点

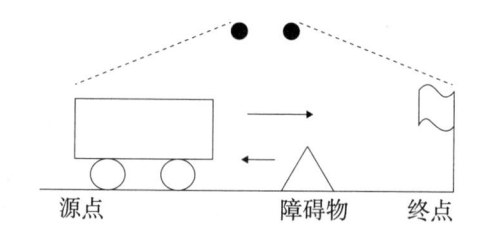

图 2-4　空间子域"到底"激活的意象图式

基于上图所示的认知特点来观察相关场景而形成的概念结构,促动了"到底₀"的语义结构的形成及其向句法结构的映射,使"到底₀"呈现出了上文所述的各种句法、语义特征。比如,由于认知主体关注焦点是运动(之持续、不中断),所以在语言中码化时"到底₀"具有黏动性,即必须黏附于句中谓语动词。另外,上节所述的"到底₀"宿主所经历的变化,即"位移动词(V_m)→动作动词(V_a)→形式动词(V_f)",也是有认知理据的。V_m激活的事件场景与上图所示最接近,V_a次之,V_f几乎不能激活一个完整的事件场景。

对"到底₀"激活的认知场景,主体采用的认知方式是总体扫描(summary scanning)。① 尽管在客观上,"到底₀"所在结构(如:好事做到底、一查到底)表示的事件也有个发生、发展和结束的过程,是在时间轴上延展的,但言者对该过程的心理扫描是共时而非历时的,即言者忽略了各不同子事件在发生时间上的差别(所以,"到底₀"具有上文所述的特征 A_1,即宿主是光杆动词,该动词不能带有时体标记)。可见,"到底₀"之所以要黏动,本质上是因为动词能激活整个运动事件。"到底₀"要凸显整个过程,就必须黏动。下面仅以主体对"到底₀"和"到底₁"激活的认知场景的心理扫描为例,展示两种扫描方式的差异:

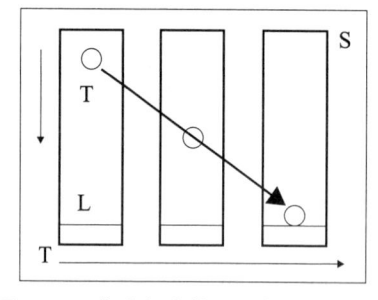

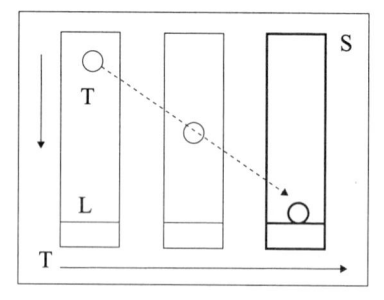

图 2-5　"到底₀"激活场景的心理扫描　　图 2-6　"到底₁"激活场景的心理扫描

---

① 这和主体对于"到底₁""到底₂""到底₃"激活的认知场景采用的认识方式是不同的,对后三者采用的是次第扫描(sequential scanning),主体只关注运动过程的某(些)阶段(详下),因而整个复合事件中,只有某(些)子事件(如从源点启动、克服阻碍、抵达终点,等等)得到凸显。

上面两个图中,矩形代表一个运动场景 S,其内的三个小长方形各表示一个基底(base),T 表示射体(trajectory),L 表示地标(landmark)。竖直方向的箭头表示基底上射体向地标的运动方向,水平方向的箭头表示时间流逝方向,左边标有 T;斜箭头是射体运动轨迹的静态说明。上面两图都刻画了圆球向矩形物底端所做的竖直运动,即"到底"的过程。所不同的是,左图凸显(图中用粗线条表示)的是运动过程各阶段(之不间断),即整个运动,右图凸显(图中用粗线条表示)的是运动的最后阶段,即圆球抵达长方形物体底端这个结果。

2.3.2.1.2 来自时间子域的解释:状态改变是移动

如果说"到底$_0$"与位移动词连用时可以激活空间子域的位移运动场景,那么"到底$_1$"与活动动词连用时就只能激活时间子域的活动场景了。但是,空间子域的位移运动与时间子域的追求或规避类活动都属于行域(社会-自然领域),且高度相关。仔细考察,会发现它们存在两种不同的映射关系。下面呈现的是第一种映射关系,即位移运动与追求类活动之间的结构相似性。[①] 图 2-7 中,空间子域里的位移运动对应于时间子域里的追求类活动(如追女朋友、考大学);位移运动体对应于这些活动的主体;运动终点对应于目标状态(如追到女朋友、考上大学),抵达终点就是达成既定目的,出现目标状态[②];空间移动中的障碍物对应于时间域里活动实施过程中的客观不利因素。上图中源域和目标域之间的映射关系正是"到底$_{1a}$"发生从空间向时间的概念隐喻(本书简称为"时空隐喻")的认知基础。例如:

```
空间域           时间域
移  动    →    活  动
运动体    →    活动主体
源  点    →    初始状态
路  径    →    方  法
终  点    →    目标状态
障碍物    →    阻碍因素(不利于目的达成的客观因素)
```

图 2-7 位移运动与追求活动之间的映射关系

[①] 虚线框住的部分是在促使"到底$_1$"形成的概念隐喻中得不到凸显的部分投射。
[②] Goldberg(1995)在讨论构式承继时,也注意到了"结果状态的出现就是运动终点的抵达"这个隐喻。

(87)他考了三年,<u>到底</u>考上大学了。←他考大学,考了三年,ф考到最后,他考上了。

上例中,"他"是活动主体,对应于空间子域的运动体;"考"是活动,对应于空间子域的移动;"上大学"是"考"的目的(即目标状态),对应于空间运动的终点;不利因素(如试卷深、竞争对手多、自身笨等)对应于空间运动的障碍物,在句中没有出现。这样,可以认为"到底₁"前有一个无语音形式的空动词,该空动词在上例中就是前导句中谓语中心"考"的拷贝。

当然,图2-7所示的只是空间位移运动发生时空隐喻的一种情况。当有关空间位移运动的图式从空间子域向时间子域扩散时,还可能形成第二种映射关系,即位移运动与规避类活动的结构相似性,如下图所示:

空间域　　　　　时间域
移　动　→　　事件进展
运动体　→　　事件的承受人
终　点　→　　(不利的)结果状态
障碍物　→　　阻碍因素(试图规避某不利结果的行为)

图2-8　位移运动与规避活动之间的映射关系

上图中,空间子域的位移运动对应于时间子域的事件进展,如下面例(88)中"抢劫"事件的进展;空间子域里位移运动的运动体对应于时间子域里相关事件的承受人,如例(88)中的"我";空间子域里位移运动的终点对应于时间子域事件进展到终点时出现的不利的结果状态,如例(88)中的"我的打火机被抢走";空间子域位移运动的障碍物对应于时间子域里事件进展过程中遇到的阻力,如例(88)中"抢劫"事件遇到的阻力就是"我"发出的能阻止或避免东西被抢的行为,如躲闪等。上图所示源域与目标域之间的映射关系正是"到底₁ᵦ"发生时空隐喻的认知基础。例如:

(88)我躲闪着,<u>到底</u>还是被吴胖子把打火机抢走了。(王朔《一点正经没有》)

上例中,打火机被吴胖子抢走这件事是"我"想规避的,但它最终还是发生了。句中"到底"有强调结果出现之反意愿(即不利结果力避还来)的作用。跟例(87)一样,本例中"到底"前有一个空动词ф,该空动词拷贝自前导分句中的谓语中心"躲闪"。因而例(88)中"ф到底"的初始意义就是表示躲闪到最后。

"到底$_1$"在例(87)(88)中分别获得的强调目的达成之不易(即有利结果的久盼而至)的"终于"义和强调结果出现之反意愿(即不利结果的力避还来)的"终究,最后还是"义,可以用上文图2-1中的(d)和(a)做如下分析。对于例(87),如果用图2-1(d)中圆球代表射体"他";凹透镜代表地标,即他考大学遇到的各种阻力,如试卷深、竞争对手多、自身笨等困难;圆球的内的">"表示射体"他"想"运动"(想要改变当前的存在状态),即他想要上大学;标在圆球内的"+"表示射体的动力大于地标的阻力,即他考大学的相关努力超过了各种困难的阻碍。所以,二力互动的结果是射体冲破障碍物的阻碍抵达终点,即"他"的愿望——上大学——最后达成了。对于例(88),用图2-1(a)中圆球代表射体"我",凹透镜代表地标"吴胖子",圆球内的实点表示射体"我"想要保持当前的静止状态,不想"运动"(即不想发生状态改变,不想让自己的东西被抢走),凹透镜对圆球的推力表示吴胖子对"我"的抢劫,圆球对凹透镜的阻碍表示"我"通过躲闪而实施的阻止被抢的行为。标在凹透镜里的"+"表示来自地标的动力大于来自射体的阻力。所以,二力互动的结果是射体发生状态改变,从静止变成运动。表现在例(88)里,就是射体"我"最终还是发生了状态改变(即打火机被抢)。当然,图2-1中的(d)和(a)只是反映出了二力互动后的结果。准确地说,应该用动态图式来表示出二力互动的过程。比如,例(88)描述的力互动事件应该表示为如下所示由三个阶段组成的复合图式:

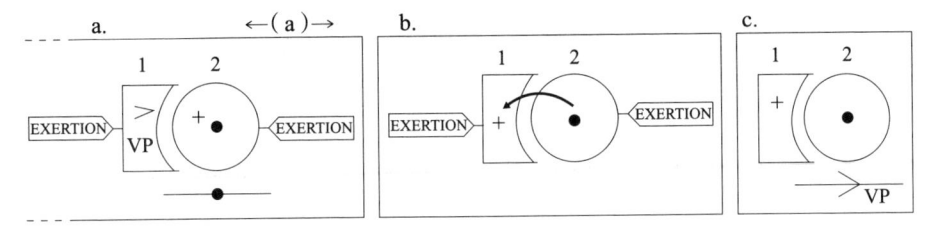

图2-9 力避还来型事件的力互动过程

"到底"凸显的是最后一个阶段的出现,而"想""试图"等词语凸显的是上述图式的第一个阶段。正因为以上三个阶段构成一个完整过程,所以"到底"常跟"想""试图"等在一个顺承关系的复句里间隔共现。例如:

(89)老早就有单位想把他挖走了,这回到底叫斯坦福大学挖走了。

观察发现,上文所谓"追求类活动""规避类活动"不一定是由"到底$_1$"所在分句中的谓语动词来表示,有时可能由前导分句中的谓语动词来表示。这时"到底₁"仍然可以强调"目的达成之不易(即有利结果的久盼而至)"或"结果出现之反意愿(即不利结果的力避还来)"。例如:

(90)路上,他为自己举子看榜似的激动心情十分羞愧,连连责骂自己的不成熟:美什么美?可不是应该的?和那些福童比起来,你已经晚了。这么骂着、怨着,一路走着,<u>到底</u>才算从容了一些,端庄了一些。(王朔《修改后发表》)

上例中,虽然"从容"是非自主、不可控的,但是"(通过自我责骂)使(自己)从容起来"却是可控的,是施事想要达到的目的,也是言者根据施事的行为预期要出现的结果。句中"到底₁"凸显这种致使行为进行到最后出现了期望或预料要出现的结果状态(即从容起来)。当"到底₁"句是单句时,即使谓语中心本身不表示自主动作,往往也预设一个自主动作的存在。例如:

(91)我<u>到底</u>明白这是怎么回事了。

上例中"到底"后的谓语中心"明白"是表示非自主动作的动词,但它预设一个自主动作("想")的存在。所以,上例语境中一般有"想了很久"之类的前导句。

综上所述,"到底"从空间子域扩散到时间子域本质上是基于"状态改变是移动"(the change of state is a motion)隐喻。这个概念隐喻以"时间流逝是(空间)移动"这个本体隐喻为基础①,广泛存在于各种语言的隐喻性表达中。比如,汉语中表示位移运动的"走"还可以表示状态改变(例如:身材<u>走</u>样)。再如,汉语中"我们从失败<u>走向</u>胜利""他是如此地想念她,以<u>至于</u>茶饭不思"等分别表示我们从失败这种初始状态向胜利这种结果状态转变、他从常规状态向茶饭不思这种异常状态转变。英语中表示位移运动的 go (to)、come to、get (to)也有表示状态改变的用法。例如:

---

① 具体说,是本体隐喻中的人化(personification)隐喻,因为这里使用了"时间是人(会走动)"这种人化隐喻。孔子就曾用江水在空间里的流动比喻时间的流逝,说过"逝者如斯夫,不舍昼夜"。"时间流逝是移动"(time passing is a motion)这个本体隐喻下包括"状态改变是移动""状态是处所"等下位概念隐喻。在很多语言里,"状态是处所"型隐喻表达很常见,如英语"She is in trouble. / This is in order. /That's out of fashion now."(参照;She is in the room.)、汉语"她处在极度悲伤之中"。

(92)a. He went home.　　　　　　b. He went mad.
(93)a. He got to the station at six o'clock.　b. He got (to be) injured.

下面以英语中的 get to 与汉语中的"到底"的平行衍生关系为例,展示"状态改变是移动"隐喻的跨语言有效性。get to 跟"到底"都表示运动抵达(终点)。根据 Talmy(2000:412—413)的研究,get to 也既有强调目的达成之不易(即有利结果的久盼而至)的作用,又有强调结果出现之反意愿(即不利结果的力避还来)的作用。例如:

(94)a. She gets to go to the park.　b. She has got to go to the park.

上例中的两句都可以译为"她到底去了公园"。但是,在 a 句中,她很想去公园,而客观上来自社交领域的外力(如他人的禁止、反对、劝阻等)这种阻力阻止她去公园。不过,由于来自她自身的动力大于来自外界的阻力,使她终于去成了公园。在 b 句中,她想要保持当前状态,即不想去公园,而客观上来自社交领域的外力(如他人的请求、命令、规定等)这种动力克服了来自她自身的阻碍,使她终究还是去了公园。b 句中 have get to 很可能是 have to (不得不)和 get to(抵达[某结果])的合成。所以,b 句中主体("她")是不想去公园的。上两例也可以分别用图 2-1 中的(d)和(a)两个力互动图式来分析。又如,泰米尔语(Tamil)中 poo 发生了从位移运动动词到表示状态改变的助动词的演变(详见 Heine & Kuteva 2002:156)。在美拉尼西亚(Melanesian)的一种洋泾浜语劳语(Lau)里,表示位移运动的 go-go 可以表示"最终"义(Keesing 1991:324)。

(95)Olketa lutat-em mifala, go-go olketa kas-em sam-fala.
　　 they search-TRS us go-go they catch-TRS some-ADJ
　　 They searched for us, and *eventually* caught some people…
　　 (他们搜寻我们,最终逮住了一些人……)

这跟汉语中的"到底"有些相似。只是劳语里的 go-go 后没有"尽头"义词语,而汉语"到"后必须带"底"才能表示"最终"义。汉语、英语、泰米尔语和劳语等彼此之间无亲属关系或密切接触关系的语言里出现的上述相关现象,表明"状态改变是移动"隐喻具有跨语言有效性,掌握和使用它是人类赖以生存和交往的基本技能之一。

基于上面的分析和图2-7、图2-8所示的映射关系,我们可以依据"到底。"激活的场景勾画出"到底₁"激活的场景。把图2-4中的源点、终点、障碍物分别换成起始状态、结果状态、阻碍因素(即某活动发生面临的不利因素),就形成了下图。

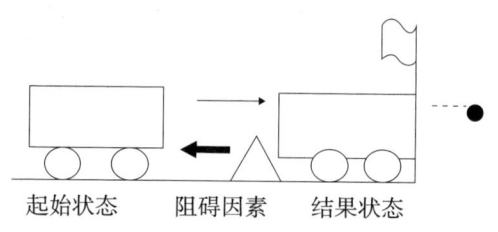

起始状态　　阻碍因素　　结果状态

图2-10　事件子域"到底"激活的意象图式

比较图2-10和图2-4,可以发现两点不同:第一,视点位置不同。从图2-4到图2-10,认知主体的视点从外部转移到了内部终点处。这就好像长跑比赛的观众原来坐在看台上俯视全场,现在他来到了运动场内跑道终点处观看,视角也随之从鸟瞰式俯视变成了逆向平视。第二,图2-4中突出的是小车和右向箭头,而图2-10中突出的是左向箭头。这表明在图2-4那种场景中认知主体关注的焦点是运动本身(之不间断);而图2-10这种场景中他关注的焦点是阻力的强大。第三,认知侧面从整个复合事件转到克服阻碍与抵达终点这两个子事件上。图2-4中,认知主体采取的是外部视点、俯视视角,因而能看到启动、前行、克服阻碍、抵达终点等各个子事件。图2-10中,认知主体采取的是内部视点,视角是逆向平视,因而发生在起点处的启动等子事件就不在认知侧面内(故而图中起点处的小车用虚线勾勒)。

基于图2-10所示的认知特点来观察相关场景而形成的概念结构,促动了"到底₁"语义结构的形成及其向句法结构的投射,使"到底₁"呈现出独特的句法、语义和语用特征。首先,由于视点在终点处、关注侧面是主体克服阻碍并抵达终点、焦点是阻力的强大,二力互动的客观结果是动力大于阻力,这时如果主体移情于运动体,得到的主观认识就是运动体抵达终点这种运动目的达成之不易;如果主体移情于障碍物,得到的主观认识就是动体抵达终点这种不利结果的出现之反(障碍物的)意愿。那么,主体到底何时移情于运动体,何时移情于障碍物呢?这取决于动体和障碍物的生命度的对比,主体往往移情于生命度高的一方,因为生命度越高,越能感受到来自主体的"同情"。比如,有这样一个场景:一个司机开着车子要到某处去,但是前方出现一个大土堆挡住了去路,司机开足马力硬是让车子从土堆上开了过去。这个场景中司机及车子生命度高于土堆,所以成为移情对象,因而主体对这样的场景进行识解后得到的主观认识自然就是目的抵成之不易(这时主体会说"司机到底把车子开过去了")。"到底$_1$"在这种情况下强调目的达成之不易,或者说强调有利结果的久盼而至(特征 B$_{1a}$)①。如果换成下面这个场景:一个司机在路上开车,发现前方有障碍物横在路中央,他连忙刹车,但由于车速太快、马力太足,车子仍然凭借惯性撞上了障碍物。这个例子中,阻力来自司机(即他想阻止车子继续前行),动力来自车子的惯性,司机的生命度高于车子。因而主体移情于司机,对动力大于阻力这种客观结果的主观识解就是"事故发生是司机力避还来的不利结果,是反(司机)意愿的"。上面所举的两个场景实际上分别是图 2-7 和图 2-8 的示例。当动体和障碍物的生命度相等时,两者中道德良民更易成为主体的移情对象,因为道德良民才更值得同情。比如,在例(88)中,动体(吴胖子)和障碍物(我)生命度相等,但是吴胖子试图抢"我"打火机,"我"是受害人。跟吴胖子相比,"我"更值得同情,因而是认知主体的移情对象。当主体移情于"我"时,对最终结果(即我的打火机被抢)的识解自然是这种不利(于"我"的)结果是"我"力避还来的。换言之,这时主体对动力大于阻力这种最终结果的主观识解自然是结果出现之反意愿(特征 B$_{1b}$)。当然,除上述两条原则外,移情对象的选择还受到其他因素的制约,如认知主体跟事件参与角色是否构成利益共同体。第二,无论是追求有利结果还是规避不利结果,都涉及到主体有意识的参与。所以,要么"到底$_1$"句本句是自主动词做谓语中心的已然句(多对应于追求类情况,特征 B$_2$),要么其前导句是自主动词做谓语的已然句(多对应于规避类情况,特征 B$_2$)。第三,由于认知主体要强调结果出现之合目的或反意愿,所以把主观化标记"到底$_1$"放在结果分句前。这样,句法上"到底$_1$"黏后句(特征 B$_3$)。"黏后句"实际上就是黏结果分句,这也是由视点在终点处决定的。与之截然相反的是,"到底$_2$"视点在源点,所以它黏原因分句(详下)。第四,由于运动的源点和启动不在认知侧面内,所以"到底$_1$"所在的顺承复句的前一分句(即过程分句)可省(特征 B$_4$)。

2.3.2.2 来自知域的解释——推理是从前提到结论的移动

当对图 2-3 所示运动场景的认知体验扩散到知域,即被用来认识抽象的思维活动时,就形成了对抽象的思维活动的形象感知。由对思维活动的

---

① 由于观察者站在终点处"等待"运动体的抵达终点,所以对于他来说,运动体抵达终点是在预料之中的事(他更关注的是运动体向终点趋近的速度)。因而"到底$_1$"有时兼有凸显结果出现在预料之中的用法。

形象感知而形成的理想认知模型可以表示如下图。换言之,在"到……底(尽头)"这个抽象事件模框中填入"推理"这个填项,得到的就是知域"到底"(即"到底₂")的理想认知模型。

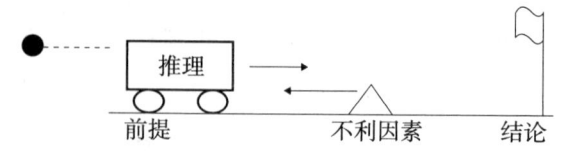

图 2-11　认识域(知域)"到底"激活的意象图式

在上图中,运动的起点是逻辑推理的前提,终点是逻辑推理的结论,运动就是逻辑推理①,运动的障碍物就是逻辑推理过程中的不利因素。上图与图 2-4 之间的映射关系是基于"推理是从前提到结论的移动"(inference is moving from premise to conclusion)隐喻。由于用对位移运动的认知体验来认识思维运动很可能是人类各民族普遍使用的认知策略,所以该隐喻在英语等其他语言里也不乏其例。例如:

(96) a. We started out from the assumptions.
　　 b. We came to these conclusions.

下面再看一个汉语的例子,即上文例(34),重写如下:

(97) 褚桂芳到底是女强人,遇事不惊。不吭声,动脑筋,想不出主意之前先骂男人。

如果用 o 代表"到底₂"触发的预设,即"女强人会遇事不惊"之类命题、p 代表命题"褚桂芳是女强人"、q 代表命题"褚桂芳遇事不惊",则可以写出如下的逻辑推演式②:

　　　　　大前提:　o　推(理)
　　　　　小前提:　p　到
　　　　　结　论:　q　底

图 2-12　"到底₂"激活的缺省推理模式

---

① Lakoff 和 Johnson(1999:216)也指出:"推理可以有一种动力。"
② 这里做了简化处理。言者使用"到底 p,q"句式往往是在进行溯因推理(q 为真→很可能是因为 p 为真),但是这个溯因推理通常以"p→q"这个缺省推理为前提(详见本书第四章)。

由于大前提 o 是无需证明的常识甚至公理,因而该三段论推理在诉诸语言表现时 o 要省去(特征 C$_2$)。当然,如果完全是逻辑有效的推理,有了前提,结论往往不言自明。所以,q 分句可省,尽管以不省为常(特征 C$_2$)。上图也展示了"到底$_2$"语法化过程中滞留下来的词汇意义——"(推理)到尽头/最后"(即到得出结论时)。下例或许能说明问题。

(98) 把这种论点<u>推到底</u>,那么……这个名词就可以表示和动词之间的任何一种意义 上的关系。(菲尔墨《"格"辨》,胡明扬译,商务印书馆,1999 年,第 15 页)

因此,"到底$_2$"可以视为元语言,表示言者对对象语言 p 与 q 之间关系的主观认识。即在言者的信念世界里,从 p 必然能缺省推导出 q。所以,"到底$_2$"的真值条件义可表示为:$p < q =_{df} \Box(p \to q)$。这样,"到底$_2$"的词义可以分化为客观真值义和主观强调义两部分。客观上,表示逻辑推理过程持续到最后,即持续到得出结论时(用 E$_x$ 表示,x 为推理过程);主观上,强调前件的逻辑衍推力之强大(用 H$_s$ 表示,)。合在一起,可以表示为:$\sum(E_x, H_s)$。

当然,图 2-11 与图 2-4 相比,有以下不同:第一,视点移到了起点处,视角是顺向平视。这就好像长跑比赛的观众现在选择站在起点处观看。第二,关注侧面是运动体克服障碍物的阻碍前进。第三,关注焦点是运动的动力。图 2-11 中用粗线条画出小车,表示运动体本身所具有的内能(如长跑运动员的耐力、柴油机的燃料)充足与否是关注焦点。日常生活中我们常有这样的体验:观看长跑比赛时,如果是站在起跑处观看,不仅观看运动员的起跑速度,有时还看看运动员的体格是否健壮,因为这往往关系到其耐力的好坏。

基于图 2-11 所示的认知特点来观察相关场景而形成的概念结构,促动了"到底$_2$"语义结构的形成及其向句法结构的投射,使"到底$_2$"呈现出了独特的句法、语义和语用特征。由于关注的焦点是运动体的动力,在知域就是小前提 p 具有的逻辑衍推力。所以,"到底$_2$"要黏附于小前提(即中句 p),即具有黏中句特征(特征 C$_2$)。上文把"到底$_2$"的词义概括为"强调事物某根本特点不因条件改变而变化,因而足以作为导致某结果之原因"(特征 C$_{1b}$)。这可以分解为两部分:一是对原因的强调。这缘于认知上对 p 具有逻辑衍推力的凸显。由于 p 具有强大的逻辑衍推力，所以，一旦 p 成立，有效推理下去，就必然会得出结论 q，因为大前提 o 往往是不言自明的公理或常识。换言之，p 为真是 q 为真的原因。对 p 的凸显就是对原因的强调。二是对事物根本特点的强调，在句中表现为对事物某根本特点不因条变化而改变的感叹，因而 p 句末尾常有或可以添加感叹性语气词"啊"（特征 C_{1a}）。这种感叹实际上就是认知主体对 p 逻辑衍推力之强大的感叹，它暗示，尽管可能存在某些阻碍三段论推理"o, p→q"进行下去的不利因素，即"新出现的条件"，如下例中的"（现在）你眼里没有你妈"，但由于 p 具有强大的逻辑衍推力，我们还是能"到底"，即抵达推理的尽头——结论。很多教材和辞书都指出"到底$_2$"有强调作用。强调作用何来？其实就源于这里所说的对 p 逻辑衍推力之强大的感叹。这样，如果引入障碍物（推理中的不利因素）就可以把"到底$_2$"所在格式完整地表示为"o,（虽然）s, 到底 p,（所以）q"。其中，s 表示障碍因素。例如：

(99) 我知道你眼里没有你妈(s)，不过到底多活了几岁(p)，吃咸盐也比你多吃几斤，你也该先问问我呀(q)。（《例释》）

基于上述分析，我们认为，说"到底$_2$"强调原因或者说它强调特点，都只顾及到问题的一方面。其实"到底$_2$"兼有强调特点和强调原因作用，只不过有时着重强调特点，有时着重强调原因。着重强调什么，主要取决于它用于让转关系复句的转折分句还是用于因果关系复句的原因分句（无论哪一种情况，通常都可转换为一个[让转-因果]关系二重复句）。所以，"到底$_2$"的词义可概括为"强调'事物某特点不因条件变化而改变，因而足以作为导致某结果之原因'"（特征 C_{1b}）。① 由于图 2-11 中，视点在起点处，认知主体就有可能看不到终点。② 诉诸语言表现，q 分句可省，但又以不省为常（特征 C_2）。至于与事态谓语共现（特征 C_3），这是因为，认知主体关注的焦点是思维推理的前提 p 蕴含的逻辑衍推力，而逻辑衍推力是势能而非动能。所以，"到底$_2$"分句往往是具有[+静态]特征的事态谓语句。至于"到底$_2$"以位于句首为常（特征 C_4），是因为 p 表示的是一个命题，"到底$_2$"黏附的是 p 小句这

---

① 当然，本书后文有关章节为论述方便，仍会把"到底$_2$"的词义简述为"强调特点""强调原因"。只在必要时，用这里的完整表述。

② 当然，如果视力足够好，又没有阻碍视线的东西，可以看到终点处的情景。

个整体,而不是 p 小句的组成部分,尽管有时 p 小句的主语 NP 的提升移位会造成"到底₂"内嵌于 p 小句的表象。

2.3.2.3 来自言域的解释——问答是话锋从问题到答案的移动①

当把对图 2-3 中那种运动场景的认知体验扩展到言语行为领域,就形成了对抽象的言语行为的形象感知。换言之,在"到……底(尽头)"这个抽象事件模框中填入"询问"这个填项,得到的就是"到底₃"的理想认知模型,如下图所示。

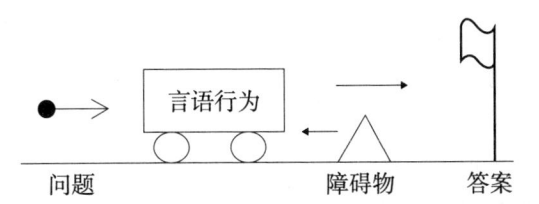

图 2-13 言语行为域(言域)"到底"激活的意象图式

图 2-13 与图 2-4 相比,起点变成了问题,终点变成了答案(因为只要获得了真实答案,询问行为就达到了预期目的),运动体变成了询问这种言语行为。借助歇后语"打破砂锅——问(璺)到底"可以更好地理解"到底₃"的作用。歇后语有时相当于一个小谜语,由问者说出谜面(如"打破砂锅"),由答者答出谜底(如"问(璺)到底")。所以,谜面与谜底的对立跟问句与答句的对立相平行。因此,答案相对于问题来说,是隐藏在问答这种话语活动的最底下(最后面)的,正如谜底隐藏于谜面之下。"问到底"就是将询问这种言

---

① Lakoff 和 Johnson(2003:89—91)提到"辩论是旅行"(argument is a journey)隐喻。我们认为,其上位隐喻为"speech is motion"(言说是移动),如汉语"语流、话说回来、待会我们会回到刚才这个话题、偏离正题、(下笔千言)、离题万里、至于这个问题(when it comes to this question)……"等。再如,口头美语中 go 表示"(接着)说",在瑞典语等很多其他语言中表示位移运动的词语也可以表示言语活动。例如:
(10) She goes,"Mom wants to talk to you." It's like,"Hah,hah,you are about to get in trouble."(Romaine,et al. 1991,转引自 Romaine & Lange 1991:238)
(11) A så kom han då,"Va vill ni?"
　　 and then come he that what want you
　　 and then he came:"What do you want?"(Nordberg 1984:18,转引自 Romaine & Lange 1991:238)

这表明话也可以在言谈双方之间运行。问答行为是注意的焦点(即话锋)从问题到答案的移动,陈述行为是注意的焦点(即话锋)在不同的话题之间移动。Talmy(2000:136)也指出,注意的焦点可以和人体、物体一样作为运动体。

说行为进行到底(即进行到得到答案时)。①

图2-13与图2-4的不同在于:第一,视点移到了运动场景内;观察方式也发生了从定点观察到移步观察的改变,现在观察者自己也处于运动中。这就好像长跑比赛的观众在场内做相应移动以确保视线紧锁自己喜欢的运动员。这种观察方式可以叫"动态跟视"(图中在从视点出发的虚线上加了一个对准小车的箭头,表示锁定运动体)。动态跟视直观地展示了"到底$_3$"在语义上的追究特征(即特征D_2)。第二,关注焦点是运动体的运动方向(图中用凸显代表运动方向的旗帜的方法来表示)。由于认知主体关注的是言语运动的方向,所以"到底$_3$"具有黏疑倾向性(特征D_3)并指向疑问成分(特征D_4),因为对疑问点的不同回答往往会把言语交际引向不同的方向,暗示话题链展开的不同方向。例如:

(100)甲:你在街上到底跟谁吵架了?
　　乙:就是那个满脸横肉、常来买鱼的二百五。
　　甲:你惹他干啥? 他是县长的小舅子,平常没人敢惹……

上例中乙对疑问成分"谁"的回答把话题带到了县长小舅子身上。同时,鉴于运动(言语活动)本身不是焦点,因而为疑问成分所预设的言说动词"说"以隐含为常。由于言语交际是在两人之间进行的,尽管自己很关心答案,但对方可以不作答,因而"到底$_3$"句可以没有后续句。既然对疑问点的不同回答往往暗示了话题链的不同展开方向,那么,可以说,答案以及问句中跟它对应的疑问点就代表了言语行为的某种方向,正如图2-13中旗帜规定了小车的运动方向。这样,"到底$_3$"总是预指疑问点(特征D_4)是有认知动因的:因为疑问点可以转指答案,比如"我知道谁来了"中"谁"代表一个未说出的答值,这样,"到底$_3$"总预指疑问点其实就是预指答案。之所以如此,是因为"到底"表示的就是言语行为进行到得到答案时为止,因而它自然要先于答案出现。"到底$_3$"总指向代表答案的疑问点,跟运动的小车总是指向旗帜所在方向之间存在象似关系。因此,"到底$_3$"特殊的指疑性是概念结构和句法结构之间的象似性促动的。图2-

---

① 能旁证这一点的是,在汉语史上,该歇后语的前身"打破砂锅——璺(wèn)到底"有时跟"到底$_3$"类词语(如"端的")共现。例如:

(12)(见正旦科)大嫂,有甚么人到俺家里来? ……把我铜斗儿家缘都破败了也。(吕蒙正云)端的是谁打了来? (正旦唱)打破砂锅璺到底。俺娘将着一分充饥饭,俺父抱着一套御寒衣,他两口儿都来到这里。……(元·王实甫《破窑记》第2折)

13中处于运动中的运动体"前有所承(自源点而来)、后有所启(往终点而去)"这种概念结构上的特点跟"到底$_3$"在语篇或话语中往往前有所承、后有所启(特征D_5,详见本书§5.3)正好构成了象似关系。至于"到底$_3$"为什么用于内部疑问句,详见第三章章末。

下面将本节所述四种不同身份的"到底"的句法、语义等方面的差异表示如表2-2。①

表2-2 "到底"的认知、语义与句法差异

特点	词项			
	到底$_0$	到底$_1$	到底$_2$	到底$_3$
视点视角	场外视点俯视	场内终点处逆向平视	场内起点处顺向平视	路径上某处动态跟视
侧面	整个运动过程	克服阻碍抵达终点	启动克服阻碍	瞄准终点向前运行
焦点	运动	阻力	动力	方向
基本词义	强调过程本身不间断	强调结果出现(之合目的或反意愿)	强调事物根本特点不因条件变化而改变,因而足以作为导致某结果的原因	强调(言说)行为的目的(即追究问题答案)
语法特征	黏动	黏后句,前句可省;用于动态谓语句	黏中句,前句必隐,后句可省;用于静态谓语句	有条件黏疑,预指疑问点,追究内部疑问;承上启下的语篇功能

上面的认知解释表明:空间位置关系、时间先后关系、事理上的因果关系、手段-目的关系不是一个认知层次上的概念。空间上的前-后、首-尾、顶-底等位置关系最为基本,时间上的先-后或同时关系次之;事理上的前因-后果关系和手段-目的关系再次之。手段-目的关系是因果关系跟[+意愿]特征的结合。如果事件参与角色对事件结果有积极追求的意愿,因果关系就会演变为手段-目的关系。(Konig 1991a:190—208)如果说"到底$_0$"强调空间关系里的尽头或时间关系里的最后,"到底$_1$"强调因果关系中的结果,那么"到底$_2$"强调因果关系中的原因,"到底$_3$"强调手段-目的关系中的目的,因为言者(即询问者)对结果(即问题的答案)有积极追究之意愿。目的是原因的内化形式,因而主观性当比原因更强(详见第二章),正所谓"存于心者为目的,

---

① 表中"逆向平视""顺向平视",Talmy(2000:73)分别称为"回视"(retrospective direction)、"预视"(prospective direction)。两者统属于"视向"(viewing direction)。

显于外者为原因"(吕叔湘 1979)。①

2.4 小结

本章的考察表明,"到底"的共时变异很可能是同一个抽象事件模框"到……底(尽头)"先后在行、知、言三域获得不同填项,依据不同隐喻机制(时间子域里状态改变是移动;知域里推理是从前提到结论的移动;言域里问答行为是话锋从问题到答案的移动)形成不同理想认知模型的语言体现。这个抽象事件模框就是保证源域与目标域之间的隐喻投射得以发生的一个统一的意象图式(image schema),反映的是源域与目标域共同的概念结构。这个图式被 Lakoff 称为"认知拓扑"(cognitive topology)。它包括槽位、关系、特征等(Lakoff 1987:269—280)。在"到底"发生概念隐喻的过程中,变化的只是槽位上的填项,而槽位本身及其内部各填项之间的关系始终未变。这从上文对它们的词义的描写中可以看出:

到底$_0$:$\sum(E_x, H_p)$ 到底$_1$:$\sum(E_x, H_g)$

到底$_2$:$\sum(E_x, H_s)$ 到底$_3$:$\sum(E_x, H_d)$

它们的词义的客观真值部分都是 E_x,表示某一过程持续到最后。所不同的是,x 是在不同概念域中赋值的。对于"到底$_0$""到底$_1$"来说,x 在行域赋值;对于"到底$_2$",x 在知域赋值;对于"到底$_3$",x 在言域赋值。"到底$_0$""到底$_1$"虽都在行域赋值,但"到底$_1$"只在时间子域赋值;而"到底$_0$"的赋值则兼跨时空两个子域。词义的主观强调部分的不同点更多:"到底$_0$"凸显运动过程(H_p);"到

---

① 目的与结果共用一个词、目的与原因共用一个词,这些现象在外语中也很常见。前者如英语中的 so that(见下举首例)、伊定尼语(Yidiny)中的 ina(见下举后两例);后者如英语 for。例如:
(13)a. He worked hard <u>so that</u> he became rich.(他工作努力,以至于变得富有了。)
　　b. He worked hard <u>so that</u> he should become rich.(他努力工作,以便自己变得富有起来。)
(14)a. ɖaḍa ḍuḍu:mbu gaṛbagaṛbaŋalŋu ŋuḍu wawa:<u>lna</u>.(转引自 Palmer 2001:136)
　　child+ABS aunt+ERG hide+PAST not see+PURP
　　Auntie hid the child so that it should not be seen.
　　(为了不让别人看见,婶娘把那个小孩藏了起来。)
　b. ŋayu burawuŋal duga:l ḍinbiḍ inbi:<u>lna</u>.(转引自 Palmer 2001:136)
　　I+SUB Burawugal+ABS grab+PRES struggle+RED+PURP
　　I grabbed the water sprite woman and as a result she kicked and struggled.
　　(我抓住了那个水精灵般的女人,结果她又踢又扎的。)

底₁"凸显运动结果(H_g),具体说是目的达成之不易(即有利结果的久盼而至)或结果出现之反意愿(即不利结果的力避还来);"到底₂"凸显源点处动体的运动能量之充足(H_s,即凸显事物的根本特点足以作为导致某结果之原因)、"到底₃"凸显运动方向(H_d)。"到底"的各个义位能相互区分就在于其语义结构中各构成要素的性质和隐显(程度)不同。这也印证了何英玉(2004:242)的如下观点:"一个多义词的多个义位能相互区别就在于其语义结构中的构成要素在前台和背景中交替上升和下降。"各种"到底"在语义结构上的不同又是由概念结构的不同促动的。这些不同表现在不同理想认知模型中认知视点、认知视角、认知侧面和关注焦点的不同。这种识解方式的不同是决定"到底₀""到底₁""到底₂""到底₃"具有不同的句法、语义和语用特征的认知动因。

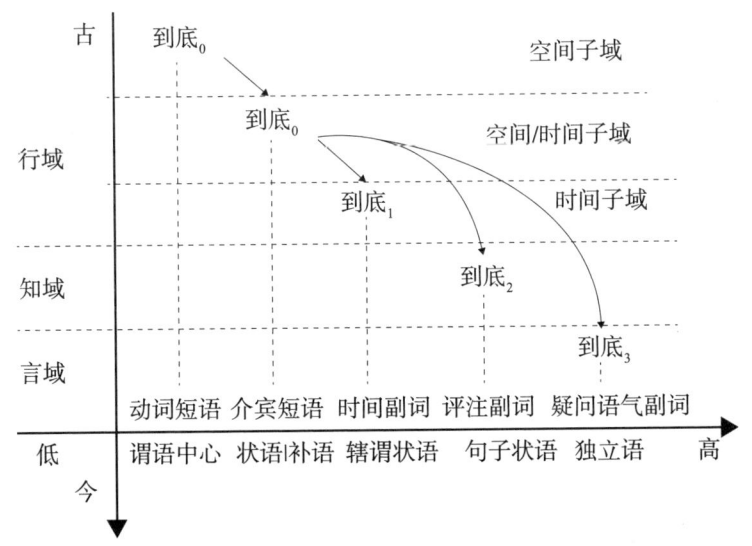

既然"到底₀""到底₁"用于行域、"到底₂"用于知域、"到底₃"用于言域,根据上文介绍的领域扩散理论,则它们的虚化程度为:到底₀<到底₁<到底₂<到底₃。又由于"到底₀"中有空间用法,"到底₁"全为时间用法,而空间比时间更具体,所以上面的虚化程度表达式可以细化为:到底₀<到底₁<到底₂<到底₃。又由于四种不同性质的"到底"是同一个抽象认知模框"到……底"在不同领域获得不同填项而形成,而只有动宾短语"到底"才可以独立激活这种抽象认知模框所表示的场景,所以"到底₁""到底₂""到底₃"都要依赖能独立做谓语的动宾短语"到底"。这样,上面关于"到底"虚化程度的表达式可以进一步细化为:动宾短语"到底"<介宾短语"到底"(即"到底₀")<到底₁<到底₂<到底₃。因此,我们可以用下图表示根据对"到底"的共时变异的考察所预见的"到底"的历时演变的概貌:

图2-14 基于共时变异拟测出的"到底"的历时演变概貌

上图中横轴表示语法化程度的高低,纵轴表示历时演变的顺序。水平虚线隔开的是"到底"所在的概念域。竖直虚线把"到底"的历时演变各阶段与共时变异对应起来。在水平横轴的上方和下方分别标明了各个"到底"的语类和句法功能。需要说明的是,上图之所以把"到底$_2$"的句法功能标为做句子状语,是因为我们认为"到底$_2$"经常位于句首,位于句中的也可以前移至句首;上图之所以把"到底$_3$"的句法功能标为做独立语,是因为我们认为所有的"到底$_3$"都可以替换为"说到底"并前移至句首,且变换之后句义基本不变。

如果上图的预测能得到汉语史相关事实的证实,那么本章的考察可能再次例示(instaninate)了对空间位置关系与引起空间位置关系改变的空间运动的认知体验是认知其他更抽象的关系与活动的基础,因而对空间位置关系及空间运动的感知可能是人类具有的最基本的认知能力之一。上文对"到底"的共时变异的解释是统一的,但对"到底"的历时演变的预测却是初步的。其实,运用本章的理论解释还可以对"到底"的词汇化和语法化的很多具体细节做出预测。这些预测还能具体到什么地步?能否得到汉语史相关事实的支持?详见下一章。

第三章 "到底"的历时演变及对相关预测的验证

3.1 引言:基于共时变异对"到底"的历时演变的预测

上一章考察了"到底"的共时变异,并运用"力量-动态"图式的领域扩散对其做出了统一的认知解释,指出,"到底"的共时变异是同一个抽象的认知模框(即力互动图式)在行域(含空间、时间等子域)、知域和言域这些不同的概念域里获得不同填项,从而形成不同的理想认知模型的语言表现。在此基础上,基于共时变异与历时演变同构论,对"到底"的历时演变做出了初步预测,预测"到底"的历时演变当沿着如下路径展开(预测①):

动词短语"到底"→ 介宾短语"到底"→到底$_1$ | 到底$_2$ | 到底$_3$

换言之,"到底"的短语、时间副词、评注语气副词和疑问语气副词用法在历史上应该依次出现。因此,当先有"到"与"底"的非紧邻共现,后有其紧邻共现(即"到底$_0$"出现)。

其实,基于上一章的论述和语法化的单向渐变原则还可预测到:②因语法化具有单向性,"到底$_0$"的使用当呈递减趋势。由于"到底$_2$""到底$_3$"本来分别表示"说(推理)到底""说(问)到底"义(详见第二章),因而其形成跟推理概念、言说概念在语言层面的潜隐密切相关。因此,它们日趋成熟的过程当是"到底$_0$"日趋衰减的过程。③在各种"到底"都很成熟的时代,"到底$_0$"用例当最少,因为"到底"的所有演变都根源于"到底$_0$"。④"到底$_0$"当先有空间用法,后有时间用法。⑤"到底$_0$"当先有"到最后"义,后有"(在)最后"义,最后有"终于,终究"义。⑥"到底"的时间用法在使用之初当带有特殊修辞效应。换言之,当先有"到底"的修辞隐喻,后有其概念隐喻;⑦"到底"中的"底"当经历了从表示"底端"义到表示"尽头"义的语义泛化过程,否则就无法解释它能激活[运动到尽头]这样的认知场景。而且,汉语史上"到底"当先做谓语(其中"到"和"底"都是单词),因为只有这样,才能激活图 2-3 所示的认知场景,从而带动"到底"的连锁演变。⑧"到底₁"应该曾经用在一个结果分句前,否则就无法证明"到底₁"形成之初不是跟分句内的谓语动词连用,而是跟实行同形同指删除后的空动词 Φ 连用,表示空动词所示过程持续到结果出现时。⑨在古汉语里,"到底₂"当可以编码"说(推理)到底"义,且"到底₂"形成之初可位于句首,因为在上一章的解释中我们假设"到底₂"起初是在知域里对"说(推理)到底"义进行残缺编码①的独立语。⑩在古汉语里问句中言说概念可以不诉诸语言编码,因为我们在上一章的论证中假设问句中的"到底"表示"说/问到底"义。⑪"到底₃"起初可以位于(话题句)句首,因为上一章假设它编码的概念是"说/问到底",而"到底"编码"说/问到底"义时是独立语,可位于(话题句)句首。⑫"到底₃"曾可黏附于选择问标记"还是"前,因为上一章从理论上解释说"到底₃"具有黏疑倾向性,而且我们接受了徐杰(2001)把"还是"看成选择问标记的观点,而现代汉语中"到底₃"并不能黏附于选择问标记"还是"。例如:

(1) 不知道这<u>到底</u>是因为我清醒了呢,还是更迷糊了。(张天翼《给孩子们》)

→ * 不知道这是因为我清醒了呢,<u>到底</u>还是更迷糊了。

于是,我们唯一的出路就是证明在历史上"到底₃"曾经可以黏附于选择问标记"还是"。

预测先有"到底₀"的依据是,对图 2-3 所示场景的认知体验是对图 2-4 和图 2-10、图 2-11、图 2-13 所示场景进行认知识解的基础。换言之,对空间运动场景的认知体验是对时间域活动(事件)的展开、知域逻辑推理的进行、言域言语行为的展开进行概念化的认知基础。预测先有空间域"到底₀"的依据是上章所述的空间方位主义的认知观。预测"到底₀"出现之后"到底₁""到底₂""到底₃"依次出现的依据是,根据领域扩散论,人们改造世界(言语行为就是以言行事,是对世界的一种广义改造)是在认识世界的基

---

① 即推理概念不诉诸语言编码,也可称为零编码。类似于 Fillmore(1986)讨论及物动词的宾语的潜隐说的零示例(null instantiation)。

础上进行的,而对世界的认识又是从具体到抽象的,所以,往往先有行域用法,再有知域用法,最后有言域用法。因此,在此认知动因的促动下,"到底₁""到底₂""到底₃"强烈倾向于顺次出现。

那么,上述关于"到底"的历时演变的预测是否正确呢?本章将运用"到底"的历时演变事实来对其进行验证。§3.2—§3.4考察"到底"的历时演变(即词汇化和语法化)过程、机制和动因等;§3.5对上文做出的相关预测进行验证。§3.6就相关问题做些理论探讨,§3.7是余论和小结。

3.2 "到底"的历时演变

为了考察"到底"在历史上的使用情况,笔者检索了TCS2006的历时部分,所涉语料包括先秦至晚清历代代表性作品486部(篇),共1.01亿字。总体结果如下:①

表3-1 历代"到底"的用例和用频情况

年代	短语 (到底₀)	时间副词 (到底₁)	评注语气副词 (到底₂)	疑问语气副词 (到底₃)	文本 总字数
唐五代	18(0.94)	0	2(0.10)	1(0.05)	19 143 676
宋代	74(4.97)	14(0.95)	9(0.60)	3(0.20)	14 881 679
元明	137(8.96)	81(5.30)	78(5.10)	12(0.79)	15 285 387
清代	72(7.42)	81(8.35)	378(38.97)	360(37.11)	9 700 559

表3-2 历代"到底"的用例和用例比情况

年代	短语 (到底₀)	时间副词 (到底₁)	评注语气副词 (到底₂)	疑问语气副词 (到底₃)	合计
唐五代	18(85.71%)	0	2	1	21
宋代	74(74.00%)	14(14.00%)	9(9.00%)	3(3.00%)	100
元明	137(44.80%)	81(26.30%)	78(25.32%)	12(3.90%)	308
清代	72(8.08%)	81(9.09%)	378(42.42%)	360(40.40%)	891

对上两张表以及我们的统计,首先需做如下说明:①以上两表只显示现代汉语普通话中也有的"到底"在历史上的使用情况,不包括"到底"古有今无或仅存于方言的用法,比如"一直,从来,总是"义、"无论如何"义、"倒

---

① 表中圆括号内的小数表示使用频率,单位是次/百万字;圆括号内的百分数表示占总用例的比例。本书其他各章统计表中的小数或分数的含义与这里相同。

是"义。① 那些用法的统计结果在后文相关章节中列出。②对因语言演变的渐进性而导致的"到底"在具体语境中依违两解的过渡用例统计时暂未计入,但在具体论证时可能会以示例形式出现。③对在某一时期虽已出现但绝对用例在 3 个以下、不具统计意义的"到底"的用法,暂不计算它在所有用例中的百分比。比如,表 3-1 显示,在约 1914 万字的唐五代语料中,"到底$_2$"和"到底$_3$"的用例分别只有 2 个和 1 个,列举如下:

(2)寄语长安旧冠盖,粗官到底是男儿。(唐·王彦威《宣武军镇作》)
(3)邹家不用偏吹律,到底荣枯也自均。(唐·李山甫《秋》)
(4)到底根元是何物,分明只是水中金。(唐·吕岩《赠乔二郎》)

这说明,在唐五代,"到底$_2$"和"到底$_3$"还不成熟。综上,我们认为,语气副词"到底"在唐五代的偶现很可能是"毕竟""至竟""究竟""到头"等的聚合类推所致,似乎还不能说"到底"的语气副词用法在唐五代已十分成熟。其实,在唐五代"到底"的语气副词用法还只是个别作家作品的创新用法(详见§3.1.1 和§3.2.2)。所以,我们在确定各种"到底"的出现时间时以广泛使用②为标准。比较支持这种做法的是,在《敦煌变文集》全书中,语气副词"到底"(包括本书所说的"到底$_2$"和"到底$_3$")仅见一例(详见杨荣祥 2005:92),即:

(5)某娥人忽而抬头,见此中官,更言曰:"阿娥道(到)底是那。"(《敦煌变文集》第 5 卷)

再如,虽然史金生(2003:68)认为"毕竟"类副词用于疑问句表示追究最早出现在唐代,但史文只为"到底$_3$"举了如下一例,而且是宋代的。

(6)如先生所言,推求经义,将来到底还别有见处否?(《朱子语类》第 11 卷)

---

① 下面为"一直,从来"义用法举个例子,其他意义见第四、九章。例如:
(1)王惠听罢,流下泪来说道:"昔年在南昌,蒙尊公骨肉之谊,今不想已作故人。世兄今年贵庚多少了?"蘧公孙道:"虚度十七岁。到底不曾请教贵姓仙乡?"(清·吴敬梓《儒林外史》第 8 回)
"到底"在闽语中的对应词"透底"也可表示"一直,从来"义。比如,在闽东福州、长乐、福清、永泰、古田、福安、宁德、周宁、福鼎等地方言中均是如此(详见林寒生 2002:76)。
② 判断一个词语是否广泛使用的标准,是其绝对用例在 5 个以上且在所有用法中所占百分比在 10%以上。

3.2.1 短语"到底"的词汇化

3.2.1.1 短语"到底"词汇化的句法条件

经考察发现,"到底。"向"到底₁"词汇化的句法条件是"到"与"底"高频紧邻共现以及"到底。"做状语。下面分别论述。据我们考察,在初盛唐,"到"与"底"开始紧邻共现,形成"到底。"。例如:

(7)心本无双无只,深难到底渊洪。(唐·王梵志《回波乐》)
(8)秤槌落东海,到底始知休。(唐·寒山《人生》)
(9)发初先向口,欲竟渐伸头;从君中道歇,到底即须休。(唐·张文成《游仙窟》)

据此推论,"到"与"底"的间隔共现当在初盛唐之前就有。但是,或因文献缺失之故,传世文献中"到"与"底"间隔共现最早见于盛唐时期(即9世纪)。① 例如:

(10)且从东入台山,入山,谷行五百里,上至岩之顶,下到深谷之底,动经七日,方得到五台山地。(〔日〕圆仁《入唐求法巡礼行记》)

不过,"到"的同义词"至"跟"底"(间隔)共现的用例早在唐以前就有了。例如:

(11)卫气之行风府,日下一节,二十一日下至尾底,二十二日入脊内,注于伏冲之脉,其行九比出于缺盆之中,其气上行,故其病稍益至。(东汉《黄帝内经·灵枢》)
(12)兔不至底,浮水而过;马或至底,或不至底;象则尽底。(北凉·昙无谶译《优婆塞戒经》第1卷)
(13)夫自逆视之,至穴,妇遂推下,经多时至底。(《古小说钩沉·洛下洞穴》)

---

① 下面这个东晋用例有人疑是后世伪作。如果不是,则可以说明在唐之前就有极个别"到"和"底"间隔共现的用例。

(2)诸患犹尔,忧劳深似(阙)江候(阙到行底)。足下遗临怀次冷取书。(东晋·王羲之《晋王右军集·法书要录》)

因而在口语中或许存在一个"到"和"底"从只间隔共现到常紧邻共现的转变,只是此转变在文献中无反映。在初盛唐,"到"和"底"的高频紧邻共现是"到底₀"出现并词汇化为时间副词的句法条件。实现紧邻共现的必由之路是"底"发生配项缺失(valent lack)。配项缺失包括配项省略(valent ellipsis)和配项隐含(valent implying)。既然名词"底"凸显的图形(figure)是物体最下部,对它的理解必然要依赖作为基底(base)的整个物体。"底"的配项就是表示基底的名词(如"海底"中的"海")。"底"的配项省略包括承前省、蒙后省。比如,例(8)和下两例中"底"分别承前省略了配项"东海""镜湖"和"银瓶"。

(14) 试览镜湖物,中流<u>到底</u>清。(唐·孟浩然《与崔二十一游镜湖,寄包、贺二公》)

(15) 酒泻银瓶<u>倒底清</u>,夜深丝竹凤凰鸣。(唐·卢群玉《失题》)

"底"的配项隐含指其配项隐含于语境,语表上不可补或有多种补法。例如:

(16) 片段似冰犹可把,澄清如镜不曾昏。<u>欲知到底无尘染</u>,堪与吾师比性源。(唐·方干《僧院小泉井》)

上例中,画线句及其前后句都未明示"底"的配项是"井"。但诗题已暗示"井"是全诗的话题。读者读到诗题,井的表征自然会在其心智中被激活。这样,"(小泉)井"自然成了画线句的缺省主语。句中"(小泉)井"既是"无尘染"的主事,又是"底"的配项。"底"的配项缺失使"到"与"底"从远亲变成近邻,增大了其紧邻共现机会,为"到底₀"的出现和进一步词汇化准备了条件。

语料调查显示,"到底₀"始见于唐五代。当时它主要做谓语和状语。① 在唐五代约1914万字的语料中,"到底₀"凡18见(详见表3-1),其中做状语的有12例,占66.78%。但这12例状位"到底₀"中仅形容水清见底的"到底清"就有7例。即例(14)(15)和下面5例。

(17) 东山有路干云险,汝水无波<u>到底</u>清。(唐·李翔《登临川仙台观南亭》)

---

① 这一时期,"到底₀"做补语的只有1例。

(18) 危栈连空动,长江到底清。(唐·许棠《送徐侍御充南诏判官》)
(19) 岚收楚岫和空碧,秋染湘江到底清。(唐·秦韬玉《长安书怀》)
(20) 调和雅乐归时正,澄滤频波到底清。(唐·郑谷《兵部卢郎中光济借示诗集,以四韵谢之》)
(21) 兹泉由太洁,终不畜纤鳞。到底清何益,含虚势自贫。(唐·李德裕《惠泉》)

这 7 例中"到底清"当是短语。因为:①"到底清"中的"清"还有其他近义替换项。例如:

(22) 利刃从前堪切玉,澄潭到底不容尘。(唐·方干《上郑员外》)
(23) 欲知到底无尘染,堪与吾师比性源。(唐·方干《僧院小泉井》)

这说明"到底清"中的"清"具有聚合可变性(paradigmatic variability,详见 Lehmann 2002a:305—310),因而"到底"跟"清"的组合具有临时性。②"到底清"常跟其他偏正结构对举使用。比如,例(17)—(20)中"到底清"跟"干云险""和空碧"等短语对举使用。既然"干云""和空"等是短语,那么"到底清"中的"到底"当也是短语,表示"到底端"义。它跟"彻底清"不完全相同,"彻底清"中"彻底"有"完全"义,是副词。例(20)中,本属空间子域的"到底"跟时间子域的"归时"的对举和比喻手法——即用澄水比喻廓清政治形势——的使用,使"到底"也兼有时间用法。这种时空双关语境中的状位"到底。"很容易词汇化为时间副词,尤其是当它跟"从头""从来""从前"等[FROM+SOURCE]式双音复合词搭配使用表示"从头到尾,自始至终"等意义时。例如:

(24) 利器从头匣,刚肠到底刳。(唐·元稹《酬乐天东南行诗一百韵并序》)
(25) 死灰到底翻腾焰,朽骨随头却长肥。(唐·方干《谢王大夫奏表》)
(26) 从来姑息难为好,到底依栖总是诹。(唐·牟融《寄范使君》)
(27) 利刃从前堪切玉,澄潭到底不容尘。(唐·方干《上郑员外》)

"到底。"除做状语,还常做谓语。据统计,唐五代谓位"到底。"凡 5 见,占总数 18 例的 27.78%(绝对用例虽少,但鉴于状位"到底。"有很多是同一类型——"到底清"——的重复使用,从类的数量的角度看,状位 12 例"到底。"可归简为6例,即把7例"到底清"算作1例。这样,从类数量角度看,状位"到底。"跟谓位"到底。"的使用比例为6∶5,基本持平)。做谓语时,"到底。"跟其他动词短语一样,可受否定副词修饰。例如:

(28)税额长定,有逃即摊,似投石井中,不到底不止,摊逃之弊,户不尽不休。(唐·李渤《请免渭南摊逃户赋税疏》)

但是,"到底。"单独做谓语的情况较少,通常是充当连谓结构里的第一谓项(下文简称"连谓前项")。唐五代谓位5例"到底。"中,有3例充当连谓前项,即例(8)(9)和下例。

(29)蓬莱顶上斡海水,水尽到底看海空。(唐·杜牧《池州送孟迟先辈》)

唐五代状位"到底。"的频繁使用及其强烈的词汇化倾向,对充当连谓前项的"到底。"被重新分析为状位"到底。"有拉动作用。因此,"到底。"的词汇化路径可构拟为:

[连谓前项:动词短语→]状位:介宾短语→ 状位:(时间)副词

在这个路径中,阶段一加方括号,表示有些"到底。"未经历过连谓前项阶段,而是径直在状位词汇化为副词的。阶段三中"时间"上加圆括号,表示有些状位"到底。"没有词汇化为时间副词,而是词汇化为"全部"义范围副词等其他副词。

总之,在我们调查的语料中,唐五代"到底。"共18例,具体使用情况如下表所示:

表3-3 唐五代短语"到底"的使用情况

句法功能	语类	用例数
做谓语	动词短语	5例(其中,做连谓前项的有3例)
做状语	介宾短语	12例(其中,跟"从头"类复合词对举使用的有4例)
做补语	介宾短语	1例

3.2.1.2 短语"到底"词汇化过程中的句法演变

Harris和Ramat(1987)曾为世界很多语言中助动词化(auxliarization,即助动词的形成)现象总结出了如下四个发展阶段:第一,典型动词(full verb)阶段:在这个阶段,最终演变成助动词的动词仍有实义,可独立作谓语。第二,述谓结构(predicative construction)阶段:在这个阶段,最终演变成句子主动词的动词仍可被省略。第三,迂说式(periphrastic forms)阶段:在这个阶段,助动词是一个真正的时体标记,本身没有独立的意义。第四,黏着(agglutination)阶段:助动词蜕化为简单的黏着形式,一个黏附于主动词的词缀。(Harris & Ramat 1987:8—13)虽然"到底"不是助动词,而是副词,它最后也没有变成词缀,但我们基本可以参照 Harris 和 Ramat 所说的前三个演变阶段结合历时考察结果来构拟"到底"的词汇化历程。对于"到底"来说,前三个阶段可以修改为:第一,典型动词短语阶段;第二,连谓前项阶段;第三,(时间)状语阶段。在第一阶段,"到底。"可以独立充当谓语中心,是典型的动词短语。比如,在例(28)中,"到底。"用于紧缩复句的第一分句,独立充当谓语中心,"不"的出现只是适应语义表达的需要,不是句法必有成分。到了第二阶段,"到底。"用于连谓结构,充当连谓前项,虽仍是动词短语,但动性特征受到了抑制。比如,时体标记只能加在连谓后项上而不能加在"到底"上。不过,"到底"的意义仍然较实,只能理解为"到底端/尽头"这种空间义。如上文例(8)(9)所示。这一阶段,连谓前项"到底"和连谓后项之间可以插入关联副词,连谓后项在句法上可以删除。比如,例(8)(9)中连谓前项和连谓后项之间有"始"和"即"。删除连谓后项"始知休""即须休",句子只是语义怪异(anomaly),但完全合(语)法。在第三阶段,因连谓前项"到底。"跟状位"到底。"都后续谓词性成分,前者就有可能在后者的拉动下被重新分析为状语。这样,伴随它的语义演变(即"到底端/尽头"义>"到最后"义,详下),它就有可能被重新分析为时间副词。我们知道,连谓前项具有独立的表述性(句法上可以有界化),而状语不具有独立的表述性。试对比例(8)(9)和例(14)(17)中的"到底。"。跟(8)(9)不同,例(14)(17)中若删除"清"不仅语义怪异,而且不合语法。因此,"到底。"的独立表述性越低,其短语身份越不稳定。尤其是当表示空间义的"到底。"被重新分析为表示时间义时,其独立表述性就更低了,因为空间移动概念的自主性比时间流逝强,后者往往要跟事件进展相伴随。先民往往是通过对周期发生的事件(如日出与日落、月圆与月缺、涨潮与落潮)的观察来把握日、月等时间概念的。

综上所述,充当连谓前项的"到底。"被重新分析为状位"到底"不仅表现在与连谓后项之间不再能插入其他成分,还表现在后续成分从句法上可删除到句法上不可删除。这表明"到底。"在词汇化过程中组合可变性(syntagmatic variability)降低了。这印证了 Lehmann(2002a)的观点:意义的重新分析得到实现(actualization)后,成分的组合可变性(和聚合可变性)通常会降低。① "到底₀"在向"到底₁"词汇化过程中,虽未演变成时体标记,但确实是标记时间的,意即"(在)最后"。而且,"到底"的实义已大大虚化,尤其是其中的"到"(详下)。这样,Harris 和 Ramat 所说的第三阶段部分地适用于"到底₀"的词汇化。至于 Ramat 所说的第四阶段,正如 Harris 和 Campbell(2007:172—194)所说,在形态贫乏的语言中似乎改为"融合(fusion)阶段"较好。Harris 和 Ramat 关于这个阶段的论述旨在强调"不论原来的核心是否变成黏着形式,但两者之间肯定发生了组合关系上的变化,结合变得更紧"。两者之间不能再插入其他词语。② 这似乎不适用于"到底₀"向"到底₁"的演变,因为即使在现代汉语中"到底₁"和它修饰的谓语中心之间也可插入其他词语。例如:

(30)你到底来了。→ 你到底还是来了。

"到底₀"在连谓前项或状语位置高频出现是有动因的。据张旺熹(2006:99—101)的研究,"在""到""至""往""向""朝""对""当"等动词之所以会虚化为介词,是因为其语义结构都关涉着方位、处所等空间要素,而空间(及时间)是人类展示一切动作行为的基本前提,因而空间表达自然成了语言表达最基本甚至无标记的背景信息部分。42%的连谓结构其前项是由含方位义或处所义的动词充当的,"到底₀"作为涉及方位的表达也不例外。它也经常出现在连谓前项或状语位置上,且连谓前项会演变为状语。所以,"到底₀"被重新分析为"到底₁"的条件可以定为充当状语,可表示为:Dao Di → Daodi /____＋VP。而且,这种演变要得以发生还有些附带条件:①"到底₀"修饰的中心语是动词(短语),而不是形容词(短语),因为"到底₁"修饰的通常是动词(短语)。如果"到底₀"修饰的是形容词(短语),"到底₀"可能会朝"全部"义范围副词方向词汇化。这是"到底"的另一条在现代汉语中

---

① 组合可变性指组合关系上的变化潜能。组合可变性的降低表现在句子成分从位置灵活到位置固定(即从可移位到不可移位,从可插入其他成分到不可插入其他成分),从可删除到不可删除。组合可变性和聚合可变性是考察词语词汇化和语法化程度的重要参数(详见§10.4.1)。

② 汉语"到底"先在连谓结构里发展出标记时间的"到底₁"用法,接着又在疑问句里发展出准焦点标记用法(即"到底₃")。跟"到底"的这种演变相似的是马来语(Malay)里 -lah 的演变。据 Heine 等(1991),在马来语书面语里,-lah 最初也是用在连谓结构里表示(前一事件的)完成的,后来发展为完整体标记,继而又发展出焦点标记的用法(详见 Heine et al.1991a:204)。

基本无遗迹的演变路径,这里暂不予关注。②"到底。"本身是光杆的,即它不能受副词修饰或者带时体标记。③"到"与"底"紧邻,比如"底"前没有定语。④没有关联副词等成分(如例(8)(9)中的"始""即")把"到底"跟其后续项隔开。

3.2.1.3 短语"到底"词汇化过程中的语义演变

经考察发现,"到底"在词汇化过程中发生了如下语义演变:到(物体)底端＞到(路径)尽头＞到(过程)最后＞(在)最后;演变的语用动因是"到底"频现于时空双关语境。下面在介绍"底"的语义演变的基础上,论述"到底"在词汇化过程中发生的语义演变。

3.2.1.3.1 "底"的语义演变

"底"的语义演变首先表现在语义泛化上,即:底端＞尽头。关于"底"的本义,学界存在争议。《说文》:"底,山居也。一曰下也。从广,氐声。"段注:"山当作止之误也！字从广,故曰止居。《玉篇》曰:'底,止也,下也。'《广韵》:'底,下也,止也。'皆本《说文》。"可见,对"底"的本义,学界有两种看法:一种看法认为"底"本表示止居(即停止,停滞),是动词;另一种认为"底"本表示物体的下面或下层,是名词。虽然对"底"的本义学界意见分歧,但可以肯定的是,"到底"中"底"最初表示物体的底端,是部件名词,常跟"盖"相对,如:瓶底—瓶盖。① 部件名词"底"早在先秦就有,后世一直沿用。如:

(31)渤海之东,不知几亿万里,有大壑焉,实维无底之谷。(《列子·汤问》)

(32)上穷至高之末,下测至深之底,变化消息,无所凝滞。(《淮南子·兵略》)

(33)子阳井底蛙耳,而妄自尊大。(南朝宋·范晔《后汉书·马援传》)

(34)涧底百重花,山根一片雨。(南朝梁·庾信《游山》)

上几例中"底"分别指谷底、海底、井底和涧底,它们分别是谷、海、井和涧的一部分。当"底"是部件名词时,"NP 底"可以说成"NP 之底"。比如,

---

① 马喆(2009)认为"到底"中的"底"本是方位名词。其说值得怀疑。我们更赞同冯雪燕(2009)的观点,认为"底"本为部件名词,后演变为方位名词。

"谷底"可说成"谷之底"。至迟到晋代,名词"底"就已经引申出"尽头"义。① 例如:

(35)灵庆有底,见龙在田。谁其极哉,我后先天。(晋·郭璞《元皇帝哀策文》)

至迟到中唐,"底"已发展出了方位词用法,表示"(在)底下"。这时"NP 底"很少能说成"NP 之底",因为这时"NP 底"不表示 NP 的指称对象的一部分。例如:

(36)笑容花底迷,酒思风前乱。(唐·白居易《山游示小妓》)

尽管海底、谷底是海和谷的一部分,但花底显然不是花的一部分,而是"(在)花的底下"。故上例中"花底"不能说成"花之底"。到了五代时期,方位词"底"开始大量出现。例如:

(37)舜子上树摘桃,阿娘也到树底。(《敦煌变文集·舜子变文》)
(38)"大将军,后底火来,如何免死?急手出火,烧却前头草!后底火来它自定。前头火着,后底火灭。前头草尽不相连,后底火来他自定。"(《敦煌变文集·李陵变文》)

例(38)中"后底"与"前头"对举使用,表明"后底"义为"后头,后面",因而"底"是方位词。"底"从部件名词虚化为方位词符合语言发展的普遍规律,因为前者指称物体的一部分,后者指涉一种方位关系,"名词虚化的第一步就是从起指称作用的名词(referential noun)演变为关系名词(relational noun)"(Delancey 1993,转引自高彦梅 2004:286)。

"底"从部件名词演变为方位词后,其方位义进一步泛化,特别是在唐诗中。唐诗中方位词"底"的泛化倾向很明显,或犹"上",或犹"中",或犹"下",

---

① "尽头"义"底"后代一直在沿用。宋元时期,它还可以作为词内语素。例如:
(3)为忆小卿,牵肠割肚,凄惶悄然无底末,受尽平生苦。(元·白朴《恼煞人》)
在现代汉语里也时或可见,例如:
(4)杏花红了,梨花白了,街头巷底声声叫。(刘大白《卖花女》)

或犹"里"①(王瑛 2004:144)。现各举一例：

(39) 歌鞍在地底，始觉所历离。(唐·杜甫《飞仙阁》)[犹"上"]
(40) 知章骑马似乘船，眼花落井水底眠。(唐·杜甫《饮中八仙歌》)[犹"中"]
(41) 城底潮声震，楼头蜃气孤。(唐·岑参《送卢郎中除杭州之任》)[犹"下"]
(42) 长安城头多白鸟，夜飞延秋门上呼；又向人家啄大屋，屋底达官走避胡。(唐·杜甫《哀王孙》)[犹"里"]

张相(2001)也列出了"底"的"里""下""前""边""旁"诸义。这些意义的"底"在文献中确实很常见。再如：

(43) 故乡门巷荆棘底，中原君臣豺虎边。(唐·杜甫《昼梦》)[犹"里"]
(44) 只教笔底有文星，亦应难状分离苦。(唐·韩偓《南浦诗》)[犹"下"]
(45) 院院灯灯如白日，沉香火底坐吹笙。(唐·王建《宫词》)[犹"旁"]

始于晋代、鼎盛于唐代的"底"的语义泛化可能对唐五代以来"到底"的语义演变有推动作用。"底"可表"里""下""前""边""旁"诸义，这说明这些方位义的对立在"底"身上被中和。换言之，方位词"底"已对空间上三维与二维、垂直与水平的对立不敏感。这为"到底"通过时空隐喻向时间子域扩散(详下)提供了便利条件，因为时间是一维的，比三维的空间更抽象，"底"描写的图形从三维降为二维，为它进一步从二维降为一维开了先河。而且，随着"底"的语义泛化，它原有的"尽头"义逐渐从"到底"中淡化，以至今人已基本意识不到副词"到底"中潜存的"到(事件发展过程、推理、问答行为的)尽头"义。

综上所述，从先秦到六朝，"底"主要用作部件名词。不过，自晋代始，其方位词用法也逐渐发展起来。在唐代其方位义进一步泛化。五代时，方位

---

① "里"义"底"今存于吴语、闽语等方言。比如，在吴语温州话中，"走底"表示"到里面去"，可随文释作"进去"。例如(下四例转引自游汝杰、杨乾明 1998:271)：
(5) 我还着走别屋宕去，不走底坐啵。(我还要到别处去，就不进去坐了。)
(6) 你走拉该里罢，就走底坐下先。(你既然来这里了，就先到屋里坐坐。)
(7) 门口塞牢，走不底。(门口堵住了，走不进去。)
(8) 你走底先，我宿外转等两个人。(你先进去，我在外头等两个人。)
在闽东地区，表示"里头"义，福州话用"底势"，福安话用"底面"。

词"底"大量出现。唐初"到底₀"开始少量出现,晚唐五代时"到底₀"开始大量出现。

3.2.1.3.2 短语"到底"的语义演变

"到底₀"的语义演变包括语义泛化(generalization)和虚化(bleach)。两者可统称为"语义抽象化"(semantic abstraction)。"到底₀"的语义泛化可表示为:到底端＞到尽头。"到底₀"的语义虚化指"到底₀"分别通过时空隐喻和[过程-结果]转喻发生如下两步演变:到尽头＞到最后＞(在)最后。

3.2.1.3.2.1 短语"到底"的语义泛化

正如上一章所说,作为"底"的基底的典型图形是一边开口、三边封闭的容器。"到底"激活的典型场景是从容器开口的一边到对边做竖直方向的位移运动。经考察发现,在"到底"出现最早的唐五代,17例空间用法中有15例表示竖直方向的位移运动。其中,作为"底"的基底的图形都是具体容器(如江、海、湖、潭、银瓶等)。详见例(8)(14)(15)(18)(19)(27)(29)。例(8)(29)中"到底"表示客观的物理移动,余例中"到底"表示主观的感知运动(即注意点的移动)。从对客观物理运动的描写到对主观感知活动的描写,这是个场景识解的主观化过程(关于这种主观化,详见 Langacker 1991)。后来,不是容器的物体也可作为"到底"中"底"描写的图形。这是对典型的一种偏离。例如:

(46)利器从头匣,刚肠到底刿。(唐·方干《上郑员外》)

上例中"到底"意即"到尽头",描写的图形是刚肠(两端开口的导管),已不是典型的容器。句中"到底"字面上仍可勉强看作表示竖直方向的位移运动。后来,"到底"开始可以表示水平方向的(主观)位移运动,即表示"到尽头,到里面"。例如:

(47)……但办却深信一往向前。未有不脚踏着实地者。日新日新日日新,日损日损日日损。退步到底便是也。至了是亦不立。此正是作工夫处。(宋·绍隆等编《圆悟佛果禅师语录》第20卷)

(48)这房子门面四间,到底三层,临街是楼。仪门内,两边厢房,三间客坐,一间稍间。过道穿进去,第三层三间卧房,一间厨房。(明·兰陵笑笑生《金瓶梅》第100回)

(49)现住着门面五间到底七进的房子。(明·兰陵笑笑生《金瓶梅》第1回)

3.2.1.3.2.2 时空隐喻驱动下短语"到底"的语义虚化

"到底。"的语义虚化,首先指从"到(物体)底端,到(路径)尽头"义向"到(过程)最后"义的演变,即从空间用法到时间用法。① 例如:

(50) 人生不满百,常怀千载忧。自身病始可,又为子孙愁。下视禾根下,上看桑树头。秤槌落东海,到底始知休。(唐·寒山《人生》)

(51) 为郡至公兼至察,古今能有几多人。忧民一似清吟苦,守节还如未达贫。利刃从前堪切玉,澄潭到底不容尘。(唐·方干《上郑员外》)

例(50)用秤槌落东海比喻人生消逝。秤槌落到海底才停止运动,跟主人公至死才停止操劳相似。所以,句中"到底"虽然会被优先解读为"到底端",但也可解读为"到最后"。例(51)中"到底"跟"从前"搭配使用,互文见义,全句可译为"利刃从前至今都可用来切玉,澄清的水潭从水面到水底都容不下尘埃"。句中"到底"虽然字面义是"到底端",但由于互文见义和暗喻辞格的使用而略带"到最后,始终"这样的比喻义。② 诗人是用潭水的清澈见底来比喻郑员外为官清廉到老(即始终清廉)。上两例都用了暗喻手法。这表明,句中"到底。"的时间用法还只是一种偶发性创新。考察可知,这一时期"到底。"的时间用法均像上两例那样,是特定语境中的一种偶发性创新,有特定的修辞效应。这种表达创新虽然短期内能为言者带来表达优势和吸引听者注意的特殊效应,但是被高频重复后就会导致其修辞效应贬值(rhetorical devaluation),语言系统会通过"到底。"的语义演变来抹平这种创新带来的修辞效应,正如政府增加纸币发行量虽然短期内能获得提高政府购买力的优势效应,但是从长期看必然导致纸币贬值,经济系统的整体作用必然会抹平这种短期优势效应。一旦"到底。"的修辞效应被抹平,它从空间义向时间义的语义虚化就正式完成。语料调查显示,这种抹平工作在唐五代才刚开

---

① "到底。"的语义虚化跟"底"的语音弱化(即从上声变成轻声)是平行的,前者是具体语义特征的丢失,后者是具体语音特征的丢失,都是 Lehmann 所谓的完足性(integrity)的耗损(详见本书§10.4)。

② 到了后代,"到底₁"可以脱离跟"从来"类词配合使用的语境,独立表示"自始至终,一直"义,因为从运动有终点自然可以推导出有源点,但是反之不然。例如:

(9) 小娥:"若非尊官,到底不晓仇人名姓,冥冥之中,负了父夫。"(明·凌濛初《初刻拍案惊奇》第19卷)

(10) 老翁只是支持与他,并无厌倦。道人来去几番,老翁相待到底是一样的。(明·凌濛初《二刻拍案惊奇》第18卷)

始,因为在唐五代18例"到底。"中,只有如下1例表示"到最后"义而又不同时兼有"到底端/尽头"这样的空间义。

(52) 气与非常合,常人争得知。直须穷到底,始是出家儿。(唐·贯休《秋居寄王相公三首》)

这种抹平工作正式完成于宋代,因为到宋代"到底。"的时间意义已经十分稳固。① 换言之,到宋代,"到底。"的时空隐喻因高频发生而实现了从修辞隐喻向概念隐喻的转变。这样,"到最后"就固化为"到底。"的一个新义位。例如:

(53) 愿言长在奉扬时,似恁团圆到底。(两宋·陈著《西江月·答族侄圭惠扇》)
(54) 寻思到底,多应被他诛剿。(金·董解元《西厢记诸宫调》[道宫][解红])

我们统计了从唐五代到清代"到底。"在行域各概念子域的使用情况。统计结果如下表所示:

表3-4 历代短语"到底"的用例和用例比情况

年代	空间子域用法 ("到底端/尽头")	时间子域用法 ("到最后")	属性子域用法 ("到极致")	合计
唐五代	16(88.89%)	2(11.11%)	0	18
宋代	35(47.30%)	32(43.24%)	7(9.46%)	74
元明	55(40.15%)	57(41.61%)	25(18.25%)	137
清代	27(37.50%)	28(38.89%)	17(23.61%)	72

观察上表可以发现,"到底。"的时间用法在宋代就已成熟。② 综合上表的统计和上文的论述还可发现,至迟在宋代"到底。"的语义演变已完成了Heine等(1991a)所谓的"OBJECT(物体)→SPACE(空间)→TIME(时间)→QUALITY(属性)"式演变,即:[空间域]到(容器)底端→[空间域]到(路

---

① 比如,根据马喆(2009)的考察,在北宋《朱子语类》中的"VP到底",其中的VP很少表示空间位移运动,而多表示时间领域的"研究"类活动,如推勘、研摩、穷、争、说、彻。
② 观察本表还可发现:空间子域用法呈下降趋势;属性子域用法呈上升趋势;时间子域用法先升后降,其下降正好与属性子域用法出现和成熟同步。当然很可能也跟语气副词"到底"的越来越多密切相关。

径)尽头→[时间域]到(过程)最后→[属性域]到(程度变化的)极限。①

那么,在唐五代人们为什么能创造性地用本来表示空间移动的词语"到底"来表示时间流逝呢?因为用对具体的空间移动的认知体验来认知抽象的时间流逝,从而对时间进行概念化,这是人类最基本的认知处理能力。正如徐丹(2008)所说,汉族人对时间流逝的感知可能存在两种概念化策略:一是把它感知为水平方向的物体移动(可细分为移动观察者和移动观察物两种),用"前""后"等空间方位词表示时间上的早晚(例如:前天/年—后天/年、前妻、后妈);二是把它感知为竖直方向的物体移动(具体说,只能是从上到下的移动)②,用"上""下"等空间方位词表示时间上的早晚(例如:上午/旬—中午/旬—下午/旬;上个月—下个月;上下五千年)。如果采用第二种认知策略,那么"从头(顶)到(脚)底"除了表示空间位移运动,还可以表示时间流逝,即自始至终。这样,通过时空隐喻,"到底"自然能直接从"到底端"义引申出"到最后"义。所以,我们也不排除同时存在这种语义演变的可能。③ 但是,考虑到英语、法语等外语中都存在从表示空间的尽头到表示时间的最后的语义演变,我们更倾向于认为"到底"的"到最后"义是从"到尽头"义演变而来。

3.2.1.3.2.3 [过程-结果]转喻驱动下短语"到底"的语义再虚化和时间副词"到底"的形成

"到底₀"的语义再虚化是指如下语义演变:到最后>(在)最后。这是由认知上的[过程-结果](process as result)转喻驱动的。[过程-结果]转喻使一个语言表达式从表示运动或活动过程引申出表示该运动或活动导致的结果状态的用法。[过程-结果]转喻可以用下图来说明(图中各符号的含义,参见上一章对图2-5、2-6的说明):

---

① "到底"表示"到(程度变化的)极限"的用法,我们将另文探讨。这里只举例如下:
(11)波下比目,深怜到底。(宋·董颖《薄媚》[第三衮遍])
(12)毒害心肠袄知是。怕你生烦到底。(宋·赵长卿《贺新郎》)
(13)只有这相貌……随你相似到底,走到一处,自然会异样起来。(清·李渔《无声戏》第4回)
② 徐丹认为这可能跟太阳的升起与落下相关。比较支持她的观点的是,汉语中太阳上升的半天叫"上午",太阳落下的半天叫"下午",太阳在正空中的时段叫"中午"。这样,若把"上—中—下"表示的一天的时间流逝扩大到一个月就有"上旬—中旬—下旬"。对她的观点不利的是,没有"中(一)周""中(一)月"之类说法,也很难保证"上/中/下午"的出现一定早于"上/中/下旬"。因而我们认为,先民用"上""下"之类方位概念对"先""后"之类时间概念进行概念化,可能跟先民用沙漏、水漏计时有关。沙子或水的高度在刻漏中由上往下的刻度减少过程就记录了时间的流逝过程。
③ "底"通过时空隐喻获得时间上的"后"义,这与"下"类似。两者复合成的"底下"也可以表示时间义。比如,下例中的"底下"表示"以后"义。
(14)宝钗道:"咱们底下也得留心……"(清·曹雪芹《红楼梦》第90回)

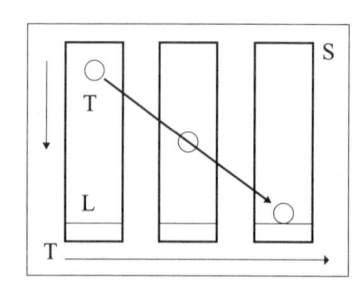

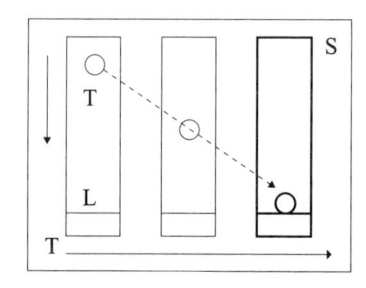

图 3-1 [过程-结果]转喻操作图示

依据的推理是,过程的完结意味着最终结果的出现。这可以表示为:At the termination of [$_{Event}$ GO([X], [$_{Path}$ TO([Y])])], it is the case that [$_{State}$ BE([X], [$_{Place}$ AT([Y])])]。[过程-结果]转喻在语言中很常见。比如,汉语"到头"和英语 across 的语义演变就有这种转喻作用的痕迹。例如:

(55)愿得篙橹折,交郎到头还。(《乐府诗集·清商曲辞六·那呵滩》)
(56)a. He walked across the street.(他走过马路。across 引出位移运动的路径)
　　b. He lived across the street.(他住在马路对面。across 引出视觉运动的终点)

例(55)中"到头",太田辰夫(2003:223)释为"终于"。而"终于"义当是由"(在)最后"义通过语境吸收演变而来(详下)。"(在)最后"义则是由"到最后"义通过[过程-结果]转喻引申而来,"到最后"义又是由"到尽头"义通过时空隐喻演变而来。换言之,"到头"的整个语义演变过程可以表示为:到尽头>到最后>(在)最后>终于、终究。① "到底"的语义演变跟"到头"相似。通过[过程-结果]转喻,"到底"从"到最后"义引申出"(在)最后"义,"到"词义虚化,近似于"在"。② "到"在很多方言里有"在"义,这也可以旁证[过程-结果]转喻确实可发生在"到底"身上。例如中原官话山西芮城话"到黑板上

---

① 与"到底、到头"的语义演变相关的是"彻底"。韦昭《国语注》:"彻,达也。"因而"彻底"本指到达底部(唐贤清 2005),现指"全部"。这样,"彻底"当经历了[过程-路径]转喻。与此相似的还有"竟""终"等。它们本来表示活动终结(跟"彻底"本表示运动终结相似),后来发展出"尽,全部"义。用文中的图示可解释如下:小球既然已抵达长方形底部,说明它在运动中覆盖了全部路径。

② "到底"中"到"的词义虚化似乎在其空间用法阶段就有所体现。比如,下两例中"到底"表达的意义似乎不是"到底端",而是"在/从底端"。
(15)死灰到底翻腾焰,朽骨随头却长肥。(唐·方干《谢王大夫奏表》)
(16)八月瞿塘到底翻,孤舟上得已销魂。(唐·李频《将赴黔州先寄本府中丞》)

84

写字""到这儿坐着"、徽语安徽绩西话"到尔搭坐坐,别东西地行"(意即"在这儿坐着,别到处走")。考察发现,"到底"在宋代通过[过程-结果]转喻完成了从状位介宾短语向"(在)最后"义时间副词的词汇化。① 例如:

(57)所谓打初不遇作家,<u>到底</u>翻成骨董。(《密庵语录·示道禅人》)
(58)他作县,不敢作旬假。一日假,则积下一日事,<u>到底</u>自家用做,转添得繁剧,则多粗率不子细,岂不害事!(《朱子语类》第112卷)

在上两例中,"到底"既可看作"到最后"义介宾短语,又可看作"(在)最后"义时间副词。首例中,由于"到底"跟"打初"互文见义,而"打"和"到"分别犹英语 from 和 to,因而"到底"似乎不宜解读为"(在)最后"义时间副词。但是,考虑到"打初"中"打"发生了实义虚化,对"到底"做"(在)最后"义时间副词解读似亦未为不可。到了元明时期,做"(在)最后"义解读的状位"到底"就更多了。例如:

(59)我若把这小厮与了海案,<u>到底</u>马家子孙,要来争这马家的家计,我一分也动他不得了。(元·李行道《灰阑记》[赚煞])
(60)谩言管鲍共交情,一到临财便起争。<u>到底</u>钱亡身亦殒。何如守分过平生?(明·陆人龙《型世言》第23回)

综上所述,状位"到底"通过[过程-结果]转喻从"到最后"义引申出"(在)最后"义。这样,"到"对整个介宾短语的语义贡献就大大减小了。换言之,"到"发生了语义虚化。相应地,它在"到底"中作为独立词的地位受到了动摇。由于它跟同样发生语义虚化的"底"正好可以构成一个标准音步,因而最终在汉语词汇双音化趋势的作用下发生界限消融,实现了从介宾短语向时间副词的词汇化,"到"和"底"降格为词内语素。"到底"完成词汇化的语音标志是"底"可以轻读。

---

① 汕头方言中"在底"是相当于"呢"的语气词,这也许可以旁证[过程-结果]转喻的存在。例如:
(17)阿弟本生爱哭<u>在底</u>,唔弄伊好不好?(弟弟本来就想哭呢,别撩他好不好?)
由于"到底"可以和语气词"呢"共现于问句,则"到底"通过[过程-结果]转喻后形成的"到底"的变体"在底"可以与"呢"共现于问句;进而"在底"游移到"呢"所在的空位,就形成了上面的用法(游移到结构模板中它词所在的空位是"到底"类词语在古代汉语中十分活跃的用法,详见§3.3)。

3.2.1.3.2.4 时间副词"到底"的语用强化和语义主观化

状位"到底"从短语词汇化为时间副词后本只有"(在)最后"这种客观真值义。例如：

(61) 是则是霜严雪劲，到底春风生意满。(两宋·陈著《宝鼎现》[寿京尹曾留远侍郎渊子])

(62) 闲中一首醉时歌。此乐信无过。阳春自来寡和，谁与乐天和。言不尽，意何多。且蹉跎。功名莫问，富贵休言，到底如何。(南宋·张抡《诉衷情》)

(63) 他作县，不敢作旬假。一日假，则积下一日事，到底自家用做，转添得繁剧，则多粗率不子细，岂不害事！"(《朱子语类》第112卷)

但由于在不同语境中听/读者会根据当事人对动作结果的主观预期①、事件发展的最终结果跟主观预期的吻合程度等诸方面的不同对"到底₁"的客观真值义进行语用充实(pragmatic enrichment)，所以，"到底₁"的"(在)最后"义会有不同的语境实现，使它在不同语境下呈现出如下不同义面：①终于；②终究，最后还是；③始终，一直。例如：

(64) 桂娘：我和你自幼相许，今日完聚，不足为奇。所喜者，隔着多年，又如此远路，到底团圆，乃象是天意周全耳。(明·凌濛初《二刻拍案惊奇》第3卷)

上例中，和权翰林成眷属是当事人桂娘极力追求的有利结果，桂娘用"到底"凸显该结果的久盼而至。所以，句中"到底"呈现出①这种义面，强调目的达成之不易。再如：

(65) 径山穷天文、究地理，到底不识者个毕竟是什么。(《虚堂和尚语录》第9卷)

---

① 预期包括预料和期望。预期与结果构成基底和侧面的关系。词义不只取决于词语所凸显的侧面或该侧面所在的基底，而且还取决于侧面和基底的关系。同样的场景，基底(预期)不同，得到的识解就不同。比如，对装满一半水的瓶子可以识解为半满，也可以识解为半空。差别只在于前者以用空为预期状态，后者以装满为预期状态。同理，"到底₁"的强调义的不同跟预期密切相关。

(66)抱桥柱澡洗底,到底不知。依样画胡芦底,转增妄想。(参学可宣编《嘉兴府报恩光孝禅寺语录》)

(67)女巫道:"……明日我每只把雨期约得远些,天气晴得久了,好歹多少下些;有一两点洒洒便算是我们功德了。万一到底不下,只是寻他们事故,左也是他不是,右也是他不是。"(明·凌濛初《二刻拍案惊奇》第 39 卷)

上三例中,施事通过某行为追求某有利结果的实现,最终该结果还是没有出现。换言之,当事人除阻失败。比如,首例中施事试图通过上穷天文、下究地理的方法来识得某物,但最终还是不识。末例中施事试图通过把雨期约远的方法来使得自己关于"天将下雨"的预言成真。但在她假设的可能世界里,这种结果最终还是没有出现。句中"到底"通过语境吸收具有了强调希望落空的作用,因而呈现出②这种义面。又如:

(68)他跪在地下,断不敢接酒。叫他坐,也到底不坐。(清·吴敬梓《儒林外史》第 24 回)

(69)两边一声答应,取了杠子,认定常公爷的腿上,打了五、七杠子,一时打倒,睡在地下,倒底不跪。(清·佚名《五美缘》第 40 回)

上两例语境中有一种来自他人的外力逼迫当事人(如首例中的鲍文卿、次例中的常公爷)发生状态改变(比如从跪到坐、从站到跪)。当事人试图凭借自身的抗力阻止这种不利或不当结果的出现。最终当事人的愿望达成了。换言之,当事人持阻成功。句中"到底"通过语境吸收具有了强调当事不因外力作用而改变自身存在状态的作用,凸显义面③。凸显义面③的"到底"类词语后来进一步主观化为"无论如何,坚决/就是"义动力情态副词(详见§9.2)。

综上所述,"到底$_1$"通过语境吸收获得了语用环境和推理赋予的主观强调义。这可以解释为什么现汉中说"到底 VP"一定语用预设 VP 这种活动的进行受到过阻碍。"到底$_1$"句及其所在语境的二力互动图式、"到底$_1$"的"(在)最后"义在不同力互动图式中呈现出的义面(即语境意义)可以表示如下(表中各个图式的含义,参见 2.2.1):

表 3-5 时间副词"到底"的语义主观化参数表

例句	心理状态	采取手段	最终结果	力互动图式	义面(即语境意义)
(64)	期望结果出现	积极追求	R出现		"终于"[即强调目的达成之不易/有利结果的久盼而至]
(65)(66)(67)	期望结果出现	积极追求	R未现		"终究,最后还是"[即强调希望落空/结果出现之反意愿]
(68)(69)	不期望结果出现	努力规避	R未现		"始终,一直"[强调不因外力作用而改变自身存在状态]

上表所示"到底₁"的义面实际上是"到底₁"的客观真值义与语境信息互动的产物。这些语境意义被"到底₁"吸收后上升为"到底₁"的核心意义,并使其原来的核心意义"(在)最后"逐渐淡化为边缘意义。这个从语用充实到意义隐现的过程,实际上就是语用推理义向词汇意义的规约化,是义面上升为义位的过程,是语用信息对语义的强化。语用强化后,"到底₁"的语义主观性更强,具有对结果(或意愿)的强调作用。所以,"到底₁"从客观真值义向主观强调义的演变过程就是其语义主观化过程。语料调查显示,这种主观化过程发端于宋代,完成于元明。在宋代14例"到底₁"中只有3例表示主观强调义,余例都表示客观真值义;而在元明81例"到底₁"中只有5例表示客观真值义,余例都表示主观强调义。

"到底₁"出现于宋代,这也很好理解,因为"到底₁"作为时间副词要具备两个特点:①常做状语;②用于时间域。这两个条件在唐五代是不大能同时具备的。虽然在唐五代"到底₀"常做状语,但那时它做谓语的用法也很兴盛,且在唐五代状位"到底₀"全部是空间用法。时间用法的"到底₀"在那时是一种偶发性创新用法(详见§3.2.1.3.2.2),那时"到最后"义还没有固化为"到底₀"的义位。到了宋代,"到底₀"的时间用法已非常成熟。① 因为在唐五代18例"到底₀"中,时间用法的只有2例,占11.11%;而到了宋代,74

---

① 在宋代,补位"到底₀"前可以是动词,也可以是形容词。例如:
(18)所以道,无为无事人,犹遭金锁难。也须是穷到底始得。(《佛果圜悟禅师语录》第4卷)
(19)今学者贵于格物、致知,便要见得到底。(《朱子语类》第126卷)
(20)错时错到底,亲时亲见真。(《宏智禅师广录》第4卷)
换言之,补位"到底₀"在宋代已经可以用于属性子域,表示"到极致"义了。

例"到底。"中,时间用法的有32例,占43.24%。时间用法的成熟为"到底。"发生[过程-结果]转喻提供了方便。

比较支持"到底₁"是从状位介宾短语词汇化而来这种观点的是,汉语史上"到底₁"曾经可以用在一个结果分句前。在现代汉语中"到底"也可用于结果分句句首。试比较:

(70)他作县,不敢作旬假。一日假,则积下一日事,到底自家用做,转添得繁剧,则多粗率不子细,岂不害事!(《朱子语类》第112卷)
(71)丁翼平:到底我还是把飞机票退了,没去呀!(老舍《春华秋实》)

上两例中"到底"都表示客观真值义,即"最后"义。如果要表示对结果的主观强调(即"终于,终究"义),"到底"必须移至主语"自家""我"之后。换言之,随着"到底₁"的语义主观化,其辖域从小句S缩小到了谓词短语VP。这跟Lehmann(2002a:108—118)关于语法化研究的参数理论的预测相符(详见§10.4.1)。上两例表明,直至清代甚至现代,"到底₁"也还滞留有词汇化前的句法特征(即可用于分句前)和词汇化前的源义(即"(在)最后"义)。这表明,不仅语法化项可以表现出语义滞留现象,而且词汇化项也可以如此。

3.2.2 "到底"的语法化

3.2.2.1 现代汉语中的"说到底"

在现代汉语里,"说到底"用于行域①时表示"说到本质(真相)"义,因为事物的本质往往隐藏在表象的底下(即背后)。例如:

(72)市场竞争,说到底靠的是高质量的服务。
(73)不过,话又说到底,行动胜于空言。(梁锡华《博士"真腻拖"》)
(74)莫大年恳切地说:"……你爱欧阳,不必强迫我!我老莫是傻老,我说不出什么来,反正一句话说到底,我不再见欧阳!"(老舍《赵子曰》)

"说到底"表示"说到本质(真相)"义时还不是典型习语。比如,例(73)(74)

---

① 在§3.2.2这一小节里说的行域都是狭义行域,特指自然界或人类社会领域,不包括空间域、时间域。

中"说"因"话"的激活而还有比较实在的言说义。

当"说到底"扩散到语篇域、知域(推理域)时①,句中经常没有"说"的内容宾语来激活言说动作。这时"说"的言说动作义进一步从语境中退隐,短语"说到底"开始一体化或习语化。例如:

(75) [上文交待姑妈打算帮我告母亲不尽抚养义务,我不忍,把这件事告诉了母亲,后被姑妈知道]姑妈现在也不理我了,说"你们一家人<u>说到底</u>还是一家人"。(《谁是我的爸爸妈妈》,《都市文化报》,2007-09-13)

→ 你们一家人最后/毕竟还是一家人。

对比上例和例(73)(74)可以发现,上例中"说"的言说义不仅处于退隐状态,而且退隐程度比在例(72)中高,因为"你们一家人还是一家人"不一定是言说的内容,也可以是推理的结论。正因为句中第二个"说"的言说义弱化,"说到底"才可以替换为纯客观的"最后"(义近于凸显客观真值义的"到底$_1$")或纯主观的"毕竟"。

考察可知,习语"说到底"经常充当句首或句中独立语,意即"总之"或"毕竟"。表示"总之"义时,用于语篇域,主要起语篇总结(discursively synthesizing)功能,强调结论;表示"毕竟"义时,用于知域,主要起认知评价(cognitively evaluative)功能,强调原因或事物的根本特点。但是,由于"毕竟"义源于"总之"义,习语"说到底"在起主观评价功能时,可能还滞留有一丝语篇总结功能。例如:

(76) ……有些人的英文名字不太好听。当然,你写简历时不一定要用自己的真实英文名字,<u>说到底</u>,这份简历只是你们交上来的一次课后作业。

→ *最后,这份简历只是你们交上来的一次作业。
→ ?总之,这份简历只是你们交上来的一次作业。

---

① 在 Sweetser(1990)中,知域内的成分除了指那些表示认识推理意义的成分(如英语中表明白的 see、表肯定性推测语气的 must),还包括起语篇组织作用(反映言者运用复句时所伴随的推理)的连词。因此,Sweetser 没有在她的行、知、言三域外列出"语篇域"(textual domain)。本书从 Sweetser 的知域之中分出一个语篇域,是为了准确描写"完结"义表达的语义演变路径。本书把语篇论证过程中运用到的列举证据用的"首先""其次""最后"和概括结论用的"总之"等词语视为狭义的语篇域内的词语。而把强调结论或原因的"毕竟""到底"等词语以及表示逻辑推理关系的连词都视为知域(推理域)内的成分。

→ 毕竟,这份简历只是你们交上来的一次作业。
(77) 你越躲,他们越来劲儿,咱们越被动。与其这样,不如大大方方地走出去跟他们周旋。<u>说到底</u>,咱们在上边还有朋友,还没到那个一点周旋余地都没有的地步。(陆天明《大雪无痕》)
→ *最后,咱们在上边还有朋友……
→ *总之,咱们在上边还有朋友……
→ 毕竟,咱们在上边还有朋友……

上两例中"说到底"都不可替换为纯客观的"最后",都可替换为强调原因的"毕竟",这说明句中"说到底"的语义有主观性。但是,两例中"说到底"替换为"总之"后可接受度不同。这说明,例(76)中"说到底"的语篇总结功能比例(77)强,而例(77)中"说到底"的认知评价功能比例(76)强。

综上所述,现代汉语中"说到底"的多功能性比较支持如下的语义演变路径:

↗[行域]说到本质
[时间域]说到最后→[语篇域]说到结论,总之→[知域]推到结论,毕竟

这条路径在一定程度上也展示了古代汉语中"到底$_2$"的语义演变过程(详下)。"说到最后"义之所以能向"说到本质"义和"说到结论,总之"义两个方向演变,是因为人们讲话作文时常在最后(即结语)重提最本质的观点。这也可以解释为什么很多语言中含有"最终"或"完结"义的表达式常演变为具有语篇总结功能的成分,如英语 in final analysis、in conclusion(conclusion＜conclude'end')、after all 和法语 en fin、finalement(详见本书§10.3)。

3.2.2.2 古代汉语中的"说到底"与相关问题

3.2.2.2.1 古代汉语中的"说到底"的义面与隐含用法

在古代汉语里,"说到底"充当谓语时言说意义比较实在,通常表示时间域里的"说到最后"义,在具体语境中呈现为"说到位/说清楚"这样的义面。例如:

(78) 忠信……谓与人说话时,<u>说到底</u>。见得怎地了,若说一半不肯说尽,便是不忠。(《朱子语类》第 21 卷)

(79) 孔子说得都浑成；伊川那一段却只说到七分，不说到底。(《朱子语类》第 47 卷)

(80)（旦悲科，云）孔目，你怎生说的这等。你就说到底，则不辱没你便了。(元·岳伯川《铁拐李》第 2 折[二煞])

(81) 惟有孤灯照，长吁气一声吹灭了。昨先话儿说到底，今日都翻悔。(元·睢景臣《情》)

(82) 元来你还不知哩！如今那穿红的正是奸臣屠岸贾，赵盾是你公公，赵朔是你父亲，公主是你母亲。(诗云)我如今一一说到底，你划地不知头共尾；我是存孤弃子老程婴，兀的赵氏孤儿便是你。(元·纪君祥《赵氏孤儿》第 4 折[斗鹌鹑])

充当独立语时言说意义较虚，因而这时"说到底"义可以径直用"到底"来残缺编码，即言说概念零编码。对"说到底"义进行残缺编码的"到底"，如果用在行域，则重在凸显"说到本质，其实"这个义面。例如：

(83) 真得是无得之得，真用是无用之用。若如是也，却是个豁落做处，却是个真实做处。一切法到底其性如虚空。(《宏智禅师广录》)

(84) 先生极论戒慎恐惧，以为学者切要工夫。因问："遗书中'敬义夹持直上达天德'之语，亦是切要工夫?"曰："不理会得时，凡读书语言，各各在一处。到底只是一事。"(《朱子语类》第 113 卷)

上例中的"到底"犹"说到底"，表示"说到本质，其实"义。如果扩散到语篇域，则通常凸显"说到结论，总之"这个义面。比如，下几例中"到底"犹"说到底""说来说去""总之"。当然，它仍可看作行域内成分，解读成"说到本质"。这种语用歧解(pragmatic ambiguity)是它逐渐从行域向语篇域扩散的正常现象。

(85) ……益戒云："到底来是不肯商量便是也。不知除此外，南朝皇帝更有何意旨?"(北宋·沈括《乙卯入国奏请(并别录)》)

(86) [上文交待对是非善恶的判断须有尺度，尺度专一则判断立明]到底说得来，只是个定则明，明则事理见；不定则扰，扰则事理昏杂。(《朱子语类》第 79 卷)

(87) 荀卿之言，只是横说如此，到底灭这道理不得。(《朱子语类》第 57 卷)

(88)……初谓只是一岭,及少时又见一峰出来,便是未曾尽见全山,到底无定据也。此是学者紧切用功处,宜加意焉。(《朱子语类》第20卷)

由于人们说话作文常在最后总结陈词,因而残缺编码"说到底"义的"到底"很容易从时间域的"说到最后"义引申出语篇域的"说到结论"(即"总之")义。考察发现,古汉语语篇域里的"说到底"义"到底"通常用在话段或语篇末尾,起语篇总结作用,强调最终的观点——结论。[①] 但由于"到底"的"说到本质,其实"义和"说到结论,总之"义分别是时间域的"说到最后"义在行域和语篇域的语境实现,而且语篇域中的结语中阐述的往往是全篇或整个话段中最本质的观点,所以例(86)中"到底"虽然主表"总之"义,但似乎不能排除它带有一丝"其实"义的可能。

3.2.2.2.2 言说概念零编码的跨时代和跨语(方)言共性

言说概念的零编码现象在很多语言中都很常见。比如,在英语中,句首 frankly、honestly、briefly、more specially 等通常表示"say frankly/honestly/bricfly/more specially"(坦率地说/老实说/简言之/更具体地说)义;"Pray,wh-…?"表示"I pray you to tell me,…?"(请告诉我/请问,Q?)义(Akimoto 2001);"What's the time, please?"表示"What's time? tell me please!"义(Cruse 2004:352)。在法语中,句首 franchement(坦率地)也表示"坦率地说"义,例如:

(89) <u>Franchement</u>, Céline est une imbécile.
　　　frankly　　Céline is　an　idiot
　　　Frankly, Céline is an idiot.
　　　(坦率地说,凯琳是个白痴。)

(90) <u>Franchement</u>, est-ce que Céline trompe son mari?
　　　frankly　　　does Céline deceive her husband
　　　Frankly, does Céline cheat on her husband?
　　　((你)坦率地说,凯琳骗过她丈夫吗?)

[①] 跟古代汉语中"到底"兼有"终于""总之""毕竟"三义相似,法语中 enfin、finalement 兼有"终于""总之"二义,après tout 兼有"总之""毕竟"二义(详见§10.3.3)。跟古代汉语中"到底"相似,北京话"归结"([kuei^{55} tɕie^{35}])兼有"总之"义和"究竟"义。例如:

(21)归结还是那么句话。(说到底,总之)| 他归结也不知上哪儿了?(他到底也不知上哪儿了?)早期现代汉语中"归起"也是兼有"总之"和"究竟"义(详见§10.2.2.8)。这也可旁证第一章关于"到底₃"句往往具有语篇承上功能的论述。

这类副词因而被称之为"言语行为副词"(illocutionary adverb),因为可以假设它们在深层结构中修饰一个零形式的言语行为动词。

言说概念的零编码在德语等语言中有一系列句法后果。第一,在德语中,当言说概念零编码时,编码言说态度或言说方式概念的语言表达式(如 mal ehrlich/诚实地)在整个句子中就是一个语用层面的插入语,而不是句法成分,不占据句法位置。因而这时句子的主要动词(如例(91)中的 ist)不能紧接在 mal ehrlich 后,因为德语是 V$_2$ 语言,句子的主要动词要居于第二个句法位置。试对比下两例(其中 mal 是表示语气的小品词)①:

(91) * <u>Mal ehrlich</u> ist er   wirklich   nicht   so   schlau.
PART honestly is he really not so smart
Honestly, he really isn't that smart.
(老实说,他真不那么聪明。)

(92) <u>Mal ehrlich</u>   er   ist   wirklich   nicht   so   schlau.
PART honestly he is really not so smart
Honestly, he really isn't that smart.
(老实说,他真不那么聪明。)

上两例的主要差别在于,首例中 ist 居于主语 er 前(即居于句子第一句法位置),因而句子不合格;次例中 ist 居于主语 er 后(即居于句子的第二句法位置),因而句子合格。但是,当言说概念显性编码时,即把例(92)中的 ehrlich 换成 ehrlich gesagt("老实说")时,ehrlich 等表示言说态度或言说方式的语言表达式就跟 gesagt 等言说动词一起构成句法层面的高层谓语。这时句子主要动词 ist 要移至 ehrlich gesagt 之后,以便居于第二句法位置。例如:

(93) <u>Ehrlich gesagt</u> habe   ich   keine   Lust   auf   Eis.
honestly said have I no mood for ice cream
Honestly, I'm not in the mood for ice cream.
(老实说,我没心情吃冰激凌。)

上例中 habe 居于 ich 之前,因为它前面已有一个句法成分(而非语用成分)

---

① 本小节中的德语用例摘自 Scheffler(2008:17—23)。

ehrlich gesagt。第二,当言说概念零编码时,言说的主体只能是言者;而当言说概念显性编码时,言说的主体还可以是言者以外的其他施事。比如,例(93)中 ehrlich 前还可以增补表示言者以外的其他言说主体的词语(如 er/他),而例(92)中 ehrlich 前只能增补表示言者的词语(如 ich/我)作为言说主体。第三,当言说概念显性编码时,其所在小句可以被嵌入到以言说动词作为谓语中心的主句的宾语位置;而当言说概念零编码时,其所在小句则不可以被嵌入到那种位置。试比较:

(94) Paul meinte zu Peter, dass er <u>ehrlich gesagt</u> keine Lust mehr hat.
　　 Paul said to Peter that he *honestly said* no interest anymore has
　　 Paul said to Peter that he honestly said wasn't interested anymore.
　　 (保罗对彼得说,"他,老实说,不再(对此)感兴趣了。")

(95) * Paul meinte zu Peter, dass er <u>mal ehrlich</u> keine Lust mehr hat.
　　 Paul said to Peter that he *PART honestly* no interest anymore has.
　　 Paul said to Peter that he honestly said wasn't interested anymore.
　　 (保罗对彼得说,"他,老实说,不再(对此)感兴趣了。")

例(94)变成例(95)后之所以不合格,是因为编码言说概念的 gesagt 潜隐起来了。这就使得(95)中的 ehrlich 变成了一个纯粹的语用成分(即插入语),因而它在句法平面就不宜嵌入太深。否则,在语义解读上,被潜隐的言说概念指向的言说主体就不容易获取。而在例(95)中 ehrlich 所在的小句本身又是个(由 dass 引出的宾语)从句。这就使得全句不合格。总之,德语中主要谓语动词的句法位置的变化、不能添加言者以外的其他言说主体和所在小句能否嵌入到以言说动词作为谓语中心的主句的宾语从句位置,这些标准可以帮助我们识别出某言说概念的零编码现象。

综上所述,在英语、法语和德语等语言中当表示"坦率地说""老实说"等意义的语言表达式做高层谓语等句法成分时,其中的言说动词不能潜隐;而当它们做插入语等语用成分时,其中的言说动词可以而且通常潜隐(即实现零编码)。

言说概念的零编码现象不仅在外语中有,在现代汉语中也是存在的。例如:

(96)人<u>彻底</u>是具体的欲求需要,是千百种需要的凝聚体。(于润洋《歌剧〈特里斯坦与伊索尔德〉前奏曲与终曲的音乐学分析》)

95

(97) 讲仔半日天闲话,彻底侪是空格。(讲了半天闲话,其实都是空的。江苏昆山话)

(98) 太上老君:"一言到尾,万万不能干涉人间的事。否则天地失衡,必招恶业。"(电视剧《搜神传》第1集)

例(96)(97)显示,在吴语江苏昆山话等现代汉语方言中"彻底"可以表示"说到底"义(该义位在上两例语境中实现为"其实"这个义面)。而据唐贤清(2005),"彻底"本表示"达到底部"义,所以这两例中言说概念是零编码的。例(98)中"一言到尾"犹"一句话说到底"。其中的"说"义也没有诉诸语码。在福建厦门、泉州等地闽语、广东增城等地粤语中,"说到底"义不一定非要说成"讲到尾""话到尾",也可以直接说成"到尾"。可见,在部分地区的闽语和粤语中也存在言说概念零编码现象。该现象在汉语其他方言和汉语共同语中也是广泛存在的,如北京话中"归齐"有时相当于"说归齐"(详见§10.2.1.8和§10.2.2.8)。

基于上面对外语和方言现象的考察,我们完全可推测在古代汉语中也存在言说概念零编码现象。事实确实如此。① 据我们考察,在古代汉语中,跟上文所述"到底"能残缺编码"说到底"义相平行的是,"究竟"能残缺编码"说到底"义,犹"言究竟""言彻底"。不过,这时"说到底"义位呈现的义面也是"其实"。例如:②

(99) 迷时以空为色,悟即以色为空。迷悟本无差别,色空究竟还同。(南朝·齐梁·金陵宝志禅师《迷悟不二》)

(100)(汉高祖)只小小一个泗上亭长,手提三尺剑……便赤手创成了汉家四百年江山,似乎称得起个英雄气壮了。究竟称不起,何也?(清·文康《儿女英雄传》第1回)

---

① 袁毓林(1997)指出,上古汉语"X者,Y也"里X前的言说动词隐含了。本为"所谓X者,Y也"。"有PN者,Y也"格式中,专有名词PN前的言说动词也隐含了。本为"有谓PN者,Y也"。请看:

(22) 仁者,人也。(《论语·中庸》)←所谓仁者,人也。
(23) 有颜回者,好学,不迁怒,不贰过。(《论语·雍也》)←有谓颜回者,好学……

曲守约(1973:19)引中古《十地经论》(一)释"不请而说"为"乃谓无人请问,而竟为之宣说也。请乃请问之省也。"虽然袁文把这种现象视为句法现象,叫"谓词隐含",而曲文把这种现象视为语用现象,叫"省略",其实,他们提到的现象都说明古汉语中言说概念可以不编码。

② 或许有读者会认为下面几例中的"究竟"可以释为"追究(起来)",但我们认为把它释作"说到底,其实"贴切,而且那种解释不能覆盖所有用例。在汉语史上,"究竟"不仅有"追究"义,还有"到最后"义(详见§6.3、§6.4),此义在言域可以实现为"说到最后,其实"义。

(101)宝玉听了唬了一跳,忙回道:"实在不知此事。究竟连"琪官"两个字不知为何物,岂更又加"引逗"二字!"说着便哭了。(清·曹雪芹《红楼梦》第 33 回)

(102)原来宝钗素知薛蟠性情,心中已有一半疑是薛蟠调唆了人来告宝玉的,谁知又听袭人说出来,越发信了。究竟袭人是听焙茗说的,那焙茗也是私心窥度,并未据实,竟认准是他说的。(清·曹雪芹《红楼梦》第 34 回)

(103)鸳鸯:"嗳哟!依你这话,这可不成了血山崩了。"平儿:"你女孩儿家,这是怎么说的,倒会咒人呢。"鸳鸯:"究竟我也不知什么是崩不崩的,你倒忘了不成,先我姐姐不是害这病死了。"(清·曹雪芹《红楼梦》第 72 回)

(104)究竟贾珍等何曾随意了一日,反花了许多昧心钱。(清·曹雪芹《红楼梦》第 65 回)

(105)尤氏笑道:"我们家下大小的人只会讲外面假礼假体面,究竟作出来的事都够使的了。"(清·曹雪芹《红楼梦》第 75 回)

在古代汉语中,语篇域里的"到底"等词之所以经常残缺编码"说到底"义,是因为这种语境中真正要表达的不是言说概念,而是言说概念根据言为心声机制通过溯因推理而连带激活的推理概念。① 而推理义可从语篇推知(话段或语篇的末句通常是说话人从前文相关论证推出的结论部分)。那么,为什么现代汉语中"到底"等通常不残缺编码"说到底"义呢?因为现代汉语中它已有了专门的表义功能,即表示新产生的强调原因或事物根本特点的"毕竟"义。

3.2.2.3 评注语气副词"到底"的形成

关于"到底₂"的来源,学界有两种看法,即介宾短语说(杨荣祥 2005:92)和时间副词说(史金生 2003:69,冯雪燕 2009)。两说的分歧在于,介宾短语说认为"到底₂"直接来源于"到底₀",并不像时间副词说主张的那样取道"到底₁"。我们也赞成介宾短语说,因为我们的语料统计显示(见表 3-1、表 3-2),虽然从大规模使用角度看,"到底₃"晚于"到底₂","到底₂"晚于"到底₁",但这只是个相对的总体趋势。就绝对用例看,在唐五代它们都有

---

① 可资旁证的是,古汉语中的"谓""道"等言说动词可表示"以为""认为"等心理活动义(蒋绍愚 2005:82—84)。

了,更不用说在宋代和元明了。造成介宾短语说和时间副词说分歧的原因可能是,时间用法的"到底"在句中有时有语用歧解的可能,既可释为"到最后,到头来",又可释为"最终,终于,终究"。例如:

(106) 文章事,到底将身自误。(宋·苏洵《摸鱼儿》[忆刘改之])
(107) 夜月溪篁鸾影。晓露岩花鹤顶。半世踏红尘,到底输他村景。村景,村景,樵斧耕蓑渔艇。(南宋·蒋捷《如梦令》[夜月])

例(106)既可理解为"写文章的事到最后还是误了自己",又可理解为"写文章的事终究还是误了自己"。换言之,其中"到底"有两解:"到最后"义短语、"终究"义时间副词。例(107)也是如此,具体分析略。学者们提出时间副词说可能是受到了"毕竟"等其他双音"完结"义表达和"终""竟"等单音"完结"义表达历时演变的影响(详见第七、九章),因为这些词的"毕竟"义评注语气副词用法是从时间副词用法演变而来的。介宾短语说既可以回答"为什么单词'到底'的各种用法在唐五代都有用例?"(因为它们都是直接从短语"到底"演变而来的),也可以回答"为什么从广泛使用角度看,'到底$_1$''到底$_2$''到底$_3$'会依次出现?"(因为"到底$_0$"向行、知、言三域的扩散遵循着领域扩散论所主张的基本顺序)。

当然,杨荣祥(2005)在提出介宾短语说时,受研究主题所限,对"到底$_2$"的语义获得机制(即它究竟是如何从"到底$_0$"那里获得"毕竟"义的)语焉不详。本节试做进一步探讨。如上文所述,"到底"可残缺编码"说到底"义,因而用于末句时往往兼有语篇总结功能,表示"总之"义,主要用来强调结论。正因为人们说话作文往往在结语重提本质(即最根本的)观点,所以"到底"的强调结论的用法可以演变为强调事物的根本特点不因情况改变而变化的用法。当"到底"用来强调事物的根本特点不因情况的改变而变化时,多用在[让步-转折]关系复句(本书简称为"让转复句")的转折分句里,分句谓语中心呈现[+静态]特征。例如:

(108) 直卿言:"廖子晦作宰,不庭参,当时忤了上位,但此一节最可服。"先生曰:"庭参底固不是,然待上位来争,到底也不是。"(《朱子语类》第113卷)
(109) 尽己之谓忠,推己之谓恕。中庸言"忠恕违道不远",是也。此是学者事,然忠恕宝用到底只如此。(《朱子语类》第113卷)

强调特点的"到底₂"在因果关系复句中可以通过语境吸收获得强调原因的用法。例如：

(110) 问："忠信进德之事，固可勉强，然致知甚难。"曰："子以诚敬为可勉强，且怎地说。到底，须是知了方行得。……"（北宋·程颢、程颐《河南程氏遗书》）

(111) 到底高祖洪福果天，整整四百年。（金·佚名《刘知远诸宫调》第1则）

(112) 告得刘郎，别且喜得安否。咱家不恶，到底是亲故。自今后好商量，与你妻女。（金·佚名《刘知远诸宫调》第11则）

(113) ……还念古往今来，功名可共，能几人光武。一旦星文惊四海，从此故人何许。到底轩裳不如蓑笠，久矣心相与。天低云淡，浩然吾欲高举。（南宋·王自中《念奴娇》[题钓台]）

例(110)中"到底"强调"懂了才能遵行"是我发出"且怎地说"这种祈使行为的原因。① 例(113)中"到底"本强调事物的根本特点不因条件变化而改变（即：富贵生活不如隐居生活清闲，这不因刘秀富贵不忘友、诚邀子陵为官而有所改变）。但是，由于它后续结果分句"久矣心相与"（对隐居生活早就很向往了），因而获得了强调原因的（"毕竟"义）解读。余例可做类似分析。正因为强调原因用法源于强调特点用法，强调原因的"到底₂"有时兼有强调特点的作用。比如，例(112)中"到底"句还强调"我们是亲戚"这个特点不因我洪义过去亏待过你而有所改变。当强调特点的"到底"的优选句式（让转复句）和强调原因的"到底"的优选句式（因果复句）共现时，"到底"所在句式呈现为[让转-因果]关系二重复句。例如：

(114) 你便奢遮杀，到底是我亲哥哥，便叫我一处吃盏酒，有甚么辱没了你？（《水浒传》第16回）[按："奢遮"犹言"了不起，出色"。"杀"犹"煞"，表示程度。]

(115) 草寇虽是不良，到底是个人身，不该打死……（明·吴承恩《西游记》第57回）

当"到底₂"用于[让转-因果]二重复句时，它和"终于，终究"义"到底"（即"到

---

① 这表明，"到底₂"偶尔也用于言域。

底₁")之间的语义相似性最强。"到底₁"强调有利结果不因客观困难的阻碍而不出现,或不利结果不因主体的规避而不出现,"到底₂"强调因果推理不因某不利因素的阻碍而中断。两者都含有[除阻](排除阻碍)义素。例如:

(116) 止缘序有"刺朝廷不知"之句,故后之说诗者,悉委曲附会之,费多少辞语,<u>到底</u>鹘突!(《朱子语类》第81卷)

(117) 操曰:"人皆言周瑜、诸葛亮足智多谋,以吾观之,<u>到底</u>是无能之辈。若使此处伏一旅之师,吾等皆束手受缚矣。"(明·罗贯中《三国演义》第50回)

例(116)中"到底"表示"终究,最后还是"义,强调已然结果(即"刺朝廷不知"之句显得唐突)不因后世说诗者的歪曲和附会而消失。例(117)中"到底"本是强调结论的。但是,由于"人言……"与"吾观……"句的对比,"到底"在语境中获得了强调特点的作用,即强调事物的特点不因条件改变而变化(即言者认为周瑜、诸葛亮的无能并不因人言其足智多谋而有所改变)。根据我们的语料调查,在宋代"到底₂"只用于单句、让转关系复句和因果关系复句。到了元明时期,才开始用于[让转-因果]二重复句,共有14例。

综上所述,我们可以把"到底₂"的形成和演变过程概括如下:

表示时间上的"到最后">强调结论的不变性("说到结论,总之"义)>强调事物的根本特点不因条件改变而改变("毕竟"义)>强调(事物的根本特点是导致某结果的)原因("毕竟"义)

3.2.2.4 疑问语气副词"到底"的形成

正如在语篇域中的"到底"可以残缺编码"说到底"义,言域中的"到底"可以残缺编码"说/问到底"义。因为在言域X可以表示"说/问X"义,这已得到很多语言里"说X>X"式演变的证实。比如,古汉语中"珍重"可表示"说珍重,道别"义,现代汉语中"再见"可表示"说再见,告别"义,"寒暄"可表示"问冷暖,聊天"义(详见李明2004),江淮官话江苏阜宁话和吴语上海崇明话中"难为"可表示"说难为,感谢"义,英语damn可表示"说该死的,诅咒"义,这些都是言说概念零编码的结果。现代汉语普通话里类似现象也不少。比如,"到底谁去吧?"义近于"(你)说吧,到底谁去?"。再如,下例中"这个你可以说有"这种意义能从"这个可以有"中获取出来。

(118) 主人:你这怎么什么都没有？那就来一份小鸡炖蘑菇吧！

服务员:没有。

主人:<u>这个可以有</u>。

服务员:这个真没有。(2009年春晚小品《不差钱》)

明白了这一点,就可解释为什么"到底""究竟"总要预指而不能回指疑问点,因为"到底Q"原本表示的就是"说到底Q"义,"说到底"作为独立语当然要位于问句Q之前了。那么,为什么在言域X可独立表示"说/问X"义呢？因为人类言语交际并不完全按照代码交际模式(code model)进行,言者无须也不可能将所要传递的全部信息(思想内容)编码进语言,他可以也应该将双方共享或不言自明的常识性内容隐而不说,由听者推出。众所周知,提问行为和回答行为不同,回答可离开语言而用手势、体姿、表情等非语言手段表示。比如,对是非问的回答可用点头或摇头表示；对特指问的回答,如果答案所指在现场,可用手势指示。而提问必须借助语言手段才能进行。换言之,提问一般预设言说行为的存在。在疑问句里疑问成分具有提问功能,它本身已预设言说行为的存在。那么,疑问句里言说概念自然可以不诉诸显性编码。可旁证这一点的是,汉语史上曾短暂出现过"问"与"云""曰"等言说动词共现的情况,例如(转引自刘丹青2004):

(119) 相公问<u>云</u>:"有僧寺否？"答云:"多有"。(〔日〕圆仁《入塘求法巡礼记》)

(120) 子贡问<u>曰</u>:"贫而无谄,富而无骄,何如？"(《论语·学而》)

提问行为预设言说行为的存在使"云""曰"等言说动词因语义羡余而最终从"问曰""问云"等表达中消失。因此,听者完全能从疑问句里的"到底"中解读出"问/说到底"义。①

下面以后时语料为例说明"到底₃"形成过程中"到底"的语义演变。经考察发现,在古代汉语里,"说到底""问到底"既可用于行域,又可用于言域。例如:

(121) 若子路见识较高,他问时须<u>问到底</u>。(《朱子语类》第44卷)

---

① 汉语中"的话"能演变为表示假设关系的助词,也跟言说概念"说"的零编码有关,因为"话"能激活言说概念。

101

(122)（旦悲科,云）孔目,你怎生说的这等。你就说到底,则不辱没你便了。（元·岳伯川《铁拐李》第 2 折[二煞]）

(123)有两个年长的道士说道："……咱们先问到底的这些女子准是人、准是妖,再作定夺。"（清·醉月山人《狐狸缘全传》第 13 回）

例(121)(123)中"问到底"表示"问到最后（即问到得出正确答案时）、问到位/清楚"义。例(123)中"问到底"后续划线的疑问子句（Q）做宾语,字面意义是"把 Q 这个问题问到最后"。因此,"问到底 Q"实为"问 Q 到底",表示言者要把询问 Q 这个问题的言语行为进行到底。同样,例(122)中"说到底"表示"说到最后,说到位/清楚"义,"说到底 Q"表示言者要求对方把 Q 这个问题（的答案）说清楚。当然,这并不是说历史上存在一个从"说/问到底 Q"到"到底 Q"的演变过程,而是说"说/问到底 Q"义在历史上可直接用"到底 Q"来编码。这样,言者本来在元语层面使用"到底₁",暗示问 Q 是言者的最后一次询问,因而现代汉语中"到底 Q?"带有最后通牒的意味（冯雪燕 2009）,但由于给出的语境明示不足,言者的这种言外之意听者无法通过推理获得。相反,听者会基于如下溯因推理（abductive inference）而从"到底₀"中通过重新分析解读出追究语气义：

大前提：如果言者要追究Q这个问题的答案,则会把"问Q"这个行为进行到底。
　　　　如果言者要追究Q这个问题的答案,则会催促听者把Q的答案说到位。
小前提：现在言者要把问Q这个行为进行到底,或者要听者将Q的答案说到位。

推　论：言者要追究Q这个问题的答案。

图 3-2　疑问语气副词"到底"形成过程中的语用推理

换言之,听者认为,追究问题答案是言者的交际意图,但言者使用的交际手段是宣示决心或催促作答。这样,在听者看来,言者是用"到底₀"来间接表达追究语气,因而听者从言者那里学得并在以后跟言者及他人的交际中仿用的语言创新,不是用"到底₁"而是用"到底₀"编码追究语气义,这才导致"到底₀"向"到底₃"演变。起初,"到底₀"表达的字面意义（即宣示要问到底/催促说到底）跟言者的交际意图（即追究问题答案）之间,存在着需依赖上述溯因推理这种或然性推理才能建立起来的非恒定关系。但是,随着使用频率的递增,字面意义和交际意图之间的关系就会变得恒定起来。对推理的依赖就会越来越少,以至消失。这个过程就是交际意图规约化（固化）为"到底"的词义的过程。这表明,在"到底₃"的形成过程中,语用推理发挥了重要作用。当然,"到底₃"的形成可能也跟概念隐喻的引导有关。如上一章所述,在"过程持续到最后/出现结果时"跟"言语行为进行到最后/得到答案时"之间存在相似性。

3.2.2.5　走出两难困境——再论疑问语气副词"到底"的来源

关于"到底$_3$"的来源,学界有三种观点:时间副词说(史金生 2003:69)、介宾短语说(杨荣祥 2005:92)和评注语气副词说(冯雪燕 2009)。表 3-1、3-2 的统计结果表明评注语气副词说不能成立。"到底"在方言里的对应词的多义模式(详见第十章)及"究竟""毕竟"等同聚合其他成员的语义演变模式,也不支持评注语气副词说。下面重点论述时间副词说和介宾短语说能否成立。经考察发现,对如下几个问题:

> 第一,为什么现代汉语方言里"到头""到尾""到了"等"完结"义表达如果具有"究竟"义,一般也具有"最终"义(详见第八章),而不大会出现只有"究竟"义和"到尽头/最后"义(或/和"毕竟"义),而无"最终"义的多义模式?第二,为什么汉语史上"毕竟""至竟"等"完结"义表达不约而同地都先有"最终"义的广泛使用,而后有"究竟"义的广泛使用(详见第五至十章)?第三,"到底$_1$"在宋代就已正式形成,为什么"到底$_3$"的大规模使用要晚至明末清初?

时间副词说能回答第一、二个问题,但是不能回答第三个问题。介宾短语说能回答第二、三个问题①,但是不易回答第一个问题。这样,我们就走入了一个两难困境。要准确回答第一个问题必须从听说双方分别切入,对介宾短语说进行进一步说明。在上一节中,我们注意到了在明示-推理交际中明示不足的语境后果,发现从"最后 Q?"推出"这是最后一次问 Q/请对 Q 的答案做最终确认"显然比从"到最后 Q"推出"说/问到最后 Q"困难得多。所以,在语境明示同样多的情况下,听者执行后一种推理的可能远远大于执行前一种推理。换言之,尽管言者想用"到底$_1$"来临时表达追究语气义,但是听者则更可能认为言者用的是"到底$_3$"。这样,上一小节的观点就既能克服时间副词说只看到言者在语义生成过程中的能动作用的弱点,又能克服单纯的介宾短语说只看到听者在语义理解中的能动作用的弱点,同时关注听

---

① 对第二个问题的回答是,"最终"义比"究竟"义更具体,前者用于时间域,后者用于言域,因而当然先有"最终"义,后有"究竟"义。对第三个问题的回答是,因为"到底$_3$"不是从"到底$_1$"演变而来。

说双方之间的互动,因而能同时回答上述三个问题。

综上所述,我们赞同介宾短语说,认为"到底$_2$""到底$_3$"源于"到底$_0$"。但是,在介宾短语说的基础上,进一步探讨了"到底$_0$"向"到底$_2$""到底$_3$"演变的机制,特别是"到底$_2$""到底$_3$"的语义获得机制,对介宾短语说做了进一步完善和说明。

3.3 历史上语气副词"到底"的特异用法

本节考察语气副词"到底"在历时演变过程中表现出的一些古有今无的特异用法。这里所说的语气副词包括评注语气副词和疑问语气副词。

3.3.1 评注语气副词"到底"的特异用法

语料调查显示,评注语气副词"到底"(即"到底$_2$")在形成之初以位于句首为常,有时后面有语气词或较大的停顿。例如:

(124) 问:"忠信进德之事,固可勉强,然致知甚难。"曰:"子以诚敬为可勉强,且恁地说。<u>到底</u>,须是知了方行得。……"(宋·程颢、程颐《河南程氏遗书》)①

(125) 儋雨蛮烟添老色,和陶诗、翻被渊明恼。<u>到底</u>是,忘言好。(宋·宋自逊《贺新郎》[题雪堂])

(126) 因此上法水不惜救童蒙,<u>到底</u>个想前情尚觉伤心痛。(元·王晔《桃花女破法嫁周公》第4折)

这跟它在现代汉语中的情况有些不同。在现代汉语中,"到底$_2$"后面不能出现较大停顿或语气词"个"等,只能后续肯定语气副词"是"。

经考察发现,"到底$_2$"有时还可占据让步关系连词所在的位置。例如:

(127) 在下说一个身为盗贼,偏能不丧良心,且仗义疏财,后来竟有个绝好的后果,为看官们笑笑。……可见人<u>到底</u>是做贼,他存了良心,

---

① 在日本阿川文库所藏成书于19世纪的《中华正音》中,我们也发现了"到底$_2$"用于句首的情况。如:

(24) <u>到底</u>是你一个有福气的人哪!(日本阿川文库所藏《中华正音》,16b)

而在现代汉语中评注语气副词"到底"不能用于完整句句首(而其近义词"毕竟"可以),参见§7.1.2.1。

毕竟原有个结果。(清·坐花散人《风流悟》第 4 回)

上例中"到底"义为"即使"。这可以看作是"到底"游移到让步关系连词所在空位而临时获得后者的词义的结果。在汉语史上,"毕竟"似乎也有类似现象。它曾临时获得"即使"义或"如果,万一"义解读。例如:①

(128) 吉祥已正典刑,盖此乱臣贼子肆行反逆,天地鬼神所不容。当时若不早觉,各门既开,此贼拥入纵横,一时不能御之,其祸不可胜言。<u>毕竟就戮</u>,被其伤害多矣。幸而早扑灭之,此实宗社之福也。(明·李贤《天顺日录》)

(129) 从古有这家法术,岂有做不来的事?<u>毕竟有一日弄成了</u>,前边些小所失,何足为念?(明·凌濛初《初刻拍案惊奇》第 18 卷)

正是因为"到底""毕竟"等词可以游移到结构模板中其他词所在的空位,而如果这些词本身没有退隐(即它们仍然占据着那个位置),那么"到底""毕竟"之类"完结"义表达向它们的移动可能会造成叠床架屋的现象。例如:

(130) 净方道理只居心,悟了只放心上取,心明自在来还去。<u>毕竟若未除心内黑</u>,定随心意定漂沈。(《敦煌变文集·维摩诘经讲经文》)

蒋礼鸿(1988:294)认为,上例中"竟"为衍文(盖抄手因常语"毕竟"一词而误衍"竟"字),应作"毕若"(即"必若"),表示"倘若"义。按照我们的理解,则未必是衍文。

总之,"到底""毕竟"等从评注语气副词解读到连词解读经历了如下语义演变:表示时间之最后(temporal end)＞强调结论(argumentive end)＞强调原因＞表示让步/假设。根据上一章的论述,评注语气副词"到底""毕竟"的用法可以宽松地理解为强调原因,而强调原因与表示让步只有一步之遥,因为让步关系实际是对因果关系的否定或割裂,"尽管""即使"义近于"不因为……不……"。使"到底""毕竟"跨过这步的就是语境中整个复句代表的语义结构模板的作用。对于"毕竟"来说,它还进一步获得了"即使"的蕴涵义"如果,万一"义。跟"到底""毕竟"的上述演变类似或相反的演变在其他语言中也很常见。比如,英语 after all 经历了如下演变:表示时间＞强

---

① 例(128)(129)中的"毕竟"释作"最后,终于"义似亦未为不可,但没释作"即使"或"万一"好。

调结论("总之"义)＞强调原因("毕竟"义)＞表示原因("因为"义,详见§10.3.1.1)。再如,古高地德语 dia while dô(在……之时/at the time that)→中世高地德语(die)while(在……期间/during)→新高地德语 weil(因为/because of);古英语þa hwile(在……之时/at the time that)→中世英语 while(在……期间/during)→现代英语 while(尽管/although)。

3.3.2 疑问语气副词"到底"的特异用法

在历史上,"到底₃"等疑问语气副词可游移到主句或话题句句首(详见§6.5)。例如:

(131) 刘中丞……讲到:"钦差来到这里查办事件,<u>到底</u>不晓得几时可了……"(清·李伯元《官场现形记》第18回)

(132) 姓孔的儿子道:"<u>到底</u>小的告的状,大人准与不准?"(清·李伯元《官场现形记》第23回)

"到底₃""毕竟₃"等还可游移到选择问标记"还是"所在空位(记作"还是_φ")上。①如:

(133) 翠缕道:"这是公的,<u>到底</u>是母的呢?"(清·曹雪芹《红楼梦》第31回)

(134) 玉骨珊珊未有瑕,是耶<u>毕竟</u>又非耶?(清·陈森《品花宝鉴》第4回)

例(133)现在要说成"到底这是公的还是母的呢?",句中"到底₃"游移到了选择问标记所在空位。例(134)"毕竟₃"游移到了选择问标记所在空位。如果

---

① 疑问副词"却"似乎也有此用法。例如:

(25) 晁盖道:"吴先生,我等还是软取,<u>却</u>是硬取?"(明·施耐庵《水浒传》第15回)

(26) 你要死,<u>却</u>是要活?(明·施耐庵《水浒传》第26回)

(27) 你要回去乎,<u>却</u>同我在此过活?(明·兰陵笑笑生《金瓶梅》第47回)

(28) 还是初犯,<u>却</u>是二犯,三犯?(明·吴承恩《西游记》第97回)

(29) 官问说:"是方去娶,<u>却</u>是娶过来的?"(明末清初·西周生《醒世姻缘》第28回)

《古代汉语大词典》(卷二,540页)以上引第二、三例为据,认为"却"有"可"义选择问标记用法。但如果考虑到"却"还能用在特指问中,那么认为上几例中选择问标记"却"是从疑问副词"却"演变而来也未为不可。雷文治(2002:208)明确收录了"却"的疑问副词用法(关于疑问副词"却"的用法及其形成,详见本书§9.3.2.5)。所以,下例中"却"到底表示"究竟"义还是表示"还是"义是有歧解的。我们认为,下例中"却"的选择问标记用法可视为疑问副词"却"分裂移位的结果(详见正文对例(135)中"端"的、例(144)中"定"的用法的分析)。

(30) 足下<u>却</u>要沽酒?<u>却</u>要买肉?(明·施耐庵《水浒传》第49回)

辖句副词通过分裂移位到选择问标记位置而获得选择问标记用法,这种现象还见于现代汉语方言张家口话中的"无论",详见宗守云(2017)。

"到底"类疑问语气副词执行分裂移位,即自身一变为二,一个待在原位,一个移动到"还是"所在空位,则会造成一个选择问句用两个追问标记的"叠床架屋"的现象。例如:

(135)你两个<u>端的</u>是家奴,<u>端的</u>是民?(元·郑廷玉《后庭花》第1折)

跟上例相近的是例(136)。根据汪儒珺《元曲释词拾遗》(第182页),例(136)中"到底"跟"到了"义近,全句表示"到底是爱我呢?还是我亏负他呢?"。例(136)可能是句首疑问语气副词"到底"游移到选择问标记所在空位后,其原位由其近义词"到了"填空的结果。

(136)到了偏咱,<u>到底</u>亏他,不信情杂,忘了人那!(元·卢挚《蟾宫曲》)

对比例(135)(133)和下几例可以发现,选择问句里"到底$_3$"的黏附对象后来逐渐固定在"VP$_1$(还)是 VP$_2$"及其最大投射上。不管句中选择问标记所在位置有没有空着,"到底$_3$"类疑问语气副词都不再能移动到该位置。这种位置固化是语法化的常见表现(详见§10.4.2.2)。

(137)我<u>到底</u>算姐姐聘的,算和尚聘的呀?(清·文康《儿女英雄传》第26回)
(138)十三妹……说:"就是我这把刀!要问问你这事<u>到底</u>是可哟,是"不可"?还是"断断不可"?"(清·文康《儿女英雄传》第9回)
(139)这个事情……<u>到底</u>是我在骗你,还是你在骗我呢?(礼平《小战的黄昏》)

与上述现象密切相关的是"定"的多义模式及"定"的历时演变(详见附录)。考察可知,"定"从魏晋南北朝起具有疑问语气副词用法,犹"究竟"。但是,学界对"定"能否用作选择问标记意见分歧。很多辞书不承认"定"有表示选择的"还是"义。例如:

(140)闻汝依山寺,杭州<u>定</u>越州?(唐·杜甫《第五弟丰独在江左》)
(141)要得长随二三友,不知由我<u>定</u>由天?(南宋·杨万里《中秋前两日别刘彦纯彭仲庄》)

上两例"定"用于选择问句,可视为选择问标记。但徐中舒主编《汉语大字典》(1990:918)和罗竹风主编《汉语大词典》(2002:1359)都将其释为"究竟"。据此类推,以下几例中的"定",在这些辞书编者看来,当也都表示"究竟"义。高育花(2007)等有关文献也都持这种观点。

(142)只疏云梦,不知<u>定</u>梦<u>定</u>觉也?(南朝梁·周子良、陶弘景《周氏冥通记》第2卷)

(143)余日知安在,南村<u>定</u>北村?(北宋·敖陶孙《上郑参政》)

(144)不知我与影,为一<u>定</u>为二?(南宋·杨万里《夏夜玩月诗》)

不过,《古代汉语词典》(商务印书馆,2003:327)在"定"的"究竟"义后附上了"还是"这样的解释。比如,同是例(142)中的"定",《古代汉语词典》认为表示"还是"义,高育花(2007:118)认为表示"究竟"义。其实,这两种说法都有一定道理,因为上引各例中"定"原本是疑问语气副词,后来它跟"到底""毕竟"等一样移动到选择问标记"还是"所在空位。跟"到底""毕竟"等不同的是,"定"的这种现象高频复现导致"还是"义开始固化为"定"的一个义位。《古代汉语词典》的释义反映出了这种历时演变的脉络,因为它为"定"列出了"还是"义,作为其"究竟"义的语境实现(即义面)。

我们的语料调查还显示,在近代汉语和早期现代汉语中"到底₃""究竟₃"等可用于是非问句。例如:①

(145)如先生所言,推求经义,将来<u>到底</u>还别有见处否?(《朱子语类》第11卷)

(146)巫忠也笑道:"且莫管先知不先知,方才所说的你<u>倒底</u>愿意么。"(清·吴趼人《痛史》第2回)

(147)你<u>究竟</u>要我们一块住吗?(黎锦熙《新著国语文法》)

而如上一章所述,普通话中"到底₃"等通常不能用于是非问句。那么,为什么"到底₃"等在历史上可以而现在基本不能用于是非问呢?这是因为在历时演变过程中"到底₃"等的语力逐渐增强了。在历史上"到底"等本表示"问/说到底"义,在没有重新分析为疑问语气副词前,其追究语气义只是听者推断出来的言者的交际意图,是一种会话含义,因而句子的追究色彩(或

---

① 当然,例(145)的这种"VP 否/不/未",有些文献(如刘坚等 1992:234)看作正反问句。

者说对听话人的追逼色彩)不像现在这么强。而是非问虽然表义跟正反问基本一致,但给予答者的选择权较大①,因此,是非问要求听者作答的语气不如正反问那么强。这样,"到底₃"等在历史上当然可以跟它共现了。

3.4 "到底"的语法化动因

关于语法化的动因,学界有两种截然不同的理论。一种理论把语法化看作言语交际的省力(经济/economy)原则与明晰(clarity,效力/effectiveness)原则互动的结果,认为语法化的动因就是言者在保证言语表达明晰的同时尽可能追求言语交际省力的结果。持这种观点的学者以 Geurts(2000a,2000b)为代表。Geurts 认为,语言表达式因长期使用而发生音形磨损,使人们对其表义功能习焉不察。这时,言者为了避免被误解(即追求表达明晰),会违反语言使用的语法约定,创造性地采用其他语言表达式来表示所要表达的意义。这就导致其他表达式的语法化。Geurts 认为,这种观点是 Givón 等主流语法化研究人员的传统观点,所以被视为解释语法化的标准理论(standard theory)。另外一种理论是把语法化看作表现力准则(extravagance maxim)和一致准则(conformity maxim)互动(即创新和模仿互动)的结果。这种理论以 Haspelmath(1999,2000)为代表。Haspelmath 认为,在言语交际中,个体为了追求话语的表达效果以引人注目,故意违反语言使用的语法约定,弃现存表达式(通常是屈折或综合式)不用(该表达式可能并未发生任何音形磨损,不会影响言语交际中表义的明晰)而采用某种新表达式(通常是迂说式或分析式)。后来,其他个体纷纷仿效,从而导致新形式的语法化。

上述两种理论之间的区别,在 Haspelmath(2000)看来,是磨损优先(reduction first)还是迂说优先(periphrasis first)的问题,即旧形式的音形磨损与新形式在某语境中代替旧形式来表义,这两者孰先孰后、孰因孰果?如果这两种理论之间的区别真的如 Haspelmath(2000)所理解的那样,那么,我们认为他和 Geurts 的观点都失之偏颇。他们都试图把某一种理论上升为解释所有语法化现象的全能冠军。事实上,有些语法化现象是现有表达式的音形磨损导致表义不明,从而启用新形式的结果;另外一些语法化现

---

① 对正反问"VP 不 VP"的回答通常只能是肯否二者之中择其一,而对是非问"VP 吗"的回答可以是"(不)对"或"那要视……情况而定",或者答者可以有较长时间的犹豫。

象可能跟现有表达式的音形磨损无关,纯粹是言语表达求新求异的结果。对这些语法化现象来说,音形磨损是演变的结果,而非原因。Geurts(2000b)承认因为自己表达不清导致 Haspelmath 把他归入赞同磨损优先论的一派。Geurts(2000b)认为,上述两种理论之间的根本区别不在于磨损优先还是迂说优先,而在于:

> 言语交际的省力原则和明晰原则的互动是否足以解释语法化为何发生和具有单向性。Haspelmath(1999)认为不足以对其作出解释,因为省力原则和明晰原则二力互相抵消,语言应该相对稳定,不会发生语法化,更不会使语法化具有单向性。在 Haspelmath 看来,除了言语交际的省力原则和明晰原则以外,还需要别的限制条件,这些限制条件(即表现力准则和一致准则)与交际本身没有关系。这两大准则分别激发了言者的语言创新和语言保守这两种行为。言者实施语言创新或语言保守不是为了使交际更顺畅,而是为了提高或者巩固自身的社会地位。因此,Haspelmath 认为,语法化的诱因跟驱动服装时尚演变的动因一样。有一部分人为了吸引眼球,故意突显自己(语言表达或服装上)的与众不同,来一个(语言表达或装束上的)创新,而这些人往往是优势群体,他人为了巩固与这些人之间的社会关系或者获得这些人的认同,纷纷仿效。这样,就推动了整个社会(的语言表达或服装)时尚的更新和演变。

我们认为,Geurts(2000b)误解了 Haspelmath(1999)的观点,Haspelmath(1999)明确把表现力准则和一致准则跟原有的省力准则和明晰准则并列在"成功交际"(socially successful)这个上位准则之下,怎么能说 Haspelmath(1999)的表现力准则和一致准则是从交际之外来解释语法化呢?而且,Haspelmath(1999)所说的"一致准则"更多地指言语交际中听者为了跟言者成功交际对言者创新行为的默认和模仿,听者在以后的言语交际中模仿这种创新,不是为了巩固自身的社会地位或获得社会认同,而是听者也觉得这种新创形式更有表现力。

"到底。"向"到底₂"语法化的动因,我们认为有两种可能:①言者用"到底。"凸显时间先后关系,而听者在相关语境信息的指引下,把"到底。"解读为凸显认识上的前提-结论关系(英语、法语、意大利语中存在相似现象,详见§10.3.4)。那么,言者为什么在明显存在前提-结论关系的语境中,仍然弃而不用当时已具有强调结论作用的"至竟""究竟""毕竟""到头"等现存形式(详见第六、七、十章),而要使用当时还只有凸显时间先后关系作用的"到底。"呢?这可能是因为前提-结论关系比时间先后关系主观性更强,而言者试图追求语言表达的客观化。这种追求恰恰是导致"到底。"向"到底₂"语法化的动因。曼德维勒悖论(Mandeville paradox)告诉我们:在个体层面上越是追求表达的客观化,在语言系统层面上就越会导致意义主观化(具体参见Keller 1995:25—28)。比如,在那些因为语用原因显然要出现因果或让步关系解读的语境中,言者为了追求表达的客观化以显得与所述内容有一定距离,宁愿使用那些更客观的只凸显时间关系的表达,尽管语言中已有因果或让步关系连词。言者追求表达客观化的语用行为高频复现并在语言社团中被仿效就会导致被借用的时间表达发生语义主观化。这样,在那些因为语用原因显然要凸显前提-结论关系的语境中,言者为了追求客观化,会使用纯客观的时间表达而不用现存表达。再如,在"到底₁"的主观强调义产生之前,已有很多具有强调结果作用的表达,如"至竟""究竟""毕竟""到头"等(详见第六、七、十章),但是言者弃而不用,反而选用当时还较为客观的时间表达"到底",把因果关系客观化为时间先后关系。尽管言者做了这样的努力,但是由于"到底"和"至竟"等处于同一聚合,听者仍然会基于类推心理认为言者是在强调结果的意义上使用"到底",从而在会话过程中遵守一致准则(conformity maxim)以顺应言者的创新,为"到底"解读出强调结果义。这种创新被听者在以后与言者及他人的交际中重复,从而导致"到底₁"发生从表示客观真值义向表示主观强调义的语义演变。②言者对现存的语言表达实施旧词新用策略。言者因为要遵循表现力准则使自己的语言表达能引起注意(即为了求新求异),在可以说 Y A_F Z 的情况下却说 Y B_L Z(其中 F 代表功能范畴,L 代表词汇范畴)。听者在言语交际中,为了交际成功,则会遵循一致准则,接受言者的这种创新,并且同样出于对表现力准则的遵守而仿效言者的这种语言创新。这种仿效在语言社团中被高频重复就导致 B 这个表达式的创新意义逐渐脱离具体语境(detextualization),进而固化为 B 的新义。具体到"到底₂"身上,言者在可以用"至竟""究竟""毕竟"等现存表达的情况下,创造性地用在词汇意义上跟这些词处于同一聚合的"到底"来凸显认识上的前提-结论关系。听者明明意识到言者的语言使用偏离常规,但为了成功地跟言者进行交际,会承认这种语言创新,甚至在以后跟言者或他人交际时仿效这种创新,进而使这种创新意义规约化。①②两说的差别在于类推只在听者心里起作用(①),还是在听说双方心里都起作用(②)。言者使用"到底"追求的是表达的客观化(①)还是表达的新颖性(②)。共同点在于,是听者对言者的顺应为"到底₁"的语义主观化以及"到底₀"向"到底₂"的语义演变提供了可能。①

至于"到底₃"的形成，可能还有礼貌原则的作用。言者弃而不用当时已有的疑问语气副词"究竟""至竟""毕竟""到头"等，而选用当时还没有疑问语气副词用法的"到底"来表示追究语气，当然可能是为了遵循表现力准则，但更可能是为了照顾听者的面子，因为问"这个问题的答案究竟是什么？"显然没有说"请把这个问题回答到底（即答出其真实/最终答案）"显得礼貌。

3.5 基于演变事实对相关预测的验证

本节运用上文的考察结果对引言中的相关预测逐条进行验证。引言预测①"到底"的短语、时间副词、评注语气副词和疑问语气副词用法在历史上依次出现。§3.1的考察表明，从广泛使用角度看，"到底₀"出现最早，在唐五代；"到底₁"次之，在宋代；"到底₂"再次之，在元明；"到底₃"最后，在清代（见表3-1）。但是，跟预测稍有出入的是，在唐五代，"到底₂""到底₃"出现了极少数用例，而"到底₁"反而未见。我们认为，这可能是因为"到底₂""到底₃"并不源于"到底₁"而是源于"到底₀"，因而不必全部都比"到底₁"晚出，极少数"到底₂""到底₃"比"到底₁"早出，可能是由于语用创新的需要驱动类推操作使然，因为跟"到底"处于同一聚合的"究竟""至竟""到头"都已兼有时间副词、评注语气副词和疑问语气副词三种用法。正如Newmeyer (1998:Ch5)所说，类推引发的语法化往往导致后起的语法演变无法反映源形式语法演变的渐进性。"究竟""至竟""到头"对"到底"的类推使预测①只能总体上得到印证，但不能完全得到印证。引言预测②"到底₀"的使用呈递减趋势；"到底₂""到底₃"日趋成熟的过程是"到底₀"日趋衰减的过程。§3.2的考察表明，历史上"到底₀"的用例比呈递减趋势，"到底₂""到底₃"的用例比呈递增趋势，"到底₁"的用例比先增后减，且"到底₀"用例比的骤减期正好是"到底₂""到底₃"使用比例的递增期（见表3-2）。唯一不符预测的是，"到底₁"的使用频率从唐五代到元明一直在上升（见表3-1）。这可能是其交替形式"至竟""到头""到了"等越来越不常用或使用场合越来越受限所致。所以，预测②不能得到全部证实，当是因为它是我们在假设"到底"的演变不

---

① 当然，上述解释是在假设"到底"的词汇化和语法化是有动因的前提下做出的。我们不排除"到底"的词汇化和语法化自动发生（无显著动因）的可能。

受同聚合其他成员干扰的理想状态下做出的。引言预测③在各种"到底"都很成熟的时代,"到底₀"用例最少。§3.2的考察表明,在"到底₁""到底₂"和"到底₃"都广泛使用的清代,"到底₀"只占8.08%,用例最少(见表3-2)。引言预测④"到底₀"先有空间用法,后有时间用法。§3.2的考察表明,"到底₀"的空间用法成熟于唐五代,而其时间用法要晚至宋代才成熟。引言预测⑤"到底₀"先有"到最后"义,继而有"(在)最后"义,最后有"终于,终究"义。§3.2.1.3.2的考察表明事实确实如此。引言预测⑥"到底"的时间用法在使用之初带有特殊修辞效应,即"到底"先有修辞隐喻,后有概念隐喻。§3.2.1.3.2.2的考察表明,在唐五代"到底"偶现的时间用法确实带有特殊修辞效应。到了宋代,这种修辞效应才被抹除。换言之,到宋代"到底"表时间义才实现了从修辞隐喻向概念隐喻的转变。引言预测⑦"到底"中"底"的方位义当经历了"底端>尽头"的泛化过程。§3.2.1.3.1的考察表明,"底"的语义泛化(即"底端>尽头")在晋代就已开始,鼎盛于唐代。所以,在唐五代"到底"发生了从"到底端"向"到尽头"的语义演变。引言预测⑧"到底₁"可以用在一个结果分句前。§3.2.1.3.2的考察表明事实确实如此。引言预测⑨古代汉语中"到底"可以残缺编码"说到底"义,且"到底₂"形成之初可位于句首。§3.2.2.2的考察表明事实确实如此。引言预测⑩古汉语问句中言说概念可以不编码,§3.2.2.4的考察表明事实确实如此。引言预测⑪"到底₃"形成之初可以位于话题句句首。§3.3.2的考察表明事实确实如此。引言预测⑫"到底₃"曾可以黏附于选择问标记"还是"。§3.3.2的考察表明事实确实如此。综上所述,引言中的相关预测基本得到了验证,个别不符之处大多是由同聚合其他成员的演变的干扰造成的。

3.6 两种主观化学说对"到底"历时演变的解释

共时主观化是共时层面的信息编码策略,是言者的信息报道者或话语指示中心身份在语言编码中被屏蔽的过程,或者说是认知主体从被识解事态中逐渐隐退的过程(张爱玲 2015)。因此,言者信息报道者身份在话语中越凸显,话语表达越客观,主观性越小,听者越不需要依靠推理等主观手段来识解话语意义(Langacker 1985,1990)。比如,"看来,他是个傻子"的语义主观性比"在我看来,他是个傻子"强,因为"我"的信息报道者身份在前句潜隐,而在后句凸显了。前句中的"看来"可以理解为"可能"义,带有明显的主观评注语气;后句中的"看来"语义带有一定的客观性,意即"看起来"。共时主观化理论由认知语言学家 Langacker 提出。Langacker(1985:122)用观众与演员的关系来说明共时主观化:当观众完全沉浸在舞台艺术欣赏中而浑然不觉自我的存在时,他对艺术欣赏这种行为的主观参与程度最高。历时主观化理论由历史语言学家 Traugott 提出。Traugott(1982,1989,2002)认为,主观化指"语言表达式的意义变得越来越以言者对命题(即言者所说内容)的主观信仰、态度或情感为基础的语用-语义变化过程"(Traugott 1989:35)。历时主观化是一种语义演变机制,是语符(串)的规约意义的语境实现被约定俗成为其新义的过程。比如,汉语史上"把"从表示客观处置义到表示主观处置义的演变。(试比较:他把钱都花了——他把钱弄丢了——两银子就把他乐成那样。)学界对历时主观化及相关研究关注较多,而对共时主观化及相关研究关注相对较少。一般都会着意区分这两种主观化,比如张爱玲(2015)。其实,这两种主观化是密切相关的。历时主观化往往以共时主观化为基础。共时主观化这种编码策略用得多了,就会触发语符(串)的意义的主观化,即历时主观化。下面从共时主观化与历时主观化的关系角度探讨一下"到底"的主观性问题。

根据上一章的考察,在句子里"到底$_0$"前有显性填项;"到底$_1$"前有隐性填项,其隐性填项是前句或本句自主可控动词充当的谓语中心的拷贝;"到底$_2$"和"到底$_3$"前没有句法填项。其中,"到底$_2$"的语义填项是表"推(理)"义的"说";"到底$_3$"前的语义填项是"说"或"问",因而确定性不如"到底$_2$"的语义填项。如果"到底$_3$"不在句首,只要先进行一些句法操作上的准备(如移位)即可。这样,根据填项的特征,四种身份的"到底"可以形成如下等级:

"到底$_0$"前有显性填项	"到底$_1$"前有隐性填项	"到底$_2$"前无句法填项;语义填项较确定	"到底$_3$"前无句法填项;语义填项不太确定

图 3-3 不同性质的"到底"的虚化等级

众所周知,言者在话语活动中的作用包括:①做话语指示中心,即充当空间、时间和人称指示的参照中心;②做认知评价中心,即言者通过一些编码策略表达自己对命题的判断、情态等;③做信息报道或索取中心,即言者可以选择在话语活动中是否凸显自己的信息报道者或索取者身份和具体的凸显度。以上几方面都是影响话语表达主观性的因素(Iwasaki 1993:12)。"到底$_0$""到底$_1$"只与动作的施事相关,跟言者无关;而"到底$_2$""到底$_3$"分别关联着言者的认知评价中心身份和信息索取中心身份,因为它们分别是评注语气副词和疑问语气副词。"到底$_2$"前的填项的隐退(即零编码)必然导致推理活动的施事(即言者)的认知评价中心身份随之隐退,"到底$_3$"前的填项的隐退(即零编码)必然导致言说活动的施事(即言者)的信息索取中心身份随之隐退,因而"到底$_2$""到底$_3$"前的填项的隐退是一种共时主观化,是古人话语活动中的编码策略。但是,这种编码策略高频重复使用,就会诱发"到底"通过语境吸收发生历时主观化而获得"毕竟"义和"究竟"义。四种"到底"因其前的填项在显隐和确定度上存在如图3-3所示的等级,所以其主观性应该呈现如下强弱等级:到底$_0$<到底$_1$<到底$_2$<到底$_3$。而根据历时主观化理论,主观性越强的成分往往在历史上出现得越晚。这样,从主观性强弱的角度也可以预测到"到底$_0$""到底$_1$""到底$_2$""到底$_3$"在历史上当是依次大规模出现的。上面的考察说明:若能把共时主观化理论和历时主观化理论有机结合起来,可以对语言现象做出更充分的解释或预测。

3.7 余论和小结

本章的考察显示,四种性质的"到底"所在概念域一个比一个抽象。相应地,从空间到时间,从行域到知域,再到言域,"到底"陈述的动作越来越抽象,"到底"逐渐从表示客观运动、活动转向表示主观推理、追究。这样,运用主观化理论,"到底$_0$""到底$_1$""到底$_2$""到底$_3$"的主观性当一个比一个强。另外,从交互主观化角度看,"到底$_3$"的主观性最强。因为"到底$_3$"的形成涉及到听者对言者的言外之意的解读甚至言者对听者面子的关注(详见§3.2.2.4和§3.4),故而因涉及交互主观化而比其他几个至多只涉及主观化的"到底"的主观性强。我们知道,词语主观性越强越易位于句子的外围。那么,"到底$_0$""到底$_1$""到底$_2$""到底$_3$"就该一个比一个离谓语核心远。根据上文的论述,事实确实如此。"到底$_0$"多做补语,与谓语中心关系最近,或者干脆本身就做谓语中心;"到底$_1$"多做辖谓状语,与谓语中心关系稍远;"到底$_2$"多做句子状语,作用于整个句子,与谓语中心关系更远;"到底$_3$"看似位于句中,但如果考虑到它是对"说/问到底"义的残缺编码,则可认定它是最外围的成分。如果说"到底$_0$""到底$_1$"是指向主语的(subject-orientated),那么"到底$_2$""到底$_3$"则是指向作为认知评价或信息索取中心的言者的(speaker-oriented)了。它们的相对位置在下图中可能看得更清楚点。

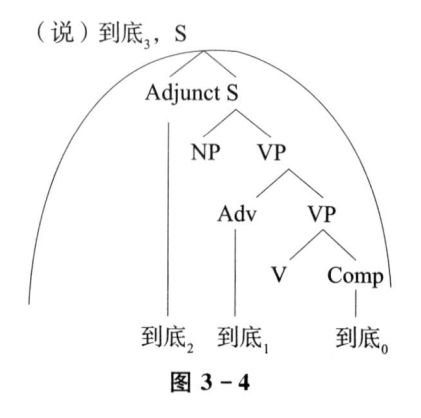

```
            (说)到底₃, S
                 |
              Adjunct S
              /      \
            NP       VP
            |       /  \
           Adv    VP
            |     /  \
                V    Comp
            |   |     |
          到底₂ 到底₁ 到底₀
```

图 3-4

上图表明"到底₃"占据[SPEC, CP]位置。而该位置已为表示疑问的语气词"吗"所占据。这样,追究语气和疑问语气的辖域发生冲突使"到底₃"不能用来追究内部疑问(即不能用于是非问句,详见§2.1.4)。说[SPEC, CP]位置只能为一个成分占据有什么证据呢? 这可从英语中的下列现象得到旁证。英语中 WH-词在疑问句中必须强制移到句首位置,即[SPEC, CP]位。但是,当这个位置已经为一个 WH-词占据时,另一个 WH-词就不能移入。例如:

(148)Who did say John bought what? (约翰说谁买了什么?)

所以,疑问语气副词"到底₃"的辖域是 IP。这样,"到底₃"自然不能管辖"吗",因为"吗"作为疑问语气词位置在 IP 外。而在正反问句"到底 VP 不 VP(呢)"中,没有其他成分和"到底₃"争夺[SPEC, CP]位置,所以全句合格。

　　本章首先在前一章的基础上,基于理论观照下的"到底"的共时变异,对"到底"的历时演变做进一步预测;然后,考察"到底"的历时演变,即它从状位介宾短语向时间副词的词汇化、向评注语气副词和疑问语气副词的语法化,揭示其词汇化和语法化的历程、机制和动因。最后,运用对"到底"的历时演变的考察结果,检验相关预测的效度,并做些理论探讨。经考察,我们发现短语"到底"向时间副词的词汇化经历了如下阶段:[连谓前项:动词短语→]状位:介宾短语→状位:(时间)副词。相应地,它发生了如下语义演变:到底端>(到尽头>)到最后>(在)最后。其中,最后一步是语义虚化,其他几步是语义泛化,且语义虚化以语义泛化为基础。时间副词"到底"形成之初,只有客观真值义——"(在)最后",后来通过语用强化和语境吸收获得了主观强调义——"终于,终究"。其词汇化背后的认知-语用机制是时空隐喻、[过程-结果]转喻、主观化与语用强化。其词汇化的语用动因是状位

"到底"频现于时空双关语境。"到底"向评注语气副词的语法化经历了"凸显时间先后关系＞凸显(认识上的)前提-结论关系"的演变。在"到底"向疑问语气副词的语法化过程中，在听说双方之间发生的基于转喻的语义重新分析发挥了重要作用。言者在元语层面使用"最后"义时间副词"到底"暗示听者问题 Q 是其最后一次询问，要求听者对 Q 的答案做出最终确认；由于语境明示不足，听者认为言者使用的是对"说/问到底"义进行残缺编码的介宾短语"到底"，因而通过溯因推理推出"到底"表示追问语气。与上一章相比，本章除了重视概念隐喻在"到底"宏观演变中的作用外，更重视概念转喻、语用强化、语境吸收、重新分析在"到底"的微观演变中的作用。

第四章 "毕竟"义"到底"句的主观化表达功能

4.1 引言:问题的提出

第二、三章考察了"到底"的共时变异与历时演变。本章感兴趣的是,"毕竟"义"到底"(即"到底$_2$",如例(1)(2)中所示)在共时平面上能用在哪几种句式中?这些句式之间存在什么样的形式推导关系?这些推导关系能否反映信息包装过程中词项"到底"与其所在句式之间的互动关系?本章下文如无特别说明,"到底"都指"毕竟"义"到底"。

(1)褚桂芳到底是女强人,遇事不惊。不吭声,动脑筋,想不出主意之前先骂男人。(享福《小巷人物志》之二十二)
(2)十分感谢各位的好意。到底还是哥们儿好说话。(王朔《玩儿的就是心跳》)

第二、三章把"到底"看作一种元语言,认为它用在 S_1:"(o),到底 p,(所以)(虽然/即使)s,(但是)q"[①]句式里,表示"o,p→q"这种逻辑推理一旦启动,有效推理下去,必然"到底",即必然能达到推理的终点——结论。这种元语意义可以表示如下:

[①] S_1 是"到底"句实施句式转换的起点,下文其他"到底"句都看作从它变换而来,因为 S_1 是由"到底"的概念结构促动的语义结构直接投射而成(详见图4-7)。在这个意义上,S_1 是"到底"的基础结构。

```
大前提：  o    推（理）
小前提：  p    到
结  论：  q    底
```

图 4-1　"毕竟"义"到底"复句激活的缺省推理

在例(1)这个复句中,o、p、q 清晰可见。o 代表"到底"在语境中触发的预设,即"女强人会遇事不惊"之类命题、p 代表命题"褚桂芳是女强人"、q 代表命题"褚桂芳遇事不惊"。因而前两章中建立的模型(如图 4-1 所示)对解释例(1)这样的句子是极其有效的。但是,用这种模型来解释例(2)这样的语言现象就显得有些无法胜任了,因为例(2)中"到底"所在句子压根就不是一个复句。而且,我们发现"到底"句中的焦点(如例(1)中的"女强人"、例(2)中的"哥们")有与其他相关个体(如"普通人""普通朋友")相对比的意味。这种对比意味何来？前两章未做出解释。本章拟对前几章构建的模型做些改进,使之既能兼顾到单句,又能对"到底"所在句子中相关成分的对比意味、"到底"句的反预期(counter-expectation)与解-反预期(de-counter-expectation,详见下文)等主观化表达功能做出解释。

本章将尝试运用 Rooth(1985,1996)提出的关于焦点的选项语义学(alternative semantics)理论,从"到底"的元语意义出发,基于核心词"到底"的语义结构与其所在句子句法结构之间的象似关系,考察"到底"句法分布的多样性,建立起"到底"所在各种句式(如因果复句、单句、同语反复构式)之间的推导关系；通过分析"到底"句的反预期、解-反预期等主观化表达功能,解释这些句式之间的推导关系。本章将论证,"到底"句中焦点 NP 的[+对比性][+穷尽性]都源于焦点 NP 的[+唯一性]。而焦点 NP 的[+唯一性]又源于"到底"的元语意义的语用推理。本章将指出：言者使用"到底"句时是在进行溯因推理(详见§4.6),但该溯因推理以图 4-1 所示相关缺省推理为前提。

4.2　模型的改进

虽然前几章建立的模型是针对"到底"所在复句而设,但稍加改进就可用于单句,因为很多时候单句可以扩展为复句,复句也可以紧缩为单句。如果我们把 S_1 中 p 转换为"(是)NP",把 q 替换为 VP,那么就可以得到 S_1 的简化式 S_2："到底(是)NP(,)VP"。这里的 NP 不仅包括通常说的体词(短语),如例(1)(2)中的"女强人""哥们儿",还包括由谓词(短语)转化而来的体词(短语)——"AP 或 VP 的人/物"。比如,下两例中"到底"分句可以分别转化为"到底是多活了几岁的人""到底是肚子里喝过西方墨水的人"。

(3)我知道你眼里没有你妈,不过到底多活了几岁,吃咸盐也比你多吃几斤,你也该先问问我呀。(杨朔《三千里江山》)

(4)王赓虽然是一介武夫,但肚子里到底喝过西方的墨水。对于陆家所提出的离婚问题慨然允诺。(王映霞《陆小曼的第一位丈夫》)

有了 S_2 就可以兼顾例(2)那种单句的情况,也便于我们对"到底"句的语义做进一步的逻辑分析。这样,对前几章中的模型的改进,说到底,就是把逻辑分析方法从一阶谓词逻辑转向二阶谓词逻辑,把 p 表示的属性看作一个主目。这样,从二阶谓词逻辑角度看,上两例中 VP 实际表示"VP 的人/物",相当于一个 NP,"VP 的人/物"整体与"到底"组成"到底(是)NP"。"到底"有引出关于某种可能性的量级标尺(scale)上的最大项的作用。例如:

(5)到底是教友啊,你有良心!(老舍《正红旗下》)
(6)到底你是博士生,说话那么有水平。

上两例中重读的是"教友""博士生"。这说明它们是焦点。它们在语境中可以引出一些同类的替换项或对比项。比如,"教友"可替换成"同事","博士生"可替换成"本科生"。例(5)中还可以添加对比项"一般的熟人",说成"到底是教友,不是一般的熟人,你有良心!"例(6)可还可以添加对比项"本科生",说成"到底你是博士生,不像我们本科生,说话那么有水平"。这样,例(5)(6)中焦点"教友""博士生"及其替换项和对比项一起构成一个选项集。它是焦点敏感算子"到底"的焦点域(focal domain)。这样,例(5)中"到底"的焦点域就是{熟人、同学、同事……教友};例(6)中"到底"的焦点域就是{文盲、小学生、中学生、大专生、本科生、硕士生、博士生……}。总之,S_2 中 NP 激活的选项集是"到底"的焦点域,而焦点域中的每一个元素就是焦点值。S_2 中的"(是)NP"就是算子"到底"的作用范围(focal scope)。如果用 $x_1、x_2……x_{j-2}、x_{j-1}、x_j$ 分别代替例(6)中"到底"的焦点域中的值"文盲、小学生……本科生、硕士生、博士生",用下向箭头代表具有说话那么有水平(下文记作"属性 P")的可能性从小到大,则可以得到下面左图所示的量级标尺:

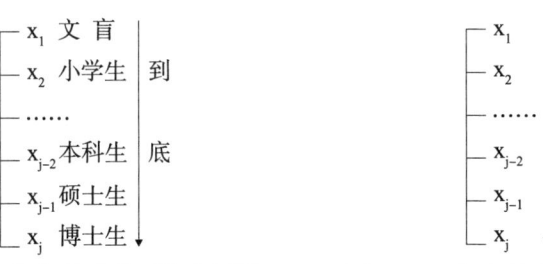

```
┌ x₁  文盲   ┐                    ┌ x₁      ┐
│ x₂  小学生 │ 到                 │ x₂      │ 到
│ ……         │                    │ ……      │
│ x_{j-2} 本科生 │ 底             │ x_{j-2} │ 底
│ x_{j-1} 硕士生 │                │ x_{j-1} │
└ x_j  博士生 ┘ ↓                 └ x_j     ┘ ↓
```

图 4-2　焦点敏感算子"到底"的　　图 4-3　焦点敏感算子"到底"的
　　　　　焦点域（示例）　　　　　　　　　　焦点域（图式）

把左图中的具体值去掉，就形成了抽象的右图。第二、三章已经证明："毕竟"义"到底"是从介宾短语"到底"语法化而来，现在它虽然主要起主观评价功能，引出某种感叹性评价，强调得出某种结果之原因，但它仍然滞留有源式的"到底端，到最后"义，表示认知搜索指针运行到量级标尺的底端。即：在言者看来，人们在心理上搜索与属性 P 相匹配的个体 x 时，只有沿着量级方向一直搜索到量级标尺的底端（即尽头）才能发现满足条件的个体（x_j）。所以，上面两图所示模型中下向箭头旁标有"到底"。可见，"毕竟"义"到底"在起主观评价功能的同时还有一种元语意义。这种元语意义才是初始的，主观评价功能则是派生的。

4.3　"毕竟"义"到底"句中焦点成分的语义特性

4.3.1　焦点成分的［＋唯一性］特征

既然作为元语言的"到底"暗示听者只有搜索到量级标尺底端才能发现满足条件的个体，那么言者事实上已预先认定图 4-2、4-3 所示模型中只有一类个体最有可能具有属性 P，那就是 x_j。换言之，"到底"作为预设触发语（presupposition trigger），具有预先认定的语义功能，即预先认定语境给定的成分集合中只有焦点成分表达的子集最可能具有句中谓词指谓的性质，而该子集的补集不大可能具有这种性质。这种特征，本书称为"焦点成分的（指称对象在当前论域中的）［＋唯一性］特征"[①]。比如，在例（6）中，言者在说出该句之前，通常已在主观上认定：在当前谈论对象中，只有博士生

[①] 下文所谓"焦点成分的［＋对比性］［＋穷尽性］"中的"焦点成分"，其实也是指焦点成分的指称对象。正文中都采用了较为宽松的表达。

才最可能说话那么有水平,至于博士生以外的人,如自己这些本科生,大多不可能说话那么有水平。这就使 S_2 中 NP 的指称对象在当下语境中具有[+唯一性]特征,即在当前论域(domain of discourse)中只有 NP 的所指最可能具有属性 P。这种[+唯一性]来源于言语交际合作原则之足量准则与尺度原理的综合作用。Fauconnier(1975)把尺度原理表示为:

$$P(x_1) \rightarrow P(x_1) \wedge P(x_2) \wedge P(x_3) \cdots\cdots \wedge P(x_{j-1}) \wedge P(x_j)$$

意思是说,当量级标尺上的最小个体(即最不可能具有属性 P 的个体)x_1 事实上具有属性 P 时,那么量级标尺上的所有个体都具有属性 P。根据假言易位律,可进一步推出:当量级标尺上的最大个体(即最可能具有属性 P 的个体)x_j 事实上不具有属性 P 时,那么量级标尺上的所有个体都不具有属性 P。推而广之,当量级标尺上的个体 x_i 具有属性 P 时,只要 $x_i < x_j$,那么个体 x_j 也具有属性 P。当量级标尺上的个体 x_j 不具有属性 P 时,只要 $x_i < x_j$,那么个体 x_i 也不具有属性 P。上述推理过程可表示为:

$$[P(x_i) \rightarrow P(x_j)] \text{iff}(x_i < x_j) \qquad [\neg P(x_j) \rightarrow \neg P(x_i)] \text{iff}(x_i < x_j)$$

语言表达要尽量遵循经济原则的要求使得人们认为:当 $x_i < x_j$ 时,要表达 $P(x_i) \& P(x_j)$,最合适的办法是只说 $P(x_i)$;要表达 $\neg P(x_i) \& \neg P(x_j)$,最合适的办法是只说 $\neg P(x_j)$。这样,运用尺度原理,听者自然会从 $P(x_i)$ 解读出 $P(x_i) \& P(x_j)$;从 $\neg P(x_j)$ 解读出 $\neg P(x_i) \& \neg P(x_j)$。所以,利用尺度原理做出上述合适表达,言者可以既不违反言语交际的足量准则,又不违反语言使用的经济原则。据此,当听者听到 $P(x_j)$ 时,他就会在足量准则和尺度原理的指引下得出在该量级标尺上只有 x_j 具有属性 P。因为如果还有小于 x_j 的某个或某些个体具有属性 P(那个个体或那些个体中的最小项,我们记为 x_i),那么言者就应该在遵循足量准则和经济原则的前提下,选择最合适的表达,即运用尺度原理,放弃说 $P(x_j)$,而说 $P(x_i)$。可是言者没有这么做,那么他一定要传达一种会话含义。这种会话含义就是一种需要推导的言外之意,即 x_j 以外的任何个体都不可能具有属性 P。这种推理过程可以表示为:

$$P(x_j) \rightarrow \neg(P(x_1) \vee P(x_2) \vee P(x_3) \cdots\cdots \vee P(x_{j-1}))$$

我们可以用艾欧塔算子 ι(iota-operator,ι 是希腊字母艾欧塔)来形容

"到底"对句中焦点成分[＋唯一性]的主观认定功能,即把"到底"的语义功能表示为使"$\iota_x(P(x))$"为真。"$\iota_x(P(x))$"表示"有且只有一个个体 x 具有属性 P"。它可以解析为:

$$\exists x(P(x) \& \forall y(P(y) \to y=x))$$

这个逻辑式读作:存在一个个体 x,x 具有属性 P,并且对所有个体 y 来说,如果 y 也具有属性 P,那么它就等于 x。换言之,无论具有属性 P 的个体 y 是谁或是什么,它都与 x 具有同一性,即只有 x 这个个体具有属性 P。正因为"到底"有上述元语功能,例(5)有如下言外之意:当前论域中的其他人,如熟人、同学、同事等,在关键时刻都弃"我"于不顾,而"你"却"(对我)有良心"。且"你"是当前论域中唯一具有教友身份的人①,所以"我"把"你"对"我"有良心归之于"你是教友"。例(6)情况与此类似,分析从略。NP 的[＋唯一性]有时可通过一种极端形式表现出来。这种极端形式就是当 S_2 中的 NP 与主语同形时形成的同语反复构式(tautology,下文简称"同语式")S_3:"NP 到底是 NP,VP"。② 例如:

(7)老字号到底是老字号。同仁堂药店从进料、加工到配方、炮制都有一套独特的工艺。(侯学超 1998:132)

因为同语式可以明示:在某一确定时间 t,在所有可能世界中,具有"是 NP"属性的个体显然只有 NP 一个,那就是该个体本身。这就保证了具有属性 P 的个体 x 的唯一性。当然,这只是 S_3 传达的表面信息。实际上 S_3 里两个 NP 的指谓不同。前一个 NP 指称现实世界中的个体;后一个 NP 表示现实世界中的属性。它们各自的所指又相对应。比如,教师对应于知书达理、军人对应于雷厉风行等。所以,可以说,S_3 中前一个 NP 凸显概念的外延,后一个 NP 凸显概念的内涵。只是故意用同语式暗示 NP 是唯一具有属性 P 的个体。上文曾用"$\iota_x(P(x))$"来刻画"到底"的语义功能,并用逻辑式"$\exists x(P(x) \& \forall y(P(y) \to y=x))$"加以解析。该解析式里 x 与 y 的等同性在 S_3 里表现为主语 NP 跟宾语 NP 同形。另外,刻画"到底"功能的"$\iota_x(P$

---

① 可以想见,如果当前论域中不止一个人是"我"的教友。"我"就不会用"到底是教友,你有良心!"来表达。"我"至少要说成"到底是真正的教友,你有良心!"。
② 张福堙(2002:62)把用在同语式中的"毕竟"单列为一个义项("强调事物的特性"),跟强调对事物本质的认识、表示追究语气的用法相并列。我们认为此种做法不妥。

(x))"本是用来刻画 the 之类有定摹状词的功能的,那么,我们自然会推导出"到底"有点近似于 the 之类有定摹状词的结论。事实确实如此。当 NP 的[＋唯一性]被语形明示出来时,换言之,当 S_1 或 S_2 转化为 S_3 时,"到底"可以替换为语气副词"就"。例如:

(8)a. 小奇到底是小奇,十分钟以后,她就给自己最要好的朋友洁茵打了个电话。(小楂《客中客》)
→ b. 小奇就是小奇,十分钟以后,她就给自己最要好的朋友洁茵打了个电话。

上例中"到底"可以换成语气副词"就",而后者是从范围副词"就"语法化而来的。例如:

(9)老虎屁股摸不得,我就要摸。(廖序东《论句法本位》)

如果把例(9)中语境所提供的各种焦点值(或曰"个体")根据具有"摸不得"这种属性(即属性P)的可能性从小到大进行排列,可以建立如下一个量级标尺:

$$\overset{\text{a b c d... z}}{\vert\quad\vert\quad\vert\quad\vert\qquad\vert}\longrightarrow P$$

假如 a＝"我珍爱的笔记本";b＝"我的宠物狗";c＝"我养的一条蛇";……z＝"老虎(屁股)",那么例(9)中的"就"(原是范围副词,表示限定,相当于"只")暗示我们:言者在选择摸哪个个体时,只选择摸老虎(屁股)。这就形成了与人们的常规预期完全相反的一种结果。根据上面的量级标尺,z 是具有属性 P 的个体中的最大项,即最可能具有"摸不得"这种属性的个体。据此,人们会推测"我"最不可能去摸 z——老虎(屁股),即 z 最不可能具有属性 Q——为我所摸。但"我"现在要摸的却只是 z。所以,客观结果偏离了人们的主观预期。这就是例(9)中"就"为什么具有"偏(偏)"义的原因。要言之,该例中"就"本是"只"义范围副词,表示在当前论域中只有个体 z 具有属性 Q。而 Q 是我们根据尺度原理推出个体 z 最不可能具有的属性。这种客观结果对主观预期的偏离(即反预期)意义的固化,就使"只"义范围副词语法化为"偏(偏)"义语气副词。因此,"就"从范围副词向语气副词的演变是上述语用推理在语言中的固化(即语用法的语法化)过程,期间伴随着语义主观化。既然语气副词"就"词义中还滞留有语法化前的一丝限定范围的作用,那么被它所替换的"到底"具有某种意义上的限定功能也就不足为奇了。而"到底"表面的限定功能就是"$\iota_x(P(x))$"要表达的意思。因此,我们才说"到底"的作用有点近似于 the 之类有定摹状词。这样,我们不主张把例(9)中的"就"比照范围副词"只"分析为焦点敏感算子,而主张把它看作准-有定摹状词。唯其如此,例(8)中 a 和 b 之间的变换才能得到解释。这也与焦点敏感算子一般不重读,而例(9)中的"就"要重读的事实相符。

与"到底"从位移运动义发展出一丝限定功能成镜像或平行关系的是,古汉语"仅"与日语"だけ(dakei)"的语义演变。"仅"既可用作起限定作用的范围副词,表示"只"义,又可用作程度副词,表示"几乎,接近"义。用作程度副词时,含有元语意义上的位移义(即程度、数量上的"到达/达及"义)。例如:

(10) 自兵兴六十余日,战所杀害,仅十万人。(唐·房玄龄等《晋书·赵王伦传》)
(11) 夹涧有古松、老杉,大仅十人围,高不知几百尺。"(唐·白居易《草堂记》)
(12) 某官小禄微,然岁受俸禄仅三十万……以丰歉相半,则某岁食二千亩之入矣。(北宋·范仲淹《上资政晏侍郎书》)
(13) 自祖宗以来,所藏祭服,充牣不毁,凡数屋。若以给战士袍袄,仅可足用也。(南宋·沈作喆《寓简》第 6 卷)
(14) 〔陈抟〕时居云台四十年,仅及百岁。(元·辛文房《唐才子传·陈抟》)

"だけ"也既可表示"只"义,又可表示"达及"这种元语意义上的位移义。例如:

(15) 每朝　　私　は　　本　だけ　読み　ます。
　　　maiasa　watasi　wa　hon　*dake*　yomi　masu
　　　every-morning　I　TOP　book　*only*　read　HOR
　　　Every morning, I read only book.
　　　(每天早上,我只读书。)
(16) これ だけ　勉強し　のに、　　まだ　分から　ない　です。
　　　kore *dake*　benkiyosi　noni　mada　wakara　nai　desu
　　　this　*to*　study　although　still　understand not HOR
　　　Although I study so hard, I can't understand.
　　　(尽管学到这个地步,我还不懂。)

当然,"到底"句焦点成分的[＋唯一性]是根据足量准则、经济原则和尺度原理从"到底"的元语意义推导出来的。在该推导过程中,尺度原理是认知心理驱动的,而足量准则和经济原则是语用驱动的。因此,这种推导要成立必须满足一个条件,即:人们在交际中都会遵守足量准则和经济原则的要求,在认知处理上都会利用尺度原理。可事实上有很多人并不如此。所以,"到底"的准-有定摹状词功能是潜藏的,需要借助与同语式的共现来激活。换言之,只有在同语式中"到底"才能替换为"就",而在其他情况下不能替换为"就",尽管"就"与"到底"一样,既有潜藏的限定范围的功能,又有浮现的表达主观语气的功能。试比较:

(17) 大学生<u>到底</u>是大学生,说话很有水平。→大学生<u>就</u>是大学生,说话很有水平。

(18) 他<u>到底</u>是大学生,说话很有水平。→ *他<u>就</u>是大学生,说话很有水平。

4.3.2 焦点成分的[＋对比性]特征

焦点 NP 的[＋对比性]是从其[＋唯一性]派生出来的。既然"$\iota_x(P(x))$"告诉我们在当前论域中只有一个个体(即 NP 的所指 x_j)最可能具有属性 P,那么同一量级标尺上的其他个体就都不大可能具有属性 P。所以,在可能不可能具有属性 P 上,x_j 和同一量级标尺上的所有其他个体形成了鲜明的对比。这种对比多数情况下是隐含的,由语境中的上下文来协助实现。① Fauconnier(1975:95—129)把这种意义不是由语形明示而是由语境填充的现象称作"后台认知(back-stage cognition)",认为这是语言经济性的体现。例如:

---

① 这里的论述也同样适用于"毕竟"和汉语史上的"到底"。例如:
(1)亲兵、巡捕拦阻不准进去。媛媛母女二人面孔究竟还嫩,禁不起呼喝,便退了出来。<u>毕竟</u>阿巧心机灵巧,便道:"<u>既到此间</u>,那有不见之理!"(清·李伯元《官场现形记》第34回)
(2)羊统领尚未答言,<u>毕竟</u>孙大胡子老奸巨猾,忙替羊统领出主意道:"……"(清·李伯元《官场现形记》第31回)
(3)王夫人笑道:"<u>到底</u>是宝丫头,好孩子,不撒谎。"宝玉……说道:"我说的倒是真话呢,倒说我撒谎。"(清·曹雪芹《红楼梦》第28回)

例(1)中阿巧跟媛媛母女之间的对比、例(3)中宝钗和宝玉之间的对比隐于语境中。例(2)中孙大胡子跟羊统领之间的对比凸显度比其余两例中的对比的凸显度高,但仍没有下文格式 S_4 中的对比的凸显度高。

(19) 人家台湾长大的小姐,自有一套全然不同的教育,自己那段"文革"中下煤矿长大的旧事,总像梗在嗓子里的一块东西,吐又吐不出来,咽又咽不下去。几下里凑到一起,到底与大陆出来留学的人最谈得拢。说话不用做注解,聊上两句就能入港,打官腔,撑面子都免了。(小楂《客中客》)

例(19)中,言者借助语境中的上下文对 NP 所示个体形成的集合(即大陆赴台留学同学群)与该集合的补集(台湾本土学生群)进行了比较。但焦点 NP 的[＋对比性]有时可以通过在 S_2 本句中加插入语的方法得到明示。例如:

(20) 我们主任到底是领导,比群众觉悟高,不比小梅之流。主任像发现了新生的好人好事一样,发现了我这个落后青年的进步倾向。(姜丰《爱情错觉》(一))

(21) 然而,毛主席到底也是人,并不是神……他终于决定撇开一切有形无形的障碍,和贺子珍这位曾和他共同度过了最艰难的历史时期的妻子……见上一面。(水静《毛泽东密召贺子珍》)

这样就形成了句式 S_4:"到底(是)NP,不是/像/比 $\overline{NP}$,VP"。① S_4 中用了"不是""不象""不比"等,表面上说不对 NP 所示个体 x_j 与同一量级标尺上的任一其他个体(即 $\overline{NP}$ 所指称的个体)进行比较了,或者通过说"NP 不是/像 $\overline{NP}$"来否定两者之间的可比性。但实际上言者还是用"不是/像/比"把比较参项 $\overline{NP}$ 引进了话语环境。这说明言者想表达一种会话含义。该会话含义就是凸显 NP 的[＋对比性]特征(即强调 NP 的根本特点)。在自然语言中,S_4 还有自己的变体。S_4 中人们关注的是 NP,VP 是陈述 NP 的,其主语承前句主语省略了。当人们的关注侧面转移到 $\overline{NP}$ 上时,就可以用 $\overline{VP}$ 来陈述 $\overline{NP}$。这时就形成了 S_4 的变体 S_5:"到底(是)NP,不是/像/比 $\overline{NP}$(,)$\overline{VP}$"。S_5 与 S_4 的差别在于用 VP 还是 $\overline{VP}$,以及 $\overline{NP}$ 与后续成分之间是否必有停顿。比如,S_5 中 $\overline{NP}$ 与后续成分之间可以无停顿,如例

---

① 在古代汉语里,这种句式可能稍有变异。比如用"到底/毕竟 NP,比 $\overline{NP}$ 不同,VP"。例如:
(4) 毕竟他是孝廉出身,比众不同,平时看了几本新书……欢喜谈论谈论时务。(清·李伯元《官场现形记》第29回)

(23)。S_4中$\overline{NP}$与后续成分之间必有停顿。这样才能保证S_4中VP是陈述NP的。但是,不能认为$\overline{NP}$与后续成分之间有停顿,后续成分就一定是陈述NP的。因为S_5中$\overline{NP}$与后续成分之间有时也会有停顿,而S_5中后续成分是陈述$\overline{NP}$的,如例(22)。

(22)但看老师的样子,已经听见了他们的争吵。老师到底有文化,不比别的老家人,招待不好故意傲慢。(刘震云《一地鸡毛》)

(23)但是他到底是乡下人,不像城里人那样听见风便是雨。(侯学超 1998:132)

例(22)中,"招待不好故意傲慢"显然是陈述"别的老家人"而非"老师"的。例(20)中,"发现了我这个落后青年的进步倾向……"显然是陈述"主任"而非"小梅之流"的。有时言者为了避免在VP是陈述NP还是$\overline{NP}$的理解上造成误会,会在后续成分(VP或$\overline{VP}$)前加上显性的NP,比如例(20)中第二个"主任"。

有时S_4、S_5中的后续成分(VP或与$\overline{VP}$)还可以糅合在一起,形成句式S_6:"到底(是)NP,在nP上跟$\overline{NP}$不一样。"(nP由VP名物化而来)。比如,例(24)中a可看作是由f经过一系列过程转换而来。

(24)a. 正规军到底是正规军,武器装备跟游击队就是不一样。(侯学超 1998:132)

← b. 正规军到底是正规军,在武器装备上,跟游击队就是不一样。

← c. 正规军到底是正规军,在武器装备是否先进这点上,跟游击队就是不一样。

← d. 正规军到底是正规军,在武器装备很先进这点上,跟游击队就是不一样。

← e. 正规军到底是正规军,跟游击队就是不一样,武器装备很先进。

← f. 正规军到底是正规军,不像游击队,武器装备很先进。

因此,S_4、S_5与S_6的不同完全是人们观察现象的视角和关注侧面不同造成的。

4.3.3 焦点成分的[＋穷尽性]特征

S_2 中的 NP 除了具有[＋对比性]特征,还具有[＋穷尽性]特征。NP 的[＋穷尽性]是说,在理想认知模型中,焦点成分表达的子集中所有元素都有句中谓词指谓的属性。比如,例(6)中焦点成分"博士生"的[＋穷尽性]表现在言者认为"只要是博士生,就会说话那么有水平"。如果借用 Rooth 的选项语义学(alternative semantics)的描写方法,也许可以这样描写:设 R 表示约束成分(restrictor),S 表示作用范围(scope),则:

R＝{x|x 是说话那么有水平的大学生、警察、医生、教师……}
S＝{x|x 是说话那么有水平的博士生}

"到底"的存在有如下作用:暗示听者,言者认为 S/R 的值在相关语境中无限逼近 1。换言之,在言者的信念世界中,几乎所有博士生都是说话那么有水平的。否则言者就不会说出例(6)。正因为听者不一定也认为 NP 具有[＋穷尽性],所以,有时听者可以反驳道:"博士生就一定说话有水平吗?"那么,为什么在言者的信念世界中 NP 具有[＋穷尽性]呢?这是由 NP 所指个体与 VP 所指属性之间常具有最佳关联[①]决定的。这种最佳关联很多时候是固存在人们的信念世界中的。例如:

```
x ——  P
军人——雷厉风行、作风正派
教师——为人师表、知书达理
警察——除暴安良、乐于助人
教徒——虔诚信教、乐善好施
…………
```

即言者认为,x 是具有属性 P 的元素形成的集合 E 中的最大量。这可以表示为:

$$MAX(E)=\tau x\,[\,x \in E \wedge \forall\, x' \in E \Rightarrow x \geqslant x'\,]$$

换言之,"x 是最 P 的",比如警察是最乐于助人的。观察上文所举例子,可

[①] 最佳关联,指物体与其属性之间的联系在人脑中的固化程度最高。比如,狮子的属性有凶猛、强大、勇敢、有攻击性、肮脏、懒惰、成群活动,等等。其中,凶猛、强大与狮子的联系显然高于其他属性。所以,可以看作狮子的最佳关联属性。当然,关联度的评估具有个体和文化差异。比如,龙在汉文化里是吉祥和权威的化身,在德意志文化中是邪恶的象征,因为在德意志神话中龙是凶恶的、喷着火焰的怪物。

以发现,如果 NP 指人,它往往是表示职业的类指词语,而 P 往往是某职业道德规范明确要求相应的从业人员应该具有的品质或在社会公众心目中这类人的明显共性。比如,《中华人民共和国人民警察职业道德规范》明确规定人民警察要除暴安良、乐于助人,《高等学校教师职业道德》《中小学教师职业道德》也都明确规定教师要为人师表。再如,在社会公众心目中教徒的最明显共性是虔诚信教、乐善好施。如果 NP 指(动)物,则 P 往往是特定文化背景下语言社团成员集体认知中这类(动)物的本质或根本特点,如中国人心目中狐狸的狡猾、老虎或狮子的凶猛……当然,有时 NP 的所指与 VP 的所指之间的最佳关联并不是固存在人们的信念世界中的,而是言者在话语环境中临时构建出来的。比如,上文例(8)a 中,在言语行为发生前,即使言者自己也不一定就认为只有小奇能从如此大的挫折中站起来。但是,一旦言者说出了该例,他就不言而喻地认为小奇是最能抗挫折的人。所以,她"十分钟以后,就给自己最要好的朋友洁茵打了个电话"。当这种最佳关联是在语境中临时构建起来的时候,同样的客体就可以联系着不同的属性。比如,"他到底不是机器"中"机器"的诸多固有属性(能不停地工作、不会动脑筋、冷冰冰的……)中的任何一个都可能被语境选中,而成为关联属性。换言之,"到底 NP VP"里,NP 关联的诸多属性(如不会动脑筋、冷冰冰的等)都处于一种心理可及(accessible)的认知状态。但是,NP 一旦与 VP 组合后,其诸多可及关联属性里就只有一个被语境激活,成为 VP 的最佳关联属性。[1] 这样,NP 和 VP 之间的最佳关联关系就可以被临时构建出来。

不管是原来固存还是临时构建,总之,NP 的所指与 VP 的所指之间存在最佳关联。这种关联上的最佳性有时可以通过显性程度副词"最"体现出来,如例(19),再如:

(25) 不过,说句不科学的话,勇气到底还是最要紧的。(老舍《杀狗》)
(26) 旧年的年底到底最像年底,村镇上不必说,就在天空中也显出将到新年的气象来。(据鲁迅《祝福》改)
(27) 尽管如此,它到底是中国古代法制文明的最有价值的部分,赢得了

---

[1] Chafe(1974,1987)反复强调自然语言的信息传递不仅涉及到"知道"(knowledge),还涉及到"注意"(conciousness)。就本例来说,"机器能不停地工作、机器不会动脑筋、机器是冰冷的"这些信息都是听说双方已知的,但是,在说"到底是机器,工作效率真高"这句话时,只有"它能不停地工作"这个知识成为双方当前注意的知识。所以,前者处于可及状态,后者处于激活状态。"到底是机器"里"机器"究竟表达什么含义,需要等到识解了 VP 的具体内容才能确定。这是一种语言成分延期识解现象(the phenomenon of delayed construal),即一直到知道了某成分的续段的内容时才能识解这个成分指谓的内容。

世界的高度评价。(据张秋杭 2006a:45 改)

由于这种最佳关联的存在,言者就可以在信念世界中形成一个理想认知模型,即所有元素 x 都具有属性 P。比如,例(5)中正因为个体"教友"与属性"有良心"之间具有最佳关联,即大多数教友都是有良心的,言者才可以把这种倾向性规则理想化为所有教友都是有良心的。所以,这是一种理想认知模型。有了这种理想认知模型就不难理解 NP 的[+穷尽性]特征了。NP 的[+穷尽性][+对比性]使得 VP 与 $\overline{VP}$ 这两个意义截然相反的形式能够进入大致相同的句式,分别形成 S_4 与 S_5。

4.4 "毕竟"义"到底"句的主观化表达功能

上文说,"到底"的元语意义是,暗示听者:在言者看来,人们在认知心理上搜索与属性 P 相匹配的个体 x 时,只有沿着量级方向一直搜索到量级标尺的底端,才能发现满足条件的个体(x_j)。但是,当人们进行这种认知搜索时,可能会遇到阻碍。这种阻碍就相当于第三章用"力量-动态"模型理论分析时说的障碍物。阻碍的存在是"到底"句获得反预期解读的必要条件。比如,例(4)中"虽然"引导的"(王赓)是一介武夫"使我们产生一种预期,即王赓不可能通情达理。这种预期使我们在认知心理上搜索与"对陆家所提离婚要求慨然允诺"这种属性相匹配的个体时倾向于首先排除个体"王赓"。换言之,这种预期阻碍了搜索指针向"王赓"移动。当然,这种阻碍是失败的。由于"到底"暗示我们必须搜索到量级标尺的底端,"到底"后的"(是)NP"又强烈暗示 NP 指称的个体是具有属性 P 的最佳候选项。所以,最终得出的结论——肚里喝过西方墨水的人(王赓)对陆家所提离婚要求慨然允诺——与从"虽然"引导的分句得出的预期是相反的。这就是"到底"句反预期表达功能的形成机制。综上所述,只有存在阻碍认知搜索的障碍时,"到底"句才有表示反预期的语用功能。"到底"句的反预期效应有时可以通过"真没想到""你还别说"等插入语显示出来。例如:

(28)儿子的一席话倒是提醒了这位 38 岁的农村妇女,本来,施银涛对这个事情也不服气,但想到派出所惹不起,不如忍下算了,<u>没想到</u>儿子上了几年学<u>到底</u>还有点主见。(公平《十四岁少年告倒派出所》)

但是,我们必须看到"到底"句还有解-反预期表达功能。虽然由于障碍的存在使"NP VP"所示事件 p 的发生出人意料,但考虑到 NP 所指个体 x_i 是量级标尺上的最大项,与 VP 所示属性 P 关联度最大,所以,p 发生在 x_i 身上也情有可原的。即"到底"后的 NP 的最佳关联属性①的存在使得"到底"句又具有解-反预期的表达功能。例如:

(29)他到底是穷人家的孩子,一分钱都舍不得花。
(30)到底是大学生,这个字也认得!

例(29)中,"一分钱"作为量级标尺上的最小量,使我们预期他会舍得花。这时,当我们搜索与"他舍不得花"这种属性相匹配的个体时,会倾向于首先排除个体"一分钱"。可事实出人意料,他确实一分钱都舍不得花。这是反预期。但考虑到 NP 的所指(即穷人家的孩子)与 VP 指谓的属性(即舍不得花钱)之间具有最佳关联,那么,他作为穷人家的孩子舍不得花一分钱也是可能的,在乎情理之中。这样,"到底"句又具有解-反预期表达功能。所以,"到底"(复)句本身同时包含反预期和解-反预期的含义。阻碍的存在是反预期产生的条件,NP 所示个体的最佳关联属性的存在是解-反预期产生的根源。全句凸显某事的出现既在意料之外,又在情理之中。例如:

(31)到底是诗人,妻子姓蓝,连家具也全用蓝色装扮。(陈永昌《忆明珠和他的夫人》)

上例一方面凸显"明珠把家具全用蓝色装扮起来"这件事出人意料,有悖常理,另一方面凸显"明珠因妻子姓蓝就把家具全用蓝色装扮起来"这件事在情理之中,因为明珠的身份是诗人,诗人的最佳关联属性是浪漫。所以,为自己心爱的蓝姓女子而把家具用蓝色装扮起来情有可原。当然,由于在 S_1 中表示阻碍的 s 句可省,"到底"句以发挥解-反预期表达功能(即解释或释因功能)为主。例如:

(32)到底你们警察勇敢。

---

① 这种最佳关联是言者的一种预设。如果在语境中得不到满足,句子就会因缺少合适的表述前提而做出不当的陈述。试比较:到底他是大学生,说话很有水平。|? 到底他是警察,说话很有水平。| * 到底他是人,说话很有水平。

"到底"句主要发挥解-反预期表达功能,这使我们预测,即使句中没有反预期义,语篇中也一定有反预期义,因为有了反预期才能谈得上解-反预期。例如:

(33)道德沦丧的人,在社会中到底是极少数。

这句话中可能潜藏着"虽然有这么多人道德沦丧"之义。据陈秀明(2006)对CCL语料库相关语料的调查,在所有"毕竟"义"到底"句中,单纯强调原因的极少(在数千条例句中只有一例)①,往往兼有强调事物根本特点(不因条件变化而改变)功能。这表明,"到底"句甚至在语篇中都不含反预期义的情况极其少见。

"到底"分句主要发挥解-反预期表达功能,但由于解-反预期是以跟"到底"分句共现的分句所表示的或语境中蕴含的反预期义为基础的,所以"到底"偶尔也可通过语境吸收把语境中蕴含的反预期意义固化为自身的词义。例如:

(34)[上文交待丈夫不愿把两个跟自己相好的尼姑娶回家,怕让妻子琬娘伤心]琬娘道:"虽然如此,也难得他两个一片心。到底我今有个主意,你既有约,今中了,少不得要个小,如今将他两个蓄了发,抬他过门……"(清·坐花散人《风流悟》第159页)

上例中"到底"犹"反倒""倒是",表示反预期义。语境中的预期义是,你这个当事人应该对跟你相好的那两个尼姑有个处理意见;反预期义是,你没拿出处理意见,反倒是你的妻子我替你想出了两全其美之策。但是,汉语史上这种用法的"到底"极其罕见。我们在 TCS2006 中仅检得如上一例。而在日语中跟汉语"到底"对应的"さすがに"表示反预期义则是司空见惯的。试比较:

(35)さすがに 北海道 だけあって 夏でも 涼しい。
　　　after all Beihaidao only-RN summer-even cool
　　(到底是北海道啊,连夏天也这么凉快。)
(36)さすがに 留学した だけあって 会話が 上大達した ね。

---

① 如果"到底"复句中 q 小句没有反预期意义,那么 p 小句的解-反预期表达功能就会降格为单纯的解释功能。但是,这样的情况极少。

　　　　after all study-abroad-PAST only-RN dialogue SUB improve-PAST
　　　　PART

　　　　（到底是留过学的,会话大有进步。）

（37）数万の人　が　おしかけたので,　　さすがに　広い見物席
　　　　several-ten-thousands-PART-person SUB intrude-PAST-RN *even*
　　　　も　いっぱいになった。
　　　　auditorium also full-RM-PAST

　　　　（几万人蜂拥而至,就连很宽的观众席也都坐满了。）

（38）日頃　おとなしい　彼女　も　さすがに　怒った。
　　　　normally mild　　　she also　*even*　　angry-get-PAST

　　　　（就连平日老实的她也生气了。）

"さすがに"在例(35)(36)中表示解-反预期义,在例(37)(38)中表示反预期义。

由于在"到底"复句内跟"到底"分句组配的分句有反预期表达功能,我们预测它一定可以插入"连"字或转换为"连"字句,因为"连"字句有反预期表达功能。事实确实如此。例(29)(30)可以转换为：

（39）他到底是穷人家的孩子,连一分钱都舍不得花。
（40）到底是大学生,连这个字也认得!

观察例句可以发现,"连"引进量级标尺的最小项(见袁毓林 2006),"到底"引进量级标尺的最大项。正因为"连"字分句和"到底"分句的主要语用功能分别是凸显反预期(出乎意料)义[①]和解-反预期(合乎情理)义,因而两者分别可以与语气副词"居然"和"果然"搭配使用。例如：

（41）连小学生,居然也认得这个字!
（42）到底大学生,果然这个字都认得!

例(41)中"连"字后的"小学生"是根据具有"认得这个字"这种属性的可能性的大小建立起来的量级标尺上的最小项,而例(42)中"到底"后的"大学生"

[①] 长沙方言中"连"字句凸显反预期义的用法已固化为"连"的词义。例如：
（5）连不相信我。|你连睡不着觉。|你连有点文化。(何宁 2005:20)

是根据具有"认得这个字"这种属性的可能性的大小建立起来的量级标尺上的最大项。所以,例(41)中用"居然",例(42)中用"果然"。总之,"到底"小句和"连"字小句的主观化表达功能各有侧重。因此,它们应该经常共现。事实确实如此。我们从TCS2006共时语料中随机抽取了100个"到底"分句,发现有28例跟"连"字分句共现。例如:

(43)大赤包无论怎样象男人,到底是女子,女子需要男人的爱,连西太后恐怕也非例外。(老舍《四世同堂》)

(44)他们不敢公开骂日本人,连白巡长也不敢骂,因为他到底是个官儿。(老舍《四世同堂》)

当"到底"与"连"共现时,如果"到底"在前,"连"字在后,即"到底"比"连"辖域广,那么全句重在凸显解-反预期义。比如,例(43)重在凸显大赤包需要男人的爱完全在情理之中。如果"连"字在前,"到底"在后,即"连"比"到底"辖域广,那么全句重在凸显反预期义。比如,例(44)重在凸显他们连白巡长也不敢骂出人意料。那么为什么不直接单用"连"字句或"到底"句呢?这主要是为了凸显极大项和极小项之间的对比。例如:

(45)不过呢,王三胜到底和老头子见了个高低,而沙子龙连句硬话也没敢说。(老舍《断魂枪》)

(46)老子的心中到底有个"无为"萦绕着,我连个针尖大的理想也没有。(老舍《记懒人》)

例(46)中,"到底"与"连"搭配使用,使王三胜和沙子龙形成了强烈对比。"到底"凸显王三胜和孙老者见个高低这件事在情理之中,因为王三胜师从神枪沙子龙,正当自己在武场献艺时,孙老者却主动挑战,对"神枪沙"的功夫颇有微词。"连"字句凸显神枪沙子龙对上门挑战的孙老者连句硬话也没说这件事出人意料,特别是出乎王三胜所料。

4.5 "毕竟"义"到底"与"还(是)"的语义兼容和互通

上文分析指出,S_1:"(p,)到底q,(虽然s,)(所以)r"可转换为"到底是NP,连x(也)VP"。前者中的s和后者中的x,是一种阻碍认知推理或认知搜索的障碍物。当然，由于元语言"到底"的作用，s 或 x 的阻碍是失败的。换言之，有没有阻碍因素对认知处理不构成严重影响（简言之，无论有没有 s 的阻挠，从 p 都能缺省推导出 q）。既然阻碍因素对认知处理进行阻碍后结果仍然跟没阻碍时相同，那么"到底"句就应该可以与"还（是）"兼容，因为"还（是）"可以表示在不同条件下产生的结果类同。例如：

(47) 明天他来，我们要去饭馆吃饭；明天他不来，我们<u>还是</u>要去饭馆吃饭。

那么，事实如何呢？语料调查表明，很多"到底"句中确实含有或者可以添加"还（是）"。例如：

(48) 虽然老二与小三儿搬了出去，可是<u>到底</u>四世同堂<u>还是</u>四世同堂。只要瑞宣老不离家，四世同堂便没有拆毁之虞。（老舍《四世同堂》）
(49) 至少，这将要降生的娃娃已和全世界的兵火厮杀相平衡了；战争自管战争，生娃娃<u>到底</u><u>还是</u>生娃娃；生娃娃永远，永远，不是坏事！（老舍《四世同堂》）
(50) 可话说回来，它<u>到底</u><u>还是</u>六里桥下头一幢屋呢！在它之前，这儿的人家清一色全是舍，连几户土改时划了富农的都没能掀掉头上的茅草。（李杭育《沙灶遗风》）
(51) 恐怖是美丽的，然而<u>到底</u><u>还是</u>恐怖。（李广田《回声》）
(52) 这种种奖，你说它是赝品也罢，你说它恶劣也罢，你说它无聊也罢，它<u>到底</u><u>还是</u>奖！（《人民日报》，1995-01-16）

因此，很多辞书把"到底"的词义概括为"强调事物的本质不因条件或情况的改变而变化"。但这种释义似乎不大全面，因为如果"到底"的词义仅仅是"强调事物的本质不因条件或情况的改变而变化"，那么同时包含"到底"和"还（是）"的句子中"到底"应该可以去掉，因为"还（是）"也可以强调结果不因条件或情况的改变而变化（详见郭锐 2008）。可事实并非如此。尽管有些句子（如例(49)）可以去掉其中的"到底"，但也有很多句子不能去掉"到底"。比如，例(52)中的"到底"如果去掉，全句就不太自然了。因为兼有语篇关联功能的"到底"的删除使前后分句之间的关联度大大降低了。上文已指出，"到底"作为元语言，表示推理从前提出发能进行到底，即进行到获得结论时。因此，删除"到底"，前提小句 p 和推论小句 q 之间的关联度就大为降低,句子当然就不太自然了。"还(是)"能融入"到底"句中,也因为它能与"到底"句中的"虽然""尽管"等搭配使用。考察可知,只要"到底"处于单句句首,凸显 x_j 与其他个体的对比性,它就可以换成或后续"还(是)"。例如:

(53)到底老将经验丰富,很快稳住局面,追上比分。(《人民日报》,1995-02-09)

→(到底)还是老将经验丰富,很快稳住局面,追上比分。

跟汉语中"到底"句能兼容"还(是)"相类似的是,在日语中"やはり(ya-ha-ni)"(犹汉语"到底")还可以表示"还是,仍然"义。试比较:

(54)やはり 名人 の やる ことは 違う。
after all famous person POSS do REL-TOP differ
(名人所作所为到底与众不同。)

(55)今でも やはり 神戸に お住いですか。
now-at *still* Shenhu-LOC HOR-live IM
(您现在还住在神户吗?)

4.6 使用"到底"复句的逻辑基础:溯因推理和缺省推理

下面首先依据张韧弦(2008:54—57,240—244)简介溯因推理(abductive inference)和缺省推理(default inference),然后探讨"到底"句的使用与这两种推理之间的关系。溯因推理,与演绎推理、归纳推理三足鼎立,指根据已掌握的事实推出导致这些事实的最佳原因,形成解释性假设。其推理形式可以初步表示如下:

$$\frac{q \quad p \rightarrow q}{p}$$

图 4-4

在演绎逻辑中,上图中的推理肯定无效,因为它不是维持命题真值不变的必然性推理,而是产生新真值的或然性推理。溯因推理跟同属或然性推理的归纳推理不同。归纳是从大量个别现象中推出一般规律,而溯因推理不需大量证据,而只是在当前情况下依据个别事实和一般性知识(即常识、常情、常理)推出潜在事实。所以,溯因推理不是一种总结性推理。它跟演绎推理也不同。演绎是从一般到个别的必然性推理。总之,归纳是从个别到一般,演绎是从一般到个别,溯因则是从个别到个别。既然溯因推理是由果溯因,那么事态之间的因果联系多种多样,同一结果可由多种不同原因引发,同一原因也可引发多种不同结果。溯因推理如何保证其有效性呢？溯因推理有一个重要的限制条件,即回溯之因必须是对当前事实的最佳解释。溯因推理就是寻求最佳解释以作为已知事实的前提。因此,其推理形式应该修改为：

> D是数据的集合（包括事实、观察结果和已知条件）
> H可以解释D
> 任何其他假设作为D的解释者不如H
> ──────────────
> H可能是真的

图 4-5 溯因推理的结构形式

简言之,溯因推理就是寻求最佳解释的推理。

缺省推理是非单调逻辑(nonmonotonic logic)推理。单调逻辑与非单调逻辑的区别在于由已知事实所推出的结论是否因增加新的已知事实而丧失。单调逻辑推理各步骤产生的结论单调递增,或者说每个新结论都向最终目标迈进一步,整个推理过程中绝不会因新结论的产生或新条件的加入而推翻先前的某个结论。在单调逻辑推理中,正确的前提一定蕴涵正确的结论,不会出现例外情况。单调逻辑的典型代表是假言三段论推理。例如"哺乳动物→用肺呼吸"∧"x是哺乳动物"|-"x用肺呼吸"。如果事后得知x是一只猫,那么也可以相应地推出"x是一只用肺呼吸的猫",即保持了先前的推理结果。这就是所谓的单调逻辑推理。非单调逻辑推理产生的结论则不是单调递增的,先前的某个结论会因新结论的产生或新条件的加入而被推翻,从而使推理回到上一步。在非单调逻辑推理中,必定会出现前后矛盾或例外情况。例如,常识告诉我们通常情况下鸟会飞,那么已知Tweety是一只鸟,我们就能推知Tweety会飞。但如果我们事后得知Tweety是一只鸵鸟,而常识告诉我们鸵鸟不会飞,因此推翻了先前的结论"Tweety会飞"。这就是所谓的非单调性(nonmontonicity)。缺省逻辑作为一种非单调逻辑可以定义为：

一条缺省规则 d 是形如 $\alpha:\beta_1,\beta_2...\beta_n/\gamma$ 的表达式,其中 $\alpha,\beta_1,\beta_2...\beta_n$ 和 γ 都是命题。在缺省规则 d(default rule)中,α 叫作前提(prerequisite),$\beta_1,\beta_2\ldots\beta_n$叫作理据(justification),$\gamma$叫作结论(consequence)。

这个定义的意思是说,对于给定的前提 α,如果有一组保持逻辑一致性的假设 $\beta_1,\beta_2\ldots\beta_n$,即 $\beta_i(i=1,2,\ldots n)$,不跟任何已知事实或结论(或者说 ¬ β_1,¬ β_2,…¬ β_n 都是未知的)相悖,那么就可缺省推导出 γ。对于给定的 d,如果把它的前提 α 记为 Pre(d),把其理据 β_i 记为 Jus(d),把其结论 γ 记为 Cons(d),那么,对于上举例子,Bird(Tweety) 表示前提"Tweety 是一只鸟",Can_Fly(Bird)表示理据"鸟会飞",Can_Fly(Tweety)表示结论"Tweety 会飞",从而写出缺省推理公式:Bird(Tweety):Can_Fly(Bird)/ Can_Fly(Tweety)。因为没有理由认为"鸟会飞"不正确,即 ¬ Can_Fly(Bird)在我们的信仰中不存在,因此缺省推出的结论 γ 是 Can_Fly(Tweety),至少暂时是正确的。如果事后能证明 Tweety 是只不会飞的鸟(如鸵鸟),那么就应撤销这个已得出的结论。单调逻辑推理依赖某些命题的可证明性,而缺省推理还依赖某些命题的不可证明性(无法证明 ¬ β_1,¬ β_2,…¬ β_n)。一旦某个 ¬ β_i 成为已知事实,其所属的缺省规则便无法实施。

"到底"复句的使用展示的是溯因推理活动,而该溯因推理以缺省推理为前提。"到底"复句的不同语序对这两种推理有不同的临摹作用。"q,到底 p"语序临摹了言者的溯因推理过程。例如:

(56)……离我坐处很近,一点气味也没有,<u>到底</u>是外国地方,虽然中国人也干净。(俞平伯《梦记》)

例(56)中,"隔壁货仓离我坐处很近(且挂着很多食品),却没一点油腥气味"(记作命题 q)是作者新发现的事实,"这里是外国地方"(p)是已知信息。作者用"q,到底 p"语序临摹了其溯因推理过程:从结果 q 追溯导致这一结果的最可能原因 p。最后,作者得出的结论是:之所以 q,很可能是因为 p。p 和 q 之间的因果关系是他要传达的新信息的焦点。而"到底 p,q"语序则临摹了溯因推理赖以为基础的缺省推理过程。例如:

(57)蕾:<u>到底</u>是文化人,说得真好。(《编辑部的故事·人工智能人》)

例(57)中言者为"(你)说得真好"这个结果(q)所溯之因(即最佳解释)是"你是文化人"(p)。但这个溯因推理又是以如下缺省推理为依据的:

"x 是文化人"(前提 α):"文化人说话说得好"(理据 β)/"x 说话说得好"

(结论γ)由于缺省推理规则(d)中的(β)只是一个理据,一个从言者接触过的无数文化人身上归纳出的常识或言者了解到的常情,而不是必然为真的公理,所以,当新知识填进言者的知识库时,这个理据可以被推翻。比如,当言者又接触到很多文化人,而这些文化人都不会说话。这时上面的缺省推理就会被推翻。这样,言者就不会使用"到底"句来进行溯因推理了。要推翻上面的缺省推理,除了推翻理据外,还可以推翻前提。比如,言者后来了解到对方其实算不上文化人,自己关于对方是文化人的说法纯属道听途说,那么,上述推理就不能成立。在言语交际中,通过否定缺省推理规则的理据(β)来否定在它基础上所展开的整个溯因推理过程的情况较多。例如:

(58)甲:<u>到底</u>人家是大学生,说话很有礼貌!
乙:说话礼貌不礼貌还在乎个人。大学生说话就很有礼貌吗?

通过否定缺省推理的前提(α)来否定基于缺省推理的溯因推理的情况较少,但也有。例如:

(59)(淮安市清浦中学的一名教师看到了校园里"热烈庆祝我校校友周进荣获奥运射击冠军"的条幅,回宿舍后和"穴居"的同事展开了如下对话)
甲:你知道吗?这次奥运会周进得了射击冠军(q)。
乙:我早就知道了。
甲:真了不起!<u>到底</u>是我们浦中培养的学生(p)。
乙:你是看学校的正面宣传看多了。浦中是很重视体育。可是,周进当年在浦中只念了一学期就因为谈恋爱被开除了。后来,家里花钱到了二中。人家是在那里开始学体育的。

上例中,甲通过"到底"句的使用为命题q(即"周进得了射击冠军")所溯之最佳原因是命题p(即"周进是浦中培养的学生")。甲进行的这个溯因推理以一个缺省推理为前提,即:如果周进是浦中培养的学生,则通常情况下周进体育好。乙用客观事实否定了前提,即乙说周进在浦中只念了一学期就被开除了,因而乙认为周进不能算是浦中培养的学生。这样,乙就连带否定了甲的如下溯因推理:

郝建得了奥运射击冠军 —— 很可能是因为 → 他在浦中接受了教育

本例再次展示,溯因推理不是一种单调推理,因而其所得结论可以因新事实的加入而被推翻。本例中,当乙告诉甲"周进当年在浦中只念了一学期就被开除,他学体育是在二中开始的"(即否定了甲的缺省推理的前提)之后,甲的溯因推理的结论也就不攻自破,从而被从甲的知识系统中删除。

综上所述,言者使用"到底"句的过程也是进行溯因推理的过程。这种溯因推理又是在缺省推理成立的前提下展开的。"到底 p,q"语序临摹的是缺省推理。"q,到底 p"语序临摹的是溯因推理,这时"到底"仅用于知域。"到底"在语义主观化("到最后"义＞"毕竟"义)前表示客观意义,即时间先后关系和事理因果关系(客观因果关系);在语义主观化后表示主观因果关系(从客观结果出发进行溯因推理,把这种客观结果的出现归之于某原因)。因此,准确地说,主观化前"到底"表示"p→q"这种缺省推理能进行到最后,主观化后"到底"表示"已知 q 为真→q 之所以为真很可能是因为 p 为真"这种溯因推理能进行到底。因此,第二章说"到底"的作用是强调原因,而第三章说汉语史上"到底"最初是强调结论的,这两种说法并不矛盾,因为"到底"强调的结论是溯因推理的结论,亦即原因。比如,"到底世道变了,一个妃子竟敢向皇帝提出离婚?"一句中,"到底"后可加"是"。"是"虽是语气副词,但本是判断动词。"到底是"可以理解为元语言,表示溯因推理(为妃子敢向皇帝提出离婚这个反预期事件寻求最佳解释)进行到底,得出的结论是"(因为)p(世道变了)"。所以,强调结论和强调原因两说是相通的。第二章为了论述方便做了适当简化。而且,由于溯因推理的结论中言者把事物某种反预期的表现归之于其某根本特点的不因条件改变而变化,所以强调结论中还蕴藏对特点的强调。本书下文各处将视"到底"类词语所在句法环境的不同而使用"强调结论""强调原因""强调事物的特点"等不同术语。

4.7 余论与小结

本章尝试对第二、三章建立的关于"毕竟"义"到底"的因果推导模型进行扩展和改进,从而加大了解释力度,把"毕竟"义"到底"所在句子为单句的情况也涵盖进来了。根据上文的论述,"到底"句的使用与溯因推理密不可分,而该溯因推理又以缺省推理为前提。"到底"究竟是强调溯因推理的结论(即强调原因),还是强调缺省推理的前提(即强调事物的根本特点),取决于其语法和语篇分布。通常情况下,在常规语序的因果复句中强调原因,在结果分句前置的因果复句中强调结论,在[成阻要素]明示语境中、在同语反复构式中强调事物的根本特点。从强调结论到强调原因,再到强调事物的根本特点,这种演变的连续性导致现代汉语中"到底"句究竟发挥哪种强调功能有时实难分辨,不排除兼而有之的可能。完整的"到底"复句,其信息结构可以表示为:

预设:$P(s)\gg \bar{P}(s)$,表示具有属性 P 的 s 要远远多于不具有属性 P 的 s,比如说话有礼貌的大学生远远多于说话没礼貌的大学生,即多数大学生说话有礼貌。在理想认知模型(ICM)中被理想化为:$\forall sP(s)$,记作 $[\forall sP(s)]\in Ba$,即在言者 a 的信念系统 B(belief)里,所有个体 s 都有属性 P,比如所有大学生($\forall s$)说话都很有礼貌($P(s)$)。

断言:(1) $\exists xP(x)$,即存在一个个体 x,x 具有属性 P,比如张华彬彬有礼。(2) $x\in S$,即 x 属于 S,比如张华是一名大学生。

推论:$\rho(P(x)\to (x\in S))$,即 x 具有属性 P 很可能 ρ(probably)是因为 x 是 S。比如张华彬彬有礼很可能是因为他是大学生。

本章考察了"到底"可能出现的句式并建立了它们之间的推导关系。其推导关系如下:

$$\begin{array}{ccc} & S_1 & S_6 \\ & \downarrow & \nearrow\nwarrow \\ S_3\leftarrow S_2 & \to & (\underline{S_4\to S_5}) \end{array}$$

图 4-6

根据我们对历史语料的初步检索,以上各种句式的大规模出现有如下先后倾向:$S_1-S_2>S_3-S_5>S_6$。对比可知,S_3-S_5 的出现是 S_1-S_2 中"到底"小句的推论意义(焦点项的[唯一性]、跟替换项的[对比性])跃升为断言,断言降格为预设的结果。这种语法化过程中信息结构的调整当是本研究今后进一步走向深入的重要领域。自从语法化研究出现以来,"今天的句法是昨天的章法/用法"(又说成"今天的句子是昨天的话语")就和"今天的词法/形态是昨天的句法"一样,成了语法化研究领域人所共知的名言。在过去的四十多年内,对语用法的固化的研究(如话题向主语的语法化、复句的单句化)也从未停止过。不过,学者们忽视了一个重要维度,即语句信息结构调整跟语法化之间的关系(Eckardt 2006;Lehmann 2008:207)。信息结构可以显示语法化程度的高低。词语或结构的语法化过程可能会受到其所在句子信息结构的调整的制约(Lehmann 2008:207)。

本章的考察以第二、三章的研究为基础。第二、三章指出,方位主义语言学分析理论认为,对空间位置关系及引发空间位置关系改变的空间运动的体验,是人类认识其他更抽象的关系和活动的基础。因此,人类可以用较具体的空间运动概念来识解更抽象的思维运动场景和言语行为场景。换言之,可以用空间运动来对推理活动、言语活动进行概念化。这样,表示空间运动的概念结构[动体+动力+源点+路径+障碍物+终点]就可以通过隐喻机制投射到更抽象的推理活动和言语活动上。当然,这种投射是一种部分投射(partial mapping),不是源域概念结构里的所有组成要素都投射到目标域(Lakoff 1987:269—280)。比如,当本表示空间运动的概念结构[动体+动力+源点+路径+障碍物+终点]向推理活动和言语活动投射时,在目标域里保留的只是[源点+障碍物+终点]。该概念结构促动了"到底"的语义结构——[因果推理的前提+因果推理的阻力+因果推理的结论]——的形成。这种语义结构再投射为"到底"复句的句法结构。"到底"复句的句法结构再在上文所述凸显对比性等各种语用动因及语境因素的驱动下,为展示不同的信息结构而转换为 S_1 的各种变异形式。

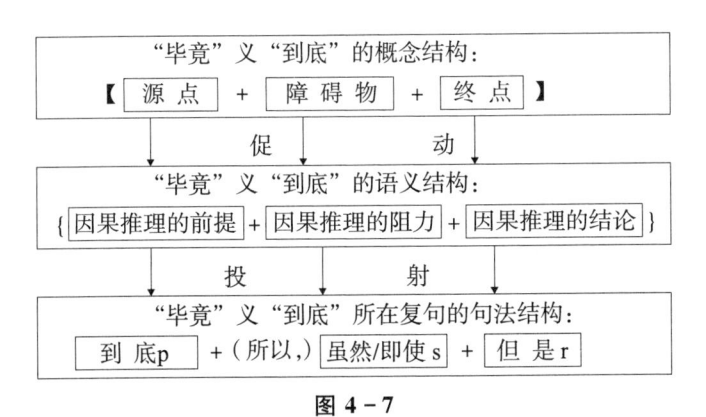

```
"毕竟"义"到底"的概念结构:
【 源点 + 障碍物 + 终点 】
         ↓ 促   动 ↓
"毕竟"义"到底"的语义结构:
{ 因果推理的前提 + 因果推理的阻力 + 因果推理的结论 }
         ↓ 投   射 ↓
"毕竟"义"到底"所在复句的句法结构:
 到底p + (所以,) 虽然/即使s + 但 是r
```

图 4-7

上面的分析有一个前提,即把"到底"看作其所在复句的核心词,因为只有核心词的语义结构才会投射出全句的句法框架。把起语篇衔接作用的功能词看作复句核心在形式语义学中很常见。比如,把英语里的 and 看作是并列复句的核心,把它所连接的两个并列分句的所指看作其论元。因而把 and 的语义类型(semantic type)描写为(t,(t,t))。我们的看法跟 Talmy(2000)基本一致。Talmy 把语言形式分为开放类(如名词、动词、形容词等)和封闭类(如介词、连词、冠词、派生词缀、语序等),认为开放类语言形式主要为语句信息表征提供内容,而封闭类语言形式则为语句信息表征提供结构。"到底"显然属于封闭类,所以它有组织句子的功能也实属正常。

当然,S_1 是"到底"所在句式里跟"到底"的语义结构象似性最高的一种。它除了 S_2-S_6 外,还有很多其他变式。比如 S_{1a}:"虽然/即使 s,(但是,)到底 p,所以 q"。再比如,出于不同的主观表达的需要(是只凸显解-反预期义,还是同时凸显反预期义和解-反预期义?),S_0、S_1 中的 s 分句或 q 分句会出现省略的情况。此外,S_1 里表示因果推理阻力的 s 分句在语义上还可以泛化,形成 S_{1b}:"无论ϕ(s),到底 p,(所以)r"[ϕ(s)表示句子ϕ的语义包含了句子 s 的语义]。详见第七章对"到底"的近义词"毕竟"所在句式的描写和分析。

  如果说第二、三章的研究是在共时与历时相结合思想的指导下进行的,那么本章的研究则是在形式与意义相结合思想指导下进行的。本章努力使意义分析得到形式验证,试图实现形式研究与功能研究的有机结合,用形式语义学关于焦点的选项语义理论对"毕竟"义"到底"句的主观化表达功能进行较为精细的刻画,同时把语用法的语法化、(解-)反预期等功能语言学较为关注的课题也纳入形式语言学的考察范围。

第五章 "究竟"义"到底"的共时特征与历时演变

5.1 引言:"究竟"义"到底"的追问标记地位和语力限定作用

本章主要关注第二、三章对"到底"共时变异和历时演变进行系统考察时未涉及或未能尽述的"究竟"义"到底"的共时特征与历时演变。前两章未涉及的现象有"究竟"义"到底"句的句法分布限制、"究竟"义"到底"向表示催促的祈使语气副词的演变等。前两章未尽述的有"到底"获得"究竟"义的微观机制等。如无特别说明,本章中"到底"都指"究竟"义"到底"。

如第二章所述,在现代汉语中,"到底"(和"究竟")常用在特指问、正反问和选择问三种问句中,表示追究语气,[①]凸显言者急于知道问题(真实)答案的主观情态。例如:

(1)"……我想问一下,这围墙到底怎么修啊!"马而立站起来了,一双大眼睛睁得更大了一点。(陆文夫《围墙》)
(2)营长急于知道山上到底有多少敌人,可是话不通!(老舍《无名高地有了名》)

上两例中"想问一下"和"急于知道"表明言者急于弄清问题答案,它们跟"到底"句一起构成和谐的追问语境。"到底"句负责把言者急于弄清问题(真实)答案的主观情态彰显出来。可能还有凸显言者将问题追究到底的决心

[①] 即强化疑问语气。"到底""究竟"对疑问语气的调节作用跟"可"正好相反。"可"是减缓疑问语气的。

的作用,类似于"将 X 进行到底"的构式义,因为后者能凸显当事人将某行为进行到底的决心,如"将反腐斗争进行到底"。语料考察显示,在近代汉语里,"到底"不一定要用在问句或"将 X 进行到底"中才凸显上述主观情态。"到底"(和"毕竟")在普通陈述句中也可凸显上述情态,表示"无论如何"义,该义视"到底"后续 VP 还是"不 VP"而分别呈现出"一定/非(要)"义面和"坚决/就是"义面,详见§9.2.2),凸显主体将对结果的追求和对状态的保持进行到底的决心。

经考察发现,虽然"到底"也可用于始发问,但这种情况相对较少,更多的是用于初次询问受阻后发出的追加询问(详见§5.3)。即使"到底"用于始发问,在言者心里通常也要有一定的预设,即自己或他人已问过或思考过某(相似)问题,但尚未获得满意答案。例如:

(3) 钱二宝:满大姐,你坐,我替你倒茶去。

满一花:你不要对我太客气,我心里没底。

钱二宝:姐,你看,毕大眼那债吧,要不是你帮我还了,我还在外面躲呢!还有我们家钱堆看病的钱,也是你出的。我哥找了你,我也跟着沾光了。我真不知道该怎么感谢你。

满一花:你到底想说啥?(电视剧《清凌凌的水,蓝莹莹的天》第 II 部第 16 集)

上例中"到底"句是始发问句,但言者心里有一个预设:你这个忘恩负义、骄横跋扈的人对谁突然好起来,准是有求于他。你现在对我好,不知道又要麻烦我什么事。所以,上文"我心里没底"实际已暗示我想知道:你兜这么大圈子,说这么多好话,有什么真正意图? 所以,"你到底想说啥"一方面是对心中早有的疑问"你有什么真正意图"的重复与追加,另一方面追究并引出对方的真正交际意图。如果始发问句去掉这样的预设,句中就无需也不能出现"到底"。例如:

(4) [一位妈妈手拿饼干,对自己的几个正在玩耍的孩子说:]有谁想吃饼干? 请举手!①

← S_a:"有人想吃饼干吗?"+S_b:"想吃饼干的人是谁?"

---

① 黑体表示重音所在,下同。

(5)［一个需人帮忙但又不敢肯定是否有人肯帮他的人对一群人说］你们谁来一下？
← S_a:"有人愿意来吗？"＋S_b:"这个愿意来的人是谁？"＋S_c:"请来一下！"

例(4)中一般不能添加"到底"，因为这里饼干是新引入话语环境的事物，此前其表征尚未在听者心智中被激活。通俗地说，孩子们没有想到母亲给他们拿的是饼干，甚至也没想到母亲会拿东西给他们吃。母亲也无法肯定会有孩子想吃饼干。对母亲的问话，孩子们的反应可能是谁也不举手。所以，该例中划线问句其实是一个约定俗成的短路式问句(conventionalized short-circuit question, CSQ)。它相当于 S_a 和 S_b 这两个问句的缩合。这两个问题中的任何一个在母子的前期交际里都没有出现过，在言者心智中既没被激活，又不处于可及(accessible)状态。所以，这是真正的始发问。当然就不能在这种问句里使用追问标记"到底"了。总之，疑问语气副词"到底"是追问标记，有很强的交际动力(communicative dynamism, CD)①，它往往是在询问已经或很可能要受阻的情况下使用(详下)，这跟"将反腐运动进行到底"通常用于言者认为反腐活动已经或很可能受阻的语境是平行的。"到底"不能用于例(4)也可从形式上得到解释。第二章的论述表明，"到底"在现代汉语中通常不能用于是非问，因而"到底"不能用于 S_a。所以，也不能用于 S_a 跟 S_b 合成的短路式问句(如例(4)中的画线句)。同理，例(5)是疑问句 S_a、S_b 和祈使句 S_c 三者的缩合，而这三者中 S_a 为是非问，不能插入"到底"，因而由这三者缩合成的例(5)自然也不能插入"到底"。

综上所述，作为追问标记，"到底"的典型话语功能是增强对问题答案的追究语气。这决定了"到底"主要用于疑问句，特别是追加问句。当然，"到底"还有一种非典型用法，即用在疑问从句/子句(subordinate clause)里。这时"到底"的追问标记功能就会大大弱化。例如：

(6)到底谁来还没定下来。
(7)我也不知道他到底来不来。
(8)这跟确定词和语素到底有没有一一对应关系似乎毫无关联。

---

① "交际动力"这个术语由布拉格学派首先提出，指语言表达式推动交际前进的能力。在无标记状态下(如在陈述句中)交际动力越大的成分越靠近句尾。但在有标记状态下(如在疑问句中)，这个顺序可能被颠倒。(Erteschik-shir 2007:13)

分析可知,"到底"的非典型用法当是从它用于独立的疑问句的典型用法派生而来的。

经考察发现,"到底"还有语力(illocutionary force)限定作用。它能把问句的语力类型(即话语类型)限定在询问上,而不允许它被用来间接地表示委婉祈请等语力。试比较:

(9)你能不能帮我把那瓶盐递过来?(话语类型:询问或委婉祈请)
(10)你<u>到底</u>能不能帮我把那瓶盐递过来?(话语类型:询问)

听者对例(9)的反应可以是言语或身姿(如点头、摇头)上做出的肯定或否定答复,但也可以而且更常是具体行动(如递盐或者走开/不理睬这种动作)。对例(10)的反应则只能是言语或身姿做出的肯定或否定答复。这样,"到底"可分析为语力限定语(illocutionary force specifier, IFS)[①],它跟句型、句末语气词和语调所决定的句子的语力类型(illocutionary force type) X 互动,把 X 投射为类型更具体的 $\overline{X}$。[②] 既然"究竟"义"到底"在话语层面起作用,那么当然比基本在句子层面起作用的"毕竟"义"到底"主观性更强、辖域更大。这也旁证了§2.4 中把"究竟"义"到底"分析为辖域比"毕竟"义"到底"宽广的独立语有一定的道理。

5.2 "究竟"义"到底"句的句法考察

本节主要从句法角度考察"到底"句有哪些使用限制。第二章已经指出,"到底"句不能是外部疑问句。那么,"到底"句为什么不能是外部疑问句呢?因为"到底"要求其所在问句可以从句化。众所周知,特指问句、正反问句、选择问句都可以从句化,而是非问句不能从句化。试对比:

(11)请谁不是由我们决定的。

---

① 至于语力限定语有哪些类型,参看 Jacobs(1984,1990)的相关研究。

② 接受上述观点,就可以解释"到底"在"怎么"和"为什么"问句中的对立,即"到底"通常不允许问句获得责备语力。比如,在"你(*到底)怎么没来?"一句中,"到底"的语力限定作用逼迫"怎么"作为方式解读,而不能作为原因解读,而方式解读的"怎么"是不能修饰否定性谓语"没来"的。这是因为,在叙实(而非假设)语境中,一个动作尚未发生,就不能确知它是采用什么方式进行的。

(12)请王教授还是请李研究员不是我们决定得了的。

(13)请不请王教授不是我们决定得了的。

(14)＊请王教授吗不是我们决定得了的。

上四例中划线部分都可以独立成疑问句。但划线部分做主语从句时,只有前三例合格。前三例中划线部分独立为问句后,都可前加"到底"来强化疑问语气。而末例中划线部分独立为问句后,一般不可以前加"到底"来强化疑问语气。与此相类似的是"无论"对其后续小句的选择限制。"无论"要求其后续小句在形式上是可以从句化的特指问句、正反问句和选择问句,而不能是无法从句化的是非问句。试对比:

(15)a.无论谁不来,会议都照常举行。

b.无论你不来还是他不来,会议都照常举行。

c.无论你来不来,会议都照常举行。

d.＊无论他来吗,会议都照常举行。

那么,"到底""无论"为什么只能出现在可以从句化的问句中？这与"到底""无论"的语法化环境有关。下文将尝试从形式语言学角度对此做出解释(详见§5.4.1)。这里先继续考察"到底"的其他句法限制。

经考察发现,"毕竟"义"到底"句虽然很少但偶尔也可内嵌于定语位置,而"究竟"义"到底"句基本不能内嵌于定语位置。试比较:

(16)他用那近乎绝望但到底还带有一丝希望的眼神向主子哀求。

(17)？到底谁来的问题我们待会再商量。

这从一个侧面反映了疑问语气副词"到底"的辖域比评注语气副词"到底"更广。当疑问中心(如 Wh-词)不在句首时,疑问语气副词"到底"就有位于句首和句中两种选择。例如:

(18)a.你到底要立妾不要？(老舍《老张的哲学》)

b.到底你愿当尼姑不？(老舍《老张的哲学》)

根据"接近度是影响力"(closeness is strength of effect)的隐喻,距离远近

149

跟作用力强弱对应，语言形式 A 与 B 的距离越近，彼此间的影响越大。①"到底"在上举 a 例中比在 b 例中更贴近疑问点，因而对疑问点的作用力更大。故 a 例比 b 例追问语气强。

至于"到底"句能否用作主语从句和宾语从句，学界看法不一。许多人认为，疑问从句中的"到底"似乎多余，不如删去。但也有许多人（如汤廷池 1988:295）认为，如果主句是否定句或疑问句，那么疑问从句中的"到底"就可以保留。我们认为，至少要比用在对应的肯定陈述句中自然。例如：

(19) a. 我知道［谁要来］。
　　 b. ?? 我知道［到底谁要来］。
　　 c. ? 我不知道［到底谁要来］。
　　 d. ? 你知道［到底谁要来］吗？
(20) a. ［谁要来］跟我很有关系。
　　 b. ?? ［到底谁要来］跟我很有关系。
　　 c. ? ［到底谁要来］跟我根本没有关系。
　　 d. ? ［到底谁要来］跟我有什么关系呢？

而且，我们想补充说明的是，在肯定陈述句中未必不能用"到底"。比如，例(19)b 中"知道"前加"想"，全句就可以成立（具体原因详见§3.2.3）。那么，为什么当主句是否定句或疑问句时，"到底"就可以出现在其疑问从句中呢？因为"到底"是追问标记，典型语用功能是强化疑问色彩，因而"到底"句具有强［疑问］或［未知］特征。这样，主句谓语中心只有具备［＋疑问］或［＋否定］特征，才能符合"到底"句的语义选择要求。

5.3 "究竟"义"到底"句的语用考察

本节主要论述"到底"句的语用背景、（优选）话语模式（(preferred) discourse pattern,(P)DP）、话语类型及语力。"到底"句的（优选）话语模式指"到底"句在言语交际中呈现的（典型）话语结构。

---

① 这可以看作距离象似原则的特殊表现。关于距离象似原则，详见 Lakoff 和 Johnson (1980:127—129)。

5.3.1 "究竟"义"到底"句的语用背景与优选话语模式

我们知道,言者(S)借助"到底"等追问标记向听者(H)发问是一种以言行事的言语行为。按照 Searle(1969)的观点,言语行为有其施行的合适条件。这些合适条件包括预备条件、真诚条件和实质条件。对于"到底"句实施的言语行为来说,这三个条件分别是:

预备条件:S 不知道问题 Q 的答案;S 相信 H 知道问题 Q 的答案。
真诚条件:S 想知道问题 Q 的答案,且 S 和 H 共知,在当前情况下 H 不愿(或尚未)提供问题 Q 的答案。换言之,S 相信其询问行为在当前情境中已经或者很可能<u>受阻</u>。
实质条件:S 试图通过追问标记的使用加大语力,使自己排除来自听者的<u>阻碍</u>,达成既定目标——获得问题(真实)答案。①

真诚条件和实质条件中的阻碍要素和使用其他性质的"到底"的相关语篇要求具有平行性。比如,"终于,终究"义"到底"要求所在语境里有阻碍目的达成的客观困难或阻碍不利结果出现的主观努力(详见§2.3.2.1);"毕竟"义"到底"所在复句"虽然/即使 s,到底 p,所以 q"里的 s 分句表示的就是阻碍"p→q"这种缺省推理进行下去的阻力(详见§2.3.2.2)。

下面具体考察使用"到底"句实施追问行为时所要具备的真诚条件,即 S 相信在当前情境中自己的询问行为已经或很可能受阻。如果是言者相信其询问行为已受阻,那么这种"已受阻"通常有如下语篇表现:①言者已就同一或类似问题询问过听者,但听者不愿正面准确作答,或推三阻四,或答非所问,或含糊其辞。例如:

(21)双　双:天全,你不是亲口对我说喜欢我的吗?(Q₁)
　　郝天全:我没有。(A₁)
　　双　双:<u>你怎么变成了这样?</u>(Q₂)这是我做错了什么吗?(Q₃)
　　郝天全:没有。(A₃)
　　双　双:那是在恨我阿爹当初把你赶出贾府?(Q₄)

---

① 所以,古汉语才用"真/正,准确/确实"义词(如"端""的""端的""果然"等),英语才用"准确地、真实地"义词(如 exactly, actually),俄语才用"就是,恰恰,正好"义词(如 имEнно),来表示"究竟,到底"义(详见§6.5.3 和附录一)。

郝天全：不是。（A₄）

双　双：那<u>到底</u>为什么你变成了这么一个不负责任、不守诺言的人？（Q₅）

（《聊斋·玉女鬼魅艳遇天犬》人物对话）

(22) 宅子主人（邱建）：你是谁呀？大清早来砸门？

　　贾　明：我是来抓淫贼的！

　　……

　　宅子主人：丑鬼，<u>你到底是谁</u>？

　　贾　明：我<u>到底</u>是人。　　（清·张杰鑫《三侠剑》第 3 回）

(23) 甲：你什么时候从清华毕业的呀？

　　乙：79 年。不，80 年。不对，不对，应该是 80 年左右吧！

　　甲：<u>到底什么时候毕业的</u>？

例(21)中，贾府的双双小姐连续向心上人郝天全询问了五次。但是，Q₂ 和 Q₅ 其实是同一问题的两种不同问法。在 Q₁—Q₅ 这几次询问中，双双最关心的是 Q₂/Q₅ 这个问题的答案。而郝天全选择正面回答的却是 Q₁、Q₃、Q₄。而 Q₁ 是反问句，双双是无疑而问，只希望通过反问激发郝天全对其忽然冷淡她的反常言行做出解释，而不需他对这个问题作答。Q₃、Q₄ 都是服务于 Q₂/Q₅ 的。Q₃、Q₄ 中潜隐的"我做错了某事""我阿爹当初把你赶出贾府"是双双在为郝天全提供可能成为 Q₂ 答案的候选项。目的还是为了引导甚至逼迫郝天全尽快对 Q₂ 作答。要是郝天全已经回答了 Q₂，自然就不会有 Q₃、Q₄。在这段对话中，双双对 Q₂ 的询问一次次受阻。郝天全吞吞吐吐，一直不愿正面回答 Q₂，不愿说出真相，即他是天上的吼天犬下凡。向双双小姐说喜欢她、要娶她的是假吼天犬——狸猫精。所以，Q₅ 中双双用了"到底"强化追问，表现出了她急于知道问题真实答案的迫切情状。例(22)中，邱建已就同一问题向贾明询问过一次，而贾明答非所问。因此，邱建通过"到底"来强化询问语气。而贾明却故意违反会话合作原则，以双方显见信息作答。而且，他还利用"到底"的源义——"说到底"义——向邱建暗示你已经问到底、我也已经答到底了。言外之意是，你别再问了，我也不会再答了。因此，贾明的答句有结束当前本轮会话的功能。事实确实如此。该例语境中下文贾明一言不发，任凭对方拷打，只等后面的救兵——师父圣英——来到。例(23)中乙对甲的初始问的回答<u>含糊其辞</u>，所以甲才用"到底"问句加以追问。

　　验之于历史语料发现，"到底"类疑问语气副词在历史上确实常用于①

这种语篇环境。例如：

(24)（吕蒙正上，云）小生吕蒙正是也。赶不的斋，天色晚将来也，还我那破瓦窑中去。（见正旦科）大嫂，<u>有甚么人到俺家里来</u>？我一脚的不在家，把我铜斗儿家缘都破败了也。（正旦唱）憨折的匙呵如呆似痴，摔碎碗长吁叹息。（吕蒙正云）<u>端的</u>是谁打了来？（元·王实甫《破窑记》第2折）

上例中吕蒙正先发出了一个疑问："有甚么人到俺家里来？……把我铜斗儿家缘都破败了也。"他嫂子没有作答。所以，吕蒙正再度发问时用了追问标记"端的"（意犹"到底"，详见§6.4.4）。疑问语气副词"毕竟"更是常用于①这种语篇（详见§7.4.1）。②言者自己或别人曾就同一问题询问过，但听者给出的答案前后或（当听者是多人时）彼此不一致，使言者无所适从。例如：

(25)[上文交待了学界对"吧"的分合的不同看法]<u>到底</u>有几个"吧"？（卢英顺《"吧"的语法意义再探》，《世界汉语教学》，2007年第3期）

(26)[上文交待了某大学工商管理硕士培训班课堂上老师给学员讲了一个故事，然后，问了一个问题。学员作出了各不相同的回答。这时老师说]那答案<u>到底</u>是什么呢？《扬子晚报》，2007-9-26）

(27)[上文已经交待了指称论，有人认为源于柏拉图，有人认为源于荀子]<u>到底</u>谁是指称论的代表？（郭锐《形式语义学》，中国语言学暑期讲习班（北京 2007）讲稿）

在例(25)的启发下，我们发现一个有趣现象，即中国知网上很多争鸣性文章题名中都含有"到底"或"究竟"，如"'商战'的原意究竟指什么？""'赤子'究竟指谁？""'惶恐'究竟作何解？"等。这是因为争鸣性文章常涉及别人对同一问题已做出的解答。所以，它已有了一定的背景预设：别人曾提出过同样的问题，但是学界尚无一致而准确的回答。

不管是以上哪种情况，言者都是在认为自己的（虚拟）询问行为在已经或很可能受阻的情况下才使用"到底"句。用"到底"句通常预设自己或别人曾就同一或类似问题"问"过一次，受到阻碍，自己再问，是为追（加询）问。"到底"的追究语气使它具有强劲的语篇启下功能。因为其（部分）字面意义是"问到底（了）"，暗示：这是"我"最后一次询问。这样它可以启发对方进行话轮(talk-turn)接续。从这个意义上说,第二章把"到底"的疑问语气副词用法看作言域用法是正确的,因为语言表达式在言域里所起的功能主要就是人际功能(interpersonal function),而人际功能包括对话轮选择、转换、接续的规定,对交际双方相对地位和关系的反映,等等(Halliday 1967:243)。我们知道,问句和答句构成一个会话邻对(adjacency pair)。该邻对中问话与答话之间通常可以插入其他邻对。例如:

(28)A:我可以来一瓶威士忌酒吗?
　　B:你到21岁了吗?
　　A:不到。
　　B:那不行。

而当问句中含有"到底"等追问标记时,问-答邻对内部通常不能插入其他邻对。但是,跟"到底"句呼应的那个同一或相关问句与其答句之间,可以而且经常插入其他邻对。比如,上文例(21)中,言者为了得到与 Q_2/Q_5 构成邻对关系的答句,迫使听者跟自己合作,在 Q_2 和 Q_5 之间插入了 Q_3 — A_3、Q_4 — A_4 这两个邻对。考察可知,"到底"的追问标记作用跟表示追加询问的语气词"啊(á)"不同:前者要依赖问句,后者独立使用;前者多用于初次询问时对方给出的答案前后不一致、彼此不一致或者明显失真的情况下,而后者只能用于初次询问对方未予作答或己方没有听清对方回答的情况下。

综上所述,疑问语气副词"到底"的优选话语模式是追加询问型话语。当然,必须说明的是,追加询问型话语并不像蒋勇、王志军(2016)所理解的那样,指同一问话人重复询问相同或类似问题。有时问话人在心理预设他人已经就相同或类似问题询问过,但未得到真实答案。这时问话人发问,这种询问也是追加询问(详见上文对例(25)—(27)的分析)。

5.3.2 "究竟"义"到底"句的特殊话语模式

语篇启下功能使"到底"句与自问自答的设问结下了不解之缘,即"到底"句也可以用在设问环境中,用来引出自己对问题的回答或看法。例如:

(29)那答案<u>到底</u>是什么呢?原来……(《扬子晚报》,2007-09-26)
(30)朗读者,或曰启蒙者,<u>到底</u>是谁呢?我没有找到答案。(陈萱《〈朗

读者〉:沉甸甸的感动》,《大学生》,2008-01-03)

上两例中去掉"到底",语篇连贯性就要大打折扣。设问其实也是一种对话,只不过是自问自答。设问语境中问答之间的停顿减小以至消失导致"到底"可以用于非疑问句。例如:

(31) 甲:他们到底怎样打的? 乙:我实在不知道。
→ 他们到底怎样打的? 实在不知道。
→ 他们到底怎样打的,实在不知道。(清·曹雪芹《红楼梦》第86回)
→ 实在不知道他们到底怎样打的。

"到底"句强劲的启下功能,使它们在言者明知或相信对方给不出答案却还要追问的场合有很强的反驳语势。换言之,"到底"也常用于无疑而问的反问语境,以促人反省。例如:

(32)既然学生是在提议下下跪的,"发自内心之说"到底从何而来？
(《"伟大的一跪"?"疯狂的一跪"?》,《都市文化报》,2007-09-13)
(33)如今的不少大学,只求外表的光鲜,数字的好看,全然不管这光鲜的外表中,这好看的数字中,到底有多少学术含量,能否担当"时代和社会灯塔"?(《大学,不是当官的地方》,《都市文化报》,2007-09-13)

例(33)还表明,"到底"句作为从句,不仅能充当同位语从句、限定性定语从句、主语从句等,还能充当宾语从句。但支配宾语从句的谓语动词必须是言说动词或跟言说动词相通的动词,如这里的"管"(关于"管""顾"跟"问""论"等言说动词的相通性,在无条件关系连词"不管"与"无论"同义上可以看出,详见张秀松2007a)。经考察发现,疑问语气副词"到头"与"到底"一样可用于无疑而问的场合。例如:

(34)桃李春风结子完,到头谁似一盆兰?(清·曹雪芹《红楼梦》第5回)

综上所述,"到底"类追问标记的使用环境包括有疑而问的真性问句、自问自答的设问句和无疑而问的反问句。其中,第一种是主流。① 蒋勇、王志军(2016)以"到底"还能用于反问句为据,否定我们关于"到底"在语法化之初用在追究问题真实答案的语境中的观点,说我们的做法是以偏概全。我们认为,"到底"在语法化过程中先用于真性问句,而后发生语境扩展,扩散到反问句、设问句,这是语法化现象的正常表现。词项在语法化过程中所经历的语篇分布的从狭窄到宽广的变化,正是从"偏"到"全"的过程。而且,"到底"用于设问句是为了设置悬念,增强语篇连贯性;用于反问句,是为了促人反省。用于这两种问句的频率很低(详见脚注①)。

5.3.3 "究竟"义"到底"句的话语类型与语力强弱

Austin(1955)等提出的言语行为理论把施为句②进一步细分为显性施为句(explicate performative)和隐性施为句(implicate performative)③两类。例如:

(35)a. 我会在两点钟到达。　|　b. 我明天会到场的。
(36)a. 我答应你会在两点钟到达。|　b. 我答应你我明天会到场的。

上两例都可用来实施承诺。但例(36)中有语力(illocutionary force,又译作"施为力")显示项"答应",明确表明整个话语的施为用意或语力类型,而例(35)中没有语力显示项。这样,例(35)实施的还可能是威胁、安慰等行为。在这个意义上,上两例如果都用来实施承诺,例(36)的语力类型比例(35)明显。我们主张,把显性施为句再细分为直接施为句和间接施为句。直接施为句对言者的施为用意进行直接编码。比如,对询问这种言语行为进行编码,可以直接采用"请问""我问你""我问一下"这种语形对询问行为的实质条件进行编码(如例(37))。间接施为句虽未对言者的施为用意进行直接编码,但对它进行了间接提示。比如,对询问这种言语行为,虽没用含"问"表达式对其实质条件进行编码,但用了"不知道""想知道"等对其预备条件或真诚条件进行了编码(如例(38)),从而对言者的施为用意进行了间接提示。

---

① 我们从 TCS2006 中随机抽取《作家文摘》(1993年)共约234万字的语料进行统计,发现在追问标记"到底"的56个用例中,用于真性问句、设问句和反问句中的用例分别是42例(75%)、10例(17.86%)和4例(7.14%)。

② "施为句"是言语行为理论的术语。该理论把言有所述的话语和言有所为的话语分别称为"叙述型话语"(constative)和"施为型话语"(performative)。施为型话语由施为句构成。

③ 隐性施为句又叫"基本施为句"(primary performative),详见徐烈炯(1995:86—90)、索振羽(2000:140—150)和何自然、陈新仁(2004:62)。

(37) 刘常胜:乐仁,我问你,象咱们这么积极干活,为什么呢?(老舍《茶馆》)

(38) 不过,我想知道,我兄弟栽在谁的手里?(烟波客《神雕奇恋》(中),第539页)

(39) 你们几个谁最大?

简言之,由于从言者询问某问题可以缺省推导出他想知道该问题的答案,从他想知道该问题的答案可以缺省推导出在询问之前他不知道该某问题的答案,所以,"不知道"这种心理状态是询问的预备条件,而"想知道/想弄清楚"这种心理意愿是询问的真诚条件,"问"这种言语活动是询问的实质条件。对预备条件、真诚条件或实质条件中的任何一个进行编码都可传达出询问这种施为用意。这样,在下图中,从左到右是话语的生成过程,从右到左是话语的理解过程。

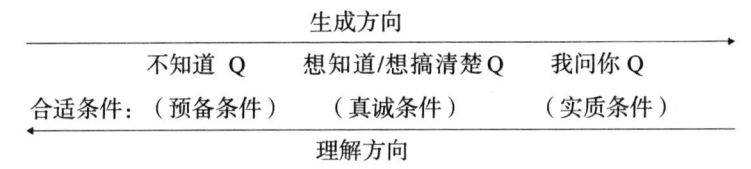

```
                    生成方向
                    ──────────→
            不知道 Q    想知道/想搞清楚 Q    我问你 Q
合适条件:  (预备条件)    (真诚条件)       (实质条件)
           ←──────────
                    理解方向
```

图 5-1 询问行为的合适条件及相关语言编码和解码过程

基于上面的论述,我们可以从言语行为理论角度对施为句做如下层次划分:

```
        ┌ 显性施为句 ┌ 直接施为句:对言语行为的实际类型进行直接编码。   例(37)
        │           └ 间接施为句:对言语行为的可能类型进行间接提示。   例(38)
        └ 隐性施为句:对言语行为类型既不直接编码,也不间接提示。       例(39)
```

图 5-2 施为句的层级划分

从言语行为理论角度来观照"到底",可以发现,它既可用于隐性施为句,又可用于显性施为句。在显性施为句里,既可用于直接施为句,又可用于间接施为句。含"到底"的间接施为句、直接施为句和隐性施为句,本书分别记为 S_0^a:"想知道/不知道 到底 Q"、S_2^a:"V_{dict},到底 Q"(V_{dict} 表示"问"等言说动词)和 S_1^a:"到底 Q"。下面各举一例:

(40) 梅根……说:"我得去上班了,妈妈,我想知道到底怎么了?你说出来心里会舒服一点。"(泰瑞·狄利《鸡飞狗跳的英伦大轰炸 强敌进犯的战时岁月》第22页)

(41) 爸爸严厉的眼睛逼视着我,点燃一支香烟,使劲吸一大口,问道:"我问你,你到底在搞什么名堂?"(施亮《无影人》(二))

(42) 女干部听得有趣,忙问:"这位先生,你到底是干什么的?"(邓友梅《那五》)

比较可知,就表达的追问语气的强弱来说,例(40)≤例(42)≤例(41),即 $S_0^a \leq S_1^a \leq S_2^a$。例(40)通过陈述真诚条件间接实施询问,其追究语气最弱。例(41)通过陈述实质条件来直接实施询问,其追究语气最强。句中"我问你""到底"和上文"严厉的眼睛逼视着我"三者相配合,形成和谐的逼问语境,凸显 S_2^a 的追问色彩强到了逼迫的程度。例(42)对询问这种言语行为类型既不进行直接编码,也不进行间接提示,表达的追问语气强弱适中。

根据我们对历史语料的考察,在唐宋时期所有"到底"问句都是 S_1^a。S_0^a 直到明代才出现,S_2^a 直到清代出现。下面为 S_1^a、S_0^a、S_2^a 各举两例:

(43) 新编到底将何用,旧好如今更有谁?(北宋·张咏《寄郝太冲》)

(44) 如先生所言,推求经义,将来到底还别有见处否?(《朱子语类》第11卷)

(45) 今人赘我家,不知到底萍踪浪迹,归于何处?(明·凌濛初《二刻拍案惊奇》第3卷)

(46) 不知今生到底能勾相傍否?(明·凌濛初《二刻拍案惊奇》第14卷)

(47) 我问你到底这个信息是那里来的?(清·李伯元《官场现形记》第25回)

(48) 李纨笑道:"你们听听,说的好不好?把他会说话的!我且问你:这诗社你到底管不管?"(清·曹雪芹《红楼梦》第35回)

因此,就出现先后而言,$S_1^a < S_0^a < S_2^a$(其中"<"表示时间上早于)。形成这种顺序的原因很可能是,S_1^a 是隐性施为句,而 S_0^a 和 S_2^a 是显性施为句,相对于 S_1^a 来说,S_0^a 对交际意图的表达过于间接,S_2^a 又过于直接,因而都不太可能成为交际中言者的首选。本书的这项考察结果是否可以说明汉语言语交际首选的编码策略是对言语行为的施为用意既不直接编码,也不进行间

接提示。① 这个问题值得进一步深入研究。

既然询问行为可以通过编码询问的预备条件(即不知道问题答案)或真诚条件(即想知道问题答案)来实现,那么§5.2发现的"到底"的句法限制就可得到解释。例如(改写自上文例(16),例句序号不变):

(16)a. 我不知道/想知道他什么时候来。→我不知道/想知道他到底什么时候来。
　　b. 我知道他什么时候来。→？我知道他到底什么时候来。

上例中 a 转换比 b 转换自然,就是因为 a 中左句对询问行为的预备或真诚条件进行了编码,从而能间接地实施询问,而 b 中左句不能实施询问。因此,a 中左句可加疑问语气副词"到底",而 b 中左句不能加疑问语气副词"到底"。

5.4 "究竟"义"到底"在语法化之初创新意义的解读

5.4.1 "究竟"义"到底"创新意义的解读过程与机制

在语法化之初,听者是如何解读出疑问句里"到底"是表示追究语气的呢？正如上文所说,一个询问行为可以通过用"我问你/请问,Q"编码其实质条件来间接地执行。这样,任何一个意在询问的问句 Q 都可转换为"我问你/请问,Q"。相应地,"到底 Q"可转换为"(请允许)我问你,到底 Q"。在"(请允许)我问你,到底 Q"里,"问"和"到底"发生非线性组合,表示"(把问题 Q)问到底"。既然听者已经推知言者要"(把问题 Q)问到底",那么,他就很容易进一步推出言者在追究问题 Q 的真实答案这种交际意图。这是听者能从疑问句中"到底"身上解读出追究语气义的认知动因。

"到底"的创新意义的上述解读过程可以用生成词库理论中的物性逼迫(又译作"物性强迫")等认知操作做出更具体的刻画。由于"到底"一般要选择一个陈述运动或活动过程的成分做其补足语②,表示"(某过程持续)到最后",听者可推知"到底"优选的组合对象是位移或过程动词,因为这两类动

---

① 就现代汉语来说,似乎是正确的。现代汉语中询问行为通常直接用问句 Q 编码,而很少把"问""说"等言说概念或"想知道""不知道"等心理概念编码出来,除非有引起注意之必要。

② 按:这是生成语法的术语,不同于传统语法中的"补语"。

词是表示移动或活动的常规句法形式(canonical syntactic form, CSF)①。如果在句法表层跟"到底"组合的不是位移或活动动词,而是问句 Q,"到底"就要对它施加语义类型强迫(type coercion),使 Q 不得不从其物性结构(qualia structure)中搜寻可能信息来满足"到底"的这种语义要求。② 结果,搜得其施成角色(agentive role, AR)中有过程事件函项"问"(换言之,是询问行为导致了问句产生),就把它抽取出来。这样,在类型逼迫下,"到底"的组合对象就完成了语义类型的转喻性重构(metonymic reconstruction)。重构后形成的语义结构跟"到底"的语义结构进行互组运作(co-composition opertation),完成论元和物性角色的合并(qualia unification)与组配,从而最终实现对创新用法的解读。整个运作过程可以表示如下:

(49) 你明天到底来不来?

你明天来不来? —类型逼迫→ 到底
转喻性重构 ↓   互组
问"你明天来不来"?

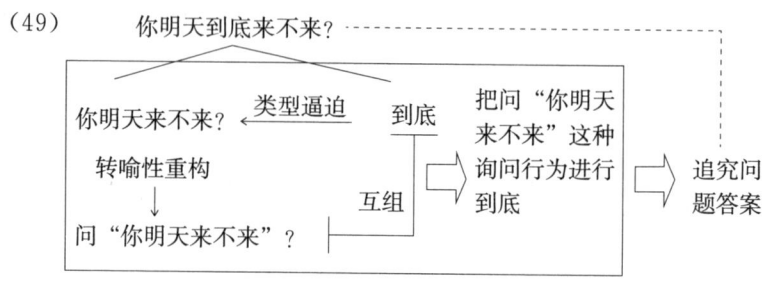

把问"你明天来不来"这种询问行为进行到底 ⟹ 追究问题答案

图 5-3　疑问语气副词"到底"的语义获得的微观机制

上述运作中最关键的一步就是句法类型的转喻性重构。要保证这一步得以顺利通过,疑问句的某一物性值就必须能够把重构前后的语义关联起来。事实上,其施成角色的物性值就做到了这一点。施成角色能把重构前的结果状态与重构后的动作过程关联起来。换言之,听者听到问句自然能联想到导致问句产生的询问行为。这就保证了听者在解读上图中例(49)时可以从"你明天来不来?"中获取出"问'你明天来不来'"义,从而使语义可获取原则得到遵守。随着这一解读过程的不断复现,图 5-3 所示"类型逼迫→转喻性类型重构→互组"的三步走式心理运作耗时越来越少,以至最后发生短路——人们看到或听到"到底"与疑问形式共现,就直接走上图 5-3 虚线所示的"花园小径",解读出追究语气义,即图中方框里的部分不再花费心理处

---

① 关于 CSF 及本自然段所用生成词库理论的其他相关术语的具体含义,请参见张秀松、张爱玲(2009)。
② 那么,为什么不是"到底"的补足语对"到底"施加类型逼迫呢?因为"到底"的补足语是变动不居的开放类,而"到底"属封闭类。发生语义冲突时,通常是封闭类成员对开放类成员施加作用力(Talmy 2000:323—328)。

理的时间和精力。这时,疑问语气副词"到底"就形成了。正因为在语法化之初"到底Q?"表示要把问题Q询问到底,所以,在句子语义结构中,Q最初是询问类言说动作支配的对象[①],也可以把Q问句看作"说"类隐性言说动词的宾语从句。因此,在"到底"语法化后,"到底"所在问句仍滞留有其语法化之前的特点,即只能是可以从句化的问句,如特指问、选择问和正反问,而不能是不能从句化的是非问。这样,我们就成功回答了§5.2中提出的问题。

本小节所述"到底"创新意义的解读和固化机制同样适用于"到头""究竟""至竟"等词。这正好满足了语义重新分析得以发生的匀质性条件:某种语义上的重新分析机制要高度固化,从而使获取某创新解读的过程不再花费心力,则该重新分析必须足够概括,以便覆盖多个具体示例(关于语义重新分析发生的匀质性条件,详见Eckardt 2006:181—183)。

5.4.2 一点质疑:语法化一定要以高频为条件吗?

上面的论述表明,疑问语气副词"到底"的形成跟言域言说概念"问/说"的零编码密切相关,跟表示催促的祈使语境或宣示决心的陈述语境相关。这样,疑问语气副词"到底"的形成似乎要同时满足以下三个条件:①经常出现在问句中;②"问/说"概念经常不编码(详见§3.1.2.2.2);③用于祈使或陈述语境。而且,按照主流语法化观,同时满足这三个条件的"到底"的用例应该很多才能发生重新分析。第二章的考察表明,疑问语气副词"到底"的大规模出现在清代。按照主流看法,要疑问语气副词"到底"在清代大规模出现,那么,同时满足以上三个条件的介宾短语"到底"至迟到明代就应该使用频率很高。可是,我们检索了明代《水浒传》《金瓶梅》《平妖传》等众多作品,却发现同时上述条件的介宾短语"到底"在明代文献中很少。这一现象启发我们思考"语法化一定要以高频为条件吗?"。与此相关的是,语法化是否一定是渐变过程?是否可以离开历时而单对语法化进行共时研究?本小节尝试在这方面做些理论探讨。

5.4.2.1 高频与渐变、低频与突变

在语法化研究中,学者们往往非常强调频率因素,认为语符的用频足够高才能发生语法化。这看似有一定道理,因为任何工具反复使用就会产生磨损,语言作为一种交际工具,自然也不例外。语符越常用,人们就越熟悉,

---

[①] 关于言说概念的零编码,详见本书§3.2.2.2.2。

言语中的速读、速说或书写中的速写、简写规则就越容易对它起作用,从而越会引发形态简化和语音弱化(Heine 1993:109—111)。但是,上述倾向不能绝对化为不可违反的原则,不能说发生语法化的语符必须用频很高。"发生语法化的语符必须用频很高"和"语法化过程一定是个渐变过程"这两种观点紧密相关,因为用频往往是在时间流逝中逐渐提高的。所以,高频与渐变、低频与突变是紧密相关的。语法化是个渐变过程,语言项目必须高频出现才能语法化,这是语法化研究领域比较流行的观点。比如,Hopper 和 Traugott(2001:103)指出:"使用频率是语法化的一个重要因素。一个项目在话语中出现得越频繁,就越易语法化。"在 Bybee(2003)提出的语法化机制中,频率是首要的决定性机制(Bybee & Thompson 1997)。我们认为,高频固然极易导致语法化,但语法化未必总以高频为条件。为了理解这个问题,必须找到高频背后的推手。高频背后的推手是语法化之初创新意义的心理解读难度,即创新意义的可学性(learnability)。具体语言使用者的创新用法心理解读难度越大,则该用法越不会被广泛接受,越不可能从个体一时一地的创新用法演变为语言社团约定俗成的惯用法。那么,用频就不会高(但反之不然,即:用频不高,解读难度不一定就大)。决定语法化之初创新意义心理解读难度大小的核心因素是语言形式本身有无表层条件为创新解读提供启发。比如,在"到底"表示追究语气的创新用法的解读过程中,"到底"优选表示过程事件的 CSF 作为其组合对象,这种常识要求听者从"到底"的现存组合对象中搜寻这种 CSF。在搜寻失败时,就转而搜寻该现存组合对象能否激发一种符合要求的 CSF。结果,由于"到底"的现存组合对象——问句——很容易激发一个提问行为。换言之,这时提问行为处于可及状态。而提问是一个过程事件,正好满足了"到底"的语义选择要求。如果"到底"的现存组合对象不易激发一种过程事件,即不能给听者提供一种通向过程事件解读的启发,整个创新意义的解读就很困难,创新用法就不会被接受。因此,高频一定以心理解读难度小为条件,但心理解读难度小不一定导致高频。创新用法的出现频率还要受其他因素的影响。这些因素包括个体喜好、创新用法所示内容是否日常生活必需、语言中是否有表示这种创新意义的现存形式。因此,某语符会不会语法化与用频高低之间没有必然联系,倒是与其创新用法心理解读难度之间有必然联系。再加上文献缺失及书面语对口语反映的滞后与片面,我们就更不能仅依据语符在传世文献中的用频高低来衡量它是不是某功能成分语法化的源头。因此,我们不能说语法化一定是渐变过程,它也可以是突变过程(Bybee, et al. 1994)。Hoffmann(2005)的研究也证实了这一点。Hoffmann 通过对英语 300 多个"介+名+介"(记作 PNP)式复合介词(如 in terms of、with regard to、in spite of 等)的考察,得出结论:很多 PNP 式复合介词的产生是突变,没有任何渐变痕迹。这可能是因为语法结构的心理表征还受到用频以外的其他因素的影响(Hoffmann 2005:13)。Hoffmann 的研究对我们具有非常重要的启发作用。该书被 Anthony McEnery 和 Michael Hoey 誉为"对语法化和语料库语言学感兴趣的语言学者的必读之作"。

5.4.2.2 低频、突变与语用法的语法化

某些语法化可以在相对较短的时间内,在不经过漫长的量变积累的情况下突然发生,即在历史语料中出现频率很低。所以,只要创新意义心理解读难度小,我们就可以立足于发生突变的那一时期来研究语法化现象。因此,完全可以从共时的、相对静止的角度来研究语法化,即从共时的交际、认知、篇章功能角度来研究语法化。这种研究的对象就是语用法的语法化或固化。有些激进主义者甚至提出"共时语法化研究"的概念,以与传统的实词虚化等历时语法化研究相区分。应该承认,在严格意义上,运动是绝对的,时间总是不停流逝的,不存在共时语法化,凡是"X 化"都涉及到一种变化过程,而过程是与时段而非时点相连的。所以,语法化研究最好还是要做到共时考察和历时考察相结合。但是,相对静止也是存在的。因此,只从共时平面的交际、认知、功能角度研究某些突变型语法化(尤其是刚刚启动、尚未完成的语法化)也应该被允许。总之,我们认为,语法化的共时研究在某些时候可以离开历时考察而独立进行。但是,语法化的历时考察如果离开共时观照,就成了单方面的线索追溯,会造成跟历史语法研究的重合。

5.5 近代汉语中"究竟"义"到底"的后续演变

经考察发现,在北京话、东北话、中原官话(江苏丰县话)等方言中,语气副词"到底"可以表示委婉催促语气,犹普通话中的"倒是"。例如:

(50)嘀嘀嘀,你想得倒美。我跪?我跪你能长记性吗?……今天咱们<u>到底</u>看看,是你跪还是我跪。(王朔《编辑部的故事》)[①]

[①] 与此相似的是,"到头"有时也可以表示委婉催促语气,相当于"倒是"。例如:
(1)"好,那么一来有平安的日子过了。"大有近乎祷祝的赞美。杜烈摇摇头说:"<u>到头</u>看吧,过些日还不是一个样!"。(王统照《山雨》)

(51)"发生了什么事吗?"徐家光担心地问。衣廷秀第一次这么闷着脸。呆了半天才说:"没有什么说头!""你怎么变了样? 到底说呀! 嘴肿了吗?"(雷加《春到鸭绿江》第 138 页)

(52)小银子的娘:"你到底说呀! 是怎么回事? 要是你对的话,我就给你倒地方。"(张毓茂《小银子和她的家族》)

上几例中的"到底"表示委婉催促语气,所在句子都是祈使句。为了论述方便,下文把这种"到底"称为"祈使语气副词",记作"到底$_4$"。那么,"到底$_4$"在汉语史上是什么时候形成的? 又是怎样形成的呢?

语料考察显示,"到底$_4$"在清代开始大规模出现。在清代共约 970 万字的语料中凡 20 见。以下这种过渡语境的出现说明"到底$_4$"很可能是从疑问语气副词"到底"(即"到底$_3$")演变而来的。

(53)苍头见众人一口同音,又不好与他们分辨惹气,只得问道:"你们到底说他是神仙,是妖怪? 你们是被他所惑。"(清·醉月山人《狐狸缘全传》第 9 回)

(54)那妇人说:"你只不叫关门,你到底说明白了你是谁呀?"(清·文康《儿女英雄传》第 7 回)

上两例中,"到底"既可理解为"倒是"义祈使语气副词,跟"说 Q"结合来催促对方说出问题 Q 的答案(即催答);又可理解为"究竟"义疑问语气副词,跟 Q 结合来追究问题答案。① 比如,例(53)中的引语既可理解为"你们倒是说呀,他是神仙还是妖怪?",又可理解为"你们说他到底是神仙还是妖怪?"。作后一种理解的前提是"到底$_3$"可以游移出疑问句的辖域。该过程可以表示为[其中,IIM 表示追问标记(interrogative intensifying marker),如"到底""究竟"等;V_{dict} 表示言说动词]:

$$\underset{\longleftarrow}{V_{dict}} + Q[...IIM-...]$$

---

① 追问和催迫之间的语义关联可以从下面例(2)中"快"和疑问代词的共现、例(3)中在疑问句后用表示祈使语气的感叹号和例(4)"到底"问句的句末用表示催促语气的"吧"等现象中看出。

(2)赵老:你到底干嘛来啦? 快说,别麻烦!(老舍《龙须沟》)

(3)"……我想问一下,这围墙到底怎么修啊!"马而立站起来了。(陆文夫《围墙》)

(4)你到底什么时候走吧? (北大中文系现代汉语教研室编《现代汉语》)

验之于语言事实,汉语史上"到底"等追问标记确实有游移用法(详见§3.3.2和§6.6)。例如:

(55) 刘中丞……讲到:"钦差来到这里查办事件,到底不晓得几时可了……"(清·李伯元《官场现形记》第18回)[试比较:褚家娘子道:"……也不知倒底是甚么因由。"(清·文康《儿女英雄传》第14回)]

(56) 毕竟不知后事如何,且听下回分解。(清·荻岸散人《平山冷燕》第12回)[试比较:不知后来毕竟如何,且听下回分解。(清·荻岸散人《平山冷燕》第3回)]

(57) 公子越听这话越加可疑,便道:"究竟不知谁无端的造我这番黑白,其中一定还有些无根之谈,这事却不是当耍的!"(清·文康《儿女英雄传》第23回)

上几例中,"到底"等疑问语气副词从疑问从句游移到了主句谓语中心"不晓得""不知道"前。当然,"到底"等词的这种变化也可看作是"不晓得""不知道"等主句谓语中心(跟英语 I think、you know 一样)话语标记化的副效应。① 总之,"到底"等脱离问句的统辖使它们有可能被重新分析为表示催说的祈使语气副词。

我们知道,追问标记"到底"是协助追究问题答案的。追问,换一个视角看,就是催答。这样,当"到底"从疑问句扩散到祈使句时,就有可能从疑问语气副词演变为祈使语气副词。例如:

(58) 门里闪出一个中年妇人,问那女子……说:"我只当是我们大师傅呢!你是谁呀?"说着,就要关那门。那女子探身子轻轻的用指头把门点住。那妇人说:"你只不叫关门,你到底说明白了你是谁呀?"(清·文康《儿女英雄传》第7回)

(59) 舅太太忙劝道:"你们娘儿三个且别尽管哭哇,到底问问那个小子,怎么就会出了这么个岔儿?……"(清·文康《儿女英雄传》第40回)

---

① 考虑到这些追问标记还能发生从"T,到底 SVO?"或"T,S 到底 VO?"到"到底 T,SVO"(其中 T 表话题)的变异(详见§6.6),我们选择将这种变化统一看作是"到底"等追问标记本身的位置变化。

例(58)中"到底"问句有前导问"你是谁呀？"。这说明"到底"问句是在问未获答(即询问受阻)语境下出现的追加询问,因而在言者那里"到底"是个疑问语气副词,它参与实现的语用功能是追问(即协助追究问题答案)。但是,由于在表层句法结构中"到底"直接修饰的成分是言说动词"说",因而听者会认为"到底"参与实现的语用功能是催答。保证这种重新分析得以实现的语义基础在于追问是通过催答来实现的。简言之,例(58)中加波浪线的句子,在言者看来,是"你说明白了'到底你是谁呀？'"的变异形式；在听者看来,是"你到底倒是(把话)说明白了！"和"你是谁呀？"的缩合形式。这样,在听说双方之间发生从疑问语气副词(即"到底₃")解读到祈使语气副词(即"到底₄")解读的转变是完全可能的。

进一步把上述可能转变为现实的是,第一,追加问句的隐退使得"到底"离疑问点的表层距离越来越远,使其越来越不可能做疑问语气副词解读。例如：

(60) 姑娘道："怎么又会下不来炕了呢？"……只这一句,再也听不见他答应。此时把个姑娘怄得冒火,合他嚷道："是怎么下不来？你<u>到底</u>说呀！凭他甚么为难的事,你自说,我有主意。"(清·文康《儿女英雄传》第8回)

(61) 花冲(对蒋平)说："你是自小儿出家,还是半路儿呢？还是故意儿假扮出道家的样子,要访什么事呢？要实实说来。快讲,快讲！"……花冲对蒋平道："你<u>到底</u>说呀,为何迟疑呢？"(清·石玉昆《三侠五义》第66回)

上两例跟例(58)不同,句中"说"后无前导问句的拷贝形式；而且,次例中"到底"后面的"说"跟其问题宾语之间有较大停顿,这样听者就更难把"到底"理解为从疑问句中游移出来的疑问语气副词了。因此,多数人倾向于把上两例中"到底"理解为"倒是"义祈使语气副词。第二,后来,"到底"从(追加)询问语境扩展到普通言说语境。这样,它就完全不能做疑问语气副词解读了,只能做祈使语气副词解读。其催促功能也从催答泛化为催说,作用对象从作答行为扩展到普通言语行为。例如：

(62) 那女子说："钟不打不响,话不说不明。有话<u>到底</u>说呀,怎么哭起来了呢？……"(清·文康《儿女英雄传》第5回)

(63)（湘云）见碗里有半个鸭头，遂拣出来吃脑子。众人催他："别只顾吃，到底快说了。"（清·曹雪芹《红楼梦》第 62 回）

(64) 你到底说话，别只伴憨。（清·曹雪芹《红楼梦》第 62 回）

(65) ……便问："闹出什么事来？"那婆子又说："了不得，了不得！"王夫人哼道："糊涂东西，有紧要事，你到底说呀！"（清·曹雪芹《红楼梦》第 103 回）

(66) "日军，日军在……""日军在抢东西，是吗？""不是，不是。你静下来慢慢说！""日军，日军在……"巴布哭了起来。"什么事，你到底说呀！"吴良金也急了。（林礼明《贵妇贱婆》第 216 页）

第三，语气副词"到底"彻底摆脱言说语境，进一步发生功能扩展（functional expansion），所在句子从表示催说演变为表示催做——催迫对方做某事。相应地，"到底"对跟它搭配的动词的语义选择限制从[＋言说动词]放宽到[＋自主动作动词]。例如：

(67) 宝玉道："我记的明明儿放在炕桌上的，你们到底找啊。"（清·曹雪芹《红楼梦》第 90 回）

(68) 小孩子家，你到底留神呀！（清·石玉昆《三侠五义》第 61 回）

(69) 叫我走，到底拿我东西来，难道硬留下不成。（清·石玉昆《三侠五义》第 67 回）

(70) 内相哈哈笑道："你到底打开呀，谁叫你吃盒子呢？"（清·石玉昆《三侠五义》第 80 回）

(71) 那矮胖女人……蹲身下去就拿他那条手巾给老爷掸靴子上的那块泥。……扬着脸儿说："你到底撬起点腿儿来呀！"（清·文康《儿女英雄传》第 38 回）

例(62)和例(71)出自同一文献，"到底"句在例(62)中表示催说，在例(71)中表示催做。可以说，到第三步完成后，"到底₄"已彻底形成。"到底₄"正式形成后，就会跟"到底₃"及其近义词分道扬镳。比如，在下两例中，"究竟"表示追究语气，"到底"表示催促语气。例(73)中，"催问""追问"表明，追问和催答虽是一体两面关系，但可以用语言形式分别编码。

(72) 瑞列维却娃："但是他究竟是谁呢？你到底说呀！"（施友松译《奥若什科娃小说选》第 294 页）

(73)她支支吾吾了一阵,未能自圆其说。他大疑,非要弄明白其中缘故,催问道:"这<u>究竟</u>是怎么回事?你<u>到底</u>说呀!"他连连追问。(林淇《民国第一小姐》)

综上所述,随着语气副词"到底"的使用场合从追问语境扩展到言说语境,再到一般祈请语境,"到底"逐步放宽对搭配对象的语义选择限制(从言说动词到自主动作动词),从表示追究的疑问语气副词演变为表示催促的祈使语气副词,其间"到底"句的功能演变路径是:追问→催答→催说→催做。从追问到催答以认知上的视角转换和逻辑上的求逆运算为基础。从催答到催说,再到催做,是语用功能的泛化,因为催答也是一种催说,催说也是一种催做。不过,催答是催促听者回答问题,催说是催促听者发出某言语行为。所以,"催答→催说→催做"实际上就是从对特殊言语行为的催促到对一般言语行为的催促,从对特殊行为的催促到对一般行为的催促。执行以上四种语用功能时,"到底"句的逻辑结构可以表示为:

①追问:want′(x,[BECOME <u>answered′</u>(question)])∧DO(x,[<u>ask-a-gain′</u>(x,y,question)CAUSE[BECOME answered′(question)]])

②催答:want′(x,[BECOME <u>answered′</u>(question)])∧DO(x,[<u>urge-to-answer′</u>(x,y,question)CAUSE[BECOME answered′(question)]])

③催说:want′(x,[BECOME <u>known′</u>(something)])∧DO(x,[<u>urge-to-say′</u>(x,y,something)CAUSE[BECOME known′(something)]])

④催做:want′(x,[BECOME <u>done′</u>(something)])∧DO(x,[<u>urge-to-do′</u>(x,y,something)CAUSE[BECOME done′(something)]])

起不同语用功能的"到底"句在句法表现上的不同,其实是上述逻辑结构在向论元结构,并经论元结构向句法结构投射时的投射方式(即投射到什么句型、什么句法位置、哪些项被抑制)决定的。比如,在②—④中,"到底"统一的语用功能就是表示催促语气,催促是一种祈请。所以,②—④中的逻辑结构投射到祈使句。而①中的逻辑结构只能投射到疑问句,因为追问是询问的一种。②—④中,urge-to-answer、urge-to-say、urge-to-do 里的 answer、say、do 分别投射为句子谓语中心;y 投射为祈使句主语,而①中 y 没有向句法平面投射。"到底"句的上述四种逻辑结构可统一表示为:want′(x,LS$_2$)∧DO(x,[LS$_1$...CAUSE...LS$_2$])。

"到底"从疑问语气副词向祈使语气副词的演变过程,既是一种语用推理的固化,又是一种主观化,因为祈使语气副词"到底"的语力更强,用在言域能保证言者突破听者的心理或社交阻碍从而促成某事(通常情况下,让别人做某事比让别人回答某问题更难)。由于阻力来自言域中的交际对方,因而从疑问语气副词到祈使语气副词的演变是交互主观性增强的过程。使用"到底₄"比"到底₃"更需要[成阻]这个条件。能够为上述分析提供旁证的是,"到底₃"始见于晚唐,在元明就已变得比较常用(详见上文表3-1、表3-2),其游移用法在明清时期出现,而"到底₄"的完全形成则在晚清。

5.6 余论

5.6.1 语气副词"倒是"对"到底"多功能模式的复现

现代汉语里用于言域的语气副词"倒是",《八百词》释作"用于追问或催促"。陶然等(1995:60)则明确指出,"倒是"用于反问句,表示催促或追问,有时有"到底"义。例如:

(74) 她焦急地问道:"你倒是去不去呀? 若不去,我们就走了。"
(75) 人家要订婚,你倒是愿意不愿意? | 说老实话,你倒是干过那事没有?
(76) 你倒是说说看! | 你倒是说句话呀!
(77) 我到底还有多少天活头呀? 你们倒是给我问问大夫。(韦君宜《夕阳赋》)

上几例表明,现代汉语中"倒是"确实兼有表示追究语气和表示催促语气两种用法。表示催促语气的"倒是"用在疑问句中有追究意味(张谊生2000a)。例(74)—(75)中"倒是"虽可释作"究竟",但它表示追究语气的用法是从表示催促语气的用法演变而来的。比如,例(74)中"你倒是去不去呀?"可理解为"你倒是说呀!"和"去不去?"的缩合。这么看来,似乎不必为现代汉语中的"倒是"单列出"表示对问题答案的追究语气"这个义项。但是,为了讨论方便,我们暂且把用在疑问句中表示追究语气和用在祈使句中表示催促语气看作"倒是"的两种用法。把这两种"倒是"分别看作疑问语气副词和祈使语气副词。①

历史语料调查表明,在汉语史上,言域"倒是"经历了从祈使语气副词向疑问语气副词的演变。发生这种演变的条件是"倒是"跟言说动词共现于疑问句。比如,下几例中"倒是"跟言说动词"说""讲"共现,但只是表示催促的祈使语气副词,犹"还是",不是表示追问的疑问语气副词,因为这两例中"倒是"跟"说"的共现不是在疑问句中。

(78)十三妹笑道:"既不曾定亲,问着你,你这也'飞也',那也'飞也',尽着飞来飞去,可把我飞晕了,倒是你自己说说罢!"(清·文康《儿女英雄传》第9回)

(79)宝玉道:"你念了懂的吗?你要不懂,我倒是讲讲这个你听罢。"(清·曹雪芹《红楼梦》第92回)

当语气副词"倒是"跟言说动词的共现从祈使句扩散到疑问句,换言之,当跟"倒是"共现的言说动词带问题宾语时,"倒是"就有可能从祈使语气副词被重新分析为疑问语气副词。② 经考察,我们发现,至迟在《红楼梦》成书时代,疑问语气副词"倒是"就已比较成熟。比如,下两例中的"倒是"可替换为"到底""究竟"。

(80)红玉向外问道:"倒是谁的?也等不得说完就跑,谁蒸下馒头等着你,怕冷了不成!"(清·曹雪芹《红楼梦》第26回)

(81)袭人听说道:"姑娘倒是和我拌嘴呢,是和二爷拌嘴呢?"(清·曹雪芹《红楼梦》第31回)

至迟在清末民初,疑问语气副词"倒是"就已完全成熟。因为在清末民初的

---

① 这么做还因为在有些方言(如陕西安康城区话)中"倒(是)"仍然可用作表示追问语气的副词。例如:
(5)你倒还去不?| 饭做好都喊你三遍了,你倒吃不吃?(杨静 2007:10)
② 汉语史上"倒是"的这种演变在方言中可以窥见一斑。在今山西运城万荣话中,"倒是"既可以用作表示催促的祈使语气副词,又可以用作表示追究的疑问语气副词。例如:
(6)这事哪个谁办哩?你倒是言传说话!(晋语·山西运城万荣话)
(7)你倒是情愿不情愿?给个肯话儿。(晋语·山西运城万荣话)

第五章 "究竟"义"到底"的共时特征与历时演变

北京话作品《小额》中,表示追问语气都用"倒是",不用"到底"或"究竟"。① 例如:

(82)小额说:"……兄弟倒是贵姓?"(刘一之标注、松友梅著《小额》,第35页)

(83)善大爷……说:"你、你、你别费话,倒是甚么事?"(刘一之标注、松友梅著《小额》,第24页)

(84)善哥,……老大爷倒是在家没在家?……(刘一之标注、松友梅著《小额》,第29页)

因历史语料缺失,下面仅以后时语料为例,说明"倒是"从祈使语气副词向疑问语气副词演变的机制。

(85)善金真气极啦,冲着善全说:"你出去半天,回到家里,说不清道不明的,倒是甚么事呀?"(刘一之标注、松友梅著《小额》,第22页)

例(85)中"倒是甚么事呀?"可视为"倒是说呀!"("说"隐于语境。关于言说概念的零编码,详见§3.2.2.2.2)和"甚么事?"的缩合。缩合前,"倒是"是祈使语气副词,表示催促语气;缩合后,"倒是"被重新分析成了疑问语气副词,表示追究语气,只是追究色彩比"到底"弱。这种缩合之所以成为可能,是因为提问行为预设言说动作的存在(参见§3.2.2.2.4)。所以,"倒是说Q"可缩合为"倒是Q"。之所以需要这种缩合,是因为在催促语境中言者急于知道问题答案,所以来不及也无需对言说概念进行编码。

既然疑问语气副词"倒是"源自祈使语气副词"倒是",那么祈使语气副词"倒是"又是如何形成的呢? 当是从知域评注语气副词"倒是"演变而来。语料调查表明,评注语气副词"倒是"表示反预期意义时,通常可以替换为"反倒(是)"。反预期包括反期望和反预料。"反期望"指根据常情②个体X应该具有属性P,可事实上他具有$\overline{P}$这种属性。例如:

---

① 其实,在《小额》中,我们还可看到这种演变可能经历了从句末有"呀"类催促语气词到没有语气词的演变。这一点对比例(82)—(84)和例(85)即可知。

② 常情,在这里特指社会公众对特定情境中某种角色的道德期望。比如,在来客的情况下,社会公众对主人的道德期望是热情招待;在做错事的情况下,社会公众对当事人的道德期望是认错、致歉,等等。

171

(86) 你这种人呀,好事不干,坏事倒是不少干。

(87) 该说的不说,不该说的倒是说个没完。

上两例中,社会公众对交际模范(model person,参见张秀松 2009)的道德期望是多做好事(至少不做坏事)、该说的说(不该说的不说),可主体的实际表现跟这种常规期望相反。"反预料"指客观事实跟言者依据常识而对事件发展结果做出的主观推论或预测相反。例如:

(88) 钱公布道:"妇人倒是有情的,只是这皮匠有些粗鲁,不好惹他。"(明·陆人龙《型世言》第 27 回)

(89) 这事看起来倒是不难,可做起来就不容易了。①

(90) 大尹自己缉获不着,倒是钱大王送来,好生惭愧。(明·冯梦龙《喻世明言》第 36 卷)

(91) 定哥道:"……说他没福!看来倒是我没福!"(明·冯梦龙《醒世恒言》第 23 卷)

(92) 王太守进内见了夫人道:"今日邀李家年侄与儿子、女婿作文,可笑我两儿、女婿枉带这顶头巾,文理俱不甚通,倒是李郎虽未进,却大有才气,看来不只一青衿终身。"(明·陆人龙《型世言》第 18 回)

例(92)中,言者王太守根据常识(即教育和家庭出身好的人通常更会作文),预料个体 X_n(即其子/婿)比个体 X_m(即李郎)具有属性 P(即会作文)的程度更高,可实际情况跟这种预料相反,子婿的作文文理不通,李郎却显得大有才气。换言之,言者根据常识预料个体 X_n 比个体 X_m 更可能具有属性 P,而事实恰恰与此相反。"倒是"就凸显这种反预期义,所以才可以用在转折关系复句中,表示对预期的逆转。李焱(2006:207—219)甚至把它看作表示转折的关联副词。

那么,"倒是"是如何从评注语气副词演变为祈使语气副词的呢?语料调查显示,这种演变的发生条件是 X_n 失去对比项 X_m。例如:

(93) 人有聚就有散,聚时欢喜,到散时岂不清冷?既清冷则生伤感,所以不如倒是不聚的好。(清·曹雪芹《红楼梦》第 31 回)

---

① 石毓智(2006:308—309)认为,此例中这种"倒是"表限止和让步。它可能是表转折的"倒是"(如例(92)所示)的源头。因为从表示限止到表转折的语义演习见于"但是""只是""可是""不过"等词。

上例去掉"倒是",命题义基本不变。元语"倒是"的作用仅在于暗示听者:言者认为,其评价(即"相聚不如不聚好")跟人们常规预期或听者特定预期相反。"倒是"分句中跟"不聚"相对的"聚"处于退隐状态。其退隐为评注语气副词"倒是"(即"反倒(是)"义"倒是")通过语境吸收发展出表示委婉建议的祈使语气副词(即"还是"义副词)用法提供了便利。当跟 X_n 相对比的 X_m 在语境中退隐,并且 X_n 作为一个自主个体,可通过补救行为使事情发展结果跟言者预期相符时,祈使语气副词"倒是"就有可能进一步从表示委婉建议语气演变为表示催促语气。换言之,评注语气副词"倒是"用于如下语境就可演变为祈使语气副词:言者明知,按照常情常识,听者应该做某事,且在当前语境下,言者期望听者做某事,而听者尚未或不愿做某事。这时,言者会使用元语"倒是"暗示听者尚未或不愿做某事跟常规预期或言者特定预期相反,言外之意是听者<u>应该赶快补做</u>。言者的这种言外之意(间接催促义)作为一种会话含义可以被听者重新分析为"倒是"的创新义。这种创新义经过扩散可以规约为"倒是"的新义位。所以,祈使语气副词"倒是"的委婉催促用法是滞留有反预期义的委婉建议用法在特定语境中的主观化,是会话含义规约化的结果。例如:

(94)林黛玉道:"你<u>倒是</u>去罢,这里有老虎,看吃了你!"(清·曹雪芹《红楼梦》第 28 回)

(95)十三妹道:"还管着他归着家伙吗!你老人家<u>倒是</u>沏壶茶来罢。"(清·文康《儿女英雄传》第 9 回)

(96)老爷道:"……你<u>倒是</u>在那里弄些吃的来,再弄碗干净茶来喝。"(清·文康《儿女英雄传》第 14 回)

上几例"倒是"都用在委婉建议语境中,字面上表示听者尚未或不肯 VP(比如例(94)中听者不肯去,例(95)中听者尚未沏茶而忙着收拾碗筷)跟常规预期或言者特定预期相反,是颠倒的,实则表示委婉建议语气,犹"还是"。

综上所述,语气副词"倒是"表示委婉建议、委婉催促和追问语气,其演变路径是:

表反预期义	→	表委婉建议语气	→	表委婉催促语气 [催说-催答]	→	表追问语气
评注语气副词		I类祈使语气副词		II类祈使语气副词		疑问语气副词

观察可知,"倒是"用作评注语气副词时,如在例(86)—(92)中,可替换为"反倒";用作 I 类祈使语气副词时,如在例(94)—(96)中,可替换为"还是";处

在从评注语气副词向Ⅰ类祈使语气副词演变过程中时,如在例(93)中,既可替换成"反倒",又可替换成"还是";用作疑问语气副词时,如在例(80)(81)中,可替换成"到底"。不难看出,语气副词"倒是"的最后一步演变跟"到底"正好相反。

5.6.2 语义滞留原则对"到底"的独特用法的解释

那么,为什么汉语史上疑问语气副词"到底"会演变为祈使语气副词,而疑问语气副词"究竟""毕竟"等却没有演变为祈使副词呢?按理说,"究竟""毕竟"等有发生这种演变的可能,因为根据我们对清代共约970万字的语料的统计,疑问语气副词"究竟""毕竟"的用例数分别是101例和97例,虽然没有"到底"的360例多(详见表3-1、表6-4、表7-1的相关统计),但也不少。对上述问题的一种可能的回答是,疑问语气副词"究竟""毕竟"的这种潜能没有能转化为现实,即它们没有发生向祈使句的语境扩展。那么,它们为什么不能从疑问句扩散到祈使句中呢?我们认为,这是语义滞留原则起作用的结果。因为在"究竟""毕竟""到底"中,只有"到底"的本义表示位移运动,位移运动跟活动的最大不同在于,它一定是在克服(摩擦)阻力的前提下进行的。换言之,"到底"的语义结构中必然含有[＋除阻]义素(对阻碍因素的排除)。所以,它向言域扩展从而协助言者冲破听者的(心理)阻碍来促成某事,就显得更自然,因为祈使语气副词"到底"协助实施的言语行为是催做,催做的前提是对方尚未做或不肯做某事,催做就是除去来自对方的这种阻力(即除阻)。

5.7 小结

本章§5.1—5.3立足于共时横面,在界定"到底"追问标记和语力限定算子地位的基础上,考察了其句法限制和语用模式;并从言语行为理论中以言行事的合适条件角度,解释了为什么追问标记"到底"的优选话语模式是承上(对初始询问的重复或追加)启下(引起答句,问答之间通常不能插入其他会话邻对)。

§5.4—5.5立足于历时纵面,考察了"到底"表示追究语气的用法在语法化之初的心理解读过程和疑问语气副词"到底"在汉语史上的后续演变。§5.4论证:短语"到底"的语义搭配要求(即要求其补足语的语义类型是过程)在表层句法形式"到底Q?"中得不到满足,这促使"到底"对Q施加语义类型逼迫,而 Q 的物性结构中有一个施成角色,其物性值(即询问)的语义类型正好是过程,能被"到底"逼迫出来,继而与"到底"发生互组运作,保证听者能通过"到底"对"说/问到底"的转喻性重构来解读出其追究语气用法。这种语义上的"类型逼迫→类型转换(转喻性重构)→互组"运作在听者心理高频复现导致听者走上花园小径,直接从跟问句 Q 共现的"到底"身上解读出其追究语气用法。这项考察引发了我们对语法化研究中创新意义心理解读难度、复现频率与语法化过程是否一定是渐变过程之关系的思考。

§5.5 在"倒是"的历时演变和共时多功能模式的参照下,阐述了"到底"从表示追究的疑问语气副词向表示催促的祈使语气副词演变的路径和机制,论证它跟"倒是"从表示催促的祈使语气副词演变为表示追究的疑问语气副词的方向正好相反,这表明有些语法演变似乎是可逆的,并不总具有单向性。§5.5 还从语法化理论中的语义滞留原则角度,对为什么"到底"有而"究竟""毕竟"等无祈使语气副词用法做出了解释。本书认为,是词语的本义决定了其语法化方向。"到底"的本义是"(位移运动)到底端/到尽头",而位移运动都是运动体在克服与接触面之间的摩擦阻力的前提下进行的。而"究竟""毕竟"的本义跟位移运动没有关系(详见第六、七章),所以其本义中没有潜藏[除阻]义素。这使得它们不能向祈使语气副词演变。在近代汉语中,"到底"还发展出了"无论如何"义肯定语气副词用法(详见§9.2.1)。把本章和第二、三章及§9.2.1 的考察结果结合起来,则可把"到底"的历时演变勾勒如下。

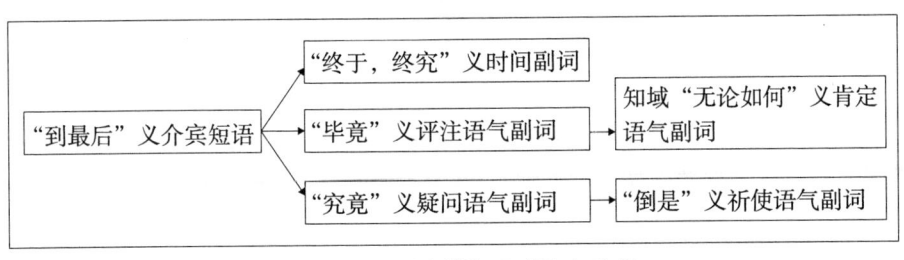

图 5-4 "到底"的历时演变路径

第六章 "究竟"的共时变异与历时演变

6.1 引言："究竟"究竟有多少种用法？

根据《现代汉语词典》《现代汉语八百词》等辞书，在现代汉语中，"究竟"既是名词，又是副词。名词"究竟"意即"原委，真相"，例如"这件事我也想弄个究竟。"副词"究竟"有两种用法：一是作为评注语气副词，用于陈述句，强调原因或事物的根本特点，犹"毕竟"（记作"究竟$_2$"）。二是作为疑问语气副词，表示对问题答案的追究语气，犹"到底"（记作"究竟$_3$"）。例如：

(1) 有的说比两万五千里长征还艰苦,可是这<u>究竟</u>是在胜利中前进。（刘白羽《火光在前》）
(2) 问题<u>究竟</u>在哪里呢？｜<u>究竟</u>室内温度有多高？｜这台机器<u>究竟</u>好用不好用？

在语料调查中，我们发现，现代汉语中"究竟"的有些用例用通行辞书的释义都解释不通。例如：

(3) 孔子的人生哲学正是以个人为本位,它的<u>究竟</u>是望人人成为俯仰无愧的圣贤。（郭沫若《文艺论集·论中德文化书》）
(4) 万古常新,千秋不朽的杰作,论它的<u>究竟</u>,亦不过狗抓肉骨头而不得（不足）,人想交合而先相对鞠躬（有余）这一类把戏而已。（俞平伯《文学的游离与其独在》）

上两例中"究竟"做定中短语的中心语，是名词，但似乎不能释作"原委,真相"，更宜释作"根本要义,本质"。由于共时变异是历时演变的投影，所以，

根据上两例,我们预测:①名词"究竟"在古代汉语中很可能不只有"原委,真相"义。再如:

(5) 赵良说:"兵和匪也差不究竟。"(林下《青春劫》第82页)
(6) 老孙头……把手里的貂皮递给萧队长看:"这有啥好?我看和狗皮猫皮差不究竟。"(周立波《暴风骤雨》第Ⅰ部第18节)
(7) 孙涵泊没有世俗,他不认作是神就敬畏……也不认作是裸体就产生邪念,他看了就看作是人的某一部位,是妈妈的某一部位,他说了也就完了,不虚伪,不究竟,不自欺不欺人,平平常常,坦坦然然,他真该做我的老师。(贾平凹《我的老师》)
(8) 偷富济贫是道德还是非道德?有人称赞这种行为是侠义作风,大加喝彩。但是,就佛法来看,仍然不究竟,贫穷的人虽然被救济了,但是却侵犯了富有的人家。(清云法师等《佛教与生活》第105页)
(9) 有为法虽然不真实、不究竟,可是你把它扔了,你的佛道难成。(《黄念祖居士佛学讲记》第390页)

上几例中"究竟"都受"不"修饰,故不大可能是名词。"究竟"在句中做谓语或补语,且又是双音节,故也不大可能是副词。根据其语法分布,我们推测,"究竟"在例(5)(6)中是"到哪儿"义短语,在例(7)中是"追究"义动词,在例(8)(9)中是"彻底"义形容词。因共时变异是历时演变的投影,根据例(5)—(8),我们预测:②"究竟"在古代汉语中有短语、动词和形容词三种性质,下文分别记作"究竟。""究竟ᵥ""究竟ₐ"。既然现代汉语中副词"究竟"有知域("毕竟"义)和言域("究竟"义)用法,那么根据领域扩散论,可以预测:③副词"究竟"在历史上当还有行域用法。又由于语法化受语义滞留原则的作用,词语的语法功能往往是其语义在语法结构中的延伸,源义相同或相近的词很可能有着相同或相近的语法化路径(Henie et al. 1991),因而可以预测:④行域"究竟"跟"到底"一样,是强调结果的时间副词,意即"终于,终究"(下文记作"究竟₁")。⑤"究竟"在历史上当也有"完结"义。

那么,上述预测能否得到汉语史相关事实的证实呢?下文将逐一验证,并用"究竟"的历时演变来说明其共时变异的复杂性。特别是,将在汉译佛经中"究竟"的参照下,对例(3)—(9)中多少有些特异的"究竟"的词义做出准确解释。

本章§6.2考察现代汉语中"究竟"用作评注语气副词和"原委,真相"

义名词时的句法和语义特点。§6.3探讨"究竟"的原始结构和本义。从§6.4开始,探讨"究竟"的历时演变。历时考察分两步:第一步,在§6.4考察"究竟"的名词、形容词和动词(短语)用法(统称"实义用法");第二步,在§6.5考察副词"究竟"的形成与演变。第三步,在§6.6为§6.5关于疑问语气副词"究竟"的形成的论述提供一些旁证。本章将论证,"究竟"在汉语史上除了用作短语,还可用作名词、动词和形容词。形容词"究竟"由定语位置上的动词短语"究竟"词汇化而来。它在汉译佛经中是对梵语词 uttara(最终/最高/根本/终极/绝对的)的意译,常用于"究竟法""究竟界"等名词性固定短语中。该短语还常由定语"究竟"来转指。转指现象的频繁发生导致译经中"究竟"获得了专有名词用法(犹"究竟法""究竟界"等)。译经中专有名词"究竟"的盛行为其他文献中"原委,真相"义名词"究竟"的出现提供了形类基础,同时加速了其他文献中"究竟"向副词的词汇化和语法化。历史上"究竟"的语义演变的微观机制,可以用生成词库论的物性逼迫和互组等形式机制再现出来。

6.2 "究竟"的共时变异和共时特征

考察可知,在现代汉语中,副词"究竟"常用于言域,较少用于知域,用于行域的基本未见(详下)。换言之,"究竟$_3$"习见,①"究竟$_2$"少见,"究竟$_1$"基本未见。因"究竟$_3$"的句法和语义相对简单,下面集中考察"究竟$_2$"和名词"究竟"的句法和语义特点。

6.2.1 评注语气副词"究竟"的句法和语义特点

在现代汉语中,"究竟$_2$"跟"到底$_2$""毕竟$_2$"一样,已通过语境吸收获得了强调溯因推理的结论(即原因)或事物根本特点的用法,尽管"究竟$_2$"正在逐渐消失②。它通常用在 S$_1$:"虽然/即使 s,究竟 p,(所以/因此)q"复句或其变序句中。这时重在强调事物的根本特点不因条件变化而改变。例如:

---

① 关于"究竟$_3$"与"到底$_3$"的区别,《现代汉语八百词》认为,"到底"多用于口语,"究竟"多用于书面。史金生(2003:63)则认为,"到底"主要用于口语,而"究竟"既可用于口语,又可用于书面语。两说有分歧可能是因为,从《八百词》的写作年代到21世纪初,"究竟"已从书面语扩散到口语中。本书暂时搁置这个问题。可以肯定的是,"究竟"比"到底"书面色彩更浓。这大概是由于"竟"滞留有浓重的书面色彩。

② 史金生(2003)指出,现代汉语中的"究竟"有专门用来表示追问语气的倾向。

(10)（农民）解放以来虽然觉悟大有提高，但究竟是小生产者，有些尾巴是不能硬割的。（韦韬、陈小曼《茅盾任文化部长始末》）

(11)上海究竟算是一个世外桃源，虽然近年曾因齐卢之战受过一点兵祸，但也没有多大的损失。（巴金《灭亡》第15章）

当 S_1 以简式 S_2"究竟 p,(所以/因此)q"形式出现时，"究竟"重在强调原因。例如：

(12)他究竟是做过这路生意的人，格外胆大……（鲁迅《阿Q正传》）

(13)白酱丹究竟是知书识礼的人，又是内亲，他会反省出他的企图的荒谬。（沙汀《淘金记》第14章）

当 S_2 中 p 分句和 q 分句顺序颠倒时，"究竟"重在强调"归根到底所得的结论"。例如：

(14)如看野史和杂记，可更容易了然了，因为他们究竟不必太摆史官的架子。（鲁迅《华盖集·忽然想到》（四））

有时 S_1 还以 S_3"虽然/即使 s,究竟 p"这种简式出现。这时"究竟"也重在强调事物的根本特点的不变性，如例(15)(16)。S_3 中的让步标记"虽然""即使"等有时被省略，如例(18)。

(15)虽然是悲凉缥缈的青春罢，然而究竟是青春。（鲁迅《野草·希望》）

(16)旅行虽然夹杂着苦恼，究竟有很大的乐趣在。（梁实秋《旅行》）

(17)亲人的空言虽比仇人的礼物好，究竟无益于事。（瞿秋白《饿乡纪程》第3章）

(18)她再强，究竟还是个女人。

"究竟$_2$"跟"到底$_2$""毕竟$_2$"一样，在强调事物的根本特点时，语境中有时蕴含着其他事物不具有该特点的意味。因为这些词强调事物的根本特点，而事物的特点往往因比较而显，所以这些词多用于对比语境。例如：

(19)我梦中停足倾耳，自然赞叹，这是"十番"，究竟还是东方的古乐动人！（冰心《往事》）

综上所述,因为"究竟₂"分句在复句中的位置相对灵活,复句中其他分句也可以在特定语境中隐去,所以"究竟₂"有时侧重强调原因,有时侧重强调事物的根本特点,有时侧重强调结论。这是辞书在其释义上意见分歧的主要原因。比如,S₂中的"究竟₂",吕叔湘主编《现代汉语八百词》(1999:314)认为强调特点,侯学超主编《现代汉语虚词词典》(1998:342)认为强调原因。这是因为强调原因往往以强调事物的根本特点为前提。完整地说,是强调"事物根本特点的不变性是言者得出某结论的原因"(详见§2.2.3)。这两部辞书跟《现代汉语词典》《现代汉语虚词例释》不同,把"究竟₂"强调事物根本特点或原因跟强调结论区分开,认为:前一种情况下"究竟"用于静态谓语句(特别是"是"字句),后一种情况下用于动态谓语句。本书第二章的考察表明:"究竟₂"一如"到底₂",即使用于动态谓语句,句子所示内容也是静态的,因为句子通常呈已然体,谓语中心常后续"过""了"等体态助词。

6.2.2 "原委,真相"义名词"究竟"的句法和语义特点

在现代汉语中,"究竟₃"和"到底₃"是近义副词,但"究竟"还兼有名词用法,"到底"则没有。这是以下例(20)中的转换能成立,而例(21)中的转换不能成立的原因。

(20) a. 信究竟是谁写的?我也想弄清楚。→b. 信是谁写的?我也想弄个究竟。

(21) a. 信到底是谁写的?我也想弄清楚。→b. *信是谁写的?我也想弄个到底。

那么,为什么"究竟"有名词用法,而跟它处于同一聚合的"到底"以及历史上或方言中的"至竟""到头""到了"等没有呢?下文将从汉译佛经中"究竟"的出现角度对此做出解释。这里先继续考察现代汉语中名词"究竟"的句法特征。

现代汉语中表示"原委,真相"义的名词"究竟",其句法特征有二:其一,只能做宾语,①不能做主语,而其近义词"原委""真相"则不受此限。例如:这件事情的真相只有他知道。其二,跟动词组配时有一种倾向性规律,即形成的整个动宾短语通常是个稳定的四字格。如果不足,则要通过加些零碎或双音化来补救。比如,在现代汉语中,可以说"问个究竟",但不说"问究

---

① 北京师范学院中文系编《常用词用法例释》(第Ⅰ集)明确指出了这一点。

竟"。我们检索了 TCS2006 现代汉语语料,发现"究竟"在动词后的使用情况如下表所示:

表 6-1　现代汉语中动词后"究竟"的使用情况

"究竟"用在单音动词后	"究竟"用在双音动词后	"究竟"前
18(例词:看、问、听、尝、想、弄)	3(例词:打听、知道)	加"个"
0	4(例词:推原、知道)	不加"个"

上表显示,当"究竟"与单音动词组配时,通常要前加"个"。① 北京师范学院中文系编《常用词用法例释》(第Ⅰ集第 77 页)甚至指出,名词"究竟"前通常有"个"字。语料调查显示,这种说法不准确。只有当"究竟"跟单音动词组配时才如此。否则以不出现"个"为常,如"打探(?个)究竟""不明(?个)究竟""知道(?个)究竟"。请看:

(22)他的詈骂却愈来愈空泛,叫一个局外人无从知道究竟。(沙汀《困兽记》第 23 章)

而且,当"究竟"受定语修饰时,其前不仅不需要,而且也不可能出现"个"字。例如:

(23)即便在保护得不好的前提下,古都仍然让我们领略了她的博大深邃,今人用一辈子的时间也不可能探其究竟。(韩仰忠《今日出城·上海的文物商店》)

(24)还没看清屋里的究竟,一支飞标嗖然而到。(冯向光《三晋春秋》)

(25)我还想看一切的究竟,然而阔面的海风紧急,我压一压帽,拉一拉领,终于抵抗不住,在寒冷与寂寞的瑟缩中我只得懒懒的走下舱中了。(孙福熙《送别》)

当然,像上面这样名词"究竟"受定语修饰的用例很少。跟动词组成的动宾短语不能凑成四字格的更少。通常情况下名词"究竟"以光杆形式做宾语,其前最多可加"个"。"个"有凑足标准音步的作用。证据是,虽然"问个究竟"中"个"是修饰"究竟"的,因而句法上正确的切分当是"问/个究竟",但语

---

① 我们利用读秀学术搜索引擎搜索"个究竟",发现其前的动词几乎都是"看""瞧""问""探""查""弄"等单音节动词。在前十页的搜索结果(100 例)中,其前用双音动词的只有一例,即"探索究竟"。

音上往往把停顿放在"个"后。所以,我们认为"V_单个究竟"中的"个"主要用来凑足音节。"到底。"似乎也遵守上述韵律要求。例如:

(26)* 一追查到底　　一查到底
　　 ?? 追查不到底　?? 一查不到底　查不到底

但是,由于"到底"本身不能用作名词,因而它强烈排斥与"个"共现。在约 1.01 亿字的泛时语料(含现当代和古代语料)中,我们检得"到底"与"个"共现用例仅有两例,即:

(27)买他女儿作妾,这还不毁他个到底!(老舍《老张的哲学》)
(28)(正末唱)则你那压寨的夫人在那里?(指鲁智深科,云)秃驴,你做的好事来……(宋江云)怎么? 智深兄弟,也有你那?(正末唱)强赌当,硬支持,要见个到底。(元·康进之《李逵负荆》第2折)

但是,上两例中"到底"不表示"原委,真相"义,而表示"彻底"义(在次例中可随文释作"明白")。可资旁证的是,次例后文有"(宋江云)你这铁牛,有甚么事也不查个明白,就提起板斧来,要斫倒我杏黄旗"。再如,在下例中,左句不如中句和右句那么常用。

(29)? 这件事我们会查到底。|这件事我们会调查到底。|这件事我们会一查到底。

这说明"到底"和"究竟"一样,与动词组配时,若动词是双音节,直接组成"V到底";若动词是单音节,则常在动词前加"一",组成"一 V 到底"。变成否定时,双音动词要单音化。例如:调查到底→查不到底。虽然"到底"可受"得/不"修饰,但"究竟"不行,因为普通话中"究竟"已无介宾短语用法了。同样的意思要表达成"V 不到底"。试比较:

(30)这件事肯定要查个究竟。→* 这件事肯定查不究竟。|这件事肯定查不到底。

综上所述,"究竟"与"到底"放在动词后做补足语的使用规则可以表示如下:

表 6-2　现代汉语中"究竟""到底"与补足语的组配情况

词语	组配方式	
	无标记组配	有标记组配
究竟	V$_双$+__	V$_单$+个+__
到底	V$_双$+(不+)__	一+V$_单$+__ ①、V$_单$+不+__

那么,"原委,真相"义名词"究竟"为什么具有以上句法和语义特点呢?下文将尝试从语法化理论中的语义滞留原则的角度做出回答。

6.3 "究竟"本义考——再论"究竟"的本义和原始结构

关于"究竟"的本义和原始结构,学界存在争议。主要有三种观点:①太田辰夫(2003:257)认为其本义是"究其极,到达极点"。② ②孙菊芬(2003:80)认为"究竟"本是动宾短语,其原义是"追究全部"。③ ③董秀芳(2002:144)、王军(2009)、朱福妹(2008:2)认为"究竟"原是并列短语,表示"穷尽"义。④ 王军(2009)解释说,"'究竟'中'究'表示穷尽,'竟'表示完毕,两者合而表示'穷尽'"。王军的解释或许不够准确。在并列短语"究竟"中,"究"和"竟"都表示追究。虽然"竟"本表示奏乐完毕,但它已经历了"奏乐完毕＞完毕＞穷尽/追究"这样的语义演变(详见§9.3.2.3)。

我们认为,造成对"究竟"原始结构和本义理解分歧的原因是,"究"兼有"到达"义(见例(31)(32))和"穷尽,追究"义(详见§9.3.2.2);"竟"兼有"极限,尽头"⑤"完结""穷尽,追究"三义。所以,"究竟"似乎既可看作"穷尽"义并列短语,又可看作"穷其极"义动宾短语或"至极"义介宾短语。比如,例

---

① 当然,如果"一"后有量词,则以"一+CL+V$_双$+__"为常,例如:
(1)只是要你一口坚认到底,却差池不得的。(明·凌濛初《初刻拍案惊奇》第 2 卷)
② 跟太田辰夫先生观点相似的是,黄开国等主编《诸子百家大辞典》(第 573 页)认为,"究竟"之"究"言到,"竟"言边际。
③ 孙菊芬的观点似乎有自相矛盾之处,因为"追究全部"表义不自足,必然是"追究全部 N"。这样,名词短语"究竟 N"中的"究竟"就不是动宾短语而是跨层结构。比如,"究竟亲疏恩爱",按孙菊芬的理解,意即"追究全部亲疏恩爱关系"。这样,它就应该做如下结构分析:"究(竟)亲疏恩爱"。
④ 董秀芳(2002)没有明说"究竟"本是并列短语。但其第二章第二节考察并列短语向双音副词的词汇化时举到"毕竟",接着说:"类似例子还有'究竟''完全'。"据此可推断她认为"究竟"原是并列短语。
⑤ 在先秦,"竟"可以表示边境(即国土的尽头/边界)。这也许是太田辰夫(2003)认为"究竟"可以表示"至极"义的原因。

(33)中"究竟"就既可以看作"穷其极"义动宾短语,又可看作"至极"义介宾短语。

(31) 故号令能<u>下究</u>,而臣情得上闻。(《文子·上仁》)
(32) 诚欲恩泽<u>下究</u>,而号令必信也。(北宋·司马光《论赦札子》)
(33) 令仪令色,整齐珪角,立朝进仕,<u>究竟</u>人爵。(南宋·洪适《隶释·汉童子逢盛碑》)

正因为"究竟"可以表示"至极"义,它在汉译佛经中才常用于"究竟+界/处/智/法/愿"等定中短语(详见下文§6.4.1),且可跟"彻底""至极"等对举使用(见例(34))。

(34)《法华经》里的所谓"权"指菩萨、缘觉、声闻的"三乘",表示不<u>彻底</u>、不<u>究竟</u>。(郭朋《宋元佛教》第122页)

那么,学界关于"究竟"的初始结构和源义的上述三种观点到底孰是孰非呢?我们认为,太田先生的解释把"究竟"的自主动作义(即"穷其极"义)和非自主动作义(即"至(其)极"义)混在一起了。但太田先生的解释表明他认为副词"究竟"的语源是动宾短语。这一点我们表示赞同。孙菊芬(2003)认为"究竟"本表示"追究全部"。这其实是把"竟"的"尽头"义曲解成了"全部"义,且只看到"究"有"追究"义而未看到它还有"到达"义的结果。所以,孙说不妥。董秀芳(2002:144)和王军(2009)认为"究竟"本是"穷尽"义并列短语。其实,"究竟"虽然在历史上确有"穷尽"义并列短语用法,但副词"究竟"不是从"穷尽"义并列短语演变而来,而是从"穷其极"义动宾短语演变而来。演变路径为:"穷其极"义动宾短语→"至其极"义介宾短语→时间副词/评注语气副词/疑问语气副词。①"究竟"和"至竟""到了""到底""到头"等在内部结构、共时多功能性及历时演变方面具有平行性(详见§10.2)。它们原本都是语义结构为[到+尽头]的介宾短语,其向副词的演变都遵循

---

① 从"穷其极"到"至其极"的语义演变也见于"究底"。对比下例和正文例(31)(32)可知,"究底"也演变出了"到底"义。例如:

(2)靖郭君感觉奇怪,三个字能说什么呢?他想见个<u>究底</u>,于是便接见了他。(赵文禄、顾振权等《中国古代求贤用能研究》第66页)

据许宝华、宫田一郎主编《汉语方言大词典》(第2935页),在陕北晋语里,"到底"义"究底"还发展出了副词用法。

Heine等(1991b)所说的"人＞物＞活动＞空间＞时间＞属性"型语法化路径。"究竟"的演变路径是：活动("穷其极"义)＞空间("至极到尽头"义)＞时间("至极到最后"义)＞属性("至极的根本的"义)。① 再如，现代汉语方言中有"到极""到尽"。闽语福建厦门话中"到极"可表示"最后"义。中原官话江苏徐州话中"到尽"可表示"到达尽头"义。例如：坏到尽了(即坏到极点了)。

承认副词"究竟"是"穷其极"义动宾短语经"至极"义介宾短语演变而来，不仅能系统揭示"究竟"与"至竟""到了""到底""到头"等在共时多功能性和历时演变方面的共性，还能回答如下问题：

①为什么"穷尽"义"究竟"早在西汉就有，而副词"究竟"到唐五代才真正出现，在汉魏六朝凡231万字的语料中仅2见(详见下文和本章章末表6-4的统计)。[答：因为到了唐五代，作为意译梵语 uttara 一词的"至极"义介宾短语"究竟"才开始向中土传世文献扩散。]

②"究竟""到底"与"毕竟"在共时多义性方面的异同。比如，普通话中"究竟"和"到底"都有疑问语气副词用法而"毕竟"却没有。[答：因为历史上疑问语气副词"到底""到头""到了""至竟""究竟"等都是从介宾短语演变而来，而唯独"毕竟"是从并列短语演变而来，这导致其疑问语气副词用法后来逐渐消失。关于"毕竟"的历时演变，详见第八章。]

③为什么在现代汉语方言中"究竟"能像"到底"一样作补语(详见§6.3.2)。[答：因为"究竟"在历史上本就有介宾短语用法，其方言用法是历史的遗留。]

上文我们主张"至极"义介宾短语"究竟"源自"穷其极"义动宾短语。"究竟"表示"穷其极"义的前提是"究"有"穷尽，追究"义。经考察发现，"究"确有此义(关于"究"之本义，详见§9.3.2.3)。这有很多旁证。比如，汉语史上"究"还能跟"终""极""根""底"等组成动宾短语"究终""究极""究底""究根"等。这些短语中"究"都表示"穷尽，追究"义。习语"追根究底"的存在表明"追根"和"究底"内部结构相同，都是动宾式。"追究根底"义在北京话中可单用"究根"或"究真"编码。例如：

---

① "到底"的演变走的是"空间＞时间＞属性"路径。这里的"属性"主要指"A到底"构式里"到底"强调事物具有某属性的程度至深的用法(详见§3.2)。

(35)他可较真了,什么事一到他那儿非究根不可。

(36)他……已经埋在了东直门外义地里,老头子由哪儿究根儿去?(老舍《骆驼祥子》)

(37)他呢,反正找不到别人,也就没究根儿。(老舍《小坡的生日》)

(38)您都这么大岁数啦,跟他们究什么真呀,由他们去吧!

(39)可是脏房谁来住呢?自己住着,房东也许马马虎虎不究真;搬家,不叫赔房才怪呢。(老舍《柳家大院》)

"究根"与"究真"都是动宾式,词义大同小异,只是前者侧重强调追究事情的原委,后者侧重强调追究事情的真相。再如"究极""究终"。历史上"究极"犹"究竟",本是"穷其极"义动宾短语。后来,它一方面经"至极"义介宾短语演变为"最终"义时间词。例如:

(40)它的究极目的,同样是在乎理想的人生之创建。(郭沫若《今昔集·今天创作的道路》)

上例中"究极"意即"最终"。另一方面,它词汇化为"穷尽"义动词(如下几例所示)。

(41)黄钟为天统律,长九寸,九者所以究极中和,为万物元也。(东汉·班固《汉书·律历志上》)

(42)顾雍依杖素业,而将之智局,故能究极荣位。(西晋·陈寿《三国志·吴志·张昭顾雍等传论》)

(43)盖龟龙衔负,出于河洛,以纪易代之征,其理幽昧,究极神道。(《隋书·经籍志一》)

"究终"最初也是"穷其极"义动宾短语(如例(44)),而后辗转发展出"最终,终究"义时间副词用法(如例(45))。

(44)原始而究终,儒墨之所莫逮。(唐·李师政《内德论·通命》)

(45)事之起,适当楚勘初停,郭江夏甫去国之时,言路愾人,借以媚首揆,遂疑江夏为之。时人皆为不平,究终不能坐郭。(明·沈德符《万历野获篇》)

以上事实表明,"究竟"中的"究"确实能跟"究底""究根""究极""究终""究真"中的"究"一样表示"穷尽,追究"义。且副词"究竟"归根结底来源于动宾短语"究竟"。

6.4 "究竟"的实义用法的形成和发展

考察可知,"究竟"在古代汉语中不像在现代汉语中那样用法相对单纯。在古代汉语中,"究竟"不仅有副词和名词用法,还有动词(短语)和形容词用法。名词"究竟"在古代汉语中意义也不像在现代汉语中那样相对单一(跟引言中的预测①相符)。下面探讨古代汉语中"究竟"的实义用法。首先考察禅宗语录等佛经中的"究竟"的名词和形容词用法;接着考察其动词(短语)用法。

6.4.1 佛经中"究竟"的专有名词和形容词用法的出现

在中古时期,"究竟"多为佛教用语(太田辰夫 2003:257)。近代"究竟"的流行当跟中古佛教用语"究竟"的盛行和扩散密切相关。比如,在宋代,"究竟"在禅宗语录以外的中土文献中很少见。我们检索了 TCS2006 中《全宋词》《宋六大家集》《宋笔记》《诸宫调》等诸多文学作品(共约 857 万字),发现"究竟"仅 11 见(用频只有 0.01 次/百万字)。而在宋代禅宗语录(共约 168 万字)中,"究竟"就有 113 见,用频为 0.67 次/百万字。① 且中土文献中出现的 11 例"究竟"分布比较集中。其中,《苏轼文集》凡 4 见,《苏辙文集》中 1 见,《曾巩文集》1 见、其他文献合计 5 见。我们知道,苏轼深受佛教思想的影响,他和佛印和尚是挚友。苏辙是苏轼的弟弟,曾巩也和苏轼交往甚密。因此,以上检索结果表明,宋代中土文献中出现"究竟"仍是受佛教用语的影响。

"究竟"在中古时多为佛教用语,是对梵语 uttara 一词的意译(太田辰夫 2003:257)。梵语形容词 uttara 犹英语 ultimate,意即"最终/最高/根本/终极/绝对的"(为称说方便,下文统称"至极"义),例如:uttara-tantra(最高要义)、uttara-mimamsa(终极研究)。英语形容词 ultimate 是拉丁语动词 ultimā(到底)的过去分词 ultimās 的音变形式。拉丁语动词 ultimās 跟梵语形容词 uttara 同源。或许正是因此,李维琦(2004:179—183)认为佛教

---

① 宋儒语录在高频使用"究竟"这点上近于禅宗语录。比如,在《朱子语类》中"究竟"凡 17 见。

专门术语中定语位置上的"究竟"是形容词,而不是动词短语。例如:①

(46) 饥饿乏浆水,如穷鹿奔驰,为猎者所射,不念断欲爱,如是求方便,分别此形体,老死忽然至,不至究竟界。(姚秦·竺佛念译《出曜经》,T4n212p625a15)

(47) 尔时太子,闻仙人言,心不喜乐。即自思惟,其所知见,非究竟处,非是永断诸结烦恼。(刘宋·求那跋陀罗译《过去现在因果经》,T3n189p638a23)

(48) "不见究竟处"者,永不见彼一阐提辈究竟恶业,亦不见彼无量生死究竟之处。(东晋·法显译《佛说大般泥经》,T12n376p892b25)

(49) 大神仙功德,彼三昧种子所生,度诸三昧界。欲长益彼故,众生欢喜,便得究竟智。(苻秦·僧伽跋澄等译《僧伽罗刹所集经》,T4n194p123c1)

(50) 是诸众生,但希小乐,谓为至乐。是诸众生,但重现法,及后世法;不能受重究竟善根。(高齐·那连提黎耶舍译《月灯三昧经》,T15n639p554a10)

(51) 若问究竟事如何,洞庭山在太湖。(宋·普济《五灯会元》第 16 卷)

上几例中,"究竟界/处""究竟恶业""究竟智""究竟根""究竟事"分别表示最高境界、终极恶业、最高智慧、终极善根、根本大事(即解除妄执、超越生死轮回的事情)②。我们赞同李先生的观点,但认为"究竟$_a$"是"至极"义短语"究竟"在定语位置发生语义演变后形容词化而来。③ 因为同在佛经中"至极"义"究竟"还常做补语。例如:

(52) 须菩提白佛言:"极大究竟般若波罗蜜,不可计究竟,不可量究竟,无有与等者究竟,无有边究竟。"(东汉·支娄迦谶译《摩诃般若波

---

① "究竟$_a$"在我们检索的语料中未见。这里的语料前五例摘自李维琦(2004:179—183),末例为阅读积累。
② 同样的意思,也可以用"毕竟事"来表达。例如:
(3) 师云:"卓庵则且置,毕竟事作摩生?"归宗把茶铫而去。(《祖堂集》第 16 卷)
③ 其实,"到头"也曾在定语位置发生了词汇化。不过,词汇化后"到头"意即"长久"。例如:
(4) 两人恩山义海,要做到头夫妻。(明·凌濛初《初刻拍案惊奇》第 23 卷)
(5) 那看命的看得是一对上好到头夫妻,夫荣妻员,并无冲犯。(明·凌濛初《二刻拍案惊奇》第 9 卷)

罗蜜道行经·不可计品》第 11 卷)

(53)佛言:"般若波罗蜜甚深极大安隐究竟。"(东汉·支娄迦谶译《摩诃般若波罗蜜道行经·不可计品》第 11 卷)

上两例中,"究竟"显然不是形容词,而是介宾短语,犹"至极""到底"。佛经中"究竟$_a$"因常转指"究竟界/处""究竟智""究竟法"等而获得名词用法,犹言"最高境界""最高智慧""根本大法"等(为称说方便,下文称此义"究竟"称为专有名词"究竟")。例如:

(54)言辞所具足,辩能造经典,正士能博闻,安隐至究竟。(西晋·竺法护译《生经》,T3n154p88a14)

(55)我于尔时自饶益,亦饶益他,饶益多人,愍伤世间。为天为人求义及饶益,求安隐快乐。我于尔时说法不至究竟。(东晋·瞿昙僧伽提婆译《中阿含经》,T1n26p684b14)

(56)时诸力士释种长者启白净王:"王欲知之:是诸梵志未得究竟。假使太子弃国捐王,成为如来,乃得究竟。"(西晋·竺法护译《普曜经》)

(57)其优陀罗虽得知如是寂静之法,奢靡他行,而不辨求最上胜法。唯口称言:"我父罗摩,作如是说。"菩萨如是思惟,此法非是究竟,我今不应专著此法。(隋·阇那崛多译《佛本行集经》)

例(54)(55)中"究竟"表示"究竟界",例(56)(57)中"究竟"分别表示"究竟智"和"究竟法"。综上所述,佛经中"究竟"的多义模式的形成可以表示为:

$$究竟_{vp}+NP \rightarrow 究竟_a+NP \approx 究竟_a \rightarrow 究竟_n$$

辞书和相关文献对专有名词"究竟"的阐释,往往因不明它有多种意义而出现以偏概全的错误。由于专有名词"究竟"最常指"究竟法"和"究竟界/处",因而对它的解释大体有两种错误倾向:一是释为"至极的道理(绝对真理,最高深的道理,根本大法)",二是释为"至极境界(最高境界,涅槃圣境)"。例如:

究竟:佛教里指最高深的道理。(《辞海》第 5079 页)

究竟：佛教词，梵语 uttara 的翻译，指事理的究极。（太田辰夫 2003：257）

究竟：佛教语，意指道理、道法的至极高深之处，终极永恒的真理。（于谷 1995：65）

究竟：究竟者，所谓诸法实相。（《大智度论》第 72 卷）

究竟：佛教语，犹言至极，即佛典里所指最高境界。（《汉语大词典》第 8 卷）

究竟：指炼功所能达到的最高境界。（陈永正等编《中国方术大辞典》）

佛经中专有名词"究竟"的盛行不仅为近代汉语中出现"原委，真相"义名词"究竟"奠定了形类基础（详下），而且也有向中土文献扩散的趋势。比如，上文例（3）（4）中"根本要义，本质"义"究竟"即为专有名词"究竟"用法的扩展。佛经中"究竟。"的盛行对其他文献中"究竟"的使用的影响相对较小。在中土文献中，它通常只用在佛教语域。比如，下两例中"究竟"是形容词，意即"彻底/真实"。

(58) 有为法虽然不真实、不<u>究竟</u>，可是你把它扔了，你的佛道难成。（《黄念祖居士佛学讲记》第 390 页）

(59) 象这些外道法你也得信，虽然是并不<u>究竟</u>的法。所谓"不究竟"，是因为这些本事并不是他自己的真正能力得来的，而是靠这个"术"。（《黄念祖居士佛学讲记》第 415 页）

(60)《华严》是了义的，一乘的，可谓最<u>究竟</u>了。（吕澄《中国佛学源流略讲》第 9 讲）

综上所述，在佛经中，"究竟"集动词（短语）、形容词和名词用法于一身，意义复杂（与引言中的预测②相符）。而且，名词和形容词"究竟"的意义要根据上下文才能做出满意的诠释。佛经中专有名词"究竟"的流行对其他文献中"究竟"的使用和演变不无影响。

6.4.2 方言中"究竟"的程度补语用法探微

根据上一小节的论述可知，引言中例（5）（6）所示"究竟"的特异用法其实并不特殊，只是汉语史上"究竟。"在现代汉语方言（特别是东北话）中的遗留罢了。再如：

(61) 我看人家使过火枪,对它的射程的估摸也差不究竟。(林下《青春劫》)
(62) "种籽准备好了吗?""嘻,种籽吗?可也差不究竟啦。"(白朗《顾虑》)

罗竹风主编《汉语大词典》(2002)等辞书把这种"究竟"释为"多少"。这种解释准确吗?让我们先看看类似词语在其他方言中的情况。在闽语中,"遘底"犹普通话"到底",可以表示"到底端"义、"到最后"义和对问题答案的追究语气(详见本书§10.2.3)。且"遘底"也有类似于"究竟"的上述特异用法。例如:

(63) 介大也赡遘底呢止。('再大也大不到哪儿去',闽语·福建厦门话)
(64) 有整隆,唎嵫郑遘底呢止。('经过考虑,不会错到哪儿去',闽语·福建福州话,转引自李如龙等 1994:323)

李如龙等(1994:323)把这种"遘底"释为"到哪儿",一如本章引言里对例(5)(6)中"究竟"的初释。§6.4.1 的考察表明,释"究竟""遘底"为"多少"或"到哪儿"都是随文释义。这种用法的"究竟"和"遘底"其实是介宾短语,当释作"至极"(意即到程度变化的极点)。

6.4.3 古籍中动词(短语)"究竟"的语义及其演变

语料调查显示,除在佛经中以外,中土文献中"究竟"大多数都是单词。我们检索了 TCS2006 里两汉至清代凡 6130 万字的历史语料,发现只有道教经典《太平经》等极少数中土文献中有极少量动词短语"究竟"用例。例如:

(65) 然,太平者,乃无一伤物,为太平气之为言也。……八物伤,辄使人贤不肖异计,不并力也;九物伤,辄为恶究竟阴阳,令物云乱席转也;十物伤,乃为大纲伤,天数终尽更数也。(《太平经》第 140 卷)
(66) 三岁,恩泽究竟于天。(《太平经》第 140 卷)

例(65)中"究竟",罗炽主编《太平经注译:文白对照(中、下)》释为"穷其极"。杨寄林译注《太平经今注译(下卷)》释为"穷尽到,充斥于"。可见,该例中"究竟阴阳"是"究竟于阴阳"(即穷其极于阴阳)的省略。罗、杨两注都不错。

191

不过,罗重直译,杨重意译。例(66)中"究竟",吴枫、宋一夫等编《中国道学通典》释作"穷尽,周遍"。对比例(65)杨注可见,两例"究竟"义近,差别仅在于是否后接"于"。所以,这也暗示我们例(65)中"究竟"后可能省掉了"于"。我们认为,虽然"穷其极"义"究竟"在具体语境中可能会因后续介词"于"的省略而可随文释作"周遍,充斥于",但不宜为"究竟"增设"周遍,充斥于"这个义项,该义只是"穷其极"义的语境实现。结合上文关于佛经中"究竟"可用作"至极"义形容词和介宾短语、方言中"究竟"可用作"至极"义介宾短语的事实,可以断定"究竟"在历史上确实发生过"穷其极＞至其极"这种语义演变。

在中土文献中,单词"究竟"始见于西汉。当时它是"穷尽"义动词。例如:

(67) 夫贤主所作,固非浅闻者所能知,非博闻强记君子者所不能究竟其意。(西汉·司马迁《史记·三王世家》)

"穷尽"义动词"究竟"习见于汉魏六朝。例如:

(68) 族所以九何?"九"之为言究也,亲疏恩爱究竟也,谓父族四,母族三,妻族二。(东汉·班固《白虎通义》)
(69) 当受任之初,自谓究竟大事,共尊王室。(西晋·陈寿《三国志·魏书·吕布臧洪传》)
(70) 游览遍照,殚变极态,上下究竟。(南朝宋·范晔《后汉书·马融传》)
(71) 献之善《春秋》《毛诗》,每讲《左氏》,尽《隐公八年》便止,云义例已了,不复须解。由是弟子不能究竟其说。(北齐·魏收《魏书·儒林传·刘献之》)

如例(67)(71)所示,"穷尽"义"究竟"多后接指称义理、学说的受事宾语。因"穷尽"义"究竟"中"究"兼有"推求,追究"义,"竟"有"完结"义,所以,动词"究竟"可以从"穷尽"义向"推求,追究"义和"完结"义两个方向演变(与引言中的预测⑤相符)。在向"推求,追究"义演变过程中,"究竟"中"究"的意义凸显,而"竟"的意义退隐。"推求,追究"义"究竟"产生于宋代,习见于明清时期。① 例如：

(72) 果欲究竟此事，便退却院来。(《大惠普觉禅师语录》第 30 卷)

(73) 义理才觉有疑，便剳定脚步，且与究竟到底！(《朱子语类》第 20 卷)

(74) 那太守见是当朝公子，自然准理，差捕究竟起来。(明·西湖渔隐主人《双喜冤家》第 21 回)

(75) 人要于身心不自在处，究竟一个着落，所谓困心衡虑也。(明·高攀龙《高子遗书·会语四》)

(76) 究竟起来，他的父亲——我的公公，还在山阳县县监里，他的母亲——我的婆婆，还在淮安城饭店里呢！(清·文康《儿女英雄传》第 26 回)

(77) 纵说你玉洁冰清，干心无愧，究竟起来，倒底要算一块湿润美玉多了一点黑青，一方透亮净冰着了一痕泥水。(清·文康《儿女英雄传》第 26 回)

(78) 究竟起来，这些事尚且小焉者也。(清·文康《儿女英雄传》第 39 回)

"究竟"获得"推求，追究"义后，在元末明初还通过因果引申从"推求，追究"义引申出"通晓"义。"通晓"义"究竟"在明清时或可见。例如：

(79) (郑所南先生)晚年究竟性命之学，以寿终。(明·陶宗仪《辍耕录·狷洁》)

(80) 少年向予欲学诗古文者，每阻之曰："究竟时文，而后可从事于此也。"(明末清初·黄宗羲《〈赵渔玉诗钞〉序》)

---

① 日语"抑"(又写作"そもそも")跟汉语"究竟"一样，兼有追问标记、"追究"义动词和"至极"义形容词三种用法。例如：
(6) これが　そもそも　の 動機 だ。
　　this-TOP ultimate ATTR motivation be
　　(这就是最初的/根本动机。)
(7) そもそも　人間とは…
　　investigate person-QM-TOP
　　(追究/说起来，所谓人……)
(8) そもそも　これは　何を　意味する か?
　　on earth　this-TOP what-ACC meaning-do Q
　　(这究竟意味着什么呢?)

在动词"究竟"从"穷尽"义向"完结"义演变过程中,"究"的意义退隐,"竟"的意义凸显。"完结"义"究竟"始见于东汉,后代一直沿用。例如:

(81)释提桓因常作是愿:"我会当念般若波罗蜜,常念常持心讽诵究竟。"释提桓因心中诵念般若波罗蜜。且欲究竟。(东汉·支娄迦谶译《道行般若经》第 2 卷)

(82)已行文书,并力六事,已究竟,都天下共一心,无敢复相憎恶者。(《太平经》第 96 卷)

(83)语未究竟,坐有一人曰:"夫土地者,惟德所在耳,何常之有!"(西晋·陈寿《三国志》第 54 卷)

(84)洗浴究竟,扶坐着衣。(南朝陈·徐陵《双林寺傅大士碑》)

(85)(魏明帝)听受吏民士庶上书,一月之中至数十百封,虽文辞鄙陋,犹览省究竟,意无厌倦。(南朝宋·裴松之《三国志注》第 1 卷)

综上所述,"究竟"在中土文献中基本只能用作单词,其语义演变如下(方括号中的部分为构拟部分,圆括号中注明的是某用法的始见年代):

[并列短语→]"穷尽"义动词(西汉)→"完结"义动词(东汉)
↓
"推求,追究"义动词(宋代)→"通晓"义动词(元明)

图 6-1　中土文献中动词"究竟"的形成和演变路径

但是,现代汉语中副词"究竟"跟并列关系的动词(短语)"究竟"不存在源流关系。根据上文§6.3的论述,现代汉语中副词"究竟"是从佛经中"穷其极"义动宾短语经"至极"义介宾短语演变而来。该演变及佛经中专有名词"究竟"的形成路径为:

↗"最后,终于,终究"义时间副词
"穷其极"义动宾短语 → "至极"义介宾短语 → "毕竟"义评注语气副词
↓　　　　　　　　↘"到底"义疑问语气副词
"至极"义形容词→"最高境界/智慧,根本大法"义名词

图 6-2　现代汉语中"究竟"的形成及佛经中"究竟"的演变路径

上图反映的"究竟"从介宾短语向副词的词汇化和语法化的历程,详见下节。

194

6.5 副词"究竟"的形成与演变

6.5.1 副词"究竟"的形成与演变的宏观考察

为了考察副词"究竟"的形成和演变,我们利用 TCS2006 对"究竟"在历史上的各种用法的使用情况进行了全面统计,统计结果如本章末尾表 6-4、表 6-5 所示。首先,需要对我们的统计做些说明:①对"究竟"在演变过程中出现的表义有多种理解的过渡用例,暂不计入。②对"究竟"极个别在整个汉语史上都显得比较特异的用法,暂时忽略不计。比如,其用于反问句和用作话题标记(犹"至于")的用法极为少见。在我们检索的所有语料中各检得一例,即:

(86) 王太仓以忤张起田间……独喜癸酉乡试门生李修吾中丞,究竟晚年密揭一事,为中丞所卖,似亦未深知李底里也。(明·沈德符《万历野获篇》)

(87) 此皆见噎废食之说,究竟书可竟弃,仕可尽废乎?(明末清初·李渔《闲情偶寄·声容·习技》)

我们认为,例(86)中"究竟"可勉强释为"追究(起来)"或"(说)到底,其实"。例(86)中"究竟"能获得"至于"义话题标记用法,这可能是受"到底"误推的结果。由于下文例(88)中"到底"犹"至于",而"至于"还可用作话题标记,所以,语言使用者类推出"到底"及其近义表达"究竟"有话题标记用法,从而说出例(86)或者把例(86)中的"究竟"释作"至于"。这种误推是以"到底"与"究竟"都有介宾短语用法和"到底"有"至于"义用法为基础的。但"至于"义用法的"到底"(见下文例(88))其实是"到得"的变异形式。①

---

① 在近代汉语中,"到得"还可写作"到的""道底""道的",多用在否定句中,意即"至于"。例如:
(9) 若是肯慈悲呵,也不到的患害。(元·武汉臣《老生儿》第 1 折)
(10) 多要些也不到的担罪名。(元·书会才人《陈州粜米》第 1 折)
(11) 我若早有个儿,也不到得眼里看见如此。(元·杨文章《儿女团圆》[楔子])
(12) 我将那些丝缰慢捉,更和那三簷伞云盖。放心也!我不道的满头风雪却回来。(元·关汉卿《裴度还带》第 1 折)
(13) 嫂嫂,当初你依着关羽呵,今日不道的有失也。(元·佚名《千里独行》第 1 折)

(88) 不到底辜负了秋光。(《元人小令集·失题》三十一之十一)

　　观察章末表 6-4 可以发现,自汉魏六朝直至清代,短语和动词"究竟"用频呈递减趋势。评注语气副词和疑问语气副词"究竟",除在元明两代略有所下降外,用频总体呈递增趋势。这两条总体演变趋势完全符合语法化理论的预测。根据语法化理论,语法化具有单向性,作为语法化源式的动词短语"究竟"用频就该越来越低,后起的评注语气副词和疑问语气副词"究竟"用频就该越来越高。至于评注语气副词和疑问语气副词"究竟"在元明两代较前代用频略有下降,这可能与那时其竞争者——评注语气副词和疑问语气副词"到底"——用例的突飞猛涨(详见表 3-1、表 3-2)有关。据表 6-4,名词"究竟"的用频在清代以前是递减的,但在清代有上升趋势。这其实反映了其功能更新过程。自汉魏六朝至元明,名词"究竟"主要用于佛经,意即"根本大法""最高境界"等。从唐宋到元明,因佛教对中土的影响逐渐减弱,专有名词"究竟"开始逐渐退出使用。明代以降,普通名词"究竟"(即"尽头"义、"原委,真相"义"究竟")用例渐增(详见§6.5.3)。到了清代,"原委,真相"义上升为名词"究竟"的主流用法。到了现代汉语中,则几乎成了其唯一用法。

　　表 6-4 显示,时间副词、评注语气副词和疑问语气副词"究竟"在隋唐五代都产生了。这可能是受"至竟""到头"等类义表达的聚合类推的缘故。但若以增幅论,从表 6-4 不难看出,从宋代到元明是时间副词"究竟"的快速发展期,而从元明到清代则是评注语气副词和疑问语气副词"究竟"的快速发展期,且疑问语气副词"究竟"用例的增速快于评注语气副词"究竟"。另据我们对《红楼梦》前八十回和后四十回的对比统计,发现:"究竟"在《红楼梦》前八十回中出现 44 次(其中,"究竟$_2$"41 见,"究竟$_3$"仅 3 见),在后四十回中出现 9 次(其中,"究竟$_2$"4 见,"究竟$_3$"5 见)。这也预示语气副词着"究竟"从晚清到早期现代汉语会经历从以评注语气副词为主到以疑问语气副词为主的演变。因此,总的看来,"究竟"的历时演变遵守了领域扩散论所预测的从行域向知域,再向言域扩散的一般规律。

　　综合表 6-4、表 6-5 可以发现,短语和形容词"究竟"到清代已基本消失(今天仅见于个别作家作品或方言中),动词"究竟"到清代也较为罕见。两表还显示,形容词"究竟"在隋唐五代和宋代用频比其他时期高得多,而形容词"究竟"一般限于佛教语域(详见上文§6.4.1),因而两表关于形容词"究竟"的统计表明"中国禅宗的鼎盛期在唐宋两代"(袁宾《禅语三百则》序言)。名词"究竟"在汉魏六朝、隋唐五代和宋代比较盛行,这和它在汉译佛经中的盛行及向其他文献(如宋儒语录)中扩散有关。表6-4和表6-5用阴影标出了每个时期"究竟"用频最高的两种用法。观察两表可知,从汉代到清代,"究竟"主流用法经历的演变可描写为:动词(短语)>>动词/名词>>名词/形容词>>时间副词/评注语气副词>>评注语气副词/疑问语气副词。这似乎也预示着现代汉语中"究竟"主要用作评注语气副词和疑问语气副词,且后者的使用比前者更常见。这样,"究竟"经历了一个意义由透明到不透明,由实到虚的演变过程。该过程也是"究竟"的词汇化和语法化过程。下面从微观角度考察其词汇化和语法化。

6.5.2 副词"究竟"的形成与演变的微观考察

6.5.2.1 时间副词"究竟"的形成及其主观化

语料调查表明,在汉魏六朝,"究竟"主要用作短语和动词,两者分别8见和15见,各占该时期"究竟"总用例(34例)的23.53%和44.12%(见章末表6-4)。而且由于语法化的渐进性,短语"究竟"从汉代一直沿用到宋代,元明以后基本不用了(见表6-4)。例如:

(89) 沙云:"怎么修行,尽出他轮回不得,依前被轮回去。所以道,诸行无常,直是三乘功果,如是可畏。若无道眼,亦不究竟。"(《玄沙师备禅师广录》第3卷)

(90) 向外边学得千般巧妙,记持解会,口似倾河,终不究竟,与汝自己天地差殊。且去衣钵下体当寻觅看。(宋·普济《五灯会元》第15卷)

(91) 示谕:"道契则霄壤共处,趣异则觌面楚越。诚哉是言!即此乃不传之妙。左右发意。欲作妙喜书。未操觚拂纸,已两手分付了也,又何待坚忍究竟,以俟他日耶。"(《大慧普觉禅师书语录》第26卷)

但是,在汉魏六朝,"最终,终于,终究"义副词"究竟"(即"究竟₁")也已开始萌芽。在汉魏六朝共约231万字的语料里,我们检索到的"究竟₁"共2例。列举如下:

(92) 须菩提白佛言:"极大究竟般若波罗蜜,不可计究竟,不可量究

竟,无有与等者究竟,无有边究竟。"(《摩诃般若波罗蜜道行经·不可计品》第 11 卷)

(93)须菩提言:"菩萨有信乐有定行有精进。欲逮阿耨多罗三耶三菩。得深般若波罗蜜。学沤和拘舍罗是菩萨终不中道懈堕。能<u>究竟</u>于是中得阿耨多罗三耶三菩。"(《摩诃般若波罗蜜道行经·不可计品》第 11 卷)

上两例中"究竟"分别表示"最后"义①和"终于"义,都是佛经用例。这也部分印证了前文所说现代汉语中副词"究竟"源于佛经中"至极"义介宾短语的观点。

降至唐五代,"究竟₁"基本形成。在唐五代②共 123 例"究竟"中,"究竟₁"凡 8 见,占 6.5%(详见表 6-4)。与汉魏六朝相比,这时其使用更常见,但仍多用于佛教语域。例如:

(94)四句偈文,能销无量重业,<u>究竟</u>成佛也。(《敦煌变文·金刚般若波罗蜜经讲经文》)

(95)若有人问法,出语尽双,皆取法对,来去相因,<u>究竟</u>二法尽除,更无去处。(《六祖坛经·附嘱品》)

(96)若不同见解,无有志愿,在在处处,勿妄宣传,<u>究竟</u>无益。(《六祖坛经·般若品》)

(97)夜半子,众生重重萦俗事。不能禅定自观心,何日得悟真如理。豪强富贵斩时间,<u>究竟</u>终归不免死。(《禅门十二时曲》)

因此,至迟在唐五代,"究竟"就已通过[过程-结果]转喻和语义主观化完成了如下语义演变:"至极(到极点,到最后)"义>"最后"义>"终于,终究"义(与引言中的预测③④相符)。

宋元至明清,"究竟₁"一直沿用,仍兼有客观真值义(即"最后"义)和主

---

① 首例中"究竟"小句意即"般若波罗蜜(即到达彼岸的智慧)最终是极大的"。"最后"义"究竟"在后代也不乏其例。例如:

(14)刘表问贾诩曰:"前以精兵追退兵,而公曰必败;后以败卒击胜兵,而公曰必克,<u>究竟</u>悉如公言。何其事不同而皆验也? 愿公明教我。"(明·罗贯中《三国演义》第 18 回)

② 表 6-4、表 6-5 中为了使各个历史年代相连贯,用的是"隋唐五代",但我们检索的语料中实际没有隋代语料。因此,行文中有时忽略"隋唐五代"和"唐五代"的差别。本书其他各处亦如此。

观强调义(即"终于,终究"义)两种用法。① 使用场合也不限于佛教语域,且以佛教语域外的用法为主。例如:

(98)刘表问贾诩曰:"前以精兵追退兵,而公日必败;后以败卒击胜兵,而公日必克。究竟悉如公言。何其事不同而皆验也?愿公明教我。"(明·罗贯中《三国演义》第18回)

(99)[上文交待公孙升席间给各人算命]顷之,众起离席,孙私语余曰:"吾与兄为同年,在座止吾二人也。但中年运限不利,未知究竟若何耳。"寻为余细推。(明·张瀚《松窗梦语》第6卷)

(100)弄的朱夫子也出不了这个范围,只好据韩昌黎的《原道》去改孔子的《论语》……百般扭捏,究竟总说不圆,却把孔孟的儒教被宋儒弄的小而又小,以至于绝了!(清·刘鹗《老残游记》第9回)

例(98)(99)中"究竟"侧重表示客观真值义——"最后";例(100)中"究竟"侧重强调结果出现之反意愿,意即"终究"。表6-4显示,从唐五代到清代,"究竟$_1$"的用频一直在上升。不过,虽然"究竟$_1$"的用频在上升,但除元明以外,在宋代和清代"究竟$_1$"的用频都远远低于"究竟$_2$"和"究竟$_3$"。换言之,虽然其用频在上升,但总体上其增幅没有"究竟$_2$"和"究竟$_3$"大。我们推测"究竟$_1$"的衰减可能是在清代以后。

6.5.2.2 评注语气副词"究竟"和疑问语气副词"究竟"的形成

语料调查显示,在唐宋时期,"究竟$_2$"和"究竟$_3$"开始出现。② 例如:

(101)若不同见解,无有志原,在在处处,勿妄宣传,损彼前人,究竟无益。(《六祖坛经·般若品》)

(102)青提夫人虽遭地狱之苦,悭贪究竟未除。(《敦煌变文·大目乾连冥间救母变文》)

---

① 当然,两种用法之间的区分也是相对的。有些用例到底表示客观真值义还是表示主观强调义,实难定夺。

② 蒋冀骋、吴福祥(1997:443)指出,表示追究或强调语气的"究竟"始见于唐五代。既然"究竟$_2$"早在唐五代就出现了,而"毕竟$_2$、到底$_2$"直到元明才大规模出现,那么在现代汉语中"究竟$_2$"有被"毕竟$_2$、到底$_2$"排挤出知域的倾向,这也实属正常。这是语言功能更新过程中正常的后来居上现象。

(103) 假花虽端正,究竟不充饥。(唐·庞蕴《诗偈》(十九))

(104) 进曰:"究竟赵州意者如何?"(《祖堂集》第 5 卷)

(105) 究竟相依何处好,匡山古社足烟霞。(唐·权德舆《惠上人房宴别》)

观察表 6-4 可知,"究竟$_3$"在宋代用频高于"究竟$_2$",在唐五代和元明清则低于"究竟$_2$"。这表明,在语法化过程中,"究竟$_2$"和"究竟$_3$"彼此竞争副词"究竟"主观用法的地位。但总体说来,"究竟$_2$"占优势。在宋代"究竟$_3$"用频高于"究竟$_2$",这可能是因为宋代程朱理学特别兴盛,禅宗语录也很多,表达对义理的追究的需求大。考察可知,历史上"究竟"在语篇域中可残缺编码"言究竟"义(即其中言说概念零编码),正如"到底"可残缺编码"说到底"义(详见§3.2.2)。例如:

(106) 色究竟即非色,受想行识究竟即非受想行识。眼处究竟即非眼处,耳鼻舌身意处究竟即非耳鼻舌身意处。色处究竟即非色处,声香味触法处究竟即非声香味触法处……(唐·玄奘《大般若波罗蜜多心经》,T6n220p603b20、21、22、23、24)

(107) 如何得恁地?只缘道理只是一个道理。一念之初,千事万事,究竟于此。(《朱子语类》第 3 卷)

(108) 莹净鱼枕冠,细观初何物。形气偶相值,忽然而为鱼。不幸遭纲罟,剖鱼而得枕。方其得枕时,是枕非复鱼。……方其为冠时,是冠非复枕。成坏无穷已,究竟亦非冠。(北宋·苏轼《鱼枕冠颂》)

这种用法的"究竟"引出的是最根本的观点,因而有强调结论的作用。因此,我们认为,评注语气副词"究竟"是直接从"言究竟(说到底)"义介宾短语发展而来的,而没有经过时间副词"究竟"这个中介。可资旁证的是,在上述语法化过程中,"究竟"很长一段时间是以位于句首为常。例如:

(109) 欲求多分可以说者,如虚空花,究竟非实。(北宋·苏轼《观妙堂记》)

(110) 但家遭极穷,究竟支撑不来。(明·周清源《西湖二集》第 3 卷)

(111) 陶子尧虽有魏翩仞代出主意,究竟本省上司的言语,不敢违拗,因

此甚是为难。(清·文康《儿女英雄传》第 14 回)

(112)究竟他是贪玩的人,也就答应下来,分别上车,各自回去。(清·文康《儿女英雄传》第 25 回)

(113)黄胖姑又说道:"……究竟我们自己弟兄,有近路好走,我肯叫你多转弯吗?"(清·李宝嘉《官场现形记》第 25 回)

上几例显示,"究竟"既可用于完整主谓句句首,也可用于省主语的主谓句句首。"究竟"的位置之所以相对灵活,是因为它残缺编码"言究竟(说到底)"义,在句中做独立语。

同理,由于"究竟₃"在形成初期多用于含疑问句的对话中,且可用"说到底"来替换,所以,"究竟₃"当是从对疑问句中残缺编码"言究竟(说到底)"义的短语"究竟"(即"究竟₀")演变而来(详见§3.2.2.4 和§5.6.1 关于言域"到底""倒是"形成过程的论述)。例如:

(114)公子越听这话越加可疑,便道:"究竟不知谁无端的造我这番黑白,其中一定还有些无根之谈,这事却不是当耍的!"(清·文康《儿女英雄传》第 23 回)

(115)虞继武道:"方才说到其间,略略有些头绪,只是白鼠之言究竟不知是真是假,求老伯一言以决。"(明末清初·李渔《十二楼》第 3 回)

上两例中,"究竟"甚至位于主句句首,这表明它还滞留有语法化前的"言究竟"(意即"说到底")的句法特征。

综上所述,"究竟₂"和"究竟₃"都是从"究竟₀"直接演变而来,演变的基础是"究竟₀"对"言究竟(说到底)"义的残缺编码。如果"究竟₂"和"究竟₃"都是从"究竟₁"演变而来,那么,在历史上,它们应该比"究竟₁"晚出。但这一点得不到语言事实的支持(详见章末表 6-4、表 6-5)。

6.5.3 "究竟"从疑问语气副词向"原委,真相"义名词的演变

6.5.3.1 疑问语气副词"究竟"向名词"究竟"的演变历程

语料调查显示,名词"究竟"本表示"尽头"义。此义"究竟"始见于东汉。例如:

(116)九月者,天气之究竟也,物到九月尽欲死。十者,数之终也,故物至十月而反初。(《太平经》第 48 卷)

(117)真人前,子共记吾辞,受天道文比久,岂得其大部界分尽邪!吾道有几部,以何为极,以何为究竟哉?(《太平经》第 96 卷)

"尽头"义"究竟"与"到达"义"究竟"都是从"穷尽"义动词"究竟"演变而来的(详见§6.4.3 的论述)。但是,"到达"义"究竟"在历史上用例一直较少,主要用于"所究竟"结构中。例如:

(118)朝廷此举,听于仲春之一言,仲春之肉不足食,第恐中州祸乱,不知所究竟也。(明·王士性《广志绎》第 3 卷)

(119)已失之机会不复可追,未来之事变且将日伏日积而不知所究竟,鄙人之引为疚心者多矣!(清·郭嵩焘《玉池老人自叙续记》)

(120)天下事不知所究竟耳。(《四库禁毁书丛刊(集部)》第 89 册第 283 页)

上几例中,"所究竟"即"所到达的(地步)"。"不知所究竟"犹言不知事态朝什么方向发展。

由于从"尽头"义向"结果,结局"义的演变习见(如英语 end),"究竟"又从"尽头"义引申出"结果,结局"义。"结果,结局"义"究竟"在元明清书面语中较多。例如:

(121)师父,我柳翠将来的究竟,可是如何?(元·李寿卿《度柳翠》第 3 折)

(122)费、尤二人乃乘机诱之曰:"不知贤侯平日可曾演得自己究竟何如?"西伯曰:"平昔我也曾演过……"(明·陈仲琳《封神演义》第 11 回)

(123)破城陷邑,智穷不能自免,则以亡卤降人为究竟。(清·黄宗羲《〈明名臣言行录〉序》)

(124)此事余不知其究竟,后数行,乃毕公权撰成之。(清·蒲松龄《聊斋志异·马介甫》)

但是,在历史文献中"尽头"义"究竟"远没有"最高境界/智慧,根本大法"义

"究竟"常见。比如,在汉魏六朝共 34 例"究竟"中,名词"究竟"有 7 例,占 20.59%。但在这 7 例中,只有 2 例(即例(116)(117))"究竟"表示"尽头"义,其他都表示"最高境界/智慧,根本大法"义(即是专有名词)。在隋唐五代,名词"究竟"凡 63 见,都是专有名词"究竟"。例如:

(125)"一时"者,师子合会,说听究竟,摁言一时,拣异余时。又诸方延但(俱)空,故言一时。(《煌变文集新书》第 2 卷)

不过,在元明,专有名词"究竟"开始向非佛教语域扩散,使得普通文献中名词"究竟"出现了表示"根本要义,本质"义的用法。下面这两个明代用例中"究竟"用的就是这种用法。

(126)元敬自幼读书讲解,必至究竟,好与老儒先生游。(明·王锜《寓圃杂记》)
(127)种有贵贱,多寡自殊,一也;血气未定,多所斫丧,二也;嬖幸既众,功不专精,三也;药石助长,无益有害,四也;专求美曼,不择福相,五也;婴儿饱暖,多生疾患,六也;要其究竟,皆莫之为而为。(明·谢肇《五杂俎》第 5 卷)

"根本要义,本质"义"究竟"一直沿用到早期现代汉语中,详见上文例(3)(4)。据统计,在元明时期共约 1529 万字的语料中,"究竟"凡 55 见(详见章末表 6-4、表 6-5)。其中,名词"究竟"共 5 例,占 9.09%,都表示"根本要义,本质"义。

综上所述,在清代以前,文献中名词"究竟"绝大多数表示"最高境界/智慧""绝对真理/根本大法"等义及其引申义"根本要义,本质"。只有极少数名词"究竟"表示"尽头"义或"结果,结局"义。在汉代至元明共约 5162 万字的历史语料中,"尽头"义或"结果,结局"义"究竟"总共才 10 见。"原委,真相"义"究竟"始见于清代。在清代约 970 万字的语料中,"究竟"凡 319 见。其中,名词"究竟"有 10 例,占 3.13%(详见章末表 6-4、表 6-5)。比例较前代虽有所下降,但所有名词"究竟"都表示"原委,真相"义。例如:

(128)及至问他究竟,依然是面面相觑,默无声息。(清·文康《儿女英雄传》第 15 回)

(129) 贾桌台欲问究竟,相士道:"等他绝子绝孙之后,他祖宗的香烟都要断了,还充哪一门子孝子!"(清•文康《儿女英雄传》第 32 回)

(130) 幸亏太太是个才女,出来问知究竟,便说:"现在世路上的事,非钱不行。"(清•文康《儿女英雄传》第 21 回)

上几例显示,在清代,名词"究竟"多与"问"等言说动词共现,充当其宾语;可用于双宾句,如在例(128)中;做主语的未见一例(这与上文所述名词"究竟"在现代汉语中的特征一致)。在清代名词"究竟"经常充当询问类言说动词的直接宾语,这也暗示"原委,真相"义"究竟"在清代的出现不可能跟"究竟₃"毫不相干。否则我们就无法解释:第一,为什么"究竟"的"尽头"义早在东汉就有,其"结果"义至迟到元代也已有了,而其"原委,真相"义到清代才出现;第二,为什么"原委,真相"义名词"究竟"只能用于宾语位置。①

由于"尽头"义或"结果"义"究竟"在历史上很少见,我们认为,它们虽为"原委,真相"义"究竟"的出现提供了形类基础(详见下文),但应该不是后者的源式。否则我们就无法回答上面两个问题。那么,"原委,真相"义"究竟"起源于什么呢?下面尝试做出回答。

我们知道,"究竟₃"可转指宾语从句"究竟 Q"。对比例(128)(129)与下两例可知,例(128)(129)中"究竟"是诸如下两例中的"究竟 Q"的省略。至少可以说例(128)(129)中的"究竟"转指"究竟 Q"。

(131) 再休提玉带金鱼,细踌躇、究竟何如,只俺可不诚前车与后车。(元•佚名《赚蒯通》[赚煞尾])

(132) 朴斋细味这话稍有头路,笑问究竟缘何。(清•韩邦庆《海上花列传》第 33 回)

"究竟₃"在特定语境下转指"究竟 Q"这种语用法被规约化以后,"究竟"就通过重新分析和语境吸收获得了"原委,真相"义。正因为转指的是宾语从句,

---

① 或许有人会认为"究竟"的"原委,真相"义源自其"结果,结局"义(简称"名词词义引申说")。此说除了不能回答这里的问题外,还不能回答为什么"究竟"在表示"结果,结局"义时不能受量词"个"修饰,而在表示"原委,真相"义时常受量词"个"修饰。而且,"结果,结局"义"究竟"通常用于已然语境,而"原委,真相"义"究竟"通常用于未然语境。名词词义引申说不能说明"究竟"从前者向后者的演变是怎样发生的,又是在什么样的语境中发生的。换言之,过渡语境很难找到,渐进过程很难描写。

新产生的"原委,真相"义"究竟"才只能用在宾语位置。后来,名词"究竟"的使用环境扩大,它开始与言说动词以外的感知体验动词(如"看""听""尝""知道"等)共现。例如:

(133)杨妈真恨不能立刻去后跨院看个究竟。(陈建功、赵大年《皇城根》)
(134)这些话他不能不信,心里乱,也得控制感情,要听个究竟。(陈建功、赵大年《皇城根》)
(135)他捞起最大的一块想尝个究竟,一看原来是还未泡烂的药肥皂,落在漱口杯里没有拿掉。(杨绛《干校六记》)
(136)相见之下,我们一面怀着戒备和敌意,又急切地想知道事情的究竟。(中杰英《罗浮山血泪祭》)
(137)他要拆开来,看看里面的究竟。(方富熹、方格《儿童的心理世界》)

对比例(128)(129)和上几例可以发现,"原委,真相"义"究竟"在产生初期前面没有起修饰作用的"个",即使支配"究竟"的动词为单音节,也是如此。而在其发展成熟时期,"原委,真相"义"究竟"已经成为地道的名词,而不再是"究竟 Q"的转指形式,因而可受"个"的修饰。

6.5.3.2 "究竟"转指"究竟 Q"的可能性和必要性

众所周知,在包括汉语在内的很多语言中都存在隐性疑问句。隐性疑问句,指在句法表层是疑问句形式而其实现的底层语义功能不是询问的句子。例如:

(138)张处长知道何委员专机什么时候抵达。≈张处长知道何委员专机抵达的时间。
(139)小同很想知道妈妈昨天为什么发火。≈小同很想知道妈妈昨天发火的原因。

上两例中充当宾语的疑问从句转换为 NP 后,句义基本不变。这说明"V+NP"可以转指"V+Q"。那么,有没有什么"V+NP"可以转指"V+究竟 Q"呢?类推机制的作用使得语言为"V+究竟 Q"寻找到一个简约式"V+究竟"。这是"究竟"名词化的动因之一。

205

下面尝试运用生成词库理论中的类型逼迫、句法类型的转喻性重构和互组操作来解释"原委,真相"义"究竟"的形成。经考察发现,"原委,真相"义"究竟"做宾语时,支配它的动语常是"不明白/知道""想弄清楚""问"。它们分别代表询问行为的预备条件、真诚条件和实质条件这三个合适条件(详见本书§5.3),它们选作宾语的成分在语义上对句子主语的所指而言都含有疑问或未知色彩。表现在句法上,其宾语若是单词,常是"真相""原委""道理"等抽象名词;若是小句,通常要是内部疑问句(关于内部疑问句,详见§2.2.4)。那么,"原委,真相"义"究竟"到底是怎么形成的呢?假设言者在交际中类比"V+NP"对"V+Q"的转指,创造性地用"V+究竟"转指"V+究竟Q"。例如:

(140)淳于芬:"子华兄,俺究竟何以得此艳福?想来总有些恍惚朦胧,心里不实哩。"……子华笑道,"有酒须醉,有福便享,放胆宽心,只管图'现'就是,何必问它'究竟'不'究竟'呢?"(黄文锡《临川四梦》第202页)

上例末句中"问"的宾语是"究竟"。首先可排除此"究竟"是评注语气副词的可能,因为后者多用于知域,作用于命题,位于句首或谓语中心前,而上句中"问"已暗示全句用在言域,且"究竟"既不在句首,又不在谓语中心前。其次,还可排除它是疑问语气副词的可能(尽管言者是在用"究竟"转指划虚线的"究竟Q"),因为疑问语气副词"究竟"不能受"不"修饰。最后,"不明真相""问清原委""弄清道理"之类说法的类推使我们强烈倾向于把上例中"究竟"解读为名词。那么,名词"究竟"的词义从哪里来呢?从疑问句的物性结构(qualia structure)中的功用角色(telic role)那里来!疑问句的物性结构可描写如下:

$$\begin{array}{c} Q \\ QUALIA= \end{array} \begin{bmatrix} FORMAL=P(e_1, x) \\ TELIC=R(e_2, x, y) \end{bmatrix}$$

图6-3 疑问句的物性结构

上图中,TELIC(功用角色)表示Q问句的功能是引出问题的答案,x表示问题,y表示答案;P表示事件类型是过程(process),R表示事件类型是结果状态(resultant state);e_1表示问x这个问题,e_2表示x的答案y出现这种结果状态。这个y正好与"不明白"发生互组,成为其论元。所以,"不明白 Q"可转指"不明白关于 Q 的答案"。"我不明白他为什么不来"与"我不明白他不来的原因"命题义相等。而 Q 中可含有"究竟","究竟"也可转指整个"究竟 Q?"。因此,"不明白究竟"即不明白问题的答案究竟是什么(不明白问题的真正答案)。这样,"究竟$_3$"的转指用法就是"究竟"的"原委,真相"义的来源。以上分析可图示如下:

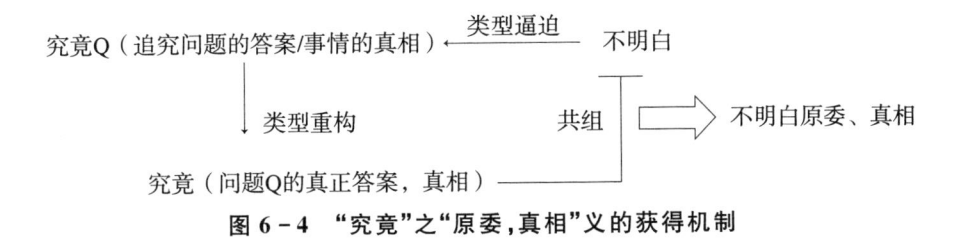

```
究竟Q(追究问题的答案/事情的真相) ←——类型逼迫—— 不明白
        │                              │
        │类型重构              共组     │⟹ 不明白原委、真相
        ↓                              │
究竟(问题Q的真正答案,真相) ←—————————————┘
```

图 6-4 "究竟"之"原委,真相"义的获得机制

通俗地说,"不明白"式谓词(短语)选作宾语的本是指称抽象实体(如原委、真相、底细)的词语,而现在在表层跟它发生句法搭配关系的却是一个表示询问过程的成分,因而"究竟 Q"要发生句法类型的重构。使这种重构成为可能的是重构前后两种类型的语义相关性。这种相关性体现在问句的物性结构的功用角色中。实现这种重构的机制就是转喻,问题可转指其答案。需要说明的是,来自语义类型逼迫、句法类型的转喻性重构和互组运作的解释并不是为解决"究竟""到底"的问题特设的。① 运用该理论还可解释名、动、形的逻辑多义性、动量词向名量词的去语法化、多义形容词新义的生成、体动词(aspect verb)和情态致使词(modal causative)的宾语选择的多样性等一系列问题(参见 Pustejovsky 1995)。

上面考察的是"究竟$_3$"为什么能发展出名词用法。那么,它为什么会发展出名词用法呢?其实,这是主观化表达功能的强化和语言经济原则互动的结果。如上文所述,"究竟$_3$"和"到底$_3$"有一种主观化表达功能,即凸显言者急于知道问题真实答案的迫切情态(这种主观化意义是听者基于非单调逻辑做出的推论:既然言者催促我把话语行为进行到底/至极或者宣示要将询问行为进行到底/至极,那么他很可能想知道问题的真正答案)。这种主观化表达功能可看作"究竟$_3$"和"到底$_3$"的表现意义(expressive meaning,关于表现意义,详见 Traugott 1982)。如果在特殊语境下,言者要求提高交际效率,加快信递速度,但又不降低传递的信息量,即在语言表达的经济原则和明晰原则之间找到一个合适的平衡点,那么首选就是把隐于语境或为

---

① 运用这种基于物性逼迫、转喻性重构、互组等操作的重新分析还可解释短语"到底""究竟"的词汇化。详见本书§5.4.1。

交际双方共享的预设省而不说。例如：

(141)甲：这起事件的起因是什么？
乙：这起事件，我也不知道(起因)究竟(是什么)。

上述对话中，乙受经济原则的支配，往往在不违背明晰原则的前提下，言不尽意、意在言外(省而不说括号中的内容)；甲能利用乙预计他们双方都具有的一般推理能力，推导出乙想要表达的意思。后来这种推导出来的会话含义(即"原委，真相"义)逐渐固化为"究竟"的词义。总之，我们认为，名词"究竟"的形成是"究竟₃"功能调适(functional adaptation)的结果，因为语言结构的演化跟生物演化相似，是不断适应周围环境的过程(Croft 2003:252—259)。功能调适包括两部分：一是要成功地实现语言交流信息的功能；二是要高效地实现这一功能。"原委，真相"义"究竟"的形成就是为了既成功交际，又高效交际。正是因为"原委，真相"义"究竟"源于"究竟₃"，所以其兴盛要到"究竟₃"兴盛的清代。

既然"究竟₃"会演变为"原委，真相"义名词，那为什么跟它处于同一聚合的"到底₃"等未经历这种演变呢？这或许跟历史上"究竟"在佛经中早就有名词用法有关(详见§6.4.1)。这样，对"究竟"来说，发展出"原委，真相"义用法并没有增加词类数量；而对"到底""到头"等来说，发展出"原委，真相"义用法就会凭空增加一个词类，因为"到底""到头"等本无名词用法，因而缺乏名词这种形类基础。因此，在同等条件下，言者启用旧词新用策略来表达"原委，真相"义时自然首选"究竟"，而不会首选"到底""到头"等。该个案说明，在语法化过程中，不仅词语原来的意义对它后来朝什么方向语法化及怎样语法化有影响，而且其原有的形式类对某种潜伏的语法化能否转化为现实有制约作用。这也印证了Janda和Joseph(2003)的观点：一个语言实体的可能演变范围跟它的性质密不可分。

6.5.4 "端的"的多义模式的形成及其对"究竟"的影响

考察可知，"端的"在汉语史上有四种用法：①"真(实/切)，清楚/明白"义形容词。②"果真，确实"义肯定语气副词。③"究竟，到底"义疑问语气副词。④"究竟"义名词。① 为论述方便，分别记作"端的₁""端的₂""端的₃"和

---

① 《汉语大词典》释作"始末，底细"，《古汉语词典》释作"究竟，细情"，向熹(1993)释作"究竟，原委"，王学奇、王静竹编(1999)释作"原委，始末，底细"。本文概括为"究竟"义。

"端的ₙ"。下面各举两例：

(142) 即见得义理自端的，自有欲罢不能之意。(《朱子语类》第 12 卷)
(143) 曰："圣人也只说得大纲，须是有所证，方端的。"(《朱子语类》第 25 卷)
(144) 端的自家心下眼中人，到处觉尖新。(晏殊《凤衔杯》)①
(145) 相国夫人端的左，酷毒害的心肠忒煞过！(金·董解元《西厢记诸宫调》第 4 卷)
(146) 爹爹，俺母亲端的在哪里？(元·关汉卿《鲁斋郎》第 3 折)
(147) 你下去许多时才出来，端的是甚妖邪？(明·吴承恩《西游记》第 43 回)
(148) 又交(教)吾下山来探端的。(元·佚名《七国春秋评话》第 7 卷)
(149) 且入茶坊里，问个端的。(元·佚名《宦门子弟错立身》第 12 出)

关于"端的"上述各种用法之间的关系，陈明娥(2002)认为疑问语气副词和名词用法都源于肯定语气副词用法。很多辞书的做法似乎比较支持该观点。比如，《古代汉语词典》(2003)和王海棻等(1996)将"端的"的疑问语气副词和名词用法列于肯定语气副词用法之后。该说成立的前提是肯定语气副词用法比名词和疑问语气副词用法早出。可语料调查显示，"端的"最早出现的是名词用法，在北朝时期。例如：②

(150) 阔面行负情，诈我言端的。(《乐府诗集》第 46 卷)

因此，说"端的ₙ"源于"端的₂"不妥。③ 我们的统计结果(见表 6 - 3)显示，"端的ₙ"在元明的极大流行与"端的₃"在宋代和元明的激增密不可分。宋代以后，"端的ₙ"的用频随"端的₃"用频的增高而增高，下降而下降。因此，说

---

① 黄畬笺注："端的"，犹言"真个""究竟"。这说明，此句中"端的"有被释为"毕竟"的潜能(当然，该潜能没有转化为现实。换言之，"端的"的"果真，确实"义没有演变为"毕竟"义)。与此类似的是，"真(的)"在某些语境下的语义变异。例如：

(15) 真(的)是大学生，说话很懂礼貌。(≈到底/毕竟是大学生，说话很懂礼貌。)

② 崔世杰(2006)认为"端的"的出现不早于北朝。但他把例(150)中"端的"释为"情节，事实"。我们更赞同向熹(1993)的看法，认为例(150)中"端的"表示"究竟"义。

③ 张玉金(1996)认为"端的"的所有副词用法都源于名词用法。我们认为，虽然"端的ₙ"出现最早，在意义上跟"端的₃"密切相关，但很难看出它与"端的₂"有什么直接语义关联。所以，张说似不妥。

"端的ₙ"的盛行和语义获取跟"端的₃"(的转指用法)的流行密不可分大概不会错。这可以解释为什么"端的ₙ"的大规模出现不早于"端的₃"。

表6-3 历代"端的"的用例和用频情况

年代	名词 (端的ₙ)	形容词 (端的₁)	肯定语气副词 (端的₂)	疑问语气副词 (端的₃)	合计	文本总字数
唐五代	7(0.37)	2(0.10)	8(0.42)	0	17	19 143 676
宋代	53(3.56)	70(4.70)	72(4.84)	11(0.74)	206	14 881 679
元明	107(7.00)	12(0.79)	614(40.17)	197(12.90)	930	15 285 387
清代	59(6.08)	2(0.21)	41(4.23)	23(2.37)	125	9 700 559

语料考察显示,"端的ₙ"虽始见于南北朝,但那时只有一例,即例(150);在唐五代用例也较少;其真正大规模出现是在宋代,其后在元明清一直很常用。例如:

(151)凭谁去花衢觅,细说此中<u>端的</u>。(北宋·柳永《征部乐》)

(152)夫人到京便知<u>端的</u>,休得忧虑。(宋话本《京本通俗小说·错斩崔宁》)

(153)问来人虚实,再说<u>端的</u>。(金·董解元《刘知远诸宫调》第12则)

(154)军师不信,只请将监军来,便知道这个<u>端的</u>。(元·张国宾《薛仁贵》第1折)

(155)我这里觑<u>端的</u>,元来是关张刘备。(元明间·佚名《贫富兴衰》第1折)

(156)汪大尹访问<u>端的</u>,备知其情,一心要保全他性命。(明·凌濛初《二刻拍案惊奇》第31卷)

(157)一见了就哭将起来,小人问他<u>端的</u>。(明·张凤翼《红拂记》第20出)

(158)卞公道:"你二人是父子无疑了。但不知你的儿子,怎生到了毕刑部家里去。这个缘故,也须根究明白。毕刑部是我同年,待我请他的公子来问,即知<u>端的</u>。"(清·佚名《八洞天》第8卷)

但是,在唐五代和宋代,"端的ₙ"的词义比较复杂,还有"情节,凭准"等意义。① 例如:

---

① "凭准"义"端的"的形成可能跟"信"相似。既然"信"可从"真的"义引申出"信件(即特殊的凭准)"义,"端的"当然也可从"真的"引申出"凭准"义。

(159) 天涯倚楼新恨,杨柳几丝碧。还是南云雁少,锦字无端的。(北宋·晏几道《六么令》[雪残风信])

(160) 念乡关、霜芜似织。漫将身、化鹤归来,忘却旧游端的。(南宋·蒋捷《瑞鹤仙》[乡城见月])

到了明清,"端的$_n$"的词义相对单一,多表示"原委,真相"义。这时它往往跟"问""说""话"之类言说动词共现。这表明"端的$_n$"虽不是直接从"端的$_3$"演变而来(这一点跟名词"究竟"不同,名词"究竟"直接源于"究竟$_3$"),但在语义形成和流行上受到后者的推动。因为"端的$_3$"从宋元到明清一直都很常用。例如:

(161) 端的为谁成病也?(宋·成德《浪淘沙》)

(162) 告吾师:"杜太守端的是何人?"(金·董解元《西厢记诸宫调》第8则)

(163) 并无一个人知道,可端的谁告与?(元·郑廷玉《后庭花》第2折)

(164) 再烦刘兄休辞生受,连夜去北京路上,探听起程的日期,端的从那条路上来?(明·施耐庵《水浒传》第15回)

(165) 我师父……着我来问一声,端的是什么妖精,他敢这般短路。(明·吴承恩《西游记》第74回)

(166) 这金莲报怨大户:"普天世界断生了男子,何故将我嫁与这样个货?……奴端的那世里悔气,却嫁了他,是好苦也!"(明·兰陵笑笑生《金瓶梅》第1回)

(167) 你丈夫只问你讨什么珍珠衫,你端的拿与何人去了?(明·冯梦龙《喻世明言》第1卷)

(168) 又见一个人送来礼物四色,两荤两素,摆在梦生草堂阶下,端的是什么东西,原来是:死宰鸡一只,水蟹一盘,得皮酸橘子满盒,大壳风菱满盒。(清·落魄道人《常言道》第5回)

而且,"端的$_n$"跟"端的$_3$"在使用频率上存在倚变关系(详见表6-3)。

那么,"端的$_3$"是的语源是什么?我们认为,它源自"端的$_2$",理由有三:其一,"端的$_3$"比"端的$_2$"晚出。语料调查表明,"端的$_3$"始见于宋代(见例(161)),而"端的$_2$"始见于唐五代(见表6-3),不过多用在佛经中,[①]后代一

[①] 所以,孙维张(2007)认为"端的"是佛源词。

直沿用。例如:

(169)端的忽然知去处,将身愿入法王家。(《敦煌变文集·维摩诘经讲经文》)
(170)师问僧:"汝会佛法么?"曰:"不会。"师曰:"汝端的不会?"(宋·道原《景德传灯录·清耸禅师》)
(171)醉死糟邱终不悔,看来端的是无肠。(南宋·陆游《糟蟹》)
(172)天风吹侬上琼楼,不为浮玉饮玉舟。大奖端的替人羞!金山端的替人愁!(南宋·杨万里《雪霁晚登金山》)
(173)料想宝香黄阁梦,依然画舫清溪笛。待如今,端的约钟山,长相识。(南宋·辛弃疾《满江红》[建康始帅致道席上赋])
(174)武松读了印信榜文,方知端的有虎。(明·施耐庵《水浒传》第23回)

其二,"端的$_3$"和"端的$_2$"之间存在密切的语义联系,前者强化疑问语气(即加强传疑),后者强化肯定语气(即加强传信),两者在表示强调上是相通的。其三,从肯定语气副词向疑问语气副词的演变习见。比如,从"真/正、确实/的确"义到"究竟、到底"义的演变还见于汉语"端""定"等很多词(关于"端"的语义演变,详见下文;关于"定"的语义演变,详见附录)。比如,"端"经历了从"真/正,确实/的确"义肯定语气副词到"究竟"义疑问语气副词的演变。下面为"端"的肯定语气副词和疑问语气副词用法各举三例。

(175)一朝名字挂金榜,此身端若无价珠。(南宋·九山书会才人《张协状元》第31出)
(176)你两口儿,正是郎才女貌,天然配合,端不枉了也。(元·关汉卿《望江亭·中秋切鲙》第1折)
(177)下官端为淑娘姻事,历尽无数间关。(明·周履清《锦笺记》[赐婚])
(178)四海旱多霖雨少,此中端有卧龙无?(北宋·王安石《龙泉寺石井》)
(179)余年端有几,风月且婆娑。(南宋·陆游《幽事》)
(180)向来诸老端何似,未必千年便不如。(南宋·杨万里《夜坐》)

"的"也经历了从表示确定的肯定语气副词向表示追究的疑问语气副词的演变。试比较:

(181) 但拂衣行莫回顾,的无官职趁人来。(唐·白居易《百日假满》)

(182) 城中太守的何人？林下先生非我身。(北宋·苏轼《光禄庵二首》之二)

再者,上述演变习见于英、俄诸语。英语 exactly、actually、just(真的,确实)、俄语 имEHHO(真的,确实)都经历了上述演变。下面仅以英语为例：

(183) a. 甲:So he wants to sell the house and move to London?
　　　乙:Exactly.(对/正是)
　　b. We are still kept in the dark about what exactly the obstacle is.(我们仍不知道到底障碍在哪里？)

(184) a. Actually, I am very busy now.((说)真的,我现在很忙。)
　　b. It is not at all clear that who actually invented the telescope.(望远镜究竟是谁发明的根本不清楚。)

(185) a. It's just as I thought.(恰如我所料。)| The whether is just marvelous.(天气真的很好。)
　　b. It is still unknown to us all that just how many people there are in your class.(李延林 2001)(你们班上究竟有多少人,我们大家都还不知道。)

上几例 a 句里的画线词是肯定语气副词,b 句里的画线词是疑问语气副词。b 句里的画线词之所以能表示追究语气,是因为它在元语层面上暗示言者想要知道问题的真实(actual)或确切(exact)答案。总之,由于"端的$_3$"比"端的$_2$"晚出,"端的$_3$"和"端的$_2$"语义联系密切,从肯定语气副词到疑问语气副词的演变习见,我们认为"端的$_3$"源于"端的$_2$"。

那么,"端的$_2$"又从何而来呢？王海棻等(1996:66—67)、雷文治等(2002:496)认为它由"端"和"的"同义复合而成。龙潜庵(1985)、王学奇和王静竹(1999:325)则认为"端"是"端的"的变体。[1] 换言之,龙潜庵等认为,

---

[1] 龙潜庵(1985:973)认为"端的"的变体还有"端端的""端得"。孙维张(2007:76)认为"端底"也是"端的"的变体。例如：
(1) 福州空首座:赠撮药道人曰:"当阳拈出大家看,来处分明去处端。"(南宋·释晓莹《罗湖野录》第 3 卷)
(2) 有你哥哥信息,小人阶前分细,快快疾疾,端端的,诉说真实。(元·高文秀《遇上皇》第 3 折)
(3) 想,想当日那态娉婷,想,想当日那妆艳靓,端得是赛丹青描成、画成。(清·洪昇《长生殿》第 30 出)
(4) 贾母又唤进赖大来,细问端底。(清·曹雪芹《红楼梦》第 16 回)

先有"端的₂",后有"端"。据此推论,"端的₂"不可能源自"端""的"的复合,只能由"端的₁"演变而来。所以,龙潜庵(1985:973)列出了"端的₁"的"清楚、真实"义,并举例如下:

(186)终是说得骑墙,不分明端的。(《朱子语类辑略》第 8 卷)
(187)厚约深盟,除非重见,见了方端的。(北宋·沈唐《念奴娇》)

我们认为,说"端"是"端的₂"的变体还缺乏足够证据。因为至迟在汉代"端"就有了"恰巧,正好"义肯定语气副词用法(见下例),而"端的₂"的出现则要到唐五代。

(188)其余诚太迫急,奈何?妾薄命,端遇竟宁前。(东汉·班固《汉书·外戚传下·孝成许皇后》)

因此,"端"不可能是"端的₂"的变体。我们更赞同王海棻等人的观点,认为"端的₂"由"端"和"的"同义复合而成。①

综上所述,我们可以将上文所述的多功能词"端的"的语义演变总结如下:

端+的 → 端的₂ → 端的₃ ── 端的ₙ(意即"真相/事实/底细,原委/始末")

("→"表示演变;"──"表示一方对另外一方的语义获取有影响)

有趣的是,"倒是""究竟""毕竟""到究"等疑问语气副词②或因受"端的"多功能模式的影响,偶尔也可表示"真的,的确"义,方言中"到究""倒是"甚至把这种解读固化为其词义。例如:

(189)宝玉笑道:"我能够和姊妹们过一日是一日,死了就完了。什么后

---

① 当然也有另一种可能,即从"确定"义"端的"演变而来。比如李中《送绍明上人之昆陵》:"回期端的否,千里路悠悠。"中的"端的",《唐诗大辞典》释为"确定"。不过,"端的"的"确定"义用法很少,"确定"义能否独立为"端的"的一个义位很成问题,而"端的₂"在汉语史上一直是"端的"的主要用法(见表 6-3)。在现代汉语方言(如河南商丘话)中仍然存在(详见许宝华、宫田一郎主编《汉语方言大词典》)。所以,我们认为上述演变的可能较小。
② 疑问语气副词"倒是""毕竟""到究"的用例分别详见第五、七、十章。

第六章 "究竟"的共时变异与历时演变

事不后事。"李纨等都笑道："这可又是胡说。就算你是个没出息的,终老在这里,难道他姊妹们都不出门的?"尤氏笑道："怨不得人都说他是假长了一个胎子,究竟是个又傻又呆的。"(清·曹雪芹《红楼梦》第71回)

(190) 程嵩淑道："你说他们是谁们？毕竟确有其人?"谭绍闻道："是一个胡先生。"(清·李海观《歧路灯》第62回)

(191) 我到究没见过你的包包子,我但见了就给你收拾下了。(兰银官话·甘肃山丹话)

(192) 外狗倒是(是)个灰鬼。('那人的确是个坏人',晋语·山西忻州话)

这种语义演变用胡敕瑞(2002)的术语可称为"反流"。既然"端的"从"真的,的确"义引申出"究竟,到底"义,则"究竟""毕竟""到究""倒是"等就可以从"究竟,到底"义沿着"端的"走过的语义演变路径逆向引申出"真的,的确"义。

语料统计(详见表3-1、表3-2、表6-4、表6-5)显示,从元明到清代,疑问语气副词"到底"和"究竟"分别从12例(0.79次/百万字)和6例(0.39次/百万字)激增到360例(37.11次/百万字)和101例(10.41次/百万字)。与此同时,疑问语气副词"端的"却从197例(12.90次/百万字)骤降到23例(2.37次/百万字),详见表6-3。再者,现代汉语普通话中表示追问语气除了"到底"和"究竟"外,别无其他词汇手段。这一切表明,从元明到清代,疑问语气副词"到底""究竟"基本完成了对"端的"的词汇替换。这样,它们就有可能在该替换过程中因袭"端的"兼具疑问语气副词和"原委,真相"义名词两种用法且两种用法之间语义密切相关、用频变化存在倚变关系的多功能模式,而从疑问语气副词去语法化为"原委、真相"义名词。当然,事实上只有"究竟"获得了"原委,真相"义名词用法,而"到底"没有(具体原因详见§6.5.3.2)。这种类推可以表示为：

端的：疑问语气副词用法　～　"原委,真相"义名词用法
⇩　　　　　　　　　　　　　　⇩
究竟：疑问语气副词用法　　　　　　　　　　　?

图6-5 "端的"的多功能模式对"究竟"的类推

这种推力和§6.5.3.2探讨的宾语从句中的疑问语气副词"究竟"有时需要向"原委,真相"义名词演变的拉力一起作用,一推一拉,才最终促成"究竟"

215

发生从疑问语气副词向"原委,真相"义名词的去语法化。这种解释可以说明为什么"究竟"的"原委,真相"义名词用法在宋元明只有极个别用例,而到清代就大规模出现了。

6.6 疑问语气副词"究竟"等的游移用法及其语法后果

语料调查表明,明清两代"究竟"等疑问语气副词常从其所在疑问从句的句首位置(记为 t)游移到主句的谓语中心前或句首。我们把这种用法称为"游移用法"。例如:①

(193)虞继武道:"方才说到其间,略略有些头绪,只是白鼠之言究竟ᵢ不知 tᵢ 是真是假,求老伯一言以决。"(明末清初·李渔《十二楼》)

(194)[上文交待因袭人在王夫人面前说坏话,晴雯被赶出贾府]宝玉哭道:"我究竟不知 tᵢ 晴雯犯了何等滔天大罪!"(清·曹雪芹《红楼梦》第 77 回)

(195)他自己自从到了上海,一直嫖昏,也没有接过信,究竟不晓得老丈告病的话 tᵢ 是真是假。(清·李伯元《官场现形记》第 52 回)

(196)公子越听这话越加可疑,便道:"究竟不知 tᵢ 谁无端的造我这番黑白,其中一定还有些无根之谈,这事却不是当耍的!"(清·文康《儿女英雄传》第 23 回)

(197)刘中丞……讲到:"钦差来到这里查办事件,到底不晓得 tᵢ 几时可了……"(清·李伯元《官场现形记》第 18 回)

上几例中,划线疑问语气副词从原位游移到了主句谓语中心"不知/晓得"前。下几例中,划线疑问语气副词从 SVO 句句中游移到了话题句 TSVO 的句首。

(198)未知究竟恢复中原,当以何途之从耳?(《瞿式耜给子书》)
(199)大少爷……说:"今天爸爸上院见着抚台,请问一声,到底托他的事情,河台那里可曾有过信去?"(清·李伯元《官场现形记》第 23 回)

---

① "毕竟₃"的游移用法详见§5.2.5,这里不再赘举。

(200) 姓孔的儿子道:"到底小的告的状,大人准与不准?"(清·李伯元《官场现形记》第 23 回)

(201) 太太说:"……到底我们这里大小老婆,那一个开后门,那一个卖俏,那一个同和尚往来,他是地方官,可以审得的。……"(清·李伯元《官场现形记》第 49 回)

(202) 到底这件事老公祖是怎么办的? 即望详示。(清·李伯元《官场现形记》第 17 回)

(203) 少年道:"到底这借票还写不写呢?"(清·李伯元《官场现形记》第 43 回)

又如,下几例中疑问语气副词"究竟"从疑问从句谓语中心前游移到了(近)句首位置。

(204) 黛玉道:"究竟那玉不知是怎么个来历? 上面还有字迹?"(清·曹雪芹《红楼梦》第 3 回)

(205) 傅抚院着急道:"此刻到底这人在哪里?"(清·李伯元《官场现形记》第 22 回)

(206) 时筱仁心想:"到底我走哪一条路才好?"(清·李伯元《官场现形记》第 28 回)

当然,上引后两例中"究竟"的游移用法现代汉语中也有。但可以肯定的是,"究竟"等疑问语气副词离疑问中心越远,全句的追究语气越弱。例如:

(207) 到底这圣旨保举的事情,毕竟怎么办法?(清·李海观《歧路灯》第 5 回)

上例中,位于话题句句首的"到底"的追究语气较弱,没有紧贴疑问词的"毕竟"强。疑问句中"究竟"等之所以可有游移用法,是因为它们原本就是对"言究竟(说到底)"义进行残缺编码的成分,而残缺编码"说到底"义的"究竟""到底"作为独立语,其优选句法位置就是句首。所以,"究竟""到底"等的游移用法其实是一种"返古"现象。正因为无论疑问语气副词"究竟"本来处在句子什么位置,它在明清两代都可以游移到所在疑问句的句首,所以,任何一个含有疑问语气副词"究竟"的疑问句都可以进行句法转换,转换成"究竟 Q"。这也就是为什么在清代会出现用"究竟"来转

217

指"究竟 Q",从而导致"究竟"出现"原委,真相"义名词用法(详见上文§6.5.3)的原因。

如果接受上述观点,就不难理解"究竟"为何偶有"打算"义。例如:

(208)丈夫出世一番,岂容没没?要当猛然而思:吾之此生作何<u>究竟</u>?世人有以富贵为究竟者,有以功业为究竟者,有以子孙为究竟者。(明・高攀龙《高子遗书》第 12 卷)

(209)翌王便抚其背道:"……前者实欲上京图取功名,那时或可遂我生平诸愿。今蒙仙卿谬爱,曲意相留,正不知此生作何<u>究竟</u>。"(明・冯梦龙《醒名花》第 6 回)

(210)问汝居此楼作何<u>究竟</u>,曰:"本匿影韬声,修太阴链形之法,以公阳光薰铄,阴魄不宁,故出而乞哀,求幽明各适。"(清・纪昀《阅微草堂笔记・如是我闻三》)

(211)况复后顾茫茫,正不知作何<u>究竟</u>也。(张能耿《鲁迅亲友寻访录》)

上几例中,"作何究竟"可视为"究竟作何打算"中"打算"义零编码而"究竟₃"游移到宾位临时承担"打算"的句法和语义功能的结果,正如"究竟₃"还可游移到选择问标记"还是"所在的空位(详见§3.3.2)。

那么,在明清时期盛行的疑问语气副词的游移用法为什么后来越来越少呢?因为随着该聚合中"毕竟"的游移用法逐渐定格在篇末并最终退出语篇使用(详见§7.5),以及"究竟""到底"表示追究语气的用法的极大普及,这些疑问语气副词跟疑问句关系越来越密切,其游移越来越受限,只能游移到疑问句句首,而不再能游移到疑问从句所在主句谓语中心前或话题复杂的话题句句首。

6.7 小结

本章从"究竟"在共时平面上(特别是方言中)的一些特异用法(如犹"追究"、犹"彻底"、犹"到哪儿"的用法)入手,引出对"究竟"历时演变的考察。通过考察其历时演变,回答了以下问题:第一,现代汉语中"原委,真相"义名词"究竟"是何时和如何产生的?产生机制和动因各是什么?(答:是由疑问语气副词"究竟"在疑问宾语从句句首位置通过问题对答案的转指机制产生的,产生于清代,产生的动因是语言表达的经济原则的作用。)第二,现代汉语中"原委,真相"义名词"究竟"为什么通常只能做宾语?(答:因为它是由疑问语气副词"究竟"在疑问宾语从句中演变而来的。)第三,为什么"究竟"有"原委,真相"义名词用法,而跟它处于同一聚合的"到底""到头"等没有?(答:因为"究竟"在历史上特别是在佛经中早就有名词用法。对于它来说,发展出"原委,真相"义并不增加词类数量,而"到底"等本无名词用法,不会成为言者启用旧词新用策略来表达"原委,真相"义的首选。)第四,"究竟"和"端的"具有类似的多义模式(即都兼有表示追究语气的用法和"原委,真相"义名词用法),这是否意味着其名词用法是遵循同样的机制和路径演变而来的?(答:不是,"端的"的名词用法是其最早的用法,但其名词用法的流行确实受到了疑问语气副词用法盛行的推动。)第五,为什么汉语史上和现代汉语方言中"究竟""毕竟""到究""倒是"偶有"的确,确实"义?这种词义是如何形成的?(答:因为它们跟"端的"具有类似的多义模式,都兼有"原委,真相"义名词和疑问语气副词用法,于是沿着"端的"疑问语气副词用法的形成路径逆流演变出"的确,确实"义。)第六,为什么汉语史上"究竟"偶有"打算"义?(答:因为疑问语气副词"究竟"有游移用法,当"究竟作何打算"中"打算"义零编码时,"究竟"就可移动到"打算"的空位上而获得"打算"义。)

  本章还探讨了:①佛经中名词"究竟"的形成,认为它是由形容词"究竟"通过对"究竟法""究竟界""究竟处""究竟愿"等的转指而形成的。而形容词"究竟"则是"至极"义介宾短语"究竟"在定语位置上词汇化的结果。"至极"义介宾短语"究竟"则源于"穷其极"义动词短语。"究竟"在中土文献中的逐渐流行跟它本是梵语 uttara 的意译词和佛教的传入密切相关。随着佛教影响的逐渐减弱,形容词和动词"究竟"逐渐消失,名词"究竟"的意义发生了更新。②短语"究竟"在唐五代向时间副词的词汇化以及在唐宋向评注语气副词和疑问语气副词"究竟"的语法化。论证现代汉语副词"究竟"来源于介宾短语"究竟",而非并列短语"究竟"。总之,我们发现"究竟"的历时演变如图 6-6 所示(其中,内层矩形框内的演变是在现汉普通话中有遗迹的演变,手枪型框内的演变主要见于佛经,在现代汉语方言中有遗迹,其余部分的演变见于历史上的中土文献,在现代汉语中基本没有遗迹)。③如何通过形式化机制来展示"意义的重新分析究竟是怎样在听说双方展开的?"。因为在言语交际中,听者对言谈双方互动背景和言者的观点和情态的明示程度十分敏感。听说双方的实时互动对语法化过程中语义重新分析的发生至关重要。(Sweetser 1999:132)

表6-4 历代"究竟"的用例和用频情况

年代	短语	动词	名词	形容词	时间副词	评注语气副词	疑问语气副词	其他	总字数
汉魏六朝	8(3)	15(6)	7(3)	0	2(0.07)	0	0	2	2 312 567
隋唐五代	10(0.5)	21(1)	63(3)	6(0.31)	8(0.42)	8(0.42)	7(0.37)	0	19 143 676
宋代	7(0.5)	22(1)	35(2)	29(1.95)	7(0.47)	14(0.94)	17(1.14)	9	14 881 679
元明	2(0.1)	8(0.5)	5(0.3)	2(0.13)	17(1.11)	11(0.72)	6(0.39)	4	15 285 387
清代	0	4(0.4)	10(1)	0	11(1.13)	188(19.38)	101(10.41)	5	9 700 559

表6-5 历代"究竟"的用例和用比情况

年代	短语	动词	名词	形容词	时间副词	评注语气副词	疑问语气副词	其他	合计
汉魏六朝	8(23.53%)	15(44.12%)	7(20.59%)	0	2(6.50%)	0	0	2	34
隋唐五代	10(8.13%)	21(17.07%)	63(51.22%)	6(4.88%)	8(6.50%)	8(6.50%)	7(5.69%)	0	123
宋代	7(5.00%)	22(15.71%)	35(25.00%)	29(20.71%)	7(5.00%)	14(10.00%)	17(12.14%)	9	140
元明	2(3.64%)	8(14.55%)	5(9.09%)	2(3.64%)	17(30.91%)	11(20.00%)	6(10.91%)	4	55
清代	0	4(1.25%)	10(3.13%)	0	11(3.45%)	188(58.93%)	101(31.66%)	5	319

说明：表中，"其他"指"究竟"的"始终"义、"总之，无论如何"义等用法。表中的"时间副词"用法专指"最后，终于，终究"义用法。括号内的数字为使用频率或百分比，用频单位是：次/百万字。

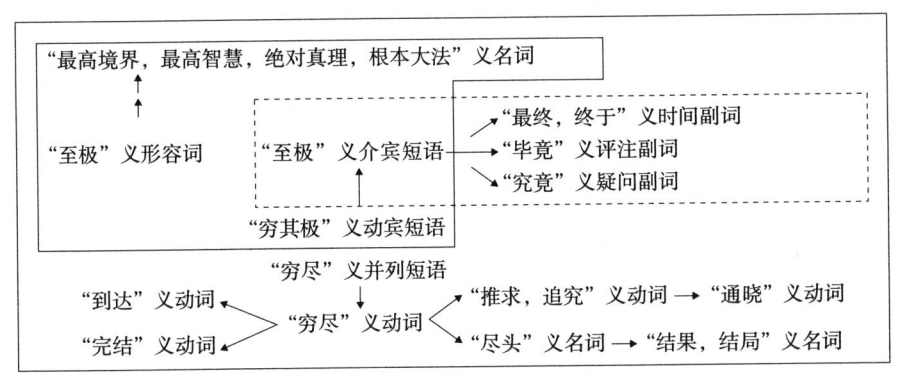

图 6-6 "究竟"的历时演变路径

第七章 "毕竟"的共时变异与历时演变

7.1 引言

本章考察汉语史上"毕竟"从"完结"义并列短语向副词（含时间副词、语气副词）的历时演变，及其共时后果——现代汉语中"毕竟"的用法的复杂性。

"毕竟"，《现代汉语词典》（第7版）释作"表示追根究底所得的结论，强调事实或原因。"侯学超主编《现代汉语虚词词典》（1998）释作："表示强调结论或原因。"吕叔湘主编《现代汉语八百词》（1999）释作："引出追根究底所得的结论。"因"毕竟"强调溯因推理的结论——原因，故强调结论和强调原因两说本质上是一致的。这样，综合上述三部辞书的看法，我们认为，现代汉语中"毕竟"主要用于知域，强调"事物某根本特点不因条件改变而变化，因而足以作为导致某结果之原因"，与"到底$_2$"义近，两者都是评注语气副词。既然两者义近，而"到底$_2$"的真值条件义可表示为：□（p→q）[读作：从 p 必然能缺省推导出 q]，那么，在汉语史上"毕竟"跟"到底"当有表示必然性推测语气的认识情态副词用法（犹"肯定"）。我们的语料调查表明确实如此（详见§9.2.2.2）。

北大中文系语言班编《现代汉语虚词例释》（1996）还为"毕竟"列出了其强调结果用法，说它"强调某事、某现象最后还是发生或出现了"。这说明编者认为现代汉语中"毕竟"还有"终究"义时间副词用法。那么，现代汉语中"毕竟"到底有没有该用法呢？多数人认为没有。① 我们的语料调查表明，

---

① 史金生（2003:63）甚至认为"毕竟"即使在古代汉语中也没有时间副词用法。

现代汉语中"毕竟"偶尔有此用法。① 例如：

(1)对他又憎恨又感激。感激他在那次辩论会上,在内心其实很冲动的情况之下,毕竟没说出我的名字。(梁晓声《表弟》)
(2)反复试验,毕竟成功了。(唐启运、周日健 1989)
(3)经过三个月的奋斗,战斗任务毕竟完成了。(唐启运、周日健 1989)
(4)经过努力,他毕竟成功了。(陶然等 1995)

当然,上几例中"毕竟"若改说成"终于"或"终究",全句会更自然。但这种用例的存在表明,在现代汉语里,"毕竟"至少在少数作品里偶尔有时间副词用法。这说明"毕竟"的行域用法有一定的语感基础。那么,根据语法化学说共时变异和历时演变同构论及领域扩散论的基本主张,可以预测"毕竟"在历史上也有时间副词用法。我们对历史语料的调查证实了这一点。例如：

(5)这时代亡夫养公姑、代亡夫教子嗣,岂不是好?他却……饱暖了却思淫欲……不顾儿女,出身嫁人。或是公姑伯叔、自己弟兄,为体面强要留他,到后来毕竟私奔苟合,贻笑亲党。(明·陆人龙《型世言》第 10 回)

而从"毕竟"构词语素的字面义可以推知,在历史上"毕竟"有"完结"义。参照我们已经发现的"到底"等"完结"义词的多义模式,可以进一步推测,历史上"毕竟"很可能也有疑问语气副词用法。那么,事实是否如此呢?我们对语料的初步考察表明确实如此。例如：

(6)毕竟是甚的东西?(元·佚名《盆儿鬼》第 3 折)

---

① 毛惜珍(1994)和陈秀明(2006)认为现代汉语中"毕竟"有时间副词用法。陈秀明(2006:6)在 CCL 语料库中随机抽取了 500 例"毕竟"句,发现有如下 3 例"毕竟"是时间副词,犹"最终,终于/终究"。陈说是 5 例,但仅列出 4 例,且有 1 例不是时间副词"毕竟"的用例,而是评注语气副词"毕竟"的用例。

(1)金色的秋天毕竟过去了,冬天已经来临。
(2)犹豫了很久,我毕竟没有去他家。
(3)与这些呼喊着的同志们相比,我忽然生出一种莫名的羞愧,隐隐还藏了一丝委屈。我简直想跳进黄河。毕竟没跳,我紧随着毛泽东走上了浮桥。

(7) 毕竟扯住鲁提辖的是甚么人,且听下回分解。(明·施耐庵《水浒传》第5回)
(8) 侍云:"经又不看,禅又不学,毕竟作个什么?"(《镇州临济慧照禅师语录》)

上几例中"毕竟"都用于言域,是表示追究的疑问语气副词,义近于"到底""究竟"。

综上所述,基于对现代语料的考察和对历史语料的初步检索,可以预测,"毕竟"在汉语史上有"完结"义短语、"最终,终于/终究"义时间副词、"毕竟"义评注语气副词、"究竟"义疑问语气副词和"一定"义认识情态副词五种用法。本书把这几种"毕竟"分别记为"毕竟$_0$""毕竟$_1$""毕竟$_2$""毕竟$_3$""毕竟$_4$"。那么,"毕竟"从单义短语到中古和近代汉语中短语和多义词并存,再到现代汉语中变成基本单义的副词,经历了一个从单义到多义,再到单义的演变过程。是什么原因促使"毕竟"在中古和近代汉语中出现的时间副词用法和疑问语气副词用法在现代汉语中又消失掉呢?这个演变有什么动因,是在什么机制作用下进行的,又产生了怎样的后果?本章将尝试对上述问题做出回答。

7.2 "毕竟"的共时变异与共时特征

7.2.1 "毕竟"的共时变异

7.2.1.1 "毕竟"的共时异写

在现代汉语中,"毕竟"在有些人笔下会被写成"必竟"。例如:

(9) 一名教授邢××,年高德劭,学贯中西,就常情而论,应该不会发生这种事。但男女之间的关系是不能与一般事物等量齐观的,美色当前,又在强烈的诱惑挑逗之下,能够"坐怀不乱"的人,必竟太少。

齐骋郐著《又见错别字》说上例中的"必竟"是错别字,应写作"毕竟"。我们认为,对这类现象不能简单地冠以"错别字"加以挞伐。由于在汉语史上"毕竟"常写作"必竟"①,在古代汉语功底深厚而语言规范意识相对薄弱的人的笔下,"毕竟"被写成"必竟"是情有可原的。

7.2.1.2 "毕竟"的共时多功能性

上文的考察表明,"毕竟"虽然在早期现代汉语中偶尔用作时间副词,但当前多用作评注语气副词。下面集中考察评注语气副词"毕竟"(即"毕竟$_2$")的句法和语义。先看几个例子:

(10) 尽管澳大利亚有美丽的海湾和沙滩,湛蓝的天空和明媚的阳光,但它毕竟是"骑在羊背上"立国的,所以,只有让游人领略真正的牧场风情,才能使他们更全面地了解澳大利亚。(《人民日报》,1995-01-11)

(11) 柴明发毕竟是曾获过全国跳台滑雪冠军的老将,所以,虽然拖着一副断裂的滑板,依然沉着冷静,跃出了十分令人满意的成绩。(《人民日报》,1995-01-17)

(12) 可是生活毕竟是复杂的,爱情的路上也不会没有风雨泥泞的。(《热风》,1959-12-18)

(13) 同志们要记着,我国现在的生产力发展水平毕竟还是很低的。(《人民公社万岁》)

例(10)(11)中"毕竟"用于 S_{1a}:"虽然/尽管 s,毕竟 p,所以 q"及其变序句中,强调"特点 p 不因新情况 s 的出现而有所变化,因而是导致 q 的原因"。句中 s 的语义贡献是形成"p→q"这种因果缺省推理的阻碍(即成阻),"毕竟"依附于 p 上,强调 p 能除阻。例(12)(13)中没有 s 分句,因而"毕竟"句的除阻义大大淡化。但仍可在句首补上"尽管/虽然如此",因而除阻义还是依稀可辨。比如,例(13)语境中一定有"虽然我国生产力水平有了显著提高"之类成阻命题。s 除了可退隐,还可泛化。泛化后的形式记作φ(s),表示在句法框架φ表示的语义里包括 s 所示语义。例如:

---

① 张相(2001)《诗词曲语词汇释》明确指出了这一点,并举例如下:
(4) 必竟懒过高坐寺,未能全让法云师。(唐·曹松《广州贻匡绪法师》)
(5) 必竟输他常寂默,只应赢得苦沈沦。(唐·贯休《偶作因怀山中道侣诗》)
(6) 必竟兴亡谁可料,但闻陵谷变飞尘。(南宋·周弼《会稽山》)

(14)陈凯歌是明白人,无论出于何种考虑,他毕竟采取了一种积极配合的姿态,欣然接受修改影片的要求。(郑听《一句台词的改动救活了〈霸王别姬〉》)

上例中"无论"分句的内容可以看作是在策略性回应语境中对"虽然/即使 s"中 s 的泛化。这样,就形成了 S_{1b}:"不管/无论φ(s),毕竟 p[,(所以)q]"及其变序句。再如:

(15)不管你现在混得怎么样,他毕竟是你哥,你还得尊重他。
(16)虽然你现在混得好了(s),他毕竟是你哥,你还得尊重他。

例(15)里"你现在混得怎么样"是对"你现在混得好""你现在混得不好"等多种情况的概括,但言者想要表达的意思有时近于例(16)。言者用例(15)来表达例(16)的意思只是为了委婉起见,是为了对对方可能因为混得好了就不尊重哥哥的言行或想法进行一种策略性回应。当"毕竟"复句中成阻因素 s 潜隐时,"毕竟"强调事物的根本特点不因条件改变而变化的作用会越来越弱。随着除阻义的逐渐消失,q 句的反预期义也会逐渐淡化。例如:

(17)他毕竟没有读过多少书,不能一下子就明白这些道理。
(18)他毕竟是清华的高才生,三下五除二就把问题给解决了。

上两例中,q 分句的反预期义已经很淡,但依稀可辨。例(17)中,"他不能一下子就明白这些道理"出乎对方预期,"他没有读过多少书"则是为这种反预期结果找到的最佳解释(即解-反预期),强调这是导致后者的原因。例(18)中,"他三下五除二就把问题解好了"也是出乎人们预期的结果,"他是清华的高才生"则是对这种反预期结果的最佳解释,强调这是导致后者出现的原因。但是,随着除阻义的最终消失,q 分句的反预期义也最终消失。这时,"毕竟"只强调事物的某特点。例如:

(19)年轻人毕竟是年轻人,充满朝气。

上例中,"(他)充满朝气"并不含有任何反预期色彩。"毕竟"只强调"他是年轻人"这个特点是导致"他充满朝气"的原因。

综上所述,"毕竟"复句的句法结构有两种:S_{1a}:虽然 s,但是毕竟 p[,所以 q]。(变式:毕竟 p,所以[,虽然 s,但是]q);S_{1b}:不管/无论φ(s),毕竟 p[,(所以)q](变式:毕竟 p,所以[,不管/无论φ(s),q])。考察可知,"毕竟"在 S_{1a} 复句中有焦点化表达功能。例如:

(20)樱桃虽然是个好人,但毕竟脑子不好。| 樱桃虽然脑子不好,但毕竟是个好人。

上例中左右两句虽然客观义相同,但主观义不同。左句倾向于贬抑樱桃,右句倾向于褒扬樱桃。这两句的信息结构都是[预设+焦点]型的。左句的预设信息是"樱桃是个好人"。换言之,言者预设"樱桃是个好人"是听说双方共知信息;焦点信息是"樱桃脑子不好"。换言之,"樱桃脑子不好"是言者想要向听话人传达或着重强调的信息。右句的信息分布跟左句正好相反。对比左右两句可知:"毕竟"黏附在哪个命题上,哪个命题指向的论证方向就是言者主观评价的最终落脚点(即结论)所在。这跟"毕竟"词义中滞留的义素[+最后](详见下文)密不可分。比如,左句中"毕竟"黏附在对樱桃进行智力评价的命题上,这表明言者更看重的(或认为在当前论域中更重要的)是智力高下,而非道德好坏。右句中"毕竟"黏附在对樱桃进行道德评价的命题上,这表明言者更看重的(或认为在当前论域中更重要的)是道德好坏,而非智力高下。总之,"毕竟"是表示言者主观性的语用标记。"毕竟"分句传递的是焦点信息。在汉语常规句法结构中,焦点信息相对于预设信息等已知信息来说,通常是分布在句末。所以,"毕竟"在让转关系复句中通常是黏附于正句——转折分句。"毕竟"单句的句法结构跟"到底$_2$"句相同,详见第四章的相关论述。"毕竟",跟"到底$_2$"一样,无论其所在句子是复句还是单句,都是其语义结构的投影,而其语义结构又是由概念结构促动的(详见第四章对"到底$_2$"的句法-语义结构的论述)。

7.2.2 "毕竟"与其近义词的差别

7.2.2.1 "毕竟"与"毕竟"义"到底"的异同

在现代汉语中"毕竟"跟"毕竟"义"到底"(本小节中简记为"到底")是近义词,两者有什么不同呢? 唐启运、周日健(1989:15)认为,"毕竟"可见于古今汉语,而"到底"见于现代汉语和早期白话小说,少见于古代汉语。我们的考察结果表明,古代汉语尤其近代汉语中,"到底"并不少见(详见第二章)。我们认为,两者的不同在表现在辩驳语气强弱、语法组配、语体分布等几方面。

7.2.2.1.1 不同之一：辩驳语气的强弱

在论证语境中，"毕竟"和"到底"所带辩驳语气的强弱不同。吕叔湘(1999)释"到底"为"强调原因或特点；毕竟"，释"毕竟"为"充分肯定重要的或正确的事实，暗含否定别人的不重要或错误的结论"。可见，"毕竟"句有明显的辩解或反驳功能，① 能对他人或自己以前的观点——语境定识(context assumption)——做出否定回应。例如：

(21) 到时你得请周良，他<u>毕竟</u>是你哥。→? 到时你得请周良，他<u>到底</u>是你哥。

上句通常要在言者认为听者很可能不(想)请周良的背景下使用。用 Ducrot(1983)提出的语篇论证理论可以解释"毕竟"的上述语义特点。如果把"毕竟"看作元-语用指示语(metapragmatic instruction)，那么其作用就是引导听者这样理解"毕竟"句的语篇论证力："毕竟"把两个语篇论证方向相反的命题关联起来，表示"毕竟"句所示命题的论证力至少要强于那个与其论证方向相反的命题(按：那个反向命题可能隐于语境)。换言之，"毕竟 p"前常有"虽然/即使 s"或者"无论 Φ(s)"分句。即使没有这样的分句，在语境中也潜藏有命题 s。p 和 s 论证方向相反，"毕竟"能暗示 p 的论证力至少比 s 强。这样，p 对 s 就有一种否定回应功能。考察发现，"到底 p"的这种否定回应功能没有"毕竟 p"强。所以，例(21)中"毕竟"替换为"到底"显得不太自然。因此，"毕竟"句的辩驳意味比"到底"句强。当(基本)没有辩驳意味而料悟意味很强时，就不宜用"毕竟"，而该用"到底"。试比较：

(22) 他<u>到底</u>是大学生，说话很有水平。→? 他<u>毕竟</u>是大学生，说话很有水平。

(23) 孙八看了止不住的夸奖："<u>到底</u>你喝过墨水，肚子里有货！"(老舍《老张的哲学》)
    →? <u>毕竟</u>你喝过墨水，肚子里有货！

(24) 咱们这里没有等级，全是朋友；可是主任<u>到底</u>是主任，不能吃猪菜的钱！(老舍《不成问题的问题》)→ 可是主任<u>毕竟</u>是主任，不能吃猪菜的钱！

---

① 所以，董付兰(2002)认为"毕竟"所在语境中交际双方之间有明显的互动性。当然，我们也赞同储泽祥(2019)所说的"毕竟"所在语境中交际互动的强度不是特别高的观点，因为现代汉语中"毕竟"不能引导疑问句、祈使句等明显要求听话方做出回应的语句。

例(22)(23)中转换不自然,而例(24)中转换自然。可见,只有当"到底"分句跟"虽然/即使 s"之类让步分句共现,或者句首有或可添加转折连词"可(是)"时,"到底"才能为"毕竟"所替换,因为"毕竟"有强烈的辩驳语气,如果语句甚至语境中没有被驳斥的对象 s,就不能用"毕竟"。比如,当"到底"用于单句,只强调某个体比其他个体更可能具有某属性时,就不大能换成"毕竟"。例如:

(25)<u>到底</u>(是)警察勇敢。→? <u>毕竟</u>(是)警察勇敢。

正因为"毕竟"句有否定回应功能,其句法形式多与否定相关。吕叔湘(1999)给出的"毕竟"的三种句法环境中有两种与否定相关,列举如下①:①"毕竟"+动词。常与"无论""不管"等呼应。②"毕竟"+形容词,形容词多采用否定形式。例如:

(26)<u>无论</u>怎么说,他<u>毕竟</u>还是来了。
(27)<u>毕竟</u>他的嗅觉<u>不</u>太灵敏。

总之,"毕竟"与否定语境有天生的相谐性,而"到底"没有这种特点。这就决定了它们在复句中的分布不同。它们出现的基础结构分别是解释性评论结构"到底 p,所以[,虽然 s,但是]q"和辩驳性评论结构"虽然 s,但是毕竟 p[,所以 q]"。其中,p 是因果推理(p→q)的小前提或言者驳斥别人的证据;s 是阻止该因果推理进行下去的不利条件或言者要驳斥的看法;q 是因果推理的结论或言者要论证的命题。不难看出,"到底"句与"毕竟"句凸显成分不一,前者凸显的是 p、q,所以 s 经常不出现;后者凸显的是 p、s,所以 q 经常不出现。换言之,在单重复句中,"到底"多出现在因果复句中,全句重在解释;而"毕竟"多出现让转复句中,全句重在辩驳。例如:

(28)虽然这种形式难度大,节目质量也有不尽如人意的地方(s),但它<u>毕竟</u>指出了春节联欢会也可以这样搞(p)。(《人民日报》,1995-02-15)
(29)虽然作品良莠混杂(s),<u>毕竟</u>出现过一时之盛,而其中的优秀诗篇,曾作为现代文明的象征,熏陶过一代人的文化心理(p)。(《人民日

---

① 还有一种是"毕竟+小句"。

报》,1995-02-21)

(30) 尽管科学也不是一成不变的标准(s),但它毕竟是这个时代最值得信赖的良师(p)。(《人民日报》,1995-02-06)

(31) 这经历当然不能像"老红军、老八路、老解放"那样光彩夺目(s),但毕竟是我们经历过的(p),是我们不可小看的财富(q)。(《人民日报》,1995-03-09)

我们这么说是有统计依据的。因为"毕竟"是话语标记中的提示标记(reminder)或证据引得标记(justification marker),引出使自己论点为真的证据,①所以 p 是"毕竟"所依附的对象,当然不能少。除了 p 以外,s、q 都是可选的。因此,我们暂且排除 p 独用的情况。剩下的理论上共有以下[2×2+3×2×1=]10 种组合情况。即:

p 与 s 连用:p-s、s-p   p 与 q 连用:p-q、q-p
p、s、q 连用:p-s-q、p-q-s;s-p-q、s-q-p;q-p-s、q-s-p

笔者随机抽取了 TCS2006 中 1995 年一二月份的《人民日报》语料进行穷尽统计,发现"毕竟"凡 55 见,只有以下 6 种分布:s-p(21 例);p-q(8 例);q-p(5 例);p-s-q(1 例);s-p-q(19 例);s-q-p(1 例)。如果把 s-p 和 s-p-q 合并成 s-p[-q],那么,s-p[-q]的用例最高,达 40 例,占 72.7%。这样,上述统计显示:①s-p[-q]是"毕竟"的优选语序。②因为 q 不能出现在 s 的前面,所以没有 p-q-s、q-p-s、q-s-p 语序用例;③只有 p 和 s 两项时,p 不能位于 s 前,因此 p-s 语序用例未见。这有一定的认知动因。既然 p 是言者驳斥别人时所用证据或推理的小前提;s 是别人的看法;q 是言者要论证的命题,那么,言者在与他人辩驳时,首先要先摆出别人观点 s,因而 s 不能位于 q 后;且最好也位于 p 前。另外,p 是证据,是得出结论 q 的原因,自然最好位于 q 前。这样,认知上的优选语序就是 s-p[-q]。这与"到底"优选的 p-[s-]q 的语序很不相同。换言之,"到底"多用在感叹句中,而"毕竟"多用在辩驳句中。"到底"的优选位置是因果复句中的原因分句的句首,"毕竟"的优选位置是让转复句中的转折分句的句首。这可能跟"毕竟"中含表示"完结"义的"毕""竟"

---

① 英语 after all 也是证据引得标记,引出证明自己观点的证据,也多用于辩驳语境(Roulet 1990)。试比较:

(7) He is brave;after all he is a soldier. (你错了,)他很勇敢,毕竟他是个战士。

而"到底"里含表示过程的"到"有关。"完结"义使"毕竟"优选让转复句的结尾分句(即转折分句),表过程的"到"使"到底"不可能优选因果复句的结尾分句(即结果分句),而只能优选原因分句。

综上所述,"毕竟"复句的语义获得机制可以表示为:

语境定识:s→Ma|~q(读作:从 s 为真可能会推导出 q 为假,Ma 代表 maybe)

语用背景:p→Pr|q(读作:从 p 为真很可能推导出 q 为真,Pr 代表 probably)

当前断言:s∧(s→Ma|~q)∧p∧(p→Pr|q)

从上面的逻辑公式可以看出,p 的逻辑衍推力比 s 强,因为 p 为真很可能导致 q 真,而 s 为真只是有可能导致~q 为真。因此,我们得出的结论与高书贵(2000)描写的"(s∧({s}→Ma|~p))∧p"是不同的。例如:

(32)虽然辛亥革命已使用公历(s),但是,旧历的年底毕竟最像年底(p),村镇上不必说,就在天空中也显出将到新年的气象来(q)。(鲁迅《祝福》)

按照我们的理解,s 为真使人们预期 q 为假,即"(在旧历年底)村镇上不会显出新年气象"。按照高书贵的描写,s 为真使人们预期 p 为假,即"旧历的年底不会像年底"。高书贵的描写割断了 s 与 q 之间的语义对比关系。我们认为,真正构成逆转关系的是 s 和 q,而不是 s 和 p,因为去掉 p,q 略加变动句子仍然合格[①];去掉 q,p 要做较大变动,句子才能合格。p 的引入只是为了把 s 与 q 之间已有的强转折弱化为弱转折,因为"'毕竟'有缓和语气的作用"(张秋杭 2006a)。所以,我们不同意 Blakemore(1992:136)所说"英语话语标记 after all(犹汉语"毕竟")的作用是限制含义生成"的观点。我们认为,限制听者从 s 推导出含义~q 的不是"毕竟"类词语,而是句中的"但是"类转折连词。"毕竟"的作用是暗示 p 的衍推力强于 s。

---

① 在这方面,本书赞同储泽祥(2019)的观点。储泽祥(2019)认为,下例中跟第一分句构成转折关系的不是第二分句,而是第三分句。理由是,第二分句可以去掉而不影响句义。第二分句只是跟第三分句构成因果关系,这从"但"后可以添加"因为"即可窥见一斑。

(8)尽管内心十分不快,但校长毕竟是校长,应付这种场面对他还是不难的。

7.2.2.1.2 不同之二：语法组配与语体分布

"毕竟"与"到底"都可用于知域，强调"事物的根本特点不因条件变化而改变，因而足以作为导致某结果之原因"。但两者存在以下不同：①"到底"常可以表示感叹，而"毕竟"很少这么用（史金生 2003:65）。比如，下两例中"到底"不能替换成"毕竟"。

(33)"到底是紫丁香啊！"他的语调带着感叹，眼睛看着茶几上的花瓶。
(34)卢小波说："你真会说。到底是大学生。"（史金生 2003:65）

那么，"毕竟"为什么很少用于感叹句呢？这是因为"到底"的元语意义中有对推理或心理搜索过程的凸显，而"毕竟"的元语意义中只有"完结"义，只凸显推理活动抵达结果（即获得结论）这个结果状态。所以，第四章为其近义词"到底"建立的量级标尺模型不适用于"毕竟"。"毕竟"只凸显推理完结和结论出现，不凸显搜索到量级标尺底端才能发现符合属性的个体这个过程。这样，"毕竟"句中 NP 的所指虽有[＋对比性]，但无[＋唯一性]。与"到底"句相比，缺乏那种极端意味（即强调只有某集合内的个体最符合某属性）。所以，"毕竟"不宜用于感叹句，因为感叹的往往是属性值之高。②"毕竟"多用于书面语，而"到底"多用于口语。笔者检索了 1993—1997 年的《作家文摘》，发现在 1370 多万字的语料中，"毕竟"凡 730 见，用频为 53 次/百万字；"到底"凡 821 见，用频为 60 次/百万字。但 821 是"到底"作为短语、时间副词、评注语气副词、疑问语气副词的总用例数。而据表 2-1 的统计，四种"到底"用例比是：211∶53∶72∶358。就算评注语气副词用法与其他用法平分秋色，那么《作家文摘》中评注语气副词"到底"也只有 205 例左右，用频大约只有 15 次/百万字。这与"毕竟"的用频 53 次/百万字之间的比例是 1∶4.42。可见，"毕竟"在书面语中用频远高于"到底"。这可能是由于"竟"的语义滞留造成的，因为"竟"书面色彩很浓。"毕竟"与"到底"的上述差异导致：在元语意义上"毕竟"只把推理完毕这种结果纳入认知视窗，而"到底"还把推理过程纳入认知视窗。这导致：③"毕竟"可用于句首，而"到底"基本不能（史金生 2003:65）。① 比如，下几例中"毕竟"不能换成"到底"。

---

① 张谊生(2000)说评注语气副词"到底"不能用于句首。我们发现，它偶尔可用于小前提句句首。例如：
(9)同志，不要睡在这里，到底现在是冬天，怕受了风寒。（靳以《心的歌》）
但绝不可以像"毕竟"那样以独立语身份悬置于句首（后面有较大停顿），如例正文(35)—(38)所示。

(35) 毕竟,他曾在克格勃的间谍学校受过6年严格的训练。(张克千《克格勃,我要毁掉你!》)

(36) 毕竟,生活是这么多姿多彩,自由自在的单身贵族日子才刚刚开始呢!(陈越《戴安娜》(2))

(37) 这对新人在这种时候结婚,不仅是他们的喜事,也是全家族甚至全镇的喜事。毕竟,这场灾难之后的婚礼为所有的灾民树立了重建家园、重新生活的决心。

(38) ……有些人的英文名字不太好听。当然,你写简历时不一定要用自己的真实英文名字,毕竟,这份简历只是你们交上来的一次课后作业。

据我们对TCS2006现代汉语语料的统计,在5800万字左右的语料中,"毕竟"独立用于句首凡46见,用频约为1次/百万字。"到底"独立用于句首的未见一例。"到底"和"毕竟"作为评注语气副词的上述差异表明,"毕竟"像英语after all一样,已具有了一定的话语标记的用法,而"到底"尚不具有这种用法。

7.2.2.1.3 相同之处:不能外置于同语反复格式

在现代汉语中,如果"毕竟""到底"分句是同语反复格式(tautology,下文简称"同语式"),"毕竟""到底"通常不能前移至句首。只有当主宾语同义异形时才可以。试对比:

(39) a. 他毕竟是大学生,说话文雅。→
  b. 毕竟他是大学生,说话文雅。
(40) a. 大学生毕竟是大学生,说话文雅。→
  b. *毕竟大学生是大学生,说话文雅。

那么,为什么"毕竟""到底"的前移会受阻呢?按理说,评注语气副词"毕竟""到底"用于知域,作用对象是命题,其优选位置就该是句首。那么,为什么"毕竟"在例(39)b中可以而在例(40)b中不可以位于句首呢?这是因为例(40)b中"是"关联的两个NP同形,都是"大学生"。如果"毕竟"不插在它们之间,而位于句首,那么,"大学生是大学生"这种同语式则可能做另外两种解读,一是表示有所保留的认同,如"大学生是大学生,就是从来不上课";二是强调两事物彼此不容混淆,如"大学生是大学生,中学生是中学生"。简言之,为了让例(39)中"大学生是大学生"不至于被误解成表示有所保留的

233

认同等其他意义①,"毕竟"必须用在句中而不能用在句首。

7.2.2.2 "毕竟"与"终究"的异同

在现代汉语中,"毕竟"和"终究"在强调原因或事物根本特点时是近义词,但"毕竟"可以用于句首,而"终究"通常不可以用于句首。试比较:

(41) 现在说什么都晚了,毕竟人已经走了。→ * 现在说什么都晚了,终究人已经走了。

(42) 毕竟他还是个孩子,犯点错误没关系。→ * 终究他还是个孩子,犯点错误没关系。

(43) 他毕竟还是个孩子,你就别怪他了。→ 他终究还是个孩子,你就别怪他了。

这可能是因为"毕竟"兼有语篇关联功能,而"终究"没有。另外,在现代汉语中,"终究"还有表示必然性推测语气的认识情态副词用法(犹"最终一定"),而"毕竟"没有。例如:

(44) 你现在不努力学习,终究会后悔的。→ * 你现在不努力学习,毕竟会后悔的。

(45) 真理终究会显露,多行不义必自毙。→ * 真理毕竟会显露,多行不义必自毙。

(46) 进步终究要战胜落后。→ * 进步毕竟要战胜落后。

上几例中"终究"不能替换为"毕竟"。虽然在古代汉语中"毕竟"有认识情态副词用法,犹"一定"(详见第九章),但"终究"的词义中除了[一定]义素外,还有[最终]义素。所以,即使在古代汉语中,"终究"也不能用"毕竟"替换。正如"终于""到底"都可用来强调结果的最终出现,但不能自由替换(详见§8.2.1)。

7.2.2.3 "毕竟"与"毕竟"义"始终"的异同

在粤语和江淮官话江苏阜宁话中,"始终"有"毕竟"义(详见§9.3.1.1)。

---

① 关于表示有所保留的认同、强调不容混淆等同语式的意义生成和句法特点,详见张爱玲(2016:ch1)。

"毕竟"与"毕竟"义"始终"存在两点句法分布差异。

其一,"毕竟"可位于句首,而"始终"不行。比如下例中只能用"毕竟"而不能用"始终",即使在有"毕竟"义"始终"的方言中亦如此。

(47)毕竟/*始终他还是个孩子,你就别跟他计较了。

这或许是因为评注语气副词"始终"和"终究"都滞留有语法化前的时间副词的特点(即通常位于主语后、谓语中心前)。这么说的证据就是,直到今天"始终"一直可用作时间副词,表示行域里事态从头到尾的不变性,犹"从头到尾,到最后还是,终究"。例如:

(48)我始终不赞成他的看法。(《现代汉语词典》第7版)

而时间副词"毕竟"现在已经基本不用了。今天它主要用于知域暗示从前提到结论的推理的完结,意即"到底,究竟"。所以,其优选位置就是命题之间,在句法上就是分句或句子之间。由于句法限制,它只能出现于后一(分)句句首,而不能出现于前一(分)句句末。

其二,"毕竟"不能受副词"都"约束,而"始终"可以。试比较:

(49)他始终还是个孩子,你别要求太高! → 他毕竟还是个孩子,你别要求太高!
(50)他始终都是个孩子,你别要求太高。 → *他毕竟都是个孩子,你别要求太高!

为什么例(49)中转换能成立,而例(50)中转换不能成立呢?因为"都"要求约束对象是语用复数。虽然"毕竟"和"始终"都能激活一个事件图式,但"毕竟"激活的事件图式中进入认知视窗的是事件的结果状态;"始终"激活的事件图式中进入认知视窗的是事件的初始和结果两个状态,尽管认知主体分配给它们的注意力强弱不同。假设上两例的语用背景是,丈夫望子成龙心切,在孩子3岁时就为他请了语文、数学和英语三个家教。半年下来,丈夫发现孩子并未进步多少,于是大加责备。妻子对丈夫说了上两例中的合格句。如果把这个案例中孩子在家教前、中、后的知识状态分别记为K_0、K_1……K_n,把知识状态的改变视为随时间推移而发生的一次虚拟路径

(fictive path)的运动①,则家教行为可视为该运动的动力,孩子的天性——好玩好动……是该运动的阻力,则丈夫认为动力一定远远大于阻力,运动将以开放路径(open path)前进,如图7-1所示;

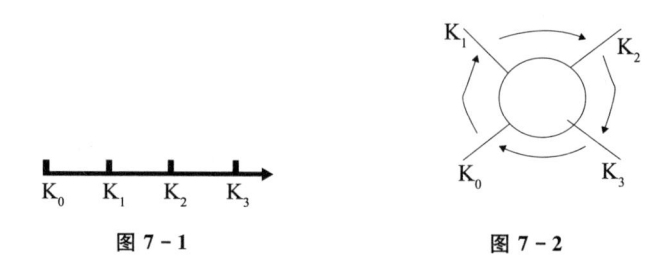

图 7-1

图 7-2

而妻子认为阻力最终将大于动力,运动将以封闭路径(closed path)前进,如图7-2所示。即妻子认为,虽然在家教初始阶段孩子的知识状态可能发生一些改变,比如从 K_0 到 K_1,再到 K_2,但是随着阻力越来越大,即随着学习压力增加,孩子好玩好动的天性逐渐展示出来,孩子的知识状态可能还会变回或基本变回 K_0。"始终"编码的是初始和结果两个状态,因而可受"都"约束,而"毕竟"编码的是结果状态这一个状态,因而不能受"都"约束。换言之,例(49)左例的言外之意是"他原来是个孩子,他现在还是个孩子,好玩好动等本性不会因为你的期盼或教育而剧变"。

上文的论述表明,近义词因其词汇化和语法化的源点、路径或程度不同,在共时平面上呈现的句法、语义和语用特点也会有明显差别。

7.3 "毕竟"的历时演变

7.3.1 短语"毕竟"的词汇化

"毕"繁体作"畢",《说文》:"田网也。从'華',象毕形。"段注:谓田猎之网……网小而柄长谓之"毕"。假借为"敉",表示完结。(周楚全、王澄愚1991:14)②例如:

---

① 关于认知视窗理论中的运动路径(如虚拟路径、开放路径、封闭路径)的详细论述,参见Talmy(2000:ch2,4)。

② 张海峰(2009:16)认为"毕"的"完结"义是经历如下演变而形成的:打猎用的长柄网>网罗>全部>完结。我们认为,张先生的解释有些牵强,尤其是第二步语义演变(即从"网罗"义到"全部"义)缺乏材料支撑。至于第三步演变,更可能的方向是从"完结"到"全部",而不是相反。

(51)六王毕,四海一。(唐·杜牧《阿房宫赋》)

"竟"本表示奏乐完毕(详见§9.3.2.2),后泛指一切活动的完毕。在汉语史上,"毕竟"最初是"完结"义动词"毕"和"竟"连用而形成的并列短语,后来词汇化为复音动词(董秀芳2002:144,孙菊芬2003)。至于短语"毕竟"词汇化为动词的具体时间,学界存在争议。董秀芳(2002:144)虽没有明确涉及这个问题,但举了下面几例并指出"其中'毕竟'是动词"。据此可推断,她认为"毕竟"至迟在东汉就已词汇化。

(52)此有似於贫人负官重责,贫无以偿,则身为官作,责乃毕竟。(东汉·王充《论衡》)
(53)佛方言:童子善来觉矣,斯处无忧,众行毕竟。(东汉·昙果、康孟祥译《中本起经》上卷)
(54)以少求而知足,诸世间已毕竟,于众俗不渐渍。(三国·吴·支谦译《维摩诘经》下卷)

孙菊芬(2003:78—79)则认为,在汉代"毕"和"竟"只是表现出同义连用的强烈倾向,但短语"毕竟"尚未词汇化。比如,例(52)和下面例(55)(56)中的"毕竟",孙菊芬都看作"毕"和"竟"偶然组合形成的短语。

(55)又杨市土地与官连接,若大功毕竟,舆驾迁住,门行之神,皆当转移,犹恐长久未必胜旧。(西晋·陈寿《三国志》第65卷)
(56)降神礼讫,下阶就幕而立,须奏乐毕竟,似若不衍烈祖,迟祭不速讫也。(《曹操集·春祠令》)
(57)于是羡那即以华香妓乐供养。供养毕竟,即便过去。(《贤愚经》第34卷)
(58)即设宴会,以女娉之。诸事毕竟,当还舍卫。(《贤愚经》第7卷)

但她也没明确提及"毕竟"词汇化的具体时间,只是指出动词"毕竟"用例很少。这表明她承认"毕竟"有动词用法。但动词"毕竟"的用例却一个也没举。而且,她还在"毕竟"的短语用法和时间副词用法之间建立起源流关系,认为由于多数"完结"义词(如"终""尽""结""讫""毕""竟""止""了""罢")都发生了从动词向副词的演变,所以"毕""竟"在其类推下共同移作状语,从而演变为时间副词。这实际上取消了"毕竟"从短语向时间副词演变所经历的动词用法这个中间阶段。所以,孙菊芬(2003)的论述存在自相矛盾之处。史金生(2002)认为动词"毕竟"始见于西汉,并举例如下:

(59)[对这些问题]以八月而分别之,九月而究竟之,十月实核之……所以然者,此八月、九月、十月三月也,天地人正俱毕竟,当复反始。(《太平经》第48卷)

但因《太平经》虽脱胎于西汉甘忠可的《包元太平经》,而真正成书却在东汉,是西汉末至东汉顺帝时期多人逐渐增益而成,所以,我们还不能确定在西汉短语"毕竟"就已完成了向动词的词汇化。尤其是,同在《太平经》中还有例(60)这种"毕"和"竟"并不紧邻共现的用例。但是,对比下两例可以发现,从例(60)到例(61),"毕竟"可能发生了词汇化。

(60)吾为上德君作文,上不负天,下不负地,中不负德君,不欺真人也。守此得意者,道已毕矣竟矣。(《太平经》第96卷)
(61)悉来问讯听受般若波罗蜜。作礼绕,已毕竟,各各自去。是彼善男子善女人。(东汉·支谶译《道行般若经》第2卷)

我们的语料调查表明,东汉文献中"毕"和"竟"非紧邻共现的情况极为罕见。此外,《汉语大词典》《古代汉语词典》等辞书"毕竟"条下"完结"义项中举出的最早书证也都是东汉的。因此,我们认为,至迟在东汉"毕竟"就已经词汇化为动词。例如:①

(62)拘校上古、中古、下古之贤明辞,其中大善者卷记一,十卷得十,百卷得百……已毕竟,复以类次之,使相从,贤明共安之,去其复重,编而置之,即成贤经矣,真人知之耶?(《太平经》第41卷)
(63)其四方来善宅,已出中奇文殊方善策者,复善闭之,于其畜积多者复出次之,复赍上之,于四方辞旦日少毕竟也。(《太平经》第88卷)
(64)跋陀和菩萨见佛诸弟子悉饭已。前行澡水。毕竟,持一小机於佛

---

① 虽然无法确定例(62)(63)是西汉时期的用例,但可确定它至迟是东汉时期的用例。故而举在此。

第七章 "毕竟"的共时变异与历时演变

前坐听经。(东汉·支谶译《般舟三昧经》)

如果上几例中"毕竟"是由"毕"和"竟"同义连用形成的并列短语,那么,它们受"已"修饰时,为了音节稳定,通常要表述成"已毕已竟"。但作者没有这么表述。这或许可以说明上几例中"毕竟"很可能已经实现了短语的词汇化。再如:

(65) 如都拘校道文经书,及众贤书文、及众人口中善辞诀事,尽记善者,都合聚之,致一间处,都毕竟,乃与众贤明大德共诀之……(《太平经》第 41 卷)①

上例中"毕竟"做补语,表示综括这种动作的完结。如果句中"毕竟"是短语,则作者可径直用"都毕"或"都竟",后两个动补短语都能凑成标准的双音节音步。

考虑到上文所述孙菊芬(2003)论证中的矛盾,再结合对具体语料的考察②,我们认为,"毕竟"的短语词汇化完成于东汉。虽然"完结"义单音动词连用或共现在古代汉语里很常见,而且在东汉也有少数用例,但不能因此就说在东汉出现的"毕竟"都是或大多数是并列短语。诚如孙菊芬(2003)所说,汉代是汉语词汇双音化的重要时期。因此,动词"毕竟"在东汉就已出现实属正常,只是在中土文献中用得较少而已。③ 东汉以后,"毕竟"不仅可以表示事件、动作的完结,还可以表示时间流逝的终止。这时其单词身份当是确定无疑的。例如:

(66) 三月毕竟,即处女用与年少梵志。(西晋·竺法护译《生经》,T3n154p35b5)

上例意谓"三个月过完,就将女儿许配给少年梵志"。例中"毕竟"用于时间域,表示完结。

---

① 本例中的"都",据罗炽主编《太平经注译:文白对照》(中、下)第 150 页,表示"综括"义。
② 在 TCS2006 中,我们检索到的"毕竟"用例最早出现在东汉,共 10 例,全部表示"完结"义。
③ 动词"毕竟"在汉语史上一般只有表"完结"义的不及物用法。在我们调查的所有语料中,只有 2 例是表"了结"义的及物用法,即:
(10) 不旋踵,两人苏醒如初,毕竟醮事。(《夷坚志》支戊,第 6 卷《婺州两会首》)
(11) 然所储甫罄,必有外人来助,若有导之者,毕竟其事。(《夷坚志》支戊,第 7 卷《桃源潭龙》)

7.3.2 "毕竟"从动词向时间副词的语法化

为了考察"毕竟"一词的语法化,我们利用 TCS2006 对唐五代以来"毕竟"的使用情况进行了统计。统计结果如下表所示:①

表 7-1 历代"毕竟"的用例和用频情况

年代	时间副词 (毕竟₁)	评注语气副词 (毕竟₂)	疑问语气副词 (毕竟₃)	情态副词 (毕竟₄)	文本 总字数	合 计
唐五代	15(0.78)	10(0.52)	26(1.36)	0	19 143 676	51
宋代	39(2.62)	239(16.06)	439(29.50)	0	14 881 679	717
元明	53(3.47)	96(6.28)	275(17.99)	152(9.94)	15 285 387	576
清代	27(2.78)	193(19.90)	97(10.00)	73(7.53)	9 700 559	390

上表显示,从唐五代到清代,"毕竟₂"的使用频率总体呈上升趋势,只是在元明有所下降。这是因为,这一时期"毕竟₄"大量出现,而"毕竟₄"中的主体部分(即认识情态副词"毕竟")是从"毕竟₂"语法化而来的(详见§9.2);"毕竟₃"的用频总体呈下降趋势,只是在产生之初的唐宋时期呈上升趋势,故现代汉语中"毕竟"有评注语气副词用法而无疑问语气副词用法。

7.3.2.1 从"完结"义到"最后"义

下面探讨"毕竟"从动词向时间副词演变的历程、时间和条件。孙菊芬(2003:79)认为,时间副词"毕竟"(即"毕竟₁")始见于中晚唐。她举例如下:

(67) 舍邪归六趣,<u>毕竟</u>去贪嗔。(唐·王梵志《多缘饶烦恼》)
(68) 人生能几何,<u>毕竟</u>归无形。(唐·王维《哭殷遥》)
(69) 松树千年朽,槿花一日歇。<u>毕竟</u>共虚空,何须夸岁月。(唐·白居易《赠王山人》)

我们认为,例(68)中"毕竟"是语义主观化后的时间副词(唐启运、周日健1989:15),不是"毕竟₁"的最早用法。带有对结果的主观强调色彩的"毕竟"比只表示客观真值义("最后")的"毕竟"产生要晚。孙菊芬引杨荣祥(1999)

---

① 表中"情态副词"一列的数据实际上是"一定"义情态副词"毕竟"使用情况,含动力情态副词用例和认识情态副词用例。但因绝大多数"一定"义情态副词"毕竟"是认识情态副词,只有在元明清时有 8 例是动力情态副词(详见第九章)。所以,本章暂时忽略动力副词"毕竟"和认识情态副词"毕竟"的差别。

的如下考察结果来论证"毕竟₁"始见于中晚唐:"毕竟"在《敦煌变文集》中为"最终"义时间副词,而在《朱子语类》《金瓶梅词话》中则可做表示肯定强调的语气副词。我们认为,从杨先生的考察结果只能推出"毕竟₁"至迟见于中晚唐,而不能推出"毕竟₁"始见于中晚唐。陈祥明(2009)的考察表明,虽然从东汉到隋代"毕竟₁"在中土文献中还没出现,但在佛经中并不罕见。例如:

(70)度脱令断苦,<u>毕竟</u>住彼岸。(《大悲莲华经》第4卷)
(71)如来所现身,<u>毕竟</u>不可得。(《大方广佛华严经》第1卷)
(72)如泡不牢固,<u>毕竟</u>无所有。(《广博严净不退转轮经》第4卷)

史金生(2003)也认为"毕竟₁"始见于东汉。他举例如下:

(73)今天地开辟以来久远,河雒出文出图,或有神文书出,或有神鸟狩持来,吐文积众多,本非一也。圣贤所作,亦复积多,<u>毕竟</u>各自有事。天师何疑、何睹、何见,而一时示教下古贤明,共拘校古今之文人辞哉?(《太平经》第41卷)
(74)<u>毕竟</u>不闻佛声、法声、比丘僧声、波罗蜜声、力无畏声,乃至一切诸善根声。(《大悲莲华经》第8卷)

我们认为,史金生(2003:66)和陈祥明(2009)的看法较为可取,而孙菊芬(2003)的判断过于保守,即使从她自己举的例子(即上文例(67)(68))来看,"毕竟₁"至少也可追溯到初盛唐,不至于晚至中晚唐才出现。

当然,唐宋之前"毕竟₁"在中土文献中用得很少(陈祥明2009)。据我们考察,自唐五代起,中土文献(尤其是诗词曲和小说中)中也开始出现"毕竟₁"。例如:

(75)尔曹当悯我,勿使增罪戾。闭门敛踪迹,缩首避名势。名势不久居,<u>毕竟</u>何足恃。(后周至北宋初·徐铉《诫儿侄八百字》)
(76)自许平生初不错.人言<u>毕竟</u>两皆空。(北宋·苏辙《省事》)
(77)马却回顾驴曰:"驴弟,我为你有多少伎俩,<u>毕竟</u>还搭在老兄身上。"(北宋·李昉等《太平广记·嘲诮五·冯涓》)

据我们调查,在唐五代,"毕竟₁"凡15见,都为中土文献用例,用频为0.78

次/百万字,占同期"毕竟"的总用例(51例)的29.41%(见上文表7-1)。考察可知,"毕竟₁"形成的句法条件是"毕竟"在连谓结构中充当连谓前项。这可以表示如下:

$$[VP_1+毕竟_v]+VP_2 \rightarrow VP_1+[毕竟_{adv}+VP_2]$$

由于从"完结"义向"然后/最后"义的演变习见于很多语言(如汉语口语中的"完了"向连词的演变,法语 finalement 经历的语义演变),连谓结构"VP₁ 毕竟 VP₂"有语用歧解。既可理解为"VP₁ 完,VP₂",又可理解为"VP₁,最后 VP₂"。比如,例(75)中的"毕竟"既可理解为"(名势用)完",又可理解为"最后"。阎振兴、高明主编《中文百科大辞典》(第880页)释为"到底,终竟,终极"。该释义中既含"完结"义,又含"最后"义。

我们认为,可能是由于自宋代起"毕竟₁"在文献(特别是中土文献)中相对于其他用法的"毕竟"较少见(见上文表7-1),很多辞书要么不列"毕竟"的"最终,终于/终究"义,如王政白(1986);要么把该义跟"究竟"义合并处理为义项组,如王海棻(1996)。处理为义项组时所举也多是"究竟"义"毕竟"的用例。单列出其"最终,终于/终究"义的(如雷文治2002),所举示例的出现年代往往不早于"究竟"义示例。

表7-1显示,从唐五代到清代,"毕竟₁"的用频一直都很低,在3.5次/百万字以下,①因而竞争不过新兴的"终于""到底"(比如,在元明清,"到底₁"的用频都在5次/百万字以上,详见表3-1),而逐渐消亡。

7.3.2.2 从客观真值义到主观强调义

动词"毕竟"语法化为"最后"义时间副词后,跟"到底""终究"及英语 at last、in the end 等一样,又继续通过语境吸收经历了从表示客观真值义到表示主观强调义的演变,即:"最终">"终于,终究"(演变前后的"毕竟"下文分别记作"毕竟₁ₐ""毕竟₁ᵦ")。例如:

(78)九登龙门山,三饮太湖水。<u>毕竟</u>不成龙,命负张胡子。(唐·佚名《鱼腹丹书》)

(79)药中迷九转,心外觅长生。<u>毕竟</u>荒原上,一盘蒿陇平。(唐·齐己

---

① 表7-1还显示,"毕竟₁"的使用呈先升后降趋势,从清代开始时间副词"毕竟"的用频开始下降。

《与聂尊师话道》)
(80) 阴风翻翠幔,雨涩灯花暗。毕竟不成眠,鸦啼金井寒。(北宋·秦观《菩萨蛮·虫声泣露惊秋枕》)
(81) 青山遮不住,毕竟东流去。(南宋·辛弃疾《菩萨蛮·书江西造口壁》)
(82) 冉冉年华留不住。镜里朱颜,毕竟消磨去。(南宋·陆游《蝶恋花》)
(83) [吕使君尽力照顾]过了两日,董广元毕竟死了。(明·凌濛初《二刻拍案惊奇》第7卷)
(84) 狄周道:"害的是干血痨,吃汪太医药只是不效,毕竟医治不好,死了。"(明末清初·西周生《醒世姻缘传》第80回)

上几例中"毕竟$_1$"用的是行域用法,可以用"终于""终究""到底"替换。各句中"毕竟$_1$"除表示客观真值义——"最终"外,还具有对结果的主观强调义——"终于,终究"。比如,例(81)中"毕竟$_1$"用于自然域,用"力量-动态"模型理论可对全句语义做如下分析:射体(江水)有一种趋于运动的惯性。这是一种物理动力。地标(青山)对射体(江水)的运动形成物理阻碍。二力互动的最后结果是动力大于阻力,射体(江水)保持运动状态不变(即依然东流去)。"毕竟$_1$"原本只表示"最后"义,后来通过语境吸收具有了强调"位移运动领域射体不因外力而改变自身存在状态(如不因外力的阻碍而停止运动、不因外力的推动而开始运动)"的主观意义。换言之,"毕竟$_1$"通过语境吸收和重新分析获得了主观强调义——"终于,终究"。例(78)中"毕竟$_1$"用于社会域,用"力量-动态"模型理论可对全句语义做如下分析:主体试图通过登山饮水蜕变成龙,但最终却命丧渔人之手,事与愿违。这样,通过语境吸收和重新分析,"毕竟$_1$"获得了强调某预期结果不因主体的努力追求或规避而出现或不出现的作用,犹"终究"。"毕竟$_1$"用在自然域和社会域分别具有的"强调射体不因外力而改变自身存在状态"和"强调某预期结果不因主体的努力追求或规避而出现或不出现"这两种意义可统一为"强调事情发展不因新情况的出现而有所改变"。所以,对"毕竟$_1$"准确的解释当是"强调经过较长曲折过程而最终出现某结果"。

综上所述,"毕竟$_1$"的"终于,终究"义是它用于行域的"最后"义在呈现出特定类型力互动图式环境中的一个语境实现(关于力互动图式类型与语义的关系,详见§3.2.1.3.2.4)。换言之,"毕竟$_1$"的"最后"义和"终于,终究"义起初只是义位和义面的关系。后来,随着"毕竟"语义主观化的完成,"终于,终究"义上升为"毕竟"的新义位,而其旧义位"最后"逐渐被淘汰出局。认同"毕竟₁"经历过一个从表示客观真值义到表示主观强调义的语义主观化过程,就不难理解为什么对其释义会产生分歧。例如:

(85)若是苦苦相劝,他疑心起来,或是嗔怒起来,<u>毕竟</u>不吃,就没奈何他。(明·凌濛初《初刻拍案惊奇》第6卷)

(86)他见了这个异事,也是书生心性,心里<u>毕竟</u>要跟着寻著一个实实下落。(明·凌濛初《初刻拍案惊奇》第24卷)

上两例中的"毕竟",王群(2006:98)释作"最后";孙菊芬(2003)释作"坚持"。王训看重客观真值义,而孙训看重主观强调义。比较而言,孙训比王训更可取,因为"毕竟"的语义主观化在明清已基本完成(详见下文表7-2)。不过,孙训并非最好。本书主张上两例中的"毕竟"应释作"一定",强调二力互动过程中动力之大(详见§9.2)。

吴福祥(1996:111)的考察显示,在《敦煌变文集》中"毕竟"就已表现出语义主观化倾向。这表明"毕竟"的语义主观化在唐代就已开始。为了搞清其语义主观化进程,我们统计了TCS2006中"毕竟₁"的使用情况,结果如下:

表7-2 时间副词"毕竟"的使用情况[①]

年代	用法		
	客观真值义	主观强调义	合计
唐五代	9	6	15
宋代	7	32	39
元明	14	39	53
清代	3	24	27

上表显示,自宋代始,"毕竟₁"就以表示主观强调为其主流用法。"毕竟₁"从客观真值义向强调结果义的主观化始于唐五代,基本完成于宋代(在宋代其主观强调用法是客观真值用法的4.57倍),彻底完成于清代(在清代27例"毕竟₁"中,只有3例表示客观真值义)。

综合上两节的论述,"毕竟"至迟在东汉就已完成从并列短语向复音动词的词汇化;且在东汉,"毕竟"首先在佛经中经历了从动词向时间副词的语

[①] 在实际调查中,我们发现有些"毕竟"表示客观真值义还是主观强调义很难判定。但我们还是根据语感倾向性对其做出了归类处理。正因为这种统计分析中有不确定性,故而本表反映的只是倾向性规律。

法化。在中土文献中,时间副词"毕竟"从唐代开始出现,其语义主观化基本完成于宋代,彻底完成于清代。

7.3.3 "毕竟"从时间副词向评注语气副词的语法化

"毕竟$_1$"向"毕竟$_2$"的语法化,孙菊芬(2003:77—78)认为至晚清才完成。她是根据对《红楼梦》《儿女英雄传》《老残游记》中"毕竟$_2$"用例数的统计得出上述结论的。据此,她对"毕竟$_2$"在现代汉语中相当活跃感到奇怪。我们认为,孙文依据的仅是有限的几部文献,且未统计"毕竟$_2$"的用频,而只统计了其用例数。我们的统计结果(上文表 7-1)显示,宋代和清代是"毕竟$_2$"发展的重要时期,这两个时期"毕竟$_2$"的用频分别从前代的 0.52 次/百万字和 6.28 次/百万字猛增到 16.06 次/百万字和 19.90 次/百万字。所以,"毕竟$_2$"的出现并不晚,其用频总体上也在不断增加。它现在非常活跃,这实属正常。

杨荣祥(2002:314—331)的考察结果也可证明"毕竟$_2$"不可能晚至晚清才大规模出现。杨先生在考察了唐五代到明代的《敦煌变文集》《朱子语类》《新编五代史平话》《金瓶梅词话》四种文献中的语料后指出,"'毕竟'在《敦煌变文集》中是时间副词,但在《朱子语类》以后的文献中转为表示确认、强调的语气副词(即评注语气副词)"。例如:

(87)众生毕竟总成佛,无以此法诱天子。(《敦煌变文》第 5 卷)
(88)如程先生解"直方大",乃引《孟子》。虽是程先生言,毕竟迫切。(《朱子语类》第 11 卷)
(89)天道流行,发育万物,有理而后有气。虽是一时都有,毕竟以理为主,人得之以为生。(《朱子语类》第 3 卷)
(90)毕竟古人推究事物,似亦不甚子细。(《朱子语类》第 2 卷)

杨荣祥(2002:327)说:"'毕竟'作为时间副词,表最终义。通常只能修饰 VP,语义上表示某动作行为最终发生或某种结果最终出现。作为语气副词,表示强调或认定语气,既可修饰 VP,又可修饰 AP,还可以修饰 S。语气副词'毕竟'是由时间副词'毕竟'发展来的,其发展理据是做时间副词表示最终义,做语气副词表示对最终结果的强调或认定。"从杨先生的考察可以看出,"毕竟$_2$"至迟出现于宋代。我们的统计(上文表 7-1)表明,"毕竟$_2$"在唐五代就已出现。在唐五代共约 1914 万字的语料中,"毕竟$_2$"凡 10 见,占同期"毕竟"总用例(51 例)的 19.60%。只是"毕竟$_2$"的发展速度在清以前没有"毕竟₃"快而已。但不能据此得出"毕竟₂"一直到晚清才大规模出现的结论。

当然,杨荣祥(2002)把"毕竟₂"释为"表示对最终结果的强调或认定"或许还略显模糊,易跟对"毕竟₁ᵦ"的释义相混。我们更赞同祖人植、任雪梅(1997)的观点,认为,"毕竟₂"常用于"[(虽然)A+(但是)毕竟 C]+(因此)B"和"(虽然)A+[(但是)B+(因为)毕竟 C]"式语篇结构中,表示从 C 到 B 的推理不会因为 A 而改变。换言之,"毕竟₂"强调"事物的某根本特点不因条件的变化而改变,因而足以作为导致某结果的原因"(即强调知域里 C 到 B 的推理不会因 A 的阻隔而中止,最后一定能完结)。这与上文所述行域里"毕竟₁"强调事情发展结果不因新情况的出现而有所改变相似。两者有一个共同的语义模板,都强调不因阻力或动力的存在而发生状态改变,即语义结构中都含有[+除阻]义素。

下面举例说明"毕竟₁"向"毕竟₂"的演变。比如,例(81)若放在知域来解读,"毕竟"是强调特点的,强调江水东流这种特点不会因青山试图阻挡住它而有所改变。又如:

(91)苏氏谩称降六国,韩公休说卷三秦。当朝虽立千年事,古庙唯存一聚尘。毕竟思量浑大错,何如林下养天真。(五代至北宋初·释延寿《山居诗》)

(92)一任无情风又雨,毕竟香难灭。(南宋·章谦亨《念奴娇·同官相招西湖观梅》)

例(91)中"毕竟"既可看作时间副词(犹"最后,到头来①"),又可看作强调原因的评注语气副词。这时全句可译作"毕竟细想起来这种做法都是错的,所以不如隐居山林,颐养天年"。例(92)中"毕竟"小句强调寒梅不因风雨的无情吹打而磨灭自身的清香本性。该小句既可做行域解读,理解为"其香气终究难灭";又可做知域解读,理解为"到底是香气难灭啊!"换言之,句中"毕竟"既可看作强调事件最终结果的时间副词,又可看作强调事物根本特点的

---

① 虽然副词"毕竟"的规约意义(即义位)是"最后",但其在具体语境中可以受上下文作用而实现为"到最后,到头来"义面。这正如下三例中"终""尽""竟"意即"到……的结束",虽然这三个词的规约意义是"结束/完结"(详见董正存 2011)。

(12)吾与回言终日,不违如愚。(《论语·为政》)

(13)居数日,独见侍中刘晔,语尽日。(南朝宋·裴松之《三国志裴注·魏书(三)》)

(14)到中路风变不定,漂流终竟夜。(〔日〕圆仁《入唐求法巡礼行记》)

评注语气副词。但是,随着"毕竟"语法化程度的加深,它就只能看作评注语气副词了。例如:

(93)当场只手,<u>毕竟</u>还我万夫雄。(南宋·陈亮《水调歌头·送章德茂大卿使虏》)

上例称赞章德茂能独当一面,是杰出的使节(万夫之雄),再大的事他也当场只手可了。"毕竟"句重在强调原因(即溯因推理的结论),略微带有对事物特点不因条件改变而变化的强调(即强调章德茂很出色,这不因他当前遇到棘手的对金谈判而有所改变)。总之,"完结"义词"毕竟""到底"等在语义主观化后,其语义结构中有[＋除阻]义素。

[＋除阻]义素横跨行域和知域,这种现象也见于"高低"类反义复合副词。在古代汉语和现代汉语方言中有很多表示"无论如何,总之,终究"义的反义复合副词。① 例如:

  反正、贵贱:江淮官话·江苏阜宁话
  高低/高矮:中原官话·陕西扶风话②;西南官话·四川成都话
  长短:冀鲁官话·山东聊城/东阿话;中原官话·河南长垣/新乡话;闽语·广东汕头话
  好歹/好赖/好丑:江淮官话·江苏阜宁话,湘语·湖南娄底话,吴语·浙江宁波话
  左右:中原官话·江苏徐州话
  死活:吴语·浙江温州话
  横竖/横直/横顺:西南官话·云南保山话,西南官话·四川奉节话
  多少:晋语·山西平遥话
  早晚/早晏/迟早:西南官话·贵州贵阳话,吴语·上海崇明话、吴语·浙江宁波话

---

① 雷冬平(2008:86—101)详细考察了"长短""左右""好歹""反正""死活"向"无论如何,总之,终究"义副词演变的历程和机制。其实,在方言中"高低""多少""环顺(横顺)""红黑"等也可表示"无论如何,总之"义。参见本书正文示例和明生荣(2007)。
② 毋效智(2008)认为,扶风话中"高低"表示"总"义,强调持续不变,用在否定式动词短语前。例如:活高低做不完。我们认为,它表示"无论如何,怎么(也)"义。再如,日语中"とうてい"(又写作"到底")也只能用于否定句,并只能表示"无论如何"义,而不能表示汉语"到底"的其他意义(详见第十章)。把扶风话中"高低"释为"总"可能是因为方言中"高低"和日语"とうてい"在语义上都相当于一个无条件分句。

当它们用于行域时,表示"无论(x)如何"义,强调结果,具体说又有两种情况:一是强调对结果的主观追求或规避,暗示:①不管阻力是什么或有多大,当事人都要除阻以确保某结果出现,见例(94)—(99)。比如,例(98)强调"不管别人如何拦阻或有什么困难,都坚持把青儿舍与我"。②不管动力是什么或有多大,当事人都要持阻以确保某结果不出现,见例(100)—(105)。比如,例(100)强调"不管别人如何劝说,玉宝都坚持不换新衣"。这时,反义复合副词通常后续"不 VP",例(100)—(105)莫不如此。

(94)你横竖找我扯拐。(西南官话·四川奉节话)

(95)若是半路里追不着的时节,直到他爹娘家中,好歹追他回来,问个明白。(《京本通俗小说·错斩崔宁》)

(96)你若作成我这桩亲事,重重相谢。你好歹早些儿来回话。(元·佚名《鸳鸯被》第1折)

(97)到了上海,你可别丢开我不管……好歹要替我找个落脚!(丁玲《奔》)

(98)今日到十郎书院,见他家青儿,倒也眉目干净爱人子,不如明日十郎到我府中,高低把青儿舍与我吧!(元·汤显祖《紫箫记·捧盒》)

(99)再要不够,我问徒弟们家告助,高低赶五七出了这殡。(明末清初·西周生《醒世姻缘传》第41卷)

(100)玉宝见刘叔叔没有衣服换,高低不穿。(《高玉宝》第7章)

(101)我何果(怎么)劝她都没用,她高低就是不肯。(湘语·湖南邵东话)

(102)那个妹子高低不嫁倒把他。(湘语·湖南邵东话)

(103)我长短不叫他来。(晋语·河南新乡话)

(104)老品长短不要。(李庆藩《当拖拉机开进高家村》)

(105)我多少不和他打交道。| 我多少不去他家。(晋语·山西平遥话)

二是强调结果的久盼而至或结果出现在预料中,暗示:①某事态的出现是成功除阻的结果,近似于"终于"。例如:

(106)这本书我找了好几天,高低还是找到了。(东北官话)

(107)这事高低叫他弄成了。(中原官话·江苏徐州话)

(108)这个事情高低弄清楚了,这下没得话说了。(江淮官话·江苏扬州话)

(109) 她俩高低成了两口儿了。(冀鲁官话·山东聊城话)
(110) 这孩子决心挺大,发誓要考清华,高低考上了。(冀鲁官话·山东阳谷话)

②某事态的出现是除阻失败的结果。强调结果出现之反意愿,犹"终究,最后还是"。例如:

(111) 他高低没有听我的。(冀鲁官话·山东苍山兴明话)
(112) 等了一晌午,高低不见你来。(晋语·山西运城万荣话)
(113) 夏鼎坐下,拍了拍手,说:"咳!贤弟呀,你昨日憨了?呆了?赢了他两个元宝,我不住使眼色瞅你,想叫你拔哨。你低了头,只顾掷,高低叫他赢了七八百两。(清·李海观《歧路灯》第59回)

当这些反义复合副词用在知域时,强调归根到底所得的结论,意犹"无论如何(x),总之"(其中,"如何"是对"虽然/即使 s"中 s 代表的推理阻力的泛化),有点近似于评注语气副词"毕竟""终究""到底",暗示"不管推理阻力存在与否以及阻力有多大,都可推出某结论",强调结论的得出不因条件改变而变化。① 例如:

(114) 长短此身长是客,黄花更助白头催。(唐·司空图《狂题二首》之二)
(115) 他日未开今日谢,嘉辰长短是参差。(唐·李商隐《樱桃花下》)
(116) 长短都归一梦中,身前身后两无穷。(金·萧贡《读火山莹禅师卷》)
(117) 我左右是死的人,晓的甚么杉木柳木!(元·郑廷玉《冤家债主》第3折)
(118)(郭云)你看么,我见他是出家人,则这般与他个茶吃,他又这般饶舌。也罢,依着他,左右茶客未来哩。(元·马致远《岳阳楼》第2折[贺新郎])
(119) 左右这里无有外人,咱两个慢慢的吃。(元·佚名《争报恩》楔子)
(120) 一不做,二不休,左右是歹了。(明·冯梦龙《喻世明言》第26卷)

---

① 比如,《汉语大词典》对"反正"的解释是,表示坚定的语气,含有不因条件不同而改变的意思。而"毕竟"和"毕竟"义"到底"在近代汉语中也有"无论如何"义认识情态副词用法(详见§9.2.2.2)。

(121) <u>左右</u>我们丫头们更算不得什么了！（清·曹雪芹《红楼梦》第113回）

(122) 眼下东山坞的人还能说旁的事情？<u>左右</u>都是分麦子。（浩然《艳阳天》）

(123) 我如今到元帅府，则说是我射死了耶律万户来。<u>横竖</u>我的面皮比他大些，这功劳都是我的。（元·佚名《阀阅舞射柳获丸记》第4折）[参照：环顺这个包子是你的，没得谁和你抢。（西南官话·贵州毕节话）]

(124) 行者抬着头跳道："莫哭，莫哭！一哭就挫了锐气。<u>横竖</u>想只在此山，我们寻寻去来。"（明·吴承恩《西游记》第20回）

(125) 无论怎样吧，<u>反正</u>我知道他现在是很高兴。（老舍《黑白李》）

(126) 不懂就算了，<u>反正</u>你这渤海湾的海军司令是坐定了。（峻青《海啸》）

(127) 小二黑说："你愿意养你就养着，<u>反正</u>我不要！"（赵树理《小二黑结婚》）

"毕竟$_1$"向"毕竟$_2$"的语法化虽然以[＋除阻]语义的跨域相似性（隐喻投射）为基础，但其发生当需借助概念转喻，在如下这种上有所承、下有所启的语境中发生。

(128) 邓忠劝曰："小不忍则乱大谋，父亲若与他不睦，必误国家大事。望且容忍之。"艾从其言。然<u>毕竟</u>心中怀怒，乃引十数骑来见钟会。（明·罗贯中《三国演义》第117回）

上例中，若着眼于跟上文的联系，"毕竟"当释为"终究，最后还是"，"毕竟"小句强调不因儿子的劝阻，邓艾就毫不介意；若着眼于跟下文的联系，"毕竟"当释为"到底，终归"，强调心中怀怒是邓艾引骑见钟会的原因。当然，在以上两种解读中，后一解读更可取，因为"毕竟"小句跟邓忠劝阻句之间有较大停顿和转折连词阻隔，而与小句"引骑见钟会"更近。

上文的论述有一个前提，即"毕竟$_2$"最初多出现在让转复句"虽然/即使s，但是毕竟p"和[因果-让步]关系二重复句"毕竟p，虽然/即使s，但是q"中。经考察发现，"毕竟$_2$"在出现早期确实如此。例如：

(129) 师……一日叹曰："诸佛至论，<u>虽则</u>妙理渊深，<u>毕竟</u>终未是吾栖神

之地!"(《祖堂集》第 16 卷)

(130) 毕竟子孙是祖先之气,他气虽散,他根却还在这里。(《朱子语类·鬼神》)

(131) 心中暗喜道:"饶这魔头有手段,毕竟葫芦还姓钟。"(吴承恩《西游记》第 34 回)

上几例中"毕竟"都可替换为"无论如何,总之"。"毕竟"小句用于论证语篇的最后,强调结论不因对方或他人的反驳而不成立。王还(1992)把"毕竟"释作"after all, in the final analysis(归根结底), what all is said and done, point out the crucial point of the matter"。这表明,"毕竟"可能是在总结上文的语境中由"最后"义引申出强调结论的"总之"义,继而从"总之"义引申出强调原因的"到底"义的。其完整的语义演变路径可表示为:

完结＞表示时间上的最后＞表示语篇上的最后,强调结论(犹"总之")＞强调原因或事物的根本特点(犹"到底")

据 Traugott(1997,2002)考察,英语 after all 可能经历了与汉语"毕竟$_2$"基本平行的演变。"q after all p"是"p, after all s is said, q"省略"s is said"变序而来。Blass(1990)也认为,after all 的"毕竟"义是在"after all that has been said"的语义的基础上产生的,最初表示说话人得出的最终结论。

7.3.4 "毕竟"从时间副词向疑问语气副词的语法化

表示追究语气的疑问语气副词"毕竟"(即"毕竟$_3$")是从"最终"义时间副词"毕竟"(即"毕竟$_1$")演变而来的,这是多数学者(如史金生 2003:60—78、孙菊芬 2003:76—82)的共识。但是,对"毕竟$_1$"向"毕竟$_3$"演变的历程和机制,学界鲜有涉猎。只有孙菊芬(2003)曾提出,"毕竟$_3$"是"毕竟$_1$"用于篇末问句演变而来。孙菊芬(2003:77)说:"由于'毕竟'绝大部分出现在章节末尾的问句中,用以引起下文,故往往连带出些许追究结果的意思,故而 B 用法(即疑问语气副词用法)开始形成。"我们认为该观点不能成立,因为"毕竟"到元末明初才高频出现于篇末问句,而"毕竟$_3$"在唐五代就有,到宋代就更常见了(详见下文)。因此,本书尝试对"毕竟$_3$"的形成机制问题做出新的回答。

我们知道,"毕竟$_3$"始见于唐五代(史金生 2003:68)。各类辞书所举

"毕竟₃"的最早用例也都在唐五代。例如：

(132) 干戈将揖让，<u>毕竟</u>何者是？（唐·王维《王右丞集·偶然作》）
(133) <u>毕竟</u>林塘谁是主？主人来少客来多。（唐·白居易《题王侍御池亭》）
(134) 莺啼花又笑，<u>毕竟</u>是谁春？（唐·李商隐《早起》）
(135) 师闻此语……乃问曰："弟子浮生扰扰，<u>毕竟</u>如何？"（《祖堂集》第5卷）
(136) 侍云："经又不看，禅又不学，<u>毕竟</u>作个什么？"（《镇州临济慧照禅师语录》）

吴福祥(1996:112)也指出，"唐宋时期'毕竟'由表示终竟的时间副词演变为表示追究的语气副词。"据我们考察，在唐五代"毕竟₃"可能还不太成熟，用频只有1.36次/百万字（见上文表7-1）。

"毕竟₁"向"毕竟₃"演变的机制是"力量-动态"图式从行域向言域的扩散，即从强调行域某结果的出现不因受阻而有所改变到强调言域对追究问题真实答案的言语行为不因受阻而有所改变。因此，"毕竟₁"和"毕竟₃"的语义结构中有共同的义素，即[＋除阻]（"不因……而不……"）。试比较：

(137) 人生能几何，<u>毕竟</u>归无形。念君等为死，万事伤人情。（唐·王维《哭殷遥》）
(138) 相携作游手，皆道求金银。<u>毕竟</u>金与银，何殊泥与尘？（唐·白居易《赠友五首》之二）

例(137)中，"毕竟"是"最后，终究"义时间副词，强调人生归于无形这种结果的力避还来（即其出现反意愿），不因主体不想死而有所改变。例(138)中"毕竟"是疑问语气副词，强调言者"我"对问题"金银与泥尘不同"的质疑不因世人皆求金银而有所改变。

综上所述，"毕竟₃"是在唐代由"毕竟₁"演变而来，演变的机制是把从语境中吸收来的"不因……而不……"这种转折义从行域投射到言域。"毕竟"的语法化很可能受到了"竟"的类推，因为完结义动词"竟"也是经时间副词而语法化为疑问语气副词的（详见§9.3.2.2）。

7.4 历史上疑问语气副词"毕竟"的优选话语模式

7.4.1 宋代疑问语气副词"毕竟"的优选话语模式

表 7-1 显示,到了宋代,"毕竟₃"的用频从唐五代的 1.36 次/百万字骤升至 29.50 次/百万字。这说明,到宋代"毕竟₃"已经很成熟。表 7-1 还显示宋代是"毕竟₃"用频最高的朝代。这可能是因为宋代佛学和程朱理学特别繁荣。所以,在宋代禅宗语录和宋儒语录里,"毕竟₃"用频特别高。仅《五灯会元》一书中就有 74 例,占宋代"毕竟₃"总用例(439 例)的 16.86%。在宋代,"毕竟₃"除了少数用例用在初始询问的语境中(如例(139)所示),多数用例用在追加询问语境中。

(139) 侍云:"还学禅么?"师云:"不学禅。"侍云:"经又不看,禅又不学,<u>毕竟</u>作个什么。"师云:"总教伊成佛作祖去。"(《镇州临济慧照禅师语录》)

换言之,在宋代文献(特别是禅宗语录)里,"毕竟₃"的优选话语模式是上文已有一个初始询问,在未获得明确或一致答案的情况下再行追问。在禅宗公案中主要表现为:在学人和"善知识"(即得道禅师)之间的对话中,善知识为了截断学人的妄念和执着心,接引学人入禅境,常语带机锋,因人、因时、因地灵活传授。因而对同一问题会做不同回答、对不同问题会做同一回答,甚至以拳打脚踢等肢体语言作答。在慧根太浅的学人看来,这种回答或者跟问题毫不相关,或者前后不一致,因而他们常要追问。在这种语境中,作为追问标记的"毕竟₃"的出现频率就非常高。例如:

(140) 僧问:"祖意教意,是同是别?"师曰:"水天影交碧。"曰:"<u>毕竟是同是别</u>?"(宋·普济《五灯会元》第 16 卷)

(141) 僧问:"佛与众生,是一是二?"师曰:"花开满树红,花落万枝空。"曰:"<u>毕竟是一是二</u>?"(宋·普济《五灯会元》第 15 卷)

(142) 僧问:"头上宝盖现,足下云生时如何?"师曰:"披枷带锁汉。"曰:"头上无宝盖,足下无云生时如何?"师曰:"犹有枷在。"曰:"<u>毕竟如何</u>?"曰:"斋后困。"(宋·道原《景德传灯录》第 17 卷)

(143) 僧问:"如何修行?"师曰:"好个阿师!莫客作。"曰:"<u>毕竟</u>如何?"师曰:"安置即不堪。"(宋·道原《景德传灯录》第 6 卷)

(144) 问:"如何是古佛家风?"师云:"一棒一条痕。<u>毕竟</u>如何?"师云:"劈裂千万片。"(宋·善昭《汾阳无德禅师语录》上卷)

(145) 曰:"挂后如何?"庆曰:"乱叫唤。"曰:"<u>毕竟</u>如何?"庆曰:"驴事未去,马事到来。"(宋·道原《景德传灯录》第 16 卷)

(146) 僧问:"人将语试,金将火试。未审衲僧将甚么试?"师曰:"挂杖子。"曰:"<u>毕竟</u>如何?"师曰:"退后着。"僧应喏,师便打。(宋·普济《五灯会元》第 15 卷)

例(140)中禅师对僧人的初始问已经做了回答,但答语暗藏玄机,需要领悟。僧人以为禅师答非所问,因而以"毕竟"句进行追问。例(142)中僧人通过第一个问题问"修禅得道后怎样?"。禅师的回答暗示执著于修禅得道就如同带着锁枷的人。僧人通过第二个问题问如果不执着怎样,禅师的回答在字面上看跟对初始问的回答完全一致。僧人不解,所以才用"毕竟"句追问。其实,禅师的二次回答暗示追求不执著本身就是一种执著,还是犹如戴着枷锁。本书§5.3.1 已经指出,现代汉语中"到底$_3$"的优选话语模式就是追加询问型话语。而宋代"毕竟$_3$"的优选话语模式恰恰跟现代汉语中的"到底$_3$"一致。这样,就不难理解为什么宋代是"毕竟$_3$"用频最高的年代了。

7.4.2 元明疑问语气副词"毕竟"的优选话语模式

表 7-1 显示,在元明时期,"毕竟$_3$"的绝对用例 275 次,用频为 17.99 次/百万字。跟宋代的 29.50 次/百万字相比,用频已经大大降低。在元明时期,虽然疑问语气副词用法仍是"毕竟"的主流用法,但疑问语气副词"毕竟"的使用环境已经大大受限。据统计,在元明时期,275 例"毕竟$_3$"中有 240 例处在话本小说或章回小说的篇末,用于"毕竟 Q?+I$_m$!"结构中(其中,Q 代表疑问小句,I$_m$ 代表"且看/听下文/回分解!"之类的祈使句)。例如:

(147) <u>毕竟</u>说着甚的,且看下文分解。(明·罗贯中《三国演义》第 43 回)

(148) <u>毕竟</u>董卓性命如何,且听下文分解。(明·罗贯中《三国演义》第 1 回)

(149) <u>毕竟</u>扯住鲁提辖的是甚么人,且听下回分解。(明·施耐庵《水浒传》第 3 回)

(150)毕竟卢员外同石秀当上怎地脱身,且听下回分解。(明·施耐庵《水浒传》第61回)

(151)毕竟天晓后如何处治,且听下回分解。(明·吴承恩《西游记》第5回)

(152)毕竟当夜胡永儿如何?且听下回分解。(明·罗贯中、冯梦龙《三遂平妖传》第5回)

(153)毕竟变出甚祸事来?且听下回分解。(明·罗贯中、冯梦龙《三遂平妖传》第1回)

(154)不知后来毕竟如何,且听下回分解。(清·荻岸散人《平山冷燕》第3回)

这种语境中的"毕竟",孙菊芬(2003:76—77)认为是"毕竟$_1$"(详见上文)。我们认为是"毕竟$_3$"。如果把它看作"毕竟$_1$",则无论释为"最后"还是"终于,终究",都不能覆盖所有同类用例。比如,在例(149)—(152)中,要么句子谓语中心呈[+静态]特征,要么"毕竟"后有时间状语"天晓后""当夜""后来",这使"毕竟"不能做时间副词解。上文已述,"毕竟$_3$"在宋代就已成熟,因而不可能如孙菊芬所说是在元明在"毕竟 Q?+I$_m$!"式篇末语境中形成的。其实,孙文颠倒了"毕竟"常用于"毕竟 Q?+I$_m$!"式篇末结语和它有疑问语气副词用法这两者之间的因果关系。在我们看来,不是前者导致了后者的形成,而是后者允准了前者。因为"毕竟$_3$"作为表示追究的疑问语气副词,跟"到底$_3$""究竟$_3$"一样,因具有强劲的语篇启下功能而常用于设问句(详见§2.2.4和§5.3.2的论述),而它引出的问-答邻对被生硬切断能起到增强悬念的修辞效应(§5.3指出"到底$_3$"等引出的问-答邻对在话语中一般不易出现插入序列)。这样,就不难理解"毕竟$_3$"为什么经常被说书艺人拿来用在"毕竟 Q?+I$_m$!"式篇末结语中了。但正因为每次听到"毕竟 Q?+I$_m$!"时说书活动就告结束,听者就可以把"毕竟 Q?+I$_m$!"中的"毕竟$_3$"看作"最后"义"毕竟"的元语用法。例如:

(155)毕竟婆子有甚计策说来,要知后项事情,且听下回分解。(明·兰陵笑笑生《金瓶梅》第2回)

(156)毕竟西门庆怎的对何九说,要知后项如何,且听下回分解。(明·兰陵笑笑生《金瓶梅》第5回)

上两例中,"毕竟"既可释为"究竟",又可释为"最后"。言者使用"毕竟"来表示"究竟"义,但听者从中解读出的却是"最后"义的元语用法。换言之,听者认为,言者是在用"毕竟"暗示他"Q？＋I_m！"这句话是本章或本回的最后一句话。这样,"毕竟_3"有可能随着"毕竟_1"的消亡而逐渐消亡(当然,"毕竟_3"的消亡还跟疑问语气副词的聚合化有关,详见§10.4.4.3)。

综上所述,"毕竟_3"通过语境吸收被重新分析为"毕竟_1"的元语用法。正因为如此,元明时期不用于"毕竟 Q？＋I_m！"式篇末结语的"毕竟_3"很少,在 275 例中只有 35 例。

7.5 疑问语气副词"毕竟"追究语力的减弱及其消失

在成书于元末明初共 120 回的《三国演义》中①,有 18 回篇末采用"毕竟 Q？＋I_m！"结构。② 而且,这些疑问小句都独立成句,既未嵌套在主句内,跟"毕竟"之间也无其他小句阻隔。例如:

(157) 毕竟董卓性命如何,且听下文分解。(明·罗贯中《三国演义》第 2 回)

(158) 毕竟此人是谁,且听下文分解。(明·罗贯中《三国演义》第 10 回)

(159) 毕竟子龙怎地脱身,且听下回分解。(明·罗贯中《三国演义》第 41 回)

(160) 毕竟说着甚的,且看下文分解。(明·罗贯中《三国演义》第 43 回)

(161) 毕竟周瑜定何计伏孔明,且看下回分解。(明·罗贯中《三国演义》第 44 回)

(162) 毕竟是何缘故,且看下文分解。(明·罗贯中《三国演义》第 55 回)

(163) 毕竟吕蒙之计若何,且看下文分解。(明·罗贯中《三国演义》第 76 回)

特别是,当疑问小句做"不知"的宾语时,"毕竟"仍然附在疑问小句上,而不是附在"不知"前。例如:

---

① 关于《三国演义》的成书年代,学界还有宋及以前、元中后期、元末等几种说法。本书采用主流观点。
② 在宋元时期,小说多是篇幅相对较短的话本小说而非长篇章回小说,篇末多以总结性诗句作结,也有用"话本说彻,且作散场"作结的,但很少出现用"毕竟 Q？+Im"形式作结的。

(164)不知孔明此去毕竟如何,且看下文分解。(明·罗贯中《三国演义》第 42 回)

这表明此时"毕竟$_3$"的追究语力还很强。在《三国演义》篇末设问性"毕竟"句中,通常只有当话题为 NP 或未诉诸语言编码时,"毕竟$_3$"才可位于句首;当话题为小句时,"毕竟$_3$"要位于话题后。试比较:

(165)毕竟后事如何,且听下文分解。(明·罗贯中《三国演义》第 16 回)
(166)蔡阳要赶关公,毕竟如何,且听下文分解。(明·罗贯中《三国演义》第 26 回)

上述对比也表明,在《三国演义》中,"毕竟$_3$"不能离它所约束的疑问点太远,尤其不能被复杂成分阻隔。

而到了成书于明初共 120 回的《水浒传》中,有 105 回采用"毕竟 Q？+I$_m$!"式结语。其中已有两回采用"毕竟不知 Q,I$_m$"式。例如:

(167)毕竟不知女将军怎生搦战,且听下回分解。(明·施耐庵《水浒传》第 97 回)
(168)毕竟不知这水势如何底止,且听下回分解。(明·施耐庵《水浒传》第 99 回)

对比例(164)与上两例可以发现,上两例中"毕竟$_3$"跟它所约束的疑问点之间隔有"不知",因而"毕竟$_3$"的追究语力有所弱化。这也得到了如下现象的支持:在《三国演义》中,"毕竟$_3$"跟疑问中心之间不能隔有其他小句,而在《水浒传》中可以。例如:

(169)毕竟二将杀,输了的是谁,且听下回分解。(明·施耐庵《水浒传》第 111 回)
(170)毕竟宋江昏晕倒了,性命如何,且听下回分解。(明·施耐庵《水浒传》第 112 回)

对比例(165)和上两例可以发现,从《三国演义》到《水浒传》,"毕竟$_3$"位于句首的句法限制越来越少。跟《三国演义》相比,《水浒传》章回末尾频繁出现"毕竟"与问句 Q 之间隔有其他小句的分离式。例如:

(171) 毕竟杨志与周谨比试,引出甚么人来,且听下回分解。(明·施耐庵《水浒传》第 11 回)

(172) 毕竟唐牛儿被阎婆结住,怎地脱身,且听下回分解。(明·施耐庵《水浒传》第 21 回)

(173) 毕竟柴大官人说出那汉还是何人,且听下回分解。(明·施耐庵《水浒传》第 22 回)

(174) 毕竟鲁智深被贺太守拿下性命如何,且听下回分解。(明·施耐庵《水浒传》第 57 回)

到了成书于明中叶共 100 回的《西游记》中,有 92 回采用"毕竟不知 Q?＋I_m!"这种格式结尾,只有 5 回用的是"毕竟 Q?＋I_m!"。[①] 在《西游记》中还有"毕竟"跟"端的"共现的情况。这表明,到了《西游记》的成书年代,"毕竟"由于离疑问点更远,其追究语力更弱。因此,为了强化追问语气,可以再加用疑问语气副词"端的"。例如:

(175) 毕竟不知前程端的如何,且听下回分解。(明·吴承恩《西游记》第 19 回)

(176) 毕竟不知端的性命如何,且听下回分解。(明·吴承恩《西游记》第 30 回)

(177) 毕竟不知此去端的如何,且听下回分解。(明·吴承恩《西游记》第 66 回)

(178) 毕竟不知此去端的性命何如,且听下回分解。(明·吴承恩《西游记》第 79 回)

(179) 毕竟不知天明时,酬谢之家端的如何,且听下回分解。(明·吴承恩《西游记》第 92 回)

而"毕竟₃"跟"端的"等其他追问标记共现于篇末"Q?＋I_m!"结构,这在《水浒传》《三国演义》中都未见。

到了成书于清代共 120 回的《红楼梦》中,我们只搜得"毕竟"5 例,其中"毕竟₃"仅如下一例(与之形成对比的是"到底₃"有 86 例之多),而且不是用于篇末"毕竟 Q?＋I_m!"结构的。

---

① 其余三例不附加追问标记。

(180)知县叫上薛蟠,问道:"你与张三到底有什么仇隙?毕竟是如何死的?实供上来!"(清·曹雪芹《红楼梦》第 86 回)

上例中"毕竟₃"跟"到底₃"共现。我们有理由认为这是作者为避免行文重复而临时起用趋于灭亡的"毕竟₃"。此外,我们还调查了清代的很多其他小说,发现尽管在个别小说中采用"毕竟 Q?+I_m!"式结构结尾的章回还很多(比如,在 56 回的《儒林外史》中有 27 回如此),但是大多数作品已不再使用"毕竟 Q?+I_m!"式结构做章回的结束语了(比如,在 60 回的《官场现形记》中未见一例,在 20 回的《老残游记》中仅见如下一例)。①

(181)毕竟此人是谁,且听下回分解。(清·刘鹗《老残游记》第 10 回)

很多作品(如《红楼梦》《老残游记》等)是以"究竟/到底 Q?+I_m!"或"要知端的+I_m!"做结的。② 我们还统计了历史上追问标记"到底""究竟""毕竟"在 TCS2006 中的使用比例,结果如下:

表 7-3 "到底""究竟""毕竟"的疑问语气副词用法的用例和用例比情况

年代	到底₃	究竟₃	毕竟₃	合计
唐五代	1(2.94%)	7(20.59%)	26(76.47%)	34
宋代	3(0.65%)	17(3.70%)	439(95.64%)	459
元明	12(4.10%)	6(2.05%)	275(93.86%)	293
清代	360(64.52%)	101(18.10%)	97(17.38%)	558

上表显示,唐宋是"毕竟₃"使用的上升期。自元代始"毕竟₃"用例逐渐减少,"到底₃"急剧上升。"毕竟₃"在三者总用例数中所占比例从元明时期的 93.86% 骤降至清代的 17.38%。总之,随着"到底₃"从出现(在唐宋时期)到发展(在元明时期),再到壮大(在清代),"毕竟₃"随之逐渐从多到少,从有到无。这也印证了 Trier(1931)的观点:词汇是一个系统。这个系统在不断变化中。意义相近的词构成一个词场(word field)。如果一个词消失了,词场中其他词的意义就会扩大;如果词汇场中增加一个词,其他词的意义就会缩小。

---

① 再如,在 100 回的《镜花缘》中仅见如下一例,且该例是文中人物紫芝说的一段书的结尾(顾海芳 2002)。

(15)毕竟那老者姓甚名谁?夫子见与不见,下文交代。(清·李汝珍《镜花缘》第 83 回)

② 共 120 回的《老残游记》中以"究竟 Q?+I_m"句作结的有 24 回,占 1/5。《红楼梦》前 80 回有 17 回以"要知端的+I_m!"作结的。后 40 回则一例没有。多用"不知 Q,且听下回分解"作结。

综上所述,从元末经明初到明中叶,再到清代,"毕竟₃"跟疑问中心的距离越来越远,越来越便于被解读成元语性质的"毕竟₁",从而最终随着"毕竟₁"的消亡而消亡。

7.6 "毕竟"类副词表示当前相关性的话语功能

第二章提到"到底₂"所在分句通常是事态谓语句,即其谓语通常是形容词(短语)、判断动词或带"过""了"之类已然标记的动作动词;第四章提到,"到底₂"虽常用于"到底 p,(虽然/即使 s,)(所以)q"复句,但也可用于单句。用于单句时仍可根据语境把"到底"句还原成相应的复句。这些论断同样适用于知域"毕竟"和"究竟"。此处不赘,读者可自行验证。那么为什么知域评注语气副词"毕竟""究竟""到底"(以下简称"毕竟"类副词)只能用于事态谓语句呢?为什么用于单句时能还原成复句?下面尝试做出回答。

我们知道,"毕竟"类副词本来都是"完结"义词,而"完结"义词是完成体(perfect,近于"先事时/anterior")标记的两大来源之一(Bybee et al. 1994：70—82)。① 比如,古汉语中"完结"义动词"了"就已发展出完成体标记用法(文献中一般记为"了₂")。李讷等(1994：117—138)考察了汉语"了",认为其话语功能是凸显当前相关性(current relevance)。比如,同一句"廖先生去买东西了"在不同语境中有不同含义。这是因为"了₂"把"廖先生去买东西"这个动作导致的结果状态与当前不同的会话(动机)相关联。请看：

(182) [当言者接到一个打给廖先生的电话时,言者:]廖先生去买东西了。
(183) [听说对方在争论廖先生两天前是否在某案发现场,言者:](当时)廖先生去买东西了。
(184) [当某人下午两点想见廖先生,言者:](那时)廖先生去买东西了。

上三例表明"了₂"可以把某一参照时间前已完成的事件(即廖先生去买东西)所导致的结果状态(即廖先生不在)与当前会话时间、过去或将来某时刻的背景事态关联起来,表明两者之间存在密切联系,形成不同的言外之意。上三例分别意在告诉听者:第一,廖先生不在这里,因而不能接您电话;第

---

① 另一来源是结果体结构。(Bybee, et al. 1994：68—72)

二,廖先生不在案发现场;第三,廖先生因要去买东西而没法见你。Bybee 等(1994:70—82)考察了世界很多语言中的完成体形式,也认为完成体的语义功能是表示当前相关性。完成体的关键在于状态性(stativity)这个概念,但这并非是最简单的状态性;完成体的本质在于它能将当前事态跟先期发生的事件或者一个参照时间联系起来(Friedrich 1974:S36)。

在古代汉语中,"毕竟"类副词虽因句法位置的缘故而未能演变为完成体标记,但确实有与"了₂"相似的凸显当前相关性的话语功能。前引Friedrich的观点已表明,完成体凸显当前相关性功能的两个要点是状态性、相关性。这两点正好可解释上文所述"毕竟"类副词的两个句法-语义特点。第一,因为凸显当前相关性就是要把某一参照时间前已完成的动作所致结果状态与当前背景事态紧密关联起来,所以"毕竟"类副词所在分句谓语中心有[＋已然]或[＋静态]特征。第二,因为"毕竟"类副词已把当前相关性凸显出来,所以,即使它们用于单句,人们仍可把该单句 p 和相关的语境信息 q 关联起来。例如,言者在和对方谈论小王怎么样时,对方指责小王教学业绩不突出,这时言者说"小王毕竟是研究生!"。言者的交际意图就是向对方表明"至少小王学历不低或科研水平很高"。但并未让这种言外之意诉诸语码(否则可能会直接违反礼貌原则之一致准则——即跟对方对小王的评价明显相逆——从而显得不礼貌),而是让对方根据"毕竟"的指引去从已然状态"小王是研究生"推导出上述言外之意,因为言语交际不仅是信递过程,也是明示-推理过程。言者在会话过程中受省力原则支配,同时基于对听者相关推理能力的敏感,往往言不尽意,意在言外;听者往往要调用各种推理机制推出言者想表达的真正意思。这种推导出的会话含义逐渐规约为某语言表达式的固有意义,甚至会取代它原有的意义,成为其新义。推理这种语义演变机制虽基于听者,但言者对听者追求表义清晰的要求的敏感度调控着语义演变。因此,在明示-推理交际中,保证听者能正确推出言者的交际意图的,除了双方的共知或定识(mutual knowledge/assumption,如本例中是"研究生通常科研水平较高"这种常识)外,还包括明示(manifestiation)。本例中这种明示就是"毕竟"表示的已然动作(如考研究生)所导致的结果状态(如是研究生)跟当前背景事态(即对小王工作、业务能力的评价)之间的相关性。再如:

(185)甲:王赓是一介武夫,他怎么会对陆家所提出的离婚问题慨然允诺?

乙:别忘了,人家肚子里毕竟喝过西方的墨水。(王映霞《陆小曼

的第一位丈夫》)

乙的答语表面上叙述的是一个已然事件(即王赓肚子里喝过西方墨水),其实是通过"毕竟"把该已然事件所致结果状态(即王赓有西方的民主、平等、自由等观念)同当前言语行为(即谈论王赓对陆家的退婚要求慨然应允)关联起来。简言之,句中"毕竟"起的是凸显当前相关性的话语功能。英语中 after all 也有同样的作用。索振羽(2000:52)指出,一般认为,after all 至少包含一个不能用真值条件处理的意义成分,它们的作用是以复杂的方式表明包含这些词语的语句跟前面的话语的一部分(按:指当前话语行为)相呼应。①

根据 Bybee 等(1994)和戴耀晶(1997:120—124)的研究,汉语完整体标记"了₁"和世界其他很多语言完整体标记一样,在无标记语境下(即单一事件句中)表示过去时;在有标记语境下(即连续事件句中)表示前导动作或事件的完成或出现。从根本上说,完整体标记"了₁"也是从"完结"义动词"了"演变而来。现代汉语中"完结"义短语"完了"也开始发展出在连续事件句中标记前导动作或事件的完成或出现的用法。这样,同样具有"完结"义的"毕竟"发展出在因果复句中表示前提句的出现的用法也就不足为奇了。既然"了₁"用于叙述系列连续事件的句子(如:吃了饭去唱歌。)中时,只能用于作为背景的前导句中,那么,"毕竟"用于因果复句时,只能用于作为原因的前导分句也在情理之中。既然"了₁"还可以用在单一事件句中,那么"毕竟"自然也可用在单句中。如果说"到底"可以激活知域从前提到结论的推理活动,那么这个推理活动有自己的时间结构。这个时间结构可以切分为启动、运行和停止三部分。启动即从前提出发;运行即推理向前推进;停止即抵达结论。"毕竟"表示的就是启动的先期完成。这是"毕竟"完结义的体现。王还(1992:20)释"毕竟"为"after all, in final analysis, when all is said and done, point out the most crucial point",其中 all is said and done 表示的就是一种行为的完成,其发生先于当前话语行为(即 point out the most crucial point)。所以,after all 可理解为 after all is said(说到了)的隐含。Traugott(1997:5)详细论证了古英语中 after all 从跨层结构向"in the end"(最后,终于)义时间副词,再向评注语气副词演变的过程(详见本书第十章)。

---

① 这里所述的凸显当前相关性功能还可以统一地解释"到底""终于"等其他完结表达。比如,"到底₁"把某一结果状态与为追求或规避这种结果而付出的先期努力联系起来,凸显结果的久盼而至或力避还来。

总之,"毕竟"为什么只用在事态谓语句中?为什么"毕竟"分句即使没有跟它相配合的其他分句也能激活整个复句?这些问题,在持句法自主论、语言模块论和共时-历时二元对立观的学者看来,是"毕竟"本身的词义使然,是语言系统自身的规定。但是,在持泛时句法观(panchronic syntactic view)的学者看来,是有原因的。泛时句法观认为,共时和历时并不能严格区分,语言的共时系统是异质的。语言在某一共时平面的状态只是其历史发展长河中的一瞬而已,语言的句法规则和原则本质上是语言的语用功能的约定俗成。对语言现象的解释归根到底要求助于语言使用。语言发生演变是为了更好地满足人类的交际需要,语言这样而不是那样组织起来也不是任意的,而是为了更好地发挥交际功能(Halliday 1985:xii,xxx)。正如角色参照语法学派所认为的,语法结构只有参照其语义内容和交际功能才能被理解(Valin 1993:2)。Dik(1991:247)为代表的功能语法也认为,不应该把语言系统看作自主的原则和规则系统,而把语言使用看作次要方面;构成语言系统的原则和规则离开对其使用条件的分析也无法得到正确理解。因此,把"毕竟"类副词的共时使用特征跟其历时演变结合起来,把"毕竟"放在"完结"义词历时演变的大背景下考察,就会发现,这是"完结"义词虚化后强调当前相关性的语义特征的滞留。

7.7 小结

本章§7.0、§7.1立足于共时横面,§7.2立足于历史纵面,§7.3着眼于"完结"义词的系统演变。§7.0在描写"毕竟"用法的共时变异(即偶尔可用作时间副词)的基础上,根据同聚合其他成员的平行演变和领域扩散论,预测"毕竟"在历史上应该有哪些用法;§7.1考察"毕竟"的句法分布和主观义的共时变异及其与近义词的异同。§7.2考察了"毕竟"的历时演变(包括短语词汇化、动词向时间副词的语法化、时间副词向评注语气副词和疑问语气副词的语法化)的历程、机制和动因。用对语料库语料的封闭统计论证,学界关于时间副词"毕竟"在中晚唐出现和疑问语气副词"毕竟"晚至晚清才出现的结论不正确,认为时间副词"毕竟"在东汉就已出现,只是多用于佛经,其在中土文献中的流行确实要到唐代。用基于"力量-动态"模型的语义分析模式找出"毕竟"用作时间副词、评注语气副词和疑问语气副词时语义结构的共性,指出"[除阻]义素是'毕竟'实现从行域向知域和言域扩散,从而分别语法化为评注语气副词和疑问语气副词的语义基础",从而完善学界已有的关于"毕竟"的语义演变的论述。本节还考察了疑问语气副词"毕竟"的消亡过程,认为疑问语气副词"毕竟"在元明到清代句法分布越来越受限,越来越多用于后续"请听/看下回/文分解"的篇末疑问句,这使它逐渐被重新分析为时间副词"毕竟"的元语用法,从而随着时间副词"毕竟"的消亡而最终退出语言使用。§7.3回到共时平面,把"毕竟"放在"完结"义词语法化的大背景下,考察它跟"了"语法化的相似性——都获得了凸显当前相关性的主观义。这使得现代汉语中"毕竟"小句谓语中心呈[＋已然]或[＋静态]特征,"毕竟"单句可以还原为[让转-因果]关系二重复句。

第八章 "终于"的共时变异和历时演变

8.1 引言:从"终于"的共时用法之争谈起

关于现代汉语中"终于"的用法,学界曾经有过一些争论。谢质彬(2001)根据《现代汉语词典》(第4版)"终于"的解释——表示经过种种变化或等待之后出现的情况,认为"终于"只能用于好的情况、希望发生的事。理由是《现代汉语词典》释义中有"等待"二字,人们等待的当然是好的、希望出现的情况。金文明(2001:30)、赵运普(2002:32—33)则认为谢文对《现代汉语词典》关于"终于"的释义的理解是断章取义,因为词典释义中还有"表示经过种种变化之后出现的情况","变化(之后)"与"等待(之后)"之间用了选择连词"或"。他们根据鲁迅、茅盾作品中有很多"终于"用于不如意事态的用例来驳斥谢文的观点。那么,如果说"终于"经常而非只能用于好的情况或希望发生的事,能否成立呢?我们认为能够成立。吕叔湘主编的《现代汉语八百词》(1999)就说"终于"较多用于希望达到的结果。我们认为,金、赵两位只是举例性地列举鲁迅、茅盾作品中"终于"用于不如意事态的用例,但并未统计这类用例在所有"终于"用例中所占的比重。鹿荣(2001:21)对北京电子出版中心出版《中国现代文学名著经典》光盘(一)所收六位现代著名作家(即鲁迅、茅盾、沈从文、冰心、老舍、郭沫若)的代表作进行了检索,发现在1238个"终于"用例中,强调如意、中性、不如意结果的分别484个、192个、563个,各占39.1%、15.5%、45.4%。对此,跟吕先生有同感的人可能会质疑:我们的语感明明是"终于"多用于强调如意的结果,为什么鹿荣的统计却表明"终于"多用于强调不如意结果呢?比如,脱傲(2006)就坚决把下句当作留学生使用偏误的句子:

(1)*他整理了半天房间,但是<u>终于</u>没有找到那张老照片。

脱傲认为,在上句中"终于"应改为"始终",否则句子不合格。"始终"表示从头到尾持续不变,可用于表示否定意义的句子,故用在此处比较恰当。① 再如,《应用汉语词典》(2000)中说,"'终于'多用于希望达到的结果,不用于不希望出现的情况。比如,可以说'经多方抢救,终于把他救活了',但不能说'虽经多方抢救,但他终于离开了我们'。"可是,鹿荣的统计却并不支持脱傲和《应用汉语词典》的语感。这是为什么呢?是鹿荣的统计出现了问题,还是后几位的语感不对呢?我们认为两方都没错,而是因为"终于"在历史上经历了从强调负向结果到强调正向结果的演变,而某些作家作品中"终于"的使用当是方言用法,是对历史上"终于"单纯表示"最后"义或强调最终结果的反期望用法的继承。下文将结合"终于"的历时演变对有关问题展开分析。

8.2 "终于"的共时变异

8.2.1 从与"到底"的区别看"终于"的用法

时间副词"终于"与其近义词"到底"的区别有四点。② 其一,"终于"多用于书面语,"到底"在书面语和口语中都常用。其二,"到底"修饰 VP 时必带体标记"了","终于"不受此限。例如:

(2) 问题终于解决(了)。|暴风雪终于过去(了)。

(3) 问题到底解决*(了)。|暴风雪到底过去*(了)。

(4) 到底明白*(了)。|终于明白(了)。

(5) 当你……你才觉得这个世界日益变得浑然一体而又日益变得乱七八糟,终于释然。(张贤亮《绿化树》)

例(5)中"终于"不能换成"到底",因为被修饰词"释然"是书面语词,且未带

---

① 当然,我们并不否认在"终于"具有"终究"义或"始终"义的方言中,像上面这样的用例是可以使用的。例如:
(1)我也还想打听些关于祥林嫂的消息,但知道……因此屡次想问,而终于中止了。(鲁迅《祝福》)

② 下文前两点主要依据吕叔湘(1999)。

体标记"了"。其三,"终于"可以做句首状语,悬置于句首(后有明显的停顿),而"到底"不行。例如:

(6) 终于,高举的板子落下了。(刘震云《土塬鼓点后》)→ * 到底,高举的板子……

(7) 终于,在一支曲子演奏到一半时,奎生扔掉烟屁股,站起来,从同伴手中拿过一杆唢呐。(刘震云《土塬鼓点后》)→ * 到底,在一支曲子演奏到一半时……

(8) 终于,她轻轻拍了拍他的手臂。(田小菲《哈得逊河上的落日》)①→ * 到底,她……

笔者对 TCS2006 现代汉语语料的调查显示,在约 1964 万字的语料中悬空用法的"终于"52 例,而悬空用法的"到底"未见一例。这是因为例(6)—(8)中的"终于"有些近似时间词"最终"。那么,是否所有"终于"都有悬空用法呢?不是!比如,下例中的"终于"后面不能有较大停顿,在书面上不能用逗号。

(9) 金三琢磨来琢磨去,终于想出了主意。(老舍《四世同堂》)

对比例(6)—(8)和上例可知,"终于"只在采用言者视角进行叙述的句子中能悬空使用,而在采用当事人视角进行叙述的句子中不可以这么用。② 那么,"到底"没有悬空用法是不是因为它不能用于采用言者视角叙述的句子呢?不是!因为时间副词"到底"有凸显目的达成之不易和结果出现在预料中两种用法(详见§2.2.2)。前一种用法采用的是当事人视角,后一种用法采用的是言者视角。那么,究竟是什么原因导致"终于"能而"到底"不能悬空使用呢?是因为采用言者视角叙述的句子也有凸显言者意愿和凸显言者推断的不同。"到底"虽然可以用在采用言者视角进行叙述的句子中,但只能凸显言者的推断,而不能凸显言者的意愿,详见下文。其四,"终于"所在

---

① 试参照:后来终于秘密泄漏,男人被敌国斩杀,连情人也受了死刑。(清·曾朴《孽海花》第 28 回)

② 当事人视角凸显当事人关于某动作的意愿;言者视角指凸显言者对外在场景中事件、状态的意愿或推断。采用当事人视角表述的句子用于行域,采用言者视角表述的句子用于知域,详见王灿龙(2008)。

主谓句可以关系化,而"到底"所在主谓句不行。例如:

(10) 得知吴司令终于远行的消息,我马上打电话给老烈……(牧惠《缘份》)

(11) 最后,当他终于成功了的时候,还没等护士把方地从抢救室推出去,他就瘫倒在地上了。(王朔《不想上床》)

上两例中"终于"不能替换为"到底"。宋国明(2006:18)认为,"终于"携带的言者的主观情态不如其近义词"到底"强。所以,"终于"不受主要子句限制的约束,即可出现在关系从句中。

那么,为什么"终于"与其近义词"到底"在用法上会有以上不同呢?下文将从历时演变角度做出解释。

8.2.2 "终于"词汇化和语法化的识别标准

如上所述,现代汉语中"终于"既可以表示时间义——"最终"(记作"终于$_{1a}$"),又可强调(如意)结果的最终出现(记作"终于$_{1b}$")。后一种"终于"虽滞留有时间义,但侧重表示强调语气,其语义带有明显的主观性。"终于$_{1b}$"是"终于$_{1a}$"语法化的结果。而在历史上"终于"本是跨层结构(记作"终于$_0$"),意即"结束于……"或"以……告终",后来才词汇化为时间副词——"终于$_{1a}$",并进一步语法化为强调结果的语气副词"终于$_{1b}$"(详见下文)。①。那么,区别上述三种性质的"终于"的形式标准是什么?由于"终于$_0$"不表示"死在"义时多陈述某事件或活动的完结,故具有[+述事]特征,后续成分具有[+静态性][+指称性]特征。当"终于"后续谓词性成分时,往往是形容词(短语)AP、受否定词修饰的动词(短语)NegP 等。如果"终于"丧失了这些特征,比如主语开始具有[+指人]特征,且"终于"不表示"死在"义,那么就可断定"终于"已词汇化了。董秀芳(2002:285)认为"终于"的词汇化发生在"于"后续谓词性宾语(记作 VP)的环境中。她举例如下:

(12) 靖为政莫如此。初虽碎密,终于百姓便之,有馥遗风。(西晋·陈寿

---

① 按:严格说来,我们应该把表示"最后"义和表示"终于、终究"义的"终于"分别称为时间副词和语气副词。但本书并未这么做,而是把这两种"终于"都看作时间副词,说前者表示客观真值义,后者表示主观强调义。主要是为了跟第二、三章对"到底"的处理一致起来。因为"到底"还有强调原因或事物根本特点、表示诘问语气用法。那些用法的"到底"是更典型的语气副词,且在普通话中单纯表示"最后"义的"到底"极少。

《三国志》第 15 卷)

我们认为,限制条件应该更严,即后续起<u>陈述</u>作用的谓词性成分时,"终于"才能发生词汇化。另外,"终于₀"分句表示的是继发结果或状态,常用于顺承复句,即"终于₀"小句不能独立使用,总依存于另一小句。所以,所在小句可独立使用是"终于"词汇化的标志。这样,"终于"词汇化的标准可定为两条:其一,"终于"后续起陈述作用的 VP。如果 VP 中 V 带体标记"了",则可确定 VP 起陈述作用;其二,"终于"句可独立使用(即不是用在复句中),且可以用在完整主谓句句首。这两条标准得到满足,即可确定"终于"已经词汇化了。如果"终于"前有指人主语或后有述人谓语,"终于"很可能已完成语义主观化,演变为强调结果之合期望的副词(即"终于$_{1b}$")了。

一旦"终于$_{1a}$"演变为"终于$_{1b}$",其语义就已主观化,转而表示对结果的强调语气。所以,当"终于"前可插入"最后"时,"终于"就肯定已经完成了向"终于$_{1b}$"的语法化。从"终于₀"经"终于$_{1a}$"到"终于$_{1b}$",既是(句法或语义)重新分析过程,也是语境扩展(contextual extension)过程,①即语词出于修辞目的从原来的典型语境扩展到新的陌生语境中。"终于$_{1b}$"是语义主观化的产物,凸显目的达成之不易,所以,"终于$_{1b}$"要紧挨句子谓语中心,且不能移作句首状语。换言之,不能悬空使用。悬空使用的一定不是"终于$_{1b}$",而是"终于$_{1a}$"。Lehmann(2002:110—111)曾把位置固化作为语法化的表现之一。位置固定在句中状语位置也是"终于$_{1a}$"语法化为"终于$_{1b}$"的表现。

8.3 "终于"的历时演变

8.3.1 关于"终于"历时演变的既往研究

关于"终于"的历时演变,刘金勤(2004)、彭湃(2004)、王美华和叶壬华(2008)、刘红妮(2010)、饶琪和牛利(2014)、朱福妹和马贝加(2017)等都曾有专文论及。杨荣祥(2005)等专著亦有论及。但既往研究在"终于"的成词年代、成词标准、词汇化动因等方面存在分歧。比如,在成词年代上,有汉代

---

① Schendel(1975)把语境扩展叫作"语法隐喻"(grammatical mataphor)。语法隐喻,指一个词或短语出于修辞目的从它原来的功能域(即典型的上下文)转移到一个新的陌生的功能域(即不典型的上下文)。语法隐喻实际就是 Compell 所谓的重新分析后语言形式上的扩展(extension)。

说(刘金勤 2004:21;彭湃 2004)①、魏晋形成-宋代成熟说②(王美华、叶壬华 2008)、宋代说(杨荣祥 2005:350)③、清代说(饶琪、牛利 2014)④、汉代萌芽-宋代完成说(刘红妮 2010)、东汉萌芽-魏晋六朝定型说(朱福妹、马贝加 2017)。比较以上各种说法,可以确定的是,大多数学者(如王美华、叶壬华、杨荣祥、刘红妮)认为宋代是时间副词"终于"彻底形成的年代。至于副词"终于"的初步形成(萌芽、定型)是在汉代,东汉,还是在魏晋,则有分歧。饶琪、牛利(2014)认为"终于"晚至清代才成词,是因为他们所持标准过于严苛。他们看到"终于"在汉语史上相当长时间内都有"死在"义用法,这对"终于"中"于"的去介词化很不利。但是,他们过分夸大了这种作用,以至于认为只有当"终于"所有用例中表示"死在"义的占比很低(低到像清代那种92例中只有16例,即17.39%的程度)时,"终于"才完成了词汇化。如果偏执于少数用例所反映出的特殊情况,我们同样可以得出"终于"在清代才完成词汇化的结论。因为明代"终于"偶尔还能够通过并列测试。例如:

(13)然其终〈于上仁,于下不为利回、不为势屈〉者无几,是以安攘之效不立。(明·佚名《皇明本纪》)

上例中,划线部分是三个介宾短语"于X"并列地跟在"终"后,做其补语。"终于上仁,于下不为利回、不为势屈者"指终其一生在上讲求仁义,在下不为利诱而变节,不为权势所屈服的人。但是,这只能表明在个别作品或仿古语境中"终"与"于"的结合还不紧密,尚未词汇化。可见,"终于"成词时间认定上的分歧,是由对其成词标准的确定上的分歧导致的。下面首先列举其他各家所用识别"终于"成词的标准,然后做出评论:

王美华、叶壬华(2008):①"终于"后续起陈述作用的VP,VP做句子谓语;②删除"终于"后,句义不受影响;③句子中有时间词。

---

① 刘金勤(2004:21)指出,在汉代就已有时间副词"终于"。只是它没有现代汉语"终于"的期待或预料的意味,只表时间意义"最终"。

② 王美华、叶壬华(2008)原文说时间副词"终于"在唐宋成熟。但从其举例看,其实是认为"终于"成熟于宋代。

③ 杨荣祥(2005:350)指出,"现代汉语中副词'终于'大约产生于宋代……'终'和'于'相连出现于谓词性成分前很早就有。"

④ 饶琪、牛利(2014)说,在清代,做副词的"终于"完成了对表专指意义的"终于"的逆转,在全部92例中,"终于"后续NP的只有16例。至此,"终于"在现代汉语中做副词用法的词类地位才得以真正确立。

刘红妮(2010):①"终于"后续 VP;②"终于"在语义上强调事件结果(表示经过种种变化或等待之后出现的情况)。

朱福妹、马贝加(2017):①"终于"后续 VP,VP 是表意重点;②VP 不表不幸事件,而表示好事;③"终于"用于复句的后一分句。

朱福妹、马贝加(2017)认为,王美华、叶壬华(2008)所提第①条标准适用性差,因为指称性是个程度而非有无问题。我们很难判断"终于"后的 VP 是否完全没有指称性了。我们不认同朱福妹、马贝加(2017)的这种观点,因为指称和陈述的差别是质的而非量的差别。王美华、叶壬华(2008)所提第①条标准比刘红妮(2010)及朱福妹、马贝加(2017)所提第①条标准更严格,要求"终于"后的 VP 起陈述作用。这意味着"终于"后续起指称作用的 VP 时不会发生词汇化。我们认同这种观点。至于王美华、叶壬华(2008)所提第②条标准,如果严格贯彻,则会导致把"终于"成词年代定晚,因为只有时间副词"终于"进一步主观化,用来强调事件结果时,它才有句法上的可删除性(朱福妹、马贝加 2017)。王美华、叶壬华(2008)所提第③条标准,是识别"终于$_{1b}$"的充分条件,但不是必要条件。刘红妮(2010)虽提出了判定"终于"成词年代的标准,但未回答是否同时符合这两条标准的"终于"就是词了(朱福妹、马贝加 2017)。且刘红妮所提第②条标准要求过高。它是表示主观强调义而非客观真值义("最后"义)的"终于"的作用。朱福妹、马贝加(2017)所提第②条标准也过于严苛。它是副词"终于"色彩义扬升(即从强调不利结果的最终出现到强调有利结果的久盼而至)之后才表现出的特征。除了在"终于"成词年代、标准、主观化进程等方面分歧较大外,有些研究的考察略显粗疏。比如"终于"历时演变的考察,朱福妹、马贝加(2017)直接从汉代开始,忽略了先秦阶段。饶琪、牛利(2014)对其在明清时期的使用情况(尤其是语义主观化情况)考察不够细致。鉴于既往研究的上述不足,本书拟对"终于"的演变历程、机制和动因等做出更充分的考察。

8.3.2 "终"字本义考

关于"冬"和"终"的关系,多数学者(如翟惠林 2011,饶琪、牛利 2014 等)认为是古今字关系,但也有学者认为后者是前者的假借字(详见下文)。关于"结束"义"终"的词源,有四种看法:①"絿丝"义"终";②"脚踵"义"终";③"(一年的)末季"义"终";④ 是表示"桼实"义的"冬"的假借字。下面详加论述。

其一,"绒丝"义引申说。《说文》:"终,绒丝也。从糸,冬声。𠍺,古文。"章太炎《文始》七云:"'绒'训'急',则'终'为缠丝急也。"①高鸿缙《字例》:"甲骨文作'冬'字,原象绳端终结之形(结绳之遗),故托以寄终结之意。"林义光《文源》:"甲骨文'冬'字象两端有结形。"翟惠林(2011:962)说"本义指将丝整理成束,然后结扎起来。字形原象丝束的末端已结扎起来。后来变作'从糸,冬声'。引申为终结,末了。"魏德胜(2003)援引《睡虎地秦墓竹简》语料证明"终"的本义是"把丝缠紧",继而引申出"绳结""结束"义,用于"绳终"等词。可见,翟惠林、魏德胜都沿袭许慎、章太炎、高鸿缙、林义光的观点。这种观点可表示为:冬:绒丝(把丝缠紧/结扎起来) $\xrightarrow{引申}$ 终:结束。其中,"冬"是"终"的古体字。

其二,"脚踵"义引申说。徐中舒主编《汉语大字典》(1990:3384)认为,甲骨文"终"字是"踵"的古文,像人体的脚踵部位加两圈或两点。人体自首始,至踵终。故"终(踵)"引申为终结的"终"及表示季节的"冬"。这种观点可表示为:终:脚踵 $\xrightarrow{引申}$ 结束|末季。

其三,"末季"义引申说。《说文》段注:"《广韵》云:'终,极也,穷也,竟也。'其义皆当作'冬'。冬者,四时尽也,故其引申之义如此。俗分别'冬'为四时尽,'终'为极也,穷也,竟也,乃使冬失其引申之义,终失其本义矣。有冬,而后有终,此造字之先后也,其音义,则先有终之古文也"。这种观点认为,"结束"义"终"本写作"冬"。后来,为了区分"冬"的本义(即"末季"义)与其引申义(即"结束"义),而另造"终"字来表示"结束"义,并让"冬"专表"末季"义。刘红妮(2010)认同上述观点。这种观点可表示为:冬(终):一年的末季 $\xrightarrow{引申}$ 终:结束。

其四,假借说。"终"在甲骨文中写作"冬"。"冬",甲骨文作"𠍺",是象形字。所象之形有多种说法。李敬斋以为"榛实也,象形。古借作'冬'或'终'"。郭沫若《金文丛考》:"象二榛实相连而下垂之形,用为始终及冬夏字者,均假借也。"这种观点可表示为:冬:榛实 $\xrightarrow{假借}$ 结束|末季。

上述第一、第二种观点所主张的"终"的词义演变都符合 Lakoff 和 Johnson(1980)的本体隐喻(ontological metaphor)原则。认知语言学家认为,隐喻不仅是一种修辞手段,也是人们认识世界的思维方式。人们认识世界遵循人类中心主义和自我中心主义,即对世界的认识始于对人的认识,对

---

① 此处"急"是表示"紧"义的动-形兼类词。"急丝/缠丝急"即"紧丝/把缠紧丝"。

人的认识始于对自身的认识。用对自身的认识体验去认识自己身边的人、物、事,再用从后者中获得的体验去认识更远的人、物、事。"近取诸身,远取诸物"说的就是这个道理。第一种观点认为,"终"先有表示先民日常重要生产活动的"把丝缠紧"义,而后因为先民理丝完毕要把丝头缠紧,所以,"终"通过"结果→过程"转喻获得"理丝结束"义,继而泛化为"结束"义。第二种观点认为,"终"先有"脚踵(人体结束处)"义,再到"结束"义,最后到"死(生命结束)"义,这也实属正常。支持这一观点的是,"终"早在先秦就有了"结束"义动词用法。例如:

(14) 我有周佑命,将天明威,致王罚,敕殷命<u>终</u>于帝。① (《尚书·多士》)

上例全句可译为"我们周国佑助天命,奉行上天的明威,执行王者的诛罚,宣告殷的国命被上天终结了"。当然,可能因为动词"终"后来发展出"死"义,且以后一种用法为常,所以,徐中舒主编《汉语大字典》(1990)为"终"列出的 18 个义项中,动词用法中的只有 1 个义项,即表示"(人)死"。朱福妹、马贝加(2017)认为"终于 NP"中"终"经历了从表示死亡到表示完结的演变。我们不认同这种观点,因为"终"在用于"终于 NP"之前就有了"完结"义。且"终于 NP"的最早用例并不是表示"死在 NP"义(详见下文)。比较而言,我们更加赞同"绿丝"义引申说,不赞同"脚踵"义引申说。因为文献中未见"脚踵"义"冬(终)"。魏德胜(2003:10)也指出,甲骨文"冬"字,或解为"象二糅实相联而下垂之形",或解为"象人体踵部位",都不确,都没有充分的证据。

8.3.3 "终于"的词汇化和语法化历程

为了准确把握"终于"在历史上的使用情况,笔者检索了朱氏语料库历史语料,结果如下:②

---

① 此例中"终于"有从"结束"义引申出"死在"义的可能。因为对统治者来说,结束统治就是结束其政治生命。所以,"统治结束就是生命结束"隐喻使"终于。"有可能演变为"死在"义"终于"。这也符合词语虚化从具体到抽象的一般规律。

② 按:因写作时间不同,本表依据的是朱氏语料库,跟其他章节以及本章共时考察部分(即§8.2)依据 TCS2006 不同,各历史阶段语料文本总字数略有差异,但自隋唐五代起差别不大。比如,对比这里的统计表和第二章表 2-1 可知,隋唐五代语料,前者约 1920.6 万字,后者约为 1914.4 万字;宋代语料,前者约 1689.6 万字,后者约 1488.2 万字。表中"先秦"指西周及春秋战国时期。表中暂不涉及"终于"在汉语史上用得较少的"始终/一直"义用法(详见§8.3.3.6)和"一定"义用法(请参见§9.2)。

表 8-1 "终于"在历史上的使用情况

年代	跨层结构"终于" "死在"义	跨层结构"终于" "结束于"义	副词"终于" "最后"义	副词"终于" 强调结果	合计	文本总字数
先秦	0	8(4.22)	0	0	8	1 896 524
汉代	0	49(20.04)	2(0.82)	0	51	2 444 735
魏晋六朝	88(8.41)	57(5.48)	20(1.91)	23(2.20)	190	10 463 657
隋唐五代	143(7.45)	20(1.04)	0	0	163	19 205 800
宋代	173(10.24)	57(3.37)	17(1.01)	13(0.77)	260	16 896 116
元明清	43(1.70)	15(0.59)	4(0.16)	13(0.52)	75	25 238 877

上表显示,跨层结构"终于"的"死在"义用法使用频率总体呈下降趋势,只是在宋代因所调查的语料叙述主题多涉及人物生平而较前代略有上升。其"结束于"义用法的使用频率在时间副词"终于"大规模出现(即汉代)之前是上升的,之后总体上是下降的。这表明表示"结束于"义的跨层结构"终于"的减少与时间副词"终于"的增加之间有内在联系。其实,后者是从前者词汇化而来。在隋唐五代,副词"终于"用例数降至 0。这很可能是因为在这一时期出现了"到底"等其他词语分担了"终于"表示"最后"义的功能。下面详细论述各历史时期"终于"的使用情况。

8.3.3.1 先秦时期"终于"的使用情况

词串"终于"始见于先秦,在约 189.7 万字的语料中凡 8 见,用频为 4.22 次/百万字。那时"终于"都后续 NP。在"终于 NP"中,介宾短语"于 NP"做动词"终"的补语,两者构成动补短语。"终"处在第一层次,跟"于 NP"组合;"于"处在第二层,跟 NP 组合。故"终于"是"终"和"于"的跨层组合,意即"结束于"。请看:

(15) 今王嗣厥德,……立爱惟亲,立敬惟长,始于家邦,<u>终于</u>四海。(《尚书·伊训》)

(16) (成王之德……)始于德让,中于信宽,<u>终于</u>固和,故曰成。(《国语·周语》)

(17) 夫孝,始于事亲,中于事君,<u>终于</u>立身。(《孝经·开宗明义章》)

(18) 介酬众宾,少长以齿,<u>终于</u>沃洗者焉。(《礼记·乡饮酒义》)

(19) 虽疏食菜羹,未尝不饱,盖不敢不饱也。然<u>终于</u>此而已矣,弗与共天

位也,弗与治天职也,弗与食天禄也。(《孟子·万章下》)
(20) 人主不能用其富,则<u>终于</u>外也。此君人者之所识也。(《韩非子·爱臣》)
(21) 王耕一墢,班三之,庶民<u>终于</u>千亩,其后稷省功,太史监之;司徒省民,太师监之;毕,宰夫陈飨,膳宰监之。(《国语·周语》)
(22) 我有周佑命,将天明威,致王罚,敕殷命<u>终于</u>帝。(《尚书·多士》)

上几例中"终"意即"结束",其主语多为抽象名词或事件名词(如前四例中的"德""孝""酬宾"等),常承前省或隐于语境。这一时期跟"始于"之类源点表达共现的"终于"凡4例,占总用例的50%。

8.3.3.2 两汉时期"终于"的使用情况

降至汉代,"终于"在ZYK2006共约244万字的语料中凡51见,用频约为20.86次/百万字,几乎是前代用频(即4.22次/百万字)的5倍。这一时期"终于"仍几乎都是跨层结构。其中,仅在东汉《太平经》等佛经中"终于"后续数词(短语)的用例就有约40个,表示事件(包括计数)以某状态或某数目结束。这些用例中"终于"多跟"始于""起于"之类源点表达共现。这使得"终"因受到对举项"始""起"的作用而不易去动词化。例如:

(23) 数始于一,<u>终于</u>十,成于三。(西汉·司马迁《史记》第25卷)
(24) 然,天数乃起于一,<u>终于</u>十,何也?(《太平经》第40卷)
(25) 已爱施者,反当象天数,十月乃出,故数<u>终于</u>十。(《太平经》第93卷)

汉译佛经中的"终于"用例通常是在讨论宇宙演化、时间流逝、计数进位等话题时使用的,如例(24)(25)。讨论话题决定了这种语境中"终于"的续段一般是数词(短语)。这时,自然是"于"而不可能是"终于"跟有关数词(短语)发生语法关系。如果排除这些用例,那么在东汉文献中"终于"凡11见。

跟先秦相比,汉代表示"结束于"义的"终于"除后续体词性成分(记作NP)外,还后续谓词性成分(多为形容词(短语)AP或小句(记作S)。例如:

(26) 故始言大恶……是亦始于粗粝,<u>终于</u>精微,(西汉·董仲舒《春秋繁露·俞序》)

(27) 故智者先忤而后合,愚者始于乐而<u>终于</u>哀。(西汉·刘安《淮南子》第 9 卷)

(28) 君子之治也,始于不足见,<u>终于</u>不可及也。(西汉·刘向《说苑》第 16 卷)

(29) 晋厉公……夫战胜攻取,地广而名尊,此天下之所愿也,然而<u>终于</u>身死国亡。(西汉·刘安《淮南子》第 18 卷)

(30) 遂莫肯改寤,法则古人,而各行其私意,<u>终于</u>君臣乖离,上下交怨。(东汉·班固《汉书》第 27 卷)

因 AP、S 的默认指谓功能是陈述,即陈述出现或发生在特定时间的状态或事件,所以,当"终于"后续 AP 或 S 时,"终"的动作义有可能弱化,时间义有可能凸显。当然,在例(26)—(28)中因跟"始于"对举,"终"的去动词化并未启动。但是,在例(29)(30)中,"终于"后续 S,且未跟源点表达对举。这样,S 因为通常比短语长而可能喧宾夺主,摆脱受"于"支配的地位,代替"终"成为注意焦点,即其表义前景化。这种改变使"终"去中心化(decentralize,即不再做句子的谓语中心),"于"丧失对 S 的介引功能①。这样,功能悬空的"于"很可能转而跟邻近的"终"在韵律作用下合并成词。"终于"就会被重新分析为"最后"义时间副词。所以,例(29)(30)中的"终于"释为"最后"可能更自然。② 因此,我们赞同朱福妹、马贝加(2017)关于复音词"终于"在东汉萌芽的观点。但它在东汉只是萌芽,还未正式形成,因为例(29)(30)中"终于"依然可以勉强释作"结束于/以……告终"。而且,可视作"最后"的"终于"用例在汉代比较少(仅上面两见)。所以,刘金勤(2004)、彭湃(2004)关于时间副词"终于"形成于汉代的观点过于激进。

此外,诚如刘红妮(2010)、易正中和王文杰(2014)所言,在汉代"终"获得了"死亡"义,故"终于"出现了表示"死在"义的用例,如例(31)(32)。但"死在"义"终于"在汉代只后续处所成分(易正中、王文杰 2014)。例如:

(31) 故子张居陈,澹台子羽居楚,子夏居西河,子贡<u>终于</u>齐。(西汉·司马迁《史记》第 121 卷)

---

① 当然,"于"丧失介引功能还有其他原因(详见§8.5)。
② 当然,王美华、叶壬华(2008)认为,这两例中"终于"的续段虽是主谓短语(一种谓词性成分),但起指称作用。所以,例中"终于"还是有歧义。但是,王美华、叶壬华(2008)对例(29)没有引全,只引到"终于君臣乖离",认为"终于"后续主谓短语"君臣乖离"。其实,仔细观察就会发现"终于"后续小句"君臣乖离,上下交怨"。

(32) 云年七十余,终于家,遗言:"以身服敛,棺周于身……。"(东汉·班固《汉书》第 67 卷)

朱福妹、马贝加(2017)认为时间副词"终于"的词汇化经历了如下语境扩展过程:

终+[于+NP]　→　终+[于+NP]　→　终+[于+VP]
[−时间]　　　→　[+时间]　　　　[+时间]

并举下面例(33)—(35)来代表上述语境扩展过程的三个阶段。

(33) 常相鲁卫,家累千金,卒终于齐。(西汉·司马迁《史记》第 67 卷)
(34) 序自汉兴,终于孝平。(东汉·班固《汉书》第 97 卷)
(35) 且夫孝始于事亲,中于事君,终于立身。(西汉·司马迁《史记》第 130 卷)

但是,例(34)是东汉用例,例(35)是西汉用例。"终于"不可能是先用于例(34),再扩展到例(35)中的。而且,按照朱福妹、马贝加(2017)的解释,"终于"的"死在"义用法出现得应该比"结束于"义用法早。从例(33)(34)来看,似乎是这样的。但是,例(34)不是表示"结束于"义"终于"的较早用例。其实,在汉语史上"终于"的"结束于"义用例比"死于"义用例早出,两者分别始见于先秦和汉代(详见§8.3.2、§8.3.3.1)。所以,朱福妹、马贝加的立论不能成立。其实,"终于"从用于"终+[于+NP]"到用于"终+[于+VP]"的句法扩展是概念隐喻驱动的,无需中间阶段。这是概念隐喻驱动型语义演变与概念转喻驱动型语义演变的显著区别。只要把复合事件中作为界定复合事件结束状态或时点的子事件概念化为一个事物即可(详见§8.5.3.2)。

8.3.3.3 魏晋六朝"终于"的使用情况

在魏晋六朝,"终于"在约 1046 万字的语料中凡 190 见,用频为 18.16 次/百万字,比汉代的 20.86 次/百万字略有下降。这一时期"终于"用例中有 88 个表示"死在"义(仅在《汉魏南北朝墓志汇编》之魏晋六朝墓志中就有 36 例)。且正如易正中、王文杰(2014)所认为的,表示"死在"义时,"终于"

后续 NP 的语义类型更加多样,除了处所名词,还可以是时间或职位名词,如"终于晋末/员外散骑侍郎"等。

这一时期"终于"跟"始于"之类源点表达共现用例凡 12 个,占"终于"总用例的 6.32%,占比较先秦的 50%、汉代的 78.43%有大幅下降。因此,魏晋六朝绝大多数(即 93.68%)的"终于"摆脱了跟源点表达对举使用的羁绊。这使得"终"去动词化程度大大加深,从而为"终于"融合成词提供了必要条件。当然,促进"终于"融合成词的必要条件还有"终于"的续段的指称性减弱而陈述性增强,即从前代的 AP 或 S 变成 VP 或 S,VP 比 AP 跟时间的联系更紧密,因而陈述性更强。但是,这一时期"终于"后续成分的中心语多是不及物动词,所以"终于"后续成分的陈述性还没有增强至极致(这种演变是在宋代完成的)。续段性质的变化导致介词"于"统制其宾语的能力进一步弱化,"于"因悬空转而跟邻近的"终"合并的可能性剧增。特别是,当其宾语是复杂 VP 或 S,且所示事态是跟当事人期望相反的结果事态时见例(38)—(46)。因为事件发展最终结果的反期望很容易引起注意,从而代替事件的终结成为注意的焦点。换言之,VP 或 S 陈述性增强时很容易前景化,而"终于"很容易背景化为状语。例如:

(36)明帝既不能然,情系私爱,抚养婴孩,传以大器,托付不专,必参枝族,<u>终于</u>曹爽诛夷,齐王替位。(西晋·陈寿《三国志》第 4 卷)

(37)在所司官,知其有足赖主人,举劾弹纠,<u>终于</u>当解。(东晋·葛洪《抱朴子·外篇》第 28 卷)

这一时期"终于"后续否定短语 NegP 的用例有 9 例,占其后续 VP 的总用例(33 例)的 27.27%。例如:

(38)然书不出周公之门,事不经仲尼之手,世人<u>终于</u>不信。(东晋·葛洪《抱朴子·内篇》第 2 卷)

(39)明文炳然,而世人<u>终于</u>不信,可叹息者也。(东晋·葛洪《抱朴子·内篇》第 11 卷)

(40)掌要治民之官,御戎专征之将,或贪污以坏所在矣,或营私以乱朝廷矣,或懦弱以败庶事矣,或……匡怯以失军利矣。<u>终于</u>不觉,不忍黜斥,犹加亲委,冀其晚效。(东晋·葛洪《抱朴子·内篇》第 5 卷)

(41)吾子必为无耳,世人信其臆断,仗其短见,自谓所度,事无差错,习

乎所致,怪乎所希,提耳指掌,终于不悟。(东晋·葛洪《抱朴子·内篇》第 6 卷)①

(42) 盖修德而道不行,藏器而时不会,或俟河清而齿已没,或竭忠勤而不见知……席上之珍,郁于泥泞,济物之才,终于无施。(东晋·葛洪《抱朴子·外篇》第 49 卷)

(43) 诚知不学之弊,硕儒之贵,所祖习之非,所轻易之谬,然终于迷而不返者,由乎放诞者无损于进趋故也。(东晋·葛洪《抱朴子·外篇》第 25 卷)

(44) 虽复官须此人,停日后者终于不得;庸才下品,年月久者灼然先用。(北齐·魏收《魏书·崔亮传》)

(45) 蠕蠕曰:"其母尚不能行,而况其子。"终于不易,遂为敌所房。(北齐·魏收《魏书·蠕蠕传》)

(46) 若导以深法,终于莫领,故复撮举世典,指事取徵……(《全梁文》)

饶琪、牛利(2014)认为后续 NegP 的"终于"已经是时间副词了。其实,这种"终于"还可勉强释作"结束于/以……告终"义。所以,不能说它一定是时间副词而非跨层结构。不过,把它们看作时间副词更好。所以,跟东汉"终于"极少用于临界语境不同,魏晋六朝大多数"终于"都用于临界语境。不能排除其中少数"终于"(如例(43)中后续多音节 VP 且 VP 表示不如意结果的"终于")已经用作时间副词了。果如是,则时间副词"终于"在出现之初就表现出了语义主观化倾向,多用来强调不如意结果的最终出现,即强调希望落空或担心的结果还是出现了,犹普通话"终究"。

这一时期,"终于"后续的 VP 除了有 27.27% 是否定表达外,还有不少是表示不如意事件的贬义动词,如例(47)—(50)中的"负败""沦陷""覆灭""叛败"。把后续 NegP 和贬义 VP 合计在一起,魏晋时期"终于"后续表示不如意结果的成分的比例达到近 42.42%(33 例中有 14 例)。这为"终于"向强调最终结果之反期望的时间副词的语法化提供了有利条件。

(47) 士有……仁而不断,善不能赏,恶不忍罚……枉直混错,终于负败。(东晋·葛洪《抱朴子》第 22 卷)

---

① 试比较本句与先秦时期的下句:
(2) 欲以此求赏誉,终不可得。(《墨子·天志中》)
这说明先秦时代单用"终"表示的意思,在六朝时代倾向于用"终于"表示。

(48) 国家经营内难,非遑外图,故载离寒暑,而<u>终于</u>沦陷。(《汉魏南北朝墓志汇编·汉魏》)

(49) 及其抗衡上国,与晋争长,都城屠于句践,武卒散于黄池,<u>终于</u>覆灭,身髯越军。(三国·陈琳《檄吴将校部曲文》)

(50) 蜀将孟达率众降……文帝甚器爱之,使达为新城太守,加散骑常侍。晔以为"达有苟得之心,而恃才好术,必不能感恩怀义。……"文帝竟不易,后达<u>终于</u>叛败。(西晋·陈寿《三国志》第 14 卷)

总之,我们认为,在魏晋六朝"终于"表现出向时间副词词汇化的强烈倾向,其中有些已经演变成时间副词。

8.3.3.4 隋唐五代"终于"的使用情况

降至隋唐五代,在约 1920.6 万字的语料中"终于"凡 163 见。但其中 143 例表示"死在(某时/地/职务上)"义,占 85.59%,①例不赘举。只有 20 例表示"结束于"义。例如:

(51) 王叔好争,而<u>终于</u>出奔。(唐·赵蕤《长短经》第 3 卷)

(52) 千里相送,<u>终于</u>一别。(唐·佚名《李勣引谚别张文》)

上两例分别表示王叔与他人的争斗以出奔(逃亡)告终、送行客人以分别告终。不过,首例中"终于"仍有重新分析为"最终"义的可能。

隋唐五代时"终于"没有"最后"义时间副词用法,可能是因为同期"到底"的出现(详见§3.2)分担了其部分语义功能。例如,例(38)(50)这些前代用"终于"的例子在隋唐五代之后可能大多要用口语色彩更强的"到底"甚至"终究"来表达了。

8.3.3.5 宋代"终于"的使用情况

在宋代,"终于"在约 1689.6 万字的语料中凡 260 见,用频为 15.39 次/百万字。其中,173 例表示"死在"义,占 66.53%,比重较隋唐五代的 85.59% 有大幅下降。而且,宋代"终于"出现了后续"死之""死亡"这种明显排斥它作"死在"义解的用例。请看:

---

① 饶琪、牛利(2014)的语料统计也显示,唐五代"终于"主要表示"死在"义。

(53) 太史公之言有所抑扬,谓三人皆恶伤父之志,而终于死之,其情则可取。(《朱子语类》第 81 卷)

(54) 若救之于已饥,则用物博而所及微,至于耗散省仓,亏损课利,官为一困,而已饥之民,终于死亡,熙宁之事是也。(北宋·苏轼《奏议六首·奏浙西灾伤第一状》)

这说明,在宋代,虽然因为论述主题的限制(如记叙人物生平时常要表达"死在"义概念),表示"死在"义的"终于"用例仍然较多,但是表示时间义的"终于"用例已经大幅上涨。

在宋代,副词"终于"走向成熟,凡 30 例。其中,17 例单纯表示"最后"义,13 例表示对结果的主观强调(详见上文表 8-1)。宋代副词"终于"在使用上呈现以下特点:其一,除后接不及物动词外,还可后接及物动词,其修饰成分类型扩大。(王美华、叶壬华 2008)其二,仅表示客观真值义的时间副词用例仍较多(17 例),兼有强调作用的时间副词用例仍较少(13 例)。特别是,当所在小句有表示推测语气的"必"时,或有"初"跟"终"对举时,"终于"就更确定无疑是时间副词了。例如:

(55) 就使幸而暂塞暂复,以纾目前之患,而终于上流必决,如龙门、横垄之比,重以困国劳人,此所谓利少而害多也。(北宋·欧阳修《奏议卷一二·论修河第二状》)

(56) 虽元昊终于必叛,而兵出无名,吏士不直其上,难以决胜。(北宋·苏轼《张文定公墓志铭》)

(57) 其初欲恕人,而终于自恕,少间渐渐将自己都没理会了。(《朱子语类》第 1 卷)

其三,语气副词"终于"以强调不利结果的反期望为主(10 例),但也出现了少量强调有利结果的合目的的(3 例)。试比较:

(58) 商君则不然,以为要使汝获其利,而何恤乎吾之所为,故无所求于众人之论,而亦无以告谕天下。然其事亦终于有成。(北宋·苏轼《书论》)

(59) 然在周公之事,则不过使成王终于省悟耳。(《朱子语类》第 3 卷)

(60) 一则是所以学者失其旨,二则是所学者多端,所以纷纷扰扰,终于无所归止。(《朱子语类》第 126 卷)

这说明,跟魏晋六朝"终于"常用于强调最终结果的反期望不同,在宋代,副词"终于"开始常用于强调最终结果的合目的。

8.3.3.6 元明清"终于"的使用情况

在元明清共约2523.9万字的作品中,"终于"凡75见,用频为2.97次/百万字。排除表示"死在"义的43例跨层结构用例外,在剩余的32例中,副词用法17例,"结束于"义跨层结构用法15例。在汉语史上,首次出现副词"终于"的用频(即0.68次/百万字)高于"结束于"义跨层结构的用频(即0.59次/百万字)这种现象。这表明,在元明清,人们已经倾向于将不表示"死在"义的"终于"看作副词。在这一时期,表示"最后"义的"终于"凡4见,强调最终结果之目的或反期望的"终于"凡13例,后者是前者的3.25倍。这表明这一时期副词"终于"的语义主观化已取得重大突破。当然,在强调结果时,"终于"仍然以强调结果之反期望为主,表现在句法上常后续否定表达;以强调结果之合目的为辅。试比较:

(61)先是首推投诚乌程以求必济,乃奉旨另推者再,终于圣意未惬。(明·文秉《烈皇小识》第3卷)

(62)他忍着疼痛……你不还他罢了,怎地……拔剑斩逐?及至夜间好言苦求,你又执意不肯,况且不识这字,终于无用,要他则甚!(明·冯梦龙《醒世恒言》第83卷)

(63)当时内臣曲媚孝肃,致英宗在天之灵,终于不安。(明·沈德符《万历野获篇》第3卷)

(64)宋唯宣和间,宰相王黼,结宦官梁师成,动摇东宫,谋立郓王,然终于无成。(明·沈德符《万历野获编》第6卷)

"终于"在例(61)跟在上文例(5)—(8)中一样,用于完整主谓句句首,侧重表示时间义,即"最后"义。在例(62)(63)中,"终于"用于谓语核心前,侧重强调结果的反期望,犹"终究,到底"。例(62)(63)都是明代用例。这表明,副词"终于"的语义主观化至迟在明代就已经基本完成,只是起初是用来强调最终结果之反期望的(即强调不如意结果的)。因此,我们不同意王美华、叶壬华(2008)关于副词"终于"强调用法的获得在清代的观点。

在明清,跨层结构"终于"还发生了向"始终,一直"义时间副词的词汇化。在我们检索的语料中其"始终,一直"义用例合计10个,其中清代用例

8个。例如：

(65) 我看此人像貌，定非终于落拓的。(清·李修行《梦中缘》第18回)
(66) 人家女儿不教道他孝顺，他若终于胡行，惹的天恼了罚他，岂不是吃了爷娘的亏么？(清·蒲松龄《聊斋俚曲集·姑妇曲》)
(67) 若是他终于不回头，着他公公说该促寿，该没儿，该早死了，还有什么儿哩？(清·蒲松龄《聊斋俚曲集·姑妇曲》)
(68) 雪舫正色道："我本待不说，然而若是终于不说呢，实在对朋友不起，所以我只得直说了。"(清·陈森《品花宝鉴》第53回)
(69) 你们后来这个行业倒难，这碗饭也不是终于好吃的。(清·陈森《品花宝鉴》第53回)

"终于"从表示"以……而告终"义到表示"始终，一直"义的发展，是以概念转喻驱动的重新分析为基础的。比如，例(65)中"终于落拓"原指"以落拓告终/终老"，但它也可理解为"始终/一直落拓"，因为到老都落拓就意味着一辈子始终落拓。这样，基于[结果→过程]转喻，听话人可以对"终于落拓"的句法结构进行重新分析，即：终〈于 落拓〉→[终于]落拓。

综上所述，自先秦至清代，随着"终于"后续成分经历从NP到指称性VP，再到陈述性VP，从简单VP到复杂VP的变化，"终于X"经历了从动补短语"终〈于X〉"到状中短语"[终于]X"的演变。表意重心后移，"完结"义背景化，而时间义前景化。客观上的时间义还进一步主观化为对结果的强调。强调结果时，从以强调不利结果的反期望为主到以强调有利结果的合目的为主。"终于"的词汇化萌芽于东汉，正式发生于魏晋六朝，彻底完成于宋代。其语义主观化在宋代出现了新动向，即出现了强调结果之合目的的用例。

8.4 时间副词"终于"大规模出现较晚的原因

在先秦，"最后"义时间副词有"终""竟""卒""终然"等。"终"在《周易》《楚辞》《韩非子》等作品中习见(赵振兴2003；陈明富、张鹏丽2005；孙玲2006)。例如：

(70)亨,小利贞,初吉终乱。(《周易·既济·卦辞》)

(71)胡终弊于有息,牧夫牛羊?(《楚辞·天问》)

(72)鲧婞直以亡身兮,终然殀乎羽之野。(《楚辞·离骚》)

《韩非子》中同类时间副词还有"卒"(孙玲 2006),《楚辞》中同类时间副词还有"终然""卒"(陈明富、张鹏丽 2005)。例如:

(73)易之以百两,卒无禄?(《楚辞·天问》)

(74)舜服厥弟,终然为害。何肆犬豕,而厥身不危败?(《楚辞·天问》)

比较可知,从语体、语篇分布角度来看,"终"在同类时间副词中占优势。其出现频率总体上比"竟""卒""终然"等高。比如,《楚辞》中"终""终然""卒"的用例分别为 8、2、5 个(陈明富、张鹏丽 2005)。当然,《韩非子》中"卒"的用例数(9 例)远多于"终"(1 例)。单从《韩非子》看,似乎"终"不如"卒"常用。但考虑到《周易》等作品中有"终"无"卒"、《楚辞》等作品中"终"多"卒"少,我们推测,《韩非子》中"卒"很多而"终"仅1见,"竟""终然"没有,这可能是作者个人偏好所致。另据杨荣祥(2005:57)对晚唐五代至明代四部代表作《敦煌变文集》《朱子语类》《新编五代史平话》《金瓶梅》的考察,表示"最终"义在各个时代常用哪些词是不一样的。大致状况如下:

晚唐五代:毕竟、究竟、终、终归、终竟

宋代:竟、终、终久、终于、终自、卒

元代:竟、终、卒

明代:只当、终、终久

从上面列表可以看出,从晚唐五代到明代,表示"最终"义的"毕竟""究竟""竟""卒"在跟同义词"终"的竞争中逐渐被淘汰出局。"终"则历久不衰。上述各家的研究表明,时间副词"终"在同类副词中占优势。这也是时间副词"终于"大规模出现较晚的原因,因为"终"和"终于"表义基本一致。只是在后来,随着汉语词汇双音化趋势越来越强,"终"才在跟"终于""始终""终须""终久"等的竞争中彻底落败。

8.5 "终于"词汇化的理论探讨

8.5.1 "终于"词汇化过程中的语义滞留

引言提到"终于"多用于书面语,后续词语可以不带"了","终于"还可悬空使用。这些现象实际上是"终于"词汇化过程中语义滞留原则发挥作用的表现。"于"现在要么用作构词语素,如"由于""鉴于""对于""在于""至于""关于""过于""敢于""勇于""善于""苦于""限于"等;要么用在图式性构式"生/死于＋NP$_{时地}$"中。"于"是汉语最古老的两大介词之一(郭锡良1997),有浓厚的文言色彩。所以,"终于"常用于书面语。上古汉语中介词"于"一开始后续 NP,当然无需也不能与"了"搭配使用。所以,即便后来它开始后续 VP,该 VP 起初也是起指称作用的。所以,即使其后续 VP 后来从指称性成分变成陈述性成分了,也还可以不带时体成分,因为其后续的陈述性 VP 的前身是指称性 VP,而指称化的动作或事件无需时体锚定。

正因为在"终于"词汇化前"终"跟"于 X"组合,所以,现代汉语中副词"终于"悬置于句首合格(比如例(6)—(8)能说)是以能对其中的"终于"句做"复古"式分析为基础的。换言之,例(6)可以做古代解读,理解成"期待(演出)事件以高举的板子落下而告终"(可意译为"最后,高举的板子落下了")。支持上述观点的是,悬置句首的"终于"后有时压根就没有停顿。例如:

(75)我每次看到他吃饭,就会想起杰克•伦敦的《热爱生命》,终于在一次饭后他小口呷汤时讲了这个故事。(阿城《棋王》)
(76)她时时留意着,老虎也有打盹的时候,终于有一天老头出门锁没有锁死,叫她拨开了。(邓友梅《烟壶》)

例(6)—(8)中的"终于"不能替换为"到底",是因为"到底"在词汇化前就不是一个跨层结构,"底"原本就不是介词,不能与续段构成一对直接成分。因此,词汇化后,"到底"自然因不能做上述"复古"分析而不能悬空使用。

另外,根据§8.3.3.2,"终于"词汇化之初是后续小句(即用在小句句首)的。这跟董秀芳(2002)的预测相符。董秀芳(2002:273,291)认为,跨层结构词汇化是从非语言单位向语言单位的演变,其发生难度呈现如下等级:句尾＞句中＞句首。为什么位于句首的跨层结构比较容易词汇化呢?

因为汉语自然音步是右向音步,即在不受句法和语义因素影响的情况下,音步是从左向右组成。这样,句首的两个音节就会被牢固地组织在第一个自然音步里。句首的第一个音步必须是一个标准韵律词,也就是说,必须是双音节,不允许任何变通。处在句尾的成分允许有超音步。例如:加利福尼亚(2+3)、布宜诺斯爱莉丝(2+3)。

8.5.2 "终于"词汇化的表现

"终于"词汇化的表现除了边界转移(即:终+[于+XP]→[终于]+X)外,还有组成成分聚合可变性的降低。这体现在"终"和"于"的双向选择过程中。

8.5.2.1 "终"的择一过程

在先秦时期,跨层结构"终于"中"于"还可替换为"以""乎"等其他介词。例如:

(77)慎厥初,惟厥终,<u>终以</u>不困,不惟厥终,终以困穷。(《尚书·蔡仲之命》)
(78)愿壹见阳春之白日兮,恐不<u>终乎</u>永年。(《楚辞》)
(79)其数则始乎诵经,终乎读礼;其义则始乎为士,<u>终乎</u>为圣人。(《荀子·劝学》)

那么,为什么偏偏是"终于"后来词汇化了呢?因为"终于"出现频率高于"终以""终乎"。比如,在先秦语料中,[动+介]型跨层结构"终以""终乎"各4见,用例都只是"终于"的一半。同理,例(80)(81)表明,在先秦"至于"也可说成"至乎"。但后来"至于"词汇化了而"至乎"没有。这说明在"于""以""乎"中,"终""至"最终选择了"于"做常规共现项。

(80)王命众悉<u>至于</u>庭。(《尚书·盘庚》)
(81)学<u>至乎</u>没而后止也。(《荀子·劝学》)

那么,为什么"终""至"会优选"于"作为常规共现项呢?因为"于"的介词性质在《诗经》时代就已明确,且"于"的语义功能多样。不仅可以引进位移运动终点,还可以引进时间流逝的终点以及事件发展的终点(即终结状态,见马贝加2002:53)。例如:

(82) 之子于归,远送于野。(《诗经·邶风·燕上》)
(83) 于万斯年,受天之佑。(《诗经·大雅·下武》)
(84) 言既遂矣,至于暴矣。(《诗经·卫风·氓》)

所以,"终"跟"于"共现比跟"以""乎"等其他介词共现频率高。高频共现为"终于"词汇化提供了便利条件。

8.5.2.2 "于"的择一过程

根据楚永安(1986:523),"于"类介词与"完结"义动词"卒""终""遂"紧邻共现而形成的跨层结构"卒于""卒以""卒用"、"终于""终以""终用"、"遂以""遂用"、"竟以",都表现出了向时间副词演变的倾向。相应地,介词"于""以""用"都表现出向构词语素演变的倾向。下面仅以关注较少的"V 以""V 用"为例。

(85) 不知天将以为虐乎,使剪丧吴国,而封大异姓乎?其抑亦将卒以祚吴乎?(《左传·昭公三十年》)
(86) 然而太尉以一节入北军,一呼,士皆左袒,为刘氏,叛诸吕,卒以灭之。(西汉·司马迁《史记》第 10 卷)
(87) 陈汤傥荡,不自收敛,卒用困穷。(东汉·班固《汉书·傅常郑甘陈段传赞》)
(88) 昔周襄王恣甘昭公,孝敬皇帝娇宠梁孝王,而二弟阶宠,终用教慢。(南朝宋·范晔《后汉书·史弼列传》)
(89) 及其衰也,诸侯逾越法度,恶礼制之害已,去其篇籍。遭秦灭学,遂以乱亡。(东汉·班固《汉书·礼乐志》)
(90) 竭天下之资财以奉其政,犹未足以澹其欲也。海内愁怨,遂用溃畔。(东汉·班固《汉书·食货志上》)
(91) 孤不度德量力,欲信大义于天下,而智术浅短,遂用猖獗。(西晋·陈寿《三国志》第 35 卷)
(92) 亲越谋宗,竟以夷陨。(西汉·司马迁《史记》第 106 卷)
(93) 祸之兴,自爱姬殖。妒忌生患,竟以灭国。(西汉·司马迁《史记》第 91 卷)

汉语史上"完结"义动词"终""竟""卒""毕""遂"都曾发展出"终于,终究"义。(李宗江 2004a;楚永安 1986:524)比如,"卒"的"最后,终于"义从先秦至少到清代一直在使用。例如：

(94)晋人有冯妇者,善搏虎,卒为善士。(《孟子·尽心下》)
(95)晏子使晋,景公更其宅,反则成矣。既拜,乃毁之……卒复其旧宅。(《晏子春秋·内篇·杂下·第二十二》)
(96)秦王卒廷见相如,毕礼而归之。(西汉·司马迁《史记》第117卷)
(97)管仲卒受下卿之礼而还。(西汉·司马迁《史记》第4卷)
(98)予是日迫赴太守宇文衮臣约饭,不能尽记,后卒不暇再到,至今以为恨。(南宋·陆游《老学庵笔记》第6卷)
(99)主要或次要之点,数幕后忽然失去,如《人心》片婴儿被妹抱归后,卒不复见,亦其一例。(沈钧儒《洪深〈申屠氏〉序言》)

再看"遂"表示'终究'义的用例：

(100)固将朝也,闻王命而遂不果,宜与夫礼若不相似然。(《孟子·公孙丑下》)
(101)一字读两音,即是两形只写一字。书写笔画,诚可省减,然破一字一音之例,实觉不便,故后世遂废不行。(吕思勉《字例略说·文字之孳乳》)
(102)崖在京下有好桃,玄连就求之,遂不得佳者。(南朝宋·刘义庆《世说新语·排调》)

在汉语词汇发展双音化趋势的作用下,"卒"要么跟介词"于"融合成词,要么跟起衬音作用的"之"融合成词(按："终于"义"卒之"在古代汉语中习见)。① 例如：

(103)凌迟以至六国,流沔沈,遂往不返,卒于丧身灭宗,并国于秦。(西汉·司马迁《史记》第24卷)
(104)卒之为众人,则其受于人者不至也。(北宋·王安石《伤仲永》)
(105)惟有那奸险小人,他只图权震一时,不顾骂名千载,卒之,天人交怒,身败名裂;回首繁华,已如春梦,此时即天良发现,已悔不可

---

① 今天,"卒之"在客家话和粤语中广泛仍然存在。例如：
(3)见陈已走,回过头来看看银纸,犹豫不决,卒之拿起来数。(独幕剧《血的教训》)

追。(明·罗贯中《粉妆楼》)

"竟""卒"等也都可以表示"终于,终究"义(李宗江2004a:155)。例如:

(106)乃以其子代王太子,太子竟得脱。(西汉·司马迁《史记》第4卷)
(107)庞恭从邯郸反,竟不得见。(《韩非子·内储下·说二》)

不仅"终",而且"卒""竟""毕"也都有可能与"于"字短语搭配使用。例如:

(108)人始于生而卒于死。始之谓出,卒之谓入。故曰:"出生入死"。(《韩非子·解老》)
(109)忠言未卒于口而身为戮没矣。(西汉·司马迁《史记》第6卷)
(110)以吾文见下古之人,使其思之乐之,诀说小竟于此。(《太平经》第116卷)
(111)图了不知大药……入室求仙,作此《道机》,谓道毕于此。(东晋·葛洪《抱朴子·内篇》第4卷)

"卒于"还曾一度表现出向强调结果的时间副词词汇化的倾向,犹今之"终于"。例如:①

(112)陵迟以至六国,流沔(沔)沈佚;遂往不反(返),卒于丧身灭宗,并国于秦。(西汉·司马迁《史记》第24卷)

那么,为什么"竟于""卒于""毕于"没有而"终于"却完成了词汇化呢?这是因为它们出现频率低,而"终于"出现频率很高。我们检索了ZYK2006历史语料,检到表示"结束于"义的"卒于""毕于""竟于"分别2、1、2例。而上文表8-1显示,从春秋战国开始,"结束于"义"终于"就越来越多,虽在隋唐因受"到底"出现的影响而有所下降,但宋代又有较大回升。另外,有"卒终于""竟终于"(如例(113)(114))却无"终卒于""终竟于",这也说明"终"与"于"的结合更紧密,"竟""卒"等竞争不过"终"。这样,"于"在"终""竟""卒""毕"中选择了"终"作为自己的优选组配对象。

---

① 引自王海棻编《古汉语虚词词典》(1996),下例同。

(113)常相鲁卫,家累千金,卒终于齐。(西汉•司马迁《史记》第67卷)
(114)无尽张公力挽其开法,不从,竟终于此山。(宋•普济《五灯会元》第18卷)

8.5.3 "终于"词汇化的动因

"终于"词汇化的动因包括内因(即语言系统内部调整)和外因(即语用创新和模仿)。

8.5.3.1 "终于"词汇化的内因

"终于"词汇化的内因包括汉语基础语序的改变、介词"于"和"在""到"等的功能竞争、"终于"句法环境的改变、韵律的作用等。

汉语基础语序的改变,在这里特指介宾短语"P+NP"从多位于 V 之后到多位于 V 之前。[①] 这种演变从汉代就开始了。[②] 这使得从中古开始"终于NP"中"于NP"做介宾短语理解越来越显得不合时宜,"于"越来越倾向于跟"终"合并成词。"终于"词汇化的关键是从跨层结构向双音副词的重新分析。在该过程中语义透明性原则起了重大作用。语义透明性降低是导致重新分析的原因。当语言中的其他演变导致某组合或表达式的语义变得很不透明,儿童无法再对它做原来那种语法分析和语义解读时,就会对它做语法和语义上的重新分析。(Lightfoot 1979:356—358)介宾短语偏好位置的上述改变对"终于"的词汇化起着极其重要的作用。

介词"于"和"在""到"等新兴介词的相互竞争。中古时期,新兴介词"在""到"分担了"于"的很多介引功能。"于"在上古完成了从动词向介词的虚化,但汉代以后介词"在""到"的出现[③]使"于"在中古相当长时间里介引功能不断弱化,其句法表现就是"于"和处所题元的组配能力受到"在""到"的抑制,表现出了进一步虚化的倾向(张赪 2002;饶琪、牛利 2014)。郭锡良(1997)也指出,汉代介词"在"出现,成为"于"的主要替代者,"在"对"于"的词汇替换至唐宋时期基本完成。此外,老牌"X 于"词,如"属于""至于"的词汇化(分别在先秦和汉魏六朝)的彻底完成加速了"于"向构词语素的降类过

[①] 何乐士(2000)把这种现象看成介宾短语的句法移位。朱福妹、马贝加(2017)认同何乐士的该观点。我们认为,既然早在甲骨文中有些介宾短语就以位于 V(O)之前为常,那么这就不是句法移位。

[②] 张赪(2002)认为从魏晋六朝开始。

[③] 张赪(2002)认为不是汉代以后,而是汉代就开始了。她说:"副词'终于'始见于汉代,而'于'开始逐渐为新兴介词'以''在''到'替换也是在汉代。"

程。当然,"终于"的词汇化也加速了其他后起"X 于"(如"对于")的词汇化。它们之间是递相促进的关系。总之,"于"介引功能的弱化加速了"于"从单词向构词语素的降类过程。这使得"V＜于NP＞"很可能被重新分析为"[V 于]NP"。

句法环境的扩展(syntactic context expansion),指词串"终于"从先秦只能后续 NP 到汉代还可以后续 VP 甚至 S,从后续简单 VP 到后续复杂 VP 的演变。随着续段越来越长,人们在说或读"终于 XP"时越来越倾向于在"于"后而不是"于"前停顿。这使"终于 VP"里"于"对 VP 的统制作用弱化,转而在韵律的作用下依附于"终"。

韵律的作用,在这里特指汉语词汇发展的双音化趋势对"终于"的模铸作用。这种作用使"终于"首先演变为韵律词,而后演变为语法词(语法上的词)。为什么跨层结构"终于"的词汇化偏偏发生在汉末呢?因为汉末是双音节音步建立的时代(冯胜利 2005:263),上古大量隐含于单音节形式的概念正好在汉代(特别是东汉)纷纷通过双音节形式呈现出来(胡敕瑞 2003)。而在汉代之前,表示"终归,到底"义通常是用单音的"终"等表达的。① 例如:

(115)非徒万物酌之也,又损其身以资天下之人,而<u>终</u>不自知。(《吕氏春秋·情欲》)
(116)欲以此求赏誉,<u>终</u>不可得。(《墨子·天志中》)

后来才逐渐双音化为"终归""终须""终于"等。

上文所述"终于"词汇化的内因(韵律、词法、句法)综合发挥作用,导致"终于"词汇化。这种互动关系可以表示如下:

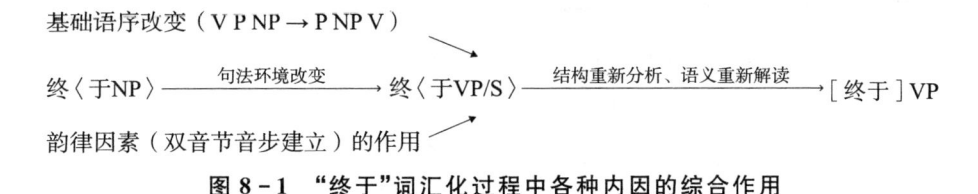

基础语序改变(V P NP → P NP V)
终〈于NP〉 ——句法环境改变——→ 终〈于VP/S〉 ——结构重新分析、语义重新解读——→ [终于]VP
韵律因素(双音节音步建立)的作用

图 8-1　"终于"词汇化过程中各种内因的综合作用

---

① 当然,后代单音节的语气副词"终"(认识域和言语域用法)也一直在使用,只是频率越来越低。例如:
(4)邓艾口吃,常云"艾艾"。宣王曰:"为云'艾艾',<u>终</u>是几艾?"(东晋·裴启《语林》)
(5)所期<u>终</u>莫至,日暮与谁回。(唐·韩愈《独钓》之四)
(6)低回得坎坷,勋业<u>终</u>不遂。(北宋·王安石《陆忠州》)
(7)金书记,你迟早要走,我看你不如吃了饭就起身。(柳青《铜墙铁壁》第12章)

8.5.3.2 "终于"词汇化的外因

"终于"词汇化的外因则是语用创新和认知处理。随着社会发展,人们对外部世界的认识会越来越深刻、全面。人们越来越喜欢深入事物内部加以观察,开始注意事物之间的各种关系,逐渐学会把简单事件联系在一起,组成内部关系复杂的复合事件。人们认识简单事件时多关注其发生的时间、地点等;而在认识复合事件时还关注其内部各子事件之间的逻辑关系。于是,人们用对简单事件的认知经验来概念化对复杂事件的认识。① 例如:

(117) a. 他们迈着矫健的步伐<u>走</u>向办公室。
　　　b. 他们将从失败<u>走</u>向胜利。
(118) a. 我一直<u>等</u>到下午三点钟。
　　　b. 我等你<u>等</u>到花儿也谢了。

上两例中 a 句表示简单事件,分别是空间域位移事件和时间域自主活动。它们都以某个绝对地点或时点做参照。在这两个简单事件中不含其他事件;b 句表示复合事件,需以其他事件或状态做相对参照点。比如,例(118) b 表示的主事件——"我等你"——是以从属事件——"花儿谢了"——的发生时间做参照的,即等待活动的终结时点是花儿谢了的时候。所以,在言者心目中,"花儿谢了"这种事态可作为一个参照事件来看待。因此,"走""等"从用于简单事件句到用于复合事件句,其间发生作用的是[状态是空间](state is space)和[状态是时间](state is time)隐喻。这种投射关系可表示如下:

简单事件:在某时/某地开始　　持续　　在某时/某地终止

↓　　　　　↓　　　　↓

复合事件:在某事态处开始　　持续　　在某事态处终止

图 8-2　[状态是空间/时间]隐喻

---

① 这实际上也是时空参照的改变。绝对时空参照以绝对的时间、空间做参照,即天文历法上的时间和具体的空间做参照;相对时空参照则是以其他事件或状态的发生、出现或存在时空做参照。在日语中,绝对时间和相对时间、绝对空间和相对空间是有严格的形态上的区别的。绝对时间,比如"8时""江户时代""休日"等,后面要加"に",相对时间后则不加。绝对空间后用"で",相对空间后不加"で"。

这种隐喻的存在使人们可以在不增加语言形式的情况下适应语用表达精细化的需要，即启动旧词新用策略。这就导致"终于"发生语义迁移和句法调适。语义迁移就是从表示"结束于……"义到"以……告终"义。比如，上文例(17)写尽孝从事亲做起，做到立身结束；例(18)介向宾客敬酒，从长者开始，一直敬到沃洗者结束。叙述的都是简单事件。上文例(28)—(30)叙述的都是复合事件。比如，例(30)叙述政治统治(改革)，其结束时刻是"君臣乖离，上下交怨"这种结果状态R出现时。换言之，该复合事件以结果事态R的出现作为参照时刻或结束时点。相应地，句法上"终于"从先秦只后接体词性成分到东汉时可以后续小句。在隐喻投射之后又发生了基于转喻的注意级差的调整，注意的广度在下降，但注意的精细度在上升(Croft & Cruse 2004:52)。从注意整个复合事件(从什么子事态开始、以什么子事态结束)到注意该复合事件内部起始事态与结束事态之间的[动作-目的]或[动作-结果]关系。"终于"从表示"以……告终"义到强调"(经过较长曲折过程)最后出现某结果"。相应地，句法上"终于"又从东汉时可以后接小句到魏晋六朝时通常后接谓词性成分。因此，发生了结构重新分析。综上所述，要表达新义这种语用需要在认知机制的保障下驱动旧词新用策略，导致了"终于"经历语义演变和句法演变。整个过程可以表示如下：

表8-2 "终于"词汇化过程中的句法-语义演变及其认知机制

语用表达需要的改变	"终于"的语义演变	"终于"的句法演变
简单事件终(或始)于某时地	(事件)在(某时地)结束(或开始)	后接体词性成分NP(如时间名词、处所名词等)
↓	认知机制之一：概念隐喻(状态是地点/状态是时点) ↓	
复合事件终(始)于某事态	(事件)以(某状态)告终	后接小句S(如例(29)(30))
↓	认知机制之二：整体-部分转喻 ↓	
开始事态与结束事态之间的[手段-目的]或[动作-结果]关系	(经过较长曲折过程)最后(出现某结果)	后接谓词性成分VP(如例(43))

上面的论述表明，概念隐喻和概念转喻在词汇化过程中常交互起作用，甲过程的输出就是乙过程的输入。词汇化的真正动因是语用表达的需要(Heine, et al. 1991b:181)。Heine 等(1991:213)主张义变在前，形变在后。Hopper 和 Traugott(2001:207)的观点则比较温和。他们认为，语义演变跟句法演变相伴随，而不是在句法演变之后。所以，虽然词汇化不光由语

用、认知等因素促动，还要得到句法位置上的便利条件才能发生，但后者不是词汇化的动因。尽管先由句法演变还是先由语用需要或认知处理导致语义演变是一个有争议的问题，但我们倾向于认为语言使用、认知处理是语言演变的根本动因，合适的句法位置为语言演变提供了便利条件，但句法位置的改变本身也是需要解释的现象。

发生语义演变和句法演变后，"终于"吸收了始、终两事态对比所产生的"结果反期望""结果合目的"等语境意义，多用在对最终结果反期望或合目的进行强调的场合中（按：产生之初多用于强调结果之反期望，现代汉语中多用于强调结果之反目的）。但是，它刚完成词汇化时，是可以表示任何事件的最终出现的。这样，本章引言中提出的"终于"用法的争论就可以得到有效缓和。即我们主张用发展的眼光看"终于"的用法。在其时间副词用法初步定型的魏晋六朝，"终于"还重在表示时间上的"最后"，基本没有强调用法。在其时间副词用法非常成熟的宋代，"终于"已经发展出了强调最终结果之反期望或合目的的用法。

8.6 小结

本章首先考察了时间副词"终于"在现代汉语中的使用情况，尤其是其区别于近义词"到底"之处。然后，考察了"终于"从跨层结构向时间副词的词汇化以及时间副词"终于"的进一步主观化。涉及其词汇化的历程、表现、机制和动因。"终于"的演变历程可以表示为：［先秦］跨层结构→［东汉］时间副词用法萌芽→［魏晋六朝］时间副词用法定型→［宋代］时间副词用法成熟→［元明清］时间副词的语义主观化基本完成。词汇化表现包括在"于"与"终"的双向选择过程中"终"的"完结"义消失和"于"的词义脱落。其词汇化机制包括"终于XP"的句法重新分析（述补结构→偏正结构）和"终于"的语义重新解读（"结束于"义＞"最后"义）。其词汇化的内因是汉语词汇发展的双音化趋势（或者说韵律因素的模铸作用）。自东汉起，上古大量隐于单音节词的概念纷纷通过双音词呈现出来。这种双音化运动为跨层结构"终于"的词汇化恰巧发生在东汉提供了解释。其词汇化的外因即语用创新，包括表达精细化、绝对时间参照向相对时间参照的发展。认知机制包括［事态是时地］隐喻和［结果代过程］转喻。最后，用其历时演变解释其共时特征，指出，能做"复古"式解读是时间副词"终于"可以，而其近义词"到底"没有句首悬空用法的原因。

第九章 "完结"义副词的其他用法和其他"完结"义副词

9.1 引言

前几章已经考察了"到底""究竟""毕竟""终于"的共时变异和历时演变。在共时研究部分,主要考察相关词语的时间副词、评注语气副词、疑问语气副词用法。本章一方面考察"到底""究竟""毕竟""终于"以外的其他"完结"义词的共时变异和历时演变;另一方面考察前几章未涉及的"完结"义词的肯定语气副词(下文简称"肯定副词")用法。本书第四章已经指出,"到底""毕竟"类评注语气副词所在句式虽然强调的是"q 为真→很可能是因为 p 为真"这种溯因推理的结论——原因 p,但该溯因推理以从"p 为真"一定能缺省推导出推出"q 为真"这种缺省推理为条件。因此,可以认为"到底""毕竟"类评注语气副词的元语意义是,表示在言者的信念世界里从命题 p 向命题 q 的推理一定能到底或完结,换言之,从命题 p 一定能缺省推导出命题 q。据此,可以预测,在汉语史上,"到底""毕竟"等评注语气副词有发展为"一定"义肯定语气副词的可能。那么,上面的预测能否得到汉语史相关事实的验证呢?本章将尝试做出回答。

9.2 "完结"义词的肯定副词用法及其形成

9.2.1 "完结"义词的肯定副词用法

语料调查显示,历史上"完结"义词(如"终于""毕竟""到头""到底"等)常具有肯定副词用法。例如:

(1) 难道教兄<u>终于</u>不去么？（清·褚人获《隋唐演义》第 11 回）

(2) 小道人叹口气道："可见人情如此！我枉为男子，反被这小妮子所赚。<u>毕竟</u>在此守他个破绽出来，出这口气！"（明·凌濛初《二刻拍案惊奇》第 1 卷）

(3) 一个要为自己争个名声，一个要为生民除却祸害。正是两边齐用力，一样显神机。<u>到头</u>分胜负，毕竟有输赢。（清·醉月山人《狐狸缘全传》第 19 回）

(4) 每见人说处做处不合道理处，直要与他分析。<u>到底</u>讨个明白方惬下怀。（元·断云智《禅宗决疑集·复怼懈惰止境息迷》）

(5) 施主爱叫我什么，我就是什么。横竖无缘难会，有缘<u>终于</u>离不开的。（清·无垢道人《八仙得道》第 3 回）

(6) 父亲若是有个机缘，或富或贵，一定回来。如今久无音信，<u>毕竟</u>是沦落了。故此僧道星卜，下乃佣工乞丐里边都去寻访。（明·陆人龙《型世言》第 9 回）

(7) 今来山后地土已是许了，<u>到头</u>翻悔不得。（宋·徐梦莘《三朝北盟会编》第 19 卷）

(8) 国师道："阿弥陀佛！杀人的事<u>到底</u>不是我出家人干的。"（明·罗懋登《三宝太监西洋记》第 35 回）

上几例中，划线词都是肯定副词，表示对将然或未知事态的一种肯定语气，可以释为"无论如何"。其中，前四例里划线词凸显当事人（不）执行某行为的主观意愿之强烈，即强调意愿上的必欲如此；后四例里划线词表示对某事态的必然性推测语气，强调事理上的必然如此。那么，"完结"义词是如何获得肯定副词用法的呢？其肯定副词用法与其他用法之间存在着怎样的联系？本章将基于对历史语料的考察和对历史现象的结构主义分析，从认知语言学中意象图式的侧面转换和跨概念域扩散角度，对相关发现做出统一的理论解释。限于篇幅，本章主要考察"到底""毕竟""终于"，兼及"到头""到了""究竟"等其他词语。

9.2.2 "完结"义词肯定副词用法的语境实现

经考察发现，肯定副词"到底""到头""究竟""毕竟"等的使用有概念域的差别。其"无论如何"义位在行域的语境实现是"一定，非（要）；坚决/就是"义面，如上文例(1)—(4)；在知域的语境实现是"一定/肯定"义面，如上文例(5)—(8)。正因为用于行域，例(1)—(4)中划线词只能替换为"不管怎样/无论如何",通常不能替换为"不管怎么说",因为"不管怎么说"只用于知域和言域。正因为用于知域,例(5)—(8)中划线词还可替换为"不管怎么说"。因为言为心声,"不管怎么说"实际表示"不管怎么看/想"。旁证之一就是有些言说动词(如古汉语中的"谓")引申出了心理活动义。与意义的语境实现相对应,肯定副词"到底""毕竟"在行域和知域分别表示动力情态(dynamic modality)和认识情态(epistemic modality)。① 上文例(1)—(4)中划线词涉及的是施事对将来事件务求实现的强烈意愿,体现的是动力情态下的意愿意义。例(5)—(8)中划线词涉及的是说话人对自己或他人未知的事件为真的肯定性推测。

在言域肯定副词"到底""毕竟""究竟"等通常用于对话中,表示委婉劝说或建议语气(详见下文§9.2.2.3)。其中的一个语境实现是"千万/万万"义面。例如:

(9)盛希侨道:"……那年在你这书房里,撞着一起古董老头子,咬文嚼字的厌人。我后悔没有顶触他。这一遭若再胡谈驳人,我就万万不依他。"谭绍闻道:"毕竟使不的。"(清·李海观《歧路灯》第62回)

9.2.2.1 在行域的语境实现——动力情态副词

观察可知,"到底""毕竟"等"完结"义词用作动力情态副词时,其意义——"无论如何"义位——有不同的语境实现。后续"(要)VP"时,实现为"一定/非(要)"义面。此种用法的"到底""毕竟"始见于宋代(见上文例(4)),盛行于元明清。例如:

(10)吴三……便对着柏翠道:"怎不到道里去告他,倒把他在人前夸口……若把我,弄得他家破人亡,到底要他偿命。"(明·西湖渔隐主人《欢喜冤家》第6回)

(11)胡生道:"你如今有此等名姬相交,何必还顾此糟糠之质?果然不嫌丑陋,到底设法上你手罢了。"(明·凌濛初《初刻拍案惊奇》第32卷)

---

① 正如 Palmer(2001)所言,动力情态与道义情态涉及到对施事(不)执行某行为的可能性或必要性的态度,认识情态则涉及到说话人对命题为真的可能性或必然性的判断。

(12) 楚水别来十载,蜀山望断千重。<u>毕竟</u>拟为伧父,凭君说与吴侬。(北宋·苏轼《忆江南寄纯如五首》其一)

(13) 赵尼姑道:"有个法儿算计他,你不要管。"卜良<u>毕竟</u>要说明,赵尼姑便附耳低言,如此如此,这般这般。(明·凌濛初《初刻拍案惊奇》第 6 卷)

(14) 段玉初欲言不言……绕翠就疑心起来,<u>毕竟</u>要盘问到底。(明末清初·李渔《十二楼》)

(15) 可笑嵩贼居在一人之下、万人之上,爵位至此,尽够受用。<u>毕竟</u>要招权揽势,饕餮无厌。看到他这下场头……。(清·李修行《梦中缘》第 14 回)

上几例中划线词都后接"(要)VP",表示"一定/非(要)"义,强调主体一定要 VP,凸显二力互动过程中主体改变现状、追求目标实现的意愿(即心理动力/心理能)很强。

当"到底""毕竟"等后续"不 VP"时,其"无论如何"义位的语境实现通常是"坚决/就是"义面,重在凸显当事人决不执行某行为的主观意志。这种用法的"到底""毕竟"始见于元代,盛行于明清。例如:

(16) 我见他有酒也,将他吊在这里,等他酒醒了呵,我<u>到底</u>不饶了他哩!(元·乔吉《金钱记》第 2 折)

(17) 三个极力相劝,直说到鸡叫头遍。见石生<u>到底</u>不允,三个方才散去。(清·步月斋主人《幻中游》第 9 回)

(18) 山鹤野人道:"宁受刑法,那讪谤朝廷四字<u>到底</u>不认。"(清·李修行《梦中缘》第 12 回)

(19) 他跪在地下,断不敢接酒。叫他坐,也<u>到底</u>不坐。(吴敬梓《儒林外史》第 24 回))

(20) 两边一声答应,取了杠子,认定常公爷的腿上,打了五、七杠子,一时打倒,睡在地下,<u>倒底</u>不跪。(清·佚名《五美缘》第 40 回)

(21) 赶着我送回钱去,<u>到底</u>不收,说赏我打酒吃。(清·曹雪芹《红楼梦》第 61 回)

(22) 我央及你的事,你<u>到了</u>不完成我。(元·佚名《刘弘嫁婢》第 2 折)

(23) 问老关索取荆州,<u>到了</u>不还。(明·佚名《太平宴》第 3 折)

(24) 父子三人来拜谢,将田产写契,一百六十两送还他赎身之银。陆仲

含道:"当日取赎,初无求偿之意,"毕竟不收。(明·陆人龙《型世言》第 11 回)

(25)张秀才没极奈何,只得到他静室,他毕竟不出来相见,只叫徒弟拿出这几张纸来。(明·陆人龙《型世言》第 28 回)

(26)若是苦苦相劝,他疑心起来,或是嗔怒起来,毕竟不吃,就没奈何他。(明·凌濛初《初刻拍案惊奇》第 6 回)

上几例中,划线词都后续"不 VP",表示"坚决/就是"义,强调主体一定不 VP,即凸显二力互动过程中主体维持现状、阻止结果出现的阻力很强。这种阻力是主体强烈的主观意愿的外显。所以,也可说成"强调当事人阻止或避免某事发生的主观意愿很强"。综上,"到底""毕竟"等的"一定/非(要)"义和"坚决/就是"义可视为其"无论如何"义的语境实现,它们和后者之间的关系是义面与义位的关系。

有趣的是,肯定副词"到底""毕竟"等用于行域的(即表示动力情态的)用法跟用于言域的用法之间存在平行关系。试对比例(10)—(15)和例(9)中的"毕竟"。可以发现,两者编码的义位都是"无论如何",都强调对结果的追求。只不过,"毕竟"在例(10)—(15)中强调的是句中施事对结果的追求力,凸显施事的必欲如此;在例(9)中强调的是句中言者对结果的追求力,凸显句中言者的必欲如此。例(10)—(15)中施事要克服的阻力的是自然界或人类社会的一种物理力,而例(9)中言者要克服的是交际中的一种语力。

9.2.2.2 在知域的语境实现——认识情态副词

"到底""毕竟"等"完结"义词用作认识情态副词时,其"无论如何"义位的语境实现是"一定/肯定"义面。语料调查显示,"到底""毕竟"等用作认识情态副词时跟用作动力情态副词时的句法分布不同。

第一,做认识情态副词时,它们通常用于因果或条件复句;做动力情态副词时,它们通常用于单句或顺承复句。这是因为,认识情态副词"到底""毕竟"等犹"一定""肯定",表示对命题为真的肯定推测语气。它通常要求所在语境中有某种导致当事人做出相关推测的证据。比如,上文例(8)语境中存在一种间接证据,即出家人通常慈悲为怀。这是国师得出"杀人的事肯定不是我干的"这个结论的原因。再如:

(27)丁氏晓得有了此一段说话在案内了,丈夫到底脱罪。(明·凌濛初《二刻拍案惊奇》第 20 卷)

(28) 郑明老儿先去望一望,井底下黑洞洞,不见有声响,疑心女儿此时毕竟死了。(明·凌濛初《二刻拍案惊奇》第25卷)

(29) 若是与他分说,(毛脸雷公嘴的)那厮毕竟抵赖,定要与他相争,争起来,就要交手相打,你想我们两个怎么敌得过他四个?(明·吴承恩《西游记》第25回)

(30) 潘金莲看了武松身材凛凛,相貌堂堂,又想他打死了那大虫,毕竟有千百斤力气,口中不说,心下思量道:"一母所生的兄弟,怎生我家那身不满尺的丁树,三分似人,七分似鬼……"(明·兰陵笑笑生《金瓶梅》第100回)

例(27)中"有了此一段说话在案内"是丁氏推出"丈夫一定会脱罪"这个结论的证据。例(30)中"武松身材凛凛,相貌堂堂,打死过大虫"是潘金莲推测"(武松)一定有千百斤力气"的证据。

第二,做认识情态副词时,"到底""毕竟"等所在小句的谓语中心多呈现[+静态]特征,要么是判断动词[如例(8)中的"是"]或状态动词[如例(30)中的"有"],要么是动作动词的完成体形式[如例(6)中的"沦落了"];用作动力情态副词时,"到底""毕竟"等所在小句的谓语中心通常呈现[+动态]特征,多是可控动作动词,如例(1)—(4)、例(10)—(15)、例(16)—(26)。

经调查发现,认识情态副词"到底""毕竟"盛行于明清,在明清以前所见甚少。史金生(2003)认为认识情态副词"毕竟"始见于宋代,并举例如下:

(31) 所谓"不必尽穷天下之物"者,如十事已穷得八九,则其一二虽未穷得,将来凑会,都自见得。又如四旁已穷得,中央虽未穷得,毕竟是在中间了,将来贯通,自能见得。(《朱子语类》第18卷)

(32) 嫁取张状元,毕竟是有福有分。(南宋·九山书会才人《张协状元》第53出)

史金生(2003:67—68)说上两例中"毕竟"表示"必定,一定"义,强调未然的、推断的结论。其实不是。上两例中"毕竟"跟现代汉语中的"毕竟"别无二致。充其量只能说例(31)中"毕竟"表现出了向"必定,一定"义认识情态副词演变的倾向。例(32)则是一种不当引用。该例的原文是:

(33) 谁知赫王相公又有一个女儿,今日日子好,相公出百万贯妆奁,嫁

取张状元。毕竟是有福有分。正是：罗绮相随罗绮去,布衣逐着布衣流。……(南宋·九山书会才人《张协状元》第53出)

原文在"毕竟"句后还有后续内容,且"毕竟"句跟"嫁取张状元"之间有较大停顿。句中"毕竟是"跟"正是"互文,都表示一种感叹语气。所以,上例原文中"毕竟"犹现代汉语中的评注语气副词"到底"(例如：你看人家说话多文雅,到底是大学生呀!),起强调事物根本特点的作用。可见,史先生所引书证不具说服力。不过,我们仍然赞同史先生关于认识情态副词"毕竟"始见于宋代的观点,因为在语料调查中我们发现在宋代文献中已经出现了认识情态副词"毕竟",如例(34)。在明清时期更常见,如例(35)(36)。

(34) 我王择贤,毕竟是今年。与我儿选个福非浅。(南宋·九山书会才人《张协状元》第21出)

(35) 望前街后街,并无人在。我待再叫呵,咽喉气喧,无如之奈。苦！我如今便死,暴露我尸骸,谁人与遮盖？天天！我到底也只是个死。待我将头发去卖,卖了把公婆葬埋,奴便死何害？(元·高明《琵琶记》第24出)

(36) 祁太公道："你做的事有许多阴德。"虞博士道："老伯,那里见得我有甚阴德？"祁太公道："就如……这都是阴德,"虞博士笑道："阴鸷就像耳朵里响,只是自己晓得,别人不晓得。而今这事老伯已是知道了,那里还是阴德？"祁太公道："到底是阴德,你今年要中。"(清·吴敬梓《儒林外史》第36回)

综上所述,认识情态副词"到底""毕竟"始见于宋代,盛行于明清。

9.2.2.3 在言域的语境实现——祈使语气副词

在对现代汉语语料的调查中,我们发现了如下这种多少有些特异的"到底"的用例。

(37) 大节下的给我本《圣经》。哪怕你给我点小玩艺儿呢,到底有点过节的意味呀！(老舍《二马》)

(38) 你不知道,这对我成了一个多么沉重的负担。他们只要一看到我就问："女局长！你到底总得想个办法呀！"(刘白羽《远方来信》)

(39)有么事,你到底把门关到再说,让别个听到不好。(赣语,朱福妹 2008:15)

上几例中"到底"虽可勉强释作"毕竟",但释作"无论如何"可能更好。因为这时"到底"小句对前句的语义逆转已不像"毕竟"义"到底"小句那么强了。例(38)全句中甚至没有跟"到底"小句语义论证方向相反的小句。那么,汉语史上"到底"类词语是否有这种用法呢?语料考察表明是有的。例如:

(40)刘姥姥道:"谁叫你偷去呢。也到底想法儿大家裁度,不然那银子钱自己跑到咱家来不成?"(清·曹雪芹《红楼梦》第6回)

(41)你只说舅舅见你一遭就派你一遭不是。你小人儿家很不知好歹,也到底立个主见,赚几个钱,弄得穿是穿吃是吃的,我看着也喜欢。(清·曹雪芹《红楼梦》第24回)

(42)滑氏道:"你就跟你伯回去。"惠养民道:"到底吃了饭回去。"(清·李海观《歧路灯》第40回)

(43)公子满脸笑容答应着,才要走,太太道:"到底也见见俩媳妇儿再走哇!"(清·文康《儿女英雄传》第34回)

(44)到底也让我给他刷洗刷洗。(清·文康《儿女英雄传》第40回)

上几例中划线词都表示"无论如何"义,可替换为"无论如何"的近义词"好歹"。它们都是祈使语气副词,表示委婉劝说或建议语气,协助句子对听者尚未或不肯做某事进行委婉谴责。下文把这种语气副词称为"弱祈使语气副词",跟表示强烈祈使语气的"务必""千万"等相对。"务必""千万"等,我们称之为"强祈使语气副词"。

语料调查显示,"完结"义词中能用作弱祈使语气副词的有"到底""究竟""毕竟"。但"究竟""毕竟"的此种用法只是一种临时性创新,因为这种用法的"究竟"和"毕竟"在我们的语料检索中都只有一例,分别见于明代和清末,即:

(45)王尼道:"阿弥陀佛!这只好在寺里做的,怎走到人家也是这样?就要也等我替你道达一道达才好,怎么生做!"颖如笑道:"这两个丫头究竟也还要属我,我特特起这茬儿,你说的怎么?"(明·陆人

龙《型世言》第 28 回)

(46) 王春宇临行时,说道:"我毕竟去与孔二亲家传个信去,叫他好往冠县捎书。"(清·李海观《歧路灯》第 28 回)

而这种用法的"到底"却很常见。因为此种"到底"始见于清代,我们对 TCS2006 中约 970 万字的清代语料进行了统计,发现此种"到底"凡 40 见,占同期单词"到底"用例总数(951 例)的 4.20%。下面集中考察这种用法的"到底",称之为"言域肯定副词'到底'"。

言域肯定副词"到底"一般用在委婉劝说或建议语境中的人物对话里。① 所在句子通过溯因推理(谴责对方尚尚未或不肯做某事是因为认为对方应该做某事)吸收语境中主观的"应该"义,跟"到底"的词义"无论如何"组合,生成"无论情况如何变化,(你)都应该做某事"的会话含义,从而表示弱祈使语气。例如:

(47) 人家牵肠挂肚的等着,你且高乐去,也到底打发人来给个信儿。(清·曹雪芹《红楼梦》第 26 回)

(48) 店房也有个主人,庙里也有个住持。虽不是大事,到底告诉一声。(清·曹雪芹《红楼梦》第 48 回)

(49) 你侄女不好,你们教导他。怎么撑出去?也到底给我留个脸儿。(清·曹雪芹《红楼梦》第 52 回)

上几例中"到底"都指向已然事实(如首例中的你自个去高乐且没给任何人来信)。钟兆华等(1995:170)径直将这种用法的"到底"释作"应该"。但是,释作"应该"会改变句子的语气,使委婉劝说或建议语气变成刻板的训教语气。尤其是当"到底 VP"中应该 VP 的施事尚未完全错失 VP 的时机时,把

---

① 言域肯定副词"到底"等因用于委婉劝说或建议语境,而可以用在暗示听者应该怎么做的"到底 VP 才对/是/好"句中。例如:

(1) [上文交待张金凤和安公子得十三妹帮忙喜结连理,忙着拜金凤父母,二老忙着跟安公子说话,忘了感谢十三妹]张姑娘……望空说道:"啊,我们到底该叩谢叩谢这位恩深义重的姐姐才是。"(清·文康《儿女英雄传》第 10 回)

(2) [见麝月只穿着短袄]宝玉道:"夜静了,冷,到底穿一件大衣裳才是。"(清·曹雪芹《红楼梦》第 73 回)

(3) 凤林不晓得他说些什么,便……问道:"你到底说话叫人明白才好。我实在不懂得你这脸上会好不会好。(清·陈森《品花宝鉴》第 23 回)

303

"到底"释作"应该"就更会使句子原有的委婉语气消失殆尽。① 例如:

(50)袭人道:"你吃饭不吃饭,到底老太太、太太跟前坐一会子,和姑娘们顽一会子再回来。我就静静的躺一躺也好。"(清·曹雪芹《红楼梦》第20回)

(51)却说安老爷拣完了字纸,自己也累了一脑门子汗,正在掏出小手巾儿来擦着。程相公又叫道:"老伯,我们到底要望望黄老爷。"(清·文康《儿女英雄传》第38回)

例(50)中,贾母、王夫人等人的吃饭活动还在进行,陪吃或陪聊这件事贾宝玉还可补做。在这种语境中,言者用"到底"句表达的语气更可能是劝说或建议,而不是刻板训教,因为对方的错误尚未达到不可改正的地步。钟兆华等(1995:170)所说的"应该"义当是语境赋予"到底"的,不是"到底"固有的词义。若径直释作"应该",则无法解释言域肯定副词"到底"经常跟"(应)该"共现的事实。例如:

(52)紫鹃道:"虽然生气,姑娘到底也该保重着些,才吃了药好些,这会子因和宝二爷拌嘴,又吐出来。(清·曹雪芹《红楼梦》第29回)

(53)张姑娘……望空说道:"啊,我们到底该叩谢叩谢这位恩深义重的姐姐才是。"(清·文康《儿女英雄传》第10回)

《汉语大词典》把言域肯定副词"到底"等释作"总要,总得",并举例如下:

(54)李纨道:"我不大会作诗,只起三句罢,然后谁先得了谁先联。"薛宝钗道:"到底分个次序,让我写出来。"说着便令众人拈阄为序。(清·曹雪芹《红楼梦》第50回)

(55)贾政见……故叫宝玉等三人出来警励他们。再者,到底叫宝玉来比一比。(清·曹雪芹《红楼梦》第115回)

---

① 之所以上引诸例中"到底"替换为"应该"后句义基本不变,是因为这些例子中"到底"所处的语用背景跟使用"应该"义情态动词的语用背景相同,即:①当事人不肯或尚未做某事;②在言者的信念系统(belief system)里,当事人做这件事将有益于当事人或他人;③在言者的价值系统(value system)里,如果当事人做了这件事,他将得到言者及跟言者持相同价值观的人的正面评价;④因为②③两个原因,言者希望当事人做这件事。

不可否认,释作"总要,总得"比释作"应该"好。但还不是最好的释义。试看下例:

(56)高大爹:你说,你们先讲我才讲;她说,你们先讲我才讲;我也说,你们先讲我才讲……这,到底总得有一个人先讲吧!(《春夜明灯 小歌剧集》第61页)

(57)你不知道,这对我成了一个多么沉重的负担。他们只要一看到我就问:"女局长!你到底总得想个办法呀!"(刘白羽《远方来信》)

上两例中已有"总得",因而"到底"不宜释作"总要,总得",更宜释作"无论如何"。而且,下例中"到底"根本不能用"总要""总得"替换,用"无论如何"替换更通畅。

(58)再说,我这不出嫁的话,我是合我干娘说了个老满儿,方才他老人家要在跟前儿,到底也知道我是叫人逼的没法儿了,偏偏儿的单挤在今日个家里有事,等人家回来,可叫我怎么见人家呢?(清·文康《儿女英雄传》第27回)

可见,把"到底"释作"应该"或"总要,总得"都是随文释义,没能把语境的影响从"到底"身上剥除,因而不能覆盖所有同类用例,而且会导致句子语气改变。我们认为,与其争论把这种用法的"到底"释作"应该"好还是"总要,总得"好,不如把它统释为"无论如何"。这样,才能既不改变句子原有语气,又能覆盖所有同类用例。

9.2.3 "完结"义词用作肯定副词时的规则多义性及其理论解释

考察可知,"完结"义词用作动力情态副词或时间副词时,一般出现在叙事句中;用作认识情态副词时,一般出现在推论句中;用作表示委婉劝说或建议语气的祈使语气副词时,一般出现祈使句中。"完结"义词用作动力情态副词时,所在句子叙述未然事件;用作时间副词时,所在句子叙述已然事件。在现代汉语中,作"终于"义解时常后续"VP 了";作"终究"义解时常后续"没 VP"。试比较:

(59)他考了三次,到底考上了。
(60)他考了三次大学,到底没考上。

总之,汉语"完结"义词常兼有以下四种用法中的多种:A."终于,终究"义时间副词;B."一定/非(要),坚决/就是"义动力情态副词;C."一定/肯定"义认识情态副词;D."无论如何"义祈使语气副词,犹"总得""好歹"。

这种多义模式也见于"高低""好歹/好坏"等反义复合副词。不过,用于言域的反义复合副词用除了表示弱祈使语气(犹"总得,好歹"),还可表示强祈使语气(犹"一定""千万")。下面举例说明。先看"高低"。它在方言中兼具 A、B、D 三种用法。请看:

(61)a. 我找了好几天,高低_{终于}还是找到了。(东北话,许宝华、宫田一郎 1999)

b. 他俩高低_{终于}成了两口儿了。(冀鲁官话·山东聊城话,许宝华、宫田一郎 1999)

(62)等了一晌午,高低_{终究}不见你来。(晋语·山西运城万荣话,吴建生、赵宏因 1997)

(63)a. 男的高低高_{终究}拗不过女的。(中原官话·江苏徐州话,李申 2002)①

b. 大家一再留他,他高低高_{终究}还是走了。(中原官话·江苏徐州话,李申 2002)

(64)他高低_{坚决/就是}不去。(冀鲁官话·山东平邑话,许宝华、宫田一郎 1999)

(65)下辈子求阎王老爷开开恩,高低_{一定/千万}要让做个城里人。(赣语,许宝华、宫田一郎 1999)

例(61)—(63)中"高低"是时间副词,表示"终于"义或"终究"义。例(64)(65)中"高低"分别是动力情态副词和祈使语气副词,分别表示"一定/非(要)"义和"一定/千万"义。又如,"好歹/好坏"兼有 A、C、D 三种用法。"硬是"兼有 A、B、C 三种用法。例如:

(66)好歹_{终于}把这件事办成啊。(冀鲁官话·山东济南话,钱曾怡 1997)

(67)遥控器好坏_{肯定}是拨_被倷你儿子弄坏的个。(吴语·浙江宁波话,汤珍珠等 1997)

---

① 按:"高低高"为"高低"之变体。

(68) 你好歹一定/千万吃两口。（冀鲁官话·山东济南话，钱曾怡 1997）①

(69) [当言者不让听者找某物而听者执意要找时，言者说]好歹千万别找到找不到。（中原官话·徐州丰县话）

(70) 天色硬是终于暗下来了。（西南官话·云南大理话）

(71) 劝他休息，他硬是坚决/就是不听。（西南官话·湖北武汉话）

(72) 这事硬是肯定他做的。（西南官话·湖北武汉话）

同理，北京平谷话中本表示"无论如何"义的"横是(<横竖)"，在知域中可表示肯定性推测语气，犹"一定/肯定"。例如：

(73) 这会儿他还不到，横是肯定有事儿来不成了。（冀鲁官话·北京平谷话，陈淑静 1998）

(74) 你说去又不去，横是肯定不大好。（冀鲁官话·北京平谷话，陈淑静 1998）

更多反义复合词的规则多义现象，请参见§7.3.3。

总之，反义复合副词"A$\bar{A}$"（如"高低""反正""好歹/好坏""横竖"等）的字面意思是"无论 A 还是 $\bar{A}$"，引申义是"无论如何"。随着其跨概念域扩散（即从行域到知域，再到言域），其"无论如何"义位在行、知、言三域中分别实现为三个义面："一定/非(要)，坚决/就是"义、"一定/肯定"义、"千万/万万"义。相应地，相关反义复合副词分别实现为动力情态副词、认识情态副词和祈使语气副词。关于反义复合副词的多义性的历史形成研究，请参见曾丹（2007）、方一新和曾丹（2007）等。

那么，"到底""毕竟"等词为什么会跟"高低""好歹"等反义复合副词一样有"无论如何"义呢？因为这些词都表示"完结"义，可以用来强调最终结果的出现，暗示最终结果不因事件发展过程中的动力或阻力因素的存在而不出现。换言之，无论如何都要出现。既然反义复合副词跟"到底""毕竟"等都有"无论如何"义，且"到底""毕竟"有"终于，终究"义，那么，反义复合副词就有可能受"到底""毕竟"等的多义模式的类推而获得

---

① "好歹"的"无论如何"义位在祈使句中实现为"千万"义面，这种现象在汉语史上也可见到。例如：

(4) 长姐儿合梁材家的皱着眉道："梁婶儿，你回来可好歹好歹把那个茶碗拿开罢，这可不是件事！"（清·文康《儿女英雄传》第 37 回）

"终于,终究"义。下面运用"力量-动态"模型理论(详见§2.3.1)中的促动、阻止图式,对这两类词语之间的语义共性和差异做出统一解释。"终于"义时间副词"到底""毕竟"等通常凸显促动图式中的正向结果,即除阻成功;"终究"义时间副词"到底""毕竟"等通常凸显促动图式中的负向结果,即除阻失败[1];"一定/非(要)"义动力情态副词"到底""毕竟"凸显的是促动图式中的动力之强,"坚决/就是"义动力情态副词"到底""毕竟"凸显的是阻止图式中的阻力之强。简言之,时间副词"到底""毕竟"等强调二力互动的结果,即强调最终结果的出现之合目的或反意愿;动力情态副词"到底""毕竟"等强调二力互动过程中的动力或阻力之强[2]。"高低"类反义复合副词之所以会呈现出跟"到底""毕竟"等相同的多义模式,可能是因为它们代表的"无论如何"义跟"毕竟"义兼容,常出现于"无论φ(s),毕竟p,所以q"句式中(详见§7.2)。这样,在行域"高低"具有跟"到底""毕竟"等相同的多义模式可以看作是受到"到底""毕竟"等的类推而相因生义的结果。既然知域"到底""毕竟"等常跟"无论"分句共现,且在历史上可作"无论如何"义解(详见本节上文及第四、七章的相关论述),而"到底""毕竟"在行域有"终于,终究"义,那么表示"无论如何"义的"高低"当然也可以扩散到行域表示"终于,终究"义。[3] 综上所述,行域"到底""毕竟""高低"等的规则多义性可表示如下:

表9-1 "到底""毕竟"等"完结"义词与反义复合副词的规则多义性及相关参数[4]

例句	后续成分	词义		主观强调的方面	力互动图式
(10)—(15)	(要)VP	无论如何	一定/非(要)	追求之意愿(动力强大)	
(16)—(26)(64)	不 VP		坚决/就是	避免或阻止之意愿(阻力强大)	

---

[1] 有时也凸显阻止图式中的正向结果,即持阻成功。例如:
(5)到了家,又添上三两,拿着来给官人送行。官人<u>毕竟</u>没收。(清·蒲松龄《聊斋俚曲集·富贵神仙》)
因篇幅限制,这种情况在表7-1的图示中没能表示出来。
[2] 这与"一定"义认识情态副词"到底""毕竟"强调推理的动力强是平行的。
[3] "高低"因跟"究竟"类词语一样具有"无论如何"义,或因受"究竟"的类推而具有了"原委,真相"义名词用法。例如:
(6)(大郎)道:"这一百两白银,干娘收过了,方才敢说。"婆子不知<u>高低</u>,那里肯受。(明·冯梦龙《喻世明言》第1卷)
[4] 图中相关符号的意义参见第二、三章。

(续表)

例句	后续成分	词义	主观强调的方面	力互动图式
(59)(61)	VP了	终于	目的达成之不易 (有利结果出现之合目的)	
(60)(62)(63)	没VP	终究	不利结果出现之反意愿	

9.2.4 "完结"义词向肯定副词的语法化

由于"毕竟"的肯定副词用法比"到底"等其他词语多得多,故学界已有的关于"完结"义词向肯定副词的语法化研究主要集中在"毕竟"上,如孙菊芬(2003)、史金生(2003)、陈祥明(2009)等。由于肯定副词"毕竟"表示认识情态的用法远远多于表示动力情态的用法,故现有研究都只涉及"毕竟"的认识情态副词用法。那么,凭什么说肯定副词"毕竟"表示认识情态的用法比表示动力情态的用法多得多呢?下面试做论证。我们从TCS2006中随机抽取了明代作品《型世言》,对其中"毕竟"的用法进行了考察,考察结果如下:

表9-2 《型世言》中的"毕竟"

词类		词义	用例数	百分比
时间副词		最后,终于	3	8.76%
		终究,最后还是	9	
评注语气副词		到底,终究	23	16.79%
疑问语气副词		究竟,到底	5	3.65%
肯定副词 (情态副词)	动力情态副词	一定/肯定	27	19.70%
	认识情态副词	一定/肯定	64	46.72%
范围副词		全部,都	6	4.38%
合计			137	100%

上表显示,在《型世言》中肯定副词"毕竟"共91例,占"毕竟"总用例(137例)的66.42%。而在肯定副词用法中,动力情态副词用法和认识情态副词用法之间的用例比为27∶64。所以,这昭示着"毕竟"的肯定副词用法在明代特别盛行,且其中的认识情态副词用法又比动力情态副词用法更常见。

下面集中介评学界关于认识情态副词"毕竟"的起源和形成研究。史金生(2003:67)认为,它是从强调结论的评注语气副词"毕竟"演变而来的,因为后者在唐代就已出现,而前者在宋代才出现。① 如果史先生的解释是对的,那么我们可以为该演变构拟出如下机制:因为"毕竟"类评注语气副词的词义是"强调事物的根本特点不因条件改变而改变,因而一定可作为导致某结果之原因"(详见第七章),换言之,"毕竟"类评注语气副词的词义中暗含"一定"这种元语意义。所以,它们(如"毕竟""到底"等)可演变为"一定"义认识情态副词。比较支持史先生观点的是,认识情态副词"毕竟"的盛行(在元明)确实是在评注语气副词"毕竟"的兴盛(在宋代)之后,前者的一度盛行跟后者的一度衰减之间存在倚变关系(参见表7-1)。孙菊芬(2003)、陈祥明(2009)认为认识情态副词"毕竟"源于时间副词"毕竟"。② 陈祥明(2009)说,认识情态副词"毕竟"早在中古(东汉-隋代)就已出现(而不像史金生2003所说的那样始见于宋代),只是多见于佛经。但陈先生所举4个例子中,只有下例中的"毕竟"或许可以看作认识情态副词。

(75)观察一切众生之身,<u>毕竟</u>当是如来佛身。(《大方等大集经》)

据此,我们推测,认识情态副词"毕竟"在佛经中用例可能较少。陈祥明认为,认识情态副词"毕竟"的形成是"毕"类词语聚合类推的结果,因为"毕""竟""终"等在双音化趋势的作用下出现同义连用现象,且位置固定在状位,并发生了从表示客观陈述的"最后"义向表示主观推测的"一定"义的主观化。③ 受此类推,"毕竟"也发生了类似演变。假设陈先生的解释是对的,那么"毕""竟""终"的"一定"义又是怎么形成的?我们认为,"毕竟"的"一定"义是通过如下重新分析机制从"最后"义演变而来的:既然"毕竟"可以表示"最后"义,凸显结果状态,而从结果状态的最后出现<u>一定</u>可推知一个动作过程的已经完结。这和例(30)中潘金莲从武松打死了大虫推知武松必有千斤

---

① 史金生(2003:67)说"毕竟"在强调不变的结论的基础上产生了"必定,一定"义用法。从史先生举的两个例子看,他所谓的"必定,一定"义用法当指"毕竟"的认识情态副词用法,而不包括其动力情态副词用法。

② 按:孙菊芬所谓时间副词"毕竟",主要指词义中含"最后"这种客观真值义的时间副词"毕竟"。

③ 按:在古汉语中"毕、竟、终"确有"一定"义。这里仅举一例,它例详见本书相关章节。
(7)知远临行,怒叫夫妻四口:"异日得志,<u>终</u>不舍汝辈!"(金·佚名《刘知远诸官调·知远别三娘太原投事》)

力气是相似的。这样,"毕竟"就通过语境吸收获得了"一定"这种推理含义,成为认识情态副词。①

鉴于认识情态副词"毕竟"在评注语气副词"毕竟"产生前就已在佛经中有少量用例,但又跟评注语气副词"毕竟"的盛衰存在倚变关系,我们认为认识情态副词"毕竟"很可能是多源的。有少部分(主要是佛经中的用例)源自时间副词"毕竟",但大多数(即佛经以外的用例)源自评注语气副词"毕竟"。

正如上文所述,"到底""毕竟"等用作评注语气副词时词义中潜隐"一定"义,这为它们从评注语气副词演变为认识情态副词提供了可能。那么,这种可能是如何变成现实的呢?第二、三章的考察显示,评注语气副词"到底""毕竟"等所在分句常跟"无论φ(s)"分句共现,这使得它们因受"无论φ(s)"的组合同化,或因移动到"无论φ(s)"所在空位,而获得"无论如何"义,而"无论如何"义在知域的语境实现就是"一定"义。说"到底""毕竟"等有可能移动到"无论φ(s)"所在空位是有理据的,因为"即使"缺失时"到底"就可跃居到"即使"所在空位而获得"即使"义一样(详见§3.2.1)。上文所述"移位得义"过程可表示为:

　　　　无论φ(s),但是 到底/毕竟 p,所以/因此 q。

无论是组合同化还是移位获得,"到底""毕竟"类词语获得"无论如何"义跟"无论φ(s)"之类表达式密切相关。可资证明的是,第一,在实际语料中有些"到底"有语用歧解。既可释作"毕竟",又可释作"无论如何"。比如,下例中的"到底",王学奇和王静竹(1999:270)认为表示"无论如何"义。其实,也可

---

① 这与土耳其语中 rnq 从结果状态词发展为表示必然性的传信标记是相似的,都是推理义规约化的结果。其背后的心理机制就是:一个没有目睹的过程(nonwitnessed processes)可以对结果状态(resultant states)的观察中推知。(Aksu-Koç & Slobin 1986:165,转引自 Traugott 1989:48)总之,"毕竟"(的"最终"义)通过客观陈述结果的存在来保证主观推断的过程的完成。如果把活动和状态变化都看作是运动过程,用 go 表示,则存在如下表达式:go'(x,[go'(x)])& BECOME be-LOC'(y,x)。这个表达式也可以说明结果状态和运动过程之间的关系。

释作"毕竟"。

(76)知县道:"我至不济,到底是一县之主,他敢怎的我?"(清·吴敬梓《儒林外史》第5回)

第二,"到底"类评注语气副词在强调结论时常跟"无论φ(s)"类表达式共现。例如:

(77)他乌鸦怎配鸾凤对?奴真金子埋在土里,他是块高号铜,怎与俺金色比?他本是块顽石,有甚福抱着我羊脂玉体!好似粪土上长出灵芝。奈何,随他怎样,到底奴心不美。(明·兰陵笑笑生《金瓶梅》第100回)

(78)袭人道:"你吃饭不吃饭,到底老太太、太太跟前坐一会子。"(清·曹雪芹《红楼梦》第20回)[试参照:绍闻道:"我要回去哩。中用不中用,毕竟四外里寻找寻找。"(清·李海观《歧路灯》第75回)]

例(78)中划波浪线小句代表的是"无论吃不吃饭""无论中不中用",意即"无论如何",跟例(77)中的"随他怎样"义近。第三,在琼北闽语中表示"毕竟"义不用"毕竟",而用字面意义是"(无论怎样)都是"的"(咋作)都是"(符其武2008:330)。例如:

(79)伊(咋作)都是领导,讲话欠注意滴囝。(他毕竟是领导,咱说话得注意一点。)

这说明该方言中"咋作"确实可通过向"毕竟"所在空位移动或受"毕竟"的组合同化而获得"毕竟"义。由于"高低""好歹"类反义复合副词是表示"无论如何"义的常规表达,例(35)(36)和例(45)(77)中的"到底"类词语释作"反正"义可能更好。能旁证上述观点的是,"到老"在东北话中表示追问语气,而在温州话中却表示"无论如何"义,可替换为"反正"(详见§10.2.1.6)。

综上所述,中土文献中肯定副词"到底""毕竟"等的知域用法——认识情态副词用法——来源于其评注语气副词用法。这些词因在复句中受"无论φ(s)"的组合同化或者向"无论φ(s)"所在空位移动而发生了如下语义演变:毕竟>无论如何>一定。那么,其言域用法(即其表示委婉劝说或建议语气的用法)是从哪里来的？我们认为,是"到底""毕竟"等在知域获得"无论如何"义后向言域扩散的结果。正因为表示"无论如何"义的反义复合副词也发生了向言域的扩散,所以上文例(37)—(58)中的"到底"类词语(即言域"到底"类肯定副词)都可替换为"好歹"。至于肯定副词"到底""毕竟"等的行域用法(即动力情态副词用法)的起源,有以下两种可能:其一,源于"最后"义时间副词(孙菊芬 2003)。其二,源于"无论如何"义在行域的语境实现,即"无论如何"义"到底""毕竟"等从知域向行域逆向扩散。比如,王学奇、王静竹(1999:270)认为下例和例(76)中的"到底"意义颇近,都表示"无论如何"义。

(80)我见他有酒也,将他吊在这里,等他酒醒了呵,我到底不饶了他哩！
（元·乔吉《金钱记》第 2 折）

上述两种观点可以分别图示如下:

[行域]"最后"义时间副词—语境吸收
　　↗ [行域]"一定,非（要）"义动力情态副词（强调对最终结果的追求）
　　↘ [行域]"坚决/就是"义动力情态副词（强调对最终结果的规避）

图 9-1 "到底""毕竟"等动力情态副词用法的形成路径

[知域]: "毕竟"义评注语气副词 → "无论如何"义肯定语气副词
　　　　　　　　　↓
[行域]: "一定/非（要）"义动力情态副词 ← "无论如何"义 → [行域]: "坚决/就是"义动力情态副词

图 9-2 "到底""毕竟"等动力情态副词用法的形成路径

上述第二种观点面临一个问题,即词语从知域向行域的扩散跟领域扩散论所主张的"行域（>知域）>言域"的一般演变规律相背。我们倾向于不同意这种解释。知域和行域中的"到底"都表示"无论如何"义,这并不能推出它们之间存在源流关系。那么,第一种解释是否就是最好呢？我们认为未必。第一种解释主张"到底""毕竟"等词的动力情态义直接来源于"最后"义。其实,"到底""毕竟"等词的动力情态义虽归根到底源于"最后"义,但直接源头可能是强调结果的"终于,终究"义。"到底""毕竟"等词的"终于,终究"义通常强调有利结果的久盼而至或不利结果的力避还来,"一定/非（要）,坚决/就是"义通常强调对有利结果的努力追求或对不利结果的极力规避。通过侧面转换(即从强调结果转向强调过程)这种认知机制,"到底""毕竟"等词很容易从"终于,终究"义用法发展出"一定/非(要),坚决/就是"义动力情态副词。换言之,以下这种演变是可能的:表示结果的副词("最后"义)→强调结果的时间副词("终于,终究"义)→强调过程的动力情态副词("一定/非(要),坚决/就是"义)。当然,也存在另一种演变的可能:"最后"义>"始终/一直"义>"无论如何"义(详见§3.2.1.3.2.4)。这种语义演变背后的机制是语用推理:从"X 最后还 VP"可推出"X 始终在 VP",从"X 始终在 VP"可推出"X 非要 VP"或"X 坚决不 $\overline{VP}$"。那么,以上两种解释哪种更合理呢?换言之,在动力情态副词"到底""毕竟"等的形成过程中,究竟是认知上的意象图式的侧面转换在起作用,还是语用上的招引推理在起作用呢?我们倾向于选择第二种解释。因为第一种解释意味着"一定/非(要),坚决/就是"义的出现一定晚于"终于,终究"义用例。而例(4)等示例的存在表明,在时间副词"到底"一出现(还没来得及完成从"最后"义向"终于,终究"义主观化①)的宋代,动力情态副词"到底"就出现了。

综上所述,我们倾向于认为"到底""毕竟"等的动力情态副词(即行域"无论如何"义)用法源于时间副词用法,认识情态副词(即知域"无论如何"义)用法源于评注语气副词用法,表示委婉劝说或建议语气的祈使语气副词(即言域"无论如何"义)用法源于知域"无论如何"义用法的跨概念域扩散。

9.2.5 基于系统考察的相关预测及对预测的验证

9.2.5.1 对"终究""终须"的肯定副词用法的预测与验证

基于§9.2.2中对"到底""毕竟"等"完结"义词的肯定副词用法的系统考察,我们可以预测:有"最后"义时间副词用法的"完结"义词往往也有动力情态副词用法;有"毕竟"义评注语气副词的"完结"义词往往会有认识情态副词用法。下面尝试做些验证。

众所周知,现代汉语中"终究"可以用作"毕竟"义评注语气副词。例如:

(81)须知封建社会的老观念认为女儿<u>终究</u>是"人家"的人。(曹靖华《往事漫忆——鲁迅先生谈写作》)
(82)春天<u>终究</u>是春天,不再像冬天那样冷。(王自强 1998)

---

① 本书§3.2.1.3.2.4已经表明,这种主观化完成于元明。

(83) 一个人的力量终究有限,还是大家一起干吧。(王自强 1998)

那么,据此可以推测"终究"很可能也有表示推测语气的"一定"义认识情态副词用法。事实确实如此。只是在现代汉语中"终究"跟"毕竟""到底"不大一样,它表示"最终一定"义,其词义中除了有表示推测的"一定"义,还含有表示时间的"最后"义。① 例如:

(84) 话说得再巧妙,终究要被戳穿。(王自强 1998)
(85) 失足青年经过耐心教育,终究会走上改过自新的道路。(王自强 1998)

所以,这种"终究"不是严格意义上的认识情态副词。但是,在历史上"终究"确有用作"一定"义认识情态副词的倾向。例如:

(86) 唐二乱子道:"这些闲话少说,这种钱我终究是不出的。"(清·李伯元《官场现形记》第 35 回)
(87) 话虽如此说,自己转念一想:"不对,如今我自己把丁忧的事情嚷了出去,倘若不报丁忧,这话传了出去将来终究要担处分的。"(清·李伯元《官场现形记》第 40 回)

例(87)中"终究"前已有时间词"将来",这就使得本表示"最终一定"义的"终究"有可能被重新分析为表示"一定"义。

"终须"在汉语史上有"毕竟"义评注语气副词用法(雷文治等 2002)。例如:

(88) 你我两人下半世也够吃用了,只管做这没天理的勾当,终须不是个好结果。(《京本通俗小说·错斩崔宁》)

---

① 跟现代汉语中的"终究"情况类似的是古汉语中的"究竟"。比如,下两例中"究竟"意即"最终一定"。
(8) 三界之中以心为主,能观心者,究竟解脱;不能观者,究竟沉沦。(《大乘本生心地观经》第 8 卷)
(9) 虽是这样说,毕竟得来要有首理,若是贪了钱财,不顾理义,只图自己富贵,不顾他人性命,谋财害命,事无不露,究竟破家亡身,一分不得。(明·陆人龙《型世言》第 23 回)

(89) 禅师道:"路途虽远,<u>终须</u>有到之日。"(明·吴承恩《西游记》第19回)

其"毕竟"义评注语气副词用法在明清时期山东方言中还较为常见(王群 2006:138)。如:

(90) 到得十一月十五日卯时前后,那十余家富户陆续都到了教场,也都尽力打扮,<u>终须</u>不甚在行。(明末清初·西周生《醒世姻缘传》第 1 回)
(91) 吴刑厅虽是个少年不羁之士,心里没有城府,外面没有形迹,<u>终须</u>是个上司,隔一堵矮墙,打起秋千,彼此窥看,一连三次造了歌词,这也是甚不雅。(明末清初·西周生《醒世姻缘传》第 97 回)
(92) 哥合嫂,人人合我像同胞,纵然再住几年,也不至惹人笑。几时是了?到底<u>终须</u>要开交。古时有王祥,也曾把后娘孝。(清·蒲松龄《聊斋俚曲集·慈悲曲》)

那么,"终须"是否也有认识情态副词用法呢?事实表明是有的。例如:

(93) 命里有时<u>终须</u>有,命里无时莫强求。(明·佚名《增广贤文》)
(94) 他爹说<u>终须</u>要别,你何必这样留连?(清·蒲松龄《聊斋俚曲集·翻魇殃》)

上两例中"终须"表示"肯定,一定"义。"终须"表推测语气的认识情态副词用法今见于粤语(广州话)和闽语(汕头话)等方言。例如:

(95) 只要坚持实验,<u>终须</u>会成功的。
(96) <u>终须</u>有日龙穿凤出头之日。
(97) 你唔落力努力读书,<u>终须</u>着留级。

9.2.5.2 对"终""终于"的肯定语气副词用法的预测与验证

我们知道,"终"在历史上有"毕竟"义评注语气副词用法(详见§9.3.2.1)。既然如此,那么根据上文的论述,可以预测"终"很可能具有表示必然性推测

语气的肯定副词用法。语料调查表明,事实确实如此。① 例如:

(98) 不矜细行,终累大德。(《书·旅獒》)
(99) 知远临行,怒叫夫妻四口:"异日得志,终不舍汝辈!"(金·佚名《刘知远诸宫调·知远别三娘太原投事》)

上两例中"终"表示"一定"义,凸显言者对某事态为真的肯定推测语气。

"终于"在汉语史上和现代汉语中都没有"毕竟"义评注语气副词用法。根据上文的论述,我们推测"终于"没有"一定"义认识情态副词用法。语料调查似乎推翻了我们的预测。例如:

(100) 那庞太师行恶,势如烈火,杀害多少无辜,日后终于无好报应的,我断不欲与巨奸作伴。(清·西湖居士《狄青演义》第14回)
(101) 以此观之,我南唐终于不济,不若及早投降赵宋。(清·好古主人《赵太祖三下南唐》第35回)
(102) 我开始后悔了,为什么今天这样高兴,剩下妻在家里焦灼地等候着我,而来管人家的闲事呢。北四川路上,终于会有人力车往来的。即使我不这样地用我的伞伴送她,她也一定早已能雇到车子了。(施蛰存《梅雨之夕》)

上几例中"终于"都表示"一定"义,是认识情态副词。但是,考虑到"终于"的"一定"义认识情态副词用法在我们检索的 TCS2006 里共约 1.01 亿字的历史语料中仅 5 见(即上面 3 例和 9.1 中的例(1)(5))、在现代汉语语料中未见,可以认为"终于"偶尔用作认识情态副词完全是"到底""毕竟""终究""终须"等其他"完结"义词类推所致。它本身没有发展出认识情态副词用法的语义潜能。

9.3 其他"完结"义副词的共时变异与历时演变

本节主要探讨前几章没有涉及的复音"完结"义副词"始终""终究"

---

① 李科第(2001:684)就明确把情态副词"终"定义为"对行为的最终结果的预测"。

"终归"和单音完结义副词"终""竟""究""讫""遂""了""却""果"的共时变异和历时演变。

9.3.1 其他复音完结义副词的共时变异与历时演变

9.3.1.1 "始终"的共时变异与历时演变

9.3.1.1.1 "始终"的共时变异及对历时演变的预测

在现代汉语中,"始终"是副-名兼类词。名词"始终"指自始至终的整个过程,例如:贯彻始终。副词"始终"意即"自始至终,一直"。例如:始终不答应。｜始终不赞成他的看法。语料调查显示,副词"始终"在普通话中无"毕竟"义用法,但在江淮官话(江苏阜宁话)、粤语(广东顺德大良话、珠海前山话、澳门话)等现代汉语方言中有。例如:

(103)他始终是个小伢子_{小孩子},你莫_{不要}要求太高了。(江淮官话·江苏阜宁话)

(104)[繁漪明知周冲喜欢四凤,却对周冲的选择大加阻挠,并劝阻道:]她始终是个没受过教育的下等人……我的儿子要娶,也不能娶她。(曹禺《雷雨》第一幕)

且文献中有些用例确实反映出了"始终"有从时间副词向评注语气副词演变的倾向。例如:

(105)于是连续地又有许多发财的梦,但始终都是梦。看相批命也不甚灵,命中该交财运的年头,事实都不如此。(曹禺《北京人》)

(106)我说:"大表哥,你不要相信这些逗笑的话。一定是做新闻记者的学生写的。因为我始终只是个在外面走码头的人物,底子薄,又无帮口,在学校里混也混不出个所以然的。……"(沈从文《我读一本小书同时又读一本大书》)

上两例中"始终"既可释为"(自始)至终,一直",又可释为"毕竟"。这是因为,这两例中"始终"小句为状态谓语句且处于推理语境中,因而"始终"能通过语境吸收获得一丝强调原因的"毕竟"义。依据领域扩散论的基本主张和其他"完结"义词的多义模式,我们推测,在历史上或方言中"始终"还有"终

于"义。经考察发现,事实确实如此。在吴语(浙江德清话)中"始终"可以表示"终于"义。例如:

(107)他必须好好地保育他那千金之子,供异日猛兽爪牙一刹那的撕裂。无端的义侠付出这么多的代价,似乎觉得不大值得的,他却始终承认了,这是唯一的路。(俞平伯《古槐梦遇》)

综上所述,根据"始终"的共时多功能性,可以初步推断,"始终"在历史上有"自始至终,一直"义时间副词、"终于,终究"义时间副词、"毕竟"义评注语气副词三种用法。鉴于"毕竟"等其他"完结"义词还从时间副词演变为疑问语气副词,我们还以可进一步推测"始终"在汉语史上很可能也曾表现出向疑问语气副词演变的倾向。那么,这是否属实呢?下文尝试通过对"始终"的历时演变的追溯来回答上述问题。

9.3.1.1.2 "始终"的历时演变及对相关预测的验证

"始",女之初也。从女,台声(《说文》)。换言之,"始"表示女子初生。后来,"始"的本义("女之初生者,妇之长者")由同源词"姒"表示,"始"专表"初始"义。关于"终"的本义,有说是"把丝缠紧"的,有说是"绳末结形物"的,有说是"人体之终——脚踵"的(详见§8)。不管"终"的本义是什么,可以肯定的是,"完结"义是其常用义,且"最后"义是从"完结"义引申而来的其另一常用义。所以,在汉语史上,"始终"既可用作"开始和结束"义动词短语,又可用作"最初和最后"义名词短语。

动词短语"始终"由动词"始"和"终"并列复合而成。它们之所以能演变为双音复合词,是因为在实际语料中经常高频共现。例如:

(108)学恶乎始,恶乎终?(荀子《劝学》)
(109)屈荡户之,曰:"君以此始,亦必以终"。(《左传·宣公十二年》)
(110)晏子曰:"祸始,吾不在也;祸终,吾不知也;吾何为死?"(《晏子春秋·内篇·杂上·第三》)

当这种共现是紧邻型而非间隔型时,动词短语"始终"就有了词汇化的条件。后来,动词短语"始终"在汉语词汇双音化趋势的作用下演变成联合式动词,意即"自始至终"。例如:

(111)臣诚小人,不能始终,知而为之,敢谓非罪!(南朝宋·裴松之《三

国志注》）

(112) 无所左而无所右,蟠委错紾,与万物始终,是谓至德。（《淮南子·原道》）

名词短语"始终"由名词"始"和"终"并列而成。早在先秦,"始"和"终"就经常共现。例如：

(113) 夫坚树在始,始不固本,终必槁落。（《国语·晋语》）

(114) 物之若耕织者,始初甚劳,终必利也。（《淮南子·主术训》）

当"始"和"终"从间隔共现变成紧邻共现（即彼此连用）时,名词短语"始终"就有了词汇化的条件。后来,名词短语"始终"在汉语词汇发展双音化趋势的作用下演变成了联合式时间名词。例如：

(115) 始终相反乎无端,而莫知乎其所穷。（《庄子·田子方》）

(116) 美清泠而发越,忆辉光之璀璨。始终虽异,细大靡殊。（唐·元稹《善歌如贯珠赋》）

名词"始终"在做状语时逐渐被重新分析为"自始至终,一直"义时间副词。例如：

(117) 故宠敬日隆,始终无衰。（南朝宋·范晔《后汉书·皇后纪上·明德马皇后》）

(118) 颜鲁公之在蔡州,再从侄岘、家僮银鹿始终随之。（唐·李肇《唐国史补》上卷）

(119) 本朝自祖宗以来,推择元勋重望始终全德之人,以配食列圣。（北宋·苏轼《论周穜擅议配享自劾札子》之一）

(120) 是昌黎与宗元始终无嫌隙,亦可见笃于故旧矣。（清·赵翼《瓯北诗话·韩昌黎诗》）

跟"始终"一样,名词短语"始卒""始末"也在状语位置演变成了"自始至终,一直"义时间副词。例如：

(121) 安虽受朝寄,然东山之志始末不渝。（唐·房玄龄等《晋书·谢

安传》)

(122)万物皆种也,以不同形相禅,始卒若环,莫得其伦,是谓天均。(庄子《寓言》)

"自始至终"义时间副词"始终"后来变成了偏义复词,意义偏在"终"上,侧重表示"至终"义。① "至终"义"始终"在强调希望落空的否定语境中通过语境吸收主观化为"终于,终究"义副词。继而"至终"义时间副词"始终"在状态谓语句和因果推论语境中通过重新分析演变为"毕竟"义评注语气副词,强调事物的特点或结论自始至终的不变性(详见§5.1.2.3),用法类似于"终久"。例如:

(123)始终不我负,力与粪壤同。(北宋·苏轼《元修菜》)
(124)惟有老僧阶下雪,始终不见草鞋痕。(元·佚名《年节》)
(125)第一,她始终是个没受过教育的下等人。(曹禺《雷雨》第1幕)

可见,评注语气副词"始终"跟"到底""毕竟"等一样,强调事物的本质特点不因条件改变而变化。

语料调查显示,在汉语史上"始终"偶尔也有表示追究的疑问语气副词用法。例如:

(126)师云:"未审始终如何保任,则得相应去?"(《祖堂集》第17卷)[试参照:师闻已,顿悟指要,便问:"毕竟如何保任则得始终无患?"(《祖堂集》第11卷)]
(127)始终谁肯荐,得失自难明。(唐·喻坦之《陈情献中丞》)

上两例中"始终"犹"到底""究竟",是表示追究的疑问语气副词。"始终"出现疑问语气副词用法可能是受其他"完结"义词类推的结果,因为其这种用法一直较为罕见。在TCS2006中我们只检索到如上两例。但这种用法的"始终"的存在也部分印证了前文的预测:"始终"在汉语史上可能一度表现

---

① 正如复合名词"始终"后来演变为偏义复词,意义偏在"终"上(如下几例所示)一样。
(10)人生贵贱无始终,倏忽须臾难久恃。(唐·卢照邻《行路难》)
(11)委质任平视,谁能涯始终。(唐·宋昱《樟亭观涛》)
(12)若令我等皆成佛,菩萨心中愿始终。(《敦煌变文集新书》)

出向疑问语气副词演变的倾向。

综上所述,"始终"在现代汉语方言和历史文献中的使用情况表明,动词"始终"经历了如下语法-语义演变:

时间名词→"(自始)至终"义时间副词→"一直"义时间副词

"终于,终究"义时间副词　　"毕竟"义评注副词

图 9-3

可见,"始终"跟"到底"的演变是部分平行的,都从表示时间演变为表示对结果或原因的主观强调。跟"始终"所经历的"(自)始(至)终＞至终"式语义演变成镜像关系的是,汉语史上"究竟"从"至极,到最后"义演变出了"始终"义。例如:

(128) 须菩提白佛言:"极大究竟般若波罗蜜,不可计究竟,不可量究竟,无有与等者究竟,无有边究竟。"(东汉·支娄迦谶译《摩诃般若波罗蜜道行经·不可计品》第 11 卷)

上例中,斜体显示的"究竟"小句犹言"始终没有跟它一样大的,始终没有边际"。其中,"究竟"意即"始终",做后置状语。中原官话河南洛阳话中副词"归终"(读作[kuei^{44} tṣuŋ^{44}])和日语中"終に"(读作:tsi-ni,意即"到最后")也都从"到最后"义演变出了"始终"义。① 例如:

(129) 刚才见了我,就舞马长枪的,归终说我喂马有偏心眼子。
(130) 終に 帰って来 なかった。
　　　 end-to return NEG-PST
　　　 (始终没有回来。)
(131) 終に 別以来 一会う ことは なかった。
　　　 end-to part-since meet NML-TOP NEG-PST
　　　 (分别以后一直没有再见过面。)

洛阳话中时间副词"归终"当源自汉语史上的动词"归终"。动词"归终"意即

---

① 这里关于日语"終に"的演变依据的是松村明主编(1995)《大辞林》(第 2 版,三省堂)的记录。

"归根结底"。例如：

(132) 故久处贫贱,诚有志者之所耻也。归终而言,取保家之主乎！（东晋·袁宏《后汉纪·光武帝纪七》）

9.3.1.2 "终竟"的共时变异与历时演变

"终竟"在现代汉语中基本不用。根据我们对 TCS2006 中现代语料的调查,在共约 6187 万字的语料中,"终竟"凡 10 见,主要见于鲁迅、郭沫若、郁达夫、施蛰存、冰心等人的作品中。有两种用法：一是用作"终于,终究"义时间副词（如下引前三例所示）,二是用作"毕竟"义评注语气副词（如下引后两例所示）。

(133) 周人便趁着机会强大了起来,终竟乘虚而入,把殷朝灭掉了。（郭沫若《屈原》第1幕）
(134) 起来！忍耐！努力！呀！严密的圈儿,终竟裂了一缝。——往外看时,圈子外只有光明,快乐,自由。（冰心《圈儿》）
(135) 这回字大了,魄力益发不够。写字一道,看来与我终竟无缘,只得抛进字篓去。（施蛰存《绕室旅行记》）
(136) 不得已自然只好另外想法,譬如把稻草拿来做草纸,利用田的闲时来种麦种菜种豆类等等,但除稻以外的副作物的报酬,终竟是有限得很的。（郁达夫《大风圈外》）
(137) 然而,有缺点的战士终竟是战士,完美的苍蝇也终竟不过是苍蝇。（鲁迅《战士和苍蝇》）

"终竟"在汉语史上也不多见。根据我们对 TCS2006 中历史语料的调查,在先秦至晚清约 1.01 亿字的历史语料中,"终竟"仅 90 见。[①] 在汉语史上,"终竟"跟"毕竟""始终"一样是并列短语词汇化的产物。跟"毕竟"一样,它可以用作"完结"义动词。例如：

(138) 私自忖度,日夜虚劣,不能复与群公卿士共相终竟。（南朝·范晔《后汉书·皇后纪》）

---

① "到底""毕竟"均达到上千例,"究竟"也有几百例。详见第三、六、七章的相关统计。

(139)赠言未终竟,流涕忽沾裳。(唐·杨炯《送临津房少府》)

跟"始终"一样,它还常表示"自始至终"义,①此义产生较早,后世有所沿用。例如:

(140)终竟三月供养如来及比丘僧奉诸所安一如圣王。(《大悲莲华经》)
(141)终竟七岁供养如来及比丘僧。(《大悲莲华经》)
(142)啸馆大都偏见(一作得)月,醉乡终竟不闻雷。(唐·皮日休《夏景无事因怀章来二上人二首》)

至迟在唐代,"终竟"就已具有了"毕竟"义评注语气副词用法。后世也有所沿用。如:

(143)虽然打强且衹敌,终竟悬知自顷(倾)倒。(《敦煌变文集新书》)
(144)岂无济时策,终竟畏网罟。(唐·杜甫《遣兴》之二)
(145)终竟他底不是,愈传愈坏了人。(《朱子语类》第116卷)

至迟在宋代,"终竟"就已具有了"究竟"义疑问语气副词用法。例如:

(146)胡曰:"已落空亡,恐无由可见。"曾哭而归,今经两月不能料终竟如何也?(南宋·洪迈《夷坚支志·曾三失子》辛卷10,435)

但"究竟"义疑问语气副词用法的"终竟"在汉语史上极其罕见。在TCS2006中,我们仅检得如上一例。

本节和上节以及第七章的考察表明,从古至今,汉语中"始终""终竟"基本都没有疑问语气副词用法,其极个别疑问语气副词用例是在它词类推下产生的。"毕竟"虽然在历史上曾有疑问语气副词用法,但在现代汉语中已经不存在了。这或许跟它们原本都是并列短语、语义结构中没有显性的

---

① 后来,"终竟"似乎还表现出了从"自始至终"义引申出强调结果的"终究"义的倾向,但这种演变没有最终实现,因为用例极其罕见。在我们检索的约1.01亿字的历史语料中,仅发现以下两例:

(13)然终竟说他不下者,未知其失之要领耳。(《朱子语类》第126卷)
(14)人多言张魏公才短,然被他有志后,终竟做得来也正当。(《朱子语类》第131卷)

[到]义素密切相关。

9.3.1.3 "终究"的共时变异与历时演变

9.3.1.3.1 "终究"的共时变异

在现代汉语普通话中,"终究"通常只用于行域和知域。用于行域时凸显结果出现之反意愿(即强调不利结果的力避还来),义近于"到底₁"的第二个义面,可释为"最后还是"(此义"终究"下文记作"终究₁")。例如:

(147)至于台湾的禁令,则不免令人起幽默感。好像八百万美式装备,满以为所向无敌,因此坚决要从内战上见个高低的一伙,料不到终究被"小米加步枪"的人民力量打得一败涂地。(沈从文《一个传奇的故事》)

由于在现代汉语中"终究₁"只能呈现"到底₁"的第二个义面,所以只有当"到底₁"呈现出第二个义面时,它才可以替换为"终究"。试比较:

(148)小明考了三年,到底考上大学了。→ *小明考了三年,终究考上大学了。

(149)小明考了三年,到底还是没考上。→ 小明考了三年,终究还是没考上。

考察可知,今天"终究₁"多用于谓语前。但在早期现代汉语中"终究₁"偶尔也用于句首。例如:

(150)大家说,如果不参加,终究你会后悔一辈的。(侯学超1998)

根据我们的语感,上句中"终究"只有作客观真值义("最后"义)解全句才比较通顺。如果要表示主观强调义("最后还是"义),最好移到主语"你"后,否则全句就不太通顺。但在历史上"终究"放在句首可能也能表主观强调义。这表明,行域"终究"和"到底""究竟""毕竟""终于"一样,发生语义主观化时辖域在缩小。这与语法化参数理论的主张相符(关于语法化参数理论,详见§10.4.1)。

"终究"用于知域时有两种意义。若所在小句叙述已然事件或现存状态,则"终究"表示"毕竟"义,是评注语气副词,强调"事物的本质特点不会改变"(吕叔湘 1999:686)。这种用法的"终究",下文记作"终究$_{2a}$"。例如:

(151)虽说老人知道高第的人品跟大赤包和招弟不一样,可是,他<u>终究</u>不喜欢冠家的人。(老舍《四世同堂》)

(152)我想去想来,我<u>终究</u>是个人,并非神,所以我走了。(沈从文《流光》)

若所在小句叙述未然事态,则"终究"表示"预料、期望或肯定要发生的事必然发生"(吕叔湘 2001:686),意即"最后一定"。这种用法的"终究",下文记作"终究$_{2b}$"。例如:

(153)只要坚持试验,<u>终究</u>会成功的。

在现代汉语方言中"终究"偶尔还可用在言域,意即"究竟"(下文记作"终究$_3$")。例如:

(154)当然,<u>终究</u>这种衍生关系是从与格到双宾,还是从双宾到与格,还有待于更多更深入的研究。(顾阳《双宾语结构》,徐烈炯主编《共性与个性:汉语语言学中的争议》)

"终究$_3$"在早期现代汉语中偶尔也可见到,但用例很少。例如:

(155)只是追捕的兵尚在四处搜索,倘若被他捕了去自然这文书不能卖了,而且还有性命之忧,这事<u>终究</u>如何是好,又独自自言自语道不知外边消息,现在<u>究竟</u>如何,可惜花娘今晚不来,不能问他。(《新新小说》)

(156)<u>终究</u>一个人能够回自己房里去吗?(《〈新青年〉百年典藏(五):翻译随感卷》)

例(155)中"终究"跟"究竟"互文见义,这可以证明它表示"究竟"义。

9.3.1.3.2 "终究"的历时演变

从现代汉语上溯到古代汉语,我们发现"终究"的形成和演变多是突变,主要是同一聚合内其他成员类推的结果。在 TCS2006 历史语料中,直到明代"终究"才出现,且只有如下 3 例,都是"终究$_{2a}$"。

(157)滴珠终究是好人家出来的,有些羞耻,只叫王奶奶道:"我们进去则个。"(明·凌濛初《初刻拍案惊奇》第 2 卷)
(158)母亲终究是妇人家识见,见女儿年长无婚,眼中看不过意,日日与防御絮聒,要另寻人家。(明·凌濛初《初刻拍案惊奇》第 23 卷)

而到了清代,"终究"凡 54 见。其中,"终究$_1$"5 例、"终究$_{2a}$"29 例、"终究$_{2b}$"9 例、"终究$_3$"3 例、其他 8 例①。这说明在清代最常见的是"终究$_{2a}$"。考察可知,"终究$_{2a}$"在使用过程中发生了辖域的缩小。比如,下例翻译成现代汉语时"终究"要移至主语后。

(159)终究唐二乱子秉性忠厚,被查三蛋引经据典一驳,便已无话可说;并不晓得凡赏三品衔署理巡抚的都由废员起用一层。(清·李伯元《官场现形记》第 36 回)

较为常见的是"终究$_{2b}$"。例如:

(160)同这班畜生在一块,终究不是个事,我便想跳出树林子。(清·李伯元《官场现形记》第 43 回)
(161)领道:"我看这件事情不妙,倘若闹了出来,终究难以收场。"(清·李伯元《官场现形记》第 17 回)
(162)青龙子道:"将病人……如质善的,一点便活;如质恶的,只好慢慢价熬,终究也是要活的。"(清·刘鹗《老残游记》第 20 卷)

较为少见的是"终究$_1$"和"终究$_3$"。先看"终究$_1$"。"终究$_1$"在历史上其实有两个义面,不像在现代汉语中只有一个义面。一是强调目的达成之不易,犹"终于",如在例(163)中;二是强调结果出现之反意愿,犹"最后还是",如在例(164)中。

(163)只得又各处遣人购求寻觅,终究费了八百两银子买了一个十七

---

① "其他"主要指依违两解的中间用例和疑似"一定"义情态副词的用例。

岁的女孩子来,名唤嫣红,收在屋内。(清·曹雪芹《红楼梦》第47回)

(164)只是我计算,多也不过二千余金呢,<u>终究</u>还不足数。(清·文康《儿女英雄传》第12回)

上述两个义面的"终究"都表示对结果的强调。这种强调义起初当是从语境中吸收而来的。"终究"原本当只表示客观真值义——"最后"。例如:

(165)看了嫌多,怕上头要驳,周老爷就说:"这桩事情不来,虽瞒得一时耳目,<u>终究</u>一定有人晓。"(清·李伯元《官场现形记》第17回)

上例中"终究"后已有"一定",因而可推知"终究"表示"最后"义而非"最后一定"义。由于"终究₁"的出现晚于"终究₂ₐ",因而前者不可能从后者演变而来。

接着看"终究₃"。"终究₃"在副词"终究"中用例最少,在 TCS2006 中仅3见。现列举如下:

(166)淑人请问<u>终究</u>如何办法。(清·韩邦庆《海上花列传》第63回)

(167)看俚光景,总归勿肯嫁人,也勿晓得俚<u>终究</u>是啥意思。(清·韩邦庆《海上花列传》第24回)

(168)便说眼前有舅太太、亲家太太以及他的乳母丫鬟伴他,日后<u>终究</u>如何是个了局?(清·文康《儿女英雄传》第24回)

上几例中"终究"的用法,当是早期现代汉语和今天汉语方言中"终究"的疑问语气副词用法的源头。"终究₃"可能跟"终究₁""终究₂"一样是从"最终抵达"义跨层结构词汇化和语法化而来(按:"究"在历史上有"到达"义,详见§6.2.2)。

9.3.1.4 "终归"的共时变异与历时演变

9.3.1.4.1 "终归"的共时变异

"终归"在现代汉语中也是个多义词。① 以下是三部代表性辞书对"终归"的解释:

---

① "终归"一说是"终究"的音变形式,音变过程为:jiu > giu > guei。比如,戴淮清(1986:69)认为,客家话"究"转为"归",故"终究"犹"终归"。

终归：毕竟，到底。(社科院语言所词典室编《现代汉语词典》第 5 版)

终归：表示事情结果必然如此，含有追根到底的意思。(北大中文系语言班编《现代汉语虚词例释》，1996)

终归：①表示最后事实一定如此；②表示特有且显而易见的原因；毕竟。(侯学超主编《现代汉语虚词词典》，1998)

综合以上辞书的观点，现代汉语普通话中"终归"有评注语气副词和情态副词两种用法。评注语气副词"终归"的典型用法是强调原因或事物的根本特点，犹"到底""毕竟"。如：

(169) 他虽然天生聪慧，但终归是个孩子，你怎么能像要求大人那样要求他呢？
(170) 部队终归是部队，哪能像你想的，说回来就回来。

例(169)中"终归"强调：他的孩子本质不因他天生聪慧而有所改变，这是我得出"你不能像要求大人那样要求他"这种结论的原因。例(170)中的"终归"与例(169)中的"终归"作用相同，分析从略。当阻碍推理进行下去的命题 s(如例(169)中的"他天生聪慧")语义泛化后，"终归"的词义中"不因情况改变而变化"这种除阻义就会淡化以至消失。这时"终归"只强调事物的特点是导致某结论的原因。例如：

(171) 事实<u>终归</u>是事实，谁也不能否认。

上例中"终归"强调：当前话题(如这件事)是事实，这是我得出"我们谁也不能否认它"这个结论的原因。上例中没有成阻命题 s，因而除阻义没有得到凸显。但仔细揣摩会发现，两例中都可加上"不管怎样""无论如何"这种成阻命题语义泛化后的表达。因为言者肯定不会无缘无故地突然说出上句，通常有一定的语用背景。比如，对方试图否认某事实。如果结论分句隐含，则"终归"就变成了单纯强调事物特点的词了。例如：

(172) 不管技术多困难，<u>终归</u>我们能攻克。①

---

① 本例中"终归"似乎兼有强调结论作用，对结论的强调源于对"以上各种情况"(掌握技术的各种困难和障碍)的承接。所以，句中"终归"可替换成"说到底，总之"。唯其如此，这种用法的"终归"才可以写成"总归"。再如，下例中"总归"是对"他去东南"和"他去西南"等各种情况的概况，故可替换成"总之"。
(15) 我想不管他去东南还是西南，<u>总归</u>是南方。(张佐良《周恩来的最后十年》)

情态副词"终归"表示必然性推测语气,犹"最后必定",常跟"会""能""得""要"等情态助动词共现。例如:

(173) 下了功夫<u>终归</u>会得到回报。
(174) 一切个体经营的农民,<u>终归</u>是要走这三户贫农所坚决地选择了的道路的。(毛泽东《关于农业合作化问题》)
(175) 咱们要过那天上的日子,可也不能靠天,<u>终归</u>得靠自己。
(176) 别担心,天黑以前他<u>终归</u>要回来。

既然"终归"在现代汉语普通话中可用作"毕竟"义评注语气副词,那么根据领域扩散论和其他完结表达的多义模式及历时演变,可以推测:"终归"在方言中或历史上也有"最终,终于,终究"义时间副词用法。事实表明,在方言中确实如此。比如,在山东阳谷话中"终归"([tʂuŋ¹³ kuəi¹³])有"终于"义(董绍克 2005:289)。那么,历史上是否也确实如此呢?下面尝试做出回答。

9.3.1.4.2 "终归"的历时演变

"终归"的历时演变跟"到底"等一样,包括词汇化和语法化两个阶段。朱福妹(2008)、孟昭水和陈祥明(2009)对"终归"的历时演变做了初步考察。但他们的研究还存在五点不足:第一,只考察了"终归"词汇化过程中的句法演变,对其语义演变语焉不详。第二,只考察了"终归"从跨层结构向时间副词的词汇化,而没有继续考察"终归"从时间副词向评注语气副词的语法化。第三,认为"终归"本是状中关系的偏正短语。今按:"终归"本是跨层结构,无论用于"终归 N"结构还是"终归于 N"结构,本都表示"最终归于"。第四,朱福妹(2008)以后续判断动词"是"、孟昭水和陈祥明(2009)以后续带修饰语的谓词性成分为标准,确定副词"终归"的形成在南北朝。但他们没有注意到副词"终归"强调结果、强调结论和强调原因的不同。有些他们认定为时间副词的"终归"其实是评注语气副词。比如,下文例(188)中的"终归"不能释作"最后",而只能释作"说到底,总之"。第五,未注意到或未详述"终归"的后续成分的语法功能的变化(体词性→谓词性)、语义类型的变化(事物→动作/事件→属性)和语用性质的变化(指称→陈述)跟"终归"语义演变的关系。下面我们详细考察"终归"的历时演变。

跨层结构"终归"本表示"最终归于"义①，起初只用于"终归 NP"结构。"终归"一开始表示空间域位移运动抵达(某终点)。例如：

(177)燕立昭王,而苏代、厉遂不敢入燕,皆终归齐,齐善待之。(西汉·司马迁《史记·苏秦列传》)
(178)然下阴已老,不相求合,小人得志,既极必衰,而少阴之在上者,反与我比,所以终归旧庐。(西汉·东方朔《灵棋经》上卷,11)
(179)王纲失道,群英并起,龙战虎争,终归真主。(西晋·陈寿《三国志·蜀书·后主传》注引《蜀记》)

而后,通过时空隐喻,"终归"获得时间域用法,表示事件发展以某种结果告终。这样,大约自东晋南北朝始,"终归"开始用于"终归 VP"结构(孟昭水、陈祥明 2009)。例如：

(180)臣松之以为辨章事理,贵得当时之宜,无为虚唱大言而终归无用。(南朝宋·裴松之《三国志注》)
(181)案"董"谓董卓也,言虽跋扈,纵其残暴,终归逃窜,至于灭族也。(南朝宋·范晔《后汉书·五行志一》)
(182)且区区一生,有同过隙,所遇虽殊,终归枯朽。(南朝梁·僧祐《弘明集》第 13 卷)

上几例中"终归",既可以解读为表示"以……告终"义,后续表示结果状态的谓词(短语);又可以解读为表示"最后"义,做状语,修饰其后的谓词(短语)。这种语用歧解导致"终归"发生了从"最终归于"到"最后"的语义演变,以及从跨层结构向时间副词的词汇化。再如：

(183)学问有利钝,文章有巧拙。钝学累功,不妨精熟;拙文研思,终归蚩鄙。但成学士,自足为人。必乏天才,勿强操笔。(南北朝·颜之推《颜氏家训·文章》)

例(183)中的"终归"既可释为"最终",又可释为"终究",强调最终结果的反

---

① 跟"终归"构成替换关系的是"究归"。例如：
(16)但盛世之一往一来,究归于治;衰世之一往一来,究归于乱。(明·高攀龙《答杨金坛书》)
上例"究归"意即"终归,最终至于"义,而雷文治等(2002:249)却误释为"毕竟"。

意愿。这种语用歧解导致"终归"有可能经历从"最后"义向"终究"义的语义主观化。

至迟在唐代,"终归"就有了强调结果的时间副词用法。此用法后代一直沿用。例如：

(184) 任你奢华多自在,终归不免无常。(《敦煌变文集·维摩诘经讲经文》)
(185) 任夸锦绣几千重,任你珍羞餐百味,任是所须皆总到,终归难免无常。(《敦煌变文集·维摩诘经讲经文》)
(186) 任教福德相严身,任你眷属长围绕,任你随情多快乐,终归难免无常。(《敦煌变文集·维摩诘经讲经文》)
(187) 命运不该朱紫贵,终归林下作闲人。(明·周清源《西湖二集》第3卷)

自唐代始,"终归"用于"终归 S"结构,①意即"说到底,总之",起语篇总结作用,引出语篇论证的终点——结论。这种用法的"终归"主观性更强,已是语气副词。例如：

(188) 纵使身游万里外,终归意在十娘边。(唐·张文成《游仙窟》)

在唐代,"终归"从语篇总结用法发展出强调结论的评注副词用法,犹"终究,毕竟"。这时,多用在让转关系复句的转折分句中,分句谓语中心呈[+静态]特征。例如：

(189) 看君只是撑船汉,终归不是弄潮人。(《祖堂集》第7卷)
(190) 假使边庭突厥宠,终归不及汉王怜。(《敦煌变文·王昭君变文》)

后来,"终归"又跟"到底""毕竟"一样,从强调结论用法发展出强调原因用法。例如：

(191) 事实终归是事实,我的儿子再也活不过来了。(杨朔《海天苍苍》)

---

① 下例表明,在早期现代汉语中,"终归"确可像在唐代那样后接小句(如下例所示)。但是,在今天"终归"通常只能用于句中而不可用于句首。
(17) 革命大旗撑在手,终归胜利属人民。(朱德《纪念八一》)

综上所述,"终归"还经历了如下句法-语义演变:"最终归于"义跨层结构→"最后"义时间副词→"总之"义语气副词→"毕竟"义语气副词。当然,"终归"还发展出了"最终一定"义准-情态副词用法(详见上文)。

9.3.1.5 小结

根据上文的论述,"始终""终究""终归"的多义模式如下表所示:①

表9-3　副词"始终""终究""终归"的词义和用法

	"终于,终究"义时间副词	"毕竟"义评注副词	"究竟"义疑问语气副词
始终	+	{+}	?+
终究	+	+	+→-
终归	+	+	-

"始终""终究""终归"的词义或释义中都含"到"义。"始终"的释义——"自始至终"——中潜藏有"到"义。"终究""终归"中"究"和"归"表示"到"义。所以,尽管副词"始终""终究""终归"的来源不同("始终"源于并列关系名词短语,"终究""终归"源于"最后抵达/归于"义跨层结构),但走过了相似的语义演变路径。试比较:

始终:"(自始)至终"义＞"终于,终究"义|"毕竟"义(|"究竟"义)

终究/终归:"最终抵达/归于"义＞"终于,终究"义|"毕竟"义|"究竟"义

所以,它们都展示了如下演变模式,只不过"终归"从第一站始,而"终究""始终"从第二站始;"终究""始终"表现出了向疑问语气副词发展的倾向,而"终归"没有。

　　　[空间子域]　　　　　[时间子域]　　↗[行域](事件发展)到出现结果
(位移运动)到(路径)终点→(时间流逝)到最后→[知域](推理进行)到得出结论
　　　　　　　　　　　　　　　　　　　　↘[言域](询问进行)到得出答案

图9-4　"始终""终究""终归"的演变路径

---

①　表9-3中暂时忽略了"始终"的"一直"义时间副词用法和"终究"的"最终一定"义准-情态副词用法。表中{+}表示今存于方言;"+→-"表示历史上有而现在基本未见或仅存于极个别方言;"?+"表示某词语的某种意义是否存在值得怀疑(下同),因为有些词语的某种意义即使在历史上也只有极个别用例,比如"始终"的"究竟"义。这时可以处理为其他词语类推的结果。

9.3.2 单音"完结"义副词的共时变异和/或历时演变

9.3.2.1 "终"的历时演变

关于"终"的本义,有"絿丝"义、"脚踵"义、"冬季"义等多种说法(详见§8.5.1.1)。无论"终"的本义是什么。可以肯定的是,古代汉语中"终"的常用义是"完结",这种用法出现较早。后来,它在状语位置从"完结"义动词演变为"最终"义时间副词。例如:

(192) 姑盟而退,修德息师而来,终必灭郑,何必今日!(《左传·襄公九年》)
(193) 终灭羊舌氏之宗者,必是子也。(《国语·晋语》)

再后来,时间副词"终"发生语义主观化,强调经过较长过程后出现某种结果(吴庆峰 2006:429)。在呈现不同类型力互动图式的语境中,"终"通过语境吸收从"最终"义引申出"始终,一直,永远"义和"终究,最后还是"义。"始终,一直,永远"义"终"凸显事态恒久不变或动作行为在时间上的连续性(王海棻 1996:481;吴庆峰 2006:429)。例如:

(194) 故官无常贵,民无终贱。(《墨子·尚贤上》)
(195) 夜,军中惊,内相攻击扰乱,至于太尉帐下。太尉终卧不起。(西汉·司马迁《史记·绛侯周勃世家》)
(196) 侯生视公子色终不变,乃谢客就车。(西汉·司马迁《史记·魏公子列传》)
(197) 董仲舒……至卒,终不治产业,以修学著书为事。(西汉·司马迁《史记·儒林列传》)
(198) 怒则杀父兄,而终不害其母。(南朝宋·范晔《后汉书·乌桓传》)
(199) [帝]性特强识,虽左右小臣官簿性行,名迹所履,及其父兄子弟,一经耳目,终不遗忘。(南朝宋·裴松之《三国志注》第1卷)

"终究,最后还是"义"终"表示一种反预期意义。它要么凸显有利结果的久盼不至(即希望落空)。例如:

(200) 欲以此求赏誉,终不可得。(《墨子·天志中》)

(201) 秦亦不以城予赵,赵亦<u>终</u>不予秦璧。(西汉·司马迁《史记·廉颇蔺相如列传》)
(202) 他日射之,<u>终</u>不能入矣。(东汉·班固《汉书·李广传》)
(203) 所期<u>终</u>莫至,日暮与谁回。(唐·韩愈《独钓》诗之四)
(204) 低回得坎坷,勋业<u>终</u>不遂。(北宋·王安石《陆忠州》)
(205) 士大夫<u>终</u>不肯以小舟夜泊绝壁之下,故莫能知。(北宋·苏轼《石钟山记》)

要么凸显某不利结果的力避还来。例如:

(206) 腾蛇乘雾,<u>终</u>为土灰。(魏·曹操《步出夏门行·龟虽寿》)
(207) 齐人未尝赂秦,<u>终</u>继五国迁灭,何哉?(北宋·苏洵《嘉佑集·权书下·六国》)

考察可知,时间副词"终"在春秋战国时期就有,如例(194)(200)。自汉代始,它从行域向知域扩散,从而逐渐发展出"毕竟"义评注语气副词用法。评注语气副词"终"往往凸显认识上的前提-结论关系。例如:

(208) 天子于是以式<u>终</u>长者,故尊显以风百姓。(西汉·司马迁《史记·平淮书》)
(209) 夫人劝曰:"送君千里,<u>终</u>有一别。"(金·董解元《西厢记诸宫调》第6卷)
(210) 纸上得来<u>终</u>觉浅,绝知此事要躬行。(南宋·陆游《冬夜读书示子聿》)
(211) 尽是他班旧行,<u>终</u>有些亲肚肠。(元·王伯成《天宝遗事诸宫调·明皇哀诏》)

当然,"毕竟"义"终"偶尔也可用于言域。比如,下例中"你拿着是祸患"是"我"说"我烧了他完事"的原因。

(212) 你拿着<u>终</u>是祸患,不如我烧了他完事。(清·曹雪芹《红楼梦》第21回)

从"终"本表示时间上的最后看,它当先用于结果分句。这时它处在行域。

当它发生语境扩展,开始用于知域时,自然是首选结论分句,因为结论其实是推理的结果。最后,在知域,它进一步发生语境扩展,从强调结论演变为强调原因。总之,"终"的句法环境发生了如下变化:[行域]结果分句→[知域]结论分句→[知域]原因分句。那么,"终"在知域中是如何从只用于结论分句演变为还可用于原因分句的呢?我们认为,是"终"字句处在连锁因果关系复句的中段时,整个复句发生了内部逻辑语义关系的重新分析所致。例如:

(213)这黄信是武官,<u>终</u>有些胆量,便拍马向前看时,只见林子四边齐齐的分过三五百个小喽啰来。(明·施耐庵《水浒传》第34回)

上例中存在连锁因果关系:黄信是武官(A)→黄信有些胆量(B)→黄信拍马向前(C)。这样,B既是A的结果,又是C的原因。这使得上句中"终"能发生从强调结论("终究"义)向强调原因("毕竟"义)的重新分析。

"终究"义时间副词"终"形成后,受到"竟"等其他词语的聚合类推,一度表现出向"究竟、到底"义疑问语气副词演变的倾向。试比较:

(214)邓艾口吃,语称"艾艾"。晋文王戏之曰:"卿云'艾艾',<u>定</u>是几艾?"(南朝宋·刘义庆《世说新语·言语》)
(215)裴启《语林》曰:"邓艾口吃,常云'艾艾'。宣王曰:'为云"艾艾",<u>终</u>是几艾?'……"(北宋·李昉等《太平御览》第464卷)

同样表示询问邓艾究竟说了几个"艾",《世说新语》用的是"定",而《太平御览》里用的却是"终"。这说明"终"在宋代有发展为疑问语气副词的倾向。再如:

(216)用之问诸葛武侯不死,与司马仲达相持,<u>终</u>如何?(《朱子语类》第136卷)
(217)遂使后生辈违背经旨,争为新奇,迎合主司之意,长浮竞薄,<u>终</u>将若何?可虑!可虑!(《朱子语类》第107卷)

上两例中的"终"也都表示"到底、究竟"义。但是,"终"的这种演变倾向并没有得到实现。在历史语料中,我们仅发现如下例所示的极个别用例。

(218) 张青对武松说:"二哥……我却寻个好安身去处与你,在先也曾与你说来,只不知你<u>终</u>心肯去也不?"(明·施耐庵《水浒传》第31回)

之所以如此,一是因为它的这种创新用法用例极少,且创新意义的心理解读难度较大(句法表层不能提供通向创新解读的启发,详见 5.4.1),二是因为它出现在宋代,而到了唐宋时期汉语追问标记基本是复音词占主导地位。与此形成鲜明对比的是"竟"(详见下文)。尽管"竟"的疑问语气副词用法在历史上也不多,但比"终"多得多,在汉代一直至宋代的文献中时或可见。这是因为"竟"的疑问语气副词用法早在汉代就已出现,而那时汉语追问标记基本是单音词占主导,这就便于"竟"的疑问语气副词用法的固化。

9.3.2.2 "竟"的历时演变

关于"竟"的本义,学界有两种观点:其一,乐曲终了说。《说文·音部》:"乐曲尽为竟。从音,从人。"段注:"曲之所止也,引申之凡事之所止,土地之所止皆曰竟。此犹'章'从'音''十'会意,儿在人下犹十为数终也。"《广韵》:"居庆切,去映,见。奏乐完毕也"。周楮全、王澄雨(1991)也认为"竟"本表奏乐完毕,词义扩大后,泛指"完毕,终止"。其二,祝祷终了说。徐山(2006)提出,因"竟"的篆文较甲骨文形体已有一些改变,故《说文》"从音,从人"的形体分析不确。他认为,"竟"字下方部件"兄"像人的祝祷状,而上方部件"辛"则表否定。"竟"字的甲骨文形体表示其本义为祝祷活动终了。不管做哪种理解,"竟"起初当表示某具体活动(如奏乐、祝祷)终了,后来泛指一切活动完结。例如:

(219) 秦王<u>竟</u>酒,终不能加胜于赵。(西汉·司马迁《史记·廉颇蔺相如列传》)

再后来,当"完结"义动词"竟"用在别的动词前时,便虚化为"最后"义时间副词,时间副词"竟"后来通过语境吸收发生语义主观化,开始表示"终于"义。[①] 例如:

[①] 周楮全、王澄雨(1991)认为,"竟"的"终于"义时间副词用法是直接从"完结"义动词演变而来的。我们认为,当经历了"最后"义用法这个中间阶段。

(220)其后楚日以削,竟为秦所灭。(西汉·司马迁《史记·屈原列传》)

上例"竟"既可理解为"最后",又可理解为"终于",甚至还可勉强理解为"完结"。这种从"完结"义到"最后,终于"义的演变也见于"终于""终归"。因为"终于""终归"的本义"以……告终/最终归于"中也含有完结义。上例中的"竟"作"终于"解时是时间副词,犹普通话"终于""到底"。时间副词"竟"从西汉到唐比较盛行。例如:

(221)陈胜虽已死,其所置遣侯王将相竟亡秦,由涉首事也。(西汉·司马迁《史记·陈涉世家》)
(222)赵王亦以括母先言,竟不诛也。(西汉·司马迁《史记·廉颇蔺相如列传》)
(223)奸臣竟菹醢,同恶随荡析。(唐·杜甫《北征》)

后来"竟"又从时间副词演变为表示追究的疑问语气副词。疑问语气副词"竟"主要见于东汉到元代,元以后逐渐式微。例如:

(224)夫如是,孟子言"其间必有名世者",竟谓谁也?(东汉·王充《论衡·刺孟》)
(225)长跪读素书,书中竟何如?(南朝梁·徐陵《玉台新咏·蔡邕·饮马长城窟行》)
(226)请看今日之城中,竟是谁家之天下?(唐·骆宾王《代李敬业传檄天下文》)
(227)太后复谓屋质曰:"议既定,神器竟谁归?"(元·脱脱等《辽史·耶律屋质传》)

上几例中"竟"都是疑问语气副词,犹"究竟""到底"。由于疑问语气副词"竟"相对于"定""独"等其他单音疑问语气副词(详见附录)来说,用得较少,故而多数辞书(如《汉语大字典》《汉语大词典》等)不收。只有少数辞书(如王海棻 1996、王政白 1986)收录。

9.3.2.3 "究"的共时变异和历时演变

9.3.2.3.1 "究"的共时变异

现代汉语中副词"究"有两种用法。一是作"毕竟"义评注语气副词,主要用于知域。例如：

(228) 还有一大套比较厉害而终于不得要领的理由,例如吃固无妨,而不吃尤稳,食之或当有益,然究以不吃为宜。(鲁迅《看镜有感》)
(229) 杨成协虽然力大,究不及周仲英功力精湛,手中钢鞭竟给他硬生生夺去。(金庸《书剑恩仇录》第3回)
(230) 况且尊夫人病重,这样的惊吓究属不宜。(茅盾《子夜》)

二是作"究竟"义疑问语气副词,主要用于言域,但所示追究语气不如"究竟"强烈(侯学超1998:139),后接单音词,且多用于书面(王自强1998:127)。例如：

(231) 不料至今仍未行。不知究要来否?(鲁迅《书信集·致郑振铎》)
(232) 国王惊讶之至,就问年轻人究因何事,忽然憔悴。(沈从文《女人不是上帝就是魔鬼》)
(233) 决定退却,终点究在何处,须以整个形式作为出发点。(毛泽东《中国革命战争的战略问题》)
(234) 这个问题究属何种性质,尚需研究。| 主事者究系何人,不得而知。
(235) 接待工作究应由谁负责?| 此事究应如何办理?

侯学超(1998:139)认为,即使在书面语中疑问语气副词"究"也用得很少。经考察发现,"究"的"毕竟"义评注语气副词用法主要见于早期现代白话作品。所以,《现代汉语词典》(第7版)也只收录了副词"究"的"究竟"义疑问语气副词用法,未收录其评注预语气副词用法。

那么,可不可以认为上述用法的"究"是"究竟"之省略形式呢?下面将从历时演变的角度做出回答。

9.3.2.3.2 "究"的历时演变

《说文》："究,穷也,从穴,九声。"《广韵》："究,居祐切,去宥,见。穷尽,终极也"。换言之,从字形来看,"究"本表示"追寻到(路径的)尽头",即"穷尽"义。例如：

(236) 穷美究势,至人之所不得逮,贤人之所不能及。(《庄子·盗跖》)
［陆德明《释文》："究,竟也。"］

(237) 朝游夕燕,究欢愉之极。(东晋至刘宋·谢灵运《拟魏太子"邺中集"诗序》)

后来,引申出"尽头"义名词用法。例如:

(238) 侯作侯祝,靡届靡究。(《诗·大雅·荡》)[毛传:"究,穷也。"]
(239) 其究为躁卦。(《易·说卦》)[孔颖达疏:"究,极也。"]

再后来,由于"穷尽"义跟"尽头"义的义差就是"到达"义,"究"又从这两个意义逐渐引申出"到达"义。这样,"下究"即"下达"义。① 例如:

(240) 故号令能下究,而臣情得上闻。(《文子·上仁》)
(241) 致泽靡下究,情不上通,事既壅隔,人怀疑阻。(后晋·刘昫等《旧唐书·德宗纪上》)
(242) 臣伏见国家每下赦书,辄云"敢以赦前事言者,以其罪罪之。"诚欲恩泽下究,而号令必信也。"(北宋·司马光《论赦札子》)

如果"究"的"到达"义和"尽头"义组合,则会形成"到尽头"义。谷衍奎编《汉字源流字典》(2003:310)认为"到头来,毕竟"义副词"究"由"穷尽,尽头"义名词"究"演变而来。我们认为,虽然副词"究"的意义归根结底跟"穷尽,尽头"义名词"究"不无关系,但其直接来源是"到尽头"义"究"。《古代汉语词典》(2003)就明确把"究"释为"达到终极/顶点",并举例如下:

(243) 时不至,不可强生;事不究,不可强成。(《国语·越语下》)

动词"究"的"到尽头"义今存于"研究""追究"等词中。"研究""追究"意谓钻研或追问(追查)到尽头。所以,其中的"究"引申出了"仔细推求,追查"义。由于"究"一开始就兼有[+到达]和[+尽头]两个义素,且可独立表示"到尽头,到最后"义,所以"究"早在"到底""究竟"形成前就已能用作"毕竟"义评注语气副词和"究竟"义疑问副词了。

语料调查显示,早在先秦,"究"就可表示"毕竟"义,此义"究"到清代还

---

① 正是因为"究"有"到达"义,在陕北晋语中"究底"相当于普通话中的"到底"。

可见到。例如：

(244) 虽则老,其究安宅。(《诗经·小雅·鸿雁》)
(245) 他现在已是掉在井里的人,我怕他不死,还要放块石头下去,究于良心有亏。(清·李伯元《官场现形记》第28回)
(246) 寒家虽在此住了三代,究是寄居,亲友甚少。(清·李汝珍《镜花缘》第13回)
(247) 独儿环儿仍是先前,究不甚钟爱。(清·曹雪芹《红楼梦》第104回)
(248) 盖假设辞气,可不言而喻。而释词注引礼檀弓:"子之病革矣,如至乎大病,则如之何"之句,以证"云"作"如"字之解,究属牵合。(清·马建忠《马氏文通》)

但是,汉语史上副词"究"相对于"到底""毕竟""究竟"来说,使用一直很少,且在历史文献中几乎难觅其"究竟"义用例。倒是在现代汉语里见到了少量用例,详见§9.2.3.1。

综上所述,现代汉语书面语中出现的"究"不是"究竟"的省形,而是历史的遗留。早在副词"究竟"出现之前,"究"就已有副词用法。当然,副词"究"在历史上使用较少,多表示"毕竟"义。它在(早期)现代汉语中也主要限于书面语,多表示"毕竟"义和"究竟"义。那么,为什么"究"在(早期)现汉中不需"竟"或"底"的配合就能独立表示"毕竟"义或"究竟"义,而"到""毕""竟"不行呢？这是语义滞留原则在起作用的缘故。因为"到""毕""竟"或只有表示运动的"到"义,或只有"完结"义,而"究"的语义结构中则兼有"到"义和"尽头"义。"究"表示"到尽头"义的用例在文献中确实可见。比如,下例中"究途"意即"到达路途的终点,完成"。

(249) 当世学士,恒以万计,而究途者无数十焉。"(东汉·王符《潜夫论·赞学》)[汪继培笺:"究涂,言非半涂而废也。"]

9.3.2.4 "讫""遂"的历时演变

"讫"本义是"完结,完毕",后来引申出"终究"义。试比较:

(250) 岁暮井赋讫,程课相追寻。(南朝宋·鲍照《拟古》)
(251) 才疏意广,讫无成功。(南朝宋·范晔《后汉书·孔融传》)

"遂"本有"完成,成功"义。今之"犯罪未遂"中的"遂"意即"成功"。再如:

(252) 功成名遂,名誉不可虚假,反之身者也。(《墨子·修身》)
(253) 弟子遂之者,兰陵褚大,东平嬴公,广川段仲,温吕步舒。(东汉·班固《汉书·儒林传·胡母生》)[颜师古注:"遂谓名位成达者。"]
(254) 从此朔方兵,收京功乃遂。(清·王摅《谒睢阳庙》)

后来,引申出"终于,到底"义。例如:

(255) 固将朝也,闻王命而遂不果,宜与夫礼若不相似然。(《孟子·公孙丑下》)
(256) 范苦譬留之,遂不肯住。(南朝宋·刘义庆《宾主无愧色》)
(257) 崖在京下有好桃,玄连就求之,遂不得佳者。(南朝宋·刘义庆《世说新语·排调》)

9.3.2.5 "了""却"的历时演变

在古代汉语里,"了"和"却"都可以用作"究竟"义疑问语气副词。例如:

(258) 吁天高未动,望岁了如何?(北宋·曾巩《酬介甫还自舅家书所感》)
(259) 臣闻人臣宅于家……如令骨肉归土,魂无不之,虽欲自近,了复何益?(北宋·欧阳修、宋祁《新唐书·姚南仲传》)
(260) 此时俺主唐元帅却在那里?探子,你喘息定了,慢慢的再说一遍咱。(元·关汉卿《单鞭夺槊》第4折)
(261) 那派生得来矮罢……胸凸报,肚垒垂,却是那些儿引动你?(元·王伯成《天宝遗事诸宫调·力士泣杨纪》)
(262) 西门庆心中不足,心下转道:"却是甚么?"(明·兰陵笑笑生《金瓶梅》第48回)
(263) 仁兄颜色不善,却是为何?(明·佚名《英烈传》第1回)

有些辞书,如雷文治(2002:208),已收录"了""却"的"究竟"义。我们推测,"了""却"的疑问语气副词用法可能都是从"了结,了却"义动词用法发展而来。这在出现时间上是说得通的,因为表示完结的"却"在唐以前就有(曹广顺1995),而疑问语气副词"却"大概到元代才出现。

根据葛佳才(2005:171—180;205—225)的考察,时间副词"初""终"

"素""更"和语气副词"曾""了""殊""绝""断""决""切"都有强化否定语气（表示完全否定）的作用，一度是否定极项。在这些词中，除"曾"是通过假借获得强化否定语气用法外，其他都是由"完结"义动词直接虚化而来。葛佳才没有明示具体原因。我们认为，这是因为终结即完成，完成中含有[＋完全]义素，这与强化否定（表示完全否定）的意义是相通的。"殊""绝""断""决""切"的完结义都源自"断绝"义①。在引申出"完结"义后，其原义仍很常用，而"了"在引申出"完结"义（例如：了结、了断）后，其原义——"交结"——逐渐废弃。因此，"了"能从"完结"义用法发展出疑问语气副词用法，而其他几个词语却不能。同样，"初""终""素""更"都可用来强化否定语气，表示完全否定，但只有"终"发展出了疑问语气副词用法。因为只有"终"的词义中明显含有[＋完结]义素，并且"完结"义是"终"的常用义。

上面的论述表明，肯定句中强化肯定语气、否定句中强化否定语气、疑问句中强化疑问语气这三种语用功能是相通的。Eckardt（2006：262）曾明确指出："焦点小词的强化否定的作用只是其凸显焦点的作用在否定句中的表现而已。"照此类推，肯定极项只是焦点小词凸显谓语中心充当的焦点的作用在肯定句里的表现而已，追问标记只是焦点小词在疑问句中凸显疑问成分充当的焦点的作用的表现而已（详见附录）。

9.3.2.6 "果"的历时演变

"果"本表示（树木的）果实，后转指树木结果，进而泛化为"（事情有了结果，）完毕/实现"。相应地，事情没有结果就用"不果"。例如：

(264) 公乃辞乎晏子，散师，不果伐宋。（《晏子春秋·内篇·谏上·第二十二》）
(265) 嬖人有臧仓者沮君，君是以不果来也。（《孟子·梁惠王(上)》）
(266) 虽知之深，亦不果荐也。（北宋·欧阳修《梅圣俞诗集序》）
(267) 正德、万历、崇祯间，诸君请续封帝后，及加庙谥，皆下部议，不果行。（清·张廷玉《明史·恭闵帝记》）

上几例中"不果VP"犹"没VP成"，意谓主体曾试图VP，但没有做成。其中，"果"跟强调事件发展最终结果之反期望的"终究""到底"有些相似。"不

---

① 葛佳才(2005：210—211)认为，"殊"的本义是"断（绝）""死（亡）"（段注：凡汉诏云殊死者，皆谓死罪也。死罪者，身首分离，故曰殊死。）"断（绝）"意味着联系的终止，"死（亡）"义意味着生命的终止。所以，"殊"的语义演变线索是：断绝→死亡→完结。

果 VP"犹"终究/到底没 VP"。再后来,"果"从"完结"义动词虚化为时间副词(易孟醇 2005:424),意即"最后,终于"。例如:

(268) 吴王不能止,<u>果</u>伏剑而死。(《吕氏春秋·忠廉》)[高诱注:"果,终也。"]
(269) 晋侯在外十九年矣,而<u>果</u>得晋国。(《左传·僖公二十八年》)
(270) 佞之见佞,<u>果</u>丧其田;诈之见诈,<u>果</u>丧其赂。(《国语·晋语三》)
[韦昭注:"果,犹竟也。"]

之后,完结义"果"在状语位置演变为表示追究的疑问语气副词,犹"究竟"。① 例如:

(271)(齐湣王)谓公玉丹曰:"我已亡矣,而不知其故。吾所以亡者,<u>果</u>何故哉?"(《吕氏春秋·审己》)
(272) 不知其人<u>果</u>如何耳。(唐·韩愈《与冯宿论文书》)
(273) 贤愚各有用,尺寸<u>果</u>谁长?(北宋·王安石《答冲卿》诗)
(274) 汉魏时夷狄未有可汗之名,不知<u>果</u>谁之词?(南宋·胡仔《苕溪鱼隐丛话前集·杜牧九》)
(275) 人君之职为天养民者也,然一人至寡也,天下至众也,人君<u>果</u>何以养之哉?(明·方孝孺《甄琛》)
(276) 天下<u>果</u>何时而太平乎哉?(明·李贽《答耿中丞》)

无独有偶,德语里"结果,结局"义 ergebnis 也发展出了表示追究语气的用法(详见附录)。综上,古汉语中"果"的发展经历了"毕竟"类词语演变的前两步,即:"完结"义动词→时间副词→疑问语气副词。

9.3.2.7 小结

综上所述,历史上"完结"义单音词"终""竟""究""了""却""果"的多义模式如下表所示:

---

① 一说疑问语气副词"果"源于"真,确实"义"果",犹古代汉语"端的"(详见第六章)及英语 exactly 可以表示追究语气一样。支持该例的证据是《汉语大字典》"果"条"究竟,到底"义下举了下例:
(18) 储子曰:"王使人问夫子,<u>果</u>有以异于人乎?"(《孟子·离娄下》)
而该例中"果"勉强也可作"真,果然"义解。但是,这种可以作两可解释的过渡用例极少。

第九章 "完结"义副词的其他用法和其他"完结"义副词

表9-4 常见单音完结表达的多义模式

	讫	遂	终	究	竟	果	了	却
"完结"义动词	+	+	+	+	+	+	+	+
时间副词	+	+	+		+	+		
评注语气副词			+	+				
疑问语气副词			?	+	+	+	+	+

观察上表可以发现,第一行中为加号的,最后一行往往也是加号。换言之,有"完结"义的词语往往同时兼有疑问语气副词用法,即"完结"义跟表示对问题答案的追究语气用法之间存在系统关联。上表所显示的汉语史上的"完结"义单音节词的历时演变可以表示如图9-5。图中暂时忽略了"最终"义和"毕竟"义。在最里层,双实线框住的是"讫""遂"的演变,单虚线框住的是"了""却"的演变。在最外层,粗线框住的是"终""究"的演变,虚线框住的是"果"的演变。剩下的中间那层单实线框住的矩形里的是"竟"的演变。

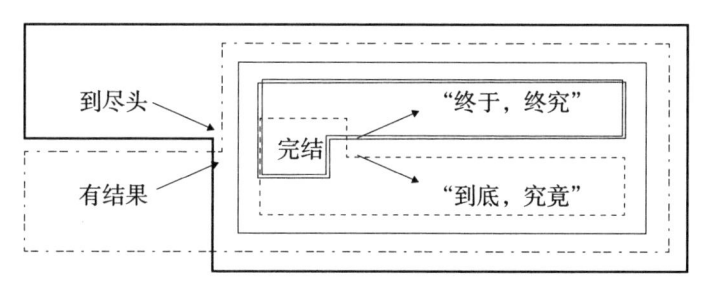

图9-5 "完结"义单音词的语义地图

如果说"终""竟""了""却""果"对"完结"义的表达是抽象的,那么"到底""到头""始终""终究""终归"等复合词对"完结"义的表达则是具体的。"到底""到头"的词义中[TO]和[END]这两个概念可以合成为一个复合概念[完结]。例如:

(277)我想,他若老是保持着像那天文协年会时给我的坐在台上的那个印象,那么,我恐怕就不会这样的对他随便,而只好远远的对他恭而敬之到底了吧?(吴组缃《雁冰先生印象记》)≈只好远远的对他恭而敬之,这大概是最好的结局吧?

(278)圣英一想,人家是冲着我,由我一个人盯着到头了,何必株连旁人跟我受累呀!(清·张杰鑫《三侠剑》第59回)

(279)倘若任其发展,最后演变成"心冷淡",那么,夫妻关系也就到头

345

了。(《北京晚报》,2001-03-10)

上几例中"到底""到头"均可替换为"完"。而"始终"的词义"自始至终"中含有的"至终"实际表示的也是[TO+END]概念,"终归""终究"的词义"最终归于""最终抵达"衍推完结义。所以"始终""终归""终究"对"完结"义的表达是间接的。正因为它们跟"到底""到头""究竟"等一样是以解析式间接表示"完结"义的,所以呈现出跟"到底""到头""究竟"类似的演变路径("到头"的演变详见第十章),即它们的评注语气副词和疑问语气副词用法是直接从介宾短语或名词短语词汇化而来。而"终""竟""了""却""果"等是以综合式表示"完结"义的。它们向副词的演变跟"到底""究竟"等差别较大。它们的评注语气副词和疑问语气副词用法是从时间副词演变而来的。

第十章 "完结"义副词共时变异与历时演变的综合考察

10.1 引言

根据前几章的考察,汉语史上短语"到底""究竟"都可以表示"到最后"义。动词"究"因兼有"到达"义和"尽头"义,而无需"竟"的配合就能独立表示"到尽头,到最后"义。"始终"的语义结构"自始至终"中含有"到最后"义。"终归""终究"的真值条件义都是"最终归于"义,而"最终归于 x"跟"到 P(x)的最后"义近(其中,P(x)表示以 x 为终点的运动)。总之,"究""到底""究竟""始终""终归""终究"的真值条件义有重叠部分。它们以"到尽头""到最后""最终归于"等不同方式形象地表达了(运动或活动)完结这个概念。而实词或结构的真值条件义往往决定了它沿什么路径、朝什么方向语法化以及最终表示什么语法意义(Bybee et al. 1994:9—22)。① 所以,"到底""究竟""始终""终归""终究"呈现出了近似的演变路径,即:

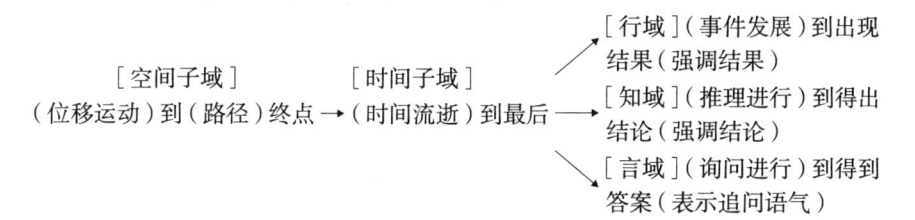

```
                                    ↗ [行域](事件发展)到出现
                                        结果(强调结果)
[空间子域]          [时间子域]        → [知域](推理进行)到得出
(位移运动)到(路径)终点 → (时间流逝)到最后      结论(强调结论)
                                    ↘ [言域](询问进行)到得到
                                        答案(表示追问语气)
```

图 10-1 "到底""始终""终归"等词的演变路径

---

① Andersen(1973)指出,语法化在一步步展现出来前,其最终演变结果已完全在源形式的底层表征(underlying representation)中给出了。Sapir(1921)也提出,语言的某些变化要跨越很长时间。这种变化是语言演变的沿流(drift)。其表现是,在一段较长时间内一些看似不相关的演变都指向一个共同的目标。(Hopper & Traugott 2001:95)

347

跟"究""到底""究竟""始终""终归""终究"相比,"毕竟""终""竟""了""却"等对完结概念的表达则是抽象的、直接的。它们遵循的演变路径是:

完结 → [时间子域] 最后 → [行域] 对事件发展的最终结果的强调
　　　　　　　　　　　　　[知域] 对推理的最终结果(即结论)的强调
　　　　　　　　　　　　　[言域] 对询问行为终极目标(答案)的主观追究
　　　　　　　　　　　　　　　　(表示追问语气)

图 10 - 2　"毕竟"和"终""竟"等单音词的演变路径

那么,上述两种演变模式能否在汉语其他"完结"义词和外语对应词语的历时演变中找到旁证呢?下面试做探讨。

10.2　汉语"完结"义副词的跨方言考察

10.2.1　现代汉语方言中"完结"义副词的多功能性

10.2.1.1　至竟(则竟)

调查可知,方言中"至竟"犹普通话"到底",多见于吴语(如江苏无锡话)。例如:

(1) 苟五、六与一、二易地而处,未为序倒而体乖也。然三、四而下,直陈至竟,中无疏宕转换……(钱钟书《谈艺录》)

在吴语浙江象山话中,"至竟"有"终究"义(许宝华、宫田一郎 1999:1867)。而在贵州毕节话中"则竟"兼有"毕竟"义评注语气副词和"究竟"义疑问语气副词两种用法。例如:

(2) 则竟去了就是去了,没得去就是没得去。|则竟有就是有,没得就是没得。(西南官话·贵州毕节话)

(3) 你则竟得了人家的东西没得?得了还给人家。|你则竟吃了没得?不要讲客气呕。(西南官话·贵州毕节话)

那么,"至竟"和"则竟"到底是什么关系?因两者音近义通,我们推测它们是同词异写，"至竟"是本词。那么，事实如何呢？详见§10.2.2.1进行的历时考察。

10.2.1.2 到罢(到巴/到把/到靶/到坝)

"到罢"又写作"到巴""到把""到靶""到坝"(下文统一记作"到罢"，但例句中仍保持原作或被调查人的写法)，犹"到了""到底"，意即"到终了"。试对比：

(4) 年纪<u>到巴</u>作_{到头}/差不多了。(吴语·江苏启东话)
(5) 年纪本来也<u>到了把</u>，瓜熟自落。(王鲁彦《屋顶下》)

在例(5)中，"到罢"内部插入了体标记"了"。这表明该例中"到罢"原本很可能是动宾短语。推而广之，现代汉语方言中的支配式复合词"到罢"很可能源于历史上的动宾短语。

在吴语上海话、徽语绩溪话中，"到罢"还可表示"(事物具有某属性的程度)达到极限"。① 比如，上海话"功夫到巴"犹言"功夫好到家了"，极言功夫之好。再如：

(6) 迭椿生活做来<u>到巴</u>个_{这个活干得(好)到家了}。(吴语·上海话)
(7) 尔尔回考尔的几分_{你每回那么几分}，真係<u>到把</u>了_{真是(差)到家了}。(徽语·绩溪话)

上两例中"到罢"，许宝华、陶寰(1997)和赵日新(2003)分别释作"达到相当的水平"和"到了最坏的程度"。我们认为，这是随文释义，没考虑到谓词隐含现象。上两例中"到罢"前隐去了"好""差"之类谓词。"达到相当的水平"义和"到最坏的程度"义都是"到极限"义的语境实现。换言之，"到罢"用于属性域时，它所形容的属性可以不诉诸语言编码(即实现形容词隐含)。再如：

---

① 崔山佳(2006:6)把"到罢"解释为"(时间、年龄等)到了一定极限"，并举例如下：
(1) 时候<u>到坝</u>了，稻好割了。｜年纪<u>到坝</u>了，好结婚了。
(2) 见他……一手拿着烟枪，一手执着烟扦……吃得正是<u>到坝</u>时候。(彭养鸥《黑籍冤魂》第4回)
我们认为，例(2)中"到罢"不是指时间到了极限，而是指(抽烟的过瘾)程度到了极限。崔先生的解释应改为"(时间流逝、属性变化等)达到极限"。年龄是时间的一种，不需单列。

349

(8) 我本事差不多<u>到巴</u>哉。(《说新书》三,吴语·上海话)

(9) 我看你也是<u>到巴</u>了。(徽语·绩溪话)

在晋语山西溯县话、忻州话和陕北话中,"到罢"可用作"终于,终究"义时间副词和"究竟"义疑问语气副词。例如:

(10) 你<u>倒把</u>儿_{终于}来了。(晋语·山西溯县话)

(11) 我<u>到罢</u>儿_{终究}也没赶上他。(晋语·山西忻州话)

(12) 他<u>到巴</u>儿_{到底/究竟}来哩不?(晋语·陕北话)

(13) 老四<u>到靶</u>儿_{到底/究竟}走咧没裸_{没有}?(晋语·山西忻州话)

10.2.1.3 到了

方言中的"到了"犹普通话中的"到底",有四种用法:"完结"义短语、"最后,终于/终究"义时间副词、"毕竟"义评注语气副词、"究竟"义疑问语气副词。在北京话、冀鲁官话(河南新乡话、山东济南/枣庄话)中,"到了"主要用作短语和时间副词。在西南官话湖北襄樊话、中原官话安徽阜阳话中,"到了"分别主要用作评注语气副词和疑问语气副词。在东北官话黑龙江哈尔滨话和兰银官话宁夏银川话中,"到了"分别主要用作时间副词和疑问语气副词。例如:

(14) 手段使尽,<u>到了</u>儿_{(到)最后/终究}她也没把儿子管教好。(《北京晚报》,1987 - 08 - 13)

(15) <u>到了</u>儿_{(到)最后}这事儿总得解决。(冀鲁官话·山东济南/枣庄话)

(16) 他<u>到了</u>_{终于}还是赢啦,累得满头大汗。| 他<u>到了</u>_{终究}没来。(东北官话·哈尔滨话)

(17) 心里一直在斗争,博客<u>到了</u>_{毕竟}是好东西,开还是不开?(西南官话·湖北襄樊话)

(18) 他<u>到了</u>_{究竟}走了没有?你要问清楚。(中原官话·安徽阜阳话、兰银官话·宁夏银川话)

如上所示,在表示客观真值义——"(到)最后"——时,"了"常可儿化。在冀鲁官话(河北保定话)里,"到了"还可以扩展成"到归了儿"。例如:

(19) 他<u>到归了</u>儿还是去了。(冀鲁官话·河北保定话)

而在表示主观强调义——"终于,终究""毕竟""究竟"——时,"到了"中的"了"很少儿化。

10.2.1.4 到头

"到头"习见于现代汉语方言,南北方均有。比如,贵州毕节、湖南衡阳、河北邯郸以及江苏常州、江阴、高邮、连云港等地方言中都有"到头"。但是,相对来说以南方居多。"到头"多表示"到尽头"义或"(到)最后,终究"义。例如:

(20) 一个揖作到底,一条船撑到头_{到尽头}。(西南官话·贵州毕节话)
(21) 吵吵闹闹能偕老,恩恩爱爱不到头_{到最后}。(江淮官话·江苏连云港话)
(22) 鸡婆带鸭仔_{母鸡照料小鸭},到头_{到最后/终究}一场空。(湘语·湖南长沙话)
(23) 小户摔着汗珠子开一两垧荒,到头_{最后}都由他霸占。(周立波《暴风骤雨》第Ⅰ部四)

但偶尔也可表"到本质、(程度变化)到极限"义。这时它多做状语或补语,偶做谓语。如:

(24) 说到头_{到本质},您毕竟是一个仁慈并且心软的人。(卡夫卡《致父亲》)
(25) 腴_{丰满}也轮不上你,你也就捏捏她手到头_{到极限}了。(王朔《橡皮人》)

但现代方言中"到头"很少有评注语气副词和疑问语气副词用法。在我们调查的范围内,仅在广州和山东等地极少数方言中"到头"有"毕竟"义评注语气副词用法。例如:

(26) 王侯将相与草民百姓有何区别?到头_{毕竟}这一生难逃那一日。(庄小鱼《像杂草一样疯长》第 90 页)
(27) 提倡在继承的基础上创新……因为"入帖"最终为了"出帖"。继承到头_{毕竟}是第二,创新才能有第一,这是人所共知的道理。(曹柏昆《希望在于继承》)

那么,"到头"在汉语史上有无评注语气副词用法和疑问语气副词用法呢?详见下文§10.2.2.4。

10.2.1.5 到尾

在闽语和粤语中,短语"到尾"犹普通话"到底""到头"。例如:

(28)要交这样纳那样,一年到尾到头辛苦呀刀到底能养得活几口人?(舒巷城《雪》)

"到尾"做短语时可以插入体标记,扩展成"到了尾/到落尾"。例如:

(29)我来真久这么久咯,伊到了尾则叫人来讲伊不来。(闽语·福建厦门话)
(30)逐个大家拢散阵散伙,到落尾伸我家己咧收拾物件东西。(闽语·福建厦门话)

短语"到尾"兼有空间运动义("到尾部,到尽头")和时间流逝义("到最后")。例如:

(31)十月的甘蔗——甜到尾。(欧阳若修《中国歇后语大词典》)
(32)西王萧朝贵……天王的妹夫教育会员要站稳立场,跑路跑到尾,莫转左转右也。(盛巽昌《太平天国文化大观》)
(33)因此,使一些商数不能一连到尾,而需要连商几段。这就出现几节的加减乘积的动作。(陈升《珠算学》)

上三例中"到尾"的语义分别是"到尾部""到尽头"和"到最后"。

短语"到尾"做补语时常出现在位移或动作动词后(见例(32)(33)),但也可用在形容词后,如"从头错到尾的爱情悲剧"。做补语时还常跟"从头"之类源点表达组成"从头~到尾"之类框式结构,表示"(空间域位移运动)从(路径)源点进行到终点"或"(时间域活动)从开始持续到(过程)最后",例如:由头望不到尾的长队、从头走到尾、从头笑到尾的幽默、从头"癫"到尾的演唱会。

在闽语福建泉州话中,时间域"到尾"兼有客观真值义"(到)最后"(见例(34)(35))和主观强调义"终究,最终一定"(见例(36))。

(34)好歹到尾到最后才会知。(傅孙义《泉州俗语故事》)

(35) 到尾_{最后}ha⁵⁵个关将跳河自杀 o⁴⁴。(张慧英《语言现象的观察与思考》)

(36) 劝哥若卜免嘴紧_{不要太着急},姻缘到尾_{终究}会成。(闽语·福建泉州话)

而且,在闽语和粤语中"到尾"跟普通话"到底"一样,能残缺编码"说到底"义。例如:

(37) 太上老君:一言到尾,万万不能干涉人间的事。(电视剧《搜神传》第1集)

上例中"一言到尾"意即"一句话说到底,总之"。言说概念的零编码(详见§3.2.2.2.2)为短语"到尾"向"毕竟"义评注语气副词演变提供了条件。据许宝华、宫田一郎(1999:3325)和许极炖(1998:346),在闽语台湾话、福建厦门话、广东中山隆都话及粤语广东增城话中,"到尾"有"毕竟"义。

10.2.1.6 到老

在湖北等地方言中,"到老"表示"到最后,到头来"义。例如:

(38) 芒种不见苗,到老不见桃。(湖北话)
(39) 练功不收功,到老一场空。(黄瑞彬《中国民间四季养生秘诀》)

在东北官话黑龙江哈尔滨话和佳木斯话中,"到老"可用作"终于,终究"义时间副词。如:

(40) 白费了半天力气,到老还是过不去江。(杨朔《三千里江山》)

在胶辽官话山东长岛话和牟平话中,"到老"还用作"一直"义时间副词。这跟汉语史上"到底"等其他"完结"义词相似。例如:

(41) 你不能到老_{一直}这么样。(胶辽官话·山东牟平话)
(42) 到老_{一直}这个样儿还行吗?(胶辽官话·山东长岛话)

在东北官话辽宁沈阳话和冀鲁官话中,"到老"可用作"究竟"义疑问语气副词。例如:

353

(43)到老究竟怎么样？你给我个明确任务来。（杨朔《北线》）

在吴语浙江温州话中，"到老"还用作"反正"义语气副词（详见沈克成、沈迦 2004：75；郑张尚芳 2008：330—331），可后附语气词"煞"。"到老煞"可缩合为"到煞"。例如：

(44)随便你那嘗讲怎么说，我到老(煞)反正不听。（吴语·浙江温州话）
(45)迲个皮箱夰我爻这个皮箱给我吧，你到(老)煞冇用反正没用。（吴语·浙江温州话）

10.2.1.7 到半（到伴）、到究（倒究）

"到半"又作"到伴"，在晋语里是"终于"义时间副词，犹普通话"到底"。例如：

(46)他到半还是来啦。（晋语·山西隰显话）
(47)尔刻红军真的要来了，咱穷人翻身的一天到伴要来了！（贺敬之《惯匪周子山》）

"到半"疑似"到罢"的音变，因为其读音［tɑu⁵⁵ pər⁵⁵］近于"到罢"。在陕北晋语里，它还有"究竟"义疑问语气副词用法。例如：

(48)我才将听老乡说过了，周子山这人到伴究竟怎样？（晋语·陕北话）

"到究"又作"倒究"，在方言中兼有"终于"义时间副词、"毕竟"义评注语气副词和"究竟"义疑问语气副词三种用法。其时间副词用法见于山西北部晋语，评注语气副词用法见于吴语上海话，疑问语气副词用法见于吴语上海话和苏州话、晋语和兰银官话。例如：

(49)他装货郎担，倒究终于脱了险。（孔厥《人民英雄刘志丹唱本》）
(50)到究毕竟是小青年，勿怕冷。（吴语·上海话）
(51)侬你倒究究竟来勿来？（吴语·上海话/苏州话）
(52)只有这里才能证实他亲爱的人倒究究竟是死了还是活着！（路遥《平凡的世界》第 32 章，晋语·陕西榆林话）
(53)你说你到究究竟拿了没？（兰银官话·甘肃山丹话）

其"终于"义当是从"(在)最后"义引申而来,后者又是从"到最后"义引申而来。

"到最后"义"倒究"在反预期语境中通过语境吸收获得了"结果,原来"义。例如:

(54)老汉:(捉住老婆手中的带子)可把你捉定了啊,我说我这树是谁糟蹋的,<u>倒究</u>是你这死老婆子!(苏一平、陈明《延安文艺丛书》第七卷)

上例中,"到究"的字面意义是"搞/弄/闹到最后"。因泛义动词"搞/弄/闹"隐含,①即零编码,其字面意义"搞/弄/闹到最后"在上例所示反预期语境中的语用推理义——"结果(发现真实情况是),原来"义——被重新分析为"到究"的词义。"到究"也随之演变为醒悟语气副词。类似演变也见于河南新蔡话、内蒙古后套话"半天"和山东话"归齐",分别详见本页脚注①和§10.2.1.8。

那么,现代汉语方言中的副词"到究"是如何形成的?详见下文§10.2.2.8的考察。

10.2.1.8 归齐(归其)

在山东话、天津话和北京话中,"归齐"又作"归其"。这从下两例中"归齐"和"归其"都表示"到最后"义可以窥见一斑。其"到最后"义在话段末尾实现为"(说)到底"义。

(55)"这就是我要说的其三了——留心。说<u>归齐</u>还是一句话,管咱们的都是国家机器的组成部分,人家辛辛苦苦保护咱们,咱们得跟人家一条心呐。"(魏润身《走向春深》,北京话)

(56)说<u>归其</u>就是看原先穷得叮当响的村民们变得富裕些了,心里就痛快。(何申《年前年后》,天津话)

其实,方言中"归齐"是个多功能词,不仅有"到最后"义,还有"总之""原来"等多种意义。下面详加考察。

---

① 同理,河南新蔡话中表示"结果(发现真实情况是),原来"义的"弄了半天"里泛义动词"弄"的隐含导致"半天"演变为醒悟语气副词。例如:
(3)我说以为他们走了哩,<u>半天</u>结果/弄到最后他们还在这等着。(中原官话·河南新蔡话)
(4)我说咋怎么找不到那本书哩,<u>半天</u>原来是你拿走了。(中原官话·河南新蔡话)

第一,"最后"义时间名词。例如:

(57) 归其赔了他二百块钱,算拉倒了。(任均泽、鲁西 1986,山东德州/平原话)
(58) 没人送她,归齐她自个儿走的。(许宝华、宫田一郎 1999,天津话)
(59) 咱什么也干,干到归齐,还是瞎凑热闹。(老舍《文博士》,北京话)
(60) 说到归齐,大家谁都不晓得所长太太与小赵的关系……(老舍《离婚》,北京话)
(61) 闹到归齐,都是自个吃亏。(孙芋《妇女代表》,山东聊城/莘县话)
(62) 当时的社会,媳妇随便告老公公那哪行啊。再说,老公公扒炕,存心不良的事,小媳妇也说不出口。闹到归其,理都跑到老公公那边去了,把个小媳妇急得直哭。(刘永峥《刀笔王绳志的传说》,东北话)

"最后"义"归齐"常用在固定短语"弄/闹/说了归齐"中。例如:

(63) 洪、杜:"超产不是得奖吗?"关:"去年倒说给奖呢,弄了归齐,来蹲点的什么县社王主任一句话,少给一百块钱。"(邹春瑞、赵金安《卖桃》,《辽宁群众文艺》,1982-01-11,东北话)
(64) 若是冒冒失失地报上三四斤,闹了归齐才卖了九百多个,那可就坐蜡啦!(田心上《人人都有爱国心》,《辽宁文艺》,1955-06-05,东北话)
(65) 老李,闹了归齐,还是张大哥的一流人物!(老舍《离婚》,北京话)
(66) 说了归齐,还是有人老觉着是给经理干活儿,吃经理的饭。(老舍《春华秋实》,北京话)

在固定短语"弄/闹/说了归齐"中,"了"表示"到"义。这一点通过对比例(60)和例(66)即可明白。这两例都出自老舍笔下,前者用"说到归齐",后者用"说了归齐",而表义相同。① 所以,现代汉语方言中固定短语"弄/闹了归齐"意即"弄/闹到最后"。在叙述新发现的客观事实出乎主观预料的语境(即反预料语境,如例(65))中,它们通过语境吸收获得了"结果,原来"义用法,即表示醒悟语气的用法。所以,例(65)中"闹了归齐"可以替换为"结果"或"原来"。

---

① 弥松颐《京味夜话》(1999:159)明确指出,北京话中的"闹了归齐"又写作"闹到归齐"。

跟北京话中"弄/闹了归齐"相似,湘语湖南冷水江话中"搞圆功"也可表示"结果,原来"义。例如:

(67)几他<u>搞到圆功</u>原来只不过是个科长,我还以为好大的官呢!(湘语·湖南冷水江话)

"搞圆功"的"结果,原来"义醒悟语气用法源于"搞到最后"义短语用法。在冷水江话中,"圆功"本表示"完工,结束"义。"搞到圆功"意即"搞到完了,搞到最后"。例如:

(68)<u>搞到圆功</u>哪个谁都不喜欢他。(湘语·湖南冷水江话)
(69)<u>搞到圆功</u>一分钱都没赚到。(湘语·湖南冷水江话)

有些辞书把固定短语"弄/闹了归齐"的意义与其组成部分"归齐"的意义相混。比如许宝华和宫田一郎(1999)、罗竹风(2002)把例(63)(64)中的"归齐"释作"结果"。我们认为不妥,因为在这两例中表示"结果"义的是"弄/闹了归齐"这个整体,而不是其组成部分"归齐"。但不可否认的是,在其他语境中(如用于句首时)"归齐"可以表示"结果"义。其"结果"义是"最后"义的自然引申。所以,在实际语料中,有时"归齐"的"最后"义和"结果"义难以截然分开。例如:

(70)等了好长时间,<u>归齐</u>他也没有来。(山东德州/平原话)
(71)<u>归其</u>怎样?吹牛的还是升了官,说实话的倒遭了贬。(李杰《高粱红了》)
(72)本来他要说美人、佳人,都觉乎着不合适,<u>归齐</u>还是落到"夫人"上。(刘英男主编《中国传统相声》卷五,《落榜艳遇》)

第二,"终于,终究"义时间副词。"归齐"的"终于,终究"义是其"最后,结果"义经历主观化的产物。[①] 所以,在实际语料中,其"终于,终究"义和"最后,结果"义有时难以截然分开。比如,下几例中的"归齐",在表示主观强调义——"终于,终究"义——的同时,还滞留有客观真值义——"最后,结果"义。"归齐"在首例中犹"最后,终究",在次例中犹"最后,终于,终究",在

---

① 语义主观化可概括为从客观真值义到主观强调义(即强调某结果的久盼而至或力避还来)。

末例中犹"最后,结果,终究"。

(73)花了老些钱,我的疮归齐也没有好。(许宝华、宫田一郎1999,冀鲁官话·山东聊城/莘县话)

(74)你归齐还是怕麻烦了。(许宝华、宫田一郎1999,冀鲁官话·河北东部话)

(75)白白准备了好几天,归齐还不让我去。(许宝华、宫田一郎1999,东北话)

(76)他盼了很久,归齐还是没去成。(阮智富、郭忠新2009,北京话)

有的辞书,如许皓光和张大鸣(1988)、罗竹风(2002)把"终于,终究"义"归齐"释为"结果"。其实,这是一种随文释义,不能覆盖所有同类用例。比如,在例(73)—(76)中,只有例(75)(76)中的"归齐"可以随文释作"结果",因为这两例中的"归齐"都位于句首,且分句主语承前省略了。

第三,起语篇总结作用的"总之"义话语标记。例如:

(77)不管怎么说,归齐还是该你去。(缪树晟1989,西南官话·四川话)

在该例中,"归齐"分句的前一分句末尾有言说动词"说",这使得该例中的"归齐"可以转指"说归齐"。"说归齐"意即"说到最后,总之"。所以,我们推测"总之"义话语标记"归齐"可能是从介宾短语"归齐"演变而来。具体情况如何,详见下文。

第四,"总共"义量化副词。① 例如:

(78)归齐不到一个月,你抓紧干完得了。(陈刚等1997,北京话)
(79)归齐不到一个月,你就来讨债啦!(阮智富、郭忠新2009,北京话)
(80)她每年回家的路费归齐要花掉1000多元钱。(朱景松2007)
(81)海甸镇这样的冷落,又这样的小,归齐只有两条街似的,一走就要完。(朱景松2007)

罗竹风(2002)把"归讫""归齐""归其"当作三个词,分别释为"结果,终

---

① 这里把相对客观的量化副词用法排在了更为主观的话语标记用法之后,主要是为了照顾话语标记用法的"归齐"和时间词用法的"归齐"同源(都源于"归迄"),而跟量化副词用法的"归齐"异源(量化副词用法的"归齐"源于"归起",详见下文)的事实。

于"、"结果,终于,终究"和"原来"。我们认为这种做法不妥。其实,它们记录的是同一个词,强调结果是其主要用法。至于"原来"义醒悟语气副词用法,本质上是"弄/闹了归齐"等固定短语的(详见上文)。由于其中的"弄/闹"发生了语义泛化和虚化,所以它们可以不出现。这导致"归齐"有时可以独立表示醒悟语气,犹"原来"。例如:

(82)我当是谁,<u>归其</u>是你。(许宝华、宫田一郎 1999,山东平度话)

许宝华、宫田一郎(1999)径直把上例和例(83)中的"归齐"释为"原来"。但据我们考察,现代汉语中"归齐"的"原来"义用例较少,且都可看作"弄/闹了归齐"等的截略形式,正如河南新蔡话、内蒙古后套话中醒悟语气副词"半天"可以看作"弄/闹了半天"的截略式(新蔡话、后套话现象分别详见第355页脚注①和杨开昌 2011)。弥松颐《京味夜话》(1999:159)指出,"弄/闹了归齐"截略成"归齐"是有条件的,即"闹/弄"隐于语境或承前省。例如:

(83)闹啦半天,<u>归其</u>才三个人。(许宝华、宫田一郎 1999,辽宁沈阳话)①
(84)"闹吧,很闹了一场;<u>归齐</u>,是我算底;丁二——"(老舍《离婚》,北京话)

上两例中"归齐"转指"闹归齐",其中的"闹"承前省略了。而且,在第一分句中"闹"都后接表示完成体意义的助词"啦/了"。这也许正是北京话等方言中"弄/闹了归齐"等固定短语中常有"了"的原因。当然,"弄/闹了归齐"能截略成"归齐"还有一个条件,即其中的"了"可有可无。事实确实如此,详见下文§10.2.2.8相关论述。

10.2.1.9 遘底(顶底、到个)、到来(倒来)、到只(到支)

"遘底""顶底""到个""到(倒)来""到只"是普通话"到底"的方言对应词。其中,"遘底""顶底""到个"与"到底"是词汇替代或方言对应关系,"到只"与"到底"是准-同源关系。它们跟"到底"一样具有规则多义性。下面逐个探讨。

闽语"遘底"犹普通话"到底"②,兼具短语和单词用法。短语"遘底"用于空间、时间和属性三个概念域。例如:

---

① 本例有歧义,其中的"归其"也可以表示"总共"义。这里关注的是其"原来"义用法。
② 闽语中"遘"多读作[tau^{55}],表示"到"义,见于福州、长乐、福清、永泰、古田、福安、宁德、寿宁、周宁、福鼎、沙县等地(详见林寒生 2002:78),比如,"遘尾"犹"到尽头","遘期"犹"到期"。

(85) 沉遘底。(闽语·福建厦门/福州话)[空间域]
(86) 共伊战遘底_{和他斗争到底}。(闽语·福建厦门话)[时间域]
(87) 说遘底,都是我的错。(闽语·海南海口琼山话)[时间域]
(88) 介大也贻遘底呢止_{再大也大不到哪儿去}。(闽语·福建厦门话)[属性域]
(89) 有整隆_{经过考虑},唡娭郑遘底呢止_{不会错到哪儿去}。(闽语·福建福州话)[属性域]

单词"遘底"表"毕竟"义和表"究竟"义时分别是评注语气副词和疑问语气副词。① 如:

(90) 上海遘底是上海,机会很多。(闽语·海南海口琼山话)
(91) 你遘底去不去?(闽语·海南海口琼山话)

在中原官话河南洛阳话中,"顶(定)底"犹普通话"到底"②,是"终于,终究"义时间副词。例如:

(92) 我早就告诉他过,不要那么做,可他定底还是那样做了。(中原官话·洛阳话)

兰银官话宁夏同心话中的"到个",陕西户县、旬阳和山西长治等地方言中的"到(倒)来",都是表示追究语气的"到底/究竟"义疑问语气副词。例如:

(93) 他到个走了没?(兰银官话·宁夏同心话)
(94) 你倒来是去不去?(中原官话·陕西户县话、晋语·山西长治话)

那么,它们是如何形成的呢?我们推测"到个"是"到底"的方言对应词,正如普通话中"真的"在古汉语和部分南方方言中常说成"真个"。这么看来,仿"到底"而造出"到个"是以对"到底"中"底"的语法性质和语义的误解(即把"到底"中"底"的前身——方位名词——误解为结构助词③)为基础

---

① 闽语表示追究语气常用"遘底",不能用"到底""究竟"。(符其武 2008:330)
② 因为"顶"有"到"义(如"顶巷尾"犹"到巷尾"),"顶底"本表示从顶部到底部,后来变成侧重表示"到底"义的偏义复词,犹"始终"变成侧重表示"至终"义的偏义复词。这使"顶"有了"到"义。
③ 能证明这种观点的是,"到底"在汉语史上偶尔还被写作"到的"。(详见§10.4)

的。至于"到(倒)来",孤立地看,很难理解它为何能表示追问语气。但若把它和"到底"联系起来,再结合古汉语"到底"又说成"到底来"(正如"到头"常说成"到头来")这个事实(详见§10.2.2.4),则可把"到底"和"到来"视为"到底来"的异体,正如古汉语"元自"[①]和"元(原)来"可看作"自元来"的异体、温州话"到老"和"到煞"可视作"到老煞"的异体(详见§10.2.2.6),日语"終に"和"程に"可视作"程の終に"的异体(详见§10.3.5.3)。

西南官话湖南常德话中"到只"兼有"毕竟"义评注语气副词和"究竟"义疑问语气副词两种用法。例如:

(95) 到只是读啊过书哒的,几得很懂道理。(西南官话·湖南常德话)
(96) 到只是哪门怎么回事?|你到只想哪门怎么搞?(西南官话·湖南常德话)

而西南官话湖北随州话中"到支"有"究竟"义疑问语气副词用法(许宝华、宫田一郎 1999)。故我们推测"到只""到支"是"到止"的两种写法,"到止"则是"至竟"的仿词(详见§10.2.2.1)。

10.2.1.10 小结

上文所述各方言点"完结"义词的意义和用法可以综合表示如下:[②]

表 10-1 现代汉语完结义词的意义和用法的方言分布

词项	意义			
	到尽头;到最后/到结束	最后;终于/终究	毕竟/终归;好歹/反正	到底/究竟
至竟/则竟	吴语(江苏无锡)	吴语(浙江象山)	西南官话(贵州毕节)	西南官话(贵州毕节)
到罢/到巴/到坝	吴语(上海/苏州)徽语(安徽绩溪)	晋语(山西忻州)		晋语(陕北;山西忻州)

---

① 详见曹海东(2009),这里仅举一例:面脸照人元自赤,眉毛覆眼见来乌。(北宋·苏轼《赠黄山人》)
② 限于篇幅,表中未反映出"到究""归齐"的"结果,原来"用法,并把"好歹/反正"义并入"毕竟"义栏,因为其"好歹/反正"义源于"毕竟"义(详见张秀松 2012b),两者之间有时界限模糊。在我们统计的语料中,只有"到老"在温州话中有"好歹/反正"义。故我们的合并处理对结论的得出不会有什么影响。表中反映出的"始终""终归"的副词用法上文未做说明,读者可自行验证。

(续表)

词项	意义			
	到尽头;到最后;到结束	最后;终于/终究	毕竟/终归;好歹/反正	到底/究竟
到了	东北官话(黑龙江安达);冀鲁官话(山东济南/枣庄);北京话	冀鲁官话(山东济南);北京话、东北官话(哈尔滨)	西南官话(湖北襄樊)	中原官话(安徽阜阳)、兰银官话(宁夏银川)
到头	湖南衡阳;江苏常州/江阴/高邮/连云港;河北邯郸	兰银官话(甘肃兰州)	粤语(广东广州)	
到尾	闽语(福建厦门)	闽语(福建厦门/泉州)	闽语(福建厦门、广东中山隆都、台湾)、粤语(广东增城)	
到老	西南官话(湖北)	东北官话	吴语(浙江温州)	东北官话(辽宁沈阳);冀鲁官话
到半/到伴		晋语(山西隰县、陕北)		晋语(陕北)
到究/倒究		晋语(陕北)、吴语(上海)	吴语(上海)	兰银官话(甘肃山丹);晋语(陕北);吴语(上海)
归讫/归齐/归其	冀鲁官话(山东);北京话	东北官话、冀鲁官话(河北东部、山东聊城/莘县/德州/平原)、北京/天津话		
遭底	闽语(福建福州/厦门)		闽语(海南海口)	闽语(海南北部)
顶底	中原官话(河南洛阳)			
到个/到来				兰银官话(宁夏同心);晋语(陕西户县/旬阳)
到只/到支			西南官话(湖南常德)	西南官话(湖南常德、湖北随州)
始终		粤语(广东顺德/大良/珠海前山、澳门)	吴语;江淮官话(江苏阜宁)	
终归		冀鲁官话(山东阳谷)		

362

表10-1显示,在现代汉语方言中,强调结果的"最后,终于/终究"义、强调事物根本特点或原因的"毕竟"义、表示对问题答案的追究语气的"究竟"义,一般都用概念结构为或其中含有[TO END](到尽头)或[TO FIN](到终了/到最后)的支配式复音词。它们表达运动概念的精细度和形象性呈现如下高低等级:A类:到头、到尾、到底、遭底、到究;B类:到老、至竟、到罢、到了、归讫;C类:始终、顶底、终归、终究;D类:到个、到来、到半。A类词的概念结构为[TO END],对完结概念的表达最形象,用具体的空间移动来表达;B类词的概念结构为[TO FIN],对完结概念的表达较形象,用抽象的时间流逝来表达。C类词只是语义中蕴含[(TO)END/FIN],对完结概念的表达更间接。D类词是它词的音变或截取,概念结构不透明,激活完结概念难度大。可见,从A类词到D类词,对完结概念的表达越来越抽象。这样,其概念结构越来越不易从空间域向时间域,再向知域和言域扩散,从而越来越难呈现多义性。所以,A类和B类词的义位都多达三四个[①];C类和D类词至多只有两个义位,"顶底""终归""到个""到来"甚至只有一个义位。

10.2.2 现代汉语方言"完结"义副词多功能性的历史溯源

10.2.2.1 至竟

现代汉语方言中"至竟"是历史的遗留。根据我们对TCS2006历史语料的调查,"至竟"在历史上的使用情况如下:

表10-2 历代"至竟"的用例和用频情况

年代	短语 (至竟$_0$)	时间副词 (至竟$_1$)	评注语气副词 (至竟$_2$)	疑问语气副词 (至竟$_3$)	合计	文本总字数
先秦—六朝	4(1.73)	2(0.86)	0	0	6	2 312 567
唐五代	0	2(0.10)	10(0.52)	12(0.63)	24	19 143 676
宋代	1(0.07)	4(0.27)	2(0.13)	1(0.07)	8	14 881 679
元明	1(0.07)	0	0	0	1	15 285 387
清代	1(0.10)	1(0.10)	0	0	2	9 700 559

上表表明,先秦至六朝,"至竟"主要用作短语和时间副词。唐代以降,始用作评注语气副词与疑问语气副词。元以后,文献中几乎见不到了。根据§1的论述,在现代方言中"至竟"也很少见,仅见于吴语浙江象山话、江苏无锡

[①] 表中"归讫/归齐/归其"只有两义,似乎是反例。其实不然。该词有三义,只是其"结果,原来"义在表中没有反映出来。

话等极少数方言。下面详细论述"至竟"的历时演变。

短语"至竟"始见于春秋战国。那时它多用于空间域,表示"(空间移动)到边境"。如:

(97)过国至竟,哭尽哀而止。(《礼记·奔丧》第三十四)
(98)用兵之道,当先至竟侵责之,不服乃伐之。(《左传·庄公二十九年》)

在汉代,它扩散至时间域和事件域,表示"(时间流逝或事件发展)到终了/到最后"。例如:

(99)入息至竟数一,出息至竟数二。(《大般涅槃经》第12卷)

因"竟"本有"完结"义(详见§9.3.2.2),所以"至竟"的语义结构跟"到了"(详见§10.2.2.3)相同。

在汉魏六朝,短语"至竟"向时间副词词汇化。变成时间副词后,它还经历了从表示客观真值义("最后"义)向表示主观强调义("终于,终究"义)的语义演变。例如:

(100)以诤止诤,至竟不见止;唯忍能止诤,是法可尊贵!(《中阿含经》第17卷)
(101)贪嗔至竟未能除,荷荷空悲净居殿。(《南史·梁纪中·武帝》)

上两例中"至竟"主要表示"终究"义,但还滞留有语义主观化前的"最后"义。

六朝期间,短语"至竟"还表现出向评注语气副词演变(即向知域扩散)的倾向。例如:①

(102)且默以观之,其是非行自可见。或有小是不足是,小非不足非,至竟可不言以待之。(三国·魏·嵇康《嵇中散集·家诫》)

上例中"至竟"主要表示"毕竟"义,但还滞留有"(说)到底/到最后"义。短语"至竟"的演变历程跟"到底"近似(详见§3.2.2),因为在后时语料中我们发现了"至竟"表示"言至竟(说到底)"义的用例。例如:

---

① 在TCS2006中,先秦至六朝期间没有发现"至竟"的"毕竟"义用例,下例是笔者的阅读积累。

(103) 勘破富贫贵贱,参透死生寿夭,<u>至竟</u>本同条。(宋·冯取洽《水调歌头·四月四日自寿》)

上例中"至竟"意即"说到(终)了,其实"。①

到唐五代,"至竟"的评注语气副词用法已很成熟。这一时期,"至竟"还从短语用法发展出疑问语气副词用法(即扩散到了言域)。可见,至迟到唐五代,"至竟"就已完全具备普通话"到底"的各种意义和用法(详见上文表 10-2)。例如:

(104) 未知<u>至竟</u>最后将何用,渭水泾川一向流。(唐·罗隐《关亭春望》)
(105) 如何忠为主,<u>至竟</u>终究不封侯。(唐·贯休《即边将》)
(106) <u>至竟</u>毕竟不如隋炀帝,破家犹得到扬州。(唐·罗隐《故都》)
(107) <u>至竟</u>究竟江山谁是主,苔矶空属钓鱼郎。(唐·杜牧《题横江馆》)

至宋代,"至竟"式微。比如,疑问语气副词"至竟"在约 1488 万字的语料中仅如下一见:

(108) 语及族人,都非庞氏之事,庞方讶之。因问:"<u>至竟</u>郎君何姓?"(北宋·李昉等《太平广记》第 53 卷)

元明时期,除在仿古语境、特定搭配或个别方言中可见外,副词"至竟"已基本不见(详见上文表 10-2)。明代李翔《戒庵老人漫笔》卷三:"唐人多言'至竟',如云'到底'也。"这说明李翔已意识到至明代"到底"基本取代了"至竟"。

调查调查显示,语气副词"至竟"(即"毕竟"义、"究竟"义"至竟")因语义透明性差在文献中常被写作"止竟"。例如:

(109) <u>止竟</u>悲君须自省,川流前后各风波。(唐·元稹《六年春遣怀》)
(110) <u>止竟</u>闲人不爱闲,只偷无事闭柴关。(唐·司空图《狂题》)
(111) <u>止竟</u>多情何处好,少年长抱长年悲。(唐·韦庄《古别离》)

---

① 其中,言说概念未编码。推论、疑问语境中言说概念零编码现象习见于多种语言或方言(详见§3.2.2.2)。

由于"止"和"只"音近,在中古分别是章母之韵上声字和章母支韵上声字,"止竟"在《敦煌变文集》中偶尔又写作"只竟"。例如:

(112) 俗间大有同名姓,相似颜容几百般。形容大(不)省曾相识,<u>只竟思量没处安</u>。……"(《敦煌变文集·大目乾连冥间救母变文》,转引自蒋礼鸿 1988:460)

上例中"只竟"意即"毕竟",划线句意谓"(造次相认,)想起来毕竟不妥当"。近代汉语"只竟"当是现代汉语方言贵州毕节话"则竟"的源头,因为在有人声的方言里"只""则"音近,①都是精母德韵入声字,而毕节话有人声。毕节话中"则竟"具有的也是语气副词用法。

综上所述,历时考察表明"止竟""只竟""则竟"是"至竟"的异形词。"至竟"的语义主观性越强,其语义透明性越差,越易发生音变和形变。"至竟"的语义演变可表示为:

$$\begin{array}{l}\nearrow [时间]到最后 \rightarrow [时间](在)最后 \rightarrow [事件]终于/终究 \\ 到终了 \rightarrow [推理]到最后 \rightarrow 毕竟 \\ \searrow [询问]到最后 \rightarrow 究竟\end{array}$$

10.2.2.2 到罢

在汉语史上,单词"到罢"基本未见,我们只是在近代汉语清代语料中发现如下一例。

(113) 据兄弟看来,企渊先生卖国贼的资格还没有<u>到罢</u>呢!众位兄弟的话说得错了没有?(清·陆士谔《十尾龟》第 20 回)

例(113)中的"到罢",许少峰编的《近代汉语大词典》释作"吴语,到头,够格"。显然,"够格"义是随文释出的,是"到头/到极限"义的语境实现。因此,现代汉语方言中"到罢"的多义性当是它因袭了"到了"等近义词的多义模式所致。那么,现代方言中"到了"的多义性是怎么形成的呢?详见下文。

10.2.2.3 到了

语料调查表明,现代汉语方言中"到了"是历史的遗留。根据我们对

---

① 可资旁证的是,在汉语史上"敢只"和"敢则"、"只除"和"则除"常可互换。

TCS2006 历史语料的调查,汉语史上"到了"的使用情况如下:

表 10-3 历代"到了"的用例和用频情况

年代	短语 (到了₀)	时间副词 (到了₁)	评注语气副词 (到了₂)	疑问语气副词 (到了₃)	合计	文本 总字数
先秦—六朝	0	0	0	0	0	2 312 567
唐五代	1(0.05)	1(0.05)	0	2(0.10)	4	19 143 676
宋代	19(1.27)	9(0.60)	17(1.14)	5(0.33)	50	14 881 679
元明	5(0.33)	3(0.20)	0	1(0.07)	9	15 285 387
清代	3(0.30)	0	0	0	3	9 700 559

上表显示,"到了"始见于唐五代,盛行于宋代。在唐五代约 1914 万字的语料中仅 4 见,而在宋代约 1488 万字的语料里就有 50 见,其各种用法的繁荣也在宋代。元代以后,"到了"式微,各种用法的用例渐少。至清代,在文献中基本不见,今仅存于方言。下面详细论述。

短语"到了"意即"到终了/到最后",常做连谓前项或状语(见例(114)(115)),偶尔也做谓语中心或补语(见例(117))。在汉语史上唐代以来的各朝代都可见到。例如:

(114)贪生莫作千年计,到了都成一梦间。(唐·吴融《武关》)①
(115)姑苏台下烟波远,西子近来何许,能唤否? 又恐怕、残春到了无凭据。(南宋·王沂孙《摸鱼儿》[洗芳林])
(116)梅花和月种,松叶带霜烧,本清闲忙到了。(元·张可久《仙居》)
(117)我心里想着,姊妹们从小长大,亲也罢,热也罢,和气到了儿,才见得比人好。(清·曹雪芹《红楼梦》第 28 回)

在宋代,短语"到了"在状位正式词汇化为"最后,终于/终究"义时间副词(如例(118))、"毕竟"义评注语气副词(如例(119)(120))和"究竟"义疑问语气副词(例(121)(122))。

(118)人间多少乘除事,到了英雄恨不消。(宋·周文璞《濑上贞女祠》)
(119)人事几时穷,我性偏宜静。世上谁无富贵心,到了须由命。(南宋·吕胜己《卜算子》)

---

① 江蓝生、曹广顺编《唐五代语言词典》(1997:88)释此例中的"到了"为"最后,毕竟"。我们认为此例中的"到了"还可理解为"到终了,到最后"义短语,还不能肯定它是单词。

367

(120) 攒万舸,开一椁,散无踪。到了书生死节,蜂蚁愧诸公。(南宋·王奕《水调歌头》[过鲁港堵渡江之地有感])

(121) 天池神堂到了是北朝地土,是南朝地土?(北宋·沈括《乙卯入国奏请(并别录)》)

(122) 身外纷纷,倪来适去,到了成何事?(南宋·袁去华《念奴娇》)

在元代,"到了"的时间副词用法仍时或可见(但语气副词用法基本不见)。例如:

(123) 呀!到了呵须按实田地,不要你狂言乱语、花唇巧舌、信口支持;则要你依头缕当,分星劈两,责状招实。(元·孟汉卿《魔合罗》第4折)

(124) 你这三条计,比当日曹公在霸陵桥上三条计如何,到了出不的关云长之手。(元·关汉卿《单刀会》第1折)

上面的历时考察表明,"到了"本表示"到终了/到最后"义,而后从该义引申出"最后,终于/终究"义、"毕竟"义和"究竟"义。但历史上"到了"无"到尽头"义,而现代汉语方言中"到了"有此义,例如黑龙江安达昌德话:这条路走到了就到医院了。"到了"这种用法的产生或是受到"到头""到底"等词的多义模式的类推。既然"到头""到底"都兼有"到尽头""到最后""最后/终于/终究""毕竟""究竟"五义,而"到了"兼有这五义中的后四种,因而可以因袭"到头""到底"的多义模式从"到最后"义逆向引申出"到尽头"义。这种语义演变是借助相因生义机制而发生的反流式演变。

10.2.2.4 到头

现代汉语方言中"到头"也是历史的遗留。根据我们对TCS2006历史语料的调查,"到头"在汉语史上的使用情况如下:

表10-4 历代"到头"的用例和用频情况

年代	短语 (到头$_0$)	时间副词 (到头$_1$)	评注语气副词 (到头$_2$)	疑问语气副词 (到头$_3$)	其他	合计	文本总字数
唐五代	29(1.51)	15(0.78)	14(0.73)	14(0.73)	7	79	19 143 676
宋代	33(2.22)	20(1.34)	19(1.28)	4(0.27)	2	78	14 881 679
元明	57(3.73)	5(0.33)	10(0.65)	1(0.07)	6	79	15 285 387
清代	54(5.57)	5(0.52)	2(0.21)	1(0.10)	2	64	9 700 559

上表显示,从用频看,"到头"的短语用法呈持续上升态势;其副词用法在唐五代最为鼎盛。唐五代以后,其疑问语气副词用法的出现频率持续下降,到元明清已极为罕见。宋代以后,其时间副词和评注语气副词用法也持续下降,只是在清代其时间副词用法略有回升。上表的统计也预示着在现代汉语方言中"到头"多做短语和时间副词。对比上表与表3-1,可以发现,其一,虽然"到头"在汉代就已出现(见例(125)(126)),但其鼎盛再早也要到唐五代,故不难理解"到底"最早也要到唐五代才出现;其二,尽管"到底"在唐代也有少数疑问语气副词用例,但这种用例的大规模出现要晚至明清;而"到头"在唐代各种用法基本都已具备;其三,或是因为从宋代到明清"到底"的时间副词、评注语气副词和疑问语气副词用法次第鼎盛起来,副词"到头"的使用在总体上逐渐式微。

经考察发现,"到头"始见于汉代。当时它是"到尽头"义短语。例如:

(125)闻欢下扬州,相送江津弯。愿得篙橹折,交郎到头还。(《乐府诗集·清商曲辞六·那呵滩》)

(126)各自是官人,那得到头还。(《乐府诗集·清商曲辞六·那呵滩》)

但在我们检索的语料里,先秦至六朝这么漫长的历史阶段仅见到上面两例,且用于乐府诗。故在表10-4中没有列出。我们推测"到头"可能是当时的方言用法。王学奇、王静竹(1999:270)认为,"到头"一开始就是个来自方言的俗语,因而在反映地方民歌的乐府诗中可见。自唐代起,"到头"在诗词、戏曲和小说等多种体裁的作品中频繁出现。这表明它已由方言开始进入到共同语。

到唐代,短语"到头"从"到尽头"义引申出"到最后,完结"和"到极限"义。如:

(127)语未到头,遂见其子,身着旗袍,在娘前立。(《敦煌变文集·秋胡变文》)

(128)何用梯媒向外求,长生只合内中修。莫言大道人难得,自是行心不到头。(唐·张辞《谢令学道诗》)

(129)莫言大道人难得,自是工夫不到头。(唐·吕岩《绝句》)

"到极限"义"到头"犹现代汉语普通话"到家"和上海话"到罢"(详见上文§1.2)。"到最后"义短语"到头"可以独立做谓语。例如:

(130) 掘井须到流,结交须到头。(唐·贾岛《不欺》)
(131) 未会到头要已老,岂知终被死于(相)隳。(《敦煌变文集·维摩诘经讲经文》)
(132) 不辞宛转长随手,却恐相将不到头。(唐·鱼玄机《打球作》)

它在连谓前项位置上虚化出了介宾短语用法。

在唐代,推论语境中的短语"到头"可以表示"说到头"义,即言说概念零编码,一如"到底"(详见§3.2.2.2)。例如:

(133) 到头称意须年少,赢得时光向酒杯。(唐·罗隐《送姚安之赴任秋浦》)

上例中"到头"犹"说到底,总之"。"到头"可残缺编码"说到底"义,这使它在唐代逐渐词汇化为"毕竟"义评注语气副词(演变机制跟"到底"相同,详见§3.2.2.3)。下例就是这种演变的过渡用例。其中,"到头"虽然可以释作"说到底",但释作"毕竟"更好。

(134) 休说雄才间代生,到头难与运相争。(唐·徐寅《龙蛰二首》)

在唐代,"到头"在诗歌中开始频繁出现在疑问句句首,残缺编码"说到底"义。这时它通过语境吸收而词汇化为疑问语气副词(演变机制同"到底",详见§3.2.2.4)。例如:

(135) 到头谁是复谁非,云拥根株抱石危。(唐·陆龟蒙《自遣诗三十首》)
(136) 到头苦节终何益,空改文星作少微。(唐·方干《赠黄处士》)
(137) 到头袅娜成何事,秖解年年断客肠。(唐·孙鲂《柳》)

但上几例中"到头"还不能完全排斥"到最后"义解读。比如,次例勉强也可说成"苦节到头终何益"。这样,"到头"就是补语,"苦节到头"跟现代汉语"追根到底"结构平行,"终"作"究竟"义疑问语气副词解(历史上"终"确有"究竟"义,详见§9.3.2.1)。

到了宋代,评注语气副词"到头"用频更高(见上文表10-4)、更成熟,可跟"毕竟"对举使用。例如:

(138) 毕竟水朝沧海去,到头云自觅山归。(宋·绍隆等编《圆悟佛果禅师语录》第 20 卷)

元明以后,评注语气副词"到头"的用例越来越少,但并非没有。例如:

(139) 角儿粗蹄儿圆,有两湿有三干,到头就值七两半。(清·蒲松龄《聊斋俚曲集·寒森曲》)
(140) 任拘谁人作下恶,到头都是你承担,心腹人拥撮你头儿断。(清·蒲松龄《聊斋俚曲集·磨难曲》)

自唐五代至明清,短语用法一直是"到头"的主流用法(见表 10-4)。短语"到头"习见于诗词曲和小说。在人物宾白等口语语料里,"到头"常后附语气词"来"。① 例如:

(141) 唉！你个呆柳翠,呆柳翠早回头,则你那事,到头来怎出的这无常勾?(元·李寿卿《度柳翠》第 2 折)
(142) 赌十场九遭说赢,到头来一文不聚。(明·吾丘瑞《运甓记》第 25 出)
(143) 想当时联镳游赏,怎到头来刚做了恁般随倡。(清·洪昇《长生殿》第 32 出)

"到头来"习见于宋金元明清曲辞。因宋金元明清时期的南戏用的多是江浙等地的江南口语(袁宾 1992:23),所以"到头"在今天主要存在于南方方言。

10.2.2.5 到尾

语料调查表明,"到尾"在古代汉语里一般只用作短语,常跟"从头"之类源点表达搭配。例如:

---

① 有趣的是,"到底"在口语性强的作品里也可后附"来",形成"到底来"。例如:
(5) 钱聚如兄,钱散如奔。钱本无根,钱命元神。到底来养身波也那丧身,这钱呵无的不送了多人。(元·刘君锡《来生债》第 1 折)
(6) 果证曲明,看善善恶恶随形答响,到底来那个能逃?(明末清初·张岱《陶庵梦忆》)
不过,"到头"后的"来"有一定的趋向意味,而"到底"后的"来"只表示语气(如上面两例),且"到底"以后附语气词"个"为常(详见张秀松 2010:§2.2.1)。

(144) 每件须要贯穿，从头到尾，皆有次第。(《朱子语类》第 10 卷)
(145) 而今人是从头到尾，皆无用。(《朱子语类》第 34 卷)

也有单独使用的，例如：

(146) 亲情对在林厝了，有银也不得共伊争。须著学古人例，到尾了终会团圆。(明·佚名《荔镜记》第 18 出)

故而我们推测，方言里单词"到尾"的有关用法可能是受"到底""到头"等的聚合类推的结果，是在现代汉语中、在相对较短的时间内发展出的，而不是历史的遗留。

10.2.2.6 到老

现代汉语方言中"到老"为何会兼有"到最后""终于/终究""反正""究竟"诸义呢？有三种可能：其一，"到老"是"到了"的尾音节发生介音丢失的变体；其二，方言中"到老"的多义性是其历时演变结果的共时投影；其三，方言"到老"受共同语相关词语多义模式的聚合类推而在相对较短时间内发生了类似演变，从而获得多个义位。我们认同第三种解释。下面详加论述。

语料调查表明，"到老"始见于东汉，但在历史上用例较少，用法单一，基本都表示"到年老"义。例如：

(147) 凡不急之事，不敢与焉，有知而为此行，到老无知乃已。(《太平经》第 98 卷)
(148) 我做媒婆做到老，不曾见这般好笑。(明·高明《琵琶记》第 18 出)
(149) 纵然不死，也是个到老的破伤风！(明·吴承恩《西游记》第 22 回)

在元明，"到老"曾短暂出现过向时间副词、评注语气副词演变的趋势。例如：

(150) 你道是官人则合做官人，信口喷，不本分。你道穷民到老是穷民，却不道"将相出寒门"。(元·王实甫《西厢记》第 3 折)

上例中"到老"似可看作"毕竟"义评注语气副词，但也可看作"到年老/到终老"义短语。在我们调查语料中未见只能释作"毕竟"而不能释作"到年老/

到终老"的"到老"。所以,虽然在上例所示语境中"到老"有向评注语气副词演变的趋势,但该演变并未最终实现。再如:

(151)我也见出你那心来了,一味在我面上虚情假意,倒老还疼你那正经夫妻。(明·兰陵笑笑生《金瓶梅》第67回)

上例中"到老"可释作"(到)最后",似可认定为时间副词,但该用法的"到老"仅如上一见。因孤例不足为凭,我们认为"到老"虽在汉语史上一度有向时间副词演变的趋势,但该演变终未实现。

当然,从"到年老"义引申出"(到)最后"义在认知上是有可能的。如果认知主体把死亡感知为生命旅程的终结,那么就可通过"生活是旅行"(life is a travel)隐喻把生命状态从年轻到年老的转变看作生命体在人生道路上的移动。这样,通过重新分析,"到老"就可从"到年老"义引申出"至死/到人生的最后"义,继而进一步泛化出"到最后"义,从而走上向时间副词和疑问语气副词演变之路。而且,在汉语史上还曾出现过有助于"到老"把这种认知可能变成语言事实的现象,即"究竟""到底""到头"的义位也曾呈现过"到(人生的)最后,到老"义面。例如:

(152)父母恩重经云:……一者怀胎守护恩,二者临产受苦恩,三者生子妄(忘)忧恩……十者究竟怜愍恩。(《敦煌变文集新书》第2卷)

(153)为诗告友生,负愧终究竟。(唐·韩愈《东都遇春》)

(154)想着我同胞的能有几,我大哥哥又不到底,提起来尚兀自肝肠碎。(元·佚名《隔江斗智》第1折)

(155)自古及今结义的,除非管鲍更有谁?那一个人情得到底?(元末明初·徐仲由《杀狗记》第5出)

(156)文姬对满生道:"妾见父亲敬重君子,一时仰慕,不以自献为着,致于失身。原料一朝事露,不能到底,惟有一死而已……"(明·凌濛初《二刻拍案惊奇》第11卷)

(157)却是戏文倒说崔张做夫妻到底。(明·凌濛初《初刻拍案惊奇》第28卷)

(158)梨花含羞,泪雨交流,可恨丁山不到头,真正可杀不可留。(《明清民歌时调集·霓裳续谱》)

(159)那看命的看得是一对上好到头夫妻,夫荣妻贵,并无冲犯。(明·凌濛初《二刻拍案惊奇》第9卷)

例(152)中"究竟怜愍"指父母对儿女的爱怜至死不变。例(153)中"负愧终究竟"意谓"终究将背负着这种愧疚直到老死"。例(154)中"不到底"指没活到自然老死,犹言早死,跟例(158)中"不到头"同义。例(159)中"到头夫妻",许少峰编的《近代汉语大词典》(2008)释作"白首到老的一对"。可见,该例中"到头"和例(158)中"到头"一样呈现"到老"义面。历史文献中"到底"可与"偕老"或"终(身)"同现(见下例),这暗示句中"到底"呈现"到老"义面。

(160)郑生忽然对陆氏道:"我与你二人相爱,已到极处了。万一他日不能到底,我今日先与你说过:……。"陆氏道:"正要与你百年偕老,怎生说这样不祥的话?"(明·凌濛初《二刻拍案惊奇》第11卷)

那么,古代汉语中"到最后"义"到底"是如何呈现出"到老"义面的呢?它可能先是在"团圆到底/到底团圆"中呈现出该义面的。"团圆到底/到底团圆"犹言"厮守到老/到老都在一起",在宋词和元明清戏曲中习见。仅元曲中就有9见。例如:

(161)免告官司,免告官司,和你团圆到底。(元·柯丹邱《荆钗记》第29出)
(162)愿得前意镇如初,团圆到底。(南宋·九山书会才人《张协状元》第16出)

"团圆到底/到底团圆"起初表示空间位移运动进行到容器的底端或路径的尽头。例如:

(163)荼蘼架边,蔷薇洞前,管教你到底团圆,不离了半步儿远。(元·萨都剌《妓女蹴鞠》[南吕]一枝花)

在上例中,"到底团圆"指(蹴鞠)到尽头都是团状和圆形的。全句意谓踢球过程中完成一组动作而不让球因中途着地而散开变形。当"团圆到底/到底团圆"用在时空双关这种创新性语境中时,就有可能获得时间用法。例如:

(164)铁球漾在江边,江边;终须到底团圆,团圆。(元·施惠《幽闺记》第40出)

(165) 铁球儿漾在江心内,实指望团圆到底。(元·杜善夫《耍孩儿》[喻情])

(166) 我为甚将几陌黄钱漾在水里? 便死呵,也博个团圆到底。(元·马致远《青衫泪》第3折)

(167) 我和你一似皓月澄清,团圆到底。(元·佚名《白兔记》第28出)

上几例中,"到底团圆/团圆到底"的字面意义是"(铁球、线团、月影)直到水底还是团状和圆形的",比喻爱侣到老都不分离。例(164)中"到底团圆"主要凸显空间义,尽管它因用作婚恋题材故事的引子而有表时间义的潜能;余例中"团圆到底"主要凸显时间义,但因前句加虚下划线部分的激活,其空间义也处于可及状态。正是在这种过渡语境中"团圆到底/到底团圆"获得了"厮守到老"义。当然,"到底团圆/团圆到底"虽有习语化倾向,但并未彻底变成习语。证据是它还可离析开来使用。例如:

(168) 流苏锦帐同欢会,锦被里鸳鸯对,永远团圆直到底。(明·兰陵笑笑生《金瓶梅》第73回)

"团圆到底"在戏曲、小说等文献中又作"团圆到头""团圆到老"。试比较上例中的"到底"和下例中的"到头""到老"。

(169) 从此一夫二妇,团圆到老。有诗为证:恩爱夫妻虽到头,妻还作妾亦堪羞。(明·冯梦龙《喻世明言》第1卷)

既然历史上"究竟""到底""到头"等都呈现过"到老"义面,那么跟它们语义结构相似的"到老"在理论上自然也可以经历类似语义演变,即:"到年老">"到(人生的)最后">"最后,终于/终究"|"究竟"。但事实上"到老"在历史上并未经历上述语义演变。"到老"的上述演变发生于方言,是在晚近,在相对较短的时间内发生的。那么,吴语浙江温州话中"到老"为何能表示"反正"义呢? 因为它受到了"到底"的类推,"到底"的"反正"义用法是其表"毕竟"义时在复句中移动到"无论φ(s)"所在空位或受"无论φ(s)"的组合同化而获得的(详见§9.2.4)。

10.2.2.7 到究(倒究)

现代汉语方言中"到究"一词的语源,有三种可能:一是"到底"和"究竟"

的缩合;二是历史的遗留;三是在现代汉语方言中,在相对较短的时间内从"到尽头"义短语经"到最后"义短语演变而来,因为汉语史上"究"有"尽头"义(详见§9.3.2.3.2)。语料调查显示历史文献中无"到究"用例,所以第二种观点不能成立。其实,第一种观点也不能成立,这是因为"到底"和"究竟"在历史上很常见,如果"到究"是它们的缩合,则在历史文献中也该可以见到"到究"用例。但事实并非如此。所以,我们认同第三种观点。"到究"在现代汉语方言中在相对较短的时间内发生的语义演变可描写为:到尽头＞到最后＞(在)最后,终于/终究｜毕竟｜究竟｜原来。

10.2.2.8 归齐(归其)

语料调查表明,在汉语史上,"归齐"除了用作"总共"义量化副词时记录的本词是"归起"外,记录的本词都是"归讫"(详见下文)。能支持这种观点的事实有两条:其一,许宝华、宫田一郎(1999:1200)收录了"归讫",且对它的解释跟对"归齐"的释解基本相同,都是"结果,终于";其二,在现代文学作品中有"归讫"表示"到最后"义的实际用例。请看:

(170) 为这事,小学生背地里纷纷议论起来。有说油是耗子偷的,可是耗子好偷香油、食油,不偷煤油……有的说是人偷的,可是教室晚上锁着门,外人进不去;有的说教室里闹邪,争论归讫,谁也说不准是怎么回事儿。(白溥恩《孙先生偷油》)

承认"归齐"多数时候记录的本词是"归讫",则可以解释现代汉语方言中"闹/弄/说(了)归齐"的语义获得。比如,上文例(82)(83)中的"(闹)归齐"现在看来就是"(闹)归讫",表示"(闹)到最后"义。这一点也可以从下例中得到旁证。

(171) 琴舫道:"没见过的,李四爷糊里糊涂半辈子。就拿那年三顺班儿弄人说罢,自个儿没有钱,打算借钱买人儿,闹了个乌烟瘴气,归讫还是火灭烟消,顶这晚儿给人家散了话把儿。"(李燃犀《津门艳迹》)

上例中,"归讫"转指"闹归讫","闹"承上文省略了。"闹归讫"本表示"闹到了"义。后来,从"闹到了"义引申出"闹到最后"义,再从后者引申出"原来"义。在恍然大悟语境中,当"闹/弄归讫"中的泛义动词"闹/弄"承前省略或隐于语境时,"归讫"就获得了"原来"义醒悟语气副词用法。调查可知,现代汉语方言中"闹/弄/说了归齐"有时又说作"闹/弄/说归齐"。比如,对比上文例(66)和下文例(185)(186)可知,"说了归齐"又作"说归齐"。又如,"弄了归齐"在胶辽官话山东长岛话中说成"弄归齐","闹了归齐"在冀鲁官话河北话中说成"闹归齐"。"弄归齐"和"闹归齐"都表示"原来"义(其"原来"义是从其"弄/闹到最后"义主观化而来,强调主体经过曲折的探索而最终发现事情的原委)。例如:

(172)弄归其是这么回事儿。(许宝华、宫田一郎 1999,胶辽官话·山东长岛话)
(173)我说他和老张长得这么像呢,闹归其他是老张的儿子。(许宝华、宫田一郎 1999,冀鲁官话河北话)
(174)我还以为他能解决这个问题呢,闹归其他也什么都不会。(许宝华、宫田一郎 1999,冀鲁官话河北话)

方言中"闹/弄/说了归齐"中的"了"常可省略,这是因为"闹/弄/说归齐"实即"闹/弄/说归讫"。承认"归齐"多数时候是"归讫"的记音词,则可为"归齐"的共时多义性提供合理解释,即认为其共时多义性是在历史上经历如下语义演变的结果:

到完了 → 到最后 → (在)最后 → 终于,终究
　　　　　↘ 总之

图 10-3 "归齐"的部分语义演变

上述语义演变是具有跨词有效性的。在汉语史上,"至竟""到了""到底"等也经历过类似语义演变。不过,"至竟""到了"未引申出"总之"义,"到底"语义演变的起点是"到底端"而非"到完了"。"归终"则只经历了上述语义演变的前两步。所以,在黑龙江哈尔滨话等现代汉语方言中,"归终"也有"最后"义。

下面对"归齐"的历时演变细节做具体论述。语料调查显示,"归齐"在历史文献中又写作"归期""归起""皈起"。① 这里各举一例,更多示例参见下文。

---

① 景盛轩(2008)指出,"归起"是"归齐"的另一种写法。朴在渊(2010:175)指出,"皈起"是"归起"的另一种写法。

(175) 他苦口不应,你又把他怎么样?归期不过办个偷窃之贼,这贼又有什么大罪名呢?(清·石玉昆《龙图耳录》第14回)

(176) 又是那女儿手拿一块红珠子搁在手里转来转去,一个成十个,十个成百个,归起成咧一大盘的樱桃儿。(李在弘、金瑛校注,韩国藏书阁藏《华音启蒙谚解》(上),31a)

(177) 那个是易又易呀!每种种横竖有人开板子。人家怎吗的咱们也怎吗的罢。到皈起按人家的价钱,筭筭一笔账是,却不完咧吗。(朴在渊、周发祥校注,韩国藏书阁藏《你呢贵姓》,20b)

在我们考察的历史文献中,"归期""归齐""归起""皈起"的使用情况如下表所示:

表10-5 "归齐"在历史上的使用情况

	归齐	归起	归期	皈起
用例数	5	7	3	2
始见文献（成书时间）	《刘墉传奇》（1784）	《中华正音》（1824）	《龙图耳录》（1871）	《你呢贵姓》《骑着一匹》（19世纪末）①

上表显示,"归齐"出现最早,用例较多。我们仅在成书于1784年的《刘墉传奇》中就检到了3例,即例(178)(179)和例(182)。"归起"用例最多,出现较早。在成书于1824年的《中华正音》中即可见到。语料调查显示,直至成书于1883年的《华音启蒙谚解》中"归起"仍然可见。"归期"出现较晚,在成书于1871年的《龙图耳录》和1879年的《三侠五义》中均可见到。"皈起"用例极少,出现最晚,在成书于19世纪末的《你呢贵姓》和《骑着一匹》中才开始出现。这样,按出现时间先后来排列,可以形成如下序列:归齐＜归起＜归期＜皈起("＜"表示时间上早于)。按用例多少来排列,则形成如下序列:归起＞归齐＞归期＞皈起。这两个序列基本一致,只是"归齐"出现比"归起"早,但用例比后者少。

语料考察表明,汉语史上"归齐"有"最后"义时间名词、"终于,终究"义时间副词、"总之"义话语标记、"究竟,到底"义疑问语气副词和"总共"义量

---

① 关于《骑着一匹》的成书时间,朴在渊等推定为1826年,竹越孝推定为1886年。他们依据的都是韩国中央研究院藏书阁所藏《骑着一匹》手抄本扉页上"丙戌七月十七日"的记载。本文取"1886年"说。这是因为,如果《骑着一匹》成书于1826年,那么书中出现的"皈起"在同时代或其后的汉语会话教科书手抄本中亦当可见。但事实是,在成书于19世纪末的《你呢贵姓》中"皈起"才又可见。所以,从"皈起"的出现角度看,《骑着一匹》和《你呢贵姓》的成书时间应该相近。

第十章 "完结"义副词共时变异与历时演变的综合考察

化副词五种用法。其中,最常见的是时间名词用法。其他几种用法不太常见。"总共"义量化副词用法只是到了现代汉语中才多起来。在以上五种用法中,出现最早的是"最后"义时间名词用法。此用法始见于1784年成书的《刘墉传奇》,后代一直沿用。例如:

(178) 江宁遇见怪事情!件件桩桩皆有证,到<u>归齐</u>,画饼充饥竟落空!(清·佚名《刘墉传奇》第34回))

(179) 这个刘爷……不知打那里掏弄了个死孩子来了,传这个唤那个,叫他把我支使了个手脚不沾地!这么一会就是三四趟,连拿带传够一棒咧!再弄出这个来好开招,我看你闹到<u>归齐</u>是怎么样!(清·佚名《刘墉传奇》第25回)

(180) ……不知几年的工夫赶着发卖,卖到<u>归起</u>,若有卖不了的……(朴在渊、竹越孝译,东京大学阿川文库藏《中华正音》,6b)

(181) 等着行市往下赶着卖,搁到<u>皈起</u>,行市若违咧,立刻就往别处拉,爱发那里就发那里。(朴在渊编译,日本濯足文库藏《骑着一匹》,4b)

上几例中"归齐"用于介词"到"后,所以,当是"最后"义时间名词,不可能是"到最后"义短语。另外,有些用例中"归齐"的意义究竟是"最后"还是"到最后",实难定夺。例如:

(182) 公差……急得坏肉脸绯红。口中连说"好好好,凌辱斯文理不通。看看<u>归齐</u>怎么样,无缘故,咱们再把帐来清!"不言揿出坏肉去,再把忠良明一明。(清·佚名《刘墉传奇》第34回)

(183) 白玉堂英名一世,<u>归期</u>却遭了别人的暗算,岂不可气可耻!(清·石玉昆《三侠五义》第105回)

(184) <u>归起</u>不来咧,我白丢三十多吊钱么。(朴在渊、竹越孝译,东京大学阿川文库藏《中华正音》,9a)

这种两可现象说明"归齐"在汉语史上确实经历了"到最后＞(在)最后"这种语义演变。换言之,"归齐"起初很可能是短语。这种推测得到了现代汉语相关现象的支持。例如:

379

(185) 李德林看着可地的过年的物品和张张咧着大嘴笑的脸,他的心情慢慢又好起来。……甭说产生了什么感情啊什么爱心啊,那都是时髦的词。说归齐就是看原先穷得叮当响的村民们变得富裕些了,心里就痛快。(何申《年前年后》,冀鲁官话·天津话)

(186) 赵姨娘的这种超级不得体也使得贾政当着众人将她"喝退",她的靠山说归齐了也就是贾政一人,而她竟不为自己留一点退路。(刘心武《话说赵姨娘》,西南官话·四川话)

(187) 挑明了说吧,这果实房归其了还不知姓啥哩!(王润滋《内当家》,冀鲁官话·山东话)

在例(185)(186)中,"说归齐"相当于现代汉语普通话中的"说到底"。其中,"归齐"做补语,是"到最后"义短语,而不是"最后"义名词。在例(186)中,"说归讫"后续体态标记"了",作者用的是"说归齐",而不是"说了归齐/说到归齐"。这也可以证明该例中"归齐"是"到最后"义短语。同理,例(187)中"归齐"后续体标记"了",这也可证明其中的"归齐"是"到最后"义短语。另外一个证据是,"闹/弄/说了归齐"有时又说作"闹/弄/说归齐",详见上文例(172)—(174)。不过,在那三例中"闹/弄/说归齐"侧重表示"原来"义。在侧重表示"闹/弄/说到最后"义时,"闹/弄/说了归齐"也常说成"闹/弄/说归齐"。许皓光和张大鸣(1988:318)指出,"弄了归齐"也可说成"弄归齐"。我们在文献中也见到"闹了归齐"写作"闹归齐"的情况。例如:

(188) "俺这七里还得给马主任分出个三,剩余的还得给二县官分出个三哩,闹归齐还是你大褂子便宜的。"白大褂子听了,争辩道:"……"(老屯《荒男荒女》,河北话)

综上所述,"闹/弄/说了归齐"中表示"到"义的"了"也可以不说出来,因为"归齐"无需表示"到"义的"了"的配合,就能独立表示"到最后"义。以上事实说明时间词"归齐"确实源自短语"归讫"。它确实经历了"到完了>到最后>(在)最后>终于,终究"这种语义演变和"动宾短语→介宾短语→时间名词→时间副词"这种语法演变。因此,在现代汉语中,有时为了加强对结果的强调,"到了(儿)"和"归齐"可以连用。如:

(189) 孙桂贞……激动地上前握住区长的手:"老区长,可把您给盼来了!

您身体还硬朗啊？前几年，四人帮可把您害苦了，咱们谁都不信您是假党员。这不，到了儿归齐，真的假不了……"（霍达《红尘》，北京话）

出现稍晚的是起语篇总结作用的"总之"义话语标记用法。这种用法的"归齐"始见于1824年成书的《中华正音》。例如：

(190) 王大哥，你那个帽银子是，赶下趟却不定我来不来，若不来的时候乙，小(少)不得伙计来，我的言语他，归起凭帖取银就是咧。（朴在渊、竹越孝译，东京大学阿川文库藏《中华正音》，4b）

(191) 横竖你的银子却是有得在那里呢，归起小(少)不得开付你的啊。（同上，18b）

上两例中的划线词表示"总之"义。这种意义有两种可能的来源。一是从"归拢起来，集中"义引申而来。从"归拢起来，集中"义引申出"总之"义（把事物归拢起来以便算出总数，跟把分论点归拢起来以便得出结论，这两者之间存在相似之处），这种语义演变很常见。再如，英语中 sum up 本表示"把……加在一起"，后来引申出"总之"义，用在话段或语篇末尾来引出结论。二是从"(说)到最后"义根据缺省推理引申而来(说到最后往往要总结全篇)，正如近代汉语中"到底"从"(说)到最后"义引申出了"总之"义。引申的机制与"归讫/归齐""到底"前的言说概念[＋说]的零编码密切相关（详见第二章）。舒济(2000:758)就将上文例(60)(66)中的"说到/了归齐"释作"总而言之，归根到底"。可见，"说到/了归齐"可以表示"总之"义。当其中的言说概念零编码时，"归齐"就可以获得"总之"义。以上两种解释各执一端，目前尚无可靠证据让我们断定孰是孰非。

接着出现的是"总共"义量化副词用法。此用法的"归齐"始见于在1866至1872年间成书的《儿女英雄传》。例如：

(192) 归齐不到一个月，你还转着弯，到底照市价还了我了。（清·文康《儿女英雄传》第27回）

"总共"义"归齐"在历史文献中用得较少。我们推测它可能本写作"归起"，意即"归拢起来，集中"，把事物归拢起来往往是为了统计出事物的总数。可以旁证这一点的是，东北话、河北话中"归堆"既有"归拢起来，集中"义，又有

"总共"义。例如:

(193) a. 仓库里的东西搁的太乱了,得好好<u>归堆</u>。(东北官话·黑龙江哈尔滨话)
b. 我当人挺多呢,<u>归堆</u>才十来个人哪。(东北官话·黑龙江哈尔滨话)
(194) a. 四辆大车全<u>归堆</u>了。(许宝华、宫田一郎 1999,冀鲁官话·河北话)
b. 今儿谁也得上!<u>归堆</u>这么几个人,再刨两个病号,还有人没有啦?(鲁易《团结立功》,冀鲁官话·河北话)

在例(193)(194)这两组示例中,"归堆"在 a 例中表示"归拢起来,集中"义;在 b 例中表示"总共"义。这可以证明汉语中存在"归拢起来/集中＞总共"这种语义演变。

最晚出现的是"到底,究竟"义疑问语气副词用法。此用法的"归齐"始见于1879年成书的《三侠五义》,在1883年成书的《华音启蒙谚解》偶尔也可见到。例如:

(195) 自己总没想想,<u>归期</u>是谁花的银子? 真是呆的可笑!(清·石玉昆《三侠五义》第 34 回)
(196) <u>归起</u>到什么地方来着?(李在弘、金瑛校注,韩国藏书阁藏《华音启蒙谚解》(下),33b)

语料调查显示,这种用法的"归齐"在历史上使用频率极低,在现代汉语方言中未见。参照"到底""至竟""到了"等其他同类词语的共时多功能性和历时演变,我们推测"归齐"(＜"归迄")的疑问语气副词用法源于"到最后"义介宾短语用法,其间的语义演变机制与第三章所说的"到底"的演变相似。首先是疑问句激活一个询问或言说概念,然后询问或言说概念与"到最后"义配合,生成"说/问到底"义,继而从"说/问到底"义通过语用推理衍生出追究语气用法。

总之,从共时变异和历时演变来看,现代汉语方言中的"归齐"(又作"归其")在汉语史上还有"归起""归期""皈起"等写法,其时间词用法、醒悟语气副词用法、疑问语气副词用法,与量化副词用法之间是同音关系。用作量化副词时,这些词形记录的本词是"归起";用作其他词时,这些词

形记录的本词是"归讫"。在汉语史上,"归讫"和"归起"分别经历了如下语义演变:①

```
              ↗[时间域]最后,结果₁→[事件域]终于,终究
归讫:到完了→到最后→[认识域]结果₂,原来|[语篇域]总之
              ↘[言语行为域]究竟
```

图 10-4　"归讫"的语义演变路径

```
          ↗[语篇域](把观点归拢起来)总之
归起:归拢起来,集中
          ↘[数量域](把事物归拢起来)总共
```

图 10-5　"归起"的语义演变路径

10.2.3 结论

本节的研究表明,现代汉语方言"完结"义词若是多义词,往往兼有如下意义中的多种:(Ⅰ)表示空间领域位移运动进行到路径的终点("到底端/到尾部/到尽头"义);(Ⅱ)表示时间领域时间流逝到最后("到最后"义);(Ⅲ)表示事件域事件发展到有了结果,强调结果的久盼而至或力避还来,即强调结果的合目的或反期望("(在)最后,终于/终究"义);(Ⅳ)强调认识域中溯因推理的结论(即原因)或事物具有某根本特点("毕竟"义);(Ⅴ)强调认识域解疑行为的结果(即表示醒悟语气,"原来"义);(Ⅵ)用在言语行为域,表示对问题答案的追究语气("究竟"义)。其中,"毕竟"义评注语气副词、"究竟"义疑问语气副词用法的形成跟言说概念的零编码有关;"原来"义醒悟语气副词用法的形成跟"完结"义词前的泛义动词"弄/搞/闹"的潜隐有关。这些"完结"义词,有些(如"至竟""到了""到头""归讫")其共时多义性是历时语义演变的投影;另外一些(如"到罢""到究""到尾")其共时多义性则是受上述第一类词历时演变和共时多义性的类推而在现代方言中、在相对较短时间内发生类似演变的结果。"完结"义词的语义演变跟空间移动、时间流逝、事件发展、推理进行、问答推进四者在意象图式上的相似性密不可分。认知主体可以用感知空间位置或空间移动所获得的经验来认识时间流逝;可以用时空感知经验来认识事件进展(包括自然界或人类社会具体事件的发展、思维领域溯因推理从前提到结论的展开、自我释疑从怪异结果事态到

---

① 下面两图中都有"总之"义,这是因为"归齐"的"总之"义话语标记用法既可能来源于"归讫"的"到完了"义用法,又可能来源于"归起"的"归拢起来,集中"义用法。因历史材料缺失,对这个问题,我们只能暂且存疑。

引发该结果的原因的追溯、交际领域求他释疑从问题到答案的推进)。其语义演变路径如下：

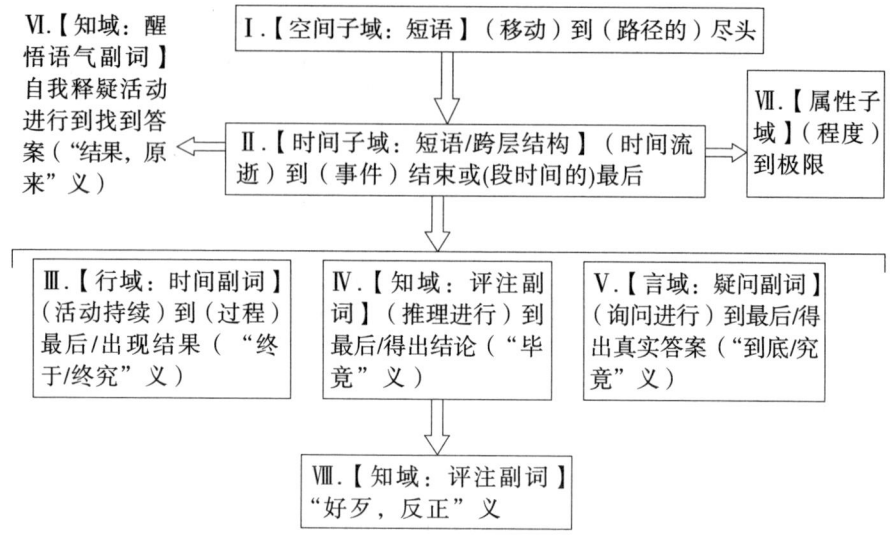

```
Ⅵ.【知域：醒          Ⅰ.【空间子域：短语】(移动)到(路径的)尽头
悟语气副词】
自我释疑活动                      ↓
进行到找到答                                                   Ⅶ.【属性子
案("结果,原   ← Ⅱ.【时间子域：短语/跨层结构】(时间流    → 域】(程度)
来"义)           逝)到(事件)结束或(段时间的)最后              到极限
                                  ↓
  Ⅲ.【行域：时间副词】  Ⅳ.【知域：评注副    Ⅴ.【言域：疑问副词】
  (活动持续)到(过程)    词】(推理进行)到    (询问进行)到最后/得
  最后/出现结果("终     最后/得出结论("毕   出真实答案("到底/究
  于/终究"义)           竟"义)              竟"义)
                                  ↓
                      Ⅷ.【知域：评注副词】
                      "好歹,反正"义
```

图 10-6　汉语"完结"义表达副词化及相关演变路径

在上图所示演变过程中，各方言选择的具体词语不一样，起讫点也不同。有的从第Ⅰ站开始，如"到头""到底""遘底"；有的从第Ⅱ站开始，如"至竟""到罢""到了""归讫"；有的走到了第Ⅴ站，如"至竟""到罢""到头""到究"；有的走到了第Ⅵ站，如"归讫"；有的走到了第Ⅷ站，如"到底""究竟"；有的从用法Ⅱ演变出了Ⅲ、Ⅳ、Ⅴ，如"到尾""到了""到老"；有的只是演变出了Ⅲ、Ⅳ、Ⅴ中的一两项用法，如"到罢""遘底"。但其演变方向是一致的，我们尚未发现有哪个方言"完结"义词具有上述路径中两端的意义而没有中间的意义。我们知道，如果属于同一范畴的多个词语有共同的语义基础、句法位置，且发生演化，那它们一般会朝着同一方向发生相同或相近的演化(叶建军 2007:14)，而方言里的"至竟""到罢""到了""归讫""到头""到尾""遘底"等的语义结构都与"到底"近似。所以，它们会朝着相同方向或沿着相同路径演化。这就是所谓的"类化""平行衍生""聚合类推"。这些复合词有些(如"始终")虽不是动宾式，但其语义结构中蕴含"到最后"义，也会呈现出上图所示演变路径。因行、知、言三域抽象度递增(详见 Sweetser 1990、沈家煊 2003)，故"完结"义词的概念结构发生领域扩散时通常遵循"行域＞知域＞言域"这样的顺序。这在上文表10-1中也有反映。表中凡有"究竟"义的通常也有"终于"义(仅有的例外是"遘底""到个/到来""到只/

到支"①),反之不然;凡有"毕竟"义的通常也有"终于"义(仅有的例外是"遭底""到只/到支"),反之不然。这表明"究竟"义和"毕竟"义很可能对"终于"义有单向蕴涵关系。

10.3 "完结"义副词的跨语言考察

本节考察外语"完结"义副词,探讨它们和汉语"完结"义副词在共时多功能性和历时演变(尤其是共时多义性和语义演变)方面的共性和差异。主要涉及印欧语系日耳曼语族中的英语和德语、罗曼语族中的法语和意大利语及在系属问题上存在争议的日语等语言。需要说明的是,本节所谓的"词",指整体意义大于组成成分意义之和的词汇词(词汇层面的词)。在语法上,词汇词既可能表现为单词形式,又可能表现为固定短语(即习语)形式。表现为固定短语形式的词汇词,我们称之为"习语词"。

10.3.1 英语里的"完结"义副词

10.3.1.1 英语里的典型"完结"义副词

在现代英语中,典型"完结"义副词主要有 ultimately、eventually 等。下面分别考察。ultimately、eventually 都是"最后,终于"义时间副词。例如:

(197) Everyone gave his opinions, but ultimately the decision lay with the President.(众人各抒己见,但最后还要总统定夺。)
(198) She worked so hard that she eventually made herself ill.(她工作如此努力,以至最终病了。)

考察可知,它们是遵循如下路径演变而来的:动词 ultimate(到顶点)→形容词 ultimate(至极的,最终的)→时间副词 ultimately(最后,终于);动词 eventuate(终结)→形容词 eventual(最终的)→时间副词 eventually(最后,终

---

① 这或是因为"遭底"只是普通话"到底"的方言对应词,未必拥有"到底"的全部意义。"到个"是受"到底"错误类推的产物,即是对表义透明性最差的疑问语气副词"到底"中"底"的语类和意义误解引发的"到底"的方言对应词。所以,"到个"只有疑问语气副词用法而无时间副词用法。"到只/到支"是"至竟"的仿词"到止"的音变,所以,可以只继承"至竟"的疑问语气副词用法,而没有继承其时间副词用法。

于）。起初，不及物动词 eventuate 后续介词短语"in NP"，意即"结束于 NP，以 NP 告终"，可意译为"导致/造成 NP"。例如：

(199) The epidemic <u>eventuated in</u> the deaths of thousands.（这种流行病最终导致了数以千计人的死亡。）
(200) A rapid rise in price soon <u>eventuated in</u> mass unemployment.（物价迅速上涨，结果造成了大量失业。）

可见，英语 eventuate in 跟汉语"终于"语义结构相同，都是跨层结构。只不过，在汉语中"终"和"于"正好可以构成标准音步（即双音节音步），因而直接词汇化为时间副词。英语实行分词连写，这样 eventuate in 就无法词汇化为一个词。相反，英语生成"最后，终于"义时间副词采用的策略是<u>截取</u>其中的动词，从而派生出形容词 eventual，继而从该形容词派生出时间副词 eventually。ultimate 向时间副词的发展也是取道于形容词，而不像汉语"到底"直接通过<u>融合</u>词汇化为时间副词。

10.3.1.2　英语里的边缘"完结"义副词

在现代英语中，表示"完结"义的副词性习语词主要有 after all、in the end、at last 等。下面主要考察 after all，兼及其他习语词。after all，据 Traugott(1997:5—8,2004b:538—561)、李延林(2001)、陈平文(2009)等考察，是由介词 after 和代词 all 在 16 世纪组合而成（一说由 after it was all over 省缩而来），意即"在一切……之后"。后来固化为表示"finally, in the end"（最后）义的习语词。在 17 世纪以前，after all 只有"最后"义。例如：

(201) And Almanzor, though a stranger, yet, was already known to them, by his gallantry in the Juego detoros, his engagement on the weaker side, and, more especially, by the character of his person, and brave actions, given by Abdalla just before. And, <u>after all</u>, the greatness of the enterprise consisted only in the daring: for, he had the King's guards to second him. (1672 Dryden, Dedication, Conquest of Granada, p. 30)

"最后"义 after all 在当代英语中也时或可见。例如：

(202) I'm a syntactician. Why should I get involved with all these strange semantic solutions? Besides, suppose the problems we're working on turn out to be purely syntactic after all.——won't I have wasted my time? (Jackendoff 1990:3)

(203) This reconciliation strongly suggests that a future successful theory of meaning has to be founded on truth conditions after all. (Jaszczolt 2004:362)

在17世纪初，"最后"义 after all 发生语义主观化，出现了强调结果出现之久盼而至或力避还来（即强调最终结果之合目的或反期望）的用法。例如：

(204) It turned out (to be) fine after all.（天到底/终于转晴了。）
(205) So you've come after all!（你到底/终究还是来了。）

上两例中 after all 分别犹"终于"和"终究"。all 指的是在主体预料到的最终结果出现之前经历的曲折过程。所以，例中 after all 可以替换为 despite everything（尽管如此）。在18世纪初，after all 又从"最后"义发展出强调结论的用法。这里为了便于理解，仅以相关语料的今译为例：

(206) After all, what does it matter?（归根到底，那有什么关系呢？）

当 after all 强调的结论是溯因推理（即由已知结果回溯导致该结果之最佳原因的推理）的结论时，它就发展出强调原因的用法（详见本书§4.6的相关论述）。所以，现代英语中 after all 有"毕竟"义用法，常与 and、for、because 等连用。最后，after all 从强调原因用法经过重新分析发展出表示原因的用法。这是它跟汉语中的对应词语的不同之处。① 例如：

(207) He should have offered to pay—he has plenty of money, after all.（他应该主动提出付款——毕竟/因为他有的是钱。）

综上所述，根据 Traugott、李延林、陈平文等人的考察，after all 的语义演变可表示为：

---

① 表示原因的 after all 可以无需前置性连词的引导而能独立地表示因果关系。

"在一切……之后"义 → "(在)最后"义 → 强调结果("终于/终究"义)
　　　　　　　　　　↓
强调结论或原因("归根到底,总之,毕竟"义)→表示原因("因为"义)

图 10-7　英语 after all 的语义演变

这表明,英语 after all 跟汉语"到底""毕竟"等有着相似的语义演变。只是"到底""毕竟"等没有发生从"毕竟"义向"因为"义的演变。不过,当代英语中 after all 主要表示"终于/终究"义和"毕竟"义。

那么,英语 after all 有无"到底,究竟"义追问标记用法呢？英语教学语法大多认为没有。其实,在当代英语中,它已经开始被用作追问标记了。例如：

(208) Say, for God's sake, who knows it after all! (Abraham 1991：364)

上例既可解读为"看在主的份上,你倒是说呀,谁知道这件事？",又可解读为"看在主的份上,你说说,到底谁知道这件事？"。但后一种解读可接受度更高,因为前一种解读是建立在 after all 修饰主句动词 say 的基础上的,而在句法表层 after all 与疑问小句的关系更近。Abraham(1991:364)说上例中 after all 与疑问词共现,意在实施祈使功能,祈请对方作答。目前尚无法确定 after all 的催答语气功能与追问标记功能孰先孰后,但催答和追问的相关性由此可见一斑。① 上面的论述要成立有一个条件,即 after all 可残缺编码"say after all"(说到底)义,正如英语中 frankly 可残缺编码"say frankly"(坦率地说)义、古代汉语中"到底"可残缺编码"说到底"义一样。事实确实如此,言说概念经常零编码(详见本书§3.2.2.2.2)。比如,下例中 after all 犹"say after all"。

(209) Whenever it is argued that the truth-conditions of an utterance are affected by context in a top-down manner, the indexicalist feels compelled to re-analyse the example so as to show that the

---

①　其功能演变要么是从表示催促语气到表示追问语气,类似于附录中讨论的粤语疑问语气词"先"的形成：Q 说先！(意即"先说 Q 的答案")→Q 先？(意即"究竟 Q？")；要么是从追问语气到催促语气,类似于§3.4 讨论的祈使语气副词"到底""倒是"的形成：到底 Q？→到底说 Q！(意即"倒是说 Q!")。我们更倾向于赞同前一种看法,因为英语 after 和汉语"先"都是表示时间先后关系的。

pragmatic process at issue is an instance of saturation after all.（Recanati 2004:86）

综上所述,在实际使用中 after all 有"究竟"义。现代英语中 after all 有现代汉语副词"到底"的三种用法,这也可从很多英语辞书中得到证实。比如,陆谷孙主编《英汉大词典》(The English-Chinese Dictionary)对 after all 的解释是："毕竟,终究;究竟"。从解释看,该辞书似乎只承认 after all 有"毕竟"义和"究竟"义。但从其给出的如下示例和汉译看,该辞书是承认 after all 具有包括"终于"义在内的三种意义的。

(210) The day turned out fine after all.（结果天还是转晴了。）
(211) This is, after all, the least important part of the problem.（这毕竟是问题最无足轻重的部分。）
(212) After all, what is it that prevents her going to the meeting?（究竟是什么使她不去参加会议的呢?）

上三例其实分别例示了 after all 在行、知、言三域的用法。对比首尾两例可知,after all 的言域用法源于行域用法。《牛津高级英汉双解词典》(Oxford Advanced Learner's English-Chinese Dictionary, 1989)释 after all 为"in spite of what has been said, done, or expected"。其中, in spite of what has been done 是解释行域 after all 的,犹汉语"最后""终于""到底""终究";in spite of what has been expected 是解释知域 after all 的,犹汉语"到底""毕竟";in spite of what has been said 是解释言域 after all 的,犹汉语"到底""究竟"。英语释义很到位,只是释义中三域动词的排序不太科学,最好说成"in spite of what has been done, expected, or said"。当然,或因英语中"终于"义常由 finally、in the end、at last 等来表示,"究竟"义常由 ever、on earth 等来表示(详见附录),非英语母语者只知道 after all 有"毕竟"义,而不知它有其他意义。

综上所述,从古英语到现当代英语,after all 和汉语"到底"等一样,有(过)"最后/终于""毕竟""究竟"等义。当然,after all 和"到底"等也有很多不同。比如,after all 还可以表示原因,或用于语篇域引出列举末项,常用在"first of all/firstly(首先)...still/secondly(其次)...after all(最后)..."式语篇中。(参见 Nuyts 2000:63—64)。而汉语"到底"等无列举末项提示标记用法。另外,英语 after all 跟德语 denn[<dann("temporally prior to/时间上先于"

义)]和粤语"先"相似,都经历了如下演变:表示时间先后关系＞强调溯因推理的结论/表示对问题答案的追究语气。详见附录。

英语 at last、in the end 跟汉语"到底"一样发生了语义主观化。不过,它们只经历了从"(在)最后"义到"终于"义的演变,却没有经历从"(在)最后"义向"终究"义的演变,且 in the end 跟汉语"到底"一样,也可以残缺编码"说到底"义。例如:

(213) At last we were home. (我们终于到家了。)

(214) All will turn out well in the end. (最后一切都会好起来的。)

(215) But in the end it is discourse that has remained as the final stronghold of random fluctuation. (但是,说到底,是话语处在说话人任意发挥的最后一道要冲。)

10.3.2 德语里的"完结"义副词

语料调查显示,德语 schließlich 跟汉语"到底"在多义模式上有很大的相似性。它既是"最后"义时间副词,又是"毕竟"义评注语气副词。试对比下举前两例和后两例:

(216) Schließlich gab er naeh.
　　　finally gave he out
　　　(最后他让步了。)

(217) Schließlieh sind wir übereingekommen, die Reise zu versehieben.
　　　finally are we agreed the travel to be postponed
　　　(最后我们同意把旅行推迟。)

(218) Schließlieh ist er mein Vater.
　　　after-all is he my father
　　　(他毕竟是我的父亲。)

(219) Ich bin schießlich noch jung.
　　　I am after-all still young
　　　(我毕竟还年轻。)

另外,德语中表示"在最后"义的 am ende(犹英语 at end)可以用于反问句。在反问句中,它可获得"难道"义解读。例如:

(220) Hast du das am Ende selbst gemacht?
　　　have you that *at end*　self　done
　　　(难道那是你自己做的?)

无独有偶,"到底""究竟"等偶尔也可用在反问句里来强化对命题的肯定。① 例如:

(221) 此皆见噎废食之说,究竟书可竟弃,仕可尽废乎?(明末清初·李渔《闲情偶寄》)

(222) 荷生就向痴珠道:"我听说你著部《扪虱录》,又著部《谈虎录》,到底真是说虱说虎不成?"(清·魏秀仁《花月痕》第 29 回)

(223) 虽贾政当日起身时选了百十篇命他读的,不过……偶一读之,不过供一时之兴趣,究竟何曾成篇潜心玩索。(清·曹雪芹《红楼梦》第 73 回)

(224) [上文交待丫头坠儿偷走了平儿的镯子,被查出]麝月道:"这小娼妇也见过些东西,怎么这么眼皮子浅。"平儿道:"究竟这镯子能多少重,原是二奶奶的,这叫做"虾须镯",倒是这颗珠子还罢了。(清·曹雪芹《红楼梦》第 52 回)

(225) 这条心,可以对得起天地鬼神,究竟我何尝为着甚么安公子不安公子来着呢!(清·文康《儿女英雄传》第 22 回)

(226) 甚至弄到性命呼吸,也不过说了句"天生德于予,桓魋其如予何"。究竟何尝认真去"以直报怨"?(清·文康《儿女英雄传》第 39 回)

钟兆华等(1995)甚至把表示反问语气单列为"究竟"的一种用法。或许有读者会认为"到底""究竟""终究"等的反问用法可能是受"终"的类推,因为在古汉语中还有"终不成","终不成"义为"总不能,不至于,难道"(袁宾等 1997:599)。试对比例(221)和下两例:

(227) 老汉然虽是个村肐落里人,稍通得些个人事。平日里终不成跪拜底与它一贯,唱喏底与它五百,没这般话头。(南宋·九山书会才人《张协状元》第 20 出)

---

① "亦""却""还""独"等也是既有反问用法,又有"究竟,到底"义疑问语气副词用法(详见附录)。

(228) 问:"陆宣公既贬,避谤,阖户不著书,只为古今集验方。"曰:"此亦未是。岂无圣经贤传可以玩索,可以讨论? 终不成和这个也不得理会?"(《朱子语类》第 136 卷)

但此种解释无法说明德语中的 am ende 为什么也会发展出表示反问语气的用法。所以,本书坚信"(在)最后"义、追问语气、反问语气之间存在内在关联。追问语气强调对问题答案的终极追究(详见§5.3),反问语气强调对命题的终极肯定。

10.3.3 法语里的"完结"义副词

法语"完结"义副词主要有 enfin(犹英语 finally)、finalement、après tout(犹英语 after all)等。下面依次介绍。

10.3.3.1 法语里的 enfin

enfin,据 Hansen(2008:133—136,139—145)和 Beeching(2002)考察,是遵循如下路径演变而来的:[拉丁语]in fine(in end)→[古法语]介宾短语 en fin→[现代法语]习语词 en fin。当 en fin 被重新分析为习语词时,它开始一体化,甚至融合成 enfin。当融合为 enfin 时,它就是地道的副词了。例如:

(229) car lit mauvais, il s'en confont, //car li plons art et l'argent font,/et si s'afine par le plom,//qui s'art por lui;li mauvais hom //art enfin por le proude gent//si con li plons fait por l'argent. (Gautier d'Arras, Eracle, 1176—1184, vv. 1839—1844, from BFM)
for the bad one, he destroys himself thereby, for lead burns and silver melts, and thus it is refined by the lead, which burns for it; the bad man burns *in the end* for the good people in the same way lead does for silver.

在古法语和中世法语中,enfin 还常被离析开来写成 en fin,甚至可以插加冠词,形成 en la fin(in the end),比如见于 16 世纪的下例。这表明 enfin 起初确实是短语。

(230)... l'ange bening et consolateur apparoissant à l'homme,

l'espovante au commencement, le console en la fin, le rend content et satisfaict; l'ange maling et seducteur au commencement resjouist l'homme, en fin le laisse perturbé, fasché et perplex. (Rabelais, Le Tiers livre, 1546, ch. XIV, p. 463, from BFM)
… the good consoling angel, when it appears to man, frightens him initially, consoles him *in the end*, renders him content and satisfied; the evil seducing angel initially makes man happy, *in the end* leaves him troubled, angry, and confused.

从 14 世纪开始,enfin 跟新出现的 finalement(又写作 finalment 或 finablement)相互竞争。经过竞争,其义域发生了调整。在当代法语中,finalement 多表示客观真值义——"在最后",而 enfin 多表示各种主观意义(参见 Hansen 2005,Beeching 2002:130)。表示"总之"(anyway)义,发挥语篇总结功能时,虽然两者都可以用,但多用 finalement。

时间副词 enfin 跟汉语"到底"一样发生了从客观真值义向主观强调义的语义演变。试比较:

(231) Pierre a éteint la télé, il s'est brossé les dents, il s'est dishabille, et enfin il s'est couché.
Pierre PAST off the television, he PAST brush the teeth, he PAST undressed, and *at last* he PAST lay-down
(皮埃尔关掉电视,刷了牙,脱了衣服,最后上床睡觉了。)

(232) Te voilá enfin!
You came *finally*
(你终于来了。)

例(231)中 enfin 只表示客观真值义——"在最后",不表示对有利结果的主观强调义——"终于";而例(232)中 enfin 的主观强调义更显著,客观真值义只是潜隐的。从例(231)到例(232),enfin 的语义发生了主观化。主观化的条件就是当事人或言者对某结果存在预期。例(232)中"你来"是言者"我"所期盼的,而例(231)中"他上床睡觉"则不涉及言者或当事人的期盼,因而句中 enfin 无主观强调义。

时间副词 enfin 还发生了从时间域向语篇域的扩散。扩散到语篇域后,它获得了列举末项提示标记功能和语篇总结功能。例如:

(233) Je vous présente mon père, ma mère, ma sœur, et enfin moi-même.

I you present my father, my mother, my sister, and *finally* myself.

(我向您介绍,(这是)我父亲、我母亲、我姐姐,还有/以及我自己。)

(234) Marc poss'ede plusieurs doctorats:de linguistique,de philosophie,et enfin de sychologie

Marc owns several doctorates: of linguistics, of philosophy, and *finally* of psychology.

(玛卡有好几个博士学位:语言学的、哲学的,还有/以及心理学的。)

(235) Enfin,c'est comme ça!

Finally be as/like this!

(总之,就是如此!)

例(233)(234)中 enfin 用于列举语境,提示它所引出的是言者所要列举的最后一项。作为列举末项提示标记,enfin 只关注项目在语篇域中的先后,而不强调其在时间上的先后。因此,例(234)中 enfin 只表示言者在列举 Marc 获得的博士学位时最后说出的是心理学博士学位,而不表示心理学博士学位是 Marc 最晚获得的博士学位。例(235)中 enfin 发挥语篇总结功能。这种用法的 enfin 始见于 16 世纪下半叶,是从表示事件发展顺序(即"在最后"义)的 enfin 演变而来的,演变的认知机制是,叙事语篇和论说语篇的结构平行性所允准的招引推理引发的[前景-背景]安排方式的倒置(Hansen 2005)。叙事语篇的构建方式通常是把最重要的高潮性事件放在最后叙述,而把不怎么重要的铺垫性事件放在前面叙述;而论说语篇的构建方式通常是把最重要的观点(即总结性言论/结论)放在最后说。这两种语篇之间具有结构平行性。这种平行性使听者很容易把出现在论说语篇最后的话语理解成是对其前话语的总结。在叙事语篇中 enfin 的顺序义处于前景地位,而在论说语篇中 enfin 的顺序义被处理为背景,而原先的背景意义——enfin 所辖句子表示的事态的重要性——被处理为前景。

enfin 除了向语篇域扩散,还向知域扩散。扩散到知域后获得了"毕竟"义解读。例如:

(236) Et si nous esperons//De rompre ces liens//Avec le mariage,//Que nous sommes deceuës,//Puisque d'autres liens//Mille fois

plus serrez//Mettent en servitude//Encore nos volontez;//car les maris(enfin ce sont les homes // Qui firent ceste loy) // Les maris, avecque tyrannie//Vont s'usurpant toute l'authorité//Sur nostre volonté. (Honoré d'Urfé, La Sylvanire ou la Morte-vive: fable bocagère, II. ii, p. 88, 1627-from Frantext)

And if we hope to break these ties by marrying, how disappointed we are, since other ties, a thousand times tighter, still enslave our wills; for the husbands (*after all*, it is the men who made this law) the husbands, will tyrannically go usurping all authority over our will.

但是,在法语中"毕竟"义似乎还未固化为 enfin 的词义,很多辞书都不收。法语 enfin 要表示"毕竟"义通常要跟连词 mais(犹英语 but)或 car(犹英语 for)共现。例如:

(237)…Teombre, pour continuer sa feinte, quand ce fut á luy á chanter, prit son subjet sur cette Dorinde, et en dit quelques vers, dont je ne me sçaurois souvenir. Mais enfin le sujet estoit, qu'à son despart elle avoit fait serment d'avoir tousjours memoire de luy. (Honoré d'Urfé, L'Astrée, vol. 2, p. 2, book 4, p. 137, 1610, from Frantext)

…to continue his sham, Teombre, when it became his turn to sing, chose this Dorinde as his subject, and recited a few verses about her, which I cannot remember. *But in any case* the subject was that at the time of her departure, she had sworn to always remember him.

(238) Elle écrivoit avec tant de délicatesse; son stile étoit enjoüé, ses pensées fines, ses applications justes: adieu la délicatesse, adieu la justesse; car enfin pour une femme qui compose, un mari est une distraction continuelle. (Charles Dufresny, Amusemens sérieux et comiques, p. 190, 1699, from Frantext)

She wrote with such delicacy; her style was cheerful, her thoughts subtle, her practice accurate: goodbye delicacy, goodbye accuracy; *for when all is said and done*, for a woman who writes, a husband is a continuing distraction.

这与英语 after all、汉语"到底""毕竟"不同。英语 after all 在强调原因时不必跟 for、because 共现,汉语"到底""毕竟"强调原因时不必跟转折或因果关系连词共现。换言之,所在复句中转折或因果关系连词可以隐而不现。

enfin 扩散到言域后,除表示追问语气(如例(239))外,还有两种话语标记用法:一是暗示言者要对已述话语进行修正,enfin 引出修正后的表达,如例(240);二是暗示在言语交际过程中言者将要插话,enfin 还传达出了言者对对方(言语)行为的不耐烦的情绪,如例(241)。

(239) Mais enfin, qu'est-ce que tu fais?
　　　 but *in-the-end what* do you do
　　　(说到底,你干什么?)

(240) Elle est blonde, enfin plutôt rousse.
　　　 She is blonde *finally* rather red
　　　(她是金黄色,不,其实是棕红色头发。)

(241) A: On devrait peut-être préciser que la conférence de Duschnock aura lieu dans le grand amphithéatre.
　　　 B: *Enfin*, tous le monde le sait,
　　　 A: Perhaps we should specify that Duschnock's lecture will take place in the large auditorium.
　　　 B: Come on, everybody knows that!
　　　(别说了,每人都知道的。)

enfin 之所以具有话语修正标记功能,是因为语篇域中 enfin 能起语篇总结功能,而总结性话语其实就是对前导话语的一种重新表述,只不过更概括而已。而话语修正标记 enfin 引出的话语也是对前导话语的一种重新表述,只不过更准确而已。语篇域和言域之间的这种结构平行性使得 enfin 有可能演变为话语修正标记。这种演变的动因是言语交际中的面子策略——言者为了保住面子,对自己说出的不准确甚至错误的话语打着进行总结性重述的幌子行修正性重述之事。enfin 之所以具有插话标记功能,是因为 enfin 能暗示对方"你的(话语)该到底了",即该结束了,我要发言了。所以,插话标记 enfin 的进一步发展是单纯表达不耐烦甚至愤慨的语气。例如:

(242) Enfin! (Nyan 2006:173)

What on earth is going on?/What do you think you are doing?

上例的使用语境是,一位教师无意中发现一群学生在公然违反校规,试图制止。enfin传达出了他的这种意图和愤慨语气。如果说例(241)中enfin是用来表达对对方当前话语行为的阻止语气的,那么例(242)中enfin当是用来表达对对方当前物理行为的阻止语气的。这是语用功能的泛化,正如古汉语"到底"从表示催答语气泛化为表示催做语气(详见§5.4)。

综上所述,法语enfin本表示时间上的"在最后"义,后来向事件域(狭义行域)、认识域(知域)、语篇域、言域扩散。在事件域(狭义行域)表示"终于"义,在语篇域发挥列举末项提示功能或语篇总结功能;在认识域(知域)表示"毕竟"义,但这时常要跟转折或因果关系连词搭配;在言域是话语修正标记或插话标记,有时可只表示愤慨语气。其语义演变路径可以部分表示为:

[时间域]时间上的最后→[语篇域]列举末项提示标记
　　　　　　　↘[语篇域]语篇总结标记→[知域]强调原因(表示"毕竟"义)
　　　　　　　　↘[言域]话语修正标记→[言域]插话标记

图10-8　法语中enfin的功能扩展路径

不难看出,enfin的多义模式跟古汉语中的"到底""究竟"等有同有异,古汉语中"到底""究竟"等不具有列举末项提示标记、话语修正标记、插话标记这三种语用标记功能(上图中带阴影部分),但其他用法都具有(详见§3.2.2)。

10.3.3.2　法语里的finalement

在法语中,finalement由"最后"义形容词final的阴性形式finale后续副词词尾-ment构成。在共时平面上,跟enfin相比,finalement用法相对简单,只有三种意义:①最后,终于/终究;②总之,归根结底,毕竟;③究竟。例如:

(243) Ils ont longement hésité mais, finalement, ils ont décidè de partir.
　　　they have long hesitated but/although finally they AUX decide depart
　　　(他们犹豫了很长时间,但最终/终究还是决定离开。)

(244) Finalement, je crois que tu as raison.
　　　Finally I think that you have reason.
　　　(总之,我认为你有理。)

(245) Pourquoi n'est-il　pas venu finalement?
　　　why　Neg-be-3sg not　come　after all
　　　(他究竟为什么不来?)

(246) Quand est-ce que tu arrives, enfin? (你们究竟什么时候到?)
　　　When do you arrive after all?

不难看出,finalement 可以用于行、知、言三域,分别强调结果、结论和对问题答案的追究语气,分别相当于古代汉语中表示"终于/终究"义、"总之"义、"究竟"义的"到底"。①

根据 Hansen(2005)的研究,finalement 始见于 12 世纪晚期,其语篇总结用法(即"总之"义用法)和评注语气副词用法(即"毕竟"义用法)出现于 16 世纪中期。其列举末项提示标记用法出现于 16 世纪末。其列举末项提示标记用法,跟时间副词、评注语气副词等用法相比,出现得较少。在古法语和中世法语中 finalement 常写作 finablement。尽管它出现得比 enfin 早,但在 16 世纪副词 enfin 形成后,finalement 的语法化基本处于停滞状态。这使它更多地用于字面意义,而没有 enfin 所具有的很多话语标记用法。由于使用受限(在古法语中极为罕见,在中世法语中用例也远不及 enfin 多,且多限于诗歌),其创新意义的固化程度远不及 enfin。正因为如此,共时平面上 finalement 的意义较少,不像 enfin 还具有话语修正标记和插话标记等用法。

据 Beeching(2012:27—29)考察,现代英语中的 finally 借自古法语中的 finalement,而古法语中的 finalement 源自晚期拉丁语中的 finaliter。但现代英语中的 finally 只有 finalement 的第①种用法,即表示时间上的最后或引出列举末项用法。

10.3.3.3 法语里的 après tout

法语里的 après tout 犹英语中的 after all,有两个义位:①总之;②毕

---

① 跟 enfin 不太一样,finalement 一般不表示中性的"最后"义,多表示最终结果出现之反预期。例如:
(1) Au début je pensais que j'avais raté l'examen, mais finalement, je l'ai réussi!
At first I thought that I had failed the exam, but finally, I have it successful!
(开始我以为我考试不及格,但最终我考试及格了!)

竟。例如：

(247) Tu peux faire *ce que* tu veux, <u>après tout</u>, cela ne me regarde pas.
　　　 you may do　what you want　*after all*　this not me regard not
　　　（你爱干什么就干什么。总之，这跟我无关。）

(248) <u>Après tout</u>, ce n'est pas sa faute.
　　　 after all　this not-is not his fault
　　　（总之/毕竟，这不是他的错。）

例(247)中 après tout 残缺编码"after all has been said"义（即言说概念零编码，关于言说概念的零编码，详见§3.2.2.2），故可译为"说到底，不管怎么说，总之"。après tout 在例(248)中的用法是在例(247)中的用法的自然引申，演变路径跟"到底"一样，都是：强调结论＞强调原因。

综上所述，法语"完结"义词在各种概念域的分布情况如下表所示（表中（＋）表示少用）：

表 10-6　法语主要完结义词的使用情况

语词	用法							
	行域		语篇域		知域		言域	
	客观真值义（"最后"义）	主观强调义（"终于/终究"义）	列举末项提示功能（"最后"义）	语篇总结功能（"总之"义）	认识评价功能（"毕竟"义）	话语修正标记（"其实"义）	插话标记	追问标记（"到底，究竟"义）
enfin	＋	＋	＋	＋	＋	＋	＋	＋
finalement	（＋）	＋	＋	（＋）	＋			＋
après tout				（＋）	＋			

可以看到，法语"完结"义词跟古汉语"至竟""到底"等呈现出近似的规则多义性。

10.3.4　意大利语里的"完结"义词

意大利语里本表示"在最后"义的 infine 是法语 enfin 的同源词。它发展出了"终于"义和"究竟"义用法。可见，意大利语中存在跟汉语"至竟""到底""到头"等平行的语义演变，即：到最后＞（在）最后＞终于/究竟。意大利语表示"毕竟"义常用 dopo tutto。其中，dopo 是"在……之后"义介词，tutto 是形名兼类词，词义即"所有/全部（的）"。所以，dopo tutto 相当于英语 after all。结合前几小节的考察,可以发现,英语、法语、意大利语都用表示时间先后关系的习语词(如英语 after all、法语 après tout、意大利语 dopo tutto)来表示认识上的前提-结论关系,从而用来强调结论或原因(即"毕竟"义);英语 after all 还发展出了表示原因的用法和追问标记用法。[①] 跟它们的语义演变相近的是,汉语史上"既"("食毕"义＞"在……之后"义)、英语 since 从表示时间先后关系到为表示原因(意即"既然,因为")的演变。粤语"先"从表示时间先后关系演变为追问标记(详见附录)。

10.3.5 日语里的"完结"义副词

日语里的"完结"义副词有"とうてい"(读作 totei)、"ついに"(读作 tsini)、"とうとう"(读作 toto)、"あこまでも"(读作 aku made)、"ほどに"(读作 hodo-ni)等。下面分别考察。

10.3.5.1 日语中的"ついに""とうとう""とうてい"

"ついに"本表示"到最后"义,又写作"終に"。格助词"に"在日语里既可以引出方向和对象,犹英语 to;又可以引出处所,犹英语 at/on/in,这样"終に"就很容易发生从表示"到最后"到表示"(在)最后"义的演变。发生上述演变后,"終に"又通过语境吸收从表示客观真值义(即"(在)最后"义)向表示主观强调义(即"终于,终究"义)的语义主观化。例如:

(249)彼女は 成功ついに した。
　　　she TOP succeed *finally* do PAST
　　　(她终于成功了。)

(250)彼女は ついに 現れなかった。
　　　she TOP *finally* appear-NEG-PAST
　　　(她终究/最后还是没来。)

不难看出,日语"終に"和汉语"到底"经历了相同的语义演变。但"終に"的客观真值义有丢失的倾向。表示"(到)最后"义,现在一般要说成"とうとう"。"とうとう"在古日语中又作"頭到",犹汉语"到头"。不过,日语是 OP(宾-介)语序,而汉语是 PO(介-宾)语序。"終に"和"とうとう"在表示

[①] 考虑到英语中有很多词是从法语借入的事实,可以推测英语 after all 是从法语借入。用"在最后"义表达来表示"毕竟"义,有可能是先在罗曼语中出现的。

主观强调义和客观真值义方面存在明确的分工。以下是《大辞林》对这两个词之区别的两种说法：①

「とうとう」和「終に」都表示经过（一定的）时间、过程而达到某（结果）状态。但是，「終に」有强调经过的时间或过程之长的主观意图。「とうとう」没有「終に」的这种强调意图，只是客观上表示经过一定的时间和过程后达到某状态。

「とうとう」不能和「やっと」("好不容易")共现，因为它只是客观地表示经过一定的时间或过程而最终达到某结果状态。「終に」可以跟副词「やっと」共现，因为它除了要求经过较长时间外，通常还带有强调克服某种障碍而最后出现某事态的意味。

正是因为存在以上区别，所以在下例中"終に"不能换成"とうとう"。

(251) 10 年　越し　の　夢が　やっと　終に　実現した。
ten-years more-than ATTR dream-SUB difficultly *at-last*
become-true-PST
（十几年的梦想终于实现了。）

→ *10 年越しの夢がやっととうとう実現した。

如果一定要用"とうとう"表示主观强调义，那么它用于强调结果出现之反意愿（即表示"终究"义）比强调目的达成之不易（即表示"终于"义）更自然一些。

至于日语中的"とうてい"（又写作"到底"），它所经历的演变并不像汉语"到底"那么复杂，它只发展出了"无论如何"义用法（犹汉语史上的肯定副

---

① 这两段是笔者的翻译，其原文如下：
「ついに」「とうとう」は両方とも時間、過程を経てある状態に達することを表すが、「ついに」の方が時間、過程の長さを強調する話し手の主観的な意図があると「うとう」は「ついに」のような時間、過程の長さを強調する意図はなく、あくまでも一定の時間、過程を経てある状態に達することを客観的に表している。
「ついに」は副詞「やっと」と共起できる。「やっと」は長い時間を要して、またさまざまな障害を克服して、物事が実現するという意味を持つ。つまり「やっと」は時間、過程を強調しており、「ついに」と相性がいい。「とうとう」は副詞「やっと」と共起できない。これは「とうとう」が一定の時間、過程を経てある状態に達することを客観的に表していて、時間、過程を強調する「やっと」とは相性が悪いためである。

词"到底",详见§9.2.2)。不过,跟汉语史上的肯定副词"到底"不同的是,日语"とうてい"多用于否定句。例如:

(252)こんな　難しい　問題は、とうてい　でき　ない。
so-ATTR difficult problem-TOP *anyway* be·able·to-NEG
(这么难的问题,无论如何也不会/肯定不会。)

(253)とうてい　無理　だ。
anyway impossible COP
(无论如何也干不了。)

10.3.5.2 日语中的"あくまでも"

"あくまでも",又写作"飽くまでも",本表示"到极致"义。根据用于空间域还是用于时间域,指向动作还是指向状态,其词义可以朝不同方向主观化。所以,李建华(1999:4)把它释为"彻底,始终/永远,坚决,到底"。例如:

(254)空は　あくまでも 透き通っている。①
sky-TOP *thoroughly* clear-COP
(天空万里无云。)

(255)わたしは 向うの 誠意を あくまでも 信じます。
I-TOP opponent-ATTR honesty-ACC *always* believe
(我始终相信对方的诚意。)

(256)神様は あくまでも 公平だ。②
god-TOP *always* fair-COP
(上帝永远是公平的。)

(257)私は あの 人の 無実を あくまでも 信じます。
I-TOP that person-ATTR innocence-ACC *completely* believe-HOR
(我坚信那人是清白的。)

(258)私は この 問題には あくまでも 反対するつもりです。
I-TOP this-FLS problem-DAT *absolutely* opposing-do-going to-COP-HOR
(我对这个问题坚决反对到底。)

---

① 此例中"あくまでも"的用法,跟第三章例(17)—(20)中的"到底清"里的"到底"相似。
② 试对比此例与古汉语中的"究竟"的如下用例:
(2)"永离妄执"云"究竟离"。(《大正新修大藏经》,T85n2814_p1156a02)

不难看出,"彻底"义、"始终/永远"义、"坚决"义分别是"あくまでも"的词义"到极致"在空间域、时间域、属性/程度域的语境实现。这跟古汉语"到底"用于空间域、时间域和属性域,分别表示"到尽头"义、"到最后"义、"到极致"义是相通的(详见第三章)。

10.3.5.3 日语中的"ほどに"

副助词"ほどに",又写作"程に"(其中"に"可以且经常省略),常接在体言及用言连体形后,有以下几种用法:①表示约计数量,犹汉语"左右"。②表示十分接近、差不多,犹汉语"几乎"。③引进比较的参照项(下文宽松地称之为"比较标记"),这时多用于句型 S_1:[YほどAP(NP)ない/ありません]。该句型表示"再也没有比 Y 更 AP 的 NP"或"不如 Y 那么 AP"义。④与假定助动词"ば"呼应,构成句型 S_2:[V-假定形ばV-连体形ほどAP],犹汉语"越 VP 越 AP"。① 下面为以上四种用法各举两例。

(259) あれから　　10年ほど　　　　経ちました。
that-from　ten years-*approximately* go-HOR-PAST
(自那以后,已经过了10年左右了。)

(260) 風邪を　引いて　一週間ほど　学校を休みました。
cold-ACC　get-RN　one week-*approximately* school-ACC stop-HOR-PAST
(因感冒,一周左右没上学了。)

(261) 死ぬほど　　　疲れました。
dead-*extent*(-*to*) tire-HOR-PAST
(累得要死/几乎死了。)

(262) 涙が　　でるほど　うれしかった。
tear-SUB　*extent-to*　be-happy-PAST
(高兴得(几乎)流泪了。)

(263) 日本語ほど　　難しい 言葉は　ありません。
Japanese-*extent*(-*to*) difficult language-TOP have-HOR-NEG
(再没有像日语那么难的语言了。)

---

① 这里对"ほどに"几种用法的归纳参考了李强、于荣胜、赵华敏(2004:313),但观点与他们稍有不同(比如义项②③的归纳)。下面的8个用例亦转引自他们的著作,其中的英语对释、中文翻译为笔者所加。

(264) 今日は　　　　昨日ほど　　　　　　寒くありません。
　　　 today-TOP yesterday -*extent*(-*to*) cold-HOR-NEG
　　　（今天不如昨天冷。）

(265) 北行けば　　　　いく ほど 寒くなります。
　　　 northwards go-HYP *extent*(-*to*) cold-to-turn-PO
　　　（越往北走越冷。）

(266) 魚は　　 新しければ　 新しいほど　　　 美味しいです。
　　　 fish-TOP fresh-HYP　 fresh-*extent*(-*to*) delicious-HOR
　　　（鱼越新鲜越好吃。）

经考察发现，"ほど"与其近义词"ばかり""より"相比，在使用上有更多限制。比如，"ほど"和"ばかり"都表示"（数量上的）左右"，但"ばかり"既可表示超过，又可表示不及，而"ほど"却只能表示不及（丛中题 2005：15）。试对比例（259）和下例：

(267) あれから　 10 年ばかり　 経ちました。
　　　 that-from　 ten years-*about* go-HOR-PAST
　　　（自那以后，已经过了 10 年左右了。）

例（259）中"10 年ほど"只能用于将近 10 年的情况，而不能用于超过 10 年的情况。而上例中"10 年ばかり"不受此限。再如，"ほど"和"より"虽都可用于比较句，但后者不受比较双方程度是否相近等条件的限制，使用范围较广，而前者多用于程度相近的两者的比较（刘金钊 2002）。例如：

(268) a. 春は　　　　　夏ほど　　　　　 暑いではありません。
　　　　 summer-TOP summer-*extent*-(*to*) hot-HOR-NEG
　　　　（春天不像夏天那么热。）

→ b. 春は　　　　　夏より　　　 暑いではありません。
　　　 summer-TOP summer-*than* hot-HOR-NEG
　　　（春天不比夏天热。）

上例 a 句虽然可以转换成 b 句，但转换后句义发生了变化。b 句只是客观地表示"春天不比夏天热"，而 a 句还暗示春天也是热的，只是热的程

度不如夏天。那么,为什么"ほど"与"ばかり""より"相比,在使用上有上述限制呢？"ほど"作为一个多义词,其各个义项之间存在着怎样的语义联系呢？

其实,对比"ほど"与汉语"到底"的语法化历程可对上述问题做出统一回答。"ほど"由"ほどに"在语法化过程中脱落"に"后形成。所以,现代日语"ほどに"中的"に"可有可无。"ほどに"由名词"ほど"(又写作"程")后附终点格标记"に"演变而来。(杨树媛 1986:530—531)。在中古早期,"ほどに"表示"到路程(的终点)"。(Traugott & Dasher 2002:16,38)这与汉语"到底"的语义结构大同小异。只是日语未用跟汉语"终""极""底"等词对应的形式对终点概念进行编码,而是选择用"ほど"来对路径概念进行编码。名词"ほど"用于空间域,表示位移运动覆盖的路程,例如"みちほど"(又写作"道程/途程")、"路ほど"(又写作"路程")。这时"ほど"与汉语"路程""行程""里程""征程""航程""归程""远程""起程""兼程"里的"程"完全同义。

至迟在中古中期,日语"ほどに"就已开始扩散到时间域和属性域。向时间域的扩散使它获得了"到最后,(在)最后"义。例如：

(269) 人–の 娘を 盗みて 武藏野へ 率てゆく ほどに 国の守に からめられにけり.〈伊势・一二〉
others-POSS daughter-ACC steal-PART wuzangye-to lead *last-at* country's keeper-by arrest-PAP-PAST
((那个男人)把人家的女儿偷走,带到了武藏野,最终被官员逮捕。)

近代汉语中"程"也发生了向时间域的扩散。试比较如下两例：

(270) 送我一程如何？(元・马致远《青衫泪》第 3 折)
(271) 元卿客边,可到严子家中做一程儿伴去。(明・凌濛初《二刻拍案惊奇》第 20 卷)

"一程"在例(270)中用于空间域,表示"一段路程";在例(271)中用于时间域,表示"一段日子,一阵子"。现代汉语复合词"课程""议程""日程""疗程""进程"中"程"用的也都是时间域用法,表示"过程,历程"。所不同的是,日语"ほどに"还发生了向属性域的扩散,汉语"程"基本没有属性域用法(唯一

405

的疑似用例是"程度"中的"程")。日语"ほどに"向属性域的扩散使它获得了"到……的程度"义,常用于 S_1 句中。S_1 虽可译为"再没有比 Y 更 AP 的",但其中的"ほど"其实表示"到段时间的最后(或量幅的极限)"义。因此,"ほど"用于比较句时,引进的比较基准都是最具有属性 AP 的事物(杨树嫒 1986:530—531)。比如,例(264)意味着昨天是这几天中最冷的。再如:

(272)これは　ほど　　つまらない　　　漫才は　　　　ない。
　　　this-like *extent*(-*to*)uninteresting comic dialogue-TOP not-exist
　　　(直译:没有无聊到这种程度的相声;意译:没有比这更无聊的相声了。)
(273)私 にとって 本 の 読む ほど、　楽しい ことは なかった。
　　　me for book ATTR read *extent*(-*to*) interesting thing-TOP not-have-PAST
　　　(直译:对我来说,没有有趣到读书程度的事;意译:对我来说,没有比读书更有趣的事了。)

不难看出,"ほど(に)"的③义是②义的自然引申。"ほど(に)"用于比较句,有逼近(准-)极端项的意思。这样看来,说"X は Yほど APない"当然意味着 X 也具有属性 AP,只是其 AP 的程度不如(准-)极端项 Y 高。这就解释了刘金钊(2002)所说比较句中"より"并不总能用"ほど"替换的现象。那么,为什么"ほど(に)"引进比较参照项时不能用在肯定句中呢?因为"ほど(に)"的"比……更"义是短语"ほどに"用于句型 S_1:[Xは Yほど APない](X 没有 AP 到 Y 的程度)经历语义和语法重新分析的结果。明白了"ほど"是短语"ほどに"在语法化过程中脱落"に"演变而来,就不难理解上文所说"ほど"做约量助词时与"ばかり"的区别了。因此,例(260)中"一週間ほど"虽可译为"一周左右",但"左右"义是重新分析的结果。"一週間ほど"的完整形式是"一週間ほどに",直译应该是"到(将近)一周时间"。

综上所述,副助词"ほど"的①②③义是短语"ほどに"在语法化过程中经历重新分析的结果,通常表示一种主观大量和到达/逼近极限的意思。那么,④义是如何形成的呢?杨树嫒(1986:531)认为,"ほど"用于句型 S_2:[V-假定形ばV-连体形ほどAP]时表示"一方随另一方的变化而变化"。杨树嫒的观点可以说明为什么 S_2 能用汉语倚变句"越 VP 越 AP"来对译。从

第十章 "完结"义副词共时变异与历时演变的综合考察

杨的观点不难推出，S₂ 中"ほど"其实仍含有"到……程度"义。比如，上文例(265)实际激活了两个认知图式。一是向北走这种空间移动图式；二是天气从热到冷的状态变化图式。这两个图式之间借助"状态改变是移动"隐喻（详见§2.3.2.1.2）而发生正相关关系，即位移运动覆盖的路径越长，天气变冷覆盖的量幅越大（即越冷）。所以，该例实际可以化解为两个分句，即"北行けば 寒くなります"（如果向北走，会变冷）和"いくほど 寒くなります"（冷到走的程度，即走得有多远，冷得就有多厉害。换言之，走得越远越冷）。这也可以说明为什么前一个动词要用假定形且后续假定助动词"ば"。当然，S₂ 激活的复合图式中的两个子图式可以是同类的，只要其中的事件具有量上的正向倚变关系。例如：

(274) 魚は　　新しければ　　新しいほど　　美味しい です。
　　　fish-TOP　fresh-HYP　fresh-*extent*(-*to*)　delicious　COP
　　　（鱼越新鲜越好吃。）

上例激活的两个图式都是状态改变图式。一是鱼从新鲜到不新鲜，二是鱼从好吃到不好吃。两种状态改变存在正相关关系。鱼的新鲜度提高到什么程度，可口度就提升到什么程度。

当然，"ほど"不仅从空间域向时间域、属性域和数量域扩散，还跟"到底"一样从行域向知域扩散。这使它获得了表示原因的"因为"义用法（这一点跟英语 after all 相同），而"到底"获得的是强调原因的"毕竟"义用法。Traugott 和 Dasher(2002:38)认为，至迟在中古晚期"ほど"就从"到（路径的）尽头/（过程的）最后/（量幅的）极限"义引申出了"因为"义。① 因语料限制，我们找到的"因为"义"ほどに"是 16—17 世纪的。② 例如：

(275) 人目を つつむ ほどに，問いつぶらふ者 一人も なし。〈平家.
　　　2.大納言死去〉
　　　being-seen-ACC worry *because* visiting-person one-CL-PART NEG
　　　（因为担心被别人看见，所以一个人也没看望他。）

---

① Traugott 和 Dasher(2002)的原文是："to the (spatial, temporal or quantitative) extent" > "because"。
② Dasher 教授（个人交流）称，"因为"义"ほどに"在狂言剧本(Kyogen theatre texts)中很常见。比如，在 Suerhiro-grai(Happiness-Gathering)中。

407

日语"ほど（に）"和汉语"到底"都经历了从行域向知域的扩散，但前者获得的是表示原因的用法，而后者获得的是强调原因的用法。综上，至迟到中古晚期，"ほどに"已兼有"到最后""到极限""因为"三义（Traugott & Dasher 2002：16）。日语"ほどに"与汉语"到底"的演变有同有异。相同的是，都发生了从空间域向时间域的隐喻投射（经历了"到尽头＞到最后"型语义演变），从行域向知域的隐喻投射（从而具有了表示或强调原因的作用）。不同的是，"ほどに"还发生了从空间域向属性域、数量域的扩散。汉语"到底"尽管在历史上曾一度向属性域和数量域扩散，获得"到极限"义（比如例（276）中"到底"意即"至多"），但是这种创新意义并未固化为"到底"的义位。汉语"到底"还发生了向言域的扩散，而日语"ほどに"没有。

(276) 我到底也只是个死。待我将头发去卖，卖了把公婆葬埋，奴便死何害？（《琵琶记》第 24 出）

对比日语"ほどに"（又写作"程に"）和"終に"可以发现，日语表示"到终点/到最后"义，其词汇化模式可以是"に"外加表路径的"程"，也可以是"に"外加表终点的"終"。

10.3.6 小结

综上所述，英语、德语、法语、意大利语、日语和汉语在"完结"义词的共时多功能性和历时演变方面有同有异。相同的是，它们共用同一个底层概念空间；不同的是，它们对这个底层概念空间做出了不同的切分，从而形成了不同的语义地图（semantic map）。由于德语、意大利语中的情况较为单一，我们仅绘出英、法、日、汉四种语言中"完结"义词多功能模式形成的语义地图，即图 10-9。[①] 在图 10-9 中，细虚线框住的是英语"完结"义词的语义空间；细实线框住的是法语"完结"义词的语义空间；粗虚线框住的是日语"完结"义词的语义空间；双线框住的是汉语"完结"义词

[①] 以下语义地图是综合考虑本书各章（而不仅是本章）的考察结果后绘制的。比如，汉语中"末了"和英语 finally 有列举末项提示功能，所以汉语语义图中含有列举末项提示标记。英语中引出结论的 in conclusion 源自 conlude（关闭/终结），是"完结"义词的蜕变，所以日语语义图中含有起语篇总结功能的成分。图中暂时忽略了汉语中"终归""终究"等语词表示"最终一定"义的情况。

的语义空间。

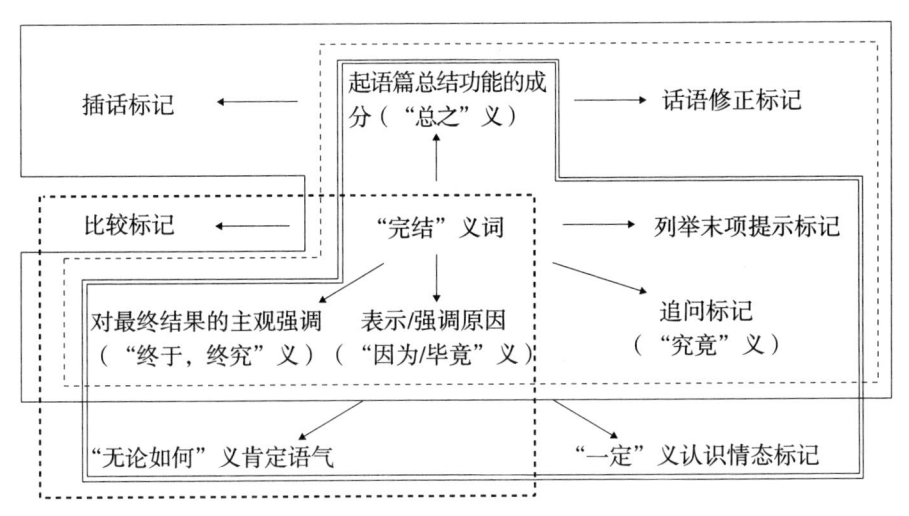

图 10-9 英语、法语、日语、汉语中完结义词的语义地图

综合本节和上节的论述,可以发现,汉语内部的共时变异、汉语的历时演变和语言间的类型差异都共同指向一点:"完结"义词易演变为"(在)最后,终于,终究"义时间副词、"毕竟"义评注语气副词、"无论如何"义肯定语气副词和"究竟"义疑问语气副词。换言之,空间移动到终点(即移动完结)、时间流逝到最后(即时间完结)、事件发展到有了结果(即事件完结)、推理进行到得出结论(即推理完结)、询问行为进行到得到答案(即询问完结),这几种意义之间的联系在不同语言中的不同词语身上反复出现,应该不是偶发的,而是具有一定程度的跨语言共性。从客观真值义——"(在)最后"——到对结果的主观强调义——"终于/终究",从表示时间先后关系到表示事理上的因果关系(即强调结果)、从表示时间先后关系到表示认识上的前提-结论关系(即强调结论、原因或表示原因,"到最后,在……之后"义>"无论如何,毕竟/因为"义),是很多语言或方言共有的演变。从表示时间先后关系到追问标记、插话标记、话语修正标记,见于法语、粤语等语言或方言。从表示"到最后"义到表示追问语气,见于英语、汉语、法语诸语言。总之,本研究试图遵循 Langacker(1999:38)所提出的寻找会聚性证据(converging evidence)的认知语言学研究路子。会聚性证据强调认知语言学的解释必须能同时得到语言历时演变、内部共时变异、语言之间类型差异的相关事实的验证,即这些事实会聚到一点,共同证明某种认知解释。

10.4 "完结"义副词语法化的表现

10.4.1 语法化参数理论视角下的考察

本书考察汉语"完结"义副词的历时演变时特别关注的是其语法化。早期语法化研究(如 Lehmann 1995)侧重考察语法化过程中发生的形态和句法演变。近期语法化研究则侧重考察语法化过程中的语义演变(Traugott & Dasher 2002:76—82)。本书前几章重在探讨"完结"义副词在语法化过程中经历的语义演变的规律。比如,借助"追问语境→催答语境→催说语境→催做语境"这种语境扩展来解释"到底"从疑问语气副词向祈使语气副词的演变。而相对忽视了对其语法和语形演变的考察。本节尝试探讨其语法和语形演变。换言之,将着力考察其语法化的形式表现。接着,在§10.5对汉语"完结"义副词的共时变异和历时演变做出理论总结。最后,在§10.6运用本书的相关研究对语法化研究领域的相关理论做一定的检视。

10.4.1.1 语法化研究中的参数理论

Lehmann(2002a:108—118)列出了如下表所示的六大参数,作为测试某语法演变是否属于语法化的试剂和衡量语符语法化程度高低的指标。

表 10-7 语法化参数表(the parameters of grammaticalization)

参数(parameter)	轴(axis)	
	聚合关系轴 (paradigmatic)	组合关系轴 (syntagmatic)
外向度(weight)↓	完足性(integrity)	结构辖域(structural scope)
内敛度(cohesion)↑	聚合度(paradigmaticity)	组合度(bondedness)
可变性(variability)↓	聚合可变性(paradigmatic variability)	组合可变性(syntagmatic variability)

上表中,外向度指语符向外展示其独立存在的力度。心理学研究表明,性格外向的人喜欢向别人展示其自主与自足,喜欢通过对别人的控制和管理来彰显自身的存在。外向度高的语符也具有这种特点。衡量外向度有两个参数:完足性和结构辖域。完足性,指语符在音义上独立于其他符号的程度,即语音是否自主自足(无轻音、弱读等现象),语义特征是否完备。结构辖域,衡量语符支配或统辖跟它处于同一个语法结构体内的其他项目(下称

"搭配项")的能力。内敛度,指语符与其关联项目之间关系的疏密。它有两个衡量参数:聚合度和结合度。聚合度,指跟同聚合内其他成员之间的一致程度。在屈折语里指与其他成员在词形变化方面的一致程度,在分析语里指与其他成员在内部结构模式等方面的一致程度。组合度指语符跟搭配项结合的紧密程度。可变性指语符自身或所在结构的可变程度。衡量可变性大小的参数是聚合可变性和组合可变性。聚合可变性,指语符被同聚合内的其他成员替换的可能性。组合可变性,指语符所在语法结构上进行插入性扩展或内部变序的可能性。

Lehmann(2002a)认为,语法化过程就是语符减失自主性、增强语法性的过程。这种增减在聚合关系和组合关系两大方面都有表现,如表中箭头所示。在聚合方面表现为语符完足性减小(即语音弱化和去语义化)、聚合度增大(即聚合化/paradigmatization)、聚合可变性减小(即使用强制化/obligatorification);在组合方面表现为辖域缩小(condensation)、与邻接成分结合度增强(即走向合并/coalescence)、组合可变性降低(即在结构中的位置或跟其搭配项的组合顺序逐渐固化/fixation)。

10.4.1.2 学界对语法化参数理论的批评

语法化参数理论提出了伴随语法化的六大演变:语音弱化和去语义化、聚合化、强制化、辖域缩小、合并和固化。参数理论提出后,受到了 Hopper(1991:19—35)、Tabor 和 Traugott(1998)等的批评。Hopper(1991:21)认为,Lehmann 提出的伴随语法化而发生的演变,只有达到高级阶段(即形态化阶段)的语法化才有。比如,语符只有语法化到一定阶段才能成为表示某语法意义的必有成分。所以,Lehmann 提出的这些标准无法适用于因而也无助于识别处于初级阶段的语法化。用这些标准(如聚合化)来鉴别语言演变是否属于语法化,要么不适用,要么鉴定结果表明不是语法化。Tabor 和 Traugott(1998:252—255,2001)批评说:"语法化过程中词语的辖域不像 Lehmann 所说的那样总是缩小,多数时候是在扩大。比如,道义情态词向认识情态词、动词向情态副词的演变,可能伴随着从饰动到饰谓,再到饰句的辖域变化。语法化过程中语序也并不总趋于固化,比如话语标记形成后比形成前位置更灵活。"但是,Erman 和 Kotsinas(1993)指出,话语标记的形成不是语法化,而是语用化(pragmaticalization)。Vincent 等(1993)称之为"后语法化"(post-grammaticalization)。我们赞同 Erman、Kotsinas 等人的观点,认为:如果把话语标记的形成也看作语法化,则不仅 Lehmann 的参数理论中辖域缩小、位置固化规律受到挑战,而且 Givón 提出的"语用法/章法→句法→词法/形态→零形式"的语法化规律也会受到挑战,因为话语标记的形成展示的是"句法＞语用法/章法"。事实上,Tabor 和 Traugott 的很多论据是不能成立的。比如,Fischer(2007:265—267)通过对英语情态动词历时演变的考察证明,从根情态词(含动力情态词和道义情态词)向认识情态词的演变并不像 Traugott 等人所说的那样伴随着辖域扩大,其实辖域未变。我们认为,要解决上述纷争首先要区分结构辖域(structural scope)和语义辖域(semantic scope,详见 Diewald 2011)。其实,Fischer 所说(亦即 Lehmann 使用)的"辖域"指结构辖域,而 Traugott 等人所说"辖域"指语义辖域。在根情态词向认识情态词演变过程中,变化的是语义辖域,不是结构辖域。所以,我们更认同 Fischer 的观点,认为 Traugott 等人所说的现象不足以反驳 Lehamann 的观点。无论如何,语法化参数理论的提出具有重要意义,因为它首先让人们开始关注语法化跟成分辖域变化、边界变化(消失、创立、改变)等微观现象之间的关系。① 我们认为,不能孤立教条地理解 Lehmann 的观点。如果孤立地抽出表 10-7 中的一个参数来识别某语言演变是否是语法化,则会遇到很多反例。但是,如果通盘考虑某种演变在该表中所示各项参数上的得分情况,则会发现该表还是很管用的。另外,随着语法化研究的蓬勃展开,"语法化"这个术语的所指范围被一扩再扩,某些语用化现象(如话语标记的形成)甚至普通语言演变都被美其名曰"语法化"。这些"语法化"现象用表 10-7 中的参数当然无法识别出来。因此,下面我们拟汲取参数理论的合理内核来考察汉语"完结"义副词的语法化表现。

10.4.1.3 从参数理论看完结义副词的语法化表现

用参数理论来考察汉语"完结"义副词的语法化表现会发现,除辖域缩小不完全适用外,其他基本适用。下面逐一分析。

去语义化。上文指出,语法化项完足性的降低在语义方面的衡量指标是语义特征的减少(即去语义化)过程。经考察发现,汉语"完结"义副词在形成和演变过程中确实经历了语义特征的减少。比如,"究竟"从"穷极"义引申出"至极"义,原有的[追究]义素丢失了。"到底"和"到尾"分别从"到底端"义和"到尾部"义泛化出"到尽头"义,原有的[事物部位]义素丢失了。"到头""到底""到尾"从"到尽头"义虚化出"到最后"义,原有的[空间]义丢

---

① 石毓智(2002)甚至把成分边界的变化当作是识别汉语中哪些演变是语法化的两大标准之一。

失了。"到头""到底""到尾""至竟""到了"从"到最后"义虚化出"(在)最后"义,原有的[过程]义素丢失。"终归""终究"从"最后归于"义虚化出"最后"义、"始终"从"(自始)至终"义虚化出"最后"义,"终于"从"以……告终"义虚化出"(在)最后"义,也都伴随着[过程]义素的丢失。"完结"义词从表示客观真值义向表示主观强调义的演变则是语义主观化过程。总之,"完结"义词语法化过程中的语义演变,跟其他词语语法化过程中的语义演变相似,往往先经历语义(泛化和)虚化,而后经历语义主观化。汉语"完结"义词经历的较长语义演变路径可以表示为:事物部位(底端) $\xrightarrow{语义泛化}$ [空间域]尽头 $\xrightarrow{语义虚化}$ [时间域]最后 $\xrightarrow{语义主观化}$ [狭义行域]终于/终究 |[知域]毕竟 | [言域]究竟。

聚合化。汉语"完结"义词在语法化过程中内部一致性逐渐提高。比如,"讫""遂""终""毕""竟""了""却""果"等单音副词逐渐退出历史舞台,双音副词逐渐一统天下。再如,汉语史上"毕竟"曾一度发展出疑问语气副词用法,但这种用法在现代汉语中已经消失。这是因为,"完结"义词的语法化是汉语的一个系统性演变。在该演变过程中,词语的聚合度会逐步提高。随着"到头""到底"等新成员加入疑问语气副词系统,疑问语气副词系统内部一致度增强,"究竟""至竟""到了""到头""到底"等都是支配式复合词,而"毕竟"作为联合式复合词跟它们很不合拍。这样,在交际中就不会被优选来表示追问语气,导致使用频率下降,从而最终被淘汰出疑问语气副词系统。当然,疑问语气副词"毕竟"最终退出使用,除了来自语言系统的制约这种内因外,还有外因,具体说是语用原因(详见§7.5)。

强制化。强制化主要表现在聚合可变性减小上。比如,汉语史上"终"用作"完结"义动词时,"讫""遂""究""竟""果""了""却"都可以替换它;用作强调结果的时间副词时,只有"讫""遂""竟""果"可以替换它;用作强调原因的评注语气副词时,只有"究"能替换它。这说明,随着语法化程度的加深,"终"为同类项替换的可能性越来越小,即聚合可变性减小。再如,汉语史上表示追问语气,既可用单音词"竟""究""了""却""果"等,又可用双音节词"毕竟""究竟""至竟""到头""到了"等。既可用上面这些"完结"义词,又可用"定""决定""端的"等肯定表达(详见§6.5.4和附录),而现代汉语普通话中只能用"究竟""到底"(有些句式中偶尔可用"倒是""还")。这说明,"究竟""到底"的语法化程度较高,正逐渐成为表示追问语气的必要语法形式。同样,现代汉语中强调原因时也只能在"毕竟""始终""究竟""到底""终归""终究"等有限的几个词中选择,而且"始终"的这种用法是方言用法,"究竟"

的这种用法正在消失。

固化。固化表现在语符组合可变性减小上，即它跟搭配项的相对顺序越来越固定，发生语序僵化（rigidification）现象（Croft 2003:257）。前几章的考察表明，"完结"义词在演变过程中确实发生了语序僵化现象。比如，"到底""究竟""毕竟"等的游移用法越来越受限，已不再能游移到假设/让步连词、选择问标记、形式动词的宾语所在空位，在疑问句中的游移也只限于游移到疑问句句首了，而不再可以游移到疑问小句所在主句句首（详见§3.3和§6.6）。

辖域变化。本书前几章的考察表明，"到底""究竟""毕竟"等在语法化过程中的辖域变化情况比较复杂。当它们从表示客观真值义（"最后"义）的时间副词主观化为表示对结果的主观强调（"终于，终究"义）的时间副词时，其辖域确实如参数理论预测的那样在缩小，从S缩小到了VP。这种现象也见于"终归""终究"等（参见本书§9.3.1）。但是，当"到底""毕竟""究竟"等向评注语气副词演变时却又发生了辖域的扩大。这一点跟参数理论的预测不符。

10.4.2 语法化原则理论视角下的考察

语法化原则理论由Hopper(1991)提出。Hopper提出了识别语法化过程的五大原则，并希望这些原则对Lehmann提出的语法化参数起补充作用。他认为，这五大原则可能比六大参数更能识别出处于初级阶段的语法化。下面详细介绍Hopper提出的语法化的五大原则。

其一，层叠（layering，又译作"并存"）原则，指表示同一语法意义（如时态、体态、情态、格意义）的多个语法形式新旧并存，叠置在一起（即异质共存）。层叠原则背后的理念就是同一语言经常用多种手段来执行相似甚至相同的语法功能。当然，这些形式可能会有语域分布或意义上的微异。比如，英语过去时在肯定句里用实义动词的规则变化（加-d、-ed）或元音交替等不规则变化来表示，在否定、疑问和强调句里则用迂说式（do/did＋动词原形）来表示。起相同语法作用的多种语法形式的这种共时叠置，其实是处在不同历史阶段的语法演变的结果压缩在一个平面的结果，因为现代英语肯定句里动词过去时标记-d、-ed实际是古英语里do、did的同源形式的蜕化（Denison 1985）。在现代汉语里，强调结果时"终于""终究""到底"等叠置在一起。强调原因时，"毕竟""始终""终归""终究""究竟""到底"等叠置在一起。表示追问语气时，"到底""究竟""倒是""还"等层叠在一起（详见第五、六章和附录）。最后一种层叠情况可以表示如下（关于"到底""究竟""倒

第十章 "完结"义副词共时变异与历时演变的综合考察

是""还"的语法分布,详见第五、六章和附录):

表 10-8 现代汉语中追问标记的叠置情况

语法分布	词语		
	到底/究竟	倒是	还
选择问	＋	－	－
正反问	＋	＋	＋
特指问	＋	＋	－

其二,歧变(divergence,又叫"分裂/split")原则,指一个词项向附着式或词缀语法化的同时,其源式可能仍保持着自主词的地位,并经历着跟一般词项一样的演变的现象,即走上不同的演变之路。比如,"完结"义词在向评注语气副词和疑问语气副词演变的同时,还经历着向"一定"义情态副词演变和向"全部,完全"义范围副词或程度副词演变的过程。①

其三,择一(specialization,又译作"窄化")原则,指随着语法化的进行,表示某种语法意义所借助的语法形式的可选范围越来越窄。我们知道,在演变的某一阶段,在某一功能领域可能存在语义微异的多种表达形式。但随着语法化的进行,它们当中只有很少一部分被选来表示新的更一般的语法意义。比如,上文的考察表明,在汉语史上,有很多词表示"完结"义,如"终""竟""究""讫""了""既""毕""却""果"等,但只有"究""竟""了""却""果"发展出了疑问语气副词用法。有很多词表示"到尽头/到最后/到极致"义,如"到头""到尾""到靶""至竟""到了""到老""到底""究竟"等,但在它们向时间副词、评注语气副词和疑问语气副词语法化的过程中,不同的方言做出了不同的选择。通常只保留了其中很少的一部分。比如,普通话里追问标记只保留了"到底""究竟"等极少数几个;闽语中只保留了"遘底""到尾"等极少数几个(详见§10.2)。②

---

① 前一演变详见第九章,后一演变限于篇幅,本书未加考察。这里仅略举几个"完全,全部"义用例。

(3)毕竟清净无依住,即净明三昧也。(《祖堂集》第18卷)
(4)有一比丘问:"如何是清净本性?"佛言:"毕竟净故。"(《祖堂集》第1卷)
(5)觉人呼觉,始知梦中元无我人众生寿者诸相,亦无地水火风等物,毕竟虚空。(唐·李纯甫《华严原人论后序》)

② 不过,我们在考察过程中也发现了一些语法化理论不能解释的现象。比如,根据 Hopper 的观点——越是到语法化的高级阶段,发挥某语法功能的语言形式的选择范围越小,我们会预测各种方言里为时间副词保留下来的词语数目最多,为评注语气副词保留下来的次之,为疑问语气副词保留下来的最少。事实却并不完全如此。观察上文表 10-3,可以发现,用作时间副词的最多;用作疑问语气副词的次之;用作评注语气副词的最少。这也许是对追问语气的表达需求比对强调原因的表达需求大所致。

其四,滞留(persistence,又译作"俯瞰/保持")原则,指源式的语义甚至语法特征在语法化过程的输出项上有所滞留,往往决定着它在使用或分布上有哪些限制。比如,在西非伽语(Gã)里,充当连谓前项的"拿/take"义动词 kɛ 语法化为宾格标记(有点类似汉语"把")。但是,这些宾格标记不能标记结果宾语,因为结果在动作完成后才出现。在动作进行前是无法"拿/take"的。这是由语法化项的源义滞留导致的。再如,汉语中"叫/让"在语法化为被动标记后其后的施事不能省略。试比较:电脑被(人)砸了。|电脑叫/让*(人)砸了。这是语法化之前"叫/让"用于容让义兼语句而兼语不能删除的语法特点决定的。运用滞留原则可以解释汉语"完结"义副词的语法表现。比如,"终于"可以悬空使用而其近义词"到底"不行、"毕竟"经常用于后续分句,这些就是语义滞留的表现(详见§7.2.2.2);"到底""究竟""毕竟"的评注语气副词用法和疑问语气副词用法都曾出现用于话题句句首的情况,这也是其语义滞留使然(详见§3.2、§5.5、§6.6)。再如,"究竟""毕竟""至竟""到了""到底"等都(曾)有疑问语气副词用法,但只有"到底"一度从疑问语气副词用法发展出了祈使语气副词用法,只有"究竟"从疑问语气副词用法发展出了"原委,真相"义名词用法,这分别是"到底"的语义滞留和"究竟"的语法滞留的体现(详见§5.5、§6.5.3)。现代汉语中"原委,真相"义名词"究竟"只能做宾语,这也是"究竟"的语法滞留的体现(详见§6.5.3)。

其五,去范畴化(de-categorization)原则,指语符在语法化过程中往往会失去旧范畴(特别是名词、动词等典型内容词)特有的形态-句法特征,或其形态-句法对立被中和,而带上一些新范畴(如介词、助词、语气词等)的形态-句法特征。故该过程最好称为"重新范畴化",而不是"去范畴化"。Hopper 和 Thompson(1984)提出了范畴度原则(categoriality principle),认为名词、动词的基本话语功能分别是识别话语活动参与者(特别是新参与者)和报道事件。名词和动词的跨语言特征可以直接归结到这些功能上。语法化过程通常是标记范畴性质的可选标记的丢失过程。比如,名词不再用来承担识别参与者的话语功能(譬如指示代词在向冠词语法化的过程中指别功能逐渐弱化),动词不再用来承担报道事件的话语功能。因此,它们就不再能像典型名词、动词那样受特定成分修饰或跟特定成分共现。这是自主性的丧失过程。所以,从范畴度原则来看,语法化总伴随着语符隶属于名词、动词等内容词的程度(隶属度)的降低,即去范畴化。简言之,语法化意味着词项或结构的名词性或动词性的降低。本书的考察表明,"完结"义词在语法化过程中经历了对动词(短语)的隶属度的降低(如动词短语虚化为介宾短语、动词虚化为介词),因而它们不再能受副词修饰,不再能独立承担报道事件的话语功能(即不再能独立做谓语中心,"到底"偶有例外),有的(如"究竟""始终")还发生了向名词的演变。比如,山西忻州话中的"到罢",随着其经历从"到最后"义到"(在)最后"义的演变,其中"到"的动性特征被抑制。要再表示"到最后"义,则要用强化形式"至到罢儿"。

10.4.3 创新与无标化的互动:再论"完结"义副词语法化的形式表现

自然语法(Natural Grammar)研究表明,决定语言结构和语言演变的原则很多。主要有:①结构象似性原则(constructional iconicity principle)。该原则要求形义之间存在一种象似关系。① ②统一性原则(uniformity principle)。该原则要求同一语法范畴应由相同形式来加以表达。② ③透明性原则(transparency principle)。该原则要求一形对一义,一义对一形。④系统一致性原则(system congruity principle)。该原则要求某特定形式跟语言系统已有形式和谐。⑤形类稳定性原则(principle of stability of morphological classes)。(Heine,et al. 1991a:119—125)自然度理论告诉我们,语言系统往往有一种从有标记(即内部不和谐)状态向无标记(即内部和谐)状态演变(下文简称"无标化")的内在追求。而词汇化和语法化往往会造成语言系统从无标记状态向有标记状态演变。上述原则③其实就是 Keenan、Levinson、Clark 等在不同场合反复强调的反-同义关系原则(anti-synonymy principle)。Clark 的研究表明,在儿童语言习得中,反-同义关系是一种很活跃的启发规则。它启发儿童,在通常情况下,如果习得的两个词语存在语音或语形差异,那么它们通常也存在意义差异。温和版反-同义关系原则可以解释"为什么当语言的历时演变导致异形同义词出现时,语言会对这些词的形义匹配关系进行重新调整"(Traugott 2004a:17—19)。③

下面运用自然度理论的上述几条原则来解释汉语"完结"义词历时演变中的形式变化。经考察发现,一方面,"完结"义词的词汇化和语法化导致了

---

① 比如,复数标记的形义象似度存在如下等级:规则词尾(-(e)s)>元音交替>原形。如:dogs>geese>sheep。

② 比如,土耳其语复数标记-ler符合统一性原则,因为它既表示名词复数,又表示动词复数。

③ 比如,据 Traugott(2004:17—19),英语 informer 始见于15世纪,指消息告知者。到了16世纪,在法律语境中引申出特指义(特指告密者)。于是,在17世纪人们仿造出 informant 来表示 informer 原有的"告知者"义,以使 informer 的形义能重新一一对应。但 informant 受到 informer 语义演变的类推,也在法律语境中引申出"告密者"义。到了现代英语中,为了形义匹配的整齐,informant 被限制在语言学领域,专指语言研究中的被调查者。反同义关系原则虽不能阻止同义异形、同形异义现象的出现,但可以促动形义匹配关系的重新调整。

汉语词汇和语法系统内部不和谐。比如，表示"毕竟"义和"究竟"义，原本都是用单音词。在唐五代忽然出现了"到头""至竟""到了"等复音词。这样，语言系统的内部一致性就被破坏。于是，汉语可能会在系统一致性原则的作用下，采用拉平或抹平策略以达到新的平衡状态，实现无标化。抹平就是逐渐淘汰"究""竟""终"等单音词，拉平就是用它们作为语素来构成很多新的双音词（如"终究""终竟""终于""始终"等）来跟"到头""至竟""到了"等构成一个新的词场。另一方面，词汇化和语法化使"完结"义词从单义词变成了多义词，这样就违反了透明性原则①。于是，为了更好地遵循该原则，汉语采用了以下一些策略：其一，丢失旧义，实现意义单一化。比如，现代汉语普通话中"毕竟"已实现意义单一化，"究竟"的意义也正在逐步单一化。其二，保留旧义，但新义用新音或新形来表示，实现新义表现形式的单一化。②比如，"到底""终于"的音变和"到底"的形变（关于"到底"的形变，详见下文）就是这种策略发挥作用导致的结果。据 Chomsky 和 Halle(1965)，英语重音规则是"复合词左重，词组右重"。其实，这条规则很大程度上也适用于汉语。汉语短语甚至跨层结构词汇化以后，其重读模式通常也会随之发生变化，由[轻＋重]式变成[重＋轻]式。因此，根据第二音节是否弱化通常可以把双音复合词与跟它同形的短语区分开来（石毓智 2002：42）。"到底""究竟"词汇化以后都变成了[重＋轻]式就是为了遵循透明性原则。据我们考察，在方言中"到底"的短语和单词用法常有语音差异。比如，单词"到底"中"底"读轻声，在某些方言中已开始出现语音脱落现象。例如：

(277) 天到_{到底/终于}黑下啦。（中原官话·陕西宝鸡话）

(278) 刘能：玉田啊，今天活干得啥样了啊？赵玉田：干了一半了。
刘能：倒_{到底}是年轻人，干活就是快！（电视剧《乡村爱情》第一部第 1 集）

(279)［刘能路遇给王老七家送花的赵四夫妇］刘能：倒_{到底}是你们哥俩关系好啊。刘英怀孕搞庆典时，你也没拿盆花来。（电视剧《乡村爱情》第三部第 17 集）

---

① 比如，"终于"词汇化过程中"于"的语义透明性降低。这可能是"于"字介宾短语的逐渐消失所致。

② 有时也可能是旧义用新形式，新义用旧形式。比如，"到头"词汇化后，其在状位的短语用法一般要说成"到头来"，而在谓语或补语位置的短语用法则仍然用"到头"，因为词汇化后形成的副词"到头"不可能做谓语或补语。

短语"到底"中"底"往往读本调,还常有儿化现象(如在山东济南话中),很少有语音脱落现象。在有些方言中各种"到底"的读音区分可能更细。比如,扬州话中短语"到底"、时间副词"到底"、语气副词"到底"读音各不相同(详见王世华、黄继林 1996:149)。至于"终于",重新分析前它是跨层结构,重音模式跟短语相似,因而重新分析前"于"通常可以重读,重新分析后往往要轻读。当然,在语法化之后,词项的形义关系的重新对齐的实现有一个过程,目前单词"到底""终于"中"底""于"还可以不轻读,因为"到底""终于"的词汇化虽已完成,但其音变往往滞后于义变,所以,在语音平面,"最终"义"终于"和"到底"既可按短语模式左重读,也可按单词模式右重读,但以右重读为常。换言之,"于""底"既可读轻声,又可读原调。历时演变过程中的音变滞后必然导致音义匹配关系的扭曲。"到底""终于"形义匹配关系的扭曲可以表示如下:

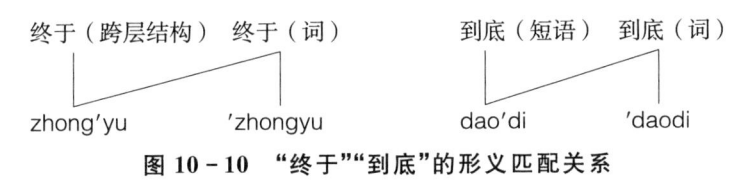

终于(跨层结构)　终于(词)　　到底(短语)　到底(词)

zhong'yu　　　'zhongyu　　　dao'di　　'daodi

图 10-10　"终于""到底"的形义匹配关系

上面着重从音变角度谈"完结"义词语法化的表现。下面从形变角度谈其语法化的表现。这里谨以"到底""究竟""毕竟""至竟"等为例。先看"到底"。"到底"的语法化过程是其语义透明性降低的过程。由于语义透明性逐渐降低,语法化程度较高的"到底"(如表示"毕竟"义、"究竟"义、"反倒"义的"到底")为了遵循反-同义关系原则,常被写作"倒底""到的""到得"。例如:

(280)在生活困乏中,一面拉车,一面"之乎者也",<u>倒底</u>不大便当。(鲁迅《集外集·文艺与政治歧途》)["毕竟"义]

(281)银凤<u>倒底</u>是女孩人家,无论如何,早控制不住自己,眼泪珠一颗跟一颗滚下来。(柳青《铜墙铁壁》第10章)["毕竟"义]

(282)他甚至想跑出大门去看看那怪人<u>倒底</u>走了没有。(茅盾《锻炼》第6章)["究竟"义]

(283)<u>到的</u>是宝丫头好孩子不撒谎。(清·曹雪芹《红楼梦》第28回)["毕竟"义]

(284)田氏道:"我宁可终身守寡,也不愿随你这样不义之徒。若是休了<u>到得</u>干净,回去烧个利市。"(明·冯梦龙《喻世明言》第2卷)["反

倒"义]①

在现代汉语里,"到底"写作"倒底"也多限于语法化程度较高的语气副词用法。例如:

(285) 然而叶民主<u>倒底</u>也还是没有找到杨高,甚至他连小邰都没找到。(方方《埋伏》)
(286) 王南山道:"<u>倒底</u>大队副好,能体恤下属。"(陆茂清《张澜虎口脱险记》)
(287) 马汉子急躁地再问:"<u>倒底</u>跑是不跑?"(尤凤伟《金龟(连载之四)》)
(288) 二爷问他酒馆镇<u>倒底</u>怪在哪里,桐几次张张嘴欲言又止。(尤凤伟《石门绝唱》)
(289) 这个账<u>倒底</u>是怎么算的?(新世纪的福音,《北京晚报》,2001-01-01)

我们统计了CTS2006中现当代语料里"倒底"的使用情况,统计结果如下表所示:

表 10-9 现代汉语中"倒底"的用例和用例比情况

	倒底$_1$	倒底$_2$	倒底$_3$	合计
用例数	2	7	17	26
用例比	7.69%	26.92%	65.38%	100%

	政论语体	文学语体	科技语体	合计
用例数	1	23	2	26
用例比	3.85%	88.46%	7.69%	100%

从上表不难看出,①语法化程度越高,语义透明性越差,"到底"越易被写成"倒底"。所以,"倒底$_3$"最多,"倒底$_2$"次之,"倒底$_1$"最少。换言之,越是无法跟"到底$_0$"建立起语义联想关系的单词"到底"越易被写作"倒底"。②"倒底"在文学语体中出现得最多,在科技和政论语体里罕见,这大概是因为科技语体或政论语体作品的作者规范意识更强。③把"到底"写成"倒底"在少数作家作品里表现得特别明显。比如,共26例"倒底"中有15例出自方方的作品,占57.5%。因此,上述统计结果显示,在现代汉语里,除了

---

① "到底"在历史上可以表示"反倒"义,详见本书§4.5。

在非正式语体里(或因少数作家的个人喜好)单词"到底"偶尔写作"倒底"外,一般情况下它(特别是"到底$_1$"和"到底$_2$")已不能写成"倒底"。这种统一可能是汉字规范化运动造成的,①因为在早期现代汉语中单词"到底"还常写作"倒底"。

在历史上,短语"到底"也可以写作"倒底",但用例极少。例如:

(290)过那八百里连云栈……不亏观音菩萨,把我们两个使手心托住,在空飘摇,十朝半月,有个倒底的时候么!(明末清初·西周生《醒世姻缘传》第85回)

(291)你看那些和尚,都倾囊倒底,把那火里抢出的余资,各出所有,整顿了些斋供,烧了些平安无事的纸,念了几卷消灾解厄的经。(明·吴承恩《西游记》第18回)

(292)笪玄洞又道:"……正价虽有,零星开销也不能省的,我讨小讨惯的了,还有什么不晓得的。索性成全你倒底罢!……"(清·李伯元《官场现形记》第39回)

上三例中"倒底"在句中做谓语或补语,显然都是短语。那么,为什么短语"到底"也可以写作"倒底"呢?这不是违反了上文所述的语义透明性原则了吗?我们认为,可能是因为短语"到底"在词汇化后,随着其语音形式的变化,人们必须新创一个语形,比如"倒底",让"倒底"和"到底"分别表示"到底"词汇化前后的意义。但是,哪个表示词汇化前的意义,哪个表示词汇化后的意义,起初没有形成统一的约定。当然,除上举寥寥数例外,历史上写作"倒底"的"到底"绝大多数是单词,且所有意义的单词"到底"都可写作"倒底"。例如:

(293)以本分力量。直下就自己根脚下承当。如万仞悬崖撒手放身更无顾。藉教知见解碍倒底脱去。似大死人已绝气息。(宋·绍隆等编《圆悟佛果禅师语录》第14卷)

(294)到了衙里,头上抹下,就给他个下马威。人是羊性,你要起为头立不住纲纪,倒底就不怎的。(明末清初·西周生《醒世姻缘传》第96回)

---

① 比如,张盛如、骆小所主编《实用汉语丛书》(2000:201)把"到底"的变式"倒底"看作错别字。

421

(295)凤姐儿笑道:"倒底是你们有年纪的人经历的多。"(清·曹雪芹《红楼梦》第42回)

(296)女子道:"这倒底是个甚么东西?"(清·文康《儿女英雄传》第6回)

(297)十三妹说道:"这么大人了,要撒尿倒底说呀,怎么憋着不言语呢!……"(清·文康《儿女英雄传》第9回)

上引诸例中"到底"分别是范围副词、时间副词、评注语气副词、疑问语气副词、祈使语气副词。它们在句中都被写成了"倒底"。我们统计了历史上"到底"写作"倒底"的用例和用频,结果如下:

表 10-10 历代"倒底"的用例和用频情况

朝代	唐五代	宋代	元明	清代
用例数及用频	1(5.26)	5(33.3)	3(20.0)	32(329.9)
文本总字数	19 143 676	14 881 679	15 285 387	9 700 559

上表显示,从总体上看,从唐五代到清代,"到底"写作"倒底"的频率随着时间的推移而上升。[①] 而时间越往后推移,"到底"的语法化程度就越高,语义透明性就越低。这跟上文所说共时平面上的统计结果(即"到底₃"写作"倒底"的频率最高,"到底₂"次之,"到底₁"最低,见表10-9)是一致的。两者都表明:"到底"语义透明性越低,越易写作"倒底"。这当是为了追求新义和新形之间更好的匹配关系使然。

"究竟""毕竟""至竟""终究""到老""到半"等在语法化过程中也表现出了一定程度的词形变异。"究竟"([tɕieu²¹³ tɕin²¹³]),据明生荣(2007:274),在贵州毕节话中也可说成"竟究"[②];"毕竟"又作"必竟"(详见§7.2);"终

[①] 当然,因为这是一种不稳定的社会变异,"倒底"在现代汉语中(除极少数作家作品外)已基本不用。那么,如何辨别某种语言变异是不是稳定的社会变异,从而能不能导致语言演变呢? 社会语言学认为,逐代出现的语言变异是稳定的社会变异。验之于"倒底",它不符合这个标准。它在从唐五代到明代这么漫长的历史阶段只出现9次,而仅唐朝统治就长达六百多年(至少历七八代),所以平均下来每代人那里"倒底"出现一次都不够,当然不符合逐代条件。更何况,在每代人那里,变异必须达到一定次数才能在语言社团中扩散开。

[②] 这表明,"究竟"语法化为疑问语气副词后,语义透明性已大大降低,不仔细分析已很难理解该复合词的词义是如何由其组成语素的词义合成的了。上文提到,语法化的参数理论认为,随着语词语法化程度的加深,其语序会越来越固定。而这里"究竟"的语法化反而导致其内部构成语素的顺序变得更灵活了。那么,这个事实是否构成对参数理论的挑战呢? 我们认为还不能,因为参数理论说的是语法化项相对于其他组配成分的顺序更加固定,而不是语法化项内部构成语素之间的相对顺序更加固定。换言之,按照语法化的参数理论,可以预测:随着"究竟"语法化程度的加深,它相对于其他成分(比如疑问成分)的顺序更加固定。

究"又作"终久"(吴永德 1999:736)①;"到老""到半"中的"到"又写作"倒"(详见§10.2.1.7);"至竟"在方言中和历史上又写作"止竟""只竟""则竟"。"到罢""归讫"在方言中也有多种写法(详见§10.2.2.1)。

当然,"到底""终于""究竟""至竟"的形义重新匹配也可能并不是语言系统本身的自觉调整所致,而只是其他多种演变造成的一种客观结果。本书旨在揭示"到底""终于""究竟""至竟"在历时演变过程中的形变和音变。至于对这种演变的解释,只是尝试性的。如果把这种变化看作是一种客观结果,那么它可能是以下两条原则综合作用的产物:①信息量原则(Quantity Principle,详见 Givón 1990),即要表达的信息量越大,所需语言形式越复杂。语法化后,词汇内容减少,所以信息量在减少。语音上当然会发生弱化、脱落、归并等。②高频磨损原则(Principle of *Reduction from High Frequency*,Gabelentz 1901)。正如工具用多了会被磨损一样,词语语法化后成为一种功能词,因为使用频率远比语法化前作为内容词时高,因而更易发生音形磨损。

"终于""到底""究竟"的音形多样性体现的是一种共时变异。"倒底""到的""到得""竟究"可以看作是这种变异的变素(variant)。②"到底"在音形上的多样性体现的是其语音和语形变异。这种变异是语言演变过程中各阶段用法之间联系日趋模糊甚至消失的结果。当然,变异有语音、语形和语法等多种类型。上面关注的主要是音形变异。补位"到底。"用在双音形容词后强调程度深则是一种语法规则的变异。不仅在当代汉语中,而且在历史上也曾出现过。比如,明末清初李渔的小说《十二楼》中频繁出现"老实到底""相似到底""谦恭到底"之类表示"AP 极了"义的表达。

10.4.4 典型"完结"义副词语法化程度之比较

Heine 等(1991a:156)在谈到如何确定几个语言表达式语法化程度的相对高低时,指出:第一,看被比较的几个语言表达式是否存在源流关系。如果乙来源于甲,则乙没有甲的语法化程度高。第二,看是否有语言表达式还有空间意义。如果是,则其语法化程度最低。第三,看是否有表达式

---

① 当然,朱福妹(2008:37)认为,"终久"和"终究"是同音词而非同一个词,它们之间是历史兴替关系。她考察发现,"终久"萌芽于汉代,产生于唐代,发展于宋代,文言色彩较强。"终究"萌芽于元代,产生于明代,多见于白话作品。所以,"终究"逐渐在清代以后逐渐取代了"终久"。

② 变异是一个语言项目在实际使用着的话语中的变化状况,其每个实际存在形式是这个变异的变素。

的意义仅限于指人或述人。如果有,则其语法化程度比那些无此限制的表达式要低。第四,看语言表达式指谓对象的空间属性。如果一个表达式能指谓三维物体,它显然比那种只能指谓二维甚至一维物体的表达式语法化程度低。后者又比那种只能指谓零维物体(即抽象物,如属性、条件、原因)的表达式语法化程度低。第五,看语言表达式所指对象的外延。如果两个范畴的不同仅在于其中一个外延比另一个大,则前者比后者语法化程度更高,比如方式比工具语法化程度更高。第六,如果一个语素或词语既能管辖 NP,又能管辖 S,那么管辖后者时表示的意义是语法化程度更高的意义。比如,英语 for 引导受益者和引导原因两种用法中,后者语法化程度更高。

  运用第二种鉴别法,可侦知"到底"的语法化程度最低。运用第三种鉴别法,可侦知"究竟"的语法化程度比"毕竟"低,因为"究竟"一开始是具有[+述人]特征的谓词短语(表示"穷极"义)。这样,把上两条结果联系起来,则形成如下语法化程度的高低等级:到底＜究竟＜毕竟。本书前几章的考察表明事实确实如此。从§3.2、§6.5 和§7.3 的考察可知,时间副词"到底"成熟于宋代,时间副词"究竟"成熟于唐五代,时间副词"毕竟"成熟于东汉。因此,从时间副词用法成熟早晚看,存在如下语法化程度高低序列:毕竟＞究竟＞到底。① 本书表 3-1、表 7-1 和表 6-4 的统计显示,"到底""毕竟""究竟"的评注语气副词和疑问语气副词的成熟早晚上也存在如下序列:毕竟＜究竟＜到底("＜"表示时间上早于)。这又与共时平面上"到底"是三义副词,"究竟"是二义副词,"毕竟"是单义副词相平行。所以,本研究再次证明了共时变异与历时演变同构论有一定道理。语法化程度的高低等级往往昭示了历时演变的先后顺序。

10.5 "完结"义词的共时变异和历时演变的理论总结

10.5.1 "完结"义副词的规则多功能性和平行演变

  在现代汉语普通话中,"到底""究竟""毕竟""终究""终归""始终""终

---

① 运用 Heine 等人介绍的上六条鉴别标准可以把这个序列扩大为:毕竟＞究竟＞到了＞到头＞至竟＞到底。还可以列出如下语法化程度的等级:到底＞终于/终究,因为作为时间副词,"到底"的外延大于"终于,终究",可以用于强调目的达成之不易或结果出现之反意愿。

第十章 "完结"义副词共时变异与历时演变的综合考察

于"等构成了一个近义词场。① 该近义词场中各成员的共同意义是"完结",其核心成员是"到底",因为"到底"对"完结"义的表达最形象,其意义和用法最丰富。故而本书有四章专论"到底"的共时变异和历时演变。该词场中的成员虽然按初始语法性质可分为三类:①跨层结构,如"终于""终归""终究"等;②动宾短语,如"究竟""到底"等;③并列短语,如"毕竟""始终"等,但是,它们经过历时演变具有了规则多义性,兼有以下一个或多个意义:

①时间副词,用于狭义行域(即事件域),强调经过较长曲折过程后最终出现某结果;②评注语气副词,用于知域(即认识域),强调溯因推理的结论(即原因)或事物的根本特点;③疑问语气副词,用于言域(即言域行为域),表示对问题答案的追究语气。④祈使语气副词,用于言域,表示催促语气,犹"倒是"。⑤肯定语气副词,犹"无论如何"。⑥"原委,真相"义名词。

因④义仅见于现代汉语方言,⑤义仅见于近代汉语,⑥义仅"究竟"具有,我们暂且只考察前三种意义。在现代汉语普通话中,"到底"义项最多,兼有前三种意义;"终于""毕竟"义项最少,分别只有①义和②义;"终究""究竟"的义项数居中,分别有①②和②③两义。"终于"和"终究"虽都有①义,但在普通话中"终于"多强调结果出现之合目的(即有利结果的久盼而至),"终究"只能强调结果出现之反意愿(即不利结果的力避还来,详见§9.3.1.3)。"究竟"虽有②③两义,但②义多见于早期现代汉语,当前正在逐渐消失。在汉语史上,"究竟"还有①义;"毕竟"还有①③两义。这样,上述各个词语的义项分布表示如下(表中"+→-""(+)""{+}"分别表示古有今无、当代汉语中越来越少、仅用于方言):

表 10-11　典型完结义词的意义分布

词项	概念域		
	行域 [时间副词用法]	知域 [评注副词用法]	言域 [疑问副词用法]
终于	+	-	-
毕竟	+→-	+	+→-

---

① 也可以宽松地称为"同义词场"。所谓"同义词场",又叫"同义词群",指有一个共同意义且有一个核心成员的一群词。同义词群有系统性、共时性。(张志毅 1980)

425

(续表)

词项	概念域		
	行域 [时间副词用法]	知域 [评注副词用法]	言域 [疑问副词用法]
究竟	+→-	(+)	+
终究	+	+	{+}
终归	+	+	-
始终	+	{+}	-
到底	+	+	+

观察上表可以发现,凡是第三列标有"+"的,第一二列中必有"+",但反之不然;凡是第二列标有"+"的,第一列中必有"+",但反之不然。这与领域扩展论的预测完全相符。领域扩散论认为,词语若有知域用法,必有(过)行域用法,或行域用法存于方言;若有言域用法,必有(过)知域和行域用法,或知域和行域用法存于方言。在共时平面上,"毕竟""究竟"的①义都已消失。换言之,其时间副词用法在共时平面上未留下痕迹。"究竟"的②义在共时平面也有消失的倾向。因此,"完结"义词的历时演变经历三个阶段:I. 短语或跨层结构向时间副词的词汇化(或先词汇化为动词,再语法化为时间副词);II. 短语或时间副词向评注语气副词的语法化;III. 短语或时间副词向疑问语气副词的语法化。"毕竟""究竟""到底"都已走完了以上三步。不同的是,"毕竟"只在知域留下了轨迹,所以在现代汉语中只有②义;"究竟"在知域和言域留下轨迹,所以在现代汉语中有②③两义,尽管②义正在急剧消失;"到底"则在行、知、言三域都留下了轨迹,因而在现代汉语中有①②③三义。"终于""终归""终究""始终"等都只是走完上述演变的一两步。"终于"走完了第一步,在行域留下了轨迹,因而只有①义。"终究""始终""终归"走完了前两步,"终究"一度向第三步迈进,但言域"终究"用例极少,仅偶见于方言。"终究""始终"在行域、知域留下了轨迹,因而只有①②两义,"终归"在知域留下了痕迹,因而只有②义。综上所述,它们之间的关系可以表示如下(图中实线表示历时演变在共时平面留下了痕迹,虚线表示没留下痕迹):

规则多义现象一直是词汇语义学和认知语义学的中心研究课题。如何解释多义词的不同意义之间的系统联系,如何解释这种语义联系的跨词平行性,这一直是词汇语义学家和认知语义学家孜孜以求的目标。本书对"完结"义词的上述规则多义现象做出了统一的认知解释,认为它们共

第十章 "完结"义副词共时变异与历时演变的综合考察

	行域	知域	言域
终于:	→→→		
始终:	→→→→→→		
终究:	→→→→→→ - - - - - →		
终归:	→→→- - - - →		
毕竟:	→→→→→→→ - - - - - →		
究竟:	- - - - - - - - - - →		
到底:	→→→→→→→→→→→→→→		

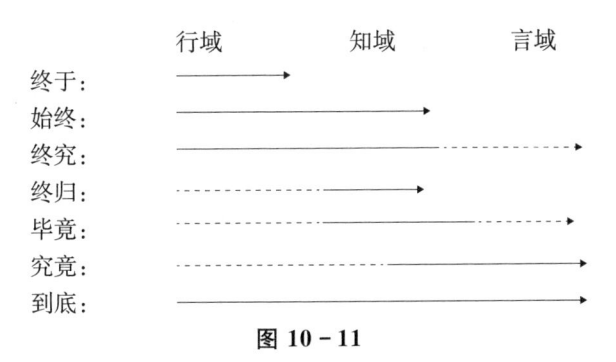

图 10-11

通的来源意义是它们经历部分相同的历时演变,从而在现代汉语中存在规则多义性的原因。我们在共时分析和描写过程中为它们寻找出了最核心的基本意义(即"完结"义),并把其各成员的具体词义看作是这个基本意义的具体化,因为完结可以是位移运动完结(即到尽头),也可以是人类某活动(比如探究活动)完结。我们还发现了这些词不同用法在使用背景方面的共性——[除阻]。本书的研究再次证实了 Lakoff 和 Johnson(1980)的观点:"即使抽象知识,从根本上说,也是根植于具体的人类经验的。"本书探讨的"完结"义词各用法出现的先后顺序可以排列如下:①

    人类活动域 空间域 时间域 事件域 推理域 言语域
究竟 穷其极—至其极—到最后—在最后—终于/终究—毕竟——究竟
到底 到底端—到尽头—到最后—在最后—终于/终究—毕竟——究竟
到头   到尽头—到最后—在最后—终于/终究—毕竟——究竟
至竟   到终了—在最后—终于/终究—毕竟——究竟
到了   到终了—在最后—终于/终究—毕竟——究竟
毕竟   完结—最后—终于/终究—毕竟——究竟
始终   自始至终—到最后—终究——毕竟
终于   以……告终—最后—终于(/终究)

观察可知,在历时演变中经历阶段最多的是"究竟",其次是"到底",再次是"到头",而后是"至竟"和"到了",接着是"毕竟"和"始终",最后是"终于"。通过考察,我们发现,强调结果、强调结论之间存在平行关系,只是强调结果用法见于行域,强调结论用法见于知域。强调结论与强调原因之间存在演变关系。当有关副词出现在溯因推理语境(如推论型因果复

---

① 注意:这里展示的只是出现时间的先后,并不跟历时演变路径重合。比如,该表并不暗示"究竟"义源于"毕竟"义和"毕竟"义源于"终于/终究"义。事实上,"终于/终究"义、"毕竟"义和"究竟"义都是从"(在)最后"义演变而来的。

427

句)中时,其强调结论用法会蜕变为强调原因用法。强调原因用法是从跟其他事态的外在关系角度来看的,当视角转换到事物内在特征时,则会发现导致某已然结果的最佳原因是事物的某根本特点。所以,当有关副词出现在同语式、单句等句法环境中时,则强调原因用法会蜕变为强调事物的根本特点(不因条件改变而变化)。如果暂时不关注表示追问语气、表示认识情态等用法,那么,汉语史上"完结"义副词大多走过了如下这种M型语义演变路径。

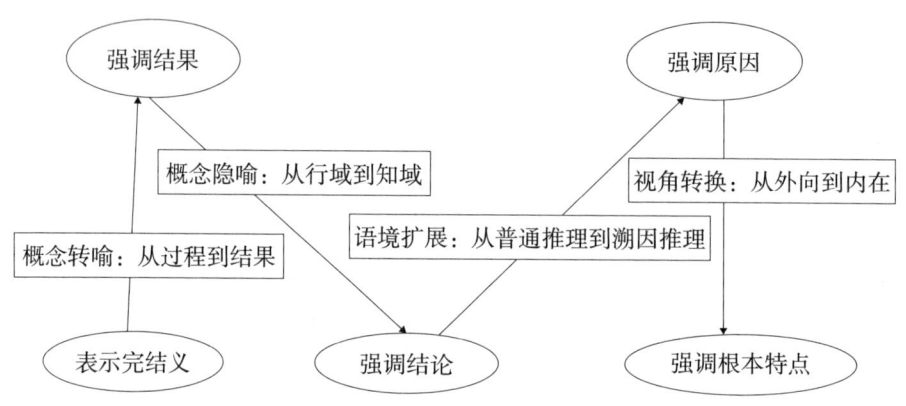

图 10-12　汉语"完结"义表达向时间副词、评注语气副词演变的路径

10.5.2 "完结"义副词的近义替换律及来自滞留原则的解释

本书前几章的考察表明,"完结"义副词进行近义替换有一定的条件和规律。这些条件和规律往往与它们在历时演变过程中的语义或语法滞留密切相关。比如,§7.2.2的考察表明,"终究"被替换为"毕竟"的条件是用来强调原因或事物的根本特点,而不是表示肯定推测语气。虽然在古代汉语中"到底""毕竟"等可以用作认识情态副词,表示对未然之事的肯定性推测,但那时它们也不能替换为"终究",因为"终究"中滞留有"最终"义,它表示"最终一定"义,而不只是"一定"义。§8.2的考察还表明,"终于"悬置于句首时不能替换为近义词"到底",这是因为"终于,S"中"终于"滞留有源式的"以……告终"义。§7.2.2.3的考察表明,"毕竟"与方言中"毕竟"义"始终"的差别在于,前者不能受"都"约束,而后者可以。这是因为"毕竟"义"始终"中"始"义还有所滞留。§6.2.2的考察表明,"原委""真相"等名词替换为"究竟"的条件是做宾语,这是语法滞留原则在起作用的缘故,因为"原委,真相"义"究竟"是在做宾语的疑问子句里演变为名词的。综上所述,"完结"义词跟近义词之间的替换规律如下(数字表示§10.5.1中的列出的"完结"

义词的义项编号；箭头读作"替换为"；斜线后面是替换条件）：

①:到底→终于 / 强调目的达成之不易（即强调有利结果的久盼而至）

①:到底→终究 / 强调结果出现之反意愿（即强调不利结果的力避还来）

②:到底→毕竟 / 不是用于感叹句中

①:终于→到底 / 没有在句首悬空使用

③:毕竟→终究 / 位于句中而不是句首

②:毕竟→方言中"毕竟"义"始终" / 没有受到"都"的约束

③:究竟→到底 / 疑问句没有承前省

④:原委，真相→究竟 / 做宾语

在确定近义词的替换条件时特别要注意的是区分一般和个别。因为"完结"义词的多义模式具有强劲的类推力，这使得某个"完结"义词往往受其他"完结"义词的聚合类推而临时获得某些意义。比如，"始终"在历史上偶现"究竟"义，表示对问题答案的追究语气；"终究"在历史上偶现"终于"义，在方言和早期现代汉语中偶现"究竟"义；"终归"在方言中偶现"终于"义；"终于""到头"在历史上偶现"（最终）一定"义，这些都是同一聚合内其他成员聚合类推的结果（详见第九章）。但是，这些解读大多数还没有固化为相关"完结"义词的词义，或者虽然固化了，但在历史上只是昙花一现。因此，我们不能认为，在表示"终于"义方面"终究"是"终于"的近义词，在表示"究竟"义方面"终究""始终"是"究竟"的近义词。

10.5.3 "完结"义词的特异用法及其理论解释

根据前几章的考察，"完结"义词在历史上和方言中曾呈现出以下特异用法：①"到底""毕竟"的"即使/虽然"义、"万一/如果"义（见§3.3.1）；②"到底"的"倒是"义（见§5.5）；③"到底""毕竟"等的"无论如何"义（见§9.2.2）；④"到底"占据选择问标记所在空位的用法（见§3.3.2）；⑤"究竟"的"打算"义（见§6.5）；⑥"到底""究竟"的"总之"义和"其实"义（见§3.2.2.2）；⑦"究竟""到究""毕竟""倒是"的"真的，确实"义（见§6.5.4）；⑧"到底""究竟""终究"的"难道"义（见§10.3.2）。其中，⑦⑧分别是"端的""终不成"的聚合类推所致；⑥是言说概念的零编码所致；②④⑤是相应"完结"义词在结构模板中向其高频共现项所在空位移动所致（详见上述相关章节的论述）。

③中"到底""毕竟"等在知域的"无论如何"义是"毕竟"义"到底"受"无论φ(s)"的组合同化或者游移到"无论φ(s)"所在空位而获得的。

下面再集中探讨一下①②这两种用法。对于这两种用法,无论我们用词汇语义学为它们寻找统一而抽象的义位的方法,还是用形式语义学为它们刻画统一而抽象的逻辑表达的方法,都可能得不偿失。其实,如果我们接受Fauconnier的概念合成理论(早期叫"心理空间理论"),就不难理解"毕竟""到底"等为什么会有那么多用法。按照概念合成理论,可以认为评注语气副词"毕竟""到底"等表示的概念是"因为""虽然/即使""但是"三词表示的概念复合而成的复杂概念。换言之,"毕竟""到底"等词是空间建立者(space-builder),听/读者遇到这些词就会相应地建立起一个(关于逻辑推理)的心理空间,该心理空间包括成阻、除阻和结果等要素。通俗地说,"毕竟""到底"等常会触发一个语义结构模板:[因为 p,所以,虽然/即使 s,仍然 q]。该模板中"因为""虽然/即使""但是"等词可隐可现,"毕竟""到底"等词尽管以附着于 p 为常,但也可以附着在 s 或 q 分句上。附着位置不同,"毕竟""到底"等呈现出的语境义就不同。如果附着在 s 上,则呈现出"虽然/即使"义面,如果附着在 q 上,则呈现出"总之,说到底"义面。"毕竟""到底"的作用是强调 p 的除阻力很强大,推理一定能完结/到底。当然,"毕竟""到底"等还有疑问语气副词用法,这时它们表示对问题答案的追究语气。疑问语气副词"毕竟""到底"等处于另外一种心理空间(即关于言语交际活动的问答空间)中,强调言者不会因前期(或虚拟)询问已经(或很可能)受阻而放弃对问题答案的追究。但是,关于推理活动的心理空间和关于交际活动的心理空间都属于[除阻]这个上位性的类属空间(generic space)。既然疑问语气副词"毕竟""到底"也是个空间建立者,那么,它出现占据选择问标记所在空位这种特异用法也不足为奇了。如果说"即使/虽然,万一/如果"是"到底"偶现的语境义,那么"倒是"义和"无论如何"义就是其规约义了,因为在清代这两种意义已从"到底"的义面上升为其独立义位(见§5.5和§9.2.3)。这时"到底"虽仍处于关于言语交际活动的心理空间中,但跟上个空间又有不同,它不再是问答空间。这个空间中有听说双方和来自听者的阻力(听者不愿或尚未做某事)。"到底"保证言者能通过催促或劝诱等手段冲破这种阻力,促成某事。

"到底""毕竟"等词的评注语气副词、疑问语气副词、祈使语气副词、肯定语气副词用法,说到底都跟其时间用法密不可分。作为时间副词,它们强调主体追求的某有利结果不因客观阻碍的存在而不出现,或主体规避的某不利结果不因主观避阻而不出现。换言之,必然涉及到除阻。因此,时间副词"到底""毕竟"等打开的心理空间虽然是关于行为的,但也属于[除阻]这个类属空间。"到底""毕竟"等激活的不同的心理空间可以表示如下:

| P 阻力s Re | p 阻力s q | S 阻力 H / E |

图 10-13　不同类型"完结"义副词激活的心理空间

上图中,左图代表时间副词和行域肯定语气副词"到底""毕竟"等激活的心理空间,P 表示某事件的主动参与者(即某目标 Re 的追求者),他克服的阻力是物理力和社会力 s,来自外界的阻碍。中图代表评注语气副词和知域肯定语气副词"到底""毕竟"等激活的心理空间。① 其中,p、q、s 分别表示推理的前件、后件和阻力。这里的阻力是一种心力,即阻碍"p→q"这种缺省推理进行下去的某种认识;右图代表疑问语气副词、祈使语气副词和言域肯定语气副词"到底"等激活的心理空间。其中 S、H、E 分别表示言者、听者和言说事件,其中的阻力是一种来自交际对方的社交阻力,表现为对方不愿或尚未做某事。

可见,力量互动图式的跨概念域映射,不仅存在于情态动词从表示根情态意义向表示认识情态意义、视觉动词从表示视觉活动向表示智力活动的语义演变过程中(详见 Sweetser 1990),而且存在于汉语"完结"义表达的语义演变过程中。

10.6　余论:语义演变规律揭示方面隐喻观和转喻观的分歧

从 20 世纪 80 年代开始,很多关于隐喻和转喻在语义演变过程中的相对作用的争论是在语法化研究背景下展开的(Traugott & Dasher 2002:81)。为了解释语法化过程中发生的语义演变,文献中已经提出了三种假说:隐喻扩散假说(Metaphorical Extension Hypothesis)、包容假说(The Containment Hypothesis)和会话含义(规约化)假说(Implicature Hypothesis)。隐喻扩散假说(Willett 1988:80—81)认为,语法化是意象图式(或概念结构)在隐喻机制的作用下从甲概念域扩散到乙概念域的结果;包容假说认为,语法意义是词汇固有的潜藏在词汇内部语义结构中的意义;会

---

① 肯定副词"毕竟""到底"等激活的也是[除阻]空间。其中,知域肯定语气副词(即认识情态副词)激活的是中图,其他肯定副词激活的是左图或右图(详见第九章)。

话含义规约化假说认为,语法化过程是会话规约使话语中的次要意义接替主要意义的过程。① 不难看出,第一个假说更重隐喻,第三个假说更重转喻。概念隐喻和概念转喻的相对作用在认知语义学中存在激烈争论。Lakoff 和 Johnson(2003)认为,概念隐喻是人类赖以生存的最基本的思维方式,其作用更重要。Kövecses 和 Radden(1998)、Barcelona(2000:4)则指出,概念转喻的认知作用(可能)更为根本。他们认为,很多 Lakoff 和 Johnson 所谓的概念隐喻从经验上说来自于概念转喻。比如,"愤怒是热气"(anger is heat)其实可视为"愤怒是体内的热气"(anger is heat in body)的省略。体内的热气跟愤怒之间存在相关性(生气则体温升高,因而表示温度高的词可转指愤怒)。在历史语言学中,关于隐喻和转喻的相对作用也存在较大争论。Hünnemeyer(1991)认为语法化过程中起作用的主要是隐喻。Heine 等(1991a:62—63)虽然承认隐喻和转喻并不相互排斥,②但是仍然强调隐喻的作用更重要。比如,Henie 等(1991)说,Willett 对大量不同类型的语法化现象的研究,特别是对传信标记语法化的跨语言考察,表明隐喻性扩散假说相对来说最合理。Traugott 和 Dasher(2002:75—81)则提出,隐喻在语义演变过程中所起的作用远没有 Heine、Sweetser 等人说的那么大。强调隐喻是语法化过程中语义演变的主要机制,往往是偏重共时变异(即多功能性、多义性)研究而相对忽视历时演变研究,通过对语义演变的输入项和输出项进行简单对比而构拟其演变过程的结果。换言之,说隐喻的作用占主导地位,往往是脱离语境考察词项语义演变这种人为实践的结果(Traugott & Dasher 2002:282)。正因为这种考察脱离了语义演变实际发生所依赖的特定历史语境,所以对有些共时现象的解释可能显得很不充分。③ Traugott 和 Dasher(2002:75—81)认为,很多语义演变是由基于转喻的招引推理诱发的。在整个演变过程中,不是空间义演变为时间义,而是空间义淡化以至消失,时间义强化以至凸

---

① 基于第一和第三个假设构建成的理论分别叫隐喻投射论和招引推理论(Invited Inference Theory)。Evans 和 Green(2006:713—732)则把隐喻投射论、(基于转喻的)招引推理论和 Langacker 的共时主观化理论并称为认知取向的语法化研究的三种理论。

② 他们转引 Goonssens(1989)的研究指出,虽然有不少只使用隐喻或转喻的演变,但隐喻和转喻多数情况下是交织在一起的;语法化过程中发挥作用的隐喻,即浮现隐喻(emerging metaphor),通常预设着转喻的存在。

③ 比如,基于隐喻投射的研究认为时空隐喻使得"来/去"义位移动词常演变为将来时标记。但是,据 Bybee 等(1994)研究,他们考察的 90 多种语言中尚未见到光杆形式的"来/去"义动词演变为将来时标记的,它们必须用在进行体形式中并后接向格标记,整个结构才可能演变为将来时标记。

第十章 "完结"义副词共时变异与历时演变的综合考察

显。Bybee 等(1994:268)也认为,be going to 本就有时间义,只是在演变过程中使用场合扩大了,扩大到了那些主体不做空间移动、只经历状态改变的语境中。例如:

(298)She is going to London to marry.(+位移运动,+状态改变)
(299)She is going to be angry.(-位移运动,+状态改变)

但是,Traugott 和 Dasher(2002:75—81)并未完全否认隐喻对语法化过程中的语义演变所起的作用。她们认为,现存的隐喻机制限制了被凸显的招引推理的类型,在很多情况下也限制了一般会话含义语义化的结果。我们赞同 Traugott 和 Dasher(2002:81)的观点,认为语法化过程中发生的隐喻投射跟基于转喻的重新分析或会话含义规约化很多时候并不相互排斥,而是良性互动的。基于隐喻投射的类推提供并限制了语义演变的可能类型,基于转喻的重新分析或会话含义规约化则把这种可能转化为现实。因此,本书既重视隐喻投射(跨概念域扩散)的作用,又重视转喻的作用,即重视探寻招引推理诱发的重新分析或会话含义规约化机制。比如,第二章从语法化的宏观层面展开论述,证明在"到底"甚至"到头""至竟""究竟""毕竟"语法化过程中隐喻投射的重要作用;第三章、第五章从语法化的微观层面展开论述,说明当隐喻投射创造一种语法化的可能之后,由语境诱导的基于转喻的重新分析如何在听说双方展开并最终将这种可能转化为现实。总之,隐喻和转喻很多时候是交织在一起的。从隐喻投射角度(即意象图式的跨概念域扩散角度)来描写语法化(比如从隐喻投射角度解释"至竟""究竟""到头""到底"等何以能从行域向知域、言域扩散而获得不同解读),这只能捕捉到语法化过程的宏观方面,难免会忽视语法演变过程中语用促动的变异的作用。这种变异可以通过语言表达式焦点意义和非焦点意义之间的转换来描写。所以,本书第三章考察时间副词"到底"的语义主观化时就特别强调:语境中的推理产生的对结果的主观强调义逐渐固化并上升为"到底$_1$"的主导甚至唯一意义。[①] 词语或结构的意义不仅由焦点意义决定,而且也由以前的非焦点意义决定。这一点在语法化研究文献中被反复强调,冠以"裂变/split"(Heine & Reh 1984)、"层叠/layering"(Hopper 1991)等名称。

[①] 所以,对 A 到 B 的语法化的准确描写不是:A>B,而是:xAb>aBc>bCd……其中,大写字母表示焦点意义,小写字母表示非焦点意义。

433

(Heine, el at. 1991a:107)再如,本书第三、五章在讨论"到底"的疑问语气副词和祈使语气副词用法的形成时,第六章在探讨"原委,真相"义名词"究竟"的形成时,高度强调缺省推理、溯因推理、重新分析等微观机制的作用。概念转喻发挥作用有时是以概念的零编码为条件的。比如,在"完结"义短语"究竟""至竟""到底""到头""到了"向评注语气副词、疑问语气副词语法化过程中,言说概念的零编码是重要条件(详见§3.2.2.2.2);在"归迄"向醒悟语气副词语法化过程中,探究动作概念的零编码(即"弄/闹/说归迄"中泛义动词表示的概念的零编码)是重要条件(§10.2.1.8和§10.2.2.8)。

当然,我们认为,隐喻视角的语言演变研究对转喻视角的语言演变研究有拉动作用。在缺乏文献记载或对历史文献把握不全时,语言演变的过程就是控制论上所说的"暗箱操作",跟人脑的心理过程一样。正如我们可以通过对比人脑的输入和输出来推测人脑的心理活动过程一样,我们同样可以通过对比语言演变的输入和输出来推断语言演变的可能过程。这种隐喻视角的语言演变研究可以促发我们去推测相关演变最可能出现在哪种语体的文献里的哪种语境中。这样,就可以引出转喻视角的语言演变研究。

10.7 小结

本章首先对"完结"义副词进行跨语(方)言考察,探寻不同语(方)言里的"完结"义词在共时变异和历时演变方面的共性和差异。然后,运用语法化参数理论和原则理论考察汉语"完结"义副词语法化的形式表现。接着,探讨"完结"义副词的规则多义性、近义替换律和特异用法及其成因。最后,讨论了语法化研究在语义演变规律揭示方面所借助的概念隐喻观和概念转喻观的对立。经考察发现,汉语方言中的"完结"义词,其语义结构对完结概念的编码精细度越高、形象性越强,它就易具有多功能性。从客观真值义到对结果的主观强调义("最后">"终于,终究"),换言之,从表示时间先后关系到强调事理上的因果关系,从表示时间先后关系到强调认识上的前提—结论关系(即"(在)最后">"总之,毕竟"),这是很多语言"完结"义词共同的演变规律。从表示时间先后关系到表示对问题答案的追问语气,这种演变主要见于英语、汉语等少数语言,但在现代汉语方言(如粤语、闽语、晋语,以及北方方言西南官话、东北官话、兰银官话、中原官话)中比较常见。"完结"义词语义透明性越低,越容易发生书写和语音变异。"完结"义词的近义替换条件往往与其在历时演变过程中的语法、语义滞留密切相关。完结义词呈现出各种特异用法的成因有在结构模板中的位置游移、言说概念的零编码和其他词语多义模式的类推。

附　　录

追问标记的语源模式的跨语(方)言考察

追问标记是表示对问题答案的追究语气的表达式,如汉语"到底""究竟"等;英语 on earth、ever、at all 等。本文探讨追问标记的语源模式。经考察发现,从跨语(方)言角度看,追问标记的语源除"完结"义词(如汉语"到底""究竟")外,还有:①表示时间先后关系的词,如粤语"先"、德语 denn(之后)。②真值验证词(即"肯定,的确"义或"真的,确实"义词),如古代汉语"(决)定""准""端""的""端的""(果)真""果然"等,以及现代汉语方言"真的""真个""真格"等。③否定极项,如英语 at all、ever 等。④"重复/追加"义词,如古代汉语"还""亦"等。⑤PDN-型固定短语,如英语 on earth(世界上)、under the sun(天底下)等。⑥范围词,如古代汉语"独"和日语"一体"。因"完结"义词本书正文已有系统讨论,本附录主要探讨后六种。

1. 表示时间先后关系的词

1.1 粤语:先

考察可知,粤语疑问句末的"先"([sin^{55}],记作"先$_1$")有加强疑问语气的作用。(蔡建华 1995;张双庆 1997:261;邓思颖 2006)例如:

(1)边个写先?(到底谁写?) | 边个咻老板先?(到底谁当老板?)

"先$_1$"在语音上读降调、重读且拖长音(蔡建华 1995:69—71)。关于"先$_1$"的词性,麦耘(1993:67)说是时间助词,张双庆(1997:261)说是语气副词,邓思颖(2006)说是语气词。我们认为邓说较科学,因为"先$_1$"位置固定在句末,且能跟时间副词"先"(记作"先$_0$")或疑问(语气)副词"到底""究竟"等共现,如例(2)(3)所示。其实,"先₁"更近于普通话中的疑问语气词"呢"。两者词类相同且都表示追究语气,只是"先₁"的追究语气比"呢"强。

(2)边个去先先?(粤语,到底谁先去?)①
(3)你究竟阿去先?(你究竟去不去呢?)(粤语·广东肇庆封开话)

在句法分布上,"先₁"只用于特指问、选择问和正反问,不用于是非问、反诘问和语调问(邓思颖 2006)。语料调查表明,"先₁"源于"先₀"。其演变路径为:"Q?[说]先!"→"Q 先?"(其中,Q 表示疑问句)。换言之,存在如下演变:

(4)饮奶茶定咖啡?[说]先!(喝奶茶还是咖啡?你先说这个问题。)
→饮奶茶定咖啡先?([你]究竟喝奶茶还是咖啡?)

"说先"表示要求对方先把某事讲清楚(麦耘 1993:67),其中"说"义可能未诉诸语言编码②。当催答语境(如例(4))中言说概念零编码且该言说概念跟时间概念[先]存在组合关系时,整个话段就有可能被重新分析为一个单句,时间副词"先"就有可能演变为疑问语气词"先"。重新分析前,整个话语实施催答;重新分析后,整个话语实施追问。催促对方回答问题和追究问题的答案是一体两面关系。③

1.2 德语:denn

德语小品词 denn(<dann/之后)用于特指问句可加强疑问语气,犹汉语"究竟""到底"。用于反问句加强反问语气,犹汉语"难道"。例如:

(5)Was ist denn mit ihm los?(他究竟怎么了?)
(6)Kann er denn gut Deutsch?(难道他德语这么好?)

denn 本表示"(时间上)在……之后"义。"在……之后"义词演变为追问标记有一定的经验基础,因为追问往往是追加询问,即已有了(或设想已有)初

---

① 本例转引自邓思颖(2006)。下文例(5)(6)转引自王兆渠等(2010:432);例(33)—(41)转引自谷峰(2011);例(53)(63)转引自李延林(2001);例(80)转引自 Abraham(1991:337—340)。
② 言说概念的零编码现象习见于汉、英、德、法诸语,详见本书§3.2.2.2.2。
③ 这也是近代汉语中"到底"除了表追问语气,还可表催促语气的原因。详见本书§5.5。

始询问,问而未获答或未获满意回答,才会追问。在话段中,追加询问是在初始问之后的。相关分析详见本书§5.3.1。当 denn 获得追问标记用法之后,它又进一步从该用法衍生出表示反问语气的用法。因为反问语气词其实是通过反问手段来强化对命题的否定,也是一种强调词。反问和追问在强化语气上是共通的。所以,从追问标记向反问标记的演变习见,比如古汉语"却"和德语 eigentlich 的演变。试比较:

(7) Was wollen Sie eigentlich?
what want they exactly
(他们到底想要什么?)

(8) Ist er eigentlich immer arbeitslos?
is he exactly always unemployed
(难道他一直失业不成?)

(9) 此时俺主唐元帅却在那里?探子,你喘息定了,慢慢的再说一遍咱。(元·关汉卿《单鞭夺槊》第4折)

(10) 婆子道:"小女托赖新添了个外孙,老身去看看……今早方回。半路上下起雨来,在一个相识人家借得把伞,又是破的,却不是晦气!"(明·冯梦龙《喻世明言》第1卷)

综上所述,粤语、英语、德语中都存在"表示时间先后关系的词→追问标记"式演变。

2. 真值验证词

使用追问标记意味着言者想追究问题的真实或准确答案,因而表示真值确认或强化的词,即表示"真的,确实"义或"肯定,的确"义的词(下文统称为"真值验证词",在具体语言中多实现为肯定(语气)副词),易演变成追问标记。这种演变习见于多种语言。下面择要论述。

2.1 古汉语:定、决定

2.1.1 定

副词"定"在汉语史上有时间副词、肯定副词和疑问副词三种用法。时

间副词"定"始见于魏晋六朝,多用于叙事句,意即"终于,终究"(柳士镇 1992:228—229)。例如:

(11) 其夫……笑言:"咄！婢,我定得饼,不复与尔。"(《百喻经·夫妇食饼共为要喻》)
(12) 人言汝胜我,定不如我。(南朝宋·刘义庆《世说新语·方正》)

肯定副词"定",何乐士等(1985:102)认为始见于战国末期,柳士镇(1992:228)认为始见于汉代。据我们考察,它在战国确已出现,但很罕见。从汉代起,越来越常见。例如:

(13) 世主眩其辩、滥其高而尊贵之,是不须视而定明也,不待对而定辩也。(《韩非子·六反》)
(14) 主父定死,乃发丧赴诸侯。(西汉·司马迁《史记·赵世家》)
(15) 项王闻陈王定死,召诸别将会稽计事。(西汉·司马迁《史记·项羽本纪》)

疑问副词"定"犹"到底""究竟",始见于东晋,中古以后较常见(赵长才 2011)。例如:

(16) 我心固匪石,君情定何如?(东晋·陶渊明《拟古诗》之三)
(17) 抚军问殷浩:"卿定何如裴逸民?"(南朝宋·刘义庆《世说新语·品藻》)
(18) 服之不衷,身之灾也,头上定是何物?(南朝梁·萧子显《南齐书·东夷传》)

关于疑问副词"定"的来源,有时间副词说(高育花 2007:115—122)和肯定副词说(赵长才 2011;谷峰 2011)两种观点。那么,孰是孰非呢?上文已述,肯定副词"定"始见于战国,而时间副词"定"和疑问副词"定"都始见于东晋,且时间副词"定"在历史上使用频率并不高。所以,"定"的疑问副词用法不大可能源于时间副词用法,更可能源于肯定副词用法。谷峰认为,"定"从肯定副词向疑问副词的演变遵循如下路径:自我确认语气(陈述句)→求证语气(是非问句)→追问语气(正反问句、特指问句)。"定"从肯定副词演变为疑问副词就是其确认语气减弱、探究语气增强的过程,是其所在句子经历"陈述句→是非问句→反复/特指问句"这种语境扩展的结果。但谷峰没有明示上述演变的语义基础。我们认为,在"定"类语气副词的演变过程中一以贯之的是[＋真实]义素。从语义相宜性角度看,"的确,确实"义跟"究竟"义密切相关,因为"究竟"义词就是要协助言者追究问题的真实答案。可资旁证的是:①汉语史上"端(的)"也从"的确,确实"义引申出了"究竟"义(详见本书正文§6.5.4)。②肯定副词"准"在特定语境下可获得疑问副词解读。试比较:

(19)咱们先问到底的这些女子<u>准</u>是人、<u>准</u>是妖,再作定夺。(清·醉月山人《狐狸缘全传》第13回)

(20)只疏云梦,不知<u>定</u>梦<u>定</u>觉也?(南朝梁·周子良、陶弘景《周氏冥通记》第2卷)

上两例表明,"准"跟"定"一样能从"肯定,一定"义引申出"究竟,到底"义。例(19)中斜体的部分如果从语境中抽离出来,则有两种理解。既可以理解为"请准确回答我,这些女子是人还是妖?",又可以理解为"这些女子到底是人是妖?"。这种两解性是"准"有从"肯定,一定"义引申出"究竟,到底"义的潜能,从而在例(19)中表示追问语气的原因。例(20)中"定"可做类似分析。

综上所述,疑问副词"定"是从肯定副词"定"而非时间副词"定"演变而来。

2.1.2 决定

古汉语中"决定"也可用作疑问副词,犹"究竟""到底"(袁宾1992:156)。例如:

(21)明招德谦禅师:"且如差别是过,不是过? 若是过,一切贤圣尽有过;若不是过,<u>决定</u>唤什么作差别?"(宋·道原《景德传灯录》第23卷)

(22)净慈楚明禅师:"祖师心印……<u>决定</u>是何形貌?"(宋·普济《五灯会元》第16卷)

"决定"的疑问副词用法源于"肯定,一定"义肯定副词用法。后者习见于古汉语。例如:

(23)云里楚山头,<u>决定</u>有风雨。(宋·道原《景德传灯录》第25卷)

(24) 若欲与汤进之同做,决定做不成。(《朱子语类》第 131 卷)
(25) 若不是断肠词,决定是断肠诗。(元·王实甫《西厢记》第 5 本第 2 折)

当然,有些"决定"类肯定副词虽然有演变为疑问副词的潜力,但这种潜力并未得到展示。比如,"决""断"虽然也有"肯定,一定"义(如下两例所示),却没有演变为疑问副词。

(26) 寡人决讲也。(《秦策》)《说文通训·定声·泰部》注:决,必也。
(27) 若诚能致泣,则声音之有哀乐,断可知矣。(魏·嵇康《声无哀乐论》)

2.2 汉语:真、果真、果然、诚、端的

古代汉语中"(果)真""果然""诚""端的"等也都发展出了追问标记用法。"果真"等词,谷峰(2011)已进行了考察。这里以谷峰(2011)未涉猎的"果然""端""的""端的"为代表,补充阐述真值验证词演变为追问标记的机制。

"果然"在唐宋时期有一种表示真值确认语气的肯定副词用法。例如:

(28)(净)莫道是非终日有,(合)果然不听自然无。(元·高明《琵琶记》第 10 出)
(29) 谁想哥哥果然许诺,就遣一人请某赴襄阳会。(元·高文秀《襄阳会》第 1 折)

上两例中"果然"意即"真的,果真"。到了元明时期,"果然"出现了追问标记用法。如:

(30) 果然是谁要?告我说。(明·兰陵笑笑生《金瓶梅》第 24 回)
(31) 他果然要商量何等事?(明·凌濛初《二刻拍案惊奇》第 17 卷)
(32) 你们都去瞧瞧,看他果然和我象不象?(清·曹雪芹《红楼梦》第 114 回)

以上三例中"果然"是疑问副词,意即"到底,究竟"。

"端的",据本书正文§6.5.4,在汉语史上是多功能词,其"究竟,到底"义疑问副词用法源于其"果真,确实"义肯定副词用法。肯定副词"端的"始

见于唐五代,多见于佛经;疑问副词"端的"始见于宋代,习见于宋元明清。"端的"之所以能从肯定副词演变为疑问副词,是因为这两种用法之间有密切联系。肯定副词"端的"强化肯定语气(加强传信),疑问副词"端的"强化疑问语气(加强传疑),两者都有强调作用。再者,从"真/正,确实"义到"究竟,到底"义的演变还见于汉语"端""的""定""果然"等很多词。关于"定""果然"的语义演变,详见本小节上文。关于"端"和"的"的语义演变,详见本书正文§6.5.4。

2.3 汉语方言:真介、真正、真格

有些现代汉语方言中存在从"真的"义肯定副词到"到底,究竟"义疑问副词的演变。比如,据谷峰(2011),江西上犹客家话中的"真介"在是非问句中表示确认语气,在其他问句中表示追究语气。试比较:

(33)渠<u>真介</u>考上了中山大学无?(他真的考上了中山大学吗?)
(34)渠<u>真介</u>系唔系你阿哥?(他到底是不是你哥哥?)

而在闽语广东雷州话中,副词"真正"在反复问和特指问里也表示追究语气。例如:

(35)汝<u>真正</u>肯无肯去嘞?(你到底肯不肯去?)
(36)汝<u>真正</u>因乜无嗜耶个尼官嘞?(你到底为什么不喜欢这个女婿?)

在湖南安仁话中,"真格"在反复问中也可以表示追究语气。例如:

(37)佢<u>真格</u>考起大学哒冇?(他到底考上了大学没有?)

可见,江西上犹话"真介"、广东雷州话"真正"、湖南安仁话"真格"(以及下文提及的安多藏语化隆话 ŋo ma)如果用作追问标记,则限于是非问以外的问句。这跟普通话中追问标记"到底"不能用于是非问是相通的。

2.4 藏语:ŋo ma

据谷峰(2011),安多藏语化隆话中的 ŋo ma 用在陈述句、是非问句中相当于"真的",在选择问、反复问和特指问中相当于"到底"。例如:

(38) tɕʰo ŋo ma tɕa tʰwɔ ɕə?
    you really tea drink Q
    (你真的喝茶吗?)

(39) tɕʰo ŋo ma tɕa tʰwɔ tɕa o ma tʰwɔ tɕa?
    you ever tea drink PART milky-tea drink Q
    (你到底喝茶还是喝奶茶?)

(40) tɕʰo ŋo ma tɕo tɕa mə tɕo?
    you ever go PART NEG go
    (你到底走不走?)

(41) tɕyn tsʰæ ŋo ma tɕɯ ri?
    reason ever what be
    (到底是什么原因?)

2.5 英语:exactly、actually、indeed

谷峰(2011)曾断言"真值确认＞到底,究竟"式演变是类型学上不显著的模式,主要见于汉藏语。其实,该演变也习见于印欧语。比如,英语 exactly、actually、indeed 等的追问标记用法(如例(42)—(45)所示)也源于表示真值确认的语气副词用法。

(42) What indeed are the contexts which are important for grammatical analysis? (Linda 1991:5)
    (究竟什么样的语境对语法分析来说很重要?)

(43) Whether is it indeed epiphenomenal? (Linda 1991:33)
    (这究竟是不是副现象?)

(44) What exactly do you want? (李延林 1999:92)
    (你到底想要什么?)

(45) The difficulty with these terms lies in determining exactly what they refer to. (Hickey 2001:31)
    (这些术语难在需要明确它们究竟指什么。)

上几例中 indeed、exactly 犹汉语"到底",编码的源义中包含言说概念(详见本书§3.2.2.2)。比如,例(44)的源义是"说清楚,你想要什么?"(say exactly what do you want)。

此外,俄语 ИМЕННО(正/恰恰)和德语 tatsächlich(事实上)、eigentlich(事实上)也都从表示真值确认的语气副词用法发展出了追问标记用法。下面仅以德语为例：

(46) Was tatsächlich geschehen ist?
　　 what actually　　 done　　 is
　　 (到底发生了什么?)
(47) Er fragte, wann denn eigentlich es stattfände. (转引自 Abraham 1991:344)
　　 he asked when precisely it would-take-place
　　 (他问究竟什么时候会发生?)

综上所述,汉语、英语、德语、俄语中都存在"肯定副词→追问标记"式演变。

3. 重复/追加义语词——汉语:还、为、亦

古代汉语中"还""为"有"究竟"义,可以用作表示追究语气的疑问副词。例如:

(48) 朱三夫妻接着道："列位还是怎么主张?"(明·凌濛初《二刻拍案惊奇》第 10 卷)
(49) 我向来逢见数人担谷从门出,若不槀者,为是何事?(南朝宋·刘义庆《幽明录》第 5 卷)

关于疑问副词"还"的词源,刘坚等(1992:253—254)认为是"复,又"义"还"。他们援引袁宾(1989)指出,"'还'可加重疑问语气,含有进一步追究的意思。盖因'还'义为'复',义为'又',隐含递进义,故用作疑问副词时有追究的意味"。我们赞同刘坚等(1992)的观点,认为"还""为"的共同义素——[＋重复/追加]——是它们发展为疑问副词的语义基础,因为疑问副词"还"多用于追加询问语境,追加询问相对于初始询问来说,是相同或类似问题的重复询问,且语气上更进一层。该观点有一个旁证,即词义中含有[＋重复]义的"亦"也可用于疑问句,表示进一步追究的语气,有"到底,究竟"义(段德森 1990:347)。例如:

(50) 魏惠王谓子皮曰:"子闻容人之声闻亦何如焉?"(《韩非子·内储说上》)

(51) 王问群臣曰:"吾闻北方畏昭奚恤,亦诚何如?"(《新序·杂事》)

上文关于疑问副词"还"的形成的论述,可从葛佳才(2005)的观点中得到旁证。葛佳才(2005:266—267)认为,"亦"用作语气副词可强化不同语气,如反问语气、追问语气等。它能这么用与其词义中的[+重复/累加]义素密切相关。从[+重复/累加]引申出来的"加强"义用在元语层面就会导致语气副词"亦"具有强化各种语气的作用。那么,为什么真性疑问句中能够容纳"亦"? 换言之,为什么表示类同的"亦"在真性问句中可以不表示类同呢? 这是因为追问标记所在问句往往上有所承(详见本书§5.3.1),即追问是对初始询问的追加或重复。所以,追问标记"亦"仍隐含类同义。正是因为问句中"亦"在元语层面表示重复询问,它才表现出加强疑问语气的功能。

4. 否定极项——英语:at all、ever

在英语里,at all(义为"在任何方面/in any respect")和 ever(义为"在任何时间/at any time")只用于非现实情态句(如否定句、疑问句、条件句),不用于现实情态句——肯定陈述句。其追问标记用法是从否定极项用法发展而来的,[①]因为这两种用法彼此相通,都起强调作用,一个强化否定,一个强化疑问语气。例如:

(52) Whether is the utterance metaphorical at all? (那段话究竟是不

[①] 古代汉语中"了"也兼有否定极项(如:了无牵挂、了无痕迹)和追问标记两种用法(追问标记"了"见下两例)。
(1) 臣闻人臣宅于家……如令骨肉归土,魂无不之,虽欲自近,了复何益?(北宋·欧阳修、宋祁《新唐书·姚南仲传》)
(2) 旱气满原野,子行归旧庐。吁天高未动,望岁了何如!(北宋·曾巩《酬介甫还自舅家书所感》)
"了"的否定极项用法和追问标记用法之间的关系有两种可能:一是源流关系,即:["完结"义动词→]否定极项→追问标记;二是同源关系,即两者都直接源于"完结"义动词用法,记作:"完结"义动词→否定极项/追问标记。考虑到动词"了"的近义词"却"直接从动词用法发展出了追问标记用法,本书§9.3.2.5倾向于认同上述第二种观点。

是隐喻性的?)

(53) What is she there <u>at all</u> for?(她究竟为什么待在那里?)

(54) Will they <u>ever</u> become friends?(他们到底会不会成为朋友?)

(55) Why <u>ever</u> didn't you tell me?(你究竟为什么不告诉我?)

不难看出,at all 中含有全称量词 all,而 ever 本身就是全称量词,可附在疑问代词后表示任指,如 whoever(无论谁)、whatever(无论什么)等。分析可知,否定极项、追问标记和全称量词用法都表示强调,①只是强化对象不同。但无论强化否定,还是强化疑问语气,抑或强化肯定语气,都基于[+完全]义素。否定极项表示完全否定,追问标记表示完全疑问,全称量词表示完全肯定。

现代英语中的 ever 源于古英语中的 æfre。关于其源义,有多种说法:第一,æfre 是从以前的介宾短语 a in feore(义为"终生/永远",犹"ever in life")缩合而来。这种说法因被《牛津英语词典》所采纳而比较流行。第二,æfre 本表示"重复/追加"义,犹 again。(König 1991)第三,æfre 是古英语中的 āwa(义为"总是",犹 always)后附表示比较级的词尾而构成。② 这种派生始发于基督教英语。(Liberman 2008:64—66)我们认同第三种观点。因为它能统一解释现代英语中 ever 的各种意义的形成(比如,其"从来"义、"曾经"义、"究竟"义分别是其"在任何时候"义在否定句、是非问/条件句、特指问句中的语境实现。③ 而 ever 的"在任何时候"义来自其源义——"总是"),还可以解释 never(<ne 'not'+ever)、every、everlasting(永久的)、evergreen(常绿指物)等词的形成。

英语中 at all 和 ever 都既是否定极项,又是追问标记,且源义中都含有"all"义。这充分展示了[+完全]义素是全称量词、否定极项和追问标记的共享义素。所以,虽然 at all 和 ever 的追问标记用法直接源于否定极项,但说到底,它们都源自全称量化用法。

---

① 正如古英语 do 用于肯定句、否定句和疑问句都有强调作用,分别表示"的确、确实"义、"根本"义和"究竟"义。只是后来因在疑问句和否定句中用频增加且使用范围扩大,do 发生了去语义化,除了用在肯定句中以外不再有强调作用。(Traugott 1980:55,转引自 Lehmann 2002:28)而且,从 ever 演变而来的 every 也是全称量词。演变过程如下:[古英语]æfre('ever')+ælc('each')→[中期英语]everilk/everich>[现代英语]every,详见 Partridge(2006:1007)。

② "总是"义词在世界很多语言中经常会被附加上词尾来强化其意义。(Liberman 2008:65)

③ 同理,at all 的源义"在任何方面"在不同的句法环境中有不同的语境实现(即义面)。它可以实现为"根本"义、"真的"义、"究竟"义等义面。例如:

(3) He'll come before 12 if he comes <u>at all</u>.(如果他真的要来的话,肯定在十二点以前。)

5. PDN-型固定短语

PDN-型固定短语,指"介词＋冠词＋名词"型固定短语,如英语 in the world、in the hell、in the dickens/devil、under the sun、in the heck 等,它们也可用作追问标记。例如：

(56) How in the world did they manage? （他们究竟怎样办到的?）
(57) Who in the hell/dickens can understand men? （到底谁能理解男人?）
(58) What under the sun do you mean? （你到底是什么意思?）

PDN-型固定短语发展为追问标记后,因高频使用而经历语音弱化和语义泛化。具体表现有三方面：其一,介词脱落。比如,in the world、in the hell、in the dickens/devil 可脱落其介词 in。请看：

(59) What the world should I do now? （我现在到底应该怎么办?）
(60) What the hell do you want? （你到底想要什么?）
(61) Who the dickens/devil is he? （他究竟是谁?）

其二,冠词脱落。比如,in the hell 可脱落其中的冠词 the。请看：

(62) What in hell did you do that for? （这到底算什么呀?）

其三,介词因意义泛化而可以被其他介词替换,比如,in heaven 中的 in 可换为 under。试比较：

(63) Where in heaven were you? （你当时究竟在哪里?）
(64) Who under heaven would have done such a thing? （到底谁会做这样的事呢?）

因 PDN-型固定短语在性质上相当于一个副词,这种追问标记有时有副词交替式。例如：

(65) To this day, I have no idea (of) what <u>earthly</u> we were doing in laundry equipment.

（直到今天，我还搞不清我们究竟为什么要制造洗衣设备。）

上例中 earthly 可视为 on earth 的变化形式。若把 PDN-型固定短语发生虚词脱落或替换后形成的形式或其副词交替式看作其发生语法化后的弱化形式，那么可以说英语中有些追问标记已完成了语法化，如 in the blazes、on the earth 等。这些短语通常只能用其弱化形式做追问标记。例如：

(66) How (<u>* in) the blazes</u> did you do it?（你究竟是怎样搞出来的?）
(67) Who <u>on (* the) earth</u> beat him?（到底谁击败了他?）

也有些刚完成语义主观化，尚未发生语音或形态上的后续演变。这种短语还不能用其弱式做追问标记。比如，under the sun 可以用作追问标记，而其弱式 under sun 或 the sun 不行。

PDN-型固定短语之所以能演变为追问标记，是因为它们都带有强烈的感情色彩。这种强烈的感情色彩源于其中的名词 heaven（天堂）、hell/blaze（地狱）、dickens/devil（魔鬼）、earth、sun、world 等。这些名词都是 Swadesh (1951)、Gudschinsky (1956) 所谓易发生语法化的基本词汇。它们表示的概念显属人类经验中的最基本范畴。比如，太阳是先民最熟悉的自然物之一，是时空的重要参照；而天堂、地狱、魔鬼对教徒来说是基本概念，其对应词多是禁忌词。人们对这些词所指的事物极其崇敬或畏惧。因而这些词在使用中都带有强烈的感情色彩。其中个别词，如 blazes（火焰〔的爆发〕），还能形象地表达强烈感情（特别是愤怒）的迸发。而追问标记的使用是以问者在主观上强烈追求问题的真实答案为前提的。

据 Hoeksema(2008:135—136)考察，英语和荷兰语中的很多否定极项源于禁忌词（如关于性、排泄物或宗教信仰的词），如 hell、devil、thunder、lightning。据张传彪(2005:47)考察，这些词用在陈述句里带有咒骂色彩，如例(68)。禁忌词带有强烈的詈骂色彩，这使它们易被重新分析为起强调作用的否定极项（见例(69)）或追问标记。例如：

(68) I don't care a <u>damn</u> what he does.（他干什么我他妈不在乎。）

(69) Fred didn't say a blessed word/a damn thing/fuck all/jack shit.
（弗雷德一言不发。）

李延林(2001)列出的很多追问标记(如 the damn、the devil、the devilish、in thunder、in the dickens、in the name of God、in the name of heaven、in Christian name 等)都是从感情色彩强烈的(禁忌)语词演变而来的。无独有偶,广州话中詈词"乜鬼"也有追问标记和否定极项用法(详见曾子凡 1989:114)。例如：

(70) 系乜鬼嚟㗎？（到底是什么玩意儿？）
(71) 食乜鬼嘢吖？（到底吃什么呀？）
(72) 得乜鬼闲。[有(个)屁空,意即"根本就没空"]
(73) 叻乜鬼吖。[棒(个)屁呀,意即"一点也不棒"]

6. 限定/总括性范围词

6.1 汉语:独

古代汉语里的"独"用于特指问,加强疑问语气,犹"到底""究竟"(葛佳才 2005:35)。例如：

(74) 盗跖日杀不辜,肝人之肉,暴戾恣睢,聚党数千,横行天下,竟以寿终。是独遵何哉？（东汉·王充《论衡·祸虚》）
(75) 今恩足以及禽兽,而功不至于百姓者,独何与？（《孟子·梁惠王上》）

在古代汉语里,"独"在陈述句里还可用作肯定副词,意即"的确,确实"。例如：

(76) 甘露,和气所生也。露无故而甘,和气独已至矣。（东汉·王充《论衡·讲瑞》）
(77) 真人用意尚如此,夫俗人共犯天禁,言其不然,故是也。今以子况之,人愚独久矣。（《太平经》第 65 卷）

"独"的追问标记用法与肯定副词用法是相通的,都表示强调语气。只是前者强调对问题答案的追究,后者强调对命题的肯定。但这两种用法归根到底都源于"独"的限定作用(即"单,一"义用法),因为限定跟统括在逻辑上互通①,而肯定副词和追问标记的共同义素就是表示统括的[完全]。

6.2 日语:一体

日语里的"一体"(读作"いったい")也是个追问标记。例如:

(78) お前　　は　　一体　だれ　だ?
　　 HON-you TOP （at-）all who COP
　　 (你到底是谁?)

(79) これは　　一体　どういう　わけ　だろう。②
　　 this TOP （at-）all　what　reason　PART
　　 (这到底是怎么回事?)

"一体"除了读作"いったい",还可读作"ぜんたい"。读后一种音时,它表示"全体"义。比如,"一体周知"表示"大家都知道";"一体に"表示"在总体上"。总之,日语"一体"兼有"全,总"义和"到底,究竟"义。我们推测,"一体"的"到底,究竟"义从根本上说源于其本义——"只"义(但直接源头是"全"义),这跟古汉语里"独"发展出追问标记用法的机制是相似的。葛佳才(2005:6)也认为,"独"表示强调语气与它在语义上是个极性词有一定关系,极性是"独"可以表示强调语气的语义基础。但是,葛先生的分析可以更近一步。因为从"单,一"义可以引申出"全部"义,所以它可用于陈述句和疑问句表示强调,因为陈述句里的强调跟完全肯定密切相关、疑问句里的追问语气跟完全未知(对问题答案一无所知)有关。

无独有偶,德语里起限定作用的范围副词 nur 和 bloß 都发展出了追问标记用法,它们在表示追究语气的同时滞留有"只"义。(Abraham 1991:337—340)例如:

---

① 比如"只有 A 才 B"的真值条件义与"所有 B 都 A"相同,故汉语"净"兼有"只"义和"全/都"义。关于限定与统括的相通性,详见张秀松(2014)。

② "だろう"是疑问语气词,犹汉语"呢$_3$"。去掉后句子仍成立,但只能用于问人,有人认为"だろう"还可用于自问。

(80) Wie konnte ich nur/bloβ den schlüssel verlieren? （Abraham 1991:339）
how could　I　PART:only　the　key　lose
（我到底是怎么弄丢钥匙的/我怎么偏偏把钥匙弄丢了呢?）

7. 余论与小结

7.1 余论

本文的考察不是穷尽性的,追问标记还有其他语源。比如,英语 anyway(＜in any way)有时也可用作追问标记。例如:

(81) How old are you anyway? （你到底多大岁数?）
(82) What do you want from me anyway? （你究竟想从我这得到什么?）

anyway 的追问标记用法可能源于"以任何方式,无论如何"义用法(见下例):

(83) I don't know if it was lost or stolen; anyway, it's gone. （我不知道它是丢了还是被偷了。不管怎么说,它没了。）

上例中 anyway 意即"say in any way"(用任何一种方式说,即不管怎么说)。其中,言说概念零编码(关于言说概念的零编码,详见本书§3.2.2.2.2)。例(81)(82)中的 anyway 可理解为"answer in any way"(无论如何都要回答)。让听者无论如何都要回答某问题意味着言者想追究问题的答案。所以,anyway 很容易从"无论如何"义引申出"到底,究竟"义。这与古汉语中"到底"的情况有些相近。"到底"在古汉语中也兼有"无论如何"义和"究竟"义(详见本书§9.2.2)。

7.2 追问标记的语源模式的综合解释

本文揭示了追问标记的常见语源:"完结"义词、表时间先后关系的词、真值验证词(多实现为肯定副词)、否定极项、"重复/追加"义词、PDN-

451

型固定短语和范围词等。其中,肯定副词、否定极项和追问标记三者之间的语义关联最强,常共用一个形式(本文简称"共标")。三者的关系可表示如下:

	F_1	F_2	F_3
语法性质	肯定副词	否定极项	追问标记
语法功能	强化肯定语气	强化否定语气	强化疑问语气
所在句型	肯定句	否定句	疑问句
词汇意义	"的确/真的,一定/肯定"	"完全,根本"	"究竟,到底"
	共同的作用:强调;	共同的语义:[完全]	

F_1、F_2、F_3 三种用法,有些语词可能兼而有之或有其二。兼有 F_1、F_2、F_3 的较少,如古英语 do;兼有 F_1、F_2 的如古汉语"决""断""切"等;兼有 F_2、F_3 的如英语 ever、at all 等;兼有 F_1、F_3 的如古汉语"独""端""的""端的""(决)定""诚""(果)真""果然""毕竟""到底"、英语 actually、exactly、indeed 以及俄语 именно。F_1、F_2、F_3 共用[＋完全]义素,这是统括性范围词易演变为追问标记的原因。限定词能演变为追问标记,是因为限定与统括在逻辑上相通,在语言中常共标。"重复/追加"义词和表示时间先后关系的词能演变为追问标记是因为追问标记的优选话语模式是追加询问(即初始询问受阻,再行询问)。在这种话语中,追问标记总是位于初始询问之后、追加询问之前。PDN-型固定短语能演变为追问标记是因为它们有强烈的感情色彩(多为詈词或詈语),能起强化语气作用。同理,它们也经常演变为否定极项。

参 考 文 献

白　艳　2003　说"到底",首都师范大学外国语学院英语系、国际文化学院编《英汉语言研究与教学》,北京:知识出版社。
北大中文系语言班(北京大学中文系 55、57 级语言班)编　1996　《现代汉语虚词例释》,北京:商务印书馆。
毕永峨　1994　"也"在三个话语层面上的体现:多义性或抽象性,戴浩一、薛凤生主编《功能主义与汉语语法》,北京:北京语言学院出版社,第 79—94 页。
蔡建华　1995　广州话动词后的"先",郑定欧编《广州话研究与教学》(二),广州:中山大学出版社,第 69—72 页。
曹广顺　1995　《近代汉语助词》,北京:语文出版社。
曹海东　2009　也释"见来",《中国语文》第 6 期。
陈保亚　1999　《20 世纪中国语言学方法论》,济南:山东教育出版社。
陈刚等编　1997　《现代北京口语词典》,北京:语文出版社。
陈国华　2006　英语间接条件句及其非语法化(下),《外语教学与研究》第 6 期。
陈明娥　2002　从双音词的存亡看敦煌变文在汉语史上的地位,《中南民族大学学报》第 5 期。
陈明富、张鹏丽　2005　《楚辞》的时间、程度、范围副词,《曲靖师范学院学报》第 2 期。
陈　平　1991　《现代语言学研究——理论、方法与事实》,重庆:重庆出版社。
陈平文　2009　信息复合与"after all"的语法化,《西安外国语大学学报》第 2 期。
陈　群　2007　《型世言》中的"毕竟",《语文学刊》第 5 期。
陈淑静　1998　《平谷方言研究》,保定:河北大学出版社。
陈祥明　2009　中古汉文佛典中的副词"毕竟",《泰山学院学报》第 1 期。
陈秀明　2006　评注性副词"毕竟、到底、终究、究竟"的对比研究,暨南大学硕士学位论文。
陈泽平　2003　《闽语新探索》,上海:上海远东出版社。
楚永安　1986　《文言复式虚词》,北京:中国人民大学出版社。
储泽祥、谢晓明　2002　汉语语法化研究中应重视的若干问题,《世界汉语教学》第 2 期。
储泽祥　2019　辩证性:"毕竟"句的使用基础,《当代修辞学》第 2 期。
褚俊海　2012　《汉语副词的主观化历程:指示、限制、关联》,长沙:湖南师范大学出版社。
丛中题　2005　"ばかり"、"くらい"和"ほど"用法之比较,《日语知识》第 6 期。
崔山佳　2006　《近代汉语词汇论稿》,成都:巴蜀书社。
崔世杰　2006　《魏晋南北朝诗文语词探义》,北京:线装书局。

戴浩一　2004[1990]　以认知为基础的汉语功能语法刍议,束定芳主编《语言的认知研究——认知语言学论文精选》,上海:上海外语教育出版社,第213—243页。

戴淮清　1986　《中国语音转化》,北京:中国友谊出版公司。

戴维·克里斯特尔　2002　《现代语言学词典》(沈家煊译),北京:商务印书馆。

戴耀晶　1997　《现代汉语时体系统研究》,杭州:浙江教育出版社。

邓思颖　2006　粤语疑问句末"先"字的句法特点,《中国语文》第3期。

董付兰　2002　"毕竟"的语义语用分析,《首都师范大学学报》第3期。

董绍克　2005　《阳谷方言研究》,济南:齐鲁书社。

董秀芳　2002　《词汇化:汉语双音词的衍生和发展》,成都:四川民族出版社。

董秀芳　2003　"X说"的词汇化,《语言科学》第2期。

董秀芳　2004　《汉语的词库与词法》,北京:北京大学出版社。

董秀芳　2007　词汇化与话语标记的形成,《世界汉语教学》第1期。

董正存　2011　"完结"义动词表周遍义的演变过程,《语文研究》第2期。

杜海涛　1999　上古汉语"既"字的意义和用法及汉语实词虚化问题,《语言学论丛》第22辑。

段德森　1990　《古汉语虚词》,太原:山西教育出版社。

段业辉　1995　语气副词的分布及语用功能,《汉语学习》第3期。

方一新、曾丹　2007　反义复合词"好歹"的语法化及主观化,《浙江大学学报》第1期。

冯胜利　2005　《韵律语法研究》,北京:北京大学出版社。

冯雪燕　2009　从空间的最边缘到语气的最终终究——从四大名著看极量词"到底"的形成,《海南大学学报》第2期。

符其武　2008　《琼北闽语词汇研究》,成都:四川大学出版社。

高进智　1994　《湖北常用方言词典》,武汉:湖北人民出版社。

高书贵　2000　"毕竟"类语气副词与预设,《天津师范大学学报》第2期。

高文利　2004　浅议"N毕竟是N",《本溪冶金高等专科学校学报》第4期。

高顺全　2012　《多义副词语法化顺序和习得顺序研究》,上海:复旦大学出版社。

高彦梅　2004　《功能词的多元语义研究》,北京:北京大学出版社。

高育花　2007　《中古汉语副词研究》,合肥:黄山书社。

高增霞　2003　汉语担心-认识情态词"怕"、"看"、"别"的语法化,《中国社会科学院研究生院学报》第1期。

高增霞　2004　《现代汉语连动式的语法化视角》,北京:中国档案出版社。

葛佳才　2005　《东汉副词系统研究》,长沙:岳麓书社。

古代汉语词典编写组　2003　《古代汉语词典》,北京:商务印书馆。

谷　峰　2011　上古汉语"诚"、"果"语气副词用法的形成与发展,《中国语文》第3期。

谷衍奎　2003　《汉字源流字典》,北京:华夏出版社。

顾海芳　2002　《镜花缘》海州方言词汇例释,《咸宁师专学报》第4期。

郭良夫　2000　《应用汉语词典》,北京:商务印书馆。

郭　锐　2008　语义结构和汉语虚词语义分析,《世界汉语教学》第4期。

郭锡良　1997　介词"于"的起源和发展,《中国语文》第2期。

顾学颉、王学奇　1983　《元曲释词》,北京:中国社会科学出版社。

韩大伟　2007　"路径"含义的词汇化模式,《东北师范大学学报》第3期。

何乐士　2000　汉语句法结构的一个重大变化,何乐士编《古汉语语法研究论文集》,商务印书馆,第170—188页。

何乐士等　1985　《古汉语虚词通释》,北京:北京出版社。

何茂活　2007　《山丹方言志》,兰州:甘肃人民出版社。

何　宁　2005　《长沙方言副词研究》,西南师范大学学位论文

何英玉　2004　《语义学》,上海:上海外语教育出版社。

何自然、陈新仁　2004　《当代语用学》,北京:外语教学与研究出版社。

侯学超主编　1998　《现代汉语虚词词典》,北京:北京大学出版社。

胡敕瑞　2002　《〈论衡〉与东汉佛典词语比较研究》,成都:巴蜀书社。

胡敕瑞　2003　从隐含到呈现——试论中古汉语词汇的一个本质变化,北京大学博士学位论文。

胡晓慧　2008　20世纪90年代以来汉语语法化研究综述,《西南交通大学学报》第3期。

胡壮麟　2003　语法化研究的若干问题,《现代外语》第1期。

花秀林、弥盖勒　2003　《法语词汇渐进(初级)》,上海:上海译文出版社。

华开峰　2008　《旬阳方言研究》,北京:语文出版社。

洪　波　2000　论平行虚化,《汉语史研究辑刊》第2辑。

黄　斐　2006　隐喻机制与宋代副词的语法化,《学术论坛》第10期。

黄贵成　1997　《法语语法教程(词法部分)》,厦门:厦门大学出版社。

黄国营　2000　语用成分在汉语句法结构中的投影,《语言研究》第1期。

黄正德　2006　原则参数理论与汉语语法,北京大学汉语语言学研究中心演讲(6月19日)。

江蓝生　2001　疑问副词"颇、可、还",江蓝生著《近代汉语探源》,北京:语文出版社,第65—94页。

江蓝生　2002　语法化程度的语音表现,《著名中年语言学家自选集·江蓝生卷》,合肥:安徽教育出版社,第65—74页。

江蓝生、曹广顺编　1997　《唐五代语言词典》,上海:上海教育出版社。

蒋冀骋、吴福祥　1997　《近代汉语纲要》,长沙:湖南教育出版社。

蒋绍愚　1981　关于古汉语词义的一些问题,《语言学论丛》第7辑。

蒋绍愚　2005　《古汉语词汇纲要》,北京:商务印书馆。

蒋礼鸿　1988　《敦煌变文字义通释》(增订第4版),上海:上海古籍出版社。

蒋礼鸿　1994　《敦煌文献语言词典》,杭州:杭州大学出版社。

蒋勇、王志军　2016　"到底""究竟"不被是非问句允准的理据——基于信息熵的新解,《当代修辞学》第6期。

杰弗里·利奇　1987　《语义学》(李瑞华等译),上海:上海外语教育出版社。

金文明　2001　也说"终于",《语文建设》第1期。

景盛轩　2008　《朝鲜时代汉语教科书》释词,《语言研究》第1期。

旷书文　2005　论"程度副词素+为/是"的语法化,《暨南大学华文学院学报》第3期。

雷冬平　2008　《近代汉语常用双音虚词演变研究及认知分析》,北京:中国社会科学出版社。

雷文治等编 2002 《近代汉语虚词词典》,石家庄:河北教育出版社。
李崇兴 1990 选择问记号"还是"的来历,《语言研究》第1期。
李崇兴等编 1997 《元语言词典》,上海:上海教育出版社。
李法白、刘镜芙 1985 《水浒传》词语汇释选例,《汉语论丛》第1辑。
李 慧 2005 现代汉语双音节词组与词共存现象及词组词汇化考察,北京语言大学硕士论文。
李健雪 2005 论作为语法化反例的词汇化,《广西师范大学学报》第1期。
李建华 1999 《日语副词例解》,天津:天津大学出版社。
李科第 2001 《汉语虚词词典》,昆明:云南人民出版社。
李 莉 2012 语气副词"毕竟、到底、究竟、终究"的对外汉语教学研究,新疆大学硕士学位论文。
李 明 2004 从言语到言语行为——试谈一类词义演变,《中国语文》第5期。
李讷(S. A. Thompson)、汤普逊(R. M. Thompson) 1994 已然体的话语理据:汉语助词"了",戴浩一、薛凤生主编《功能主义与汉语语法》,北京:北京语言学院出版社,第117—138页。
李强、于荣胜、赵华敏 2004 《大学日语》,北京:北京大学出版社。
李 荣 1998 《现代汉语方言大词典·温州方言卷》,南京:江苏教育出版社。
李如龙、梁玉章、周光椿、陈泽平 1994 《福州方言词典》,福州:福建人民出版社。
李维琦 2004 《佛经词语汇释》,长沙:湖南师范大学出版社。
李延林 2001 "究竟、到底"的英译,《中国科技翻译》第2期。
李 焱 2006 《〈醒世姻缘传〉及明清句法结构历时演变的定量研究》,南昌:百花洲文艺出版社。
李宗江 2004a 完结类动词的语义差别及其演变方向,《语言学论丛》第33辑。
李宗江 2004b 语法化的逆过程:汉语量词的实义化,《古汉语研究》第4期。
李宗江 2007 几个含"死"义动词的虚化轨迹,《古汉语研究》第1期。
林寒生 2002 《闽东方言词汇语法研究》,昆明:云南大学出版社。
刘丹青 2001 语法化中的更新、强化与叠加,《语言研究》第2期。
刘丹青 2004 汉语里的一个内容宾语标句词,《庆祝中国语文创刊50周年学术论文集》,北京:商务印书馆,第110—119页。
刘丹青 2008 重新分析的无标化解释,《世界汉语教学》第4期。
刘丹青 2009 语法化理论与汉语方言语法研究,《方言》第2期。
刘红妮 2010 "终于"的词汇化——兼谈"X于"词汇化中的介词并入,《阜阳师范学院学报》第2期。
刘金勤 2004 《直说通略》副词研究,华中科技大学硕士学位论文。
刘坚、江蓝生、白维国、曹广顺 1992 《近代汉语虚词研究》,北京:语文出版社。
刘坚、曹广顺、吴福祥 1995 诱发汉语词汇语法化的若干因素,《中国语文》第3期。
刘金钊 2002 "より"和"ほど"的区别,《日语知识》第7期。
刘金勤 2004 《直说通略》副词研究,华中科技大学硕士学位论文。
刘伦鑫 2001 《江西客家方言概况》,南昌:江西教育出版社。
柳士镇 1992 《魏晋南北朝历史语法》,南京:南京大学出版社。

龙潜庵　1985　《宋元语言词典》,上海:上海辞书出版社。
卢今元　2007　《吕四方言研究》,上海:上海辞书出版社。
陆丙甫　2008　从类型学看汉语全称判断,《中国语学》(日本)第255号。
鹿　荣　2001　从"终于"用法的讨论中想到的,《语文建设》第1期。
陆谷孙主编　1989　《英汉大词典》(上卷),上海:上海译文出版社。
陆俭明　1999　由"非疑问形式＋呢"造成的疑问句,《著名中年语言学家自选集·陆俭明自选集》,郑州:河南教育出版社,第21—28页。
陆俭明　2001　关于语义指向分析,沈阳主编《陆俭明选集》,长春:东北师范大学出版社。第380—400页。
陆俭明　2006　要重视特征的研究和描写,《长江学术》第1期。
陆俭明　2007　吴县老东山话里的"阿VP?"疑问句,《语言学论丛》第35辑,北京:商务印书馆。
陆俭明、马真　1982　《现代汉语虚词散论》,北京:商务印书馆。
陆孝栋　1994　形式主义、功能主义与汉语句法,戴浩一、薛凤生主编《功能主义与汉语语法》,北京:北京语言学院出版社,第300—308页。
罗思明、徐海、王文斌　2007　当代词汇化研究综合考察,《现代外语》第4期。
罗竹风主编　2002　《汉语大词典》(2.0版),香港:商务印书馆(香港)有限公司。
骆小所、张盛如　2000　《实用汉语丛书——常用成语误用词辨析》,北京:北京工业大学出版社。
吕必松　1980　现代汉语语法学史话,《语言教学与研究》第2—3期。
吕叔湘　1979　《汉语语法分析问题》,北京:商务印书馆。
吕叔湘主编　1999　《现代汉语八百词》(增订本),北京:商务印书馆。
马贝加　2003　《近代汉语介词》,北京:中华书局。
马　喆　2009　"到底"的去范畴化考察,《武汉理工大学学报》第3期。
马清华　2003　关联成分的语法化方式,《中央民族大学学报》第3期。
马清华　2003　并列连词的语法化轨迹及其普遍性,《民族语文》第1期。
马　真　1983　说"反而",《中国语文》第3期。
麦　耘　1993　广州话"先"的再分析,郑定欧主编《广州话研究与教学》,广州:中山大学出版社,第63—73页。
毛惜珍　1994　"毕竟"、"究竟"、"到底"用法的异同,《中文自修》第9期。
梅祖麟　2000　现代汉语选择问句法的来源,《梅祖麟语言学论文集》,北京:商务印书馆。
孟昭水、陈祥明　2009　副词"终归"的形成,《汉语学习》第4期。
弥松颐　1999　《京味儿夜话》,北京:人民文学出版社。
闵家骥、晁继周编　1991　《汉语方言常用词典》,杭州:浙江教育出版社。
明生荣　2007　《毕节方言研究》,北京:中国社会科学出版社。
缪树晟编　1989　《四川方言词语汇释》,重庆:重庆出版社。
牛丽亚　2006　《论衡》四种语气副词研究,《株洲师范高等专科学校学报》第4期。
庞可慧　2013　商丘方言的语气副词,《商丘师范学院学报》第7期。
彭　湃　2004　表结果的纪效连接成分的结构、语义功能分析,延边大学硕士学位论文。
朴在渊编　2010　《朝鲜后期汉语会话书辞典》,[韩国]首尔:学古房。

齐春红　2007　从语气副词的句法分布透视其语用功能,《云南师范大学学报》第1期。
钱冠连　1997　《汉语文化语用学》,北京:清华大学出版社。
钱乃荣　1997　《上海话语法》,上海:上海人民出版社。
钱曾怡编　1997　《济南方言词典》,南京:江苏教育出版社。
钱曾怡　2002　《汉语方言研究的方法和实践》,北京:商务印书馆。
屈承熹　1993　《历史语法学理论与汉语历史语法》,北京:北京语言学院出版社。
曲守约　1973　《中古词语考释续编》,台湾:艺文图书馆。
饶琪、牛利　2014　"过于"和"终于"的历史演变及相关问题,《华中学术》第1期。
任均泽、鲁西　1986　河南方言词汇补,《语言研究》第1期。
阮智富、郭忠新编　2009　《现代汉语大词典》(下册),上海:上海辞书出版社。
陕西师大《词典》编写组编　1983　《常用文言虚词词典》,西安:陕西人民出版社。
社科院语言所词典室(中国社会科学院语言研究所词典编辑室)　2005[1978]　《现代汉语词典》(第5版),北京:商务印书馆。
沈家煊　1994　语法化研究综观,《外语教学与研究》第4期。
沈家煊　2001　语言的"主观性"和"主观化",《外语教学与研究》第4期。
沈家煊　2003　复句三域,《中国语文》第1期。
沈克成、沈迦　2004　《温州话》,宁波:宁波出版社。
史金生　2003　"毕竟"类副词的功能差异及语法功能,吴福祥、洪波主编《语法化与语法研究》(一),北京:商务印书馆,第60—78页。
史金生　2011　《现代汉语副词连用顺序和共现研究》,北京:商务印书馆。
石毓智　2001　《语法的形式和理据》,南昌:江西教育出版社。
石毓智　2002　双音化趋势对动补结构形成的影响,《语言研究》第1期。
石毓智　2004　《汉语研究的类型学视野》,南昌:江西教育出版社。
石毓智　2005　被动式标记语法化的认知基础,《民族语文》第3期。
石毓智　2006　《语法化的动因和机制》,北京:北京大学出版社。
舒济编　2000　《老舍文学词典》,北京:北京十月文艺出版社。
宋国明　2006　从对外汉语教学的角度谈主观语气副词的研究,汉语作为第二外语习得留华教育学术研讨会(2006.7,中国北京)论文。
孙朝奋　1994　虚化论评介,《国外语言学》第4期。
孙菊芬　2003　"毕竟"在近代汉语中的发展演变研究,《汉语史学报》第4辑,上海:上海教育出版社,第76—82页。
孙立新　2001　《户县方言研究》,北京:东方出版社。
孙　玲　2006　《韩非子》副词研究,《玉林师范学院学报》第1期。
孙维张　2007　《佛源语词词典》,北京:语文出版社。
孙锡信　1992　《汉语历史语法要略》,上海:复旦大学出版社。
孙锡信　2002　语法化机制探颐,《纪念王力先生百年诞辰学术论文集》,北京:商务印书馆,第89—96页。
索振羽　2000　《语用学教程》,北京:北京大学出版社。
汤廷池　1984　国语疑问句研究续论,《台湾师范大学学报》第29期。
汤廷池　1988　《汉语词法句法论集》,台湾:学生书局。

汤珍珠、陈忠敏、吴新贤编　1997　《宁波方言词典》,南京:江苏教育出版社。
唐启运、周日健主编　1989　《汉语虚词词典》,广州:广东人民出版社。
唐为群　2006　副词"原来"的多角度考察,《长江学术》第4期。
唐贤清　2005　副词"尽底"的语法化,沈家煊等主编《语法化与语法研究》(二),北京:商务印书馆,第236—251页。
唐聿文　2012　《东北方言大词典》,长春:长春出版社。
太田辰夫　2003　《中国语历史文法》,北京:北京大学出版社。
陶然等编　1995　《现代汉语虚词词典》,北京:中国国际广播出版社。
脱　傲　2006　时间副词在对外汉语教学中的句法语义分析,《北京理工大学学报》第5期。
汪儒珊　1998　《元曲释词拾遗》,内部印行。
汪维辉　2006　《词汇化:汉语双音词的衍生和发展》评介,《语言科学》第3期。
王博、王长元　1991　《关东方言词汇》,长春:吉林教育出版社。
王灿龙　2005　词汇化二例——兼谈词汇化和语法化的关系,《当代语言学》第3期。
王灿龙　2008　"非VP不可"句式中"不可"的隐现'——兼谈"非"的虚化,《中国语文》第2期。
王贵元、叶桂刚编　1993　《诗词曲小说语辞大典》,北京:群言出版社。
王海棻　1987　《古汉语疑问词语》,杭州:浙江教育出版社。
王海棻编　1996　《古汉语虚词词典》,北京:北京大学出版社。
王还主编　1992　《汉英虚词词典》,北京:华语教学出版社。
王会琴　2005　"X于"集释,《语文知识》第6期。
王　惠　2004　《现代汉语名词词义组合分析》,北京:北京大学出版社。
王继红　2003　重言式状态词的语法化考察,《语言研究》第2期。
王　军　2009　副词"究竟"的始见年代,《南京师范大学文学院学报》第3期。
王　蕊　2004　"对于、关于、至于"的话题标记功能和篇章衔接功能,《暨南大学华文学院学报》第3期。
王　力　1990[1981]　中国语言学史,《王力文集》(第十二卷)。济南:山东教育出版社。
王　利　2007　《长治县方言》,太原:山西人民出版社。
王美华、叶壬华　2008　副词"终于"的形成和发展,《井冈山学院学报》第6期。
王　群　2006　明清山东方言副词研究,山东大学博士学位论文。
王世华、黄继林编　1996　《扬州方言词典》,南京:江苏教育出版社。
王学奇、王静竹编　1999　《宋元明清曲辞通释》,北京:语文出版社。
王　寅　2005　语法化的特征、动因和机制——认知语言学视野中的语法化研究,《解放军外国语学院学报》第4期。
王　瑛　2004　《近代汉语词汇语法散论》,北京:商务印书馆。
王锳、曾明德　1991　《诗词曲语词集释》,北京:语文出版社。
王政白　1986　《古汉语虚词词典》,合肥:黄山书社。
王兆渠等　2010　《现代德语实用语法》(第5版),上海:同济大学出版社。
王自强编　1998　《现代汉语虚词词典》,上海:上海辞书出版社。
望月十八吉　1980　中国语の创造世界の述语,日本,《中国语学》第3期。

魏德胜　2003　《〈睡虎地秦墓竹简〉词汇研究》，西安：华夏出版社。
吴福祥　1996　《敦煌变文语法研究》，长沙：岳麓书社。
吴福祥　2003　《敦煌变文12种语法研究》，开封：河南大学出版社。
吴福祥　2004　近年来语法化研究的进展，《外语教学与研究》第1期。
吴福祥　2005a　汉语语法化研究的当前课题，《语言科学》第3期。
吴福祥　2005b　语法化演变的共相与殊相。沈家煊等主编《语法化与语法研究》（二），北京：商务印书馆，第267—306页。
吴福祥　2006　《语法化与汉语历史语法研究》，合肥：安徽教育出版社。
吴建生、赵宏因编　1997　《万荣方言词典》，南京：江苏教育出版社。
吴庆峰　2006　《〈史记〉虚词通释》，济南：齐鲁书社。
吴世雄　2003　《隐喻、词源和文化——基于语料库的探索和方法论反思》，北京：中国社会科学出版社。
吴　松　2005　现代汉语中"于"的用法，《语文教学与研究》第32期。
吴一安　2004　汉英空间指示语与语言的主观性，王菊泉、郑立信主编《英汉语言文化对比研究》，上海：上海外语教育出版社，第222—232页。
吴永德主编　1999　《现代汉语辨析词典》，武汉：湖北人民出版社。
伍铁平　1984　词义的感染，《语文研究》第3期。
毋效智　2008　《扶风方言》，乌鲁木齐：新疆大学出版社。
武振玉　2005　金文"于"字用法初探，《吉林省教育学院学报》第3期。
夏叶昌　1999　释"毕竟"，《咬文嚼字》第11期。
香坂顺一　1997　《白话语汇研究》（江蓝生、白维国译），北京：中华书局。
向　熹　1993　《简明汉语史》（上），北京：高等教育出版社。
谢洁瑕　2006　《六祖坛经》中的副词研究，《湛江师范学院学报》第4期。
谢质彬　2001　说"终于"，《语文建设》第3期。
邢福义　1985　从"原来"的词性看副词的归类问题，《汉语学习》第6期。
徐　丹　2008　从认知角度看汉语两对空间词，《中国语文》第6期。
徐　杰　2001　《普遍语法原则与汉语语法现象》，北京：北京大学出版社。
徐烈炯　1995　《语义学》（修订本），北京：语文出版社。
徐烈炯　2001　焦点结构的不同概念及其在汉语中的表现形式，《现代中国语研究》（日本）第3期。
徐　山　2006　释"竟"，《商洛师范专科学校学报》，第1期。
徐中舒主编　1990　《汉语大字典》（第1版），成都：四川辞书出版社。
许宝华、陶寰编　1997　《上海方言词典》，南京：江苏教育出版社。
许宝华、宫田一郎主编　1999　《汉语方言大词典》，北京：中华书局。
许皓光、张大鸣编　1988　《简明东北方言词典》，沈阳：辽宁人民出版社。
许极炖编　1998　《常用汉字台语词典》，台北：前卫出版社。
许少峰编　2008　《近代汉语大词典》，北京：中华书局。
严辰松　2005　英汉语表达"实现"意义的词汇化模式，《外国语》第1期。
尹洪波　2011　《否定词与副词共现顺序句法语义研究》，北京：外语教学与研究出版社。
杨邦杰　1994　《汉英虚词句式》，北京：商务印书馆。

杨　静　2007　安康城区方言中的副词,《安康学院学报》第4期。

杨开昌　2011　内蒙古后套话中的语气副词"半天",《晋中学院学报》第4期。

杨荣祥　1999　近代汉语副词简论,《北京大学学报》第3期。

杨荣祥　2002　近代汉语语气副词发展演变论略,宋绍年等主编《汉语史论文集》,武汉:武汉出版社,第314—331页。

杨荣祥　2005　《近代汉语副词研究》,北京:商务印书馆。

杨树媛编　1986　《现代日语语法词典》,北京:北京出版社。

杨万兵　2006　现代汉语语气副词的主观性和主观化研究,北京师范大学博士学位论文。

杨玉玲　2005　汉语语法化研究综述,《语文学刊》第5期。

姚亦登　2008　江苏高邮方言的语气词,《方言》第3期。

叶建军　2007　疑问副词"莫非"的来源及其演化,《语言科学》第3期。

易孟醇　2005　《先秦语法》,长沙:湖南大学出版社。

易亚新　2007　《常德方言语法研究》,北京:学苑出版社。

易正中、王立杰　2014　"终于"的词汇化及语用功能,《衡水学院学报》第5期。

游汝杰、杨乾明编　1998　《温州方言词典》,南京:江苏教育出版社。

于翠红　2018　《认知语言学视角下的二语习得研究范式:理论与实践》,青岛:中国海洋大学出版社。

于　谷　1995　《禅宗语言和文献》,南昌:江西人民出版社。

俞光中、植田均　1999　《近代汉语语法研究》,上海:学林出版社。

袁　宾　1989　说疑问副词"还",《语文研究》第2期。

袁　宾　1992　《近代汉语概论》,上海:上海教育出版社。

袁宾等编　1997　《宋代语言词典》,上海:上海教育出版社。

袁毓林　1992　现代汉语名词的配价研究,《中国社会科学》第3期。

袁毓林　1997　"者"的语法功能及其历史演变,《中国社会科学》第3期。

袁毓林　2002　《汉语动词的配价研究》,南昌:江西教育出版社。

袁毓林　2003a　从焦点理论看句尾"的"的句法语义功能,《中国语文》第1期。

袁毓林　2003b　句子的焦点结构及其对语义解释的影响,《当代语言学》第4期。

袁毓林　2004　论元结构和句式结构互动的动因、机制和条件——表达精细化对动词配价和句式构造的影响,《语言研究》第4期。

袁毓林　2005　"都"的语义功能和关联方向新解,《中国语文》第2期。

袁毓林　2006　论"连"字句的主观化表达功能——兼论几种相关的"反预期"和"解-反预期"句式,《中国语》(日本)第253号。

翟惠林　2011　《基础汉字形音义说解》,兰州:甘肃人民出版社。

翟颖华　2009　"将(把)X进行到底"句式的功能拓展及流行原因探析,《湖北师范学院学报》第3期。

张爱玲　2015　关于主观性和主观化学说的反思,《励耘语言学刊》第1辑。

张爱玲　2016　《现代汉语常用构式的共时与历时互动研究》,南京:南京大学出版社。

张安生　2006　《同心方言研究》,北京:中华书局。

张宝胜　2004　也说"复句三域",《语法研究与探索》(第13辑),北京:商务印书馆。

张　博　1999　组合同化:词义衍生的一种途径,《中国语文》第2期。

张 赪	2002	《汉语介词词组词序的历史演变》,北京:北京语言文化大学出版社。
张传彪	2005	从英汉"诅咒语(Swear word)"看中西方文化差异,《河北教育学院学报》第4期。
张福堨	2002	《现代汉语虚词辨析500例》,北京:学苑出版社。
张海峰	2009	《常用字词辨误》,北京:气象出版社。
张 辉	2003	《熟语及其理解的认知语义学研究》,北京:军事谊文出版社。
张济生	2001	《文言小字典》,成都:四川辞书出版社。
张金玉	1996	《古今汉语虚词大辞典》,沈阳:辽宁出版社。
张秋杭	2006a	现代汉语"毕竟"类副词研究,上海师范大学硕士学位论文。
张秋杭	2006b	语气副词"毕竟"的语义分析,《汉语学习》第4期。
张秋杭	2009	"毕竟"类副词的语用标记功能,《语文学刊》第17期。
张韧弦	2008	《形式语用学导论》,上海:复旦大学出版社。
张双庆	1997	香港粤语的动词谓语句,李如龙、张双庆编《动词谓语句》,广州:暨南大学出版社,第247—262页。
张旺熹	2006	《汉语句法的认知结构研究》,北京:北京大学出版社。
张威廉	1981	德语语气小品词,《现代外语》第3期。
张 相	2001	《诗词曲语词汇释》,北京:中华书局。
张秀松	2007	"条件—转折"关系复句的句法化,中国博士生论坛(北京师范大学)论文。
张秀松	2009	传统汉语(不)礼貌语的交际特征——介绍一部研究古汉语礼貌现象的专著,《修辞学习》第3期。
张秀松	2014	基于认知处理和逻辑规则的语义演变,《中国语文》第1期。
张秀松、张爱玲	2005	"到底"的词汇化和语法化,新世纪第三届现代汉语语法国际学术研讨会(浙江·金华)论文。
张秀松、张爱玲	2009	生成词库论简介,《当代语言学》第3期。
张亚军	2002	《副词与限定描状功能》,合肥:安徽教育出版社。
张亚茹	2006	《论语》中的副词,《现代语文》(语言研究版)第3期。
张谊生	2000a	评注性副词功能琐议,《语法研究与探索》(十),北京:商务印书馆,第224—242页。
张谊生	2000b	《现代汉语副词研究》,上海:学林出版社。
张谊生	2004	《现代汉语副词探索》,上海:学林出版社。
张谊生	2010	《现代汉语副词分析》,上海:学林出版社。
张谊生	2017	《现代汉语副词阐释》,上海:学林出版社。
张玉金主编	1996	《古今汉语虚词词典》,沈阳:辽宁人民出版社。
张志毅	1980	同义词词典编纂法的几个问题,《中国语文》第5期。
赵长才	2011	中古汉语选择连词"为"的来源及演变过程,《中国语文》第3期。
赵 舸	2017	"毕竟"、"到底"和"究竟"语义分析,《长春大学学报》第3期。
赵日新编	2003	《绩溪方言词典》,南京:江苏教育出版社。
赵运普	2002	也说"终于",《新乡师范高等专科学校学报》第1期。
赵振兴	2003	《周易》副词研究,《语言研究》第6期。
郑张尚芳	2008	《温州方言志》,北京:中华书局。

郑　雷　2007　语气副词"毕竟"在语篇中的考察,《绍兴文理学院学报》第6期。

钟兆华等编　1995　《红楼梦语言词典》,北京:商务印书馆。

周楮全、王澄愚编　1991　《古汉语常用词源流辞典》,重庆:重庆出版社。

朱福妹　2008　"到底"类完结义动词的语法化,温州大学硕士学位论文。

朱福妹、马贝加　2017　再议副词"终于"的产生,《语言研究》第4期。

朱冠明　2003　汉语单音情态动词语义发展的机制,《解放军外国语学院学报》第6期。

朱景松编　2007　《现代汉语虚词词典》,北京:语文出版社。

曾　丹　2007　反义复合词形成演变的认知研究,浙江大学博士学位论文。

曾子凡　1989　《广州话-普通话对比趣谈》,香港:三联书店。

宗守云　2017　张家口方言一些特殊形式的选择连词,《中国语文》第4期。

邹韶华　2008　从辞书对"终于"注释的分歧看词语释义,《辞书研究》第2期。

祖人植、任雪梅　1997　"毕竟"的语篇分析,《中国语文》第1期。

Abraham, W. 1991 The grammaticallization of German modal particle. In Traugott, E. C. and Heine, B. eds., *Approaches to Grammaticalization*, Vol. 2. Amsterdam/Philadelphia: John Benjamins. pp. 331-380.

Akimoto, M. 2001 The grammaticalization of verb "pray". In Fischer, O., Rosenbach, A., and Stein, D. eds. *Pathways of Change: Grammaticalization in English*. Amsterdam/Philadelphia: John Benjamins. pp. 67-84.

Andersen, H. 1973 Abductive and deductive change. *Language* 49(4): 765-793.

Anttila, R. 1972 *An Introduction to Historical and Comparative Linguistics*. New York: Macmillan.

Bauer, L. 1983 *English Word Formation*. Cambridge: Cambridge University Press.

Beeching, K. 2012 Semantic change: evidence from false friends. In Lauwers, P., Vanderbauwhede, G. and Verleyen, S. eds., *Pragmatic Markers and Pragmaticalization*. Amsterdam/Philadelphia: John Benjamins. pp. 11-36.

Blakemore, D. 1992 *Understanding Utterances*. Oxford: Blackwell.

Blank, A. 2001 Pathways of lexicalization. In Haspelmath, M., König, E., Oesterreicher, W. and Raible, W. eds., *Language Typology and Language Universals*, Vol. 2. Berlin/New York: Walter de Gruyter. pp. 1596-1608.

Blass, R. 1990 *Relevance Relations in Discourse: A Study with Special Reference to Sissala*. Cambridge: Cambridge University Press.

Bolinger, D. 1977 *Meaning and Form*. London: Longman.

Bolinger, D. 1978 Intonation across languages. In Greenberg, J. H. eds., *Universals of Human Language*, Vol. 2. Standford, California: Stanford University Press. pp. 471-524.

Bopp, F. 1816 *Uber das Conjugationssystem der Sanskritsprache in Vergleichung mit Jenem der Griechischen, Lateinischen, Persischen und Germanischen Sprache*. Frankfurt: Main.

Brandt, P. A. 1992 *La Charpente Modale du Sens*. Amsterdam: Benjamins.

Brinton, L. J. and Traugott, E. C. 2005 *Lexicalization and Language Change*. Cambridge: Cambridge University Press.

Bühler, K. 1934 *Sprachtheorie*. Jena: Fischer.

Bybee, J. 2003 Mechanisms of change in grammaticization: The role of frequency. In Joseph, D. B. and Janda, D. R. eds., *The Handbook of Historical Linguistics*. Oxford: Blackwell. pp. 602 – 623.

Bybee, J. and William, P. 1985 Cross linguistic comparison and the development of grammatical meaning. In Fisiak, J. eds., *Historical Semantics, Historical Word Formation*. Berlin: Mouton de Gruyter. pp. 59 – 83.

Bybee, J. and Thompson, S. A. 1997 Three frequency effects in syntax. In *the Proceedings of the 23rd Annual Meeting of the Berkeley Linguistics Society*. pp. 65 – 85.

Bybee, J., Revere, P., and Willam, P. 1994 *The Evolution of Grammar: Tense, Aspect, and Modality in the Languages of the World*. Chicago: University of Chicago Press.

Campbell, L. 2001 What's wrong with grammaticalization?. *Language Sciences* 23: 113 – 161.

Campbell, L. and Janda, R. 2001 Introduction: Conceptions of grammaticalization and their problems. *Language Science* 23: 93 – 112.

Chafe, W. L. 1974 Language and consciousness, *Language* 50, 1: 111 – 133.

Chafe, W. L. 1987 Cognitive constraints on information flow. In Tomlin, R. eds., *Coherence and Grounding in Discourse*. Amsterdam/Philadelphia: John Benjamins. pp21 – 51.

Charles, C. F. 1954 The meaning of linguistic analysis, *Language* 30, 1: 57 – 68.

Church, A. 1951 The need for abstract entities. *American Academy of Arts and Sciences Proceedings* 80: 100 – 113.

Craig, C. 1991 Ways to *go* in Rama: A case study in polygrammaticalization. In Traugott, E. C. and Heine, B. eds., *Approaches to Grammaticalization*, Vol. 2. Amsterdam/Philadelphia: John Benjamins. pp. 455 – 492.

Croft, W. 2003 *Typology and Universals* (2nd edition). Cambridge: Cambridge University Press.

Croft, W. and Cruse, D. A. 2004 *Cognitive Linguistics*. Cambridge: Cambridge University Press.

Cruse, A. 2004 *Meaning in Language: An Introduction to Semantics and Pragmatics*. Oxford: Oxford Universtiy Press.

David, W. 2007 Syntactic lexicalization as a new type of degrammaticalization. *Linguistics* 45, 2: 271 – 310.

Denison, D. 1985 The origins of periphrastic DO: Eliegård and Visser reconsidered. In Eaton, R., Fischer, O., Koopman, W. & van der Leek, F. eds., *Papers from the 4th International Conference on English Historical Linguistics (Amsterdam, 10 – 13 April, 1985)*. Amsterdam/Philadelphia: John Benjamins. pp. 45 – 60.

Diewald, G. 2011 Pragmaticalization (defined) as grammaticalization of discourse functions. *Linguistics* 49: 2.

Dik, S.　1991　Functional Grammar. In Droste, F. and Joseph, J. eds., *Linguistic Theory and Grammatical Description*. Amsterdam/Philadelphia: John Benjamins. pp. 247 – 274.

Ducrot, O.　1983　Opérateurs argumentatifs et visée argumentative, *Cahiers de Linguistique Française* 5: 7 – 36.

Eckardt, R.　2006　*Meaning Change in Grammaticalization: An Inquiry into Semantic Reanalysis*. Oxford: Oxford University Press.

Erman, B. and Kotsinas, U. B.　1993　Pragmaticalization: The case of "ba" and "you know". *Studier I Modern Språkvetenskap. Acta Universitatis Stockholmiensis*, New Series 10: 76 – 93.

Erteschik-shir, N.　2007　*Information Structure: The Syntax -Discourse Interface*. Oxford: Oxford University Press.

Evans, V. & Green, M.　2006　*Cognitive Linguistics: An Introduction*. Edinburgh: Edinburgh University Press.

Fauconnier, G.　1975　Polarity and the scale principle. *Proceedings of Chicago Linguistic Society* 11: 188 – 199.

Fauconnier, G.　1999　Methods and generalizations. In Dirven, R., Langacker, R. W. and Taylor, J. R. eds., *Cognitive Linguistics Research* 15. Berlin/New York: Mouton de Gruyter. pp. 95 – 129.

Fawcett, R. F.　1980　*Cognitive Linguistics and Social Interaction*. Julizi: Groos Verlag Heidelberg & Exeter University.

Fillmore, C. J.　1986　Pragmatically controlled zero anaphora. *Berkeley Linguist Series* 12: 95 – 107.

Fischer, K.　2006　*Approaches to Discourse Particles*. Oxford: Elsevier Ltd.

Fischer, O.　2007　*Morphosyntactic Change: Functional and Formal Perspectives*. Oxford: Oxford University Press.

Fraser, B.　1990　An approach to discourse markers. *Journal of Pragmatics* 14: 383 – 395.

Friedrich, P.　1974　*On Aspect Theory and Homeric Aspect*. Bloomington: Indiana University.

Gabelentz, G. von der.　1901　*Die Sprachwissenschaft: Lhre Aufgaben, Methoden und bisherigen Ergebnisse* (2nd edition.). Leipzig: Weigel Nachaf.

Gee, J. and Kegl, J.　1982　Semantic perspicuity and the locative hypothesis. In *Proceedings of the 8th Annual Meeting of the Berkeley Linguistics Society*. Berkeley, Calif.: Berkeley Linguistic Society. pp. 335 – 353.

Geurts, B.　2000a　Explaining grammaticalization: The standard way. *Lingusitcs* 38, 4: 781 – 785.

Geurts, B.　2000b　Function or fashion?: Reply to Martin Haspelmath. *Linguistics* 38, 6: 1175 – 1180.

Givón, T.　1975　Serial verbs and syntactic change: Niger-Congo. In Li, Charles N. eds., *Word Order and Word Order Change*. Austin: University of Texas Press. pp. 47 – 112.

Givón, T. eds.　1979　*Discourse and Syntax*. New York: Academic.

Givón, T. 1990 *Syntax*, Vol. 2. Amsterdam: John Benjamins.

Goldberg, A. E. 1995 *Construction: A Construction Grammar Approach to Argument Structure*. Chicago: The University Chicago Press.

Goossens, L. 1989 *Metonymy in metaphorization: From Body Parts (and other Donor Domains) to Linguistic Action*. Duisburg: Universität Duisburg.

Gudschinsky, S. C. 1956 The ABC's of lexicostatistics, *Word*, 12: 175 – 210.

Halliday, M. A. K. 1967 Notes on transitivity and theme in English, Vol. 2. *Journal of Linguistics*, 3: 199 – 244.

Halliday, M. A. K. 1970 Language structure and language function. In Lyons, J. eds., *New Horizons in Linguistics*. Harmondsworth: Penguin. pp. 140 – 165.

Halliday, M. A. K. 1985 *An Introduction to Functional Grammar*. London: Edward Arnold.

Hansen, Maj-Britt M. 2005 A comparative study of the semantics and pragmatics of "enfin" and "finalement": In synchrony and diachrony. *Journal of French Language Studies* 15, 2: 153 – 171.

Hansen, Maj-Britt M. 2008 *Particles at the Semantics/Pragmatics Interface: Synchronic and Diachronic Issues——A Study with Special Reference to the French Phasal Adverbs*. Oxford, UK: Elsevier.

Harris, A. C. and Campbell, L. 2007 *Historical Syntax in Cross-linguistic Perspective*. Beijing: World Book Publishing House.

Harris, M. and Ramat, P. 1987 *Historical Development of Auxiliaries*. Berlin: Mouton de Gruyter.

Haspelmath, M. 1997 *From Space to Time: Temproal Adverbials in the World's Languages*. Munich and Newcastle: Lincom Europa.

Haspelmath, M. 1999 Why is grammaticalization irreversible?. *Linguistics* 37, 6: 1043 – 1068.

Haspelmath, M. 2000 The relevance of extravagance: A reply to Bart Geurts. *Linguistics* 38, 4: 789 – 798.

Heider, F. 1958 *The Psychology of Interpersonal Relations*. New York: Wiley.

Heine, B. 1993 *Auxiliaries: Cognitive Forces and Grammaticalization*. Oxford: Oxford University Press.

Heine, B. 1997 *Possession: Cognitive Sources, Forces, and Grammaticalization*. Cambridge: Cambridge University Press.

Heine, B. 2003 On degrammaticalization. In Blake, B. J. and Burridge, K. eds., *Historical Linguistics*. Amsterdam/Philadelphia: John Benjamins. pp. 165 – 179.

Heine, B. and Reh, M. 1984 *Grammaticalization and Reanalysis in African Languages*. Hamburg: Buske.

Heine, B., Claudi, U. and Hünnemeyer, F. 1991a *Grammaticalization: A conceptual framework*. Chicago: Chicago University Press.

Heine, B., Claudi, C. and Hünnemeyer, F. 1991b From Cognition to Grammar—Evidence from African languges, In Traugott, E. C. and Heine, B. eds., *Approaches to Grammaticalization*, Vol. 1. Amsterdam/Philadelphia: John Benjamins. pp. 149 – 189.

Heine B. and Kuteva, T.   2002   *World Lexicon of Grammaticalization*. Cambridge: Cambridge University Press.

Helt, M. E.   1997   Discourse marker and stance adverbial variation in spoken American English: A corpus-based analysis. PhD diss., Northern Arizona University.

Hickey, R.   2001   Language Change. In Ostman, J.-O. and Verschueren, J. B. eds., *Handbook of Pragmatics*. Amsterdam/Philadelphia: John Benjamins. pp. 1 – 33.

Hoeksema, J.   2008   The emergence of particle clusters in Dutch: Grammaticalization under adverse conditions. In Seone, E. and López-Couso, M. J. eds., *Theoretical and Empirical Issues in Grammaticalization*. Amsterdam/Philadelphia: John Benjamins. pp. 131 – 150.

Hoffmann, S.   2005   *Grammaticalization and English Complex Prepositions: A Corpus-based Study*. New York: Routlodge.

Hopper, P. J.   1987   Emergent grammar. *Berkeley Linguistics Society* 13:139 – 157.

Hopper, P. J.   1991   On some principles of grammaticization. In Traugott, E. C. and Heine, B. eds., *Approaches to Grammaticalization*, Vol. 1. Amsterdam/Phladelphia: John Benjamins. pp. 17 – 35.

Hopper, P. J.   1994   Phonogenesis. In Pagliuca, W. eds., *Perspectives on Grammaticalization*. Amsterdam/Phladelphia: John Benjamins. pp. 29 – 46.

Hopper, P. J. and Traugott, E. C.   2001   *Grammaticalization*. Beijing: Foreign Language Teaching and Research Press.

Hopper, P. J. and Thompson, S. A.   1984   The discourse basis for lexical categories in universal grammar. *Language* 60(4):703 – 752.

Huang, Y.   2007   The grammaticalization and lexicalization of space deixis: A cross-linguistic analysis. *Foreign Language* 1:2 – 18.

Huddleston, R. and Pullum, G. K.   2002   *The Cambridge Grammar of the English Language*. Cambridge: Cambridge University Press.

Hyman, L. M. and Magaji, D. J.   1971   *Essentials of Gwari Grammar*. Ibadan: Ibadan University Press.

Iwasaki, S.   1993   *Subjectivity in Grammar and Discourse: Theoretical Considerations and A Case Study of Japanese Spoken Discourse*. Amsterdam/Philadelphia: John Benjamins.

Jacbos, J.   1984   The syntax of bound focus in German, *Groninger Arbeiten zur Germanistischen Linguistik* 25:172 – 200.

Jackendoff, R.   1976   Toward an explanatory semantic representation. *Linguistic Inquiry* 7,1:89 – 150.

Jackendoff, R.   1983   *Semantics and Cognition*. Cambridge, Mass: MIT Press.

Jackendoff, R.   1990   *Semantic Structures*. Cambridge, Mass: MIT Press.

Janda, R. D. and Joseph, B. D.   2003   On Language, Change, and Language Change—Or, of History, Linguistics, and Historical Linguistics. In Joseph, B. D and Janda, R. D. eds., *The Handbook of Historical Linguistics*. Oxford: Blackwell. pp. 3 - 180.

Jaszczolt, K. M.   2004   *Semantics and Pragmatics: Meaning in Language and Discourse*. Beijing: Peking University Press.

Joseph, B. D.   2001   Is there such a thing as "Grammaticalization". *Language Science* 23:163 - 186.

Joseph, B. D. and Janda, R. D. eds.   2003.   *The Handbook of Historical Linguistics*. Malden, MA: Blackwell.

Kastovsky, D.   1982   *Wortbildung und Semantik*. Düsseldorf: Pädagogischer Verlag Schwann-Bagel GmbH.

Keesing, R. M.   1991   Substrates, Calquing and Grammaticalization in Melanesian Pidgin. In Traugott, E. C. and Heine, B. eds., *Approaches to Grammaticalization*, Volume 1. Amsterdam/Philadelphia: John Benjamins. pp. 317 - 339.

Keller, R.   1995   The epistemic "weil", In Stein, D. and Wright, S. eds., *Subjectivity and Subjectivisation: Linguistic perspectives*. Cambridge: Cambridge University Press. pp. 16 - 30.

König, E.   1991a   Concessive Relations as the Dual of Causal Relations. In Zaefferer, D. eds., *Semantic Universals and Universal Semantics*. Berlin/New York: Foris Publications. pp. 190 - 209.

König, E.   1991b   *The Meaning of Focus Particles: A Comparative Perspective*. Routledge: Chapman and Hall.

Kövecses, Z. and Radden, G.   1998   Metonymy: Developing a cognitive linguistic view. *Cognitive Linguistics* (9):37 - 77.

Kuryłowicz, J.   1975   The evolution of grammatical categories. *Esquisses Linguistiques* 2:38 - 54.

Lakoff, G.   1987   *Women, Fire, and Dangerous Things: What Categories Reveal about the Mind*. Chicago: University of Chicago Press.

Lakoff, G. and Johnson, M.   1999   *Philosophy in the Flesh: The Embodied Mind and Its Challenge to Western Thought*. New York: Harper Collins Publishers.

Lakoff, G. and Johnson, M.   1980   *The Metaphor We Live By*. Chicago: The University of Chicago Press.

Lambrecht, K.   1994   *Information Structure and Sentence Form: Topic, Focus, and the Mental Representations of Discourse Referents*. Cambridge: Cambridge University Press.

Langacker, R. W.   1977   Syntactic reanalysis. In Charles Li., eds. *Mechanisms of Syntactic Change*. Austin: University of Texas Press. pp. 57 - 139.

Langacker, R.   1985   Observations and speculations on subjectivity. In Haiman, J. eds., *Iconicity in Syntax*. Amsterdam: Johnson Benjamins.

Langacker, R. W.   1990   Subjectification. *Cognitive Linguistics* 1,1:5 - 38.

Langacker, R. W.　1991　*Foundations of Cognitive Grammar*, Vol. 1. Stanford, Calif: Stanford University Press.

Lehmann, C.　1995　*Thoughts on Grammaticalization*. Munich: Lincom Europa.

Lehmann, C.　2002a　*Thoughts on Grammaticalization* (2nd revised edition). Arbeitspapiere des Seminars für Sprachwissenschaft (linguistics seminar paper). Erfurt: der Universität Erfurt.

Lehmann, C.　2002b　New reflections on grammaticalization and lexicalization. In Wischer, I. and Diewald, G. eds., *New Reflections on Grammaticalization*. pp. 1–18.

Lehmann, C.　2008　Information structure and grammaticalization. In Seone, E. and López-Couso, M. J. eds., *Theoretical and Empirical Issues in Grammaticalization*. Amsterdam/Philadelphia: John Benjamins. pp. 207–230.

Levin, B.　1993　*English Verb Classes and Alternations: A Preliminary Investigation*. Chicago: The University of Chicago Press.

Levinson, S. C.　1983　*Pragmatics*. Cambridge: Cambridge University Press.

Liberman, A.　2008　*An Analytic Dictionary of English Etymology: An Introduction*. Minneapolis, London: University of Minnesota Press.

Lightfoot, D. W.　1979　*Principles of Diachronic Syntax*. Cambridge: Cambridge University Press.

Lightfoot, D. W.　1993　*How to Set Parameters: Arguments from Language Change*. Cambridge: MIT Press.

Lightfoot, D. W.　1999　*The Development of Language: Acquisition, Change, and Evolution*. Malden, MA and Oxford: Blackwell.

Lindar, W. and Stephen, R.　1991　*New Vistas in Grammar: Invariance and Variation*. Amsterdam/Philadelphia: John Benjamins.

Lipka, L.　2002　*English Lexicology: Lexical Structure, Word Semantics and Word-formation*. Tübingen: Narr Studienbücher.

López-Couso., M. J. and Seoane, E.　2008　*Rethinking Grammaticalization*. Amsterdam/Philadelphia: John Benjamins.

Lyons, J.　1977　*Semantics*, Vol. 1. Cambridge: Cambridge University Press.

Lyons, J.　2000　*Linguistic Semantics: An Introduction*. Cambridge: Cambridge University Press.

McCawley, J. D.　1994　*Information Structure and Sentence Form*. Cambridge: Cambridge University Press.

Meillet, A.　1912　L'evolution des formes grammaticales. *Scientia* 12: 26.

Montserrat, G.　2005　Pragmatic markers and discourse coherence relation in English and Catalan oral narrative. *Discourse studies* 7, 1: 53–86.

Newmeyer, F. J.　1998　*Language Form and Language Function*. Massachusetts: MIT Press.

Newmeyer, F. J.　2001　Deconstructing grammaticalization. *Language Sciences* 23: 187–229.

Norde, M. 2001 Deflexion as a counterdirectional factor in grammatical change. *Language Sciences* 23:231-264.

Nyan, T. 2006 From procedural meaning to processing requirement. In Fischer, K. eds., *Approaches Discourse Particles*. Amsterdam/Boston:Elsevier. pp. 167-188.

Ono, K. 2000 Grammaticalization of Japanese Verbals. *Australian Journal of Linguistics* 20,1:39-79.

Onodera, N. O. 2004 *Japanese Discourse Markers:Synchronic and Diachronic Discourse Analysis*. Amsterdam/Philadelphia:John Benjamins.

Palmer, F. R. 2001 *Mood and Modality*. Cambridge:Cambridge University Press.

Pagliuca, W. eds. 1994 *Perspectives on Grammaticalization*. Amsterdam/Philadelphia:John Benjamins.

Partridge, E. 2006 *Origins:A Short Etymological Dictionary of Modern English*. Routledge:Taylor and Francis Group.

Pinker, S. 1989 *Learnability and Cognition*. Cambridge:MIT Press.

Pinker, S. 1997 *How the Mind Works?*. New York:Norton.

Pustejovsky, J. 1995 *The Generative Lexicon*. Cambridge:MIT Press.

Pustet, R. 2004 Zipf and his heirs. *Language Sciences* 26:1-25.

Quirk, R., Greenbaum, S., Leech, G. and Svartvik, J. 1985 *A Comprehensive Grammar of the English Language*. London:Longman.

Radden, G. 1985 Spatial metaphors underlying prepositions of causality. In Patprotté, W. J. and Dirven, R. eds., *The Ubiquity of Metaphor:Metaphor in Language and Thought*. Amsterdam/Philadelphia:John Benjamins. pp. 177-207.

Ramat, P. 1992. Thoughts on degrammaticalization. *Linguistics* 30:549-560.

Ramat, G. A. and Hopper, P. J. 1998. *The Limits of Grammaticalization*. Amsterdam/Philadelphia:John Beniamins.

Recanati, F. O. 2004. *Literal Meaning*. Cambridge:Cambridge University Press.

Rene, D. and Marjojn, V. 1998 *Cognitive Exploration of Language and Linguistics*. Amsterdam/Philadelphia:John Benjamins.

Romaine, S. and Lange, D. 1991 The use of"like"as a marker of reported speech and thought:A case of grammaticalization in progress. *American Speech* 66:227-279.

Rooth, M. 1985 Association with Focus. Ph. D. diss., Universtiy of Massachusetts.

Rooth, M. 1997 Focus. In Lappin, S. eds., *The Handbook of Contemporary Semantic Theory*. Oxford:Blackwell. pp. 271-298.

Roulet, E. 1990 Et si, *après tout*, ce connecteur pragmatique n'était pas un marqueur d'argument ou de premise impliquée impliquée? *Cahiers de linguistique française* 11:329-43.

Sankoff, G. and Brown, P. 1976 The origins of syntax in discourse:A case study of Tok Pisin relative. *Language* 52,3:631-666.

Sapir, E. 1921 *Language*. New York:Harcoart. Brace & World.

Scheffler, T. 2008 Semantic operators in different dimensions, Ph. D. diss., The University of Pennsylvania.

Schiffrin, D. 1987 *Discourse markers*. Cambridge: Cambridge University Press.

Seoane, E. and López-Couso, M. J. eds. 2008 *Theoretical and Empirical Issues in Grammaticalization*. Amsterdam/Philadelphia: John Benjamins.

Seiler, H. 1991 Invariance and variance of language: The dimensional model of language universal. In Waugh, L. and Rudy, S. eds., *New Vistas in Grammar: Invariance and Variation*. Amsterdam/Philadelphia: John Benjamins. pp. 437 – 450.

Svartvik, J. 1985 *A Comprehensive Grammar of the English Language*. London: Longman.

Swadesh, M. 1951 Diffusional cumulation and archaic residue as historical explanations. *Southwestern Journal of Anthropology*, 7: 1 – 21.

Sweetser, E. 1982 A proposal for uniting deontic and epistemic modals. In *Proceedings of the 8th Annual Meeting of the Berkeley Linguistics Society*. Berkeley, Calif.: Berkeley Linguistics Society.

Sweetser, E. 1984 Semantic structure and semantic change: A cognitive linguistic study of modality, perception, speech acts, and logical relations. Ph. D. diss., University of California.

Sweetser, E. 1990 *From Etymology to Pragmatics——Metaphorical and Cultural Aspects of Semantic Structure*. Cambridge: Cambridge University Press.

Sweetser, E. 1999 Compositionality and blending: Semantic composition in cognitively realistic framework. In Dirven, R., Langacker, R. W. and Taylor, J. R. eds., *Cognitive Linguistics: Foundations, Scope, and Methodology*. pp. 129 – 163.

Tabor, W. and Traugott, E. C. 1998 Structural Scope Expansion and Grammaticalization. In Ramat, A. G. and Hopper, P. J. eds., *The Limits of Grammaticalizaton*. Amsteradam/Philadelphia: John Benjamins. pp. 229 – 272.

Talmy, L. 1972 Semantic structures in English and Atsugewi. Ph. D. diss., University of California.

Talmy, L. 1976 Semantics causative types. In Shibatani, M. eds., *Syntax and Semantics: The Grammar of Causative Constructions*. New York: Academic Press. 43 – 116.

Talmy, L. 1978 The relation of grammar to cognition: A synopsis. In Waltz, D. eds., *Proceedings of TINLAP-2*. New York: Association for Computing Machinery.

Talmy, L. 1985 Lexicalization patterns: Semantic structure in lexical forms. In Shopen, T. eds., *Language Typology and Syntactic Description*, Vol. 3. Berlin/New York: Walter de Gruyter. pp. 57 – 149.

Talmy, L. 1987 Lexicalization patterns: Typologies and universals. *Berkeley Cognitive Science Report* 47.

Talmy, L. 1988 Force dynamics in language and thought. *Cognitive Science* 12: 49 – 100.

Talmy, L. 1996 The windowing of attention in language, In Shibatani, M. and Thompson, S. A. eds. *Grammatical Constructions*. Oxford: Clarendon Press. pp. 239 – 249.

Talmy, L. 2000 *Toward Cognitive Semantics*, Vol. 1. Cambridge: MIT Press.

Taylor, J. R.   1989   *Linguistic Categorization: Prototypes in Linguistic Theory*. Oxford: Oxford University Press.

Thompson, S. A. and Mulac, A.   1991   A quantitative perspective on the grammaticization of epistemic parentheticals in English. In Traugott, E. C. and Heine, B. eds., *Approaches to Grammaticalization*, Vol. 2. Amsterdam/Philadelphia: John Benjamins. Pp. 313 – 329.

Traugott, E. C.   1980.   Meaning-change in the development of grammatical markers. *Language Sciences* 2:44 – 61.

Traugott, E. C.   1982   From propositional to textual and expressive meaning: some semantic-pragmatic aspects of grammaticalization, In Lehmann, W. P. and Malkiel, Y. eds., *Perspectives on Historical Linguistics*. Amsterdam: John Benjamins. pp. 245 – 272.

Traugott, E. C.   1989   On the rise of epistemic meanings in English: an example of subjectivization in semantic change. *Language* 65,1:31 – 55.

Traugott, E. C.   1997   The discourse connective "after all": A historical pragmatic account. ICL, Paris.

Traugott, E. C.   2002   From etymology to historical pragmatics. In Minkova, D. and Stockwell, R. eds., *Studies in the history of the English language: A millennial perspective*. Berlin/New York: Mouton de Gruyter. pp. 19 – 49.

Traugott, E. C.   2004a   A critique of Levinson's view of Q-and M-inferences in historical pragmatics. *Journal of Historical Pragmatics* 5:1 – 25.

Traugott, E. C.   2004b   Historical pragmatics. In Horn, L. and Ward, G. eds., *The Handbook of Pragmatics*. Oxford: Blackwell. pp. 538 – 561.

Traugott, E. C. and Heine, B. eds.   1991   *Approaches to Grammaticalization*, Vol. 2. Amsterdam/Philadelphia: John Benjamins.

Traugott, E. C. and Dasher, R. B.   2002   *Regulartity in Semantic Change*. Cambridge: Cambridge University Process.

Valin, V.   1993   *Advances in Role and Reference Grammar*. Amsterdam/Philadelphia: John Benjamins.

van der Auwera, J.   2002   More thoughts on degrammaticalization. In Wischer, I. and Diewald, G. eds., *New Reflections on Grammaticalization*. Amsterdam/Philadelphia: Benjamins. Pp. 19 – 29.

Viberg, A.   1983   The verbs of perception: A typological study. *Linguistics* 21:123 – 162.

Vincent, D., Votre, S. and LaForest, M.   1993   Grammaticalisation et post-grammaticalisation. *Langues et Linguistique* 19:71 – 103.

Whorf, B. L.   1956   Languages and logic. In Whorf, B. L. eds., *Language, Thought, and Reality*. Cambridge: MIT Press. pp. 233 – 246.

Wierzbicka, A.   1991   *Cross-cultural Pragmatics: The semantics of Human Interaction*. Berlin: Mouton de Gruyter.

Willett, T. 1988 A cross-linguistic survey of the grammaticization of evidentiality. *Studies in Language* 12,1:51-97.

Wischer, I. 2000 Grammaticalization versus lexicalization-'methinks' there is some confusion. In Rosenbach, A. and Dieter, S. eds., *Pathways of Change: Grammaticalization in English*. Amsteradam/Philadelphia:John Benjamins. pp. 355-371.

Wu, Xiu-Zhi Zoe. 2000 Grammaticalization and the development of functional categories in Chinese, Ph. D. diss., University of Southern California.

Tai, James H-Y. 2005 Conceptual structure and conceptualization in Chinese. *Language and Linguistics* 6,4:539-574.

Yan, Yaoliang. 2003 The Grammaticalization of "Yu" from a verb to a function word, Ph. D. diss., The University of Minnesota.

Zhu, Yangping. 2002 A study of the historical development of Chinese coverbs—with special reference to the grammaticalization of the coverb *Ji*, Ph. D. diss., The University of Minnesota.

Zipf, G. K. 1965 *Human Behavior and the Principle of Least Effort: An Introduction to Human Ecology*. New York: Hafner.

后　　记

　　本书是在笔者 11 年前的博士论文《认知-功能视角下终竟义语词的共时变异与历时演变研究》的基础上扩展和修改而成的,是笔者主持的国家社科基金后期资助项目"认知-功能视角下完结表达的共时变异与历时演变研究"(14FYY023)的结项成果。其主体章节曾在《世界汉语教学》《语言教学与研究》《华文教学与研究》《语言科学》《语言研究》《语文研究》《古汉语研究》《语言与翻译》《语言研究集刊》《励耘语言学刊》《外国语》等刊物以 14 篇单篇论文形式发表,其中 2 篇曾被人大复印资料《语言文字学》全文转载。本次出版时做了较大调整。特别是,对发表时因篇幅限制而删简的部分进行了完善,并进一步改进语言表达,统一体例。因考虑到本书虽然主要运用认知语言学、功能语言学的理论和方法展开研究,但也适度借鉴了语言类型学、形式语言学的理论和方法,故把题名改为"完结义副词共时变异与历时演变多维研究"。

　　在本书即将出版之际,我首先要感谢恩师袁毓林先生。我的博士论文能够顺利通过答辩并获得答辩委员的一致好评,跟恩师多年来的精心培养和悉心指导密不可分。初"识"袁师,是在 2002 年举办于湖南长沙的第 12 届现代汉语语法讨论会上。当时我是徐州师范大学的一名硕士生。那次会议袁师是在第二天到会的。袁师宣读的论文《无指代词"他"的句法和语义功能》以其论证之缜密和语言表达之简明给我留下了深刻的印象。正是那次经历和读硕阶段拜读袁师相关论文、论著的体会让我决定报考袁师的博士生。考上博士不久,袁师就主动约谈,了解我的过去学习经历和当前学术兴趣。根据约谈情况以及我提交的两篇习作,袁师建议我以汉语完结义副词(特别是复音副词)的共时用法和历时演变为题,写成认知-功能取向的博士论文,把完结义副词的语法化作为读博期间的主攻课题。袁师指导学生能因材施教,不拘一格,还主动帮助联系各领域权威,再加上袁师自己知识渊博,学术兴趣广泛,学术视野开阔,这使得袁师培养出的博士生研究方向非常多样,或配价语法,或生成语法,或认知语法,或韵律语法,或方言语法,或历史语法,或逻辑语义学,或计算语言学。作为博导,袁师不仅能因材施教,还能提供"售后"服务。袁门弟子在博士毕业以后通常会保持着与袁师的密切联系,或参加课题,或合作撰写论文,或进行学术研讨。袁师还会定期通报袁门弟子各人的学术进展。即使对于我这个心理自卑、性格内向、不善交际的毕业博士,袁师也没有忘却。在我毕业多年后,袁师继续关心我的学术成长,邀请或推荐我参加相关课题组,有什么珍贵文献总不忘分享给我。最让我感动的是,某年盛夏突然收到袁师惠寄的一大批域外近代汉语研究文献,如《中国语自通》《骑着一匹》《中华正音》《官话略抄》《朝鲜后期汉语会话书辞书》等。这些文献为我近年来从事近代汉语研究提供了宝贵的材料。

读博期间,经袁师推荐,我有幸结识国内语法化研究权威吴福祥先生。围绕毕业论文的写作,我曾多次请教吴教授。吴教授对我提出的问题一一给予耐心细致的解答。也许是因为研究方向相近的缘故,吴教授对我多所鼓励,多所帮助,邀我参与相关课题,赠我学术专著,推荐我的博士论文申报国家社科基金后期资助项目。在拙著即将出版之际,我要向吴教授表示我衷心的感谢。

我还要感谢郭锐先生。在袁师出国讲学期间,郭老师担任我的代管导师。他慷慨地允准我参加郭门学术讨论,在讨论会上对我们这些编外人员一视同仁,关怀有加。

在博士论文开题、预答辩、答辩等不同场合,陆俭明教授、吴福祥教授、崔希亮教授、郭锐教授、杨荣祥教授、董秀芳教授、张美兰教授、陈前瑞教授等学者就我的博士论文的写作提出了宝贵意见。另外,在北大读博期间,我学习了《认知语言学》《生成语言学》《现代语义学》《词汇语义学》《近代汉语研究》《现代汉语语法研究》等众多课程。陆俭明教授、蒋绍愚教授、袁毓林教授、郭锐教授、杨荣祥教授、董秀芳教授、朱彦教授等诸位师长深厚的理论素养和材料功夫、高超的方法运用水平和语言艺术,都让我受益匪浅。谨对以上诸位师长的教诲深表谢意!

读博期间和博士毕业后,师兄施春宏、王健、陈振宇、周韧和师弟李湘还以不同方式(如邮件往来、学术沙龙上的讨论等)给我以学术上的启发或帮助。特此致谢!

感谢陈前瑞教授慷慨推荐我的博士论文申报国家社科基金后期资助项目!

感谢硕导张爱民教授引领我走进语言学的殿堂!张老师对我的言传身教,无论是在我读硕期间还是博士毕业后回母校工作期间,都让我既受益匪浅，又如沐春风。今年恩师已80高龄，但还经常通过微信、电话甚至面谈跟我讨论专业问题，关心我的成长和生活。感谢廖序东先生在88岁高龄时为我们开设《〈马氏文通〉研究》。我们是最后一届能聆听到廖老的《〈马氏文通〉研究》课的硕士生。感谢李申教授在汉语词汇和训诂研究方面给我以莫大的教诲，并跟张爱民教授一起在黄廖本《现代汉语》教材修订活动中给我以指导。感谢张谊生教授通过来江苏师大讲学、邮件往来、惠赠副词研究系列专著等多种方式，在汉语语法研究方面给我以教诲。感谢师姐王冬梅、刘焱、刘雪芹、韩蕾和师兄王健一直以来对我的关心和帮助。

拙著的编辑出版得到了商务印书馆语言学期刊室朱俊玄主任、王永耀编辑、白冰编辑的关怀和帮助。特别是，责任编辑白冰女士耐心细致地审校书稿，不避繁冗，为拙著在体例的统一、格式的规范化等多个方面的完善付出了大量辛勤劳动。谨向以上三位表示诚挚的谢意！

张秀松

2021年12月

于江苏师范大学牛山公寓